공기: 틈

수능 국어 독해력

공기 **수능 국어** **독해력**

1판 1쇄 발행 2017년 12월 5일

지은이 유재완
펴낸이 이재성
기획편집 김민희
디자인 나는물고기
마케팅 이상준

펴낸곳 북아이콘
등록 제313-2012-88호
주소 07228 서울시 영등포구 영신로 220 KnK디지털타워 1102호
전화 (02)309-9597(편집)
팩스 (02)6008-6165
메일 bookicon99@naver.com

ISBN 978-89-98160-13-5 53710

공기: 들

수능 국어 독해력

유재완 지음

북아이콘

수능 국어의 실상을 제대로 알자

책을 많이 읽은 학생도 수능 국어 성적이 저절로 나오지 않는다.

수능 지문을 다른 책 읽는 것처럼 대충 읽거나 상상하면서 읽게 되면 오답이 많이 생깁니다. 수능 국어는 매우 특별한 읽기를 요구합니다. 제한된 시간 안에 정확하게 읽어야 합니다. 특히 책을 많이 읽은 학생들에게는 지문 내용에 대해 무의식적 연상이 일어나는 경우가 자주 있습니다. 이런 연상 작용이 일어나면 선입견을 갖게 되고, 문제 해결에서 실수를 합니다. 특정한 선지에서 오답률이 40~50%에 달하는 경우는 무의식적 연상에 의해 착각이 일어난 것으로 볼 수 있습니다. 정확한 지문 독해를 위해서 그리고 문제 해결에서 '자기식의 해석'에 빠지기 않기 위해서는, 책을 많이 읽은 학생도 수능 국어 읽기 훈련과 문제 분석 훈련이 필요합니다.

고등학교 1학년, 2학년 때 1등급은 실제 수능에서는 2말3초로 전락한다.

수능 국어는 공부를 해도 등급이 오르지 않고, 공부를 안 해도 성적이 떨어지지 않습니다. 그러다가 고등학교 2학년 2학기 정도 되면 모의고사 등급이 하락하기 시작합니다. 더구나 수능은 교육청 모의고사와 난이도 차이가 나고 재수생들도 참여하기 때문에 재학생의 등급 하락은 생각보다 큽니다. 모의고사 성적 1등급을 받았던 재학생들의 대부분은 실제 수능에서는 2등급 말이나 3등급 초반의 성적을 받는 것이 현실입니다. 비문학 공부와 읽기 훈련을 중학생 때나 고등학교 1학년 때부터 꾸준히 해야 이런 현상을 막을 수 있습니다.

문제를 많이 푼다고 수능 국어 등급이 오르지 않는다.

수능 국어는 본질적으로 읽기 능력과 관련된 시험입니다. 읽기 능력은 글을 이해하는 사고력과 관련되는데, 문제 풀이를 많이 한다고 향상되는 것은 아닙니다. 바로 이 부분이 지식을 정리하고 활용하는 사회나 과학의 탐구 과목과 다른 점입니다. 읽기 능력과 사고 능력을 높이기 위해서는 읽었던 지문을 여러 번 반복해서 정독하는 것이 좋습니다. 같은 글을 여러 번 읽으면 읽기 속도도 향상되고, 어휘력도 늘어납니다. 또 내용도 깊이 파악할 수 있으며 문제 해석의 힘도 커지기 때문에 읽었던 지문을 시간 간격을 두고 반복해서 읽는 것이 좋습니다.

수능 비문학 공부의 일반적 방법

비문학 지문 하나를 읽고 풀 때, 집중해서 3번 정독한다.

비문학 지문 하나를 읽을 때 시험 현장처럼 집중해서 읽고 답을 선지에 체크합니다. 그리고 바로 채점하지 말고, 한 번 더 지문을 정독합니다. 답을 수정할 것이 있으면 수정한 후 채점하고, 틀린 부분을 정밀하게 검토합니다. 그리고 모든 문제의 선지를 지문과 비교하여 왜 적절하고 적절하지 않은지 파악해야 합니다. 지문 분석과 문제 분석을 충분히 한 후 다시 지문을 정독하면서 마무리합니다. 이렇게 하나의 비문학 지문을 20분 정도 공들여서 공부하는데, 하루에 하나 이상의 비문학 지문을 꾸준히 하는 것이 필요합니다.

고등학교 1학년, 2학년 때 수능 국어 공부는 부담 없이, 규칙적으로 꾸준히 조금씩!

수능 국어 공부나 비문학 공부는 귀찮고 지겹습니다. 모의고사나 기출 문제 1회를 푸는 80분이 너무 힘들고 짜증납니다. 간신히 대충 풀고 난 뒤에 채점을 하고, 틀린 부분에 대해 설명을 듣거나 한 번 검토하는 것으로 교재를 덮게 되죠. 그리고 끝! 더 이상 풀었던 지문을 반복해서 살펴보지도 않습니다. 이런 방식으로는 수능 국어 성적이 오르지 않습니다. 적어도 격일로 일주일에 3번, 20분 정도의 시간을 들여서 모의고사나 기출 문제를 3등분하여 푸는 것이 좋습니다. 하루는 화작문, 그 다음에는 비문학, 또 다음에는 문학 등 이렇게 나누어 푸는 것이 정신을 집중할 수 있어서 더 효과적입니다. 그리고 풀었던 지문을 시간 간격을 두고 반복해서 읽어 보아야 합니다. 그래야 읽기 속도도 향상되고, 글을 이해하는 능력도 커지게 됩니다. 이런 공부 방식을 자신의 생활 리듬으로 확립하는 것이 바로 수능 국어 공부 방법입니다.

올바른 읽기 방법을 통해 빠르고 정확하게 지문 읽는 방법을 체득한다.

비문학 지문을 읽기 전에 문제를 잠깐 검토하는 것은 괜찮지만, 지문을 읽기 시작하면 처음부터 끝까지 차분히 정독해야 합니다. 조사나 접속어를 빼먹거나, 내용을 뛰어 넘는 방식 또는 한 문단 읽고 문제 검토하고 또 다른 문단 읽고 다른 문제를 살펴보는 방식의 읽기는 절대로 피해야 합니다. 올바른 읽기 방법에 기초해야 독해력이 빠르게 향상됩니다. 빠르면서도 정확하게 읽기 위해서는 한 문단을 두 번 읽는 것이 필요합니다. 서너 개의 문장을 먼저 빠르게 읽고 그리고 다시 돌아와 정독하고, 이어서 속독하고 다시 돌아와 정독하는 방식으로 한 문단을 셋으로 나누어 두 번씩 읽게 되면, 빠른 속도로 정확하게 독해할 수 있습니다. 문제 분석과 지문 분석만 하고 읽기 훈련을 하지 않는다면, 결코 1~2등급으로 올라갈 수 없습니다.

이 책의 특징

01 : 글 읽기 과정이 문제 해결로까지 연결되는 독해법을 제시하였다!

독해력은 글을 읽고 내용을 이해하는 능력입니다. 글을 읽고 나서도 무슨 말인지 모른다면 '독해력'이 갖추어지지 않은 것입니다. 문장 혹은 문단의 핵심어와 중심 내용을 파악하지 못하는 학생은 그 글의 내용을 이해할 만한 수준의 독해력이 부족한 것입니다. 많은 학생들이 수업 시간에는 이해하겠는데 시험 점수가 잘 나오지 않는다고 말합니다. 이처럼 아는 것 같은데도 정작 시험에서 틀리는 경우도 '독해력'이 탄탄하지 않아서입니다. 독해 실력이 낮으면 조금만 난이도가 높아지거나 응용이 되면 제대로 대응하지 못하게 됩니다.

이 책은 자연스런 글 읽기 과정과 관련된 독해법을 제시합니다. 글을 읽어가는 과정에서 문장을 독해한다는 것이 무슨 의미인지, 문단의 구조와 글 내용은 어떻게 파악할지, 지문을 다 읽고 문제를 해결할 때 어떤 독해 원리가 작용하는지 등을 아는 것은 자연스런 글 읽기 과정이 문제 해결로까지 연결되는 독해법입니다. 이 책은 글 읽기의 근본 원리를 체득하고 문제 해결의 원리도 깨닫게 해주는 '독해의 정석'입니다.

02 : 글의 원리와 출제 원리에 따른 독해법을 체계적으로 제시하였다!

수능 국어가 어렵다고 합니다. 새로운 유형들도 등장하고, 여러 작품을 묶은 복합지문과 다양한 주제를 엮은 융합지문, 긴 지문의 고난도 문제들도 늘어나기 때문입니다. 독해력이 떨어지면 수능에서 높은 등급을 받을 수 없습니다. 독해력은 글의 원리와 출제 원리에 기반을 두어야 합니다. 문장, 문단, 글의 원리의 이해를 토대로 실전에 나오는 문제 유형의 해결로까지 이어져야 독해력이 향상됩니다. 즉 '사실적 사고-추론적 사고-비판적 사고-추리 상상적 사고'라는 출제 원리로부터 제시된 문제 유형이, 글의 원리와는 어떻게 관련되는가를 이해해야 독해력이 향상되는 것입니다.

수능 국어는 결국 주어진 제시문에 대한 독해력이 중요한 시험이기에 읽는 원리, 즉 독해 원리를 습득하는 것이 가장 기본입니다. 단순 반복적인 문제풀이 학습의 한계를 극복하기 위해서는 적용력을 키우는 원리 중심의 공부가 필요합니다. 문제가 어려워도 원리를 적용할 수 있으면 풀리는 것이 수능 국어입니다. 이 책은 이러한 독해 방법과 전략을 제공하기 때문에 한 권의 책으로도 독해력을 비약적으로 높일 수 있습니다(꼭 3회독해야 합니다!).

03 : 문장, 문단, 글 영역의 독자적인 독해 원리를 단계적으로 훈련하도록 하였다!

이 책은 학생들의 독해력이 실질적으로 향상되게끔 문장 독해와 문단 독해, 그리고 글 독해의 각 영역이 갖고 있는 독자적인 독해 원리를 제시하였고, 단계적인 훈련을 통해 지문 전체를 제대로 읽고 문제 해결로까지 이어지도록 하였습니다. 수능 지문을 읽고 문제를 풀어야 하는 학생의 입장에서 독해 연습이 효과적으로 이루어질 수 있도록, 학습 과정과 내용 체계를 독해력 향상을 위해 가장 실용적이고 가장 실전적인 형태로 구성한 것입니다. 즉 문장 독해, 문단 독해, 글 독해 등 실제 글의 구성단위에 입각해 학습하도록 하였습니다. 문장 독해는 문장 하나로 이해할 부분도 있지만, 문장과 문장의 연결 속에서 의미구조가 형성되기 때문에 '한 문장 독해'와 '앞뒤 문장 독해'로 연습할 필요가 있습니다. 문단 독해도 글을 읽어가는 과정에 입각하여 문단 내용을 파악하도록 하였습니다. 글 독해에서는 실제 수능의 독해와 문제 풀이 과정의 독해를 거치도록 구성하여 실전에서 이루어지는 독해 과정을 그대로 재현하였습니다.

04 : 문제 유형에 따른 독해법과 고난도 지문에 대한 독해법을 제시하였다!

수능 독해의 목표는 문제 해결에 있습니다. 그렇기 때문에 글을 독해할 때 놓쳐서는 안 되는 것이 바로 문제 유형입니다. 지문 독해가 끝났더라도 문제를 해결하는 과정에서 다시 지문을 살펴보아야 합니다. 이때 문제 유형에 따라 살펴보아야 할 지문의 범위가 다르고 독해의 초점도 달라집니다. 왜냐하면 문제 유형에 따라 문제 해결 방법이 다르고, 지문 검토의 방식이 다르기 때문입니다. 문제 유형이 독해법과 관련되는 것도 여기에 있습니다. 그리고 수험생이 넘어야 할 고비가 바로 고난도 지문입니다. 독해한 지문의 전체 내용을 재정리하고, 문단과 문단 사이 개념의 연관성 등을 확인해야 고난도 지문을 제대로 독해할 수 있습니다. 이 책에서는 고난도 지문이 어떻게 만들어지는지와 함께 고난도 지문을 해결할 독해법도 제시하였습니다. 1등급을 목표로 하는 수험생들이 반드시 독파해야 할 수능 국어의 필수 아이템입니다.

이 책의 차례

1장 문장 독해

2장 문단 독해

3장 글 독해

1장

문장 독해

1 한 문장 독해

2 앞뒤 문장 독해

문장 독해의 실제

글을 읽으면서 내용을 이해하는 것이 독해입니다. 글은 문장과 문단이 모여 이루어집니다. 따라서 글 독해를 잘하기 위해서는 문장과 문단의 구조 및 연결 관계를 통해 글 내용을 바로 파악할 수 있어야 합니다. 그런데 수능 비문학 독해는 글 내용 파악뿐만 아니라 문제까지 해결하는 것이 필요합니다. 이 책은 수능 비문학 지문을 읽어가는 과정에서 읽기 능력과 문제 해결력을 동시에 높일 수 있도록 구성되었습니다.

영어 독해는 직독직해를 목표로 합니다. 영어책을 읽으면서 바로바로 이해하려고 하죠. 외국어를 모국어처럼 읽으려는 이와 같은 방식에서 우리글을 독해하는 실제 방법을 확인할 수 있습니다. 우리는 평소에 글을 읽을 때 한 문장 한 문장 꼼꼼히 읽기도 하지만 적어도 3~5개 정도의 문장을 한 흐름으로 읽어가면서 의미를 파악하려고 하고, 파악할 수도 있습니다.

문장 독해는 이렇게 3~5개의 문장을 읽어가는 과정에서 이루어집니다. 즉 글의 의미 덩어리를 파악하는 과정에서 '한 문장 독해'나 '앞뒤 문장 독해'가 요구됩니다. 문장 독해는 먼저 글의 흐름을 제대로 이해하게 합니다. 예를 들어 여러 번 반복해서 나오는 단어는 분명 중요한 단어이지만, 글의 흐름 속에서 더 이상 중요한 정보가 아닐 수 있죠. 관련된 다른 정보가 더 중요할 수 있습니다. 이렇게 문장 독해는 글의 의미 덩어리의 중심 내용을 파악하도록 합니다.

그리고 하나의 문장 안에 여러 의미 영역이 담길 수 있기 때문에 그것을 파악하기 위해서도 문장 독해가 필요합니다. 3~5개 문장을 빠르게 읽으면 이러한 의미 영역을 놓칠 수 있어 문장 하나하나를 뜯어보면서 그러한 의미 영역을 확인해야 합니다. 또한 문제에서 선지의 정오답을 파악할 때도 문장 독해가 필요합니다. 지문에 나온 단어와 표현을 선지에서 바꾸기 때문에, 이를 판단하기 위해서도 문장 독해가 필요합니다.

•• 정리할까요?

1 3~5개 문장을 한 흐름으로 읽어가는 것이 보통 글 읽기 방식이다(글의 의미 덩어리와 관련된다).

2 3~5개 문장의 중심 내용을 문장 독해로 파악한다.

3 하나의 문장 안에 여러 개의 의미 영역이 제시될 경우, 문장 독해를 통해서 하나하나씩 확인한다.

4 선지의 적절성을 확인하기 위해서도 문장 독해가 필요하다.

글의 흐름에서 중심 내용을 확인하는 문장 독해

> 촉매는 마법의 돌이라고도 불린다. 화학 공정을 통하여 저렴하고 풍부한 원료로부터 원하는 물질을 제조하고자 할 때, 촉매는 활성화 에너지가 낮은 새로운 반응 경로를 제공하여 마치 마술처럼 원하는 반응이 쉽게 일어나도록 돕기 때문이다. 제1차 세계 대전 직전에 수소와 질소로부터 암모니아의 합성을 가능하게 하여 식량 증산에 크게 기여하였던 철 촉매에서부터 최근 배기가스를 정화하는 데 사용되는 백금 촉매에 이르기까지 다양한 촉매가 의식주, 에너지, 환경 등 여러 가지 문제 해결의 핵심 기술이 되고 있다. 그러나 전통적인 공업용 촉매 개발은 시행착오를 반복하다가 요행히 촉매를 발견하는 식이었기 때문에 '촉매가 보였다'고 말하기도 한다.
>
> 이러한 문제점을 해결하기 위해 촉매 설계 방법이 제안되었는데, 이는 표면 화학 기술과 촉매 공학의 발전으로 가능해졌다.
>
> (2008학년도 수능)

위의 글은 길어 보이지만, 5개의 문장으로 이루어져 있습니다. 이런 정도의 글은 한 번에 읽으면서 중심 내용을 쉽게 파악할 수 있어야 합니다. 먼저 '촉매'는 글의 화제이지만 반복해서 나오기 때문에 잘 알 수 있고, '마법의 돌'이라는 비유적 표현을 쓴 이유가 둘째 문장에 제시됩니다. 둘째 문장을 촉매의 정의로 독해하기도 합니다. 즉 "촉매는 활성화 에너지가 낮은 새로운 반응 경로를 제공하여 반응이 쉽게 일어나도록 돕는 물질"인 것이죠. 그러나 이 부분을 촉매에 대한 정의로 이해한다면 문장 독해를 깊게 파고들 필요가 있습니다.

그러면 이 글에서 중심적인 내용은 무엇일까요? "이러한 문제점을 해결하기 위해"라는 부분을 통해서 글의 중심 내용을 확인할 수 있습니다. '이러한 문제점'은 앞 문장에 나옵니다. "시행착오를 반복하다가 요행히 촉매를 발견"하는 것이 문제라는 것이죠. 그래서 계획적으로 촉매를 찾아내기 위한 설계 방법이 도입되었다는 것입니다.

그리고 중심 내용을 확인하는 과정에서 "전통적인 공업용 촉매 개발은 시행착오를 반복하다가 요행히 촉매를 발견하는 식이었기 때문에 '촉매가 보였다'고 말하기도 한다."라는 문장도 정확히 독해할 수 있지요. 즉 '촉매가 보였다'는 의미는 바로 앞에 ' ~ 때문에'가 있어서 '요행히 촉매를 발견'하는 것과 관련되어 있습니다. 즉 전통적인 촉매 개발은 우연성에 의존하고 있다는 말입니다. 따라서 "전통적인 촉매 개발은 시각적 방법에 의존하기 때문에 비효율적이다."라는 선지가 제시된다면, 이 선지가 왜 올바르지 않은지 바로 알아차릴 수 있을 겁니다.

문장 안 여러 의미 영역을 확인하는 문장 독해

> 논리실증주의자와 포퍼는 지식을 수학적 지식이나 논리학 지식처럼 경험과 무관한 것과 과학적 지식처럼 경험에 의존하는 것으로 구분한다. 그중 과학적 지식은 과학적 방법에 의해 누적된다고 주장한다. 가설은 과학적 지식의 후보가 되는 것인데, 그들은 가설로부터 논리적으로 도출된 예측을 관찰이나 실험 등의 경험을 통해 맞는지 틀리는지 판단함으로써 그 가설을 시험하는 과학적 방법을 제시한다. 논리실증주의자는 예측이 맞을 경우에, 포퍼는 예측이 틀리지 않는 한, 그 예측을 도출한 가설이 하나씩 새로운 지식으로 추가된다고 주장한다.
>
> 하지만 콰인은 가설만 가지고서 예측을 논리적으로 도출할 수 없다고 본다.
>
> (2017학년도 수능)

이 글도 역시 5개의 문장으로 이루어져 있습니다. 그런데 이 글은 앞의 '촉매' 글처럼 빠르게 읽어서는 의미가 정확히 이해되지 않습니다. 두 번 세 번 읽어보아야 비로소 독해가 되고, 문장의 구조도 눈에 들어오게 됩니다. 왜 그럴까요?

그 이유는 첫째, '지식'이라는 단어가 연속해서 나오면서 같은 말이 나열되는 느낌을 주기 때문입니다. 게다가 '수학적 지식', '논리학 지식', '과학적 지식' 등의 개념에 대해 평소에 차이를 크게 느끼지 않기 때문에 첫째 문장, 둘째 문장을 읽어도 글의 내용이 잘 정리되지 않습니다. 그리고 이어서 나오는 셋째 문장에는 앞의 두 문장 내용과 바로 연결되지 않는 새로운 개념인 '가설'과 '논리적으로 도출된 예측'이 나옵니다. 그리고 '논리실증주의자', '포퍼', '콰인'이라는 세 경우를 제시하고 있어서, '이들이 도대체 어떻다는 거야?'라고 짜증이 나게 되죠. '예측과 가설과 지식'이 어떻게 관련되는지도 모르겠는데, '논리실증주의자, 포퍼, 콰인은 또 뭐지?' 하고 생각하게 되는 것입니다.

이럴 경우 문장 하나하나를 뜯어보면서 문장 안에 담긴 여러 의미 영역을 확인해야 합니다. 이렇게 접근하면 첫째 문장의 구조가 "경험과 무관한 것과" "경험에 의존하는 것으로 구분"하고 있다는 것을 확인할 수 있죠. 빠르게 처음 읽었을 때는 눈에 들어오지 않았던 내용입니다. 그리고 '수학적 지식'과 '논리학 지식'은 같은 것으로, '과학적 지식'은 다른 것으로 분류하고 있음도 알게 됩니다. 문장 독해를 통해서 확인한 위의 두 가지 정보는 이 지문 전체를 이해하는 데 있어 핵심적인 역할을 합니다. 두 번 세 번 문장을 뜯어보며 읽어도 잘 파악되지 않는 '예측과 가설과 지식'의 관련성은 둘째 문단에서 제시됩니다. 이처럼 문장 하나하나의 뜻을 정확히 새기면서 글을 읽어야 하는 경우도 있는데, 최근의 수능 지문들은 이러한 성격을 띠고 있습니다.

문장 독해의 실제 과정 모형도

| 한 문장 독해 방법 |

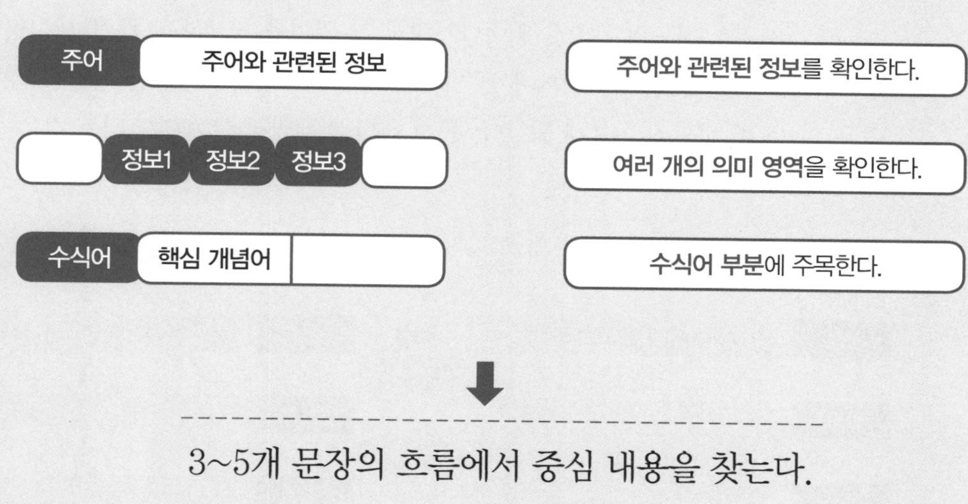

3~5개 문장의 흐름에서 중심 내용을 찾는다.

| 앞뒤 문장 독해 방법 |

개념 제시 문장	(즉, 말하자면)	부연 설명 문장	**부연 설명** 문장에 주목한다. (뒤 문장에 구체 정보가 나온다.)
이유 또는 근거	따라서, 그러므로	결과 또는 결론	**이유나 근거**에 주목한다. (앞뒤 문장의 관계성을 이해한다.)
앞 문장	(반면, 그러나)	뒤 문장	**비교 대조**에 주목한다. (차이점에 비추어 내용을 이해한다.)
앞 부분	(이러한) ~		**지시어**에 주목한다. (지시하는 내용과 관련하여 이해한다.)
(~ 하면)	(~ 한다)		**조건문**에 주목한다. (뒷절은 앞절과 결합해서만 이해된다.)

1 한 문장 독해

우리는 3~5개 정도의 문장을 읽어나가면서 그 의미를 생각하고, 뜻을 새깁니다. 만약 3~5개의 문장을 읽다가 이해가 안 되는 부분이 나오면, 그 문장을 정확히 이해하려고 두 번 세 번 정도 읽어보게 됩니다. 문장 하나를 세밀히 살펴보게 되는 경우는 이때인 것이죠.

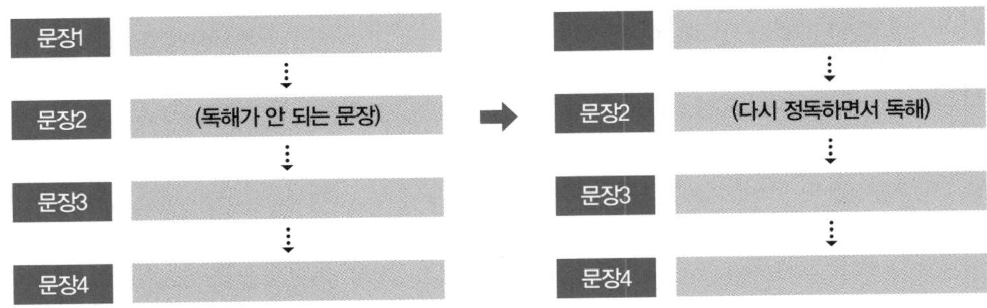

독해가 안 되는 부분이 나올 때의 한 문장 독해

그리고 3~5개 정도의 문장을 읽어가면서 설명의 핵심이나 서술의 초점을 글의 흐름에서 정확히 찾으려 합니다. 이때에도 문장 독해가 필요합니다. 즉 중심 내용의 근거를 '한 문장 독해'를 통해서 정확히 확인하는 것이죠. 또 선택지에서는 중심 내용의 단어나 표현을 바꿔서 제시하기 때문에 한 문장 독해는 정답을 판단하는 데에도 꼭 필요합니다.

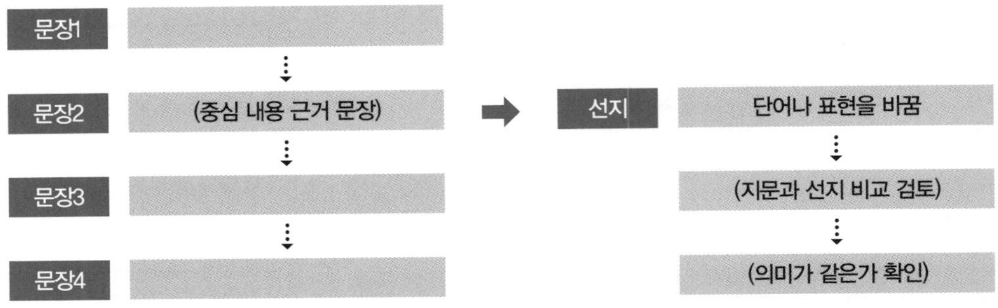

글의 중심 내용과 선지의 정답을 파악하는 한 문장 독해

1 주어와 관련된 정보를 확인한다

주어부　　서술부

문장은 주어 부분과 서술 부분으로 이루어지기 때문에 '한 문장 독해'는 주어 부분과 서술 부분 사이의 의미 관계를 이해하는 것입니다. 주어-서술어 관계를 대충 넘기기 쉽지만, 글을 정확히 이해하기 위해서는 주어-서술어 관계를 잘 파악해야 합니다.

기본원리 ❶

먼저 글쓴이의 의견을 제시하는 문장인지, 아니면 객관적 사실을 전하는 문장인지를 알아야 합니다. 의견(= 주장)인지 사실인지도 모르고 읽는다면, 글 내용을 독해하는 과정에서 혼선이 생길 수 있거든요.

| 사례분석

(2009학년도 6월)

> 물론 간접 경험에서 연민을 갖기가 어렵다고 치더라도 고통을 대면하는 경우가 많아진 만큼 연민의 필요성이 커져 가고 있다.
>
> 문제 | '연민의 필요성이 커져 가고 있다'는 말과 '연민이 많아지고 있다'는 말은 서로 의미가 같은가?

윗글이 객관적 사실을 전하는 문장처럼 보이지만 의견을 나타내는 문장입니다. '연민의 필요성이 커져 가고 있다'는 부분은 '연민할 필요가 커지고 있다'라고 바꿀 수 있죠. '~할 필요가 있다'는 말은 '~해야 한다'는 말과 같습니다. 당위(마땅히 그렇게 해야 함)를 나타내는 표현이어서 주장을 드러내는 문장입니다. 그래서 '연민의 필요성이 커져 가고 있다'는 말과 '연민이 많아지고 있다'는 말은 의미가 다릅니다. (정답: 서로 의미가 다르다.)

기본원리 ❷

주어와 관련된 정보는 서술 부분에서 일차적으로 확인할 수 있습니다. 서술 부분은 목적어나 부사어, 보어 등을 포함하고 있어서, 주어 부분을 제외한 나머지 부분 모두라고 생각하면 됩니다.

| 사례분석 (2014학년도 수능 B형)

> 지구의 자전 때문에 일어나는 현상 중 하나는 지구 상에서 운동하는 물체의 운동 방향이 편향되는 것이다. 이러한 현상의 원인이 되는 가상적인 힘을 전향력이라 한다.
>
> **문제 |** 첫째 문장의 서술 부분에서 주어와 관련된 주요 정보를 찾아보시오.

첫째 문장의 주어부는 주어인 '하나는'이 들어 있는 부분까지, 즉 "지구의 자전 때문에 일어나는 현상 중 하나는"까지입니다. 그리고 서술부는 그 다음부터 문장 끝까지, 즉 "지구 상에서 운동하는 물체의 운동 방향이 편향되는 것이다."입니다. 주어부의 주요 정보는 '지구 자전'이고, 서술부의 주요 정보는 '운동하는 물체의 운동 방향 편향'이죠. 서술부에 제시된 정보를 좀 더 간략히 한다면, '운동 방향의 편향'이라 할 수 있을 거예요. 그래서 다음 문장에서 이와 관련되는 개념을 '전향력(轉向力=방향을 바꾸게 하는 힘)'이라는 하나의 단어로 제시하고 있습니다. (정답: 운동 방향의 편향)

기본원리 ❸

주어와 관련된 정보는 주어부 안에서도 찾을 수 있습니다. 주어를 수식하는 부분은 주어와 관련된 주요 정보를 제공합니다. 글을 읽다 보면 이러한 경우를 적잖게 확인할 수 있지요.

| 사례분석 (2009학년도 수능)

> 따라서 창조 도시를 만들기 위해서는 도시 고유의 특성을 면밀히 고찰하여 창조 산업, 창조 계층, 창조 환경의 역동성을 최대화할 수 있는 조건이 무엇인지 밝혀낼 필요가 있다.
>
> **문제 |** 주어를 수식하는 부분에서 주요 정보를 찾아보시오.

'~할 필요가 있다'는 문장은 사실을 말하는 문장 형식을 취하고 있지만, 내용적으로 당위적 의견을 말하고 있습니다. 의견을 말하는 주체를 '숨기고', 해야 할 행위만을 객관적으로 제시하는 문장입니다. 그래서 형태상 주어인 '필요가'를 수식하는 부분에 주요 정보가 들어 있게 마련이죠. 여기서는 "창조 산업, 창조 계층, 창조 환경의 역동성을 최대화할 수 있는 조건이 무엇인지 밝혀 낼" 부분을 줄여서, 즉 '역동성을 최대화할 조건'이 주요 정보라고 할 수 있지요. (정답: 역동성을 최대화할 조건)

기본원리 ❹

정의를 내리는 문장에는 주요 정보가 들어 있습니다. 글을 읽을 때 정의 내리는 문장이 나오면 반드시 밑줄을 긋고, 거기에 들어 있는 주요 정보를 확인해야 합니다. 정의는 수능 비문학 지문의 정형화된 서술 방식이며, 문제에서도 반드시 정의를 활용합니다.

정의도 분석이나 비교-대조처럼 설명의 한 방식입니다. 새로운 개념이나 새로운 대상이 제시될 때 사람들이 그것을 잘 이해하지 못하기 때문에 특별한 설명 방식이 필요한 것이죠. 정의를 내리는 문장 구조는 다음과 같습니다.

A는	~는	B이다
새로운 개념이나 새로운 대상	이차적이고, 세부적인 범주화	일차적인 범주화

사촌동생(유치원생): 언니 언니, 하이테크펜이 뭐야?
수지(고등학생): 응? 아~! (머리를 긁적이며)
수지: 아, 알았다. 그거 말이야, 필기도구야! 필기도구 알지?
사촌동생: (머리를 끄덕끄덕)
수지: 필기도구인데, 고등학교 언니 오빠들이 쓰는 가는 펜이야. 일본에서 수입해오는 비싼 펜이지!

수지는 정의를 내리는 방식으로 사촌동생에게 설명을 하고 있습니다. 그것도 아주 훌륭히 하고 있지요. 먼저 설명하려는 대상을 큰 범주 속에 자리 잡게 해주고, 그것의 범위가 너무 넓으니까 다시 좁혀서 구체적으로 지정하고 있는 것이죠. 정의는 우리가 가지고 있는 기존의 개념 속에 새로운 개념이나 새로운 대상(A)을 자리 잡게 하는 것입니다. 즉 먼저 큰 범주에 해당하는 개념(B)에서 자리 잡게 하고, 그리고 다시 구체적으로 좁혀주는데, '~는'이라는 수식 부분이 이에 해당하죠.

| 사례분석 (2006학년도 수능)

> 옵션은 '미래의 일정한 시기(행사 시기)에 미리 정해진 가격(행사 가격)으로 어떤 상품(기초 자산)을 사거나 팔 수 있는 권리'로 정의된다.
>
> **문제 |** 옵션의 정의 부분에 나오는 주요 정보를 하나씩 찾아보시오.

정의를 내리는 문장에서는 끝 부분(일차적으로 큰 범위에서 범주화하는 개념)은 범위가 너무 넓어서 막연할 때가 있고, 오히려 범위를 좁혀주는 구체적인 부분에 주요 정보가 제시될 경우가 많습니다. 여기서도 그렇습니다. 옵션은 무엇보다도 '권리'이죠. 그런데 '권리'라는 개념이 너무 넓어서 이것만으로는 옵션을 설명했다고 볼 수 없죠. '권리'를 수식하는 부분에 주요 정보가 들어 있습니다. (정답: 1) '미래의 일정한 시기', 2) '정해진 가격', 3) '기초자산의 매매')

기본원리 ❺

주어와 관련된 정보는 글의 다른 내용을 이해하는 데 중요한 역할을 합니다. 특히 주어가 글 전체의 화제어일 경우에는 더욱 그러하죠. 문제를 해결하는 과정에서도 결정적인 역할을 할 수 있습니다.

| 사례분석 (2014학년도 수능 A형)

> 이 다리(옥천교)는 지엄한 왕의 공간과 궁궐 내의 일상적 공간을 구획하는 경계였고 임금과 임금에게 허락받은 자들만이 건널 수 있었다.

주어인 옥천교와 관련된 주요 정보는 '지엄한 공간과 일상적 공간을 나누는 경계'입니다. 그런데 이것을 놓치면 글의 다른 내용과 관련하여 착각할 수 있습니다. 이 문장 아래에 나오는 다음 내용을 읽고 물음에 답하여 봅시다.

> 두 홍예 사이의 (옥천교) 석축에는 금천 바깥의 사악한 기운이 다리를 건너 안으로 침범하는 것을 막기 위해 도깨비 형상을 조각했다.
>
> **문제 |** 옥천교 석축에 도깨비 형상을 조각한 이유로 적절한 것은?
>
> ⓐ 왕의 공간을 지키기 위하여.
> ⓑ 세속을 구원하고자 하는 종교적인 의도 때문에.

'사악한 기운이 오는 것을 막기 위해 도깨비 형상을 조각했다'는 말은 '지엄한 왕의 공간'을 지키기 위한 것이죠. '세속을 구원하고자 하는 종교적 의식이 반영된 것'은 아닙니다. 이렇게 분명하게 파악되는 것들도 다른 내용과 섞여 있으면 착각할 수 있죠. 그래서 주어와 관련된 정보를 놓치지 말아야 합니다. (정답: ⓐ)

유제 연습 ❶

1 다음 문장에서 주어와 관련된 주요 정보를 찾은 것으로 가장 적절한 것은?

> 수각류의 발자국은 조각류처럼 2족 보행렬을 나타내지만 발자국의 길이가 발자국 폭보다 더 길다는 점이 조각류와 다르다.

① 2족 보행렬
② 발자국의 길이와 발자국 폭
③ 발자국의 길이가 발자국 폭보다 길다
④ 조각류와 다르다

| 풀이 |

주어는 '수각류의 발자국'이며, 조각류의 발자국과 비교하는 문장이기 때문에 그 차이점을 드러내는 부분이 주어와 관련된 주요 정보라고 할 수 있습니다. 즉 2족 보행은 같지만, 발자국 길이나 발자국 폭에서 서로 차이가 납니다. 그래서 정답은 ③입니다.

2 다음 '동영상 압축'과 관련된 주요 정보를 찾은 것으로 가장 적절한 것은?

> 동영상 압축에서는 원래의 화소 값들을 여러 개의 성분들로 형태를 변환한 다음, 화질에 거의 영향을 미치지 않는 성분들을 제거하고 나머지 성분들만을 저장한다.

① 화소 값
② 성분들로 형태를 변환
③ 화질에 영향을 거의 미치지 않는 성분
④ 나머지 성분들만을 저장

| 풀이 |

'동영상 압축'이라는 표현은 '제거한다'는 말과 관련될 것입니다. 그렇다면 무엇을 제거하고 어떤 것을 압축하느냐가 주요 정보가 될 것입니다. 제거하는 것은 '화질에 거의 영향을 미치지 않는 성분들'입니다. '나머지 성분들'은 제거하는 것 이외의 것들이므로 결국 주요 정보는 제거하는 부분이 될 것입니다. 그래서 정답은 ③입니다. '변환'은 압축 과정을 말하기 때문에 부차적인 정보라고 할 수 있습니다.

2 여러 개의 의미 영역을 확인한다

주어	주어 + 서술어	서술어

한 문장 안에 주어–서술어 관계가 여러 번 나타날 수 있습니다. '이어진 문장'이나 '안은문장'은 주어–서술어 관계가 둘 이상 들어 있는 겹문장입니다. 각각의 주어–서술어 관계는 하나의 의미 영역을 구성하기 때문에 정확히 확인하면서 독해해야 하지요. 이런 문장은 독해하기가 어렵습니다. 비문학 지문을 반복해서 읽어보는 것이 독해력을 키우는 방법인데, 반복해서 읽는 과정에서 한 문장 안의 여러 의미 영역을 더욱 잘 이해할 수 있게 됩니다.

기본원리 ❶

개념을 설명하는 문장은 대체로 여러 개의 의미 영역들로 이루어져 있습니다. 개념을 정확히 이해하기 위해서는 두 번 읽어야 하며, 의미 영역마다 하나씩 번호를 매기는 것도 필요합니다. 수능 지문은 너무 복잡하여 머릿속에 따로 정리할 수 없습니다. 지문에서 바로 분류하고 정리해야 합니다.

| 사례분석 (2016학년도 수능 B형)

부력은 어떤 물체에 의해서 배제된 부피만큼의 유체의 무게에 해당하는 힘으로, 항상 중력의 반대 방향으로 작용한다.

문제 | 위의 문장과 관련하여 적절한 진술은?

ⓐ 균일한 밀도의 액체 속에서 낙하하는 동전에 작용하는 부력은 항상 일정한 크기를 유지한다.
ⓑ 균일한 밀도의 액체 속에서 완전히 잠겨 있는 쇠 막대에 작용하는 부력은 서 있을 때보다 누워 있을 때가 더 크다.

개념을 설명하는 문장은 문제와 반드시 관련됩니다. 정확히 독해하기 위해서는 의미 영역 단위로 밑줄을 긋고 번호를 매기면 좋습니다. 1) "어떤 물체에 의해서 배제된 부피만큼의 유체의 무게에 해당하는 힘", 2) "항상 중력의 반대 방향으로 작용" 이렇게 표시하면 문제풀이 과정에서 지문을 다시 볼 때 아주 유용합니다.

1)은 밑줄을 그어도 바로 이해되지 않아요. 다시 한 번 읽어보면서 그 의미를 생각해 두어

야 하지요. 부력(浮力)은 중력에 반하여 뜨는 힘입니다. 그런데 부력의 크기는 어떤 물체가 갖고 있는 부피와 관련되는데, 그 물체가 유체(流體: 공기나 물과 같은 기체나 액체. 흐르는 물체라는 의미임) 속에 들어가면 자신의 부피만큼 유체를 넘치게 하죠. 찰랑거리는 목욕탕에 사람이 들어가면 자신의 부피만큼 물이 넘쳐나는 것을 생각하면 됩니다. 넘쳐난 유체의 무게에 해당하는 힘이 바로 부력이라는 것이고, 물체가 유체에 들어가면 그러한 부력에 의해 뜨게 되는 것이죠.

부력의 개념을 정확히 이해한다면, ⓐ와 ⓑ 중에서 어느 것이 적절한지를 알 수 있을 거예요. 부력을 설명한 위의 문장에 물체가 유체 속에서 낙하하는 동안의 부력의 변화에 대한 내용은 없습니다. 그렇지만 물체가 낙하하는 과정에서 부피의 변화가 없기 때문에 부력의 변화도 없다고 추론할 수 있죠. 그리고 물체가 누워 있든 서 있든 물체의 부피가 변하지 않기 때문에 부력의 크기에는 변동이 없습니다. 같은 크기의 부력이 '서 있는 물체를 떠받치느냐 아니면 누워 있는 물체를 떠받치느냐'라는 상태 차이에 불과한 것입니다. 개념을 정확히 확인하면 쉽게 풀 수 있는 문제였는데, 이 문제의 오답률이 무려 60% 정도였고 ⓑ를 정답으로 착각한 학생도 10명 중 2명 이상이었습니다. (정답: ⓐ)

기본원리 ❷

한 문장 안의 여러 의미 영역은 각기 주어-서술어 관계로 이루어져 있습니다. 따라서 이것들을 독해할 때는 각각 하나의 독립된 문장으로 나누어서 이해하는 것이 정확히 독해하는 방법입니다. 밑줄을 긋고 번호를 매기는 것도 이러한 이유에서죠.

| 사례분석 (2014학년도 6월 B형)

또 하나의 단안 단서인 '결 기울기'는 같은 대상이 집단적으로 분포할 때, 시야에 동시에 나타나는 대상들의 연속적인 크기의 변화로 얻어지는 입체 지각이다.

문제 | 위의 문장을 통해 다음 ⓐ의 진술이 '결 기울기'에 해당하는 입체 지각인지 아닌지를 판단하시오.

ⓐ 축구공이 빠르게 작아지는 동영상을 보여 줄 때는 가만히 있던 강아지가 축구공이 빠르게 커지는 동영상을 보여주자 놀라서 도망갔다.

위의 문장을 의미 영역별로 하나씩 분류해 봅시다. [① '결 기울기'는 단안 단서이다. ② 같은 대상이 집단적으로 분포한다. ③ 그 대상들이 시야에 동시에 나타난다. ④ 그 대상들의 연속적인 크기 변화가 나타난다.] 그러니까 '결 기울기'는 이런 것들이 나타날 때, 입체 지각으로 이끈다는 말입니다.

'결 기울기'의 개념이 갖고 있는 의미 영역이 이렇게 복잡한데, 이것을 하나의 문장에서 표현하고 있습니다. 그래서 수능 지문에서는 거의 대부분 이렇게 복잡한 개념 설명이 있고 난 다음에 예시 문장이 나옵니다. 예시를 통해 복잡한 의미 영역을 이해하는 것이 수능 지문을 정확히 독해하는 또 다른 방법입니다.

> 예를 들면 들판에 만발한 꽃을 보면 앞쪽은 꽃이 크고 뒤로 가면서 서서히 꽃이 작아지는 것으로 보이는데 이러한 시각적 단서가 쉽게 원근감을 일으킨다.

이 문장은 '결 기울기'를 설명한 문장 다음에 바로 이어서 나오는 예시 문장입니다. '결 기울기'의 여러 의미 영역을 예를 통해서 이해하도록 제시한 것이죠. '결 기울기'의 의미 영역을 하나씩 독립된 문장으로 독해하면 예시 문장의 의미를 금방 알 수 있습니다. [① 들판이라는 장소에 꽃이라는 대상이 집단적으로 분포하고 있고, ② 그것이 시야에 들어오고, ③ 앞의 꽃이 크게 보이고 뒤의 꽃이 서서히 작게 보이는 연속적인 크기 변화가 나타난다.]

만약 지문의 문장에서 '결 기울기'를 '연속적인 크기 변화'로만 독해했다면, ⓐ를 '결 기울기'에 해당하는 입체 지각으로 착각하기 쉽습니다. '축구공이 빠르게 커지는 동영상' 부분을 '연속적인 크기 변화'로 착각하는 것이죠. '결 기울기'의 다른 의미 영역을 확인하지 않은 채 수험생들이 속단하는 것입니다. ⓐ가 '결 기울기'의 입체 지각이라고 판단한 사람이 무려 40% 정도에 달합니다. (정답: '결 기울기' 아님.)

유제 연습 ❷

1 '촉매 설계 과정'의 각 단계에서 제시된 주요 정보를 찾아 적어보시오.

촉매 설계 과정의 첫 번째 단계에서는 대상이 되는 반응을 선정하고, 열역학적 검토와 경제성 평가를 거쳐 목표치를 설정한다. 이 단계에서는 열역학적으로 불가능하거나 원하는 수준의 경제성에 도달하기 어렵다고 판단되면 설계의 처음으로 되돌아간다. 두 번째 단계에서는 반응물이 촉매 표면에 흡착되어 생성물로 전환되는 반응 경로 모델을 구상하며, 그 다음에는 이 모델대로 반응의 진행을 쉽게 하는 활성 물질, 활성 물질의 기능을 증진시키는 증진제, 그리고 반응에 적합한 촉매 형태를 유지시키는 지지체를 선정한다. 마지막 단계에서는 앞에서 선정된 조합으로 촉매 시료를 제조한 후 실험하고, 그 결과를 토대로 촉매의 활성, 선택성, 내구성을 평가한다.

첫째 단계: (   )과 (   )
둘째 단계: (   )과 (   )
셋째 단계: (   )과 (   )

| 풀이 |

여러 개의 의미 영역이 한 문장에 들어 있을 때, 주어–목적어–서술어 관계를 확인해 보는 것이 정확한 독해에 도움이 됩니다. 첫 번째 단계를 서술한 문장에서는 이어진 문장이기 때문에 두 개의 목적어–서술어 부분이 나옵니다. 즉 '반응 선정'과 '목표치 설정'입니다. 두 번째 단계를 서술한 문장도 역시 이어진 문장이지만, 뒤의 문장이 복잡합니다. 그런데 자세히 살펴보면, '활성 물질', '증진제' 그리고 '지지체'의 3가지 물질이 제시되고 있고, 이것이 촉매 시료의 구성물 즉 촉매라는 것을 다음 문장에서 확인할 수 있습니다. 그래서 두 번째 단계를 서술한 문장의 주요 정보를 요약하면, '반응 경로 모델 구상'과 '촉매 선정'입니다. 마지막 단계도 역시 이어진 문장이기 때문에 두 개의 주요 정보를 확인할 수 있습니다.

(정답)
첫째 단계: (반응 선정)과 (목표치 설정)
둘째 단계: (반응 경로 모델 구상)과 (촉매 선정)
셋째 단계: (촉매 시료 제조 후 실험)과 (촉매 평가)

3 수식어 부분에 주목한다

수식어 | 개념어

문장의 수식어는 부속성분입니다. 부차적인 의미를 갖고 있고, 독해 과정에서도 무심히 넘기는 경우가 많죠. 그런데 개념어 등을 수식하는 부분에는 주요 정보가 들어 있습니다. 수식 부분에 들어 있는 정보를 확인하는 것도 독해에서 중요합니다.

기본원리 ❶

개념어를 수식하는 부분에는 그 개념어의 정의나 주요 정보가 들어 있을 수 있습니다. 낯선 단어나 어려운 개념이 나올 경우 수식 부분에 주목해 보세요. 어려운 단어나 개념이 나온다고 두려워할 필요가 없어요. 수식하는 부분에서 설명하거나, 아니면 서술 부분에서 설명하기 때문이죠.

| 사례분석 (2017학년도 9월)

이처럼 회사의 운영이 주주 한 사람의 개인 사업과 다름없이 이루어지고, 회사라는 이름과 형식은 장식에 지나지 않는 경우에는, 회사와 거래 관계에 있는 사람들이 재산상 피해를 입는 문제가 발생하기도 한다. 이때 그 특정한 거래 관계에 관련하여서만 예외적으로 회사의 법인격을 일시적으로 부인하고 회사와 주주를 동일시해야 한다는 법인격 부인론이 제기된다.

'법인격 부인론'의 개념은 수식하는 부분에서 그 의미를 파악할 수 있습니다. 1) 회사의 법인격을 일시적으로 부인한다는 것이고, 그리고 2) 회사와 주주를 동일시한다는 것입니다. 이 말 속에는 다음과 같은 의미가 들어 있습니다. 즉 회사의 법인격을 부인하지 않을 때에는 회사와 주주는 동일시할 수 없다는 것이죠. 그래서 회사가 져야 할 책임을 주주는 책임질 필요가 없음을 의미합니다.

그런데 특정 거래 관계에 대해서는 예외적으로 일시적으로 회사와 주주를 동일시할 수 있다는 것이 '법인격 부인론'의 내용입니다. 회사와 주주를 동일시하게 되면 주주에게도 회사의 책임을 지도록 할 수 있게 됩니다. 이렇게 주주에게도 회사의 책임을 지도록 하는 특정한 거래 관계는 무엇일까요? 앞 문장은 바로 이것을 말하고 있습니다. 회사가 주주 한 사람의 개인 사업처럼 운영되고, 그 주주가 책임지지 않을 때를 말합니다.

유제 연습 ❸

1 다음 글을 바탕으로 음절에 대한 정의를 서술하시오.

> 발음의 최소 단위인 음절의 구조는 해당 언어의 발음을 지배하는 기본 골격이라 할 만하다.

| 풀이 |

음절을 수식하는 부분에 음절의 정의가 들어 있습니다. 즉 음절은 발음의 최소 단위입니다. 그런데 이 문장은 지문의 마지막 문장이고, 음절을 수식하는 부분에 정의가 들어 있어서 독해가 잘 되지 않습니다. 음절에 대한 정의를 마지막 문장의 수식어 부분에 숨기고 문제를 출제한 경우였습니다. (정답: 음절은 발음의 최소 단위이다.)

2 다음 글을 읽고 적절하지 않은 것을 고르면?

> 정부나 기업이 사업에 투자할 때에는 현재에 투입될 비용과 미래에 발생할 이익을 비교하여 사업의 타당성을 진단한다. 이 경우 물가 상승, 투자 기회, 불확실성을 포함하는 할인의 요인을 고려하여 미래의 가치를 현재의 가치로 환산한 후, 비용과 이익을 공정하게 비교해야 한다.

① 사업의 타당성을 따질 때는 비용과 이익을 비교한다.
② 미래 가치를 현재 가치로 환산할 때 할인해야 할 것들이 있다.
③ 투자 기회는 미래 가치를 더욱 크게 한다.
④ 사업을 시작하기 전에 미래 가치와 현재 가치를 계산한다.

| 풀이 |

사업의 타당성을 따질 때 미래 이익 자체만 생각하는 것이 아니라, 미래 이익에서 할인해야 할 부분도 고려해야 합니다. 이때 할인의 요인은 물가 상승, 투자 기회, 불확실성입니다. '할인의 요인'을 수식하는 부분에서 확인할 수 있죠. 그래서 투자 기회는 미래 가치를 현재 가치로 환산할 때 미래 가치를 할인해야 하는, 즉 미래 가치를 깎아야 하는 요소입니다. 정답은 ③입니다.

실전 연습 한 문장 독해

| 주어와 관련된 정보 – 기본원리 ❶

01 **다음 ⓐ와 ⓑ의 진술이 의견을 말하는지 사실을 말하는지 판단하시오.**

ⓐ 창조 산업을 중시하는 관점에서는, 창조 산업이 도시에 인적 · 사회적 · 문화적 · 경제적 다양성을 불어넣음으로써 도시의 재구조화를 가져오고 나아가 부가가치와 고용을 창출한다고 주장한다.

ⓑ 그러므로 사회적 할인율은 미래 세대를 배려하는 공익적 차원에서 결정되는 것이 바람직하다.

| 주어와 관련된 정보 – 기본원리 ❷

02 **다음 문장의 서술부에서 주어와 관련된 주요 정보를 알려주는 말을 찾아보시오.**

할리우드에서는 일찍이 미국의 대량 생산 기술을 상징하는 포드 시스템과 흡사하게 제작 인력들의 능률을 높일 수 있는 표준화 · 분업화한 방식으로 영화를 제작했다.

① 대량 생산 기술
② 포드 시스템
③ 능률
④ 표준화 · 분업화한 방식

| 주어와 관련된 정보 – 기본원리 ❷

03 **다음 문장의 서술부에서 주어의 주요 정보를 알려주는 말을 찾아보시오.**

명시적 계약은 법원과 같은 제3자에 의해 강제되는 약속이므로 객관적으로 확인할 수 있는 조건에 기초해야 한다.

① 제3자
② 강제되는 약속
③ 객관적으로 확인할 수 있는 조건
④ 기초

| 주어와 관련된 정보 – 기본원리 ❸

04 **다음의 뒷문장 내용과 관련하여 앞 문장 주어부에서 주요 정보를 찾아보시오.**

시장이 독점 상태에 놓이면 영리 극대화를 추구하는 독점 기업은 생산을 충분히 하지 않은 채 가격을 올림으로써 배분적 비효율을 발생시킬 수 있다. 반면에 경쟁이 활발해지면 생산량 증가와 가격 인하가 수반되어 소비자의 만족이 더 커지는 배분적 효율이 발생한다.

| 주어와 관련된 정보 – 기본원리 ❹

05 **다음 문장에서 정의와 관련되는 의미 영역을 하나씩 정리하여 말하시오.**

해시 함수란 입력 데이터 x에 대응하는 하나의 결과 값을 일정한 길이의 문자열로 표시하는 수학적 함수이다.

| 주어와 관련된 정보 – 기본원리 ❺

06 **'이면이란 [ ]을 의미한다.' 아래의 내용을 토대로 앞의 [ ] 에 들어갈 말로 적절한 것을 고르면?**

창자(=소리꾼)는 소리를 통해 사설의 내용인 옥방(=감옥)의 광경을 묘사했으니, 이면이란 사설 내용을 의미하는 것이다. 하지만 이면을 이렇게 이해하는 것만으로는 부족하다. 옥방의 광경을 제대로 묘사하려면 그 음산하고 비감한 분위기, 거기에 내재되어 있는 본질적 의미까지도 있는 그대로 표현해야 한다.

ⓐ 창자가 소리로 표현해 내고자 하는 바탕
ⓑ 창자가 가장 잘 표현할 수 있는 판소리의 한 대목

| 여러 개의 의미 영역 – 기본원리 ❶

07 **다음 문장을 통해 ⓐ의 진술이 적절한지 아닌지를 판단하시오.**

조건이 실현되었을 때 효과를 발생시키면 '정지 조건', 소멸시키면 '해제 조건'이라 부른다.

ⓐ 계약에 해제 조건을 덧붙이면 그 조건이 실현되었을 때 계약상 유지되고 있는 효과를 소멸시킬 수 있다.

08 **다음 문장에 들어 있는 의미 영역을 하나씩 말해보시오.**

골딘과 카츠는 기술을 숙련 노동자에 대한 수요로, 교육을 숙련 노동자의 공급으로 규정하고, 기술의 진보에 따른 숙련 노동자에 대한 수요의 증가 속도와 교육의 대응에 따른 숙련 노동자 공급의 증가 속도를 '경주'라는 비유로 비교함으로써, 소득 불평등과 경제 성장의 역사적 추이를 해명한다.

09 **다음 문장 속의 ㉮에 대한 설명으로 적절하지 않은 것은?**

자유 위임 방식의 문제점을 보완하기 위해 국가에 따라서는 국가의 의사 결정에 국민이 직접 참여하거나 대표자를 직접 통제할 수 있는 ㉮ 직접 민주주의적 제도를 부분적으로 도입하기도 한다.

① 자유 위임 방식을 채택한 국가에서 ㉮의 도입은 선택적이다.
② 법률안 등을 국민이 투표로 직접 결정하는 제도는 ㉮에 해당한다.
③ 명령적 위임 방식*에서 나타나는 문제점이 ㉮를 도입할 때에도 나타날 수 있다.
④ 일정 연령에 도달한 국민에게 차별 없이 대표자 선출권을 부여하는 제도는 ㉮에 해당한다.

* 명령적 위임 방식: 대표자가 자신의 권한을 국민의 뜻에 따라 행사하는 방식.

10 **다음 문장에 비추어 ⓐ의 진술이 적절한지 판단하시오.**

사용자 수가 10만 명을 넘는 약 600개의 언어들은 비교적 안전한 상태에 있지만, 세계 언어 수의 90%에 달하는 그 밖의 언어는 21세기가 끝나기 전에 소멸할지도 모른다.

ⓐ 문제의 심각성을 드러내기 위해 예측할 수 있는 미래 상황을 제시하고 있다.

실전 연습 한 문장 독해 – 글의 흐름에서 중심 내용을 찾는 연습

| 2014학년도 9월 B형

11 주희와 정약용은 '명명덕'과 '친민'에 대해 서로 다르게 해석한다. 주희는 '명덕(明德)'을 인간이 본래 지니고 있는 마음의 밝은 능력으로 해석한다. 인간이 올바른 행동을 할 수 있는 것은 명덕을 지니고 있어서인데 기질에 가려 명덕이 발휘되지 못하게 되면 잘못된 행동을 하게 된다. 따라서 도덕 실천을 위해서는 명덕이 발휘되도록 기질을 교정하는 공부가 필요하다. '명명덕'은 바로 명덕이 발휘되도록 공부한다는 뜻이다. 반면, 정약용은 명덕을 '효(孝)', '제(弟)', '자(慈)'의 덕목으로 해석한다. 명덕은 마음이 지닌 능력이 아니라 행위를 통해 실천해야 하는 구체적 덕목이다. 어떤 사람을 효자라고 부르는 것은 그가 효를 실천할 수 있는 마음의 능력을 가지고 있어서가 아니라 실제로 효를 실천했기 때문이다. '명명덕'은 구체적으로 효, 제, 자를 실천하도록 한다는 뜻이다.

문제 | '주희는 사람들이 명덕을 교정하지 못하여 잘못된 행위를 한다고 보았다.' 이 같은 진술이 적절한지 판단하시오.

| 2015학년도 6월 A형

12 형광등은 원통형 유리관 내에 수은과 불활성 기체가 들어 있고 양 끝에 필라멘트가 붙어 있는 구조이다. 필라멘트에서 방출된 열전자가 수은 입자에 충돌하면 자외선이 발생한다. 이 자외선이 형광등 안쪽에 발라진 형광 물질에 닿으면 빛으로 바뀐다. 이때 형광 물질의 종류에 따라 빛의 색이 달라지기도 하고 자외선을 빛으로 바꾸는 변환 효율이 다르므로 형광등의 발광 효율에도 영향을 준다. 형광등은 필라멘트에서 직접 빛을 얻는 것이 아니므로 가열 온도를 낮출 수 있어서 백열전구에 비해 30% 정도의 전력 소비로 같은 밝기의 빛을 낼 수 있다. 또한 백열전구에 비해 적외선 방출도 적고 수명도 5~6배 정도 길다.

문제 | 윗글을 이해한 내용으로 다음의 진술은 적절한가?

ⓐ 형광등의 수은 입자는 필라멘트에서 방출된 후 형광 물질을 자극하여 빛을 만든다.

13 창조 도시는 하루아침에 인위적으로 만들어지지 않으며 추진 과정에서 위험이 수반되기도 한다. 창조 산업의 산출물은 그것에 대한 소비자의 수요와 가치 평가를 예측하기 어렵다. 또한 창조 계층의 창의력은 표준화되기 어렵고 그들의 전문화된 노동력은 대체하기가 쉽지 않다. 따라서 창조 도시를 만들기 위해서는 도시 고유의 특성을 면밀히 고찰하여 창조 산업, 창조 계층, 창조 환경의 역동성을 최대화할 수 있는 조건이 무엇인지 밝혀낼 필요가 있다.

문제 | '창조 도시의 문제점과 전망'이 위 문단의 중심 화제로 적절한지 판단하시오.

14 사막개미는 장소기억 능력이 있지만 눈에 띄는 지형지물이 거의 없는 사막에서는 장소기억을 사용할 수 없기 때문에 경로적분을 활용한다. 사막개미의 이러한 놀라운 집 찾기는 집을 출발하여 먹이를 찾아 이동하면서 자신의 위치에서 집 방향을 계속하여 다시 계산함으로써 가능하다. 가령, 그림에서 이동 경로를 따라 A에 도달한 사막개미가 먹이를 찾았다면 그때 파악한 집 방향 $\overrightarrow{AN}$으로 집을 향해 갈 것이다. 만약 A에서 먹이를 찾지 못해 B로 한 걸음 이동했다고 가정하자. 이때 사막개미는 A에서 B로의 이동 방향과 거리에 근거하여 새로운 집 방향 $\overrightarrow{BN}$을 계산한다. 사막개미는 먹이를 찾을 때까지 이러한 과정을 반복하여 매 위치에서의 집 방향을 파악한다.

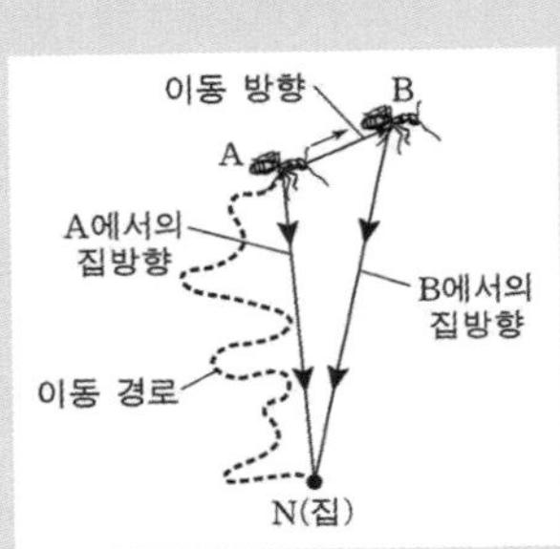

문제 | 윗글을 바탕으로 할 때, 사막개미의 길찾기에 대한 추론으로 가장 적절한 것은?

① 지형지물이 많은 곳에서 사막개미는 장소기억을 활용하겠군.

② 사막개미가 먹이를 찾은 후 집으로 되돌아갈 때는 왔던 경로를 따라 가겠군.

③ 사막개미는 한 걸음씩 이동하면서 그때마다 집까지의 직선거리를 다시 계산하겠군.

15 열과 일에 대한 이러한 이해는 카르노의 이론에 대한 과학자들의 재검토로 이어졌다. 특히 톰슨은 칼로릭 이론에 입각한 카르노의 열기관에 대한 설명이 줄의 에너지 보존 법칙에 위배된다고 지적하였다. 카르노의 이론에 의하면, 열기관은 높은 온도에서 흡수한 열 전부를 낮은 온도로 방출하면서 일을 한다. 이것은 줄이 입증한 열과 일의 등가성과 에너지 보존법칙에 어긋나는 것이어서 열의 실체가 칼로릭이라는 생각은 더 이상 유지될 수 없게 되었다. 하지만 열효율에 관한 카르노의 이론은 클라우지우스의 증명으로 유지될 수 있었다. 그는 카르노의 이론이 유지되지 않는다면 열은 저온에서 고온으로 흐르는 현상이 생길 수도 있을 것이라는 가정에서 출발하여, 열기관의 열효율은 열기관이 고온에서 열을 흡수하고 저온에 방출할 때의 두 작동 온도에만 관계된다는 카르노의 이론을 증명하였다.

클라우지우스는 자연계에서는 열이 고온에서 저온으로만 흐르고 그와 반대되는 현상은 일어나지 않는 것과 같이 경험적으로 알 수 있는 방향성이 있다는 점에 주목하였다. 또한 일이 열로 전환될 때와는 달리, 열기관에서 열 전부를 일로 전환할 수 없다는, 즉 열효율이 100%가 될 수 없다는 상호 전환 방향에 관한 비대칭성이 있다는 사실에 주목하였다. 이러한 방향성과 비대칭성에 대한 논의는 이를 설명할 수 있는 새로운 물리량인 엔트로피의 개념을 낳았다.

문제 1 | 앞 문단과 연결하여 뒤 문단의 중심 내용을 찾아보시오.

문제 2 | 윗글을 바탕으로 할 때, 〈보기〉의 [가]에 들어갈 말로 가장 적절한 것은?

보기

줄의 실험과 달리, 열기관이 흡수한 열의 양(A)과 열기관으로부터 얻어진 일의 양(B)을 측정하여 $\frac{B}{A}$로 열의 일당량을 구하면, 그 값은 (　[가]　)는 결과가 나올 것이다.

ⓐ 열기관의 두 작동 온도의 차이가 커질수록 줄이 구한 열의 일당량보다 더 커진다.

ⓑ 열기관이 흡수한 열의 양과 두 작동 온도에 상관없이 줄이 구한 열의 일당량보다 작다.

01 ⓐ: 남의 주장을 소개하는 문장이므로 ⓐ는 사실을 말하는 것입니다. 만약 글쓴이가 자신의 생각을 말하는 것이라면, 주어는 1인칭이 될 것이며 이 경우 주장을 말하는 문장이 되겠죠. 예를 들면 이런 문장입니다. "나는 창조 산업이 부가가치와 고용을 창출한다고 말하고 싶다." (정답: 사실 진술 문장)

ⓑ: '바람직하다'라는 말에는 글쓴이의 가치 판단이 들어 있습니다. 그렇기 때문에 이 문장은 의견을 말하는 문장입니다. (정답: 의견 진술 문장)

02 이 문장을 간략히 하면, "할리우드는 X방식으로 영화를 제작했다."라고 할 수 있습니다. 그리고 'X방식'에 해당하는 부분은, "포드 시스템과 흡사하게 ~ 표준화 · 분업화한 방식"입니다. 그러니까 '포드 시스템과 흡사한 표준화 · 분업화한 방식'이라고 요약할 수 있는데, 더 줄이면, '표준화 · 분업화한 방식'이라 할 수 있죠. (정답: ④)

03 주어는 '명시적 계약'입니다. 서술부는 "법원과 같은 제3자에 의해 강제되는 약속이므로 객관적으로 확인할 수 있는 조건에 기초해야 한다."입니다. 서술부에서는 먼저 근거를 제시하고 있고 그리고 뒷부분에서 당위를 말하고 있습니다. 즉 '약속이므로 X해야 한다.'는 말입니다. 당위 부분인 X에서 "객관적으로 확인할 수 있는 조건"이라는 구체적인 정보를 찾아낼 수 있으며, 이것이 '명시적 계약'의 의미를 분명히 말해주는 주요 정보임을 알 수 있습니다. (정답: ③)

04 앞 문장의 주어부는 "시장이 독점 상태에 놓이면 영리 극대화를 추구하는 독점 기업은"까지입니다. 주어는 '독점 기업은'이고, 이를 수식하는 부분의 주요 정보는 '시장 독점 상태'입니다. 대조 관계를 이루는 뒤 문장과 관련하여 살펴보면 분명해지죠. '시장이 독점 상태에 놓이면 배분에서 비효율이 발생하지만, 경쟁이 활발하면 배분에서 효율이 발생한다.'라고 대조되기 때문입니다. (정답: 시장 독점 상태)

05 (정답: 1) 하나의 데이터 x를 입력한다. 2) 그러면 거기에 대응하는 하나의 결과 값을 얻는다. 3) 이것을 일정한 길이의 문자열로 표시한다.)

06 이면은 한편으로 사설(辭說: 늘어놓는 말이나 이야기) 내용을 말하고, 또 한편으로는 '분위기와 거기에 내재된 본질적 의미'를 말합니다. 이 2가지 개념을 아우르는 개념을 찾으면, ⓐ의 '표현하고자 하는 바탕'이 적절할 것입니다. (정답: ⓐ)

07 이 문장은 두 개의 의미 영역으로 구성되어 있습니다. 그러니까 "조건이 실현되었을 때"에는 2가지의 경우가 생기는 것이죠. "1) 효과를 발생시키면 정지 조건"이고, "2) (효과를) 소멸시키면 해제 조건"입니다. 이 문장은 이어진 문장이고 목적어가 같기 때문에, 2)에서는 목적어(효과를)를 생략하였습니다. 그런데 목적어를 생략하였기 때문에 이 문장을 독해할 때 혼동이 생깁니다. 2)의 의미 영역이 무엇을 말하는지 불분명해지죠. 여기서는 문장 하나만을 제시했기 때문에 쉽게 이해되지만, 실제 지문에서는 개념 설명이 복잡하게 나열된 다음에 제시되기 때문에 독해에 혼동이 옵니다. 지문에서 생략되어 있는 목적어(=효과를)를 넣어 보면, ⓐ가 적절하다는 것을 금방 알 수 있는데, 이 문제에 오답을 한 학생도 10%나 됩니다. (정답: 적절하다.)

08 복잡하게 보이는 글이지만, 글의 구조에 따라 의미 영역을 독해하면 정리가 잘 됩니다. [① 기술을 숙련 노동자에 대한 수요로, 교육을 공급으로 보고 있다. ② 기술이 진보하면 숙련 노동자에 대한 수요가 증가하고, 교육도 이에 대응하여 숙련 노동자의 공급을 증가시킨다. ③ 숙련 노동자에 대한 수요 증가 속도와 공급 증가 속도를 '경주'라고 비유한다. ④ 이 두 가지를 비교함으로써 소득 불평등과 경제 성장의 역사적 변화 과정을 해명한다.]

09 ㉮를 수식하는 부분에 주요 정보가 몇 가지 들어 있고, [문제]에 대한 정답의 근거도 찾을 수 있습니다. 이 문제를 잘 분석해 보면 출제위원들이 선택지를 어떻게 만드는지 알 수도 있습니다. 지문에 나온 단어나 표현을 선택지에서 바꾸는 거예요. 그래서 선택지에서 바꾼 표현이 지문의 내용과 의미상 같은가 다른가를 문장 독해를 통해 판단해야 합니다.

①	'도입은 선택적이다'라는 구절은, "국가에 따라서는 ~ 도입하기도 한다" 구절을 바꾼 것입니다. (적절함)
②	'법률안 등을 국민이 직접 투표로 결정하는' 구절은, "국가의 의사결정에 국민이 직접 참여"한다는 구절을 바꾼 것입니다. (적절함)
③	명령적 위임 방식이 직접 민주주의와 같은 의미인지를 확인해야 합니다. "대표자를 직접 통제할 수 있는"의 수식어 구절을 통해서 같은 의미임을 알 수 있죠. 명령적 위임 방식의 문제점은 지문의 다른 부분에서 설명하고 있습니다. (적절함)
④	선거를 통해서 대표자를 선출해 간접적으로 정치에 참여하면 간접 민주주의이고, 국민이 의사결정에 직접 참여하면 직접 민주주의입니다. (적절하지 않음)

10 90%에 달하는 세계 언어가 사라질 가능성은 '문제의 심각성'을 보여주고 있으며, 21세기가 끝나기 전에 소멸할 수 있음은 '예측할 수 있는 미래 상황을 제시'하고 있습니다. (정답: 적절하다.)

11 어렵지 않게 읽을 수 있었을 겁니다. 문단의 화제어는 첫째 문장에 있습니다. 그런데 이것을 인지한다고 하여 이 문단에서 설명하고자 하는 중심 내용을 잘 이해했다고 할 수 없어요. 이 문단의 화제어가 '명명덕'인데, 주희 부분에서 '명명덕(明明德)'의 의미를 정확히 읽을 수 있어야 합니다. "도덕적 실천을 위해서는 명덕이 발휘되도록 기질을 교정하는 공부가 필요하다. '명명덕'은 바로 명덕이 발휘되도록 공부한다는 뜻이다." 여기서 주희는 명덕이 발휘되도록 기질을 교정하는 것을 강조하고 있습니다. 그런데 "주희는 사람들이 명덕을 교정하지 못하여 잘못된 행위를 한다고 보았다."라는 선택지에 약 20% 학생이 오답을 하였습니다. 오답을 한 이유는 '명명덕'을 설명한 바로 앞 문장에 있는 구절 때문입니다. 즉 "기질에 가려 명덕이 발휘되지 못하게 되면 잘못된 행동을 하게 된다."라는 구절이 있어서 독해에 착오가 생긴 겁니다. 그러니까 '명덕이 발휘되지 못한다'를 '명덕을 교정하지 못한다'와 혼동한 것이죠.

독해 과정에서 이런 착오가 일어나는 이유는 '명덕'과 '명명덕'을 구분하지 못했기 때문입니다. 명덕은 '인간이 본래 지니고 있는 마음의 밝은 능력'이고, 명명덕은 '명덕이 발휘되도록 기질을 교정하는 공부'를 뜻합니다. 명덕을 교정(矯正: 틀어지거나 잘못된 것을 바로잡음)한다는 말에는 명덕이 올바르지 못함을 암시하고 있기 때문에, 선한 인간 본성과 관련된 명덕의 의미에서 벗어난 잘못된 선지입니다. (정답: 적절하지 않다.)

12 글을 빠르게 읽으면 자칫 조사를 빠뜨리거나 한두 어절을 빼먹고 이해할 수 있습니다. 즉 "필라멘트에서 방출된 열전자가 수은 입자에 충돌하면 자외선이 발생한다." 부분에서 '열전자'를 빼먹고 '필라멘트에서 방출된 수은 입자'라고 읽을 수 있습니다. 과학이나 기술 지문에서는 개념들이 연속적으로 제시되면서 많은 정보들이 나열되기 때문에 독해하기가 무척 부담스럽습니다. 이 지문도 그렇습니다. '열전자 → 수은 입자 충돌 → 자외선 발생 → 형광 물질 접촉 → 빛으로 바뀜 → 형광 물질에 따라 빛의 색이 달라짐 → 변환 효율과 발광 효율에 영향을 줌'의 정보들이 불과 세 문장에서 연속되고 있습니다. 독해에 부담이 되더라도 정확히 읽는 습관이 필요합니다. (정답: 적절하지 않다.)

13 이 문단의 구조를 주의 깊게 살펴봅시다. 마지막 문장은 문단 전체를 요약하고 있습니다. 그런데 '따라서'라는 접속어 앞에 나오는 문장들의 서술어는 전부 부정적 의미를 띠고 있지요. 그래서 '따라서' 문장은 이러한 부정적 문제점들을 거론하고 전망을 제시한다고 착각할 수 있습니다. 그렇지만 '따라서' 문장을 요약하면, '창조 도시의 역동성 최대화 조건을 밝혀낼 필요성'이라고 할 수 있지요. 그래서 이 문단의 중심 화제는 '창조 도시의 문제점과 전망'이 아니고, '창조 도시의 역동성 최대화 조건을 밝혀낼 필요성'입니다. 마지막 문단의 마지막 문장까지 정확히 독해해야 합니다. 그렇지 않으면 교묘하게 구성하는 선택지의 함정에 빠질 수 있습니다. (정답: 적절하지 않다.)

14 사막개미는 경로적분을 활용하여 길찾기를 한다는 것이 중심 내용입니다. 이것은 첫째 문장에 나와 있죠. 그런데 경로적분은 특별한 경우에만 활용됩니다. 즉 "지형지물이 거의 없는 사막에서는 장소기억을 사용할 수 없기 때문에" 경로적분을 사용하는 것이죠. 그것이 첫째 문장에 제시되어 있는데, 우리는 글 읽는 과정에서 자칫 그것을 놓치게 됩니다. 여기서는 지문의 일부를 제시하였지만, 실제 수능 지문은 길고 복잡합니다. 따라서 이 문장을 읽으면서 '지형지물이 많은 곳에서는 장소 기억을 활용할 수 있다.'는 정보를 놓쳐서는 안 됩니다.

그리고 사막개미가 경로적분을 어떻게 활용하는지 설명하는 부분에서, "만약 A에서 먹이를 찾지 못해 B로 한 걸음 이동했다고 가정하자."라는 문장이 어떤 의미를 지니는지 이해하지 못하면, 사막개미는 매 걸음마다 경로적분을 한다고 착각하게 됩니다. "사막개미는 먹이를 찾을 때까지 이러한 과정을 반복하여 매 위치에서의 집 방향을 파악한다."는 마지막 문장이 이러한 착각을 유도합니다. 한 걸음씩 이동하면서 직선거리를 계산하는 것은, 경로적분을 설명하기 위해 설정된 가정된 상황에 불과한 것입니다. 실제로는 몇 걸음씩 이동한 후에 집 방향을 계산할 것입니다. (정답: ①)

15 뒤 문단의 중심 내용은 표면적으로는 '열의 방향성과 비대칭성'입니다. 접속어인 '또한'을 통해서, 그리고 문단 마지막 문장의 요약 부분을 통해서 알 수 있습니다. 그런데 뒤 문단의 중심 내용은 '열의 비대칭성'입니다. 앞 문단 내용과 연결하여 생각하면 분명해집니다.

앞 문단은 카르노 이론을 반박한 톰슨과, 카르노 이론을 되살려낸 클라우지우스의 논지를 설명하고 있죠. 그런데 앞 문단에서는 클라우지우스 논지 중, 열이 "고온에서 저온으로만 흐른다"는 방향성만 언급합니다. 비대칭성은 뒤 문단에서만 말하고 있습니다. 그래서 뒤 문단의 중심 내용은 '열의 비대칭성'이라고 할 수 있죠. 뒤 문단에서 비대칭성을 설명하는 부분, 즉 "일이 열로 전환될 때와는 달리, 열기관에서 열 전부를 일로 전환할 수 없다"는 부분이 뒤 문단의 중심 내용이 됩니다.

또한 뒤 문단의 중심 내용 중에서, "일이 열로 전환될 때와는 달리"라는 부분이 무엇을 암시하고 있는지도 추론할 수 있어야 합니다. 이 부분은 문장의 뒤 부분과 대조 관계를 이룹니다. 문장의 뒤 부분 내용은, '열은 전부 일로 전환할 수 없다.'는 것이죠. 이것과 대조 관계를 갖기 때문에, '일이 열로 전환될 때'는 일은 100% 열로 전환될 수 있음을 암시합니다. 반면에 열은 100% 일로 전환되지 않습니다. 이것이 바로 열의 비대칭성인 것이죠. ([문제1] 정답: 열의 비대칭성)

이러한 독해를 바탕으로 오답률이 약 70%였던 〈보기〉 문제를 분석해 봅시다. 줄의 실험은 일을 열로 전환하는 실험입니다. 그래서 "줄의 실험과 달리"라는 〈보기〉 부분은, 뒤 문단에 나오는 "일이 열로 전환될 때와는 달리"와 같은 의미입니다. 그리고 "열기관이 흡수한 열의 양(A)과 열기관으로부터 얻어진 일의 양(B)" 부분은, 뒤 문단의 "열기관에서 열 전부를 일로 전환할 수 없다는" 부분과 관련됩니다. 글 흐름에서 중심 내용이 '열 전환의 비대칭성'임을 알아차렸다면, [가]에 들어갈 말은 확실해집니다. ([문제2] 정답: ⓑ "열기관이 흡수한 열의 양과 두 작동 온도에 상관없이 줄이 구한 열의 일당량보다 작다.")

2 앞뒤 문장 독해

우리가 3~5개의 문장을 읽으면서 즉시 이해할 수 있는 것은 앞뒤 문장이 서로 연결 관계를 이루고 있기 때문입니다. 글의 흐름과 의미 맥락은 이러한 연결 관계를 통해 드러나기 때문에 독해력이 뛰어난 능숙한 독자는 앞뒤 문장의 연결 관계를 바로 이해하면서 글을 읽는 것이죠.

앞뒤 문장의 독해는 하나의 문장 안에서 필요하기도 합니다. 연결 어미를 통해 두 개의 절이 결합된 이어진 문장도 앞뒤 문장의 독해처럼 연결 관계를 주목해야 합니다. 이러한 연결 관계는 접속어나 지시어 등을 통해 나타납니다. 앞뒤 문장의 연결 관계는 개념–설명 관계, 전제–결론 관계, 원인–결과 관계, 비교–대조 관계, 조건적 관계, 지시적 관계 등이 있습니다.

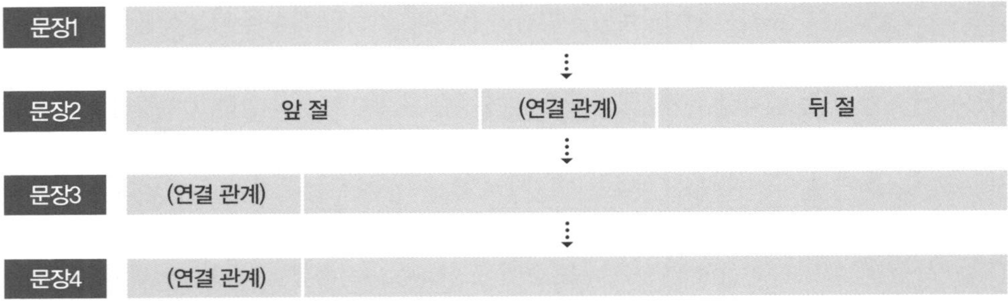

문장1			
문장2	앞 절	(연결 관계)	뒤 절
문장3	(연결 관계)		
문장4	(연결 관계)		

연결 관계를 통한 앞뒤 문장 독해

앞뒤 문장 독해는 한 문장 독해와 더불어 3~5개 정도의 문장을 독해하는 가장 기본적인 방법입니다. 다시 말하면 앞뒤 문장의 연결 속에서 의미 맥락을 파악하고, 동시에 이 부분의 중심 내용을 파악하는 한 문장 독해가 병행되는 것이죠.

또한 앞뒤 문장을 통해 연결 관계를 이해하는 능력은 문단을 독해하는 능력과 직결됩니다. 문단은 문장의 연결 관계를 통하여 하나의 중심 생각을 펼쳐내는 구조인 것이죠. 따라서 3~5개의 문장을 읽어가면서 앞뒤 문장의 연결 관계를 잘 이해할 수 있으면, 문단 독해력도 커지게 됩니다. 즉 '앞뒤 문장의 독해+문단 구조 파악'이 바로 문단 독해력이라 할 수 있습니다.

1 부연 설명에 주목한다

개념 제시 (즉, 말하자면) 부연 설명

부연은 설명을 덧붙여서 자세히 말하는 것입니다. 설명을 더 구체적으로 더 자세히 하는 것이죠. 그래서 모르는 것을 알려주는 설명은 일반적인 것에서 구체적인 것으로 나아가는 방식을 취하게 됩니다. 부연 설명은 한 번에 그치지 않고 계속될 수 있습니다. 설명 대상의 특정 부분을 더 자세히 말해야 하는 경우 또는 설명 대상의 여러 측면을 알려 주어야 할 경우에는 부연 설명의 과정이 계속됩니다. 부연 설명 부분에 구체적이고 주요한 정보가 있기 때문에 독해할 때 이 부분에 주목해야 합니다.

기본원리 ❶

앞 문장의 개념어 설명이 충분하지 않을 때는 뒤 문장에서 다시 구체적으로 설명합니다. 이럴 경우 개념어의 의미는 뒤 문장에서 더 구체적이고 정확하게 제시되므로, 뒤 문장의 내용에 주목해야 합니다.

| 사례분석

(2010학년도 9월)

우편번호 자동분류기는 환경과의 상호 작용에 기반한 경험적인 데이터로부터 스스로 성능을 향상시킬 수 있는 학습 능력을 갖춰야 한다. ㉠학습은 상호 작용의 정도에 따라 경험하는 데이터가 달라지고, 이러한 학습 데이터에 따라 자동 분류기의 성능이 달라지게 된다. 즉, 자동분류기는 단순히 데이터를 기억하는 것이 아니라, 다양한 경험에서 새로운 정보를 추론하여 스스로 분류할 수 있는 능력을 갖춰야 한다.

문제 | 휴대 전화의 기능을 소개하는 문구 중, ㉠의 기능을 담고 있는 예로 적절하지 않은 것은?

ⓐ 전화가 걸려 오면 등록된 수신 거부 목록과 일일이 대조하여, 목록에 있는 번호이면 수신을 거부한다.

ⓑ 휴대 전화를 든 손으로 등록된 단축 번호를 공중에 쓰면, 전화기가 숫자를 인식하여 자동으로 전화를 건다.

ⓒ 사용자의 음성 특징을 추출하여 사용자와 타인의 음성을 분류하면, 사용자의 음성으로만 휴대 전화를 사용할 수 있다.

첫째 문장이나 둘째 문장은 이해하기 어렵기 때문에 셋째 문장에서 다시 부연 설명하고 있습니다. 그래서 '㉠ 학습'의 의미는, 'A가 아니라, B이다.'라는 셋째 문장 구조를 통해, '기억이 아니라 분류이다.'라고 정리할 수 있죠.

그러면 이제 '기억과 분류'의 개념을 갖고 선지를 검토해야 합니다. 기억은 우리 머릿속에 저장된 내용을 가져오는 것이죠. '등록된 목록과 대조한다.'는 ⓐ 선지는 '기억' 개념을 말하는 것입니다. 학습은 '분류'의 개념이기 때문에 ⓐ 선지는 적절하지 않습니다. ⓒ 선지에는 '분류'라는 단어가 들어 있네요. ⓑ 선지가 '기억'에 속하는지 '분류'에 속하는지 판단하기가 어렵습니다. 그런데 ⓑ 선지는 '분류'에 속합니다. 왜냐하면 허공에 쓴 번호가 무엇인지 먼저 분류한 다음에야 그것을 숫자로 인식할 수 있기 때문입니다. (정답: ⓐ)

기본원리 ❷

개념-설명의 관계에 있을 때, 앞 문장과 뒤 문장은 의미가 같습니다. 의미는 같지만 앞 문장과 뒤 문장의 단어는 다릅니다. 즉 부연 설명은 같은 설명 대상을 다른 말로 표현하는 것이라 할 수 있죠. 그래서 개념-설명 관계에서는 단어의 변화나 표현의 변화를 살펴보는 것이 독해의 초점이 됩니다.

| 사례분석 (2009학년도 수능)

> 그런데 집단 수준의 인과를 필연적인 것이 아니라 개연적인 것으로 파악해야 한다고 주장하는 사람들이 있다. 가령 '스트레스가 병의 원인이다.'라는 진술에서 스트레스는 병의 필연적인 원인이 아니라 단지 병을 발생시킬 확률을 높이는 요인일 뿐이라고 말한다. A와 B가 특정한 병에 걸렸다 하더라도 집단 수준에서는 그 병의 원인을 스트레스로 단언할 수 없다는 것이다.
>
> **문제 |** '개연적인 것'과 유사한 의미의 단어나 어절을 각 문장에서 하나씩 찾아보시오.

첫 문장은 'A가 아니라 B이다.'라는 구조를 통해서, 개연은 '필연적인 것이 아님'을 알 수 있습니다. 즉 개연은 반드시 일어나는 것이 아니라는 뜻입니다. 둘째 문장에서 이와 관련되는 단어는 '확률'입니다. '확률'은 일어날 가능성을 뜻하기 때문입니다. 셋째 문장에서는 '단언(斷言=딱 잘라 말함)할 수 없음'이죠. (정답: 필연적인 것 아님 / 확률 / 단언할 수 없음)

유제 연습 ❶

1 다음 '과징금'과 관련된 주요 정보 중 적절하지 않은 것은?

> 우리나라에서는 기업의 불법 행위에 대해 손해 배상 소송이 제기되거나 벌금이 부과되는 사례는 드물어서, 과징금 등 행정적 제재 수단이 억제 기능을 수행하는 경우가 많다. 이런 상황에서는 과징금 등 행정적 제재의 강도를 높임으로써 불법 행위의 억제력을 끌어올릴 수 있다.

① 기업의 불법 행위 억제 수단　② 벌금 대신 내는 돈
③ 행정적 제재　④ 행정 제재의 강도에 차이가 있음

| 풀이 |

기업에게 벌금이 부과되는 경우가 적기 때문에 과징금을 부과합니다. 과징금은 벌금 대신 내는 돈이 아닙니다. 그래서 적절하지 않은 선지는 ②이고, 정답입니다. 과징금을 올리는 방법으로 불법 행위를 억제할 수 있기 때문에 행정적 제재의 강도에는 차이가 있을 수 있습니다.

2 '제3자 효과'의 개념과 관련된 주요 정보 중 가장 적절한 것은?

> 제3자 효과 이론의 핵심은 사람들이 대중 매체의 영향력을 차별적으로 인식한다는 데에 있다. 곧 사람들은 수용자의 의견과 행동에 미치는 대중 매체의 영향력이 자신보다 다른 사람들에게서 더 크게 나타나리라고 믿는 경향이 있다는 것이다.

① 매체의 영향력　② 영향력 인식
③ 수용자의 의견　④ 매체 영향력이 남에게는 크다고 믿음

| 풀이 |

'매체의 영향력을 차별적으로 인식한다'는 말이 선뜻 이해되지 않습니다. 이어지는 부연 설명 문장을 통해 이 말의 의미를 이해할 수 있습니다. 매체의 영향력이 남에게 더 크게 나타난다고 믿는 것이 '제3자 효과'의 개념입니다. 그래서 정답은 ④입니다.

2 이유나 근거에 주목한다

이유 또는 근거 (따라서, 그러므로) 결과 또는 결론

앞 문장에 이유나 근거가 제시되고 뒤 문장에 결과나 결론이 나오게 되면, 앞뒤 문장은 인과적 관계나 논리적 관계로 묶여서 떼려야 뗄 수 없는 결합 관계를 이루게 됩니다. 그리고 논리적 관계에는 근거-주장의 관계가 포함되기도 합니다. 이렇게 앞뒤 문장이 뗄 수 없는 관계에 있을 때, 독해 과정에서는 앞뒤 문장 사이의 관계성에 주목해야 합니다.

기본원리 ❶

자연 현상이나 사회 현상을 설명하는 글에서는 그 현상의 원인이 무엇인지를 탐구합니다. 이런 글은 현상의 원인을 객관적으로 밝히려는 것이 목적이기 때문에 독해의 초점은 원인 파악에 두어야 합니다.

(2010학년도 6월)

| 사례분석

'귀의 소리'는 ㉠청세포가 능동적으로 내는 소리이다. 과거에는 '귀의 소리'를 외부 소리에 대한 '달팽이관의 메아리'로 여겼다. 하지만 주어진 외부 자극 소리로 발생하는 메아리보다 음압이 더 큰 경우가 있기 때문에, '귀의 소리'를 단순한 메아리로 설명하기는 어렵다. 오른쪽 귀에만 외부 소리 자극을 가했는데 왼쪽 귀에서도 '귀의 소리'가 발생한다는 점 역시 마찬가지이다.

문제 | ㉠과 같이 말할 수 있는 근거를 두 가지 찾아 적어보시오.

청세포는 외부의 소리를 감지하는 귀의 세포인데, ㉠은 청세포가 이 과정에서 스스로 소리를 낸다는 말입니다. 메아리보다 음압이 크다는 것이 하나의 이유로 제시되었고, 자극을 주지 않은 반대편 귀에서도 소리가 발생한다는 점이 또 하나의 이유로 제시되었습니다. 만약 '귀의 소리'가 외부 자극 소리의 메아리라면 귀의 벽에 부딪혀 음의 압력이 줄어들 텐데, 음압이 크다는 것은 스스로 소리내는 증거로 볼 수 있다는 것이죠. (정답: 메아리보다 음압이 크다 / 자극을 주지 않은 반대편 귀에서도 소리가 난다.)

기본원리 ❷

전제-결론의 관계가 주장의 타당성을 논증하는 것으로 제시되기도 합니다. 이럴 경우 근거 파악이 독해의 핵심이 됩니다. 참-거짓을 따지기 어려운 주장에 대해 그것이 타당하다고 입증하는 것이 근거이기 때문이죠. 그래서 주장이 제기되면 근거를 묻는 문제가 출제됩니다.

| 사례분석

(2009학년도 수능)

이에 대해 ㉠개별자 수준과 집단 수준의 인과가 연관된다고 주장하는 사람들은, 병의 여러 요인들이 있다 하더라도 여전히 인과의 필연성이 성립된다고 본다. 개별적인 사례들에서 스트레스와 그 외의 모든 요인들을 함께 고려할 때 여전히 스트레스가 병의 필수적인 요인이라면 개별자 수준 인과의 필연성은 훼손되지 않으며, 이에 따라 집단 수준 인과의 필연성도 훼손되지 않는다는 것이다.

문제 | ㉠의 입장에서 〈보기〉의 (가)로부터 (나)를 이끌어 내려고 할 때, ⓐ의 내용으로 가장 적절한 것은?

보기

(가)
- 좋은 씨앗을 심는 것은 좋은 열매가 열리는 원인이다.
- 영희네는 좋은 씨앗을 심어 좋은 열매를 수확했다.
- 철수네는 좋은 씨앗을 심었으나 물을 제때 주지 않아 좋은 열매가 열리지 않았다.
- 우리 집은 좋은 씨앗을 심었으나 병충해로 좋은 열매가 열리지 않았다.
- ⓐ

(나)
- 그러므로 좋은 씨앗을 심는 것과 좋은 열매가 열리는 것 사이의 필연적인 인과는 여전히 훼손되지 않는다.

① 좋은 씨앗이 아니더라도 얼마든지 좋은 열매를 얻을 수 있다.
② 우리 집과 철수네가 좋은 열매를 얻지 못한 것은 필연적인 결과이다.
③ 좋은 씨앗이 좋은 열매를 맺게 한다는 것은 경험적으로 증명하기 어렵다.
④ 다른 모든 요인에도 불구하고 좋은 씨앗은 좋은 열매를 맺게 하는 필수적인 요인이다.
⑤ 병충해 방제와 적절한 물 공급은 좋은 열매를 맺는 데에 결정적으로 작용하는 요인이다.

[문제]는 지문에 나온 ㉠ 주장의 근거를 묻고 있습니다. 발문을 살펴보면 이 점을 보다 분명히 알 수 있죠. '(가)로부터 (나)를 이끌어 낸다'는 말은, (가)가 전제이고 (나)가 결론이라는 말입니다. 그런데 ㉠이 주장을 말하고 있으므로, (가)는 근거에 해당되고 (나)는 주장에 해당될 것입니다. 주장을 말할 경우에는 전제–결론의 논리적 관계는 근거–주장 관계와 같기 때문입니다. 〈보기〉를 살펴보면, (나) 앞에 접속어 '그러므로'가 들어 있어서 (나) 문장이 주장이라는 것을 더 확실하게 알 수 있죠. 그러니까 (가)의 ⓐ 부분에는 (나) 주장의 근거가 들어가면 됩니다.

그러면 지문에서 ㉠ 주장의 근거를 찾아야 하는 것이 독해의 핵심이 되겠죠. 첫째 문장 후반부에 나오는 '인과의 필연성이 성립된다'는 말은 둘째 문장에서 부연 설명하고 있기 때문에 둘째 문장에서 근거를 찾아야겠습니다.

둘째 문장은 조건문 형식을 취하고 있습니다. '스트레스가 병의 필수적 요인이라면, 개별자 수준 인과의 필연성도 훼손되지 않고 집단 수준 인과의 필연성도 훼손되지 않으며, 그래서 개별자 수준과 집단 수준의 인과는 연관되어 있다.'라는 것이죠. 즉 '필수적 요인'이라는 조건을 ㉠ 주장의 근거로 내세우고 있는 겁니다. 조건문 안에 근거를 심어놓고, 근거 찾기를 어렵게 한 이유는 문제에 출제하기 위해서이죠. 선지 ④를 보면, '필수적인 요인'이라는 단어를 그대로 사용하고 있음을 알 수 있습니다. (정답: ④)

다음 문단을 읽어보고, 밑줄 주장의 근거를 여기서는 어떻게 제시하고 있는지 앞부분과 비교해 봅시다. 주장문의 독해는 근거 파악에 있음을 알 수 있을 겁니다.

> 이처럼 개별자 수준과 집단 수준의 인과가 독립적이라고 주장하는 철학자들은, 두 수준의 인과가 서로 다른 방식으로 해명되어야 한다고 본다. 왜냐하면 이들은 개별자 수준의 인과가 지닌 복잡성과 특이성은 집단 수준의 인과로 설명될 수 없다고 여기기 때문이다. 가령 A의 병은 유전적 요인, 환경적 요인, 개인의 생활 습관 등에서 비롯될 수도 있고 그 요인들이 우연적이며 복합적으로 작용하는 과정을 거치며 발생될 수도 있다.

이 문단은 ㉠ 주장보다 먼저 제시된 문단이며, 밑줄의 주장을 소개하고 있습니다. 여기서는 **'왜냐하면'**이라는 접속어를 통해 근거를 바로 파악할 수 있게 서술하였습니다. 즉 '개별자 수준의 인과가 지닌 복잡성과 특이성'이 근거가 됩니다. 이 문단에서는 근거를 쉽게 파악하도록 하고, 문제에 출제된 근거 부분은 **조건문**으로 제시하여 어렵게 글을 구성한 것이죠.

유제 연습 ❷

1 다음 글에서 '접착제' 구실을 한 것으로 가장 적절한 것은?

> 에스키모인들은 눈 벽돌로 이글루를 만든 후에, 이글루 안에서 불을 피워 온도를 높인다. 온도가 올라가면 눈이 녹으면서 벽의 빈틈을 메워 준다. 어느 정도 눈이 녹으면 출입구를 열어 물이 얼도록 한다. 이 과정을 반복하면서 눈 벽돌집을 얼음집으로 변하게 한다.

① 이글루 안에 피운 불
② 이글루 바닥에 뿌린 물
③ 불의 열에 의해 융해되는 눈
④ 눈 벽을 통과한 태양의 빛

| 풀이 |

빠르게 글을 읽다 보면 '이글루 안에 피운 불'이 접착제 구실을 한다고 착각할 수 있습니다. 불은 눈을 녹게 하는 원인이지만, 눈 벽돌을 붙게 하는 것은 아니죠. 원인–결과 관계를 너무 단순하게 생각하다 보면, 녹은 눈의 물이 얼어야 눈 벽돌 틈을 메워준다는 점을 놓치게 됩니다. 정답은 ③입니다.

2 다음 밑줄 친 부분의 의미와 관련이 가장 먼 것은?

> 언어는 배우는 아이들이 있어야 지속된다. 그러므로 성인들만 사용하는 언어가 있다면 <u>그 언어의 운명</u>은 어느 정도 정해진 셈이다.

① 그 언어가 계속 사용된다.
② 그 언어 사용 인구가 계속 줄어든다.
③ 그 언어가 언젠가 소멸한다.
④ 언어 사용 인구수는 언어 운명과 관련된다.

| 풀이 |

앞 문장이 전제이고, 뒤 문장이 결론이라고 볼 수 있습니다. 그런데 뒤 문장은 '성인들만 사용하는 언어가 있다면'이라는 부분을 통해, 앞 문장의 전제와 반대되는 상황을 말하고 있습니다. 즉 언어를 배우는 아이들이 없다는 것을 내세우고 있기 때문에, 언어가 지속되지 않음을 말하는 것이죠. 그래서 정답은 ①입니다.

3 비교-대조에 주목한다

앞 문장 (반면, 그러나) 뒤 문장

비교-대조는 '반면', '그러나' 등의 접속어를 통해 두 대상이나 항목의 유사점 또는 차이점을 설명하는 방식입니다. 때에 따라서는 한 대상이 갖고 있는 두 가지 성질을 살펴보거나, 아니면 하나의 관점에 대비되는 또 다른 관점을 살펴볼 때도 비교-대조의 설명 방식을 취합니다. 유사점이나 차이점을 드러내면 독자가 쉽게 이해할 수 있기 때문에 비교-대조는 글에서 자주 쓰이는 설명 방식입니다.

기본원리 ❶

비교-대조 관계에 있는 문장들을 독해할 때에는 먼저 대조되는 두 항목을 알아야 합니다. 그리고 두 항목 사이에 어떤 차이가 있는지 구체적 정보를 확인해야 정확하게 독해할 수 있습니다. 비교-대조의 문장을, 'A가 x이면, B는 y이다'는 식으로 간략히 정리해 보세요. 쉽게 독해할 수 있게 됩니다.

| 사례분석 1 (2016학년도 수능 B형)

안개비의 빗방울이나 미세 먼지와 같이 작은 물체가 낙하하는 경우에는 물체의 전후방에 생기는 압력 차가 매우 작아 마찰 항력이 전체 항력의 대부분을 차지한다. 빗방울의 크기가 커지면 전체 항력 중 압력 항력이 차지하는 비율이 점점 커진다. 반면 스카이다이버와 같이 큰 물체가 빠른 속도로 떨어질 때에는 물체의 전후방에 생기는 압력 차에 의한 압력 항력이 매우 크므로 마찰 항력이 전체 항력에 기여하는 비중은 무시할 만하다.

문제 | 윗글을 통하여 다음 ⓐ의 진술이 적절한지 아닌지 판단하시오.

ⓐ 스카이다이버가 낙하 운동할 때에는 마찰 항력이 전체 항력의 대부분을 차지하게 된다.

위의 글은 '작은 물체'와 '큰 물체'가 낙하할 경우 항력을 비교하고 있습니다. '작은 물체는 낙하할 때 마찰 항력이 크고, 큰 물체는 낙하할 때 마찰 항력이 작고 대신에 압력 항력이 크다.' 이렇게 위의 글을 간략히 정리할 수 있습니다. (정답: 적절하지 않다.)

| 사례분석 2

(2016학년도 수능 A형)

라이헨바흐는 자연이 일양*적일 수도 있고 그렇지 않을 수도 있음을 전제한다. 먼저 자연이 일양적일 경우, 그는 지금까지의 우리의 경험에 따라 귀납이 점성술이나 예언 등의 다른 방법보다 성공적인 방법이라고 판단한다. 자연이 일양적이지 않다면, 어떤 방법도 체계적으로 미래 예측에 계속해서 성공할 수 없다는 논리적 판단을 통해 귀납은 최소한 다른 방법보다 나쁘지 않은 추론이라고 확언한다. 결국 자연이 일양적인지 그렇지 않은지 알 수 없는 상황에서는 귀납을 사용하는 것이 옳은 선택이라는 라이헨바흐의 논증은 귀납의 정당화 문제를 현실적 차원에서 해소하려는 시도로 볼 수 있다.

* 일양(一樣): 한결 같은 모양.

문제 | 라이헨바흐의 논증에 대한 평가로 다음 ⓐ의 진술은 적절한지 판단하시오.

ⓐ 귀납이 현실적으로 옳은 추론 방법임을 밝히기 위해 자연의 일양성이 선험적 지식임을 증명한 데 의의가 있다.

라이헨바흐는 자연을 두 가지의 경우로 나누어 생각하고 있습니다. 자연이 일양적일 경우와 일양적이지 않을 경우를 나누어 비교하고 있죠. 일양적이라면 귀납이 성공적인 방법이고, 일양적이지 않더라도 귀납이 나쁜 방법은 아니라고 말하고 있습니다. 이러한 라이헨바흐 논증의 의도는 자연이 일양적인지 아닌지 알 수 없는 상황에서 귀납의 방법을 정당화하기 위한 것입니다. 선험적 지식은 '경험 이전에 갖고 있는 지식', 즉 태어날 때부터 갖고 있는 지식입니다. (정답: 적절하지 않다.)

| 사례분석 3

(2006학년도 수능)

관각에서 능력을 발휘하여 문화를 빛내고, 낭묘에서 예복을 입고 왕정을 보좌하여, 육경의 참뜻이 뭇 백성에게 파급되게 하는 분들은 말할 필요도 없다. 그런데 여항의 사람에 이르러서는 기릴 만한 경술이나 공적은 없지만, 그 언행에 혹 기록할 만한 것이 있는 사람, 그 시문에 혹 전할 만한 것이 있는 사람이라도 모두 적막한 구석에서 초목처럼 시들어 없어지고 만다.

문제 | 윗글에서 대조되는 어절을 찾아 적어보시오.

위의 글에서는 '그런데'라는 접속어를 통해 두 계층의 사람을 대조하고 있습니다. 한 부류의 사람은 관직에 올라 이름을 남기는 사람이고, 다른 부류의 사람은 이름도 남기지 못하는 사람입니다. 여항(閭巷)은 보통 사람을 말하며, 조선시대에는 중인 계층을 지칭하였습니다. (정답: '파급되게 하는 분'과 '여항의 사람')

기본원리 ❷

밑줄 친 부분의 의미를 묻는 추론 문제가 출제될 때, 앞뒤 문장이 비교-대조 관계에 있는지 살펴볼 필요가 있습니다. 밑줄 자체만 생각해서는 안 되고, 비교-대조되는 차이점도 함께 고려해서 선택지를 살펴보아야 합니다.

| 사례분석 (2006학년도 수능)

만약 올리브가 풍작이면 압착기를 빌리려는 사람이 많아져서 임대료가 상승할 것이다. 이렇게 되면 탈레스는 파종기에 계약한 임대료로 압착기를 빌려서, 수확기에 새로 형성된 임대료로 사람들에게 빌려줌으로써 큰 이윤을 남길 수 있다. 하지만 ㉠흉작이면 압착기를 빌릴 권리를 포기하면 된다.

문제 | ㉠의 이유로 적절한 것은?

① 압착기의 기능이 떨어지기 때문에
② 압착기를 빌리기 힘들어지기 때문에
③ 압착기에 대한 수요가 늘어나기 때문에
④ 압착기 임대 계약금을 돌려 받기 쉬워지기 때문에
⑤ 압착기의 임대료가 계약한 수준보다 낮아지기 때문에

밑줄 문장과 앞 문장 2개는 대조 관계에 있습니다. 그래서 밑줄 ㉠의 의미는 대조되는 앞 문장들과 관련하여 생각해야 합니다. 앞 문장 2개는, '풍작이면 임대료가 상승하고 큰 이윤을 남긴다'라는 의미입니다. 그러니까 밑줄 ㉠은 '흉작이면 임대료가 내려가고 손해를 볼 수 있다'는 의미입니다. 손해를 볼 수 있기 때문에 압착기 빌릴 권리를 포기한다는 것이죠. '임대료가 내려가서 손해를 볼 수 있다'는 의미가 ㉠에는 표현되어 있지 않지만, 대조되는 앞 문장과 관련하여 추론할 수 있습니다. (정답: ⑤)

유제 연습 ❸

1 다음 글에서 대조되는 항목끼리 짝지은 것으로 가장 적절한 것은?

> 민가에서 주로 보이는 보통의 난간이 특별한 장식 없이 널빤지만으로 잇는 소박한 형태였다면, 계자 난간은 궁판에 궁창을 만들어 잇기도 하고, 때로는 궁판 대신에 다양한 모양의 살창을 끼워 한껏 멋을 살리기도 했다.

① 민가 – 살창
② 보통 난간 – 계자 난간
③ 장식 – 궁판
④ 소박한 형태 – 난간

| 풀이 |

앞 절과 뒤 절이 대조되어 '보통의 난간'과 '계자 난간'이 비교되고 있습니다. 정답은 ②입니다.

2 문맥상 ㉠에 들어갈 말로 적당한 것은?

> 앞으로 어떻게 될지 모르는 상황에서도 무엇인가를 선택할 수밖에 없는 것이 인간의 운명이기에 인간의 행동은 경제학에서 가정하는 합리성을 갖추기보다는 때로는 직관에 의존하기도 하고 때로는 충동에 좌우되기도 한다고 케인즈는 보고 있다. [㉠] 그의 생각은 경제학도들 사이에서 인간 심리의 중요성을 강조하는 경구로 회자되었을지언정 합리성을 전제로 한 경제학의 접근 방법을 바꾸어 놓는 데까지 나아가지는 못했다.

① 직관은 많은 것을 하지만, 모든 것을 하지는 않는다는
② 기업 투자는 이자율보다 기업가의 동물적 본능에 더 크게 영향을 받는다는

| 풀이 |

㉠의 앞 문장이 대조 관계의 문장이라는 점을 놓치고, 직관과 충동만을 생각하면 ①을 정답으로 착각하기 쉽습니다. ㉠의 앞 문장은 '합리성 대 직관(또는 충동)'의 대립적 구도를 말하고 있기 때문에 이러한 대조적 관계가 ㉠에 들어 있어야 문맥적으로 올바르게 됩니다. ①은 '부분과 전체'의 대립적 관점을 보여주고 있고, 또한 직관에 관해서 말하고 있죠. 반면에 ②는 '이자율과 동물적 본능'의 대립적 관점을 보여줍니다. 이것은 '합리성과 충동'이라는 대립적 구도와 유사하며, 또한 기업 투자라는 경제 활동에 대해 말하고 있기 때문에 정답은 ②입니다.

4 지시어에 주목한다

앞 부분 (지시어) 뒤 부분

지시어는 문맥 속에서 다른 말을 가리킬 때 사용되는 말입니다. 지시어가 들어 있는 문장은 지시어가 가리키는 의미 영역과 결합되어 있으며, 이로 인해 그 문장의 의미는 제한되거나 좁혀지게 됩니다. 지시어를 통하면 같은 말이나 단어가 반복되는 것을 피할 수 있고, 간략하고 압축적으로 문장을 표현할 수 있습니다. 반면에 독자는 지시어가 가리키는 부분을 찾으면서 독해해야 하는 부담이 생기게 됩니다.

기본원리 ❶

지시어가 어떤 부분을 가리키는지 잘 확인하면서 글을 읽어야 합니다. 지시어가 단어를 가리키는지, 구나 절을 가리키는지, 앞 문장 전체를 가리키는지 혹은 앞의 앞의 내용을 가리키거나 다른 문단 내용을 가리키는지 정확히 가려야 합니다. 경우에 따라서는 지시어가 가리키는 내용이 모호할 수 있어서 앞뒤 내용을 정밀하게 읽어야 할 때도 있습니다.

| 사례분석 (2008학년도 6월)

궁창(穹窓)은 수복강녕(壽福康寧)을 상징하는 거북이나 구름뿐 아니라 연꽃 등 다양한 모양으로 만들어지기도 한다. 여기에는 장식적 목적도 있었지만 답답하게 느껴질 수 있는 건물 내부 공간을 시원스럽게 개방함으로써 자연스레 바깥 세계를 끌어들이기 위한 의도도 들어 있다. 여름날 툇마루나 대청마루의 난간 창살 사이로 살랑살랑 불어오는 시원한 미풍의 감촉도 바로 이러한 ㉠난간의 공간 미학적 특징에서 비롯된다. 선인들의 삶의 지혜와 미의식을 곳곳에서 발견할 수 있는 난간이야말로 우리 건축물의 아름다움을 잘 보여주는 소중한 문화유산이다.

문제 | ㉠의 내용으로 가장 적절한 것은?

① 난간은 목적에 따라 다양한 모습으로 변형이 가능하다.
② 난간은 삶의 여유와 운치를 드러내는 소중한 문화재이다.
③ 난간은 안과 밖의 경계이면서도 동시에 안과 밖의 연계이다.

밑줄 ㉠ 앞에 지시어 '이러한'이 있습니다. 그래서 지시어가 가리키는 부분과 관련하여 파악해야 하는데, 어디를 가리키는지 불분명합니다. 그런데 찬찬히 다시 읽어보면, 지시어가 앞 문장 '건물 내부 공간을 시원스럽게 개방함으로써 자연스레 바깥 세계를 끌어들이기 위한 의도'를 가리킨다는 것을 알 수 있습니다. ㉠이 들어 있는 문장은 앞 문장에 대한 예시문장이라 볼 수 있죠. 즉 '난간 창살 사이로 살랑살랑 불어오는 시원한 미풍의 감촉'이 예시인 것이죠. 그런데 앞 문장은 'A보다 B이다'라는 문장 구조를 취하기 때문에 강조점이 B에 있습니다. 그렇기 때문에 예시 부분은 강조 부분인 B와 연결됩니다. 즉 '건물 내부 공간을 시원스럽게 개방함으로써 자연스레 바깥 세계를 끌어들이기 위한 의도'와 관련됩니다. 그래서 ㉠ '난간의 공간 미학적 특징'은 '내부 공간과 바깥 세계의 연결'이라는 의미를 지니게 됩니다. 이러한 의미를 담고 있는 선지를 찾아야 하는데, ③이 여기에 적합합니다. (정답: ③)

기본원리 ❷

지시어는 글 내용을 추론하는데 결정적 역할을 합니다. 밑줄 친 부분의 의미를 묻는 문제에서는 무엇보다도 먼저 그 문장 안에 지시어가 있는지 확인해야 합니다. 지시어가 있는 경우에는 지시어가 가리키는 내용과 연결하여 밑줄의 의미를 확인해야 합니다.

| 사례분석 1

(2006학년도 수능)

여기서 주식 옵션을 가진 사람의 수익이 기초 자산인 주식의 가격 변화에 의존함을 확인할 수 있다. ㉠회사가 경영자에게 주식 옵션을 유인책으로 지급하는 것은 바로 이 때문이다.

문제 | ㉠의 목적으로 가장 적절한 것은?

① 경영자가 노동자들의 복지 증진을 추구하도록
② 경영자가 주식 가격의 상승을 추구하도록
③ 경영자가 덜 위험한 사업을 선택하도록
④ 경영자가 사업의 다각화를 추구하도록
⑤ 경영자가 사회 공익을 추구하도록

밑줄 ㉠ 다음에 '바로 이 때문'이라는 지시하는 부분이 있습니다. 여기서 가리키는 것은 앞 문장이기 때문에 ㉠의 의미는 앞 문장의 내용과 관련됩니다. 즉 기초 자산인 주식 가격의 변화를 꾀함으로써, 주식 옵션을 가진 경영자에게 수익이 되도록 유도한다는 것이죠. 선지에서는 '주식 가격의 변화'라는 말 대신에 '주식 가격의 상승'이라는 말로 바뀌어 있네요. (정답: ②)

| 사례분석 2 (2012학년도 수능)

조선 시대 역관들에게는 중국의 한자음을 정확히 익히는 일이 중요했다. 중국에서는 한자의 발음 사전인 운서(韻書)에서 한자음을 초성과 중 · 종성으로 이분하여 이를 두 개의 한자로 표시하는 반절법을 사용했다. 옆의 그림처럼 한자 '東'(동)의 발음을 중국의 운서에서는 반절법에 의해 '德'(덕)의 초성 [t]와 '紅'(홍)의 중 · 종성 [uŋ]을 이용해 표시했다. 이때 '德'과 '紅' 대신에 다른 한자들이 사용될 수도 있었으며, '東'이 다른 한자들의 발음 표시에 사용되기도 했다. ㉠이러한 발음 표시 방식은 조선의 역관들이 중국의 한자음을 학습하는데 효율적이지 못했다.

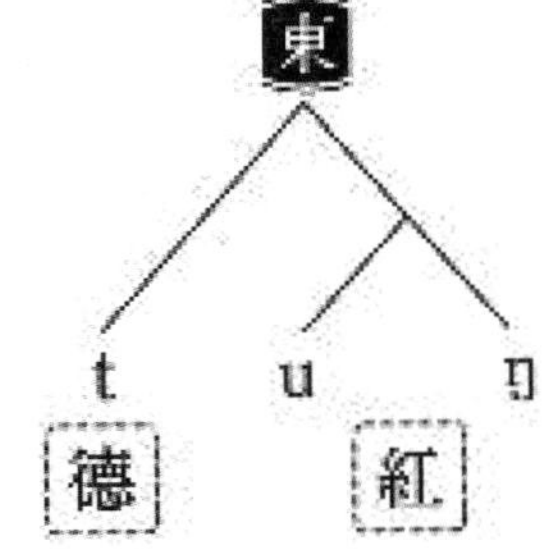

문제 | ㉠의 이유를 추정한 내용으로 적절한 것을 모두 고르면?

① 어떤 한자가 둘 이상의 발음을 가질 때에는 그 발음을 표시할 수 없었기 때문에
② 동일한 한자가 발음 표시의 대상이 되기도 하고 수단이 되기도 하였기 때문에
③ 두 한자의 발음을 조합해야 전체 발음을 알 수 있었기 때문에

밑줄 친 ㉠ 문장 안에 지시어 '이러한'이 있기 때문에, ㉠의 이유를 알기 위해서는 지시어가 가리키는 위 문장의 내용을 살펴보아야 합니다. 먼저 발음을 알고자 하는 한자 '東'(동)이 어떤 경우에는 다른 한자어의 발음 표시에 이용되었기 때문에, 한자음을 정확히 알기가 어려웠습니다. 그리고 '東'(동)의 발음이 '德'(덕)의 초성 [t]와 '紅'(홍)의 중 · 종성 [uŋ]을 이용해 표시했기 때문에, 두 한자의 발음을 조합해야 전체 발음을 알 수 있었던 것이죠. 그런데 어떤 한자가 둘 이상의 발음을 가질 때에는 그 발음을 표시할 수 없었다는 말은 나와 있지 않습니다. 그래서 적절한 것은 ②와 ③입니다. (정답: ②와 ③)

유제 연습 ❹

1 ㉠이 가리키는 바를 찾으면?

> 세잔은 그림의 사실성이란 사물의 외관보다는 '그 사물임'을 드러낼 수 있는 본질에 더 다가감으로써 얻게 된다고 생각했다. ㉠이를 계승하여 한 발 더 나아간 것이 바로 입체주의이다. 입체주의는 대상의 실재를 드러내기 위해 여러 시점에서 본 대상을 한 화면에 결합하는 방식을 택했다.

① 세잔 ② 사물의 외관
③ 사실성 ④ 본질

| 풀이 |

대상의 실재는 대상의 본질과 유사한 말입니다. 세잔은 본질에 다가감으로써 그림의 사실성을 드러낸다고 생각했고, 본질에 다가가려는 생각을 계승하여 한 발 더 나아간 것이 입체주의라고 할 수 있습니다. 따라서 정답은 ④입니다.

2 ㉠이 의미하는 것 중 적절한 것은?

> 분노나 슬픔은 공책을 펴 놓고 논리적으로 곰곰이 추론한다고 정리되는 것이 아니다. 생각은 염주 알처럼 진행되지만, 감정은 불쑥 솟구쳐 오르거나 안개처럼 스멀스멀 밀려오기 때문이다. 이러한 인간의 감정은 그와 ㉠생김새가 유사한 예술을 통해 정리되는 것이 바람직하다.

① 논리 ② 추론
③ 생각 ④ 스멀스멀 밀려옴

| 풀이 |

㉠은 감정과 관련됩니다. ㉠ 앞의 지시어 '그'가 이 점을 알려줍니다. 그런데 그 감정은 불쑥 솟구쳐 오르거나 스멀스멀 밀려옵니다. 예술도 이와 유사하다고 생각하여 표현한 것이 ㉠이고, 이러한 예술을 통해서 감정을 정리하는 것이 바람직하다는 말입니다. 따라서 정답은 ④입니다.

5 조건문에 주목한다

만약 ~ A 한다면, (전건)	~ B 한다. (후건)

조건문은 앞 절의 조건 상황과 관련해서만 뒤 절의 상황이 성립하는 문장입니다. 즉 앞 절과 뒤 절이 따로따로 성립하는 것이 아닙니다. 따라서 뒤 절의 내용은 앞 절의 내용과 관련해서만 이해해야 합니다. 앞 절의 상황을 전건(前件)이라 하고, 뒤 절의 상황을 후건(後件)이라 합니다. '전건-후건'은 '전제-결론'과 비슷해 보이지만 다른 개념입니다. 전건은 보통의 경우 사실적이지 않은 상황을 말합니다. 또한 조건문은 말하는 사람의 '생각과 판단'이 들어 있어서 주장의 근거로 제시되는 경우도 있고, 참-거짓을 판단하는 논리적 추론과 관련되는 경우도 있습니다.

기본원리 ❶

조건문을 독해할 때에는 뒤 절의 상황을 앞 절의 조건 상황과 결합하여 이해해야 합니다. 앞 절과 뒤 절을 따로따로 이해해서는 안 됩니다.

| 사례분석 (2014학년도 9월 B형)

그 열렬한 고독 가운데
옷자락을 나부끼고 호올로 서면
운명처럼 반드시 '나'와 대면케 될지니
하여 '나'란 나의 생명이란
그 원시의 본연한 자태를 다시 배우지 못하거든
차라리 나는 어느 사구(沙丘)에 ㉠ 회한(悔恨)없는 백골을 쪼이리라

문제 | ㉠에 대한 다음 ⓐ의 진술이 적절한지 아닌지 판단하시오,

ⓐ 죽음에 대한 화자의 태도를 드러내고 있으며, 생명 회복의 의지를 담고 있다.

㉠의 '회한 없는 백골'은 죽음에 대한 화자의 태도와 관련됩니다. '백골'은 죽음을 의미하고, '회한 없는'이라는 시어는 화자의 심리를 드러내고 있기 때문이죠. 그런데 '회한 없는 백골'이 화자의 생명 회복 의지와 관련이 될까요?

㉠의 의미는 앞 절과 뒤 절의 연결 관계를 따져보아야만 정확히 이해할 수 있습니다. '원시 생명의 모습을 다시 배우지 못하면, 나는 백골을 쪼이리라'는 조건적 연결 관계에서 ㉠을 이해해야 합니다. 그러니까 원시 생명을 다시 배우지 못하는 경우라면 죽음도 마다하지 않겠다는 의미이죠. 앞 절의 조건 상황이 뒤 절의 상황을 규정하고 있기 때문에 ㉠은 반드시 앞 절의 조건 상황과 결합해서 파악해야 합니다. 그렇기 때문에 ㉠은 앞 절에 나오는 '생명 회복' 관점과 연결되고, '쪼이리라'를 통해서 그것을 의지적으로 드러내고 있습니다. (정답: 적절하다.)

기본원리 ❷

사실과 어긋나는 것을 조건 상황으로 제시할 경우에는, 실제 사실이 조건문 안에 숨어 있게 됩니다. 즉 조건문 안에 '숨어 있는 전제'가 들어있는 것이죠.

| 사례분석

(2008학년도 수능)

> 시장 이자율이나 민간 자본의 수익률을 사회적 할인율로 적용하자는 주장은 수용하기 어려운 점이 있다. 우선 ㉠공공 부문의 수익률이 민간 부문만큼 높다면, 민간 투자가 가능한 부문에 굳이 정부가 투자할 필요가 있는가 하는 문제가 제기될 수 있다. 더욱 중요한 것은 시장 이자율이나 민간 자본 수익률이, 비교적 단기적으로 실현되는 사적 이익을 추구하는 자본 시장에서 결정된다는 점이다. 반면에 사회적 할인율이 적용되는 공공사업은 일반적으로 그 이익이 장기간에 걸쳐 서서히 나타난다.
>
> **문제 |** ㉠이 전제하고 있는 것으로 적절한 것은?
>
> ① 민간 투자도 공익성을 고려해서 이루어져야 한다.
> ② 정부는 공공 부문에서 민간 투자를 선도하는 역할을 해야 한다.
> ③ 정부는 민간 기업이 낮은 수익률로 인해 투자하기 어려운 공공 부문을 보완해야 한다.

㉠의 문장은 조건문이며, 앞 절 상황은 현실과 반대되는 상황을 말하고 있습니다. 이럴 때 앞 절의 상황에는 실제 사실이 전제되어 있는 것입니다. 공공 부문의 수익률은 민간 자본이 투자해서 얻게 되는 수익률만큼 높지 않기 때문에 정부가 손해를 보더라도 투자해야 한다는 말입니다. 이처럼 특정한 문장 구조를 취하거나 특정한 단어를 사용하게 되면, 그 문장 속에 어떤 사실이 전제될 수 있습니다. (정답: ③)

| 부연설명 – 기본원리 ❶

01 다음 글을 통해 알 수 있는 내용으로 적절하지 않은 것은?

권리와 의무의 주체가 될 수 있는 자격을 권리 능력이라 한다. 사람은 태어나면서 저절로 권리 능력을 갖게 되고 생존하는 내내 보유한다. 그리하여 사람은 재산에 대한 소유권의 주체가 되며, 다른 사람에 대하여 채권을 누리기도 하고 채무를 지기도 한다. 사람들의 결합체인 단체도 일정한 요건을 갖추면 법으로써 부여되는 권리 능력인 법인격을 취득할 수 있다. 단체 중에는 사람들이 일정한 목적을 갖고 결합한 조직체로서 구성원과 구별되어 독자적 실체로서 존재하며, 운영 기구를 두어, 구성원의 가입과 탈퇴에 관계없이 존속하는 단체가 있다. 이를 사단(社團)이라 하며, 사단이 갖춘 이러한 성질을 사단성이라 한다. 사단의 구성원은 사원이라 한다. 사단은 법인(法人)으로 등기되어야 법인격이 생기는데, 법인격을 가진 사단을 사단 법인이라 부른다. 반면에 사단성을 갖추고도 법인으로 등기하지 않은 사단은 '법인이 아닌 사단'이라 한다. 사람과 법인만이 권리 능력을 가지며, 사람의 권리 능력과 법인격은 엄격히 구별된다. 그리하여 사단 법인이 자기 이름으로 진 빚은 사단이 가진 재산으로 갚아야 하는 것이지 사원 개인에게까지 책임이 미치지 않는다.

① 사단성을 갖춘 단체는 그 단체를 운영하기 위한 기구를 둔다.
② 법인격을 얻은 사단은 재산에 대한 소유권의 주체가 될 수 있다.
③ 사단 법인의 법인격은 구성원의 가입과 탈퇴에 관계없이 존속한다.
④ 사람들이 결합한 단체에 권리와 의무를 누릴 수 있는 자격을 주는 제도가 사단이다.

| 부연설명 – 기본원리 ❷

02 다음 글에서 '근본주의 회화'와 관련 없는 단어를 찾아보시오.

대중 매체에 대한 부정적 태도는 소위 '근본주의 회화'에서도 찾을 수 있다. 이 경향의 미술가들은 회화 예술만의 특성, 즉 '회화의 근본'을 찾아내려고 고심했다. 그들은 자신들의 목표를 극단으로 추구한 나머지 결국 회화에서 대상의 이미지를 제거해 버렸다. 그것이 이미지들로 가득 차 있는 사진, 영화, 텔레비전 같은 대중 매체를 부정하는 길이라고 생각했기 때문이다. 사물의 이미지와 세상의 여러 모습들이 사라져 버린 회화에서는 전통적인 의미에서의 주제나 내용을 발견할 수 없었다. 대신 그림을 그리는 과정과 방식이 중요해졌고, 그 자체가 회화의 주제가 되어 버렸다. 이것은 대중 매체라는 위압적인 경쟁자에 맞서 회화가 택한 절박한 시도였다. 그 결과 회화는 대중 매체와 구별되는 자신을 찾았지만, 남은 것은 회화의 빈곤을 보여 주는 텅 빈 캠퍼스뿐이었다.

① 이미지 제거
② 대중 매체 부정
③ 회화의 전통적 주제
④ 회화의 빈곤

| 이유근거 – 기본원리 ❶

03 다음 글에서 '좌우로 편향되는 정도'와 관련이 <u>없는</u> 것은?

이번에는 자전하는 속력이 약 1,400Km/h인 북위 30도에서 자전 속력이 약 800Km/h인 북위 60도의 동일 경도 상에 있는 지점을 목표로 설정하고 어떤 물체를 발사했다고 하자. 이 물체는 발사 속력 이외에 1,400Km/h로 동쪽으로 진행하는 속력을 동시에 갖게 된다. 두 지점의 자전하는 속력의 차이는 약 600Km/h이므로, 이 물체는 겨냥했던 목표 지점보다 더 오른쪽으로 떨어지게 된다. 이렇게 운동 방향이 좌우로 편향되는 정도는 저위도에서 고위도로 갈수록 더 커진다. 결국 위도에 따른 자전 속력의 차이가 고위도로 갈수록 더 커지기 때문에 <u>좌우로 편향되는 정도</u>는 북극과 남극에서 최대가 되고, 적도에서 0이 된다.

① 자전 속력
② 위도
③ 자전 속력의 차이
④ 자전 속력과 좌우로 편향되는 정도는 정비례

| 이유근거 – 기본원리 ❷

04 ㉠을 이해한 것으로 가장 적절한 것은?

옳음과 옳지 않음을 감정과 동일시하는 정서주의에도 문제점이 제기될 수 있다. <u>㉠감정은 아무 이유 없이 변할 수 있지만 도덕적 판단은 뚜렷한 근거 없이 바뀔 수 없기 때문이다</u>.

① 도덕적 판단의 변화에는 뚜렷한 근거가 필요 없다.
② 도덕적 판단과 달리 감정이 바뀔 때에는 이유가 필요하다.
③ 감정과 달리 도덕적 판단을 바꿀 때에는 뚜렷한 근거가 필요하다.

05 ㉠과 ㉡에 대한 이해로 적절하지 않은 것은?

㉠전통적인 철학적 미학은 세계관, 인간관, 정치적 이념과 같은 심오한 정신적 내용의 미적 형상화를 예술의 소명으로 본다. 반면 현대의 ㉡체계 이론 미학은 내용적 구속성에서 벗어난 예술을 진정한 예술로 여긴다. 이는 예술이 미적 유희를 통제하는 모든 외적 연관에서 벗어나 하나의 자기 연관적 체계로 확립되어 온 과정을 관찰하고 분석함으로써 얻은 결론이다. 이 이론은 자율성을 참된 예술의 조건으로 보는 이들이 선호할 만하다. 그렇다면 현대의 새로운 예술 장르인 뮤지컬은 어떻게 진술될 수 있을까?

① ㉠은 내용의 형상화를 중시한다.
② ㉡은 ㉠을 외적 연관과 관련된다고 인식한다.
③ ㉡은 자율적 예술의 탄생을 주도적으로 이끈 이론이다.
④ ㉠은 자율성을 중시하는 예술 이론과 거리가 멀다.

06 ㉡의 입장에서 ㉠을 분석한 내용으로 적절하지 않은 것은?

진화고고학에서는 인간의 삶은 자연환경에 더욱 잘 적응하기 위한 선택이라고 보는 진화론에 초점을 맞추어 과거를 설명한다. 진화론이 적용된 사례를 토기의 변화에 대한 연구를 통해 구체적으로 살펴보자. 이 연구에서는 ㉠서기 1세기부터 약 1천 년 동안 어느 한 지역에서 출토된 조리용 토기들의 두께와, 토기에 탄화된 채로 남아 있던 식재료에 사용된 곡물의 전분 함량을 조사했다. 그 결과 후대로 갈수록 토기 두께가 상당히 얇아지고 곡물의 전분 함량은 증가한다는 사실을 발견했다. 진화고고학은 이렇게 토기 두께가 얇아진 이유를 전분이 좀 더 많은 씨앗의 출현이라는 외부 환경의 변화에 적응하였기 때문이라고 설명한다. ㉡이 설명은 두께가 얇은 토기는 상대적으로 열을 더 잘 전달하기 때문에 기능적으로 우수하다는 사실과 전분이 많은 씨앗들은 높은 온도에서 장시간 끓일 때 음식으로서의 가치가 크게 높아진다는 사실에 근거한다. 즉, 자연환경이 변화하여 껍질이 두껍고 전분 함량이 높은 씨앗이 많아짐으로써 씨앗의 채집량이 늘어날 수 있었고, 이 씨앗은 그 특성상 오래 가열해야 하므로 열전도가 빠른 토기가 사용되었다고 해석하는 것이다.

① 토기의 두께가 얇을수록 열전도율은 더 높아진다.
② 곡물의 전분 함량 변화는 토기의 두께 변화에 영향을 미쳤다.
③ 토기 두께의 변화는 자연환경에 적응하기 위한 노력의 결과이다.
④ 토기로 조리한 음식의 종류는 당시의 자연환경을 추측하여 알아냈다.
⑤ 전분이 많은 씨앗을 조리하는 데에는 토기의 두께가 얇을수록 유리하다.

| 지시어 – 기본원리 ❷

07 **다음 글을 통해 ㉠에 대한 ⓐ의 진술이 적절한지 아닌지를 판단하시오.**

우리는 중세적 도상 전통에서 '일곱 가지 커다란 죄' 중의 교만을 상징하는 거울에 주목하게 된다. 이때 거울은 자기 자신의 인식, 깨어 있는 의식에 대한 필요성으로 이해된다. 그런 점에서 그림 오른편 벽에 팔각형 거울이 걸려 있는 ㉠보쟁의 정물화는 감각적인 온갖 악덕에 빠질 수 있는 자신을 가다듬고 경계하라는 의미를 암시하고 있다.

ⓐ ㉠처럼 감상할 수 있는 것은 사물들의 다의성에도 불구하고 시각이 다른 감각보다 우월하기 때문이다.

| 조건문 – 기본원리 ❶

08 **㉠에 대한 반론으로 가장 타당한 것은?**

㉠인간에게 이러한 반사회성이 없다면, 인간의 모든 재능은 꽃피지 못하고 만족감과 사랑으로 가득 찬 목가적인 삶 속에서 영원히 묻혀 버리고 말 것이다. 그리고 양처럼 선량한 기질의 사람들은 가축 이상의 가치를 자신의 삶에 부여하기 힘들 것이다. 자연 상태에 머물지 않고 스스로의 목적을 성취하기 위해 자연적 소질을 계발하여 창조의 공백을 메울 때, 인간의 가치는 상승되기 때문이다.

① 인간의 본성은 변할 수 없다.
② 동물도 사회성을 키울 수 있다.
③ 사회성만으로도 재능이 계발될 수 있다.
④ 반사회성만으로는 재능이 계발될 수 없다.
⑤ 목가적인 삶 속에서도 반사회성이 생겨날 수 있다.

| 2015학년도 9월 B형

09 맹자는 '의'의 실현을 위해 인간에게 도덕적 행위를 할 수 있는 근거와 능력이 있음을 밝히는 데에도 관심을 기울였다. 그는 인간이라면 누구나 도덕 행위를 할 수 있는 선한 마음이 선천적으로 내면에 갖춰져 있다는 일종의 ㉠도덕 내재주의를 주장하였다. 그는, 인간은 자기의 행동이 옳지 못함을 부끄러워하고 남이 착하지 못함을 미워하는 마음을 본래 가지고 있는데, 이러한 마음이 의롭지 못한 행위를 하지 않도록 막아 주는 동기로 작용한다고 보았다. 아울러 그는 어떤 것이 옳고 그른 것인지 판단할 수 있는 능력도 모든 인간의 마음에 갖춰져 있다고 하여 '의'를 실천할 수 있는 도덕적 역량이 내재화되어 있음을 제시하였다.

문제 | ㉠에 해당하는 것으로 가장 적절한 것은?

① 세상의 올바른 이치가 모두 나의 마음속에 갖추어져 있으니, 수양을 통해 이것을 깨달으면 이보다 큰 즐거움은 없다.
② 바른 도리를 행하려면 분별이 있어야 하니, 분별에는 직분이 중요하고, 직분에는 사회에서 통용되는 예의가 중요하다.
③ 인간이 지켜야 할 도덕은 지혜와 덕이 매우 뛰어난 성인들이 만든 것이지 인간의 성품으로부터 생겨난 것이 아니다.
④ 군자에게 용기만 있고 의로움이 없으면 어지러움을 일으키게 되고, 소인에게 용기만 있고 의로움이 없으면 남의 것을 훔치게 된다.
⑤ 저 사람이 어른이기 때문에 내가 그를 어른으로 대우하는 것이지, 나에게 어른으로 대우하고자 하는 마음이 원래부터 있어서 그런 것이 아니다.

| 2003학년도 수능

10 해프닝은 삶과 예술이 분리되지 않게 하고, 궁극적으로는 일상적 삶에 개입하는 의식(儀式)이 되고자 한다. 나아가 예술 시장에서 상징적 재화로 소수 사람들 사이에서 거래되는 것을 거부한다. 또 해프닝은 ㉠박물관에 완성된 작품으로 전시되고 보존되는 기존 예술의 관습에도 저항한다.

문제 | ㉠의 입장에서 <보기>와 같이 '해프닝'을 비판하는 글을 쓰려고 한다. (　　) 안에 들어갈 내용으로 타당한 것은?

보기

기존의 작가들은 자신의 창조적 개성과 예술적 전통을 조화시킨다. 이러한 과정을 통해 예술적 가치를 인정받은 작품은 문화적 자산으로서 길이 보존되는 동시에 다수의 관객이 함께 즐기는 공동체의 산물이 된다.

이에 반해 해프닝은 (　　　　　　　　　　　　　　　　　　　　)

① 공연의 시작과 끝이 불분명해서 관객은 작품 해석의 기준을 상실한다.
② 관객의 상상력을 촉발하려는 의도가 강해 작품의 구조가 비교적 단순하다.
③ 개인과 사회의 본질적 문제를 가볍게 다루어 관객들은 이를 통해 자신의 삶을 반성하기 어렵다.
④ 자의식이 강하고 우발적이므로 관객 사이의 합의를 얻지 못할 뿐 아니라 예술적 전통으로 계승되기 어렵다.
⑤ 직관보다는 이해를 강조하므로 취향이 서로 다른 다수의 관객을 만족시키기 어렵고 이질감을 느끼게 한다.

| 2017학년도 9월

11 또 여러 주주가 있던 회사가 주식의 상속, 매매, 양도 등으로 말미암아 모든 주식이 한 사람의 소유로 되는 경우가 있다. 이런 '일인 주식회사'에서는 일인 주주가 회사의 대표 이사가 되는 사례가 많다. 이처럼 일인 주주가 회사를 대표하는 기관이 되면 경영의 주체가 개인인지 회사인지 모호해진다. 법인인 회사의 운영이 독립된 주체로서의 경영이 아니라 마치 개인 사업자의 영업처럼 보이는 것이다.

문제 | 윗글에 대한 이해로 가장 적절한 것은?

① 대표 이사는 주식회사를 대표하는 기관이다.
② 여러 주주들이 모여 설립된 주식회사가 일인 주식회사로 바뀔 수 없다.

01 이 글은 '권리 능력'이라는 포괄적 개념을, 먼저 사람에 적용해 설명하고 그리고 단체에 대해서도 이 능력이 성립함을 설명하고 있습니다. 그런데 하나의 개념에 대해 설명하는 것이 아니라, 개념들이 연속되면서 나열되는 듯한 느낌을 줍니다. 찬찬히 살펴보면 정답이 쉽게 보이지만, 여러 개념들이 계속 나열되면서 독해에 혼동을 주고 있습니다.

'권리 능력 → 사람 → 단체 → 사단 → 법인격 → 사단법인'으로 이어지는 설명 과정에서, 각 정보가 갖고 있는 주요 정보를 놓치지 말아야 합니다. 그리고 넷째 문장에서 법인격에 대해 설명한 후, 일곱 번째 문장에서 법인격을 가진 사단 법인을 다시 언급하고 있기 때문에, 단체가 누릴 수 있는 권리 능력인 법인격 개념이 모호하게 느껴지게 됩니다. 그러다 보니 선지 ④를 혼동하게 됩니다. 사단은 단체에 대한 설명이고, 법인격은 권리 능력에 대한 설명인데 착각할 수 있습니다. 이 지문은 실제 시험에서는 집중력이 가장 저하되는 중간 지점에 배치된 글이었기 때문에 오답률이 50%가 넘었습니다. (정답: ④)

02 부연 설명은 설명 대상의 속성을 덧붙여 가면서 설명하는 것인데, 어휘나 표현을 바꾸면서 설명 대상의 여러 속성이나 상황을 알려줍니다. 여기서도 '회화의 근본 → 대상의 이미지 제거 → 회화의 전통적 주제나 내용 사라짐 → 회화의 빈곤'으로, 어휘나 표현을 바꿔가며 설명하고 있습니다. 회화의 전통적 주제나 내용은 사라졌기 때문에 회화의 전통적 주제는 근본주의 회화와는 관련이 없습니다. (정답: ③)

03 지문의 마지막 문장은 원인-결과의 형식을 갖추고 있습니다. "위도에 따른 자전 속력의 차이가 고위도로 갈수록 더 커진다."는 원인에 해당하고, "좌우로 편향되는 정도는 북극과 남극에서 최대가 되고, 적도에서 0이 된다."는 결과에 해당합니다. 이 지문은 '전향력(=좌우로 편향되는 힘)'에 관한 글인데, '좌우로 편향되는 정도'를 전향력이라고 밝히고 있지 않습니다. 자전 속력이 전향력과 같은 것으로 착각하도록 글을 구성하고 있기 때문입니다. 빠르게 읽으면 이런 착각에 빠지게 되는데, 실제로 오답률이 50% 정도 되었던 문제였습니다. 그래서 '좌우로 편향되는 정도'는 '자전 속력의 차이'와 정비례한다는 점을 이 문장에서 정확히 독해해야 합니다.

자전 속력은 위도에 따라 달라집니다. 적도에서 자전 속력이 가장 크고, 북극과 남극에서는 자전 속력이 0이 됩니다. 그런데 자전 속력의 차이를 따질 때 기준점이 적도가 됩니다. 적도가 가장 크니까요. 그래서 적도와 비교하여 위도가 높아질수록 자전 속력의 차이가 커집니다. 그래서 고위도로 갈수록 자전 속력의 차이가 커지고 극지방에서 최대가 됩니다. 그렇지만 적도 지방에서는 자전 속력을 자기 자신과 비교하기 때문에 차이가 없게 되고, 적도에서 자전 속력 차이는 0이 됩니다. 그런데 자전 속력의 차이가 커야 좌우로 편향되는 정도가 커지므로, 자전 속력의 차이와 좌우로 편향되는 정도는 서로 정비례 관계에 있게 됩니다. 반대로 자전 속력이 크면 자전 속력의 차이는 작아지므로, 자전 속력과 좌우로 편향되는 정도는 반비례 관계에 있게 됩니다. (정답: ④)

04 정서주의의 문제점에 대한 근거로 제시한 것이 ㉠입니다. 도덕적 판단은 옳고 그름을 판단하는 것인데, 감정처럼 이유 없이 쉽게 변한다면 옳고 그름을 따질 수 없을 겁니다. 그래서 도덕적 판단이 변할 때는 뚜렷한 근거가 있어야 합니다. (정답: ③)

05 ㉡은 '내용적 구속성'에서 벗어나고, '미적 유희를 통제하는 외적 연관'에서 벗어난다고 하였습니다. '내용적 구속성'은 ㉠이 말하고 있는 '정신적 내용의 미적 형상화'를 비판적으로 바라보는 개념이라 할 수 있을 거예요. 그래서 ㉡의 입장에서는 ㉠이 '외적 연관'과 관련된다고 볼 수 있습니다. ㉡은 구속과 외적 연관에서 벗어나 마음대로 할 수 있는 예술의 자율성을 주장하기 때문에, 반대 입장에 있는 ㉠은 예술의 자율성 이론과는 거리가 있습니다. 그리고 ㉡은 자율적 예술을 탄생시킨 이론은 아닙니다. 자율성을 주장하는 사람들이 먼저 존재했었고, 그들이 ㉡을 선호한다는 것이죠. (정답: ③)

06 ㉡은 앞 문장을 가리킵니다. 즉 진화고고학 입장에서 토기 두께가 얇아진 이유를 말하고 있는 것이죠. 토기로 조리한 음식의 종류는 토기에 탄화된 채로 남아있던 식재료를 통해서 알아냈기 때문에 ④는 적절하지 않습니다. (정답: ④)

07 보쟁의 정물화에는 거울이 걸려 있기 때문에 ㉠의 의미를 확인하기 위해서는, 거울의 의미를 해설하고 있는 앞 문장을 살펴보아야 합니다. 거울은 교만에 빠지지 않도록 하는 자기에 대한 인식의 역할을 합니다. 거울이 시각과 관련을 갖고는 있지만, 시각이 다른 감각보다 우월하다고 말하고 있지는 않습니다. (정답: 적절하지 않다.)

08 ㉠ 문장은 이렇게 단순화시킬 수 있습니다. '인간에게 반사회성이 없다면 인간의 재능은 계발될 수 없다.' 문장의 형태로만 본다면 마치 '만약 p이면 q이다'는 식의 충분조건처럼 보입니다. 그렇지만 앞 상황과 뒤 상황 사이 조건의 성격을 살펴보면 필요조건의 문장임을 알 수 있습니다. 즉 '반사회성'이라는 앞 상황이 없으면 필연적으로 '인간 재능 계발'이라는 뒤 상황도 없다고 판단하기 때문입니다.

그리고 이 조건문에 반론을 편다는 것은 이 조건문의 판단이 참이 아니고 거짓임을 입증하면 됩니다. 필요조건의 판단이 올바르지 않은 경우는, 앞 상황이 없는데도 뒤 상황이 있다고 판단하는 것입니다. 즉 '인간에게 반사회성이 없다면 인간의 재능은 계발될 수 있다'고 말하는 것이죠. 이것은 ㉠ 문장과 정면으로 충돌되고 서로 모순됩니다. 인간에게 반사회성이 없다는 것은 사회성만 있다는 것이죠. 그래서 '사회성만으로도 재능이 계발될 수 있다.'는 문장은 ㉠ 문장을 정면으로 반박하는 문장이 됩니다. (정답: ③)

(※ someta.co.kr에 가면, '학습자료 → 필살기자료'에서 '조건문의 논리구조'를 로그인 없이 다운로드할 수 있습니다.)

09 "누구나 도덕 행위를 할 수 있는 선한 마음이 선천적으로 내면에 갖춰져 있다"는 부분이 도덕 내재주의를 수식하고 있습니다. 이 부분을 통해 도적 내재주의의 의미를 알 수 있죠. 이어서 도덕 내재주의가 갖는 기능을 두 가지 측면에서 부연 설명하고 있습니다. 첫째는 의롭지 못한 행동을 막아주는 동기로 작용한다는 것이고, 둘째는 옳고 그름을 판단할 수 있는 능력도 있기 때문에 '의'를 실천할 역량이 있다는 것입니다.

이제 선한 마음이 내면에 있고, 이것이 나쁜 행동을 막아주고, 옳고 그름을 판단하는 능력도 있다는 도덕 내재주의의 3가지 개념과 관련된 선지를 찾으면 됩니다. ①의 앞부분은 적절합니다. "세상의 올바른 이치가 모두 나의 마음에 갖추어져 있다"는 "도덕 행위를 할 수 있는 선한 마음이 내면에 갖춰져 있다"는 것과 관련됩니다. 그리고 "수양을 통해 이것을 깨달으면 이보다 큰 즐거움은 없다"는 부분은, "의를 실천할 수 있는 도덕적 역량이 내재화되어 있다"는 부분에서 수양의 개념을 추론할 수 있습니다. 그래서 ①은 적절합니다.

②는 "바른 도리를 행하려면 분별이 있어야 하니"의 부분은 적절합니다. "옳고 그른 것인지 판단할 수 있는 능력"과 관련되기 때문입니다. 그런데 뒤 부분에 나오는 "분별에는 직분이 중요하다"가 적절하지 않습니다. 직분은 사회적 지위를 나타내는데, 도덕 내재주의는 모든 인간에게 해당되므로 적절하지 않은 것이죠.

③은 "도덕은 ~ 인간의 성품으로 생겨난 것이 아니다"라고 하기 때문에 도덕 내재주의가 아닙니다. ④는 '군자–소인'의 구별은 도덕 내재주의를 설명하는 부분과 관련이 없습니다. ⑤는 "어른으로 대우하고자 하는 마음이 원래부터 있어서 그런 것은 아니다."라고 하니까 태어날 때부터 갖고 있는 도덕 내재주의의 선천적 성격을 부정합니다. 그래서 적절하지 않습니다. (정답: ①)

10 ㉠의 입장은 〈보기〉의 첫째 문장에서 제시하고 있고, 해프닝을 비판하는 내용은 둘째 문장에서 괄호 형태로 제시하고 있습니다. 그런데 둘째 문장은 '이에 반해'라는 접속어를 통해 앞 문장과 뒤 문장이 대조되도록 유도하고 있습니다. 그래서 앞 문장의 핵심 내용을 정리하고, 뒤 문장에는 이와 대조되는 내용을 제시하면 됩니다.

첫 문장 내용은 이렇게 정리됩니다. '작가들이 개성과 전통을 조화시키면, 문화 자산으로 보존되면서 다수 관객이 함께 즐기는 공동체 산물이 된다.' 그렇다면 해프닝은 이와 대조되는 성격이 있다는 것을 제시해야겠죠. 선지 ④를 살펴봅시다. "자의식이 강하고 우발적이다"라는 말은 개성만을 강조한다고 볼 수 있습니다. 그리고 "관객 사이의 합의를 얻지 못한다"는 다수 관객이 함께 즐기지 못한다는 것이고, "예술적 전통으로 계승되기 어렵다"는 문화 자산으로 보존되지 못함을 의미합니다. 이렇게 앞 문장 내용을 대조시키는 방식으로 구성된 선지는 ④입니다. (정답: ④)

11 이 글은 내용이 복잡하고 여러 개념들이 여기저기 제시되어 있는 긴 지문에서 따온 것입니다. 글을 독해하기가 어렵고, 또한 선지들은 모호하고 선지 중에는 '매력적인 오답'도 있습니다. 그래서 이 문제의 오답률은 70%가 될 정도로 높습니다. 짤막한 이 부분이 정답의 근거가 되는 부분인데, 왜 독해하기가 어려운지 살펴보고, 선지에서는 어떻게 문항을 구성하는지도 분석해 봅시다.

둘째 문장인 "이런 '일인 주식회사'에서는 일인 주주가 회사의 대표 이사가 되는 사례가 많다."에서, 지시어 '이런'을 통해 여러 주주의 주식회사가 일인 주식회사로 바뀔 수 있음을 알 수 있습니다. 그래서 ②는 적절하지 않습니다

셋째 문장은 "이처럼 일인 주주가 회사를 대표하는 기관이 되면 경영의 주체가 개인인지 회사인지 모호해진다."이고, 이어서 넷째 문장은 '법인 회사가 개인 사업자처럼 보인다'는 내용입니다. 글의 흐름이 '법인 회사 대 개인 사업자'의 대립으로 이어지다 보니까, 셋째 문장의 내용 중에서 '회사를 대표하는 기관'이라는 개념이 중요하게 부각되지 않습니다. 둘째 문장은 '일인 주주가 회사의 대표 이사'임을 밝히고 있고, 셋째 문장은 '일인 주주가 회사를 대표하는 기관이 됨'을 밝히고 있습니다. 그런데 셋째 문장의 접속어 '이처럼'을 통해, 둘째 문장과 셋째 문장이 결합되어 있습니다. 그러니까 '일인 주주 = 회사의 대표 이사 = 일인 주주 = 회사 대표 기관'이 되는데, 여기서 '회사의 대표 이사는 회사의 대표 기관이다'라는 것이 추론됩니다. 이런 맥락을 선지로 구성한 것이 ①입니다. ①은 쉽게 파악되지 않고, 대신에 매력적인 오답이 눈에 들어오기 때문에 오답률이 그렇게 높았던 것입니다. (정답: ①)

2장

문단 독해

1 문단 머리 두괄식 독해

2 문단 중간 전개 과정 독해

3 문단 끝 미괄식 독해

4 문단 내용 정리하기

문단 독해의 실제

우리는 수능 지문을 읽으면서 내용 파악에 집중하게 됩니다. 글 읽기의 일반적인 모습입니다. 즉 문장의 구조나 글 구조에 신경 쓰지 않고, 글의 의미 파악을 위해 노력하는 것이죠. 문단을 읽어나갈 때에도 그렇습니다. 문단의 구조를 생각하지 않고 내용 파악에 집중하면서, '문단의 머리 → 문단의 중간 → 문단의 끝'을 순차적으로 읽어갑니다. 여기서 제시하는 문단 독해 방법은 문단을 읽어가는 실제 과정과 결합된 독해법입니다. 실제 읽기 과정에 따라 문단 구조나 문단 전개를 이해하고, 이것을 독해에 활용하려는 것입니다.

문단에는 하나의 중심 내용이 있습니다. 중심 내용을 문단 머리에 제시하고 그것을 설명해 나가는 것을 두괄식이라 하죠. 반대로 구체적인 것들을 설명하고 문단 끝에서 마무리하는 방식을 미괄식이라 합니다. 문단 전체를 읽어보지 않고서는 문단의 구조를 정확히 알 수 없지만, 문단을 읽어가는 과정에서도 문단의 구조와 전개 과정을 대략 짐작할 수 있습니다.

문단 머리에 중심 내용이나 개념어를 주고 부연 설명하거나 정의를 내리는 경우, 두괄식 문단일 가능성이 큽니다. 이럴 경우 문단의 머리 부분에서는 '중심 내용이나 개념어 제시 → 정의나 부연 설명'으로 이어지는 것이 보통입니다. 그리고 문단의 중간 부분에서 예시를 주고 끝 부분에서 요약하거나 다른 개념과의 관련성을 설명합니다. 두괄식 문단 구조의 독해 초점은 부연 설명, 정의, 예시 부분에서 중심 내용과 개념어의 의미를 정확히 이해하는 것입니다. 수능 지문에서는 이런 문단 구조가 많이 사용되기 때문에 잘 알아 두어야 합니다.

만약 문단 머리에서 구체적인 정보들이 계속 제시된다면, 이 문단은 미괄식 문단일 가능성이 큽니다. 이런 문단에서는 '구체적인 정보 → 또 다른 정보 → 다른 정보와의 관련성 → 문단 끝 정리 요약'으로 이어지는 것이 보통입니다. 미괄식 문단에서는 끝 부분 정리 요약된 내용에 독해의 초점을 두게 됩니다.

그리고 문단 중간 부분에서는 나열과 과정, 예시, 비교-대조, 이유-근거, 전환 등의 전개 과정을 통해 중심 내용을 뒷받침하는 주요 정보들이 제시됩니다. 이러한 문단 전개 과정은 접속어를 통해 드러나는 것이 보통입니다. 문단 중간에서 제시된 주요 정보들은 문제와 관련되기 때문에 정확히 정리해 두어야 합니다.

또한 문단 독해를 문단 하나의 독해로만 생각해서는 안 됩니다. 앞 문단과 뒤 문단 사이의 관련성을 파악하는 것도 문단 독해라 할 수 있죠. 앞 문단에 나온 개념이나 정보가 뒤 문단에 나온 것과 어떤 관련성을 갖는지 파악해야 합니다. 수능의 고난도 지문과 문제는 이러한 관련성을 파악해야 지문 독해도 가능하고 문제도 해결할 수 있습니다.

문단 독해의 실제 과정 모형도

| 한 문단 독해 방법 |

문단 머리 부분	문단 읽는 실제 과정	• 중심 내용과 부연 설명에 주목하기 • 개념어 정의에 주목하기
문단 중간 부분		• 문단 내용 전개 과정 확인하기 (나열 과정/예시/비교 대조/이유 근거/전환)
문단 끝 부분		• 문단 내용 정리 요약 확인하기 • 새로운 개념이나 내용 확인하기

문단의 주요 정보 정리하고, 문단 사이 의미 연관성 확인하기

| 앞뒤 문단 독해 방법 |

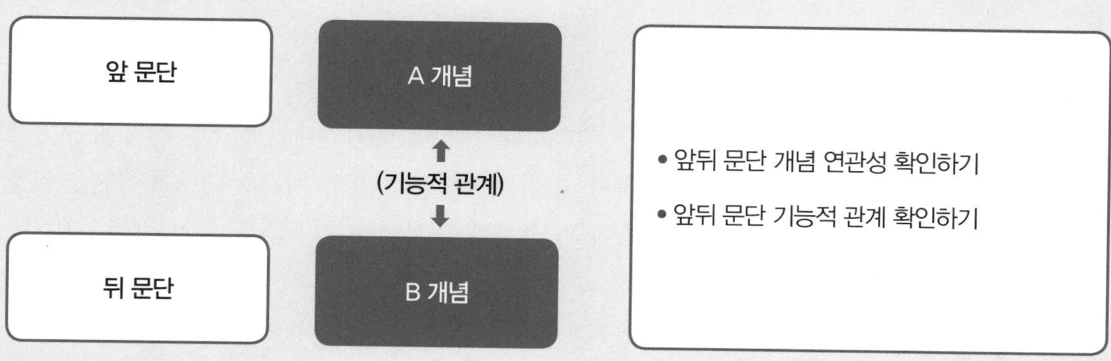

1 문단 머리 두괄식 독해

수능에 나오는 지문은 무척 어렵습니다. 그래서 내용 전개를 명확히 하고자 중심 내용을 문단 머리에 먼저 제시하는 경우가 많습니다. 그리고 중심 내용을 이어받아 다시 설명하는 부연 설명 부분에서는 구체적인 주요 정보가 제시됩니다. 문단 머리를 읽을 때 중심 내용과 부연 설명 부분에 집중해야 합니다.

또 수능 지문은 대상을 체계적으로 설명하는 경향이 있습니다. 낯설고 어려운 대상을 체계적으로 설명할 때 유효한 방식이 바로 정의입니다. 정의는 낯선 대상이나 개념에 대해 먼저 큰 범주를 잡아주고, 다시 구체적인 범위에서 그 대상을 명확히 설정하려는 설명 방식입니다.

이처럼 두괄식 문단 구조는 일반적인 것을 말한 다음 구체적인 것으로 나아가는 방식입니다. 따라서 부연 설명을 하거나, 정의를 내리고 예시를 주는 경우도 많습니다. 예시 부분은 문단 중간에 해당된다고 볼 수 있을 겁니다.

문단 머리 부분	• 중심 내용 또는 개념어 제시 • 부연 설명과 정의
(문단 중간 부분)	
(문단 끝 부분)	

문단 머리 두괄식 독해

수능 지문의 한 문단을 한 번 정독하여 이해할 수 있는 사람이라면 대단히 뛰어난 집중력과 독해 능력을 갖고 있는 사람입니다. 비문학 지문 하나를 5~6분 안에 읽어야 하는데, 단 한 번의 정독으로 이해할 수 있는 사람은 거의 없습니다. 하나의 문단을 읽을 때 문단 머리 부분을 두 번 읽고, 문단 중간과 끝 부분도 각각 두 번씩 읽는 것이 필요합니다. 한 문단을 세 덩어리로 나누어 두 번씩 읽어가면서 정확히 독해해야 합니다.

문단 머리 부분을 읽을 때에는 중심 내용 문장과 부연 설명 부분에 들어있는 주요 정보를 확인해야 합니다. 그리고 정의가 제시될 경우에는 여러 개의 의미 영역들을 하나하나 정리하는 것이 중요합니다.

1 중심 내용과 부연 설명 부분에 주목한다

❶ 중심 내용을 문단 머리에 내세울 때, 반드시 따라오는 것이 부연 설명 부분입니다. 문단은 하나의 중심 내용을 체계적으로 드러내는 의미 단위입니다. 이때 부연 설명은 중심 내용을 구체적으로 밝히고 뒷받침하는 역할을 합니다.

❷ 부연 설명은 중심 내용이 갖고 있는 또 다른 측면을 드러냅니다. 설명을 자세히 한다는 것은 중심 내용의 여러 측면이나 속성을 밝히는 것입니다. 그래서 두괄식 문단에서는 부연 설명이 중요한 역할을 하며, 부연 설명 부분에 문단의 주요 정보가 포함되어 있습니다.

❸ 부연 설명의 문장이 이어질 때, 단어나 표현이 바뀌게 됩니다. 그렇지만 그것들은 하나의 설명 대상과 관련되기 때문에 의미가 유사합니다. 단어나 표현이 바뀜에도 그 의미가 본질적으로 같다는 것, 그럼에도 불구하고 약간의 의미 차이가 있다는 것, 이것을 알아내는 것이 부연 설명 부분에 대한 독해의 초점입니다.

| 사례분석 1

(2017학년도 6월)

인공 신경망의 작동은 크게 학습 단계와 판정 단계로 나뉜다. 학습 단계는 학습 데이터를 입력층의 입력 단자에 넣어 주고 출력층의 출력값을 구한 후, 이 출력값과 정답에 해당하는 값의 차이가 줄어들도록 가중치를 갱신하는 과정이다. 어떤 학습 데이터가 주어지면 이때의 출력값을 구하고 학습 데이터와 함께 제공된 정답에 해당하는 값에서 출력값을 뺀 값 즉 오차 값을 구한다. 이 오차 값의 일부가 출력층의 출력 단자에서 입력층의 입력 단자 방향으로 되돌아가면서 각 계층의 퍼셉트론별로 출력 신호를 만드는 데 관여한 모든 가중치들에 더해지는 방식으로 가중치들이 갱신된다. 이러한 과정을 다양한 학습 데이터에 대하여 반복하면 출력값들이 각각의 정답 값에 수렴하게 되고 판정 성능이 좋아진다. 오차 값이 0에 근접하게 되거나 가중치의 갱신이 더 이상 이루어지지 않게 되면 학습 단계를 마치고 판정 단계로 전환한다. 이때 판정의 오류를 줄이기 위해서는 학습 단계에서 대상들의 변별적 특징이 잘 반영되어 있는 서로 다른 학습 데이터를 사용하는 것이 좋다.

문제 | 윗글에 대한 이해로 적절하지 않은 것은?

① 출력층의 출력값이 정답에 해당하는 값과 같으면 오차 값은 0이다.
② 오차 값은 가중치 갱신에 사용된다.
③ 가중치의 갱신은 입력층의 입력 단자에서 출력층의 출력 단자 방향으로 진행된다.

글 내용이 무척 어렵습니다. 지문 전체가 이 같은 수준이고, 이 문단은 더구나 지문의 마지막 문단입니다. 그래서 독해력이 매우 떨어질 수 있는 상황입니다. 하지만 문단 구조가 '중심 내용 → 부연 설명'의 두괄식 형태를 취하고 있다는 것을 알아차리면 수월하게 독해할 수 있습니다.

인공 신경망의 작동은 크게 학습 단계와 판정 단계로 나뉜다. 학습 단계는 학습 데이터를 입력층의 입력 단자에 넣어 주고 출력층의 출력값을 구한 후, 이 출력값과 정답에 해당하는 값의 차이가 줄어들도록 가중치를 갱신하는 과정이다.

문단의 첫째 문장과 둘째 문장에서 중심 내용을 확인할 수 있습니다. '인공 신경망의 학습단계'는 '가중치를 갱신(=다시 고침)하는 과정'이다. 문장 독해에서 공부했던 것을 적용하면 쉽게 확인할 수 있죠? 즉 주어와 관련된 정보를 서술부에서 확인하는 것이죠. 그런데 가중치를 갱신하는 과정을 이해하기가 어렵습니다. 이럴 때는 의미 영역을 하나씩 나누어 살펴보아야 합니다. 1) "학습 데이터를 입력층의 입력 단자에 넣어 주고 출력층의 출력값을 구한"다. 그리고 2) "이 출력값과 정답에 해당하는 값의 차이가 줄어들도록" 한다. 읽으면서 밑줄을 쳤죠? 밑줄을 쳐야 정확히 알 수 있습니다. 그리고 다음의 부연 설명 문장에서 중심 내용을 좀 더 구체적으로 설명하고 있기 때문에 부연 설명 부분을 주목해서 읽어야 합니다.

어떤 학습 데이터가 주어지면 이때의 출력값을 구하고 학습 데이터와 함께 제공된 정답에 해당하는 값에서 출력값을 뺀 값 즉 오차 값을 구한다. 이 오차 값의 일부가 출력층의 출력 단자에서 입력층의 입력 단자 방향으로 되돌아가면서 각 계층의 퍼셉트론별로 출력 신호를 만드는 데 관여한 모든 가중치들에 더해지는 방식으로 가중치들이 갱신된다.

이 부분이 중심 내용에 대한 부연 설명인지 바로 알기가 어렵습니다. 왜냐하면 '즉, 다시 말하자면' 등의 접속어가 없기 때문이죠. '가중치 갱신'이라는 개념어가 다시 나오는 것을 확인하고서야 비로소 부연 설명하고 있음을 겨우 알아차리게 됩니다.

여기가 부연 설명 부분임을 확인하고 가중치 갱신 과정을 다시 읽어보면, 가중치 갱신 과정에 대한 설명에서 새롭게 말하는 부분이 있음을 알 수 있습니다. 그것이 무엇인지 확인하기 이전에 일단 부연 설명 문장에서 중심 내용의 표현이 어떻게 바뀌고 있는지 비교해 봅시다. 1) "학습 데이터를 입력층의 입력 단자에 넣어 주고 출력층의 출력값을 구한"다. 이게 중심 내용 문장에 나옵니다. 그런데 부연 설명 부분에서는 "어떤 학습 데이터가 주어지면 이때의 출력값을 구하고"라고 표현을 바꾸었네요. 그리고 2) "이 출력값과 정답에 해당하는 값의 차이가 줄어들도록" 한다는 것이 중심 내용 문장에 나오는데, 이것이 부연 설명 부분에서는 "학습 데이터와 함께 제공된 정답에 해당하는 값에서 출력값을 뺀 값 즉 오차 값을 구한다."라고 좀 더 자세히 나와 있습니다. 여기서는 '오차 값'이라는 새로운 단어를 사용하고 있네요. 자, 그러면 '가중치 갱신 과정'에 대해 새롭게 말하고 있는 부분을 찾아볼까요?

1) 이 오차 값의 일부가 출력층의 출력 단자에서 입력층의 입력 단자 방향으로 되돌아가면서 2) 각 계층의 퍼셉트론별로 출력 신호를 만드는 데 관여한 모든 가중치들에 더해지는 방식으로 가중치들이 갱신된다.

이 부분이 '가중치 갱신 과정'에 대해 새롭게 설명한 부분이고, 여기에 주요 정보들이 들어 있습니다. 첫째 오차 값의 일부가 입력층으로 되돌아간다는 점이고, 둘째 퍼셉트론의 가중치에 오차 값들이 더해진다는 것이죠. 이렇게 함으로써 가중치들이 갱신된다는 것입니다. 여기서 주목해야 할 점이 있습니다. 중심 내용 문장에서는 '가중치 갱신 과정'이 모호하고 불분명하지만, 부연 설명 문장에서 분명하게 언급하고 있다는 점입니다. 중심 내용 문장에서 이렇게 말하고 있었죠? "입력층의 입력 단자에 넣어 주고 출력층의 출력값을 구한 후, 이 출력값과 정답에 해당하는 값의 차이가 줄어들도록 가중치를 갱신하는 과정이다." 이 문장만 읽으면 마치 입력층에서 출력층으로 가중치가 갱신되는 것처럼 보입니다. 그런데 '가중치 갱신 과정'은 여기 부연 설명 문장에서 명확히 말하고 있습니다. 오차 값이 입력층으로 되돌아간다는 것이죠. 이제 부연 설명 부분을 놓쳐서는 정확히 독해를 할 수 없다는 것을 이해할 수 있을 겁니다.

이러한 내용이 이해되면 그 다음 내용은 수월하게 파악됩니다. 즉 가중치 갱신을 이렇게 반복하여 오차 값이 0이 되면 더 이상 가중치를 갱신하지 않고 판정 단계로 전환한다는 것이죠.

선지 ①의 "출력층의 출력값이 정답에 해당하는 값과 같으면 오차 값은 0이다."는 적절합니다. 둘째 문장, 즉 "출력값과 정답에 해당하는 값의 차이가 줄어들도록 가중치를 갱신하는 과정이다."를 통해서 확인할 수 있죠. ②와 ③은 부연 설명 부분의 내용을 확인했다면 알 수 있을 겁니다. 오차 값이 입력층으로 되돌아가서 가중치를 갱신하므로, ②는 적절하고 ③은 적절하지 않습니다. 이 문제에 대한 오답률이 30%가 넘을 정도로 ③을 적절하다고 판단한 수험생들이 많습니다. 그 이유는 부연 설명 부분에서 '가중치 갱신 과정'이 정확히 언급되었는데, 이 부분을 독해하지 못하고, 중심 내용 문장에 나온 부분만 주목했기 때문입니다. 즉 "출력층의 출력값을 구한 후, 이 출력값과 정답에 해당하는 값의 차이가 줄어들도록 가중치를 갱신하는 과정이다."만을 읽고 문제를 풀면, 가중치 갱신 과정이 입력층에서 출력층으로 이루어지는 것처럼 착각하게 됩니다. (정답: ③)

| 사례분석 2

(2016학년도 9월 B형)

처음으로 체계적인 설명 이론을 제시한 헴펠에 따르면 설명은 몇 가지 요건을 충족하는 논증이어야 한다. 기본적으로 논증은 전제로부터 결론이 논리적으로 도출되는 형식을 띤다. 따라서 설명을 하는 부분인 설명항은 전제에 해당하며 설명되어야 하는 부분인 피설명항은 결론에 해당한다. 헴펠에 따르면 설명은 세 가지 조건을 모두 충족해야 한다. 첫째, 설명항에는 '모든 사람은 죽는다.'처럼 보편 법칙 또는 보편 법칙의 역할을 하는 명제가 하나 이상 있어야 한다. 둘째, 보편 법칙이 구체적으로 적용되는 맥락을 나타내는 '소크라테스는 사람이다.'와 같은 선행 조건이 설명항에 하나 이상 있어야 한다. 셋째, 피설명항은 설명항으로부터 '건전한 논증'을 통해 도출되어야 한다. 이때 건전한 논증은 '논증의 전제가 모두 참'이라는 조건과 '논증의 전제가 모두 참이라면 결론도 반드시 참'이라는 조건을 모두 만족하는 논증이다. 이처럼 헴펠의 설명 이론은 피설명항이 보편 법칙의 개별 사례로서 마땅히 일어날 만한 일이었음을 보여 주기 위한 설명의 요건을 제시했다는 점에서 의의가 있다.

문제 | 윗글에 따를 때, 헴펠의 설명 이론에 관한 이해로 적절하지 않은 것은?

① 어떤 것이 건전한 논증이면 그것은 반드시 설명이다.
② 어떤 것이 설명이라면 설명항에 포함되는 명제들은 반드시 참이다.
③ 피설명항은 특정한 맥락에서 보편 법칙에 따라 발생한 개별 사례이다.
④ 어떤 것이 설명이라면 피설명항은 반드시 설명항에서 논리적으로 도출된다.

첫 문장이 문단의 중심 문장이라 할 수 있습니다. 그런데 첫 문장이 우리가 보통 알고 있는 것과는 낯선 내용입니다. 설명과 논증은 서로 다른데, 설명을 논증이라고 헴펠이 주장하고 있으니까요.

처음으로 체계적인 설명 이론을 제시한 헴펠에 따르면 설명은 몇 가지 요건을 충족하는 논증이어야 한다. 기본적으로 논증은 전제로부터 결론이 논리적으로 도출되는 형식을 띤다. 따라서 설명을 하는 부분인 설명항은 전제에 해당하며 설명되어야 하는 부분인 피설명항은 결론에 해당한다.

둘째 셋째 문장에서 부연하고 있는 것은 '논증'입니다. 설명이 왜 논증에 해당하느냐를 말하기 위해서, 논증 구조와 설명이 어떻게 연관되는지를 먼저 말하고 있습니다. 즉 논증 구조인 '전제-결론' 관계에서, 설명항은 전제에 해당하고 피설명항은 결론에 해당한다고 우선 밝히고, 논의를 이어가려고 합니다.

헴펠에 따르면 설명은 세 가지 조건을 모두 충족해야 한다. 첫째, 설명항에는 '모든 사람은 죽는다.'처럼 보편 법칙 또는 보편 법칙의 역할을 하는 명제가 하나 이상 있어야 한다. 둘째, 보편 법칙이 구체적으로 적용되는 맥락을 나타내는 '소크라테스는 사람이다.'와 같은 선행 조건이 설명항에 하나 이상 있어야 한다. 셋째, 피설명항은 설명항으로부터 '건전한 논증'을 통해 도출되어야 한다. 이때 건전한 논증은 '논증의 전제가 모두 참'이라는 조건과 '논증의 전제가 모두 참이라면 결론도 반드시 참'이라는 조건을 모두 만족하는 논증이다.

이제 이 부분에서는 설명이 '어떻게 논증되어야 하는지' 부연하여 말하고 있습니다. 내용이 어렵고 복잡하니까 '첫째, 둘째, 셋째'라는 접속어를 통해 명확하게 제시하고 있군요. 설명항에는 보편 법칙이나 보편 명제가 있어야 하고, 선행 조건도 하나 이상 있어야 한다고 말합니다. 삼단논법에서 말하는 대전제나 소전제가 연상되죠? 삼단논법은 대표적인 논증 구조이거든요. 그리고 '건전한 논증'을 통해 피설명항이 설명항으로부터 도출되어야 한다고 합니다. 여기서 '건전한 논증'이라는 새로운 개념어가 나왔기 때문에 이것에 대해 다음 문장에서 정의를 통하여 다시 설명합니다.

이때 건전한 논증은 '논증의 전제가 모두 참'이라는 조건과 '논증의 전제가 모두 참이라면 결론도 반드시 참'이라는 조건을 모두 만족하는 논증이다. 이처럼 헴펠의 설명 이론은 피설명항이 보편 법칙의 개별 사례로서 마땅히 일어날 만한 일이었음을 보여 주기 위한 설명의 요건을 제시했다는 점에서 의의가 있다.

건전한 논증은 전제도 참이고, 결론도 참인 논증이라고 말합니다. 이렇게 '건전한 논증'을 통해 설명을 논증처럼 제시할 수 있다고 합니다.

①은 적절하지 않습니다. 설명은 건전한 논증이어야 합니다. 그렇다고 건전한 논증은 반드시 설명이라고 할 수 없습니다. 건전한 논증은 설명일 수도 있고, 다른 논증일 수도 있습니다.

설명항으로부터 피설명항이 건전한 논증을 통해 도출되어야 하므로, 설명항에 포함된 명제는 반드시 참입니다. 이것은 건전한 논증에 대해 정의내리는 문장에서 확인할 수 있습니다. 그래서 ②와 ④는 적절합니다. ③은 헴펠 이론의 의의를 말하고 있는 마지막 문장에서 확인할 수 있습니다. 즉 '피설명항은 보편 법칙의 개별 사례'라고 보고 있는 것이죠. 그래서 ④도 적절합니다. (정답: ①)

유제 연습 ❶

1 다음 글을 통해 선지의 진술이 적절한지 판단하시오.

지식 경영론 중에는 마이클 폴라니의 '암묵지' 개념을 활용하는 경우가 많다. 폴라니는 명확하게 표현되지 않고 주체에게 체화된 암묵지 개념을 통해 모든 지식이 지적 활동의 주체인 인간과 분리될 수 없다는 것을 강조했다. 그에 따르면 우리의 일상적 지각뿐만 아니라 고도의 과학적 지식도 지적 활동의 주체가 몸담고 있는 구체적인 현실로부터 유리된 것이 아니다. 어떤 지각 활동이나 관찰, 추론 활동에도 우리의 몸이나 관찰 도구, 지적 수단이 항상 수반되고 그에 의해 이러한 활동이 암묵적으로 영향을 받기 때문이다. 요컨대 모든 지식에는 암묵적 요소들과 이들을 하나로 통합하는 '인간적 행위'가 전제되어 있다는 것이다. "우리는 우리가 말할 수 있는 것보다 훨씬 더 많이 알고 있다."라는 폴라니의 말은 모든 지식이 암묵지에 기초하고 있음을 강조한다.

① 폴라니는 고도로 형식화된 과학 지식도 암묵지를 기초로 하여 형성된다고 본다.

② 폴라니는 지적 활동의 주체와 분리되어 독립된 객체로서 존재하는 지식은 없다고 본다.

| 풀이 |

이 문단은 부연 설명으로 계속 이어지면서 구성된 문단입니다. 첫째 문장에서 '암묵지'를 제시하고, 둘째 문장에서 암묵지의 의미를 3가지 의미 영역으로 제시하고 있습니다. 즉 암묵지는 1) 명확하게 표현되지 않고, 2) 주체, 즉 인간에게 체화된 지식이고, 3) 인간과 분리되어 존재하지 않는다고 말합니다.

암묵지에 대한 기본적인 것을 설명하고 나서 다시 부연 설명하고 있습니다. 일상적 지각뿐만 아니라 과학적 지식도 암묵지와 관련된다고 합니다. 왜냐하면 인간의 모든 활동도 암묵지에 영향을 받기 때문이라는 것이죠. 그래서 인간은 말할 수 있는 것보다 훨씬 더 많이 알고 있다고 폴라니는 말합니다.

이렇게 본다면 ①과 ②는 적절한 진술이라고 할 수 있습니다. ①에서 표현된 '형식화된 과학 지식도 암묵지에 기초하여 형성된다'는 구절은, "어떤 지각 활동이나 관찰, 추론 활동에도 우리의 몸이나 관찰 도구, 지적 수단이 항상 수반되고" 부분과 의미가 상응한다고 할 수 있습니다. (정답: 모두 적절하다.)

2 캄피돌리오 광장에 구현된 상징적 의미로 보기 어려운 것은?

> 캄피돌리오 광장은 원이 갖는 고유의 특성이 구현된 공간이기도 하다. 원은 중심과 둘레로 이루어져 있어 중심을 향하는 집중성과 둘레를 향하는 확산성이라는 두 가지 속성을 동시에 갖고 있다. 그런데 이 광장은 확산성이 아닌 집중성을 강조한 공간이다. 광장의 실제 경계는 타원이지만, 사람들이 광장의 어느 곳에 서 있든 시선은 가운데에 있는 기마상으로 집중하게 되므로 기마상을 광장의 중심으로 인식하게 된다. 광장의 가운데에 배치된 기마상은 타원이 지닌 두 개의 초점을 사라지게 하는 효과를 나타내어 광장을 하나의 중심을 가진 원형 공간처럼 변모시킨 것이다. 타원형의 광장이 집중성을 가진 공간으로 전환되면서 광장에는 중심과 주변이라는 위계가 생기게 된다. 위계의 정점은 기마상이다. 주변을 압도하는 세계 지배자의 기마상을 올려다보는 순간 그 위계감은 한층 더 고조된다.

① 타원형의 두 초점이 갖는 상징적 의미
② 원의 중심이 가지고 있는 상징적 의미
③ 광장의 기마상이 나타내는 상징적 의미

| 풀이 |

캄피돌리오 광장의 공간적 특성을 원의 속성과 관련하여 살펴보는 것이 이 문단의 중심 내용이며, 첫째 문장에서 이것을 말하고 있습니다. 그리고 둘째 문장에서는 원의 2가지 속성, 즉 집중성과 확산성을 부연 설명하고 있네요. 그런데 캄피돌리오 광장은 실제로는 타원입니다. 그래서 이후 부연 설명하면서 실제로는 타원 공간인 캄피돌리오 광장이 하나의 원형의 공간처럼 집중성을 갖게 되는 이유를 밝히고 있습니다.

타원은 두 개의 초점을 갖고 있어서 집중성이 원보다 약할 수 있을 겁니다. 그런데 캄피돌리오 광장에 있는 기마상은 사람들의 시선을 집중하도록 함으로써 두 개의 초점을 사라지게 하고, 하나의 중심을 가진 원형 공간처럼 변모시킵니다. 그리고 집중성이 생기면서 광장에는 중심과 주변이라는 위계(=지위나 계층 따위의 등급)가 형성됩니다. 기마상은 주변을 압도하면서 위계의 정점에 있게 됩니다.

이렇게 본다면 ①은 적절하지 않다고 판단할 수 있겠죠? 왜냐하면 타원형의 두 초점이 캄피돌리오 광장에서는 사라지게 되고, 하나의 원형 공간의 중심으로 인식되기 때문이죠. 그래서 정답은 ①입니다.

2 개념어 정의 부분에 주목한다

❶ 'A는 ~는 B이다.' 이것이 정의를 나타내는 문장 형식입니다. 그런데 정의는 이러한 문장 형식으로만 나타나지 않습니다. 개념어에 대한 뜻풀이를 이것저것 하면서 정의를 돌려가며 설명하기도 합니다.

❷ 정의를 통해서 설명할 경우, 커다란 범주를 설정한 'B'부분보다는 구체적인 정보로 범위를 좁혀주는 '~는'이라는 수식 부분에 주요 정보가 들어 있게 됩니다. 특히 여러 개의 의미 영역이 수식 부분에 들어 있는 경우 그것들을 하나하나 독해해야 합니다.

❸ 정의를 통한 설명 방식은 정의 문장 단독으로만 사용되지 않고 다른 설명 방식과 결합하여 사용됩니다. 부연 설명이나 예시 부분이 정의 문장 다음에 따라오는 것이 보통입니다. 그래야만 설명이 자세하고 충분하기 때문입니다.

| 사례분석 1 (2009학년도 6월)

신기루는 그 자리에 없는 어떤 대상이 마치 있는 것처럼 보이는 현상을 말한다. 그러나 신기루는 환상이나 눈속임이 아니라 원래의 대상이 공기층의 온도 차 때문에 다른 곳에 보이게 되는 현상이다. 찬 공기층은 밀도가 크고 따뜻한 공기층은 밀도가 작다. 이러한 밀도 차이는 빛이 공기를 통과하는 시간을 변화시키는데, 밀도가 클수록 시간이 더 걸리게 된다. 이때 공기층을 지나는 빛은 밀도가 다른 경계 면을 통과하면서 굴절한다. 따라서 신기루는 지표면 공기와 그 위 공기 간의 온도 차가 큰 사막이나 극지방에서 쉽게 관찰할 수 있다.

문제 | 위 글로 미루어 알 수 있는 것은?

① 신기루는 사막과 극지방에서만 나타난다.
② 공기층의 밀도 차이가 없어도 신기루가 생길 수 있다.
③ 신기루가 나타나려면 그 부근에 대상이 있어야 한다.

글 전체의 화제어를 첫 문단 첫 문장에서 바로 제시하고 글을 전개하는 경우가 있습니다. 이럴 때 화제어에 대한 정의를 많이 사용합니다. 도입 부분이어서 글 독해에 집중하기가 쉽지 않지만 정의에는 주요 정보가 담겨 있어서 집중해서 읽어야 합니다. 더구나 글 전체의 화제어인 경우에는 정의에 제시된 정보는 아주 중요합니다.

신기루는 그 자리에 없는 어떤 대상이 마치 있는 것처럼 보이는 현상을 말한다. 그러나 신기루는 환상이나 눈속임이 아니라 원래의 대상이 공기층의 온도 차 때문에 다른 곳에 보이게 되는 현상이다.

첫째 문장은 신기루의 정의를 말하고 있습니다. 둘째 문장은 대조 관계처럼 보이지만, 정의에 대해 부연 설명을 하고 있습니다. 즉 신기루는 어떤 대상이 근처에 있어야 한다는 것이고, 그리고 신기루의 원인에 대해서 서술하고 있습니다. '공기층의 온도 차'가 신기루를 만드는 원인입니다. 정의를 내리고 원인까지 제시하고 있어서 정확한 독해가 필요합니다. 첫 문단의 도입 부분이지만 주요 정보가 포함되어 있습니다.

찬 공기층은 밀도가 크고 따뜻한 공기층은 밀도가 작다. 이러한 밀도 차이는 빛이 공기를 통과하는 시간을 변화시키는데, 밀도가 클수록 시간이 더 걸리게 된다. 이때 공기층을 지나는 빛은 밀도가 다른 경계 면을 통과하면서 굴절한다. 따라서 신기루는 지표면 공기와 그 위 공기 간의 온도 차가 큰 사막이나 극지방에서 쉽게 관찰할 수 있다.

셋째 문장부터 '공기층의 온도 차' 때문에 생기는 자연 현상을 설명하고 있습니다. 먼저 공기층 사이에 밀도 차이를 가져오고 밀도가 큰 공기층에서는 빛이 느리게 통과합니다. 그리고 밀도가 다른 공기층들이 맞닿아 있을 경우 그 경계면에서 빛이 굴절합니다. 그래서 지표면 공기층과 바로 그 위 공기층 간의 밀도 차이가 큰 사막이나 극지방에서는 신기루를 자주 볼 수 있습니다. 어렵게 읽혀지지 않지만, 집중을 해서 읽어야 합니다. 왜냐하면 '정의 → 원인 → 부연 설명'이 이어지면서 주요 정보가 제시되고 있기 때문입니다.

신기루가 잘 나타나는 지역으로 사막이나 극지방을 거론하고 있기 때문에, 신기루 출현 지역이 사막과 극지방에만 한정될 것 같은 착각이 일어날 수 있습니다. ①은 이 점을 노리고 있어요. '쉽게 관찰할 수 있다'라는 말에는 '어렵게 관찰되는 다른 지역도 있다'라는 의미가 숨어 있습니다. 선지 ②는 신기루 현상의 원인과 관련됩니다. 공기층의 온도 차이가 공기층의 밀도 차이를 낳게 합니다. 이것이 빛의 통과 속도를 다르게 하기 때문에 공기층의 밀도 차이는 빛의 굴절을 가져오고, 신기루를 만들어 냅니다. 선지 ③은 신기루의 정의와 관련됩니다. 정의 문장에서 '대상이 있어야 한다.'라고 명시적으로 서술하지 않았지만, 그 다음에 이어지는 부연 설명 문장을 통해서 '원래의 대상'이 있어야 신기루가 나타난다는 것을 알 수 있습니다. 그래서 ③이 적절합니다. (정답: ③)

| 사례분석 2 (2010학년도 수능)

어떤 장비의 '신뢰도'란 ㉠주어진 운용 조건하에서 의도하는 사용 기간 중에 의도한 목적에 맞게 작동할 확률을 말한다. 복잡한 장비의 신뢰도는 한 번에 분석하기가 힘든 경우가 많으므로, 장비를 분해하여 몇 개의 하부 시스템으로 나누어서 생각하는 것이 합리적인 접근 방법이다. 직렬과 병렬 구조는 하부 시스템에 자주 나타나는 구조로서, 그 결과를 통합한다면 복잡한 장비의 신뢰도를 구할 수 있다.

문제 | 〈보기〉가 ㉠을 고려하여 작성한 카메라 사용 시 주의 사항이라 할 때, 신뢰도에 영향을 주는 요소로 볼 수 없는 것은?

보기

본 카메라를 무상으로 ⓐ보증하는 기간은 구입일로부터 1년입니다. 본 카메라는 ⓑ0℃~40℃의 온도 범위에서 사용하도록 설계되었습니다. 카메라 렌즈가 ⓒ직사광선에 정면 노출되지 않도록 하십시오. ⓓ강한 전파 에너지가 발생하는 곳에서는 카메라를 사용하지 않도록 하십시오. 카메라의 오작동으로 인하여 ⓔ손실된 녹화 내용에 대해서는 보상하지 않습니다.

① ⓐ ② ⓑ ③ ⓒ ④ ⓓ ⑤ ⓔ

어떤 장비의 '신뢰도'란 1) 주어진 운용 조건하에서 2) 의도하는 사용 기간 중에 3) 의도한 목적에 맞게 작동할 확률을 말한다.

'신뢰도'에 대한 정의를 첫째 문장에서 제시하고 있습니다. 이 문장에는 여러 개의 의미 영역이 들어 있는데, 이것을 소홀히 확인하게 되면 문제에서 실수를 하게 됩니다. 하나하나 확인하고 〈보기〉와 연결시켜 생각해야 합니다.

1) '주어진 운용 조건'은, 〈보기〉의 ⓑ, ⓒ, ⓓ와 관련됩니다. 온도 범위, 직사광선, 전파 발생은 카메라가 적절하게 사용되는 조건이므로, 카메라가 작동할 신뢰도와 관련됩니다.
2) '의도하는 사용 기간'은, 〈보기〉의 ⓐ와 관련됩니다. 카메라가 제대로 작동할 기간이고 그래서 제조업체에서 '보증하는 기간'입니다.
3) '의도하는 목적에 맞게'는 〈보기〉의 ⓔ와 관련되지 않습니다. '손실된 녹화 내용'은 카메라 오작동으로 인하여 발생한 것이기 때문에, '의도하는 목적에 맞게 작동'한 것이 아닙니다. 그래서 〈보기〉의 ⓔ는 '신뢰도' 정의와 부합되지 않습니다. (정답: ⑤)

| 사례분석 3

(2010학년도 수능)

둘 이상의 기업이 자본과 조직 등을 합하여 경제적으로 단일한 지배 체제를 형성하는 것을 '기업 결합'이라고 한다. 기업은 이를 통해 효율성 증대나 비용 절감, 국제 경쟁력 강화와 같은 긍정적 효과들을 기대할 수 있다. 하지만 기업이 속한 사회에는 간혹 역기능이 나타나기도 하는데, 시장의 경쟁을 제한하거나 소비자의 이익을 침해하는 경우가 그러하다. 가령, 시장 점유율이 각각 30%와 40%인 경쟁 기업들이 결합하여 70%의 점유율을 갖게 될 경우, 경쟁이 제한되어 지위를 남용하거나 부당하게 가격을 인상할 수 있는 것이다. 이 때문에 정부는 기업 결합의 취지와 순기능을 보호하는 한편, 시장과 소비자에게 끼칠 폐해를 가려내어 이를 차단하기 위한 법적 조치들을 강구하고 있다. 하지만 기업 결합의 위법성을 섣불리 판단해서는 안 되므로 여러 단계의 심사 과정을 거치도록 하고 있다.

문제 | 위 글의 내용을 토대로 다음의 진술이 적절한지 판단하시오.

ⓐ 기업 결합의 순기능을 살리되 그에 따른 부정적 측면을 신중히 가려내야 한다.

1) 둘 이상의 기업이 자본과 조직 등을 합하여 2) 경제적으로 단일한 지배 체제를 형성하는 것을 '기업 결합'이라고 한다. 기업은 이를 통해 효율성 증대나 비용 절감, 국제 경쟁력 강화와 같은 긍정적 효과들을 기대할 수 있다. 하지만 기업이 속한 사회에는 간혹 역기능이 나타나기도 하는데, 시장의 경쟁을 제한하거나 소비자의 이익을 침해하는 경우가 그러하다.

첫째 문장에서 '기업 결합'에 대해 정의를 내리고 있습니다. 두 개의 의미 영역이 이 정의 안에 포함되어 있습니다. 이어서 기업 결합의 긍정적인 면과 부정적인 면을 부연 설명하고 있습니다.

이 때문에 정부는 기업 결합의 취지와 순기능을 보호하는 한편, 시장과 소비자에게 끼칠 폐해를 가려내어 이를 차단하기 위한 법적 조치들을 강구하고 있다. 하지만 기업 결합의 위법성을 섣불리 판단해서는 안 되므로 여러 단계의 심사 과정을 거치도록 하고 있다.

그래서 정부는 이러한 긍정적 측면과 부정적 측면을 고려하여 기업 결합에 대해 여러 단계 심사 과정을 거치게 됩니다. 이 문단 다음에는 '여러 단계의 심사 과정'이 나오겠죠? '신중한 심사'를 말하고 있는 선지의 진술은 적절합니다. (정답: 적절하다.)

유제 연습 ❷

1 다음 글을 읽고 추론한 내용으로 적절하지 않은 것은?

> 레일리 산란은 공기나 먼지 입자의 직경이 빛 파장의 1/10보다 작을 경우에 일어나는 산란을 말한다. 산란은 빛이 이들 입자와 부딪치면서 여러 방향으로 흩어지는 현상이다. 산란의 세기는 빛 파장의 네제곱에 반비례하는데, 빛의 파장은 진동수에 반비례한다. 대기의 공기 입자는 직경이 매우 작아 가시광선 중 파장이 짧은 빛을 주로 산란시키며, 파장이 짧을수록 산란의 세기가 강하다. 따라서 맑은 날에는 주로 공기 입자에 의한 레일리 산란이 일어나서 보랏빛이나 파란빛이 강하게 산란되는 반면 붉은빛이나 노란빛은 약하게 산란된다. 산란되는 세기로는 보랏빛이 가장 강하겠지만 우리 눈은 보랏빛보다 파란빛을 더 잘 감지하기 때문에 하늘은 파랗게 보이는 것이다. 만약 태양빛이 공기 입자보다 큰 입자에 의해 레일리 산란이 일어나면 공기 입자만으로는 산란이 잘 되지 않던 긴 파장의 빛까지 산란되어 하늘의 파란빛은 상대적으로 옅어진다.

① 가시광선의 파란빛은 보랏빛보다 진동수가 작다.
② 파란빛은 가시광선 중에서 레일리 산란의 세기가 가장 크다.
③ 빛의 진동수가 2배가 되면 레일리 산란의 세기는 16배가 된다.
④ 달의 하늘에서는 공기 입자에 의한 태양빛의 산란이 일어나지 않는다.

| 풀이 |

첫 문장과 둘째 문장에서 레일리 산란과 산란에 대한 정의가 나오고, 이어서 부연 설명을 하고 있습니다. 빛의 파장과 진동수는 서로 반비례 관계에 있다는 것은 문제에서 자주 활용되기 때문에 주목할 필요가 있어요. 진동수가 클수록 파장이 짧고, 파장이 길수록 진동수가 작습니다. 산란의 세기는 파장이 짧을수록, 또는 진동수가 클수록 강해집니다. 입자에 부딪히는 힘이 파장이 짧을수록 더 크다고 볼 수 있을 거예요. 가시광선은 보랏빛의 파장이 가장 짧아서 보랏빛의 산란 세기가 가장 강합니다. 그러나 우리의 눈은 보랏빛을 잘 감지하지 못하고 파란빛을 더 잘 감지합니다. 따라서 레일리 산란에서는 하늘빛이 파랗게 보이는 것이죠.

파장이 짧을수록 진동수가 많기 때문에 ①은 적절합니다. 보랏빛의 파장이 더 짧기 때문에 보랏빛의 진동수가 더 많고, 파란빛은 보랏빛보다 진동수가 작습니다. ②가 적절하지 않습니다. 보랏빛의 레일리 산란의 세기가 더 큽니다. ③은 빛의 진동수와 파장은 서로 반비례 관계라는 것을 통해 적절하다는 것을 확인할 수 있죠. 산란의 세기는 파장의 네제곱에 반비례하므로, 진동수에 대해서는 네제곱에 비례하게 될 거예요. 그래서 진동수가 2배가 되면 산란의 세기는 16배가 되는 것은 올바릅니다. 그리고 달에서는 공기가 없기 때문에 공기 입자에 의한 산란은 일어나지 않겠죠. 이래서 정답은 ②입니다.

2 ㉠의 전제로 가장 적절한 것은?

대응설은 어떤 판단이 사실과 일치할 때 그 판단을 진리라고 본다. '내 말을 믿지 못하겠거든 가서 보라'라는 말에는 이러한 대응설의 관점이 잘 나타나 있다. 감각을 사용하여 확인했을 때 그 말이 사실과 일치하면 참이고, 그렇지 않으면 거짓이라는 것이다. 대응설은 일상생활에서 참과 거짓을 구분할 때 흔히 취하고 있는 관점으로 ㉠<u>우리가 판단과 사실의 일치 여부를 알 수 있다</u>고 여긴다. 우리는 특별한 장애가 없는 한 대상을 있는 그대로 정확하게 지각한다고 생각한다. 예를 들어 책상이 네모 모양이라고 할 때 감각을 통해 지각된 '네모 모양'이라는 표상은 책상이 지니고 있는 객관적 성질을 그대로 반영한 것이라고 생각한다. 그래서 '그 책상은 네모이다'라는 판단이 지각 내용과 일치하면 그 판단은 참이 되고, 그렇지 않으면 거짓이 된다는 것이다. 이러한 대응설은 새로운 주장의 진위를 판별할 때 관찰이나 경험을 통한 사실의 확인을 중시한다.

① 우리의 지식이나 판단은 항상 참이다.
② 우리의 감각은 대상을 있는 그대로 반영한다.
③ 우리는 사물의 전체를 알면 부분을 알 수 있다.
④ 우리의 주관은 서로 다른 인식 구조를 갖고 있다.
⑤ 우리의 감각적 지각 능력은 대상을 변화시킬 수 있다.

| 풀이 |

첫째 문장은 정의의 형태로 바꿀 수 있습니다. 즉 "대응설은 어떤 판단이 사실과 일치할 때 그것을 진리라고 보는 이론이다." 판단은 옳고 그름, 참-거짓을 따지는 것을 말합니다. 판단한 것이 실제 사실과 일치하는가, 만약 일치한다면 그 판단은 진리라고 볼 수 있다는 것이 대응설입니다. 이러한 점을 셋째 문장에서 부연 설명하고 있습니다.

우리는 이 같은 관점을 일상생활에서 취하고 있습니다. 이것을 넷째 문장에서 언급하고 있죠. 판단한 것과 사실이 일치한다면, 그 판단은 적절하다고 생각하는 것입니다. 이렇게 생각할 수 있는 이유가 그 다음 문장에 제시되고 있습니다. "우리는 ~ 대상을 있는 그대로 정확하게 지각한다고 생각한다." 이 문장은 앞 문장에 대한 부연 설명의 형태로 서술되어 있지만, 앞 문장에 대한 이유라고도 볼 수 있습니다. 우리의 감각이 대상을 있는 그대로 정확하게 반영한다고 전제하기 때문에 우리는 대응설을 당연한 것으로 여기는 것이죠. 이 같은 전제는 대응설이 취하고 있는 전제라고 할 수 있습니다. 만약 우리의 감각이 사실을 그대로 반영하는 것이 아니라면, 대응설의 정의는 성립하지 않겠죠. 그래서 이 문제의 적절한 선지는 ②가 됩니다.

| 중심 내용과 부연 설명

01 **다음 글을 읽고 알 수 있는 내용으로 가장 적절한 것은?**

위(胃)가 넷으로 나누어진 반추 동물의 첫째 위인 반추위에는 여러 종류의 미생물이 서식하고 있다. 반추 동물의 반추위에는 산소가 없는데, 이 환경에서 왕성하게 생장하는 반추위 미생물들은 다양한 생리적 특성을 가지고 있다. 그중 피브로박터 숙시노젠(F)은 섬유소를 분해하는 대표적인 미생물이다. 식물체에서 셀룰로스는 그것을 둘러싼 다른 물질과 복잡하게 얽혀 있는데, F가 가진 효소 복합체는 이 구조를 끊어 셀룰로스를 노출시킨 후 이를 포도당으로 분해한다. F는 이 포도당을 자신의 세포 내에서 대사 과정을 거쳐 에너지원으로 이용하여 생존을 유지하고 개체 수를 늘림으로써 생장한다. 이런 대사 과정에서 아세트산, 숙신산 등이 대사산물로 발생하고 이를 자신의 세포 외부로 배출한다. 반추위에서 미생물들이 생성한 아세트산은 반추 동물의 세포로 직접 흡수되어 생존에 필요한 에너지를 생성하는 데 주로 이용되고 체지방을 합성하는 데에도 쓰인다. 한편 반추위에서 숙신산은 프로피온산을 대사산물로 생성하는 다른 미생물의 에너지원으로 빠르게 소진된다. 이 과정에서 생성된 프로피온산은 반추 동물이 간(肝)에서 포도당을 합성하는 대사 과정에서 주요 재료로 이용된다.

① 반추 동물의 세포에서 합성한 효소는 셀룰로스를 분해한다.
② 반추위 미생물은 산소가 없는 환경에서 생장을 멈추고 사멸한다.
③ 피브로박터 숙시노젠(F)은 자신의 세포 내에서 포도당을 에너지원으로 이용하여 생장한다.

02 ㉠과 관련하여 추론할 수 있는 스타이컨의 의도로 적절하지 <u>않은</u> 것은?

스타이컨의 ㉠<u>〈빅토르 위고와 생각하는 사람과 함께 있는 로댕〉</u>(1902년)은 회화주의 사진을 대표하는 것으로 평가된다. 이 작품에서 피사체들은 조각가 '로댕'과 그의 작품인 〈빅토르 위고〉와 〈생각하는 사람〉이다. 스타이컨은 로댕을 대리석상 〈빅토르 위고〉 앞에 두고 찍은 사진과, 청동상 〈생각하는 사람〉을 찍은 사진을 합성하여 하나의 사진 작품으로 만들었다. 이렇게 제작된 사진의 구도에서 어둡게 나타난 근경에는 로댕이 〈생각하는 사람〉과 서로 마주 보며 비슷한 자세로 앉아 있고, 반면 환하게 보이는 원경에는 〈빅토르 위고〉가 이들을 내려다보는 모습으로 배치되어 있다. 단순히 근경과 원경을 합성한 것이 아니라, 두 사진의 피사체들이 작가가 의도한 바에 따라 하나의 프레임 속에서 자리 잡을 수 있도록 당시로서는 고난도인 합성 사진 기법을 동원한 것이다. 또한 인화 과정에서는 피사체의 질감이 억제되는 감광액을 사용하여 모든 피사체가 사람인 듯한 느낌을 주고자 하였다.

① 고난도의 합성 사진 기법을 쓴 것은 촬영한 대상들을 하나의 프레임에 담기 위해서였다.
② 원경이 밝게 보이도록 한 것은 〈빅토르 위고〉와 로댕 간의 명암 대비 효과를 내기 위해서였다.
③ 대상들의 질감이 잘 살지 않도록 인화한 것은 대리석상과 청동상이 사람처럼 보이게 하는 효과를 얻기 위해서였다.
④ 원경의 대상을 따로 촬영한 것은 인물과 청동상을 함께 찍은 근경의 사진과 합칠 때 대비 효과를 얻기 위해서였다.

03 다음 글을 읽고 ⓐ의 진술이 적절한지 판단하시오.

서로 다른 개체를 동일한 종류의 것이라고 판단하고 의사소통에 성공하기 위해서는 개체들이 공유하는 무엇인가가 필요하다. 본질주의는 그것이 우리와 무관하게 개체 내에 본질로서 존재한다고 주장한다. 반면에 반(反)본질주의는 그런 본질이란 없으며, 인간이 정한 언어 약정이 본질주의에서 말하는 본질의 역할을 충분히 달성할 수 있다고 주장한다. 이른바 본질은 우리가 관습적으로 부여하는 의미를 표현한 것에 불과하다는 것이다.

ⓐ 본질주의자와 반본질주의자는 모두 의사소통을 위해서는 개체들을 동일한 종류의 것으로 판단할 수 있는 무엇인가가 필요하다고 생각한다.

04 다음 글에 제시된 '취미 판단'에 대한 이해로 적절하지 않은 것은?

취미 판단이란, 대상의 미 · 추를 판정하는, 미감적 판단력의 행위이다. 모든 판단은 'S는 P이다.'라는 명제 형식으로 환원되는데, 그 가운데 이성이 개념을 통해 지식이나 도덕 준칙을 구성하는 '규정적 판단'에서는 술어 P가 보편적 개념에 따라 객관적 성질로서 주어 S에 부여된다. 이와 유사하게 취미 판단에서도 P, 즉 '미' 또는 '추'가 마치 객관적 성질인 것처럼 S에 부여된다. 하지만 실제로 취미 판단에서의 P는 오로지 판단 주체의 쾌 또는 불쾌라는 주관적 감정에 의거한다. 또한 규정적 판단은 명제의 객관적이고 보편적인 타당성을 지향하므로 하나의 개별 대상뿐 아니라 여러 대상이나 모든 대상을 묶은 하나의 단위에 대해서도 이루어진다. 이와 달리, 취미 판단은 오로지 하나의 개별 대상에 대해서만 이루어진다. 즉 복수의 대상을 한 부류로 묶어 말하는 것은 이미 개념적 일반화가 되기 때문에 취미 판단이 될 수 없는 것이다. 한편 취미 판단은 오로지 대상의 형식적 국면을 관조하여 그것이 일으키는 감정에 따라 미 · 추를 판정하는 것 이외의 어떤 다른 목적도 배제하는 순수한 태도, 즉 미감적 태도를 전제로 한다. 취미 판단에는 대상에 대한 지식뿐 아니라, 실용적 유익성, 교훈적 내용 등 일체의 다른 맥락이 끼어들지 않아야 하는 것이다.

① '이 장미는 아름답다.'는 취미 판단에 해당한다.
② '유용하다'는 취미 판단 명제의 술어가 될 수 없다.
③ '모든 예술'은 취미 판단 명제의 주어가 될 수 없다.
④ '이 영화의 주제는 권선징악이어서 아름답다.'는 취미 판단에 해당한다.
⑤ '이 소설은 액자식 구조로 이루어져 있다.'는 취미 판단에 해당하지 않는다.

05 ㉠에 대한 이해로 적절하지 않은 것은?

한편 바우만은 개체화된 개인들이 삶의 불확실성 속에서 생존을 모색하게 된 현대를 ㉠'액체 시대'로 정의하였다. 현대인의 삶과 사회 전체가, 형체는 가변적이고 흐르는 방향은 유동적인 액체와 같아졌다고 보았던 것이다. 그런데 그는 액체 시대라는 개념을 통해 핵 확산이나 환경 재앙 등 예측 불가능한 전 지구적 위험 요인의 항시적 존재만이 아니라 삶의 조건을 불확실하게 만드는 개체화 현상 자체를 위험 요인으로 본다는 점에서 벡과 달랐다. 바우만은 우선 세계화의 흐름 속에서 소수의 특권 계급을 제외한 대다수의 사람들이 무한 경쟁에 내몰리고 빈부 격차에 따라 생존 자체를 위협받는 등 잉여 인간으로 전락(轉落)하고 있다고 본다. 그러나 그가 더 치명적으로 본 것은 협력의 고리를 찾지 못하게 된 현대인들이 개인 수준에서 위기에 대처해야 하는 상황에 빠져 버렸다는 점이다. 더구나 그는 위험에 대한 공포가 내면화되면 사람들은 극복 의지도 잃고 공포로부터 도피하거나 소극적 자기 방어 행동에 몰두(沒頭)하게 된다고 보았다. 그렇기 때문에 바우만은 일상생활에서의 정치적 요구를 담은 실천 행위도 개체화의 흐름에 놓여 있기 때문에 현대의 위기에 대한 해결책이 될 수 없다고 판단하고 있다.

① ㉠은 현대 사회의 불확실성을 강조하기 위해 물체의 속성에서 유추하여 사회에 적용한 개념이다.
② ㉠은 인간관계의 유연한 확장 가능성을 낙관적으로 보는 개념이다.
③ ㉠은 재난의 현실화 가능성이 일상화되어 있다는 점을 전제로 하는 개념이다.
④ ㉠은 위험의 공간적 범위가 전 지구적으로 확장되어 있음을 내포하는 개념이다.

01

위(胃)가 넷으로 나누어진 반추 동물의 첫째 위인 반추위에는 여러 종류의 미생물이 서식하고 있다. 반추 동물의 반추위에는 산소가 없는데, 이 환경에서 왕성하게 생장하는 반추위 미생물들은 다양한 생리적 특성을 가지고 있다. 그 중 피브로박터 숙시노젠(F)은 섬유소를 분해하는 대표적인 미생물이다. 1) 식물체에서 셀룰로스는 그것을 둘러싼 다른 물질과 복잡하게 얽혀 있는데, F가 가진 효소 복합체는 이 구조를 끊어 셀룰로스를 노출시킨 후 이를 포도당으로 분해한다. 2) F는 이 포도당을 자신의 세포 내에서 대사 과정을 거쳐 에너지원으로 이용하여 생존을 유지하고 개체 수를 늘림으로써 생장한다. // 이런 대사 과정에서 아세트산, 숙신산 등이 대사산물로 발생하고 이를 자신의 세포 외부로 배출한다. 반추위에서 미생물들이 생성한 아세트산은 반추 동물의 세포로 직접 흡수되어 생존에 필요한 에너지를 생성하는 데 주로 이용되고 체지방을 합성하는 데에도 쓰인다. 한편 반추위에서 숙신산은 프로피온산을 대사산물로 생성하는 다른 미생물의 에너지원으로 빠르게 소진된다. 이 과정에서 생성된 프로피온산은 반추 동물이 간(肝)에서 포도당을 합성하는 대사 과정에서 주요 재료로 이용된다.

중심 내용을 부연 설명하는 부분에 주요 정보가 들어 있습니다. 반추 동물의 반추위에 살고 있는 미생물들이 식물의 섬유소를 분해합니다. 섬유소를 분해하는 효소는 미생물이 갖고 있는 것입니다. 그래서 ①은 적절하지 않습니다. 미생물은 섬유소를 노출하여 포도당으로 분해한 후, 포도당을 자신의 에너지원으로 사용합니다. 따라서 ③은 적절합니다. 반추 동물들은, 미생물이 사용한 후 대사산물로 나오는 아세트산과 숙신산을 이용합니다. 아세트산은 반추 동물의 세포로 직접 흡수되고, 숙신산은 다른 미생물의 에너지원으로 사용됩니다. 숙신산을 이용하는 미생물들이 대사산물로 내놓는 프로피온산을 반추 동물이 에너지원으로 이용하죠. (정답: ③)

02

스타이컨의 ㉠〈빅토르 위고와 생각하는 사람과 함께 있는 로댕〉(1902년)은 회화주의 사진을 대표하는 것으로 평가된다. 이 작품에서 피사체들은 조각가 '로댕'과 그의 작품인 〈빅토르 위고〉와 〈생각하는 사람〉이다. 스타이컨은 로댕을 대리석상 〈빅토르 위고〉 앞에 두고 찍은 사진과, 청동상 〈생각하는 사람〉을 찍은 사진을 합성하여 하나의 사진 작품으로 만들었다. 이렇게 제작된 사진의 구도에서 어둡게 나타난 근경에는 로댕이 〈생각하는 사람〉과 서로 마주 보며 비슷한 자세로 앉아 있고, //반면// 환하게 보이는 원경에는 〈빅토르 위고〉가 이들을 내려다보는 모습으로 배치되어 있다. 단순히 근경과 원경을 합성한 것이 아니라, 두 사진의 피사체들이 작가가 의도한 바에 따라 하나의 프레임 속에서 자리 잡을 수 있도록 당시로서는 고난도인 합성 사진 기법을 동원한 것이다. 또한 인화 과정에서는 피사체의 질감이 억제되는 감광액을 사용하여 모든 피사체가 사람인 듯한 느낌을 주고자 하였다.

부연 설명 부분을 정밀하게 읽지 않으면 착각이 일어날 수 있습니다. ㉠의 사진은 두 사진을 합성한 사진입니다. 로댕을 〈빅토르 위고〉 석상 앞에 두고 찍은 사진과, 〈생각하는 인물〉의 청동상을 찍은 사진을 합성한 것이죠. 인물과 청동상을 함께 찍은 사진을 합성한 것이 아닙니다. 그래서 ④가 적절하지 않습니다. (정답: ④)

03

서로 다른 개체를 동일한 종류의 것이라고 판단하고 의사소통에 성공하기 위해서는 개체들이 공유하는 무엇인가가 필요하다. 본질주의는 그것이 우리와 무관하게 개체 내에 본질로서 존재한다고 주장한다. //반면에// 반(反)본질주의는 그런 본질이란 없으며, 인간이 정한 언어 약정이 본질주의에서 말하는 본질의 역할을 충분히 달성할 수 있다고 주장한다. 이른바 본질은 우리가 관습적으로 부여하는 의미를 표현한 것에 불과하다는 것이다.

첫째 문장이 중심 내용입니다. 이어지는 문장들은 중심 내용에 대한 예시의 성격을 담고 있습니다. 즉 본질주의 입장이든 반본질주의 입장이든 모두 의사소통이 이루어지기 위해서는 공유하는 어떤 것이 있어야 한다는 것이죠. 본질주의는 본질을 통해서 의사소통이 일어날 수 있다는 것이고, 반본질주의는 언어 약속에 의해서 가능하다고 보는 것입니다. (정답: 적절하다.)

04

취미 판단이란, 1) 대상의 미 · 추를 판정하는, 2) 미감적 판단력의 행위이다. //모든 판단은 'S는 P이다.'라는 명제 형식으로 환원되는데, 그 가운데 이성이 개념을 통해 지식이나 도덕 준칙을 구성하는 '규정적 판단'에서는 술어 P가 보편적 개념에 따라 객관적 성질로서 주어 S에 부여된다. 이와 유사하게 취미 판단에서도 P, 즉 '미' 또는 '추'가 마치 객관적 성질인 것처럼 S에 부여된다. 하지만 실제로 취미 판단에서의 P는 오로지 판단 주체의 쾌 또는 불쾌라는 주관적 감정에 의거한다. // 또한 규정적 판단은 명제의 객관적이고 보편적인 타당성을 지향하므로 하나의 개별 대상뿐 아니라 여러 대상이나 모든 대상을 묶은 하나의 단위에 대해서도 이루어진다. 이와 달리, 취미 판단은 오로지 하나의 개별 대상에 대해서만 이루어진다. 즉 복수의 대상을 한 부류로 묶어 말하는 것은 이미 개념적 일반화가 되기 때문에 취미 판단이 될 수 없는 것이다. // 한편 취미 판단은 오로지 대상의 형식적 국면을 관조하여 그것이 일으키는 감정에 따라 미 · 추를 판정하는 것 이외의 어떤 다른 목적도 배제하는 순수한 태도, 즉 미감적 태도를 전제로 한다. 취미 판단에는 대상에 대한 지식뿐 아니라, 실용적 유익성, 교훈적 내용 등 일체의 다른 맥락이 끼어들지 않아야 하는 것이다.

첫 문장에서 취미 판단에 대한 정의를 내리고 있습니다. 1) 미 · 추(=아름다움과 추함)를 판정하는 것이고, 2) 이것은 미감적 판단력 행위라고 합니다. 그런데 이어지는 부연 설명에서는 취미 판단을 '규정적 판단'과 대조해가면서 서술하고 있습니다. 그래서 '규정적 판단'이 무엇인지 먼저 확인할 필요가 있습니다.

모든 판단은 'S는 P이다.'라는 명제 형식으로 환원되는데, 그 가운데 이성이 개념을 통해 지식이나 도덕 준칙을 구성하는 '규정적 판단'에서는 술어 P가 보편적 개념에 따라 객관적 성질로서 주어 S에 부여된다. 이와 유사하게 취미 판단에서도 P, 즉 '미' 또는 '추'가 마치 객관적 성질인 것처럼 S에 부여된다. 하지만 실제로 취미 판단에서의 P는 오로지 판단 주체의 쾌 또는 불쾌라는 주관적 감정에 의거한다.

먼저 판단의 명제 형식부터 설명하고 있습니다. 즉 판단은 'S는 P이다.'라는 명제로 바꾸어 말할 수 있는데, 여기서 S는 주어, P는 술어를 의미합니다. 문장의 주어-서술어 관계에서, 서술어는 주어의 성질을 말하게 됩니다. 그런데 지문에서는 어렵게 서술했군요.(^.^) "술어 P가 보편적 개념에 따라 객관적 성질로서 주어 S에 부여된다." 이 말의 의미는, 술어에서 주어의 성질이 언급되는데, 규정적 판단에서는 그 성질이 객관적이라는 뜻입니다.

그런데 취미 판단도 명제 형식으로만 본다면, 'S는 P이다.'라는 형식으로 표현됩니다. 그래서 취미 판단도, 미 · 추에 대한 판단이 객관적 성질인 것처럼 표현된다는 것이죠. 그런데 취미 판단은 '아름다움이나 추함'에 대한 주관적 감정을 표현하는 것이잖아요. 즉 명제 형식으로만 본다면 객관적 성질처럼 보이지만, 실제 내용적으로 본다면 주관적 감정이 바로 취미 판단이라는 것입니다.

또한 규정적 판단은 명제의 객관적이고 보편적인 타당성을 지향하므로 하나의 개별 대상뿐 아니라 여러 대상이나 모든 대상을 묶은 하나의 단위에 대해서도 이루어진다. 이와 달리, 취미 판단은 오로지 하나의 개별 대상에 대해서만 이루어진다. 즉 복수의 대상을 한 부류로 묶어 말하는 것은 이미 개념적 일반화가 되기 때문에 취미 판단이 될 수 없는 것이다.

우리가 'S는 P이다.'라고 할 때, 이 말은 모든 것에 적용되는 것처럼 말하게 됩니다. 이처럼 규정적 판단은 '객관적이고 보편적인 타당성을 지향'합니다. 규정적 판단은 객관적이고 보편타당하기 때문에 하나의 개별 대상뿐만 아니라 모든 대상에도 적용됩니다. 그래야 객관적이고 보편타당하겠죠.

그런데 취미 판단은 어떻습니까? 아름다움이나 추함의 감정이기 때문에 하나의 대상에 대해서만 적용되지요? 복수의 대상을 묶어 말해버리면 이미 그것은 특정 대상에 대한 감정을 떠나서, 어떤 일반적인 개념을 말하는 것이 될 것입니다. 이렇게 되면 그것은 취미 판단이라고 할 수 없는 것이죠.

한편 취미 판단은 오로지 1) 대상의 형식적 국면을 관조하여 그것이 일으키는 감정에 따라 미 · 추를 판정하는 것 이외의 2) 어떤 다른 목적도 배제하는 순수한 태도, 즉 미감적 태도를 전제로 한다. 취미 판단에는 대상에 대한 지식뿐 아니라, 실용적 유익성, 교훈적 내용 등 일체의 다른 맥락이 끼어들지 않아야 하는 것이다.

여기서는 취미 판단을 설명하면서, 새로운 내용이 첨가되고 있습니다. 즉 취미 판단은, 1) 대상의 형식적 모습만 살핀다는 것이고, 2) 이것 이외의 다른 목적들은 배제한다는 것이죠. 다른 목적들은 그 다음 문장에서 언급하고 있습니다. '대상에 대한 지식', '실용적 유익성', '교훈적 내용' 등입니다. 이러한 독해 내용을 바탕으로 선지를 살펴봅시다.

① '이 장미는 아름답다.'는 취미 판단에 해당한다.
('이 장미'는 개별 대상에 해당됩니다. 그래서 취미 판단에 해당하죠. 적절한 선지입니다.)

④ '이 영화의 주제는 권선징악이어서 아름답다.'는 취미 판단에 해당한다.
('이 영화'는 개별 대상에 해당되지만, '권선징악'이 교훈적인 내용을 담고 있어서 취미 판단에 해당되지 않습니다. 적절하지 않은 선지이므로 정답입니다.)

⑤ '이 소설은 액자식 구조로 이루어져 있다.'는 취미 판단에 해당하지 않는다.
('이 소설'은 개별 대상에 해당되지만, '액자식 구조로 이루어져 있다.'는 대상에 대한 지식에 해당하므로 취미 판단에 해당되지 않습니다. '액자식 구조'라고 하니까 '대상의 형식적 국면'과 유사하게 느껴집니다. 그런데 이것이 미 · 추에 대한 감정을 불러일으켜야 하는데, 그렇지가 않습니다. '대상의 형식'에 대한 언급이므로 대상에 대한 지식에 해당됩니다. 그래서 적절한 선지입니다.)

05

한편 바우만은 개체화된 개인들이 삶의 불확실성 속에서 생존을 모색하게 된 현대를 ㉠'액체 시대'로 정의하였다. 현대인의 삶과 사회 전체가, 형체는 가변적이고 흐르는 방향은 유동적인 액체와 같아졌다고 보았던 것이다. // 그런데 그는 액체 시대라는 개념을 통해 핵 확산이나 환경 재앙 등 예측 불가능한 전 지구적 위험 요인의 항시적 존재만이 아니라 삶의 조건을 불확실하게 만드는 개체화 현상 자체를 위험 요인으로 본다는 점에서 벡과 달랐다. 바우만은 우선 세계화의 흐름 속에서 소수의 특권 계급을 제외한 1) 대다수의 사람들이 무한 경쟁에 내몰리고 빈부 격차에 따라 생존 자체를 위협받는 등 잉여 인간으로 전락(轉落)하고 있다고 본다. 그러나 그가 더 치명적으로 본 것은 협력의 고리를 찾지 못하게 된 현대인들이 2) 개인 수준에서 위기에 대처해야 하는 상황에 빠져 버렸다는 점이다. 더구나 그는 위험에 대한 공포가 내면화되면 사람들은 극복 의지도 잃고 3) 공포로부터 도피하거나 소극적 자기 방어 행동에 몰두(沒頭)하게 된다고 보았다. // 그렇기 때문에 바우만은 일상생활에서의 정치적 요구를 담은 실천 행위도 개체화의 흐름에 놓여 있기 때문에 현대의 위기에 대한 해결책이 될 수 없다고 판단하고 있다.

바우만의 '액체 시대'에 대한 정의와 부연 설명 이후에, '벡'이라는 학자의 사회적 진단과 다른 점을 설명하고 있습니다. 벡과 다른 점은 '개체화 현상' 자체를 위험 요인으로 본다는 점이죠. 그 이유를 대략 3가지 정도로 제시하고 있습니다. 1) 대다수 사람들이 무한 경쟁에 내몰리고 생존 위협을 받고 있으며, 2) 다른 사람과 협력하지 못하고 개인적으로 대처하는 상황이 되어 버렸고, 3) 자기 방어에 급급해졌다는 것입니다. 그래서 벡이 내놓은 '일상생활에서의 정치적 요구를 담은 실천 행위'가 해결책이 될 수 없다고 바우만은 판단하고 있는 것이죠. 이렇게 본다면 '인간관계의 유연한 확장 가능성을 낙관적으로 본다'는 선지 ②는 적절하지 않습니다. "협력의 고리를 찾지 못하게 된 현대인들이 개인 수준에서 위기에 대처해야 하는 상황에 빠져 버렸다는 점"에서 '인간관계의 유연한 확장 가능성'을 찾기 어렵습니다. (정답: ②)

2 문단 중간 전개 과정 독해

문단의 중간 부분은 어디서부터인지 딱히 구분하기가 어렵습니다. 문단의 구조와 관련해서 생각할 필요가 있습니다. 먼저 중심 내용을 주고 부연 설명을 하거나 아니면 개념어를 주고 정의를 내리는 두괄식 문단의 경우에는 부연 설명이나 간략한 예시가 끝난 다음부터라고 할 수 있을 겁니다. 예시를 자세하게 서술하거나 다른 개념과의 관련성을 설명할 때 또는 중심 내용의 다른 측면을 제시할 경우 이 부분이 문단 중간이라 할 수 있죠. 이럴 때 접속어를 통해 전개해 나가는 것이 보통입니다. 그리고 미괄식 문단의 경우에는, 다른 개념과의 관련성을 드러내거나 방향 전환 등을 나타내는 접속어가 제시될 수 있습니다. 그래서 문단 중간 부분의 전개 과정은 접속어가 중요한 표지 역할을 하게 됩니다.

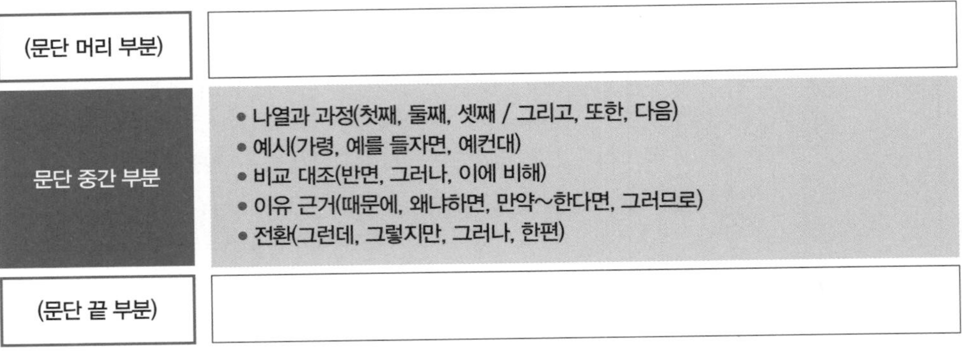

문단 중간 전개 과정 독해

문단 중간 부분에는 중심 내용을 뒷받침하는 주요 정보가 제시됩니다. 또는 다른 개념과의 관련성을 설명하는 부분이라 할 수 있죠. 중심 내용을 구체화하는 이러한 정보들은 복잡하고 이해하기 쉽지 않기 때문에 집중하면서 독해해야 합니다. 집중할 수 있는 독해 방법 중 하나는 주요 정보들을 잘 분류하고 정리하는 것입니다. 분류와 정리를 머릿속에 하면 혼동과 착오가 생길 수 있습니다. 시험지의 지문에 해 두어야만 문제를 해결할 때 착오 없이 정답을 정확히 찾을 수 있습니다.

1 나열과 과정(첫째, 둘째, 셋째 / 먼저, 그리고, 또한 / 이와 더불어, 동시에)

❶ 중심 내용을 뒷받침하는 세부 정보들을 명확히 제시하려고 할 때, '첫째, 둘째, 셋째' 등의 접속어를 사용하여 나열식으로 서술합니다. 이럴 경우 세부 정보들이 복잡하며, 또한 각 정보들의 위상이 대등하거나 정보들의 유기적 관련성이 적습니다.

❷ 기계적으로 글이 서술되는 느낌을 피하기 위해, '먼저, 그리고, 다음으로, 또한' 등의 접속어를 사용하여 나열하는 경우도 많습니다. 따라서 이런 접속어 표지를 통해 문단의 주요 정보를 분류할 수 있어야 합니다.

❸ 나열하는 것들 중에서 특별히 어떤 것을 강조하고 싶을 때 '더구나, 게다가, 이 뿐만 아니라' 등의 접속어를 사용합니다. 그리고 구체적인 정보를 나열한 다음에 그것을 종합적으로 정리하는 문장이 뒤따르기도 합니다.

❹ 과학이나 기술 지문에서는 순서와 과정을 나열식으로 제시하기도 합니다. 이럴 경우 순서와 과정이 뒤바뀌면 안 됩니다. 이 점이 나열과 다른 것입니다.

| 사례분석 1

(2016학년도 수능 A형)

애벌랜치 광다이오드는 크게 흡수층, ㉠애벌랜치 영역, 전극으로 구성되어 있다. 흡수층에 충분한 에너지를 가진 광자가 입사되면 전자(−)와 양공(+) 쌍이 생성될 수 있다. 이때 입사되는 광자 수 대비 생성되는 전자−양공 쌍의 개수를 양자 효율이라 부른다. 소자의 특성과 입사광의 파장에 따라 결정되는 양자 효율은 애벌랜치 광다이오드의 성능에 영향을 미치는 중요한 요소 중 하나이다.

흡수층에서 생성된 전자와 양공은 각각 양의 전극과 음의 전극으로 이동하며, 이 과정에서 전자는 애벌랜치 영역을 지나게 된다. 이곳에는 소자의 전극에 걸린 역방향 전압으로 인해 강한 전기장이 존재하는데, 이 전기장은 역방향 전압이 클수록 커진다. 이 영역에서 전자는 강한 전기장 때문에 급격히 가속되어 큰 속도를 갖게 된다. 이후 충분한 속도를 얻게 된 전자는 애벌랜치 영역의 반도체 물질을 구성하는 원자들과 충돌하여 속도가 줄어들며 새로운 전자−양공 쌍을 만드는데, 이 현상을 충돌 이온화라 부른다. 새롭게 생성된 전자와 기존의 전자가 같은 원리로 전극에 도달할 때까지 애벌랜치 영역에서 다시 가속되어 충돌 이온화를 반복적으로 일으킨다. 그 결과 전자의 수가 크게 늘어나는 것을 '애벌랜치 증배'라고 부르며 전자의 수가 늘어나는 정도, 즉 애벌랜치 영역으로 유입된 전자당 전극으로 방출되는 전자의 수를 증배 계수라고 한다. 증배 계수는 애벌랜치 영역의 전기장의 크기가 클수록, 작동 온도가 낮을수록 커진다. 전류의 크기는 단위 시간당 흐르는 전자의 수에 비례한다. 이러한 일련의 과정을 거쳐 광신호의 세기는 전류의 크기로 변환된다.

문제 | ㉠에 대한 이해로 적절하지 않은 것은?

① ㉠에서 전자는 역방향 전압의 작용으로 속도가 증가한다.

② ㉠에 형성된 강한 전기장은 충돌 이온화가 일어나는 데 필수적이다.

③ ㉠에 유입된 전자가 생성하는 전자–양공 쌍의 수는 양자 효율을 결정한다.

④ ㉠에서 충돌 이온화가 많이 일어날수록 전극에서 측정되는 전류가 증가한다.

⑤ 흡수층에서 ㉠으로 들어오는 전자의 수가 늘어나면 충돌 이온화의 발생 횟수가 증가한다.

과학이나 기술 지문을 읽을 때에는 순서나 과정에 주목해야 합니다. 과학적 원리나 기술적 원리를 순서와 과정에 따라 설명하기 때문이죠. 순서와 과정을 파악하지 못하면 글을 제대로 독해하지 못하고, 또한 문제에서도 오답을 하게 됩니다.

애벌랜치 광다이오드는 크게 흡수층, 애벌랜치 영역, 전극으로 구성되어 있다. 1) 흡수층에 충분한 에너지를 가진 광자가 입사되면 전자(−)와 양공(+) 쌍이 생성될 수 있다. 이때 2) 입사되는 광자 수 대비 생성되는 전자–양공 쌍의 개수를 양자 효율이라 부른다. 소자의 특성과 입사광의 파장에 따라 결정되는 양자 효율은 애벌랜치 광다이오드의 성능에 영향을 미치는 중요한 요소 중 하나이다.

이 문단에서는 먼저 광다이오드의 구성 영역을 첫째 문장에서 제시하고 있습니다. 그래서 흡수층, 애벌랜치 영역, 전극이라는 구성 영역을 주목할 필요가 있습니다. 그리고 흡수층에 광자가 입사되면 전자–양공 쌍이 생성된다는 점을 밝히고 있습니다. 이것이 광다이오드 작동 원리의 출발점임을, 이 지문을 읽으면서 짐작할 수 있어야 하겠습니다.

1) 흡수층에서 생성된 전자와 양공은 각각 양의 전극과 음의 전극으로 이동하며, 이 과정에서 전자는 애벌랜치 영역을 지나게 된다. 이곳에는 소자의 전극에 걸린 역방향 전압으로 인해 강한 전기장이 존재하는데, 이 전기장은 역방향 전압이 클수록 커진다. 이 영역에서 2) 전자는 강한 전기장 때문에 급격히 가속되어 큰 속도를 갖게 된다. 이후 충분한 속도를 얻게 된 3) 전자는 애벌랜치 영역의 반도체 물질을 구성하는 원자들과 충돌하여 속도가 줄어들며 새로운 전자–양공 쌍을 만드는데, 이 현상을 〈충돌 이온화〉라 부른다.

윗 문단에 이어지는 이번 문단의 첫 문장 의미를 바로 이해할 수 있다면 독해력이 좋은 편이라 할 수 있습니다. 즉 흡수층에 광전자 입사 → 전자–양공 쌍 생성 → 전자 애벌랜치 영역 통과 → 전자 음의 전극으로 이동(양공은 양의 전극으로 이동)한다는 것이죠. 그러니까 광다이오드

구성 영역이, 흡수층 – 애벌랜치 영역 – 전극의 순서대로 이어지며, 전자는 흡수층에서 생성되어 애벌랜치 영역을 지나 마지막으로 전극에 도달한다는 점이 첫 문장에 내포되어 있습니다.

이 점이 이해된다면, 애벌랜치 영역에서는 전기장의 영향으로 전자가 가속되고, 애벌랜치 영역의 반도체 물질의 원자와 충돌하여 새로운 전자–양공 쌍을 만든다는 점을 이해할 수 있습니다. 가속된 전자는 반도체 물질의 원자와 충돌하니까 속도가 줄어드는 것은 당연하겠죠.

새롭게 생성된 전자와 기존의 전자가 같은 원리로 전극에 도달할 때까지 애벌랜치 영역에서 다시 가속되어 충돌 이온화를 반복적으로 일으킨다. 그 결과 전자의 수가 크게 늘어나는 것을 〈'애벌랜치 증배'〉라고 부르며 전자의 수가 늘어나는 정도, 즉 애벌랜치 영역으로 유입된 전자당 전극으로 방출되는 전자의 수를 증배 계수라고 한다. 증배 계수는 애벌랜치 영역의 전기장의 크기가 클수록, 작동 온도가 낮을수록 커진다. 전류의 크기는 단위 시간당 흐르는 전자의 수에 비례한다. 이러한 일련의 과정을 거쳐 광신호의 세기는 전류의 크기로 변환된다.

문단 전반 부분이 이해되었다면, 후반 부분은 상대적으로 쉽게 이해됩니다. 전자가 전극에 도달하기까지 충돌 이온화를 반복한다는 것이죠. 이를 통해 전자 수가 크게 늘어나는 것을 '애벌랜치 증배'라고 합니다. 그런데 이어지는 설명 부분에서 새로운 내용이 나오는 것에 주목할 필요가 있습니다. 즉 '작동 온도가 낮을수록 증배 계수가 커진다.'는 점입니다. 이러한 과정을 통해 광다이오드는 광신호, 즉 빛의 신호를 전류로 변환하게 됩니다. 광신호를 측정 가능하게 하는 원리는 광다이오드의 이러한 과정에서 나오는 것입니다.

선지 ①의 "전자는 역방향 전압의 작용으로 속도가 증가한다."와, 선지 ②의 "강한 전기장은 충돌 이온화가 일어나는 데 필수적이다."는 적절합니다. 역방향 전압으로 인해 강한 전기장이 존재하는데, 이 전기장으로 전자는 가속되며, 가속된 전자는 반도체 물질의 원자와 충돌하잖아요. 그래서 적절합니다. 선지 ③은 적절하지 않은데, 착각이 일어나도록 만들었습니다. 둘째 문단의 내용에 집중하게 되면, 첫 문단에서 언급한 내용을 놓치게 됩니다. 즉 흡수층에 먼저 광자가 입사되어 전자–양공의 쌍이 만들어진다는 내용을 잊어버리게 되어, '유입된 전자가 전자–양공의 쌍을 생성한다.'는 것을 옳은 것으로 착각하게 됩니다. 이런 착각을 방지하기 위해서는 개념어(여기서는 '양자 효율')가 나오면, "어, 이거 어디서 나왔더라?"하고 그 부분을 다시 찾아 개념을 확인해야 합니다. 선지 ④는 둘째 문단 끝 부분에서 쉽게 확인할 수 있지만, 선지 ⑤는 적절하지 않다고 착각할 수 있습니다. 애벌랜치 영역에서 전자가 만들어진다는 점에만 주목하면, 흡수층에서 먼저 전자–양공의 쌍이 만들어지고 이 중 전자가 애벌랜치 영역을 통과한다는 내용을 놓치게 되거든요. (정답: ③)

| 사례분석 2 (2011학년도 9월)

환율이 올라도 단기적으로는 경상 수지*가 오히려 악화되었다가 점차 개선되는 현상이 있는데, 이를 그래프로 표현하면 J자 형태가 되므로 'J커브 현상'이라 한다. J커브 현상에서 경상 수지가 악화되는 원인 중 하나로, 환율이 오른 비율만큼 수입 상품의 가격이 오르지 않는 것을 꼽을 수 있다. 이는 환율 상승 후 상당 기간 동안 외국 기업이 매출 감소를 우려해 상품의 원화 표시 가격을 바로 올리지 않기 때문이다. 또한 소비자들의 수입 상품 소비가 가격 변화에 따라 줄어들기까지는 상당 기간이 소요된다. 그뿐만 아니라 국내 기업이 수출 상품의 외화 표시 가격을 낮추더라도 외국 소비자가 이를 인식하고 소비를 늘리기까지는 다소 시간이 걸린다. 그러나 J커브의 형태가 보여 주듯이, 당초에 올랐던 환율이 지속되는 상황에서 어느 정도 시간이 지나 상품의 가격 및 물량의 조정이 제대로 이루어진다면 경상 수지가 개선된다.

한편, J커브 현상과는 별도로 환율 상승 후에 얼마의 기간이 지나더라도 경상 수지의 개선을 이루지 못하는 경우도 있다. 첫째, 상품의 가격 조정이 일어나도 국내외의 상품 수요가 가격에 어떻게 반응하는가 하는 수요 구조에 따라 경상 수지는 개선되지 못하기도 한다. 수출량이 증가하고 수입량이 감소하더라도, ㉠경상 수지가 그다지 개선되지 않거나 오히려 악화될 수도 있다는 것이다. 둘째, 장기적인 차원에서 수출 기업이 환율 상승에만 의존하여 품질 개선이나 원가 절감 등의 노력을 계속하지 않는다면 경쟁력을 잃어 경상 수지를 악화시킬 수도 있다.

* 경상수지: 상품(재화와 서비스 포함)의 수출액에서 수입액을 뺀 결과. 수출액이 수입액보다 클 때는 흑자, 작을 때에는 적자로 구분함.

문제 1 | ㉠의 이유로 가장 적절한 것은?

① 환율이 상승하면 국내외 상품의 수요 구조에 따라 수출 상품의 가격 조정이 선행될 수 있다.
② 환율이 상승하더라도 국내외 기업은 환율이 얼마나 안정적인지 관찰한 후 가격을 조정한다.
③ 환율이 상승하더라도 경우에 따라서는 국내외 상품 수요가 가격에 민감하지 않을 수 있다.
④ 가격의 조정이 신속하게 이루어질수록 국내외 상품 수요는 가격에 민감하게 반응한다.
⑤ 국내외 상품 수요가 가격에 얼마나 민감한지는 경상 수지의 개선 여부와는 무관하다.

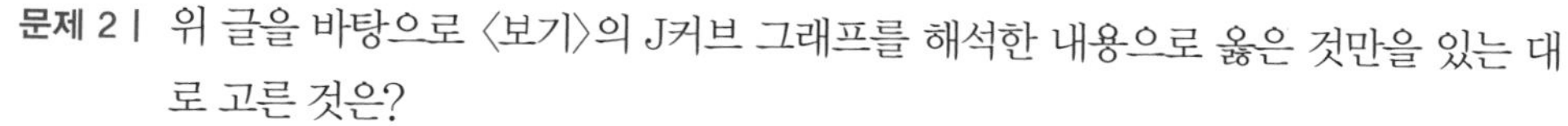
문제 2 | 위 글을 바탕으로 〈보기〉의 J커브 그래프를 해석한 내용으로 옳은 것만을 있는 대로 고른 것은?

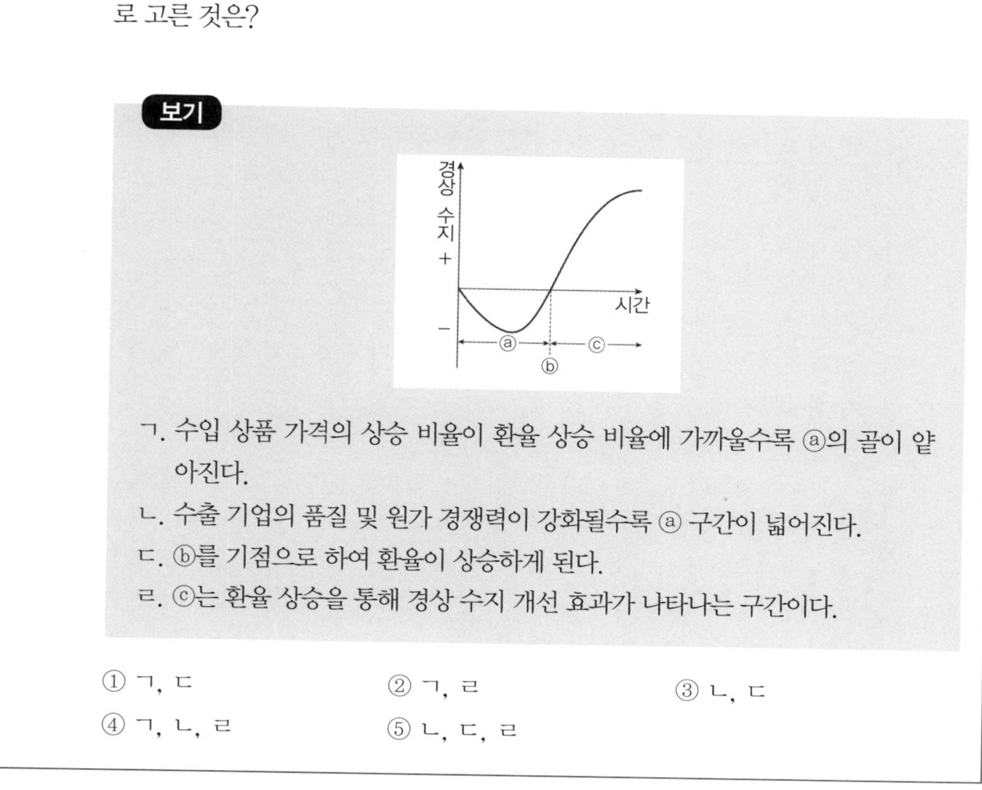

ㄱ. 수입 상품 가격의 상승 비율이 환율 상승 비율에 가까울수록 ⓐ의 골이 얕아진다.
ㄴ. 수출 기업의 품질 및 원가 경쟁력이 강화될수록 ⓐ 구간이 넓어진다.
ㄷ. ⓑ를 기점으로 하여 환율이 상승하게 된다.
ㄹ. ⓒ는 환율 상승을 통해 경상 수지 개선 효과가 나타나는 구간이다.

① ㄱ, ㄷ　② ㄱ, ㄹ　③ ㄴ, ㄷ
④ ㄱ, ㄴ, ㄹ　⑤ ㄴ, ㄷ, ㄹ

수능 지문을 읽다가 모르는 개념어들이 나오면 당황하지 말고, 글 속에서 그 내용을 파악할 수 있어야 합니다. 문장 독해에서 공부했던 것을 다시 정리해볼까요? 먼저 개념어를 수식하는 부분이 그것의 의미를 말해줍니다. 그리고 서술어 부분에서도 개념어의 속성이 드러납니다. 이 글에서 어려운 개념은 '수요 구조'입니다. '수요 구조'를 수식하는 앞 부분에 그 의미가 제시되어 있습니다. **"수요가 가격에 어떻게 반응하는가"에 주목하면, '수요 구조'의 뜻을 대략 짐작할 수 있습니다.** 즉 가격이 높아지면 수요가 줄어들고, 가격이 낮아지면 수요가 많아지는 것과 관련되죠. 상품에 따라서는 가격이 높아지더라고 수요가 줄지 않고(생필품의 경우), 가격이 낮아지더라도 수요가 늘지 않는 경우도 있습니다. 이런 현상들은 '수요가 가격에 반응'하는 것이죠.

환율이 올라도 단기적으로는 경상 수지가 오히려 악화되었다가 점차 개선되는 현상이 있는데, 이를 그래프로 표현하면 J자 형태가 되므로 'J커브 현상'이라 한다. J커브 현상에서 경상 수지가 악화되는 원인 중 하나로, 1) 환율이 오른 비율만큼 수입 상품의 가격이 오르지 않는 것을 꼽을 수 있다. 이는 환율 상승 후 상당 기간 동안 외국 기업이 매출 감소를 우려해 상품의 원화 표시 가격을 바로 올리지 않기 때문이다. // 또한 2) 소비자들의 수입 상품 소비가 가격 변화에 따라 줄어들기까지는 상당 기간이 소요된다. // 그뿐만 아니라 3) 국내 기업이 수출 상품의 외화 표시 가격을 낮추더라도 외국 소비자가 이를 인식하고 소비를 늘리기까지는 다소 시간이 걸린다. // **그러나** J커브의 형태가 보여 주듯이, 당초에 올랐던 환율이 지속되는 상황에서 어느 정도 시간이 지나 상품의 가격 및 물량의 조정이 제대로 이루어진다면 경상 수지가 개선된다.

환율이 오르면 경상 수지가 좋아집니다. 수출이 늘어나고 수입이 줄어드니까요(환율이 오르면 수출 상품의 가격이 내려 많이 팔리고, 수입 상품은 가격이 올라 수요가 줄고 적게 팔리게 됩니다.). 그런데 이 글은 환율이 오르더라도 단기적으로 경상 수지가 악화되는 현상이 나타날 수 있음을 설명하고 있습니다. 그러면 이러한 'J커브 현상'의 원인에 대해 설명해야겠지요? 그래서 그 '원인의 하나'를 먼저 말하고 있습니다. '원인의 하나'라는 표현을 읽는 순간, 또 다른 원인이 제시될 수 있겠구나 하고 직감할 수 있죠. 접속어 '또한'과 '그뿐만 아니라'가 이어지면서 'J커브 현상'의 원인이 나열되고 있습니다.

마지막 문장에 나오는 '그러나'는 'J커브 현상'이 없어지는 것을 알려줍니다. 'J커브 현상'이 사라지고 경상 수지가 개선되기 때문에 대조적인 방식으로 서술하고 있습니다.

한편, J커브 현상과는 별도로 환율 상승 후에 얼마의 기간이 지나더라도 경상 수지의 개선을 이루지 못하는 경우도 있다. // 첫째, 상품의 가격 조정이 일어나도 국내외의 상품 수요가 가격에 어떻게 반응하는가 하는 수요 구조에 따라 경상 수지는 개선되지 못하기도 한다. 수출량이 증가하고 수입량이 감소하더라도, ㉠경상 수지가 그다지 개선되지 않거나 오히려 악화될 수도 있다는 것이다.

이번 문단의 접속어가 '한편'으로 나와 있군요. 앞 문단 내용과 다른 내용이 나열되고 있음을 보여줍니다. 앞 문단 내용은 시간이 지나면 'J커브 현상'이 없어진다고 하였는데, 여기서는 시간이 지나더라도 경상 수지가 개선되지 않는 경우를 설명하고 있습니다.

이 문단에서는 그러한 원인을 '첫째', '둘째'라는 접속어를 통해 명확하게 보여주고 있습니다. '수요 구조'라는 개념은 수식하는 부분에서 확인할 수 있습니다. '상품 수요가 가격에 어떻게 반응하는가'라는 수식 부분이 수요 구조의 의미이기도 하면서, 동시에 밑줄 친 ㉠부분의 원인이기도 합니다. 왜냐하면 ㉠이 들어 있는 문장은 앞 문장을 부연 설명하고 있기 때문입니다.

둘째, 장기적인 차원에서 수출 기업이 환율 상승에만 의존하여 품질 개선이나 원가 절감 등의 노력을 계속하지 않는다면 경쟁력을 잃어 경상 수지를 악화시킬 수도 있다.

둘째 부분은 크게 어렵지 않습니다. 환율 상승에만 의존하여 품질 개선이나 원가 절감을 하지 않는다면 경쟁력이 낮아져서 경상 수지가 악화된다는 의미입니다.

[문제 1]에서 ㉠의 이유는 앞 문장에서 찾을 수 있습니다. "첫째, 상품의 가격 조정이 일어나도 국내외의 상품 수요가 가격에 어떻게 반응하는가 하는 수요 구조에 따라 경상 수지는 개선되지 못하기도 한다."와 의미가 통하는 선지를 찾아야 합니다. 생필품이나 제품 조립에 필요한 부품은 환율이 상승하여 수입 가격이 오르더라도 꼭 구입해야 하므로 경상 수지가 개선되지 않게 됩니다. 선지 ③이 이에 해당하며, 선지의 "수요가 가격에 민감하지 않을 수 있다."는 구절은 지문의 "상품 수요가 가격에 어떻게 반응하는가."와 상응합니다. (정답: ③)

[문제 2]에서 〈보기〉의 그래프를 잘 해석해야 합니다. 먼저 그래프의 x축이 시간이고, y축이 경상 수지임을 확인해야 하죠. y축에서는 (+), (−)로 구분되어 있어서, 위쪽이 경상 수지가 흑자인 경우이고, 아래쪽이 경상 수지가 적자인 경우입니다. 그렇다면 그래프의 ⓐ 구간은 아래쪽에 위치한 경우이므로 경상 수지가 적자인 경우를 뜻합니다. 즉 환율이 상승하더라도 경상 수지가 단기간에 개선되지 않고 적자인 상태를 의미합니다. 그래프의 ⓑ는 경상 수지가 흑자로 전환되는 시점입니다. 환율이 상승하는 시점이 아니죠. 그래프의 ⓒ는 경상 수지의 흑자가 계속되는 구간이므로, 경상 수지 개선 효과가 나타나는 시기로 볼 수 있습니다. 이렇게 본다면, ㄷ은 적절하지 않고 ㄹ은 적절합니다.

ⓐ의 구간은 경상 수지가 적자인 상태입니다. 이러한 상태가 나타나는 원인으로 제일 먼저 지문에서 언급한 것이 무엇이었죠? "환율이 오른 비율만큼 수입 상품의 가격이 오르지 않는 것을 꼽을 수 있다."는 것이었죠? ⓐ의 깊이가 깊을수록 경상 수지 적자가 크다는 것을 의미하고, 환율이 오른 비율만큼 수입 상품의 가격이 오르지 않을 경우에 ⓐ의 깊이가 깊어집니다. 그런데 ⓐ의 골이 얕아진다고 하니까, 이와 반대입니다. 수입 상품 가격이 환율이 오른 비율만큼 오를 때 경상 수지 적자가 줄어드니까 골이 얕아질 것입니다. 그래서 ㄱ은 적절합니다. ⓐ의 구간의 넓이가 넓어지는 것은 경상 수지 적자가 오랫동안 지속된다는 의미이죠. 품질 개선이나 원가 절감이 일어나면 경상 수지를 개선할 수 있어서, ⓐ의 구간이 좁혀지게 됩니다. 그래서 ㄴ은 적절하지 않습니다. (정답: ②)

유제 연습 ❶

1 다음 글에서 언급한 내용이 아닌 것은?

> 정부는 정부 조직의 규모를 확대하지 않으면서도 공공 서비스의 전문성을 강화할 수 있는 민간 위탁 제도를 도입하기도 한다. 민간 위탁이란 공익성을 유지하기 위해 서비스의 대상이나 범위에 대한 결정권과 서비스 관리의 책임은 정부가 갖되, 서비스 생산은 민간 업체에게 맡기는 것이다. 이 경우 민간 위탁은 주로 다음과 같은 몇 가지 방식으로 운용되고 있다. 가장 일반적인 것은 '경쟁 입찰 방식'이다. 이는 일정한 기준을 충족하는 민간 업체 간 경쟁 입찰을 거쳐 서비스 생산자를 선정, 계약하는 방식이다. 공원과 같은 공공 시설물 관리 서비스가 이에 해당한다. 이 경우 정부가 직접 공공 서비스를 제공할 때보다 서비스의 생산 비용이 절감될 수 있고 정부의 재정 부담도 경감될 수 있다. 다음으로는 '면허 발급 방식'이 있다. 이는 서비스 제공을 위한 기술과 시설이 기준을 충족하는 민간 업체에게 정부가 면허를 발급하는 방식이다. 자동차 운전면허 시험, 산업 폐기물 처리 서비스 등이 이에 해당한다. 이 경우 공공 서비스가 갖춰야 할 최소한의 수준은 유지하면서도 공급을 민간의 자율에 맡겨 공공 서비스의 수요와 공급이 탄력적으로 조절되는 효과를 얻을 수 있다. 또한 '보조금 지급 방식'이 있는데, 이는 민간이 운영하는 종합 복지관과 같이 안정적인 공공 서비스 제공이 필요한 기관에 보조금을 주어 재정적으로 지원하는 것이다.

① 공공 서비스 전문성 강화 방안
② 공공 서비스의 수익 산정 방식
③ 공공 서비스의 민간 위탁 방식

| 풀이 |

'민간 위탁'에 대해 정의를 내리는 방식으로 설명하고, '민간 위탁'의 방식을 나열식으로 제시하고 있습니다. 여기서는 순서를 나타내는 접속어 대신에 '경쟁 입찰 방식', '면허 발급 방식', '보조금 지급 방식'이라는 개념을 통해, '민간 위탁'의 3가지 경우를 나열하고 있는 것이죠. '경쟁 입찰 방식'은 주로 공공 시설물 관리 분야에서 실시하고, '면허 발급 방식'은 일정한 기술과 시설을 갖춘 민간 업체에게 면허를 발급하는 것이며, '보조금 지급 방식'은 보조금을 주어 재정적으로 지원하여 공공 서비스를 제공하도록 하는 것이죠. '민간 위탁'을 통해 공공 서비스의 전문성을 강화할 수 있음을 첫 문장에서 말하고 있지만, 공공 서비스의 수익 산정 방식에 대해서는 말하고 있지 않습니다. (정답: ②)

2 다음 글의 내용과 일치하지 않는 것은?

> 단백질 분해 과정의 하나인, 프로테아솜이라는 효소 복합체에 의한 단백질 분해는 세포 내에서 이루어진다. 프로테아솜은 유비퀴틴이라는 물질이 일정량 이상 결합되어 있는 단백질을 아미노산으로 분해한다. 단백질 분해를 통해 생성된 아미노산의 약 75%는 다른 단백질을 합성하는 데 이용되며, 나머지 아미노산은 분해된다. 아미노산이 분해될 때는 아미노기가 아미노산으로부터 분리되어 암모니아로 바뀐 다음, 요소(尿素)로 합성되어 체외로 배출된다. 그리고 아미노기가 떨어지고 남은 부분은 에너지나 포도당이 부족할 때는 이들을 생성하는 데 이용되고, 그렇지 않으면 지방산으로 합성되거나 체외로 배출된다.

① 단백질은 분해되기도 하고 합성되기도 한다.
② 유비퀴틴이 결합된 단백질을 아미노산으로 분해하는 것은 프로테아솜이다.
③ 아미노산에서 분리되어 요소로 합성되는 것은 아미노산에서 아미노기를 제외한 부분이다.

| 풀이 |

짧은 문단이지만, 단백질 분해 과정을 정확히 확인하지 않으면 혼동이 일어납니다. 먼저 단백질이 분해되어 아미노산이 생성된다는 점은 쉽게 독해됩니다. 그런데 아미노산이 다시 분해된다는 점이 잘 해석이 되지 않습니다. 왜냐하면, 단백질 분해로 생성된 아미노산의 75%가 다른 단백질을 합성하는 데 이용된다는 점이 먼저 나오고, 나머지 약 25%의 아미노산이 다시 분해된다는 점이 이어서 '살짝' 언급되기 때문입니다. 그리고 아미노산과 이름도 비슷한, '아미노기'가 분리된다는 부분에 와서는, 이것이 단백질 분해인지 아니면 어떤 분해인지 헷갈릴 수 있습니다. 그래서 아미노기가 아미노산으로부터 분리되어 암모니아로 바뀐 다음, 요소로 합성되어 체외로 배출된다는 점이 제대로 독해되지 않을 수 있습니다. '그리고 아미노기가 떨어지고 남은 부분'이 정확히 무엇인지 잘 이해되지 않은 채 문단의 끝 부분을 읽게 됩니다.

'아미노기가 떨어지고 남은 부분'은 '아미노산에서 아미노기를 제외한 부분'이라 할 수 있죠? 이것은 선지 ③에 나온 표현입니다. '아미노기가 떨어지고 남은 부분'은 포도당이 부족할 때 포도당을 생성하는 데 이용되거나, 아니면 지방산으로 합성되거나 체외로 배출됩니다. 생각보다는 복잡한 과정을 서술하고 있는 문단이기 때문에 단백질 분해 과정을 혼돈할 수 있습니다.

'아미노산에서 분리되어 요소로 합성되는 것'은 아미노기입니다. 선지 ③은 독해 내용을 혼동하도록 만들었고, 실제로 많은 수험생들이 오답을 하였습니다. 지문을 읽고 이와 같은 선지에서 바로 정답을 찾아낼 수 있어야 2등급 정도가 가능합니다. (정답: ③)

2 예시(가령, 예를 들자면, 예컨대)

❶ 예시는 개념이 적용될 수 있는 구체적 상황을 보여줌으로써 그 개념을 설명하려는 것입니다. 즉 어려운 개념어를 설명한 일반 진술 다음에 구체적인 사례를 주는 것인데, 수능 지문의 정형화된 서술 방식입니다. 그래서 개념어의 의미를 예시와 관련하여 명확하게 이해해야 합니다.

❷ 〈보기〉 문제에서 예시를 줄 경우, 지문에 나온 예시와 성격이 똑같은 경우가 많습니다. 〈보기〉 예시가 지문 내용의 또 다른 예시인 것이죠. 따라서 지문에 나온 예시를 잘 살펴보면, 〈보기〉 예시의 정답을 찾을 수 있는 경우가 많습니다.

(※ someta.co.kr에 오면, '학습자료 → 필살기자료'에서 '개념과 사고력'을 로그인 없이 다운로드할 수 있습니다. '개념(추상) – 예시(구체)'의 관계를 정확히 알 수 있고, 실전에서 유용한 문제 해결법도 제시되어 있습니다.)

| 사례분석 1

(2016학년도 수능 A형)

민사 소송에서 판결에 대하여 상소, 곧 항소나 상고가 그 기간 안에 제기되지 않아서 사안이 종결되든가, 그 사안에 대해 대법원에서 최종 판결이 선고되든가 하면, 이제 더 이상 그 일을 다툴 길이 없어진다. 이때 판결은 확정되었다고 한다. 확정 판결에 대하여는 '기판력(旣判力)'이라는 것을 인정한다. 기판력이 있는 판결에 대해서는 더 이상 같은 사안으로 소송에서 다툴 수 없다. 예를 들어, 계약서를 제시하지 못해 매매 사실을 입증하지 못하고 패소한 판결이 확정되면, 이후에 계약서를 발견하더라도 그 사안에 대하여는 다시 소송하지 못한다. 같은 사안에 대해 서로 모순되는 확정 판결이 존재하도록 할 수는 없는 것이다.

확정 판결 이후에 법률상의 새로운 사정이 생겼을 때는, 그것을 근거로 하여 다시 소송하는 것이 허용된다. 이 경우에는 전과 다른 사안의 소송이라 하여 이전 판결의 기판력이 미치지 않는다고 보는 것이다. 위에서 예로 들었던 계약서는 판결 이전에 작성된 것이어서 그 발견이 새로운 사정이라고 인정되지 않는다. 그러나 임대인이 임차인에게 집을 비워 달라고 하는 소송에서 임대차 기간이 남아 있다는 이유로 임대인이 패소한 판결이 확정된 후 시일이 흘러 계약 기간이 만료되면, 임대인은 집을 비워 달라는 소송을 다시 할 수 있다. 계약상의 기한이 지남으로써 임차인의 권리에 변화가 생겼기 때문이다.

문제 | 윗글을 바탕으로 〈보기〉의 사례를 검토한 내용으로 적절하지 않은 것은?

보기

갑은 을을 상대로 자신에게 빌려 간 금전을 갚아 달라는 소송을 하는데, 계약서와 같은 증거 자료는 제출하지 못했다. 그 결과 (가) 또는 (나)의 경우가 생겼다고 하자.

(가) 갑은 금전을 빌려 주었다는 증거를 제시하지 못하여 패소하였다. 이 판결은 확정되었다.
(나) 법원은 을이 금전을 빌렸다는 사실을 인정하면서도, 갚기로 한 날은 2015년 11월 30일이라 인정하여, 아직 그날이 되지 않았다는 이유로 갑에게 패소 판결을 내렸다. 이 판결은 확정되었다.

① (가)의 경우, 갑은 더 이상 상급 법원에 상소하여 다툴 수 있는 방법이 남아 있지 않다.
② (가)의 경우, 갑은 빌려 준 금전에 대한 계약서를 발견하더라도 그것을 근거로 하여 금전을 갚아 달라고 소송하는 것은 허용되지 않는다.
③ (나)의 경우, 을은 2015년 11월 30일이 되기 전에는 갑에게 금전을 갚지 않아도 된다.
④ (나)의 경우, 2015년 11월 30일이 지나면 갑이 을을 상대로 금전을 갚아 달라는 소송을 다시 하더라도 기판력에 저촉되지 않는다.
⑤ (나)의 경우, 이미 지나간 2015년 2월 15일이 갚기로 한 날임을 밝혀 주는 계약서가 발견되면 갑은 같은 해 11월 30일이 되기 전에 그것을 근거로 금전을 갚아 달라는 소송을 할 수 있다.

개념어를 먼저 제시하고 설명하는 경우가 보통이지만, 상황을 먼저 설명하고 그것에 대한 개념어를 제시할 경우도 있습니다. 이 지문이 여기에 해당합니다. 이럴 경우 개념어 앞에서 설명한 부분에 대해 그 의미를 정확히 이해하지 못하고, 개념어 자체에 주목할 가능성이 큽니다. 우리의 머릿속 인지구조가 개념어를 더 중요하게 생각하기 때문에 앞부분에서 설명한 내용을 간과하는 것이죠. 그래서 개념어 이전에 설명한 부분에 주의를 기울여야 합니다.

민사 소송에서 판결에 대하여 상소, 곧 항소나 상고가 그 기간 안에 제기되지 않아서 사안이 종결되든가, 그 사안에 대해 대법원에서 최종 판결이 선고되든가 하면, 이제 더 이상 그 일을 다툴 길이 없어진다. <u>이때 판결은 확정되었다고 한다</u>. 확정 판결에 대하여는 **'기판**

력(旣判力)'이라는 것을 인정한다. 기판력이 있는 판결에 대해서는 더 이상 같은 사안으로 소송에서 다툴 수 없다. ((예를 들어, 계약서를 제시하지 못해 매매 사실을 입증하지 못하고 패소한 판결이 확정되면, 이후에 계약서를 발견하더라도 그 사안에 대하여는 다시 소송하지 못한다. 같은 사안에 대해 서로 모순되는 확정 판결이 존재하도록 할 수는 없는 것이다.))

이 문단에서 '기판력'이라는 단어가 뚜렷하게 인식됩니다. 그런데 이것이 무엇을 의미하는지는 자칫 희미하게 인지되죠. 즉 '기판력' 단어에 앞서서 설명한, '**판결은 확정되었다**'는 말의 의미를 놓치고 지나갈 수 있습니다. 이것은 "항소나 상고가 제기되지 않아서 사안이 종결되든가", 또는 "대법원에서 최종 판결이 선고되든가" 해서 더 이상 소송이 이루어지지 않는 경우를 의미합니다. 이것의 예시로서 '계약서 미제시' 사건을 언급하고 있죠. 그리고 사례를 설명하는 부분에서도 개념어의 의미를 다시 언급할 수 있는데, 여기서는 "같은 사안에 대해 서로 모순되는 확정 판결이 존재하도록 할 수는 없는 것이다."라는 부분에서, '기판력'의 의미를 다시 말하고 있습니다. 즉 '판결이 확정되었다'는 의미는 이 내용과 직접 관련됩니다.

확정 판결 이후에 법률상의 새로운 사정이 생겼을 때는, 그것을 근거로 하여 다시 소송하는 것이 허용된다. 이 경우에는 전과 다른 사안의 소송이라 하여 이전 판결의 기판력이 미치지 않는다고 보는 것이다. ((위에서 예로 들었던 계약서는 판결 이전에 작성된 것이어서 그 발견이 새로운 사정이라고 인정되지 않는다. //**그러나**// 임대인이 임차인에게 집을 비워 달라고 하는 소송에서 임대차 기간이 남아 있다는 이유로 임대인이 패소한 판결이 확정된 후 시일이 흘러 계약 기간이 만료되면, 임대인은 집을 비워 달라는 소송을 다시 할 수 있다. 계약상의 기한이 지남으로써 임차인의 권리에 변화가 생겼기 때문이다.))

이 문단에서 '기판력'이 적용되지 않는 상황, 즉 "법률상 새로운 사정이 생겼을 때"에 대해 말합니다. 그런데 여기에 대한 예시 부분을 우리는 정확하게 독해하지 못합니다. 왜냐하면, "위에서 예로 들었던 계약서는"이라는 구절이 있어서 앞 문단에서 들었던 예시와 같은 것으로 착각하고, 차이가 있다는 것을 인지하지 못하는 것이죠. 여기서 들고 있는 예시는 앞 문단의 예시와 전혀 다른 사례입니다. '그러나'라는 접속어를 통해서 이 점을 알려주고 있지만, 우리가 글을 읽으면서 바로 독해하지 못합니다. '부동산 계약'이라는 점만 인지되기 때문에, 같은 사례로 착각할 수 있죠. 이제 앞 문단의 예시와 뒤 문단의 예시가 서로 다르다는 것을 확인할 수 있겠죠? 앞부분은 '부동산 매매'를 말하고(부동산이라는 말은 없고 계약서만 말하고 있지만 뒤 문단 예시 속에서 이렇게 추론됩니다.), 뒤 부분은 '부동산 임대'를 말하고 있습니다. 이렇게 예시 부분을 정확히 독해하지 못하면 문제 풀이에서 여러 착각을 일으킵니다.

보기

갑은 을을 상대로 자신에게 빌려 간 금전을 갚아 달라는 소송을 하는데, 계약서와 같은 증거 자료는 제출하지 못했다. 그 결과 (가) 또는 (나)의 경우가 생겼다고 하자.

(가) 갑은 금전을 빌려 주었다는 증거를 제시하지 못하여 패소하였다. 이 판결은 확정되었다.

(나) 법원은 을이 금전을 빌렸다는 사실을 인정하면서도, 갚기로 한 날은 2015년 11월 30일이라 인정하여, 아직 그날이 되지 않았다는 이유로 갑에게 패소 판결을 내렸다. 이 판결은 확정되었다.

(가)의 예시는 앞 문단에 나온 예시와 성격이 같습니다. "이 판결은 확정되었다."는 부분에서 더 이상 소송에서 다툴 수 없게 된 것이죠. (나)의 예시는 뒤 문단의 예시와 성격이 똑같습니다. (나)의 예시 경우, 지문에서는 "임대차 기간이 남았다는 이유로" 그리고 〈보기〉에서는 "아직 (갚기로 한) 그날이 되지 않았다는 이유로" 패소 판결을 내렸습니다. 그런데 '(임대차) 계약 기간이 만료'되거나, '갚기로 한 날이 지나면' "법률상 새로운 사정"이 생겨나게 되어 다시 소송할 수 있습니다. 이 점이 (가)의 예시와 다른 점입니다. 이처럼 지문에 나온 예시들과 〈보기〉에 나온 예시들은 각각 성격이 똑같습니다. 그래서 지문의 예시에 적용된 개념이 어떤 특성을 지녔는지 정확히 파악하면, 〈보기〉의 예시에도 그대로 적용할 수 있습니다.

선지 ①과 ②는, (가)와 (나)에서 각각 말하고 있는, "이 판결은 확정되었다." 부분을 정확히 이해해야만 적절한지 아닌지 판단할 수 있습니다. '판결이 확정된다'는 것의 의미는 첫 문단 앞부분에서 말하고 있죠? 상소를 제기하지 않거나 대법원의 최종 판결이 선고되면, 더 이상 소송에서 다툴 수 없습니다. 그래서 적절합니다. 특히 선지 ②는 앞 문단의 예시와 똑같은 상황을 주고 있습니다. 확정 판결 이후 계약서가 발견되더라도 다시 소송할 수 없다는 점은 지문의 예시와 (가)의 경우는 동일합니다. 선지 ③은 갑이 패소했기 때문에 갚기로 한 날이 되기 전에는 금전을 갚지 않아도 됩니다. 따라서 선지 ③도 적절합니다. 선지 ④는 "법률상 새로운 사정"이 생겼음을 말합니다. 기판력에 저촉되지 않고 새로운 소송이 가능합니다. 선지 ⑤는 적절하지 않습니다. 확정 판결이 난 다음에 계약서가 발견되더라도 다시 소송할 수 없습니다. 즉 "같은 사안에 대해 서로 모순되는 확정 판결이 존재하도록 할 수는 없는" 것이죠. (정답: ⑤)

| 사례분석 2

(2018학년도 수능)

채널 부호화는 오류를 검출하고 정정하기 위하여 부호에 잉여 정보를 추가하는 과정이다. 송신기에서 부호를 전송하면 채널의 잡음으로 인해 오류가 발생하는데 이 문제를 해결하기 위해 잉여 정보를 덧붙여 전송한다. 채널 부호화 중 하나인 '삼중 반복 부호화'는 0과 1을 각각 000과 111로 부호화한다. 이때 수신기에서는 수신한 부호에 0이 과반수인 경우에는 0으로 판단하고, 1이 과반수인 경우에는 1로 판단한다. 즉 수신기에서 수신된 부호가 000, 001, 010, 100 중 하나라면 0으로 판단하고, 그 이외에는 1로 판단한다. 이렇게 하면 000을 전송했을 때 하나의 비트에서 오류가 생겨 001을 수신해도 0으로 판단하므로 오류는 정정된다. 채널 부호화를 하기 전 부호의 비트 수를, 채널 부호화를 한 후 부호의 비트 수로 나눈 것을 부호율이라 한다. 삼중 반복 부호화의 부호율은 약 0.33이다.

채널 부호화를 거친 부호들을 채널을 통해 전송하려면 부호들을 전기 신호로 변환해야 한다. 0 또는 1에 해당하는 전기 신호의 전압을 결정하는 과정이 선 부호화이다. 전압의 결정 방법은 선 부호화 방식에 따라 다르다. 선 부호화 중 하나인 '차동 부호화'는 부호의 비트가 0이면 전압을 유지하고 1이면 전압을 변화시킨다. 차동 부호화를 시작할 때는 기준 신호가 필요하다. 예를 들어 차동 부호화 직전의 기준 신호가 양(+)의 전압이라면 부호 0110은 '양, 음, 양, 양'의 전압을 갖는 전기 신호로 변환된다. 수신기에서는 송신기와 동일한 기준 신호를 사용하여, 전압의 변화가 있으면 1로 판단하고 변화가 없으면 0으로 판단한다.

문제 | 윗글을 바탕으로 〈보기〉를 이해한 내용으로 적절한 것은?

> **보기**
>
> 날씨 데이터를 전송하려고 한다. 날씨는 '맑음', '흐림', '비', '눈'으로만 분류하며, 각 날씨의 발생 확률은 모두 같다. 엔트로피 부호화를 통해 '맑음', '흐림', '비', '눈'을 각각 00, 01, 10, 11의 부호로 바꾼다.

① 삼중 반복 부호화를 이용하여 전송한 특정 날씨의 부호를 '110001'과 '101100'으로 각각 수신하였다면 서로 다른 날씨로 판단하겠군.

② 날씨 '비'를 삼중 반복 부호화와 차동 부호화를 이용하여 부호화하는 경우, 기준 신호가 양(+)의 전압이면 '음, 양, 음, 음, 음, 음'의 전압을 갖는 전기 신호로 변환되겠군.

③ 삼중 반복 부호화와 차동 부호화를 이용하여 특정 날씨의 부호를 전송할 경우, 수신기에서 '음, 음, 음, 양, 양, 양'을 수신했다면 기준 신호가 양(+)의 전압일 때 '흐림'으로 판단하겠군.

채널 부호화는 오류를 검출하고 정정하기 위하여 부호에 잉여 정보를 추가하는 과정이다. 송신기에서 부호를 전송하면 채널의 잡음으로 인해 오류가 발생하는데 이 문제를 해결하기 위해 잉여 정보를 덧붙여 전송한다. 채널 부호화 중 하나인 **《'삼중 반복 부호화'》**는 0과 1을 각각 000과 111로 부호화한다. 이때 수신기에서는 1) 수신한 부호에 0이 과반수인 경우에는 0으로 판단하고, 1이 과반수인 경우에는 1로 판단한다. 즉 수신기에서 수신된 부호가 000, 001, 010, 100 중 하나라면 0으로 판단하고, 그 이외에는 1로 판단한다. 2) 이렇게 하면 000을 전송했을 때 하나의 비트에서 오류가 생겨 001을 수신해도 0으로 판단하므로 오류는 정정된다. 채널 부호화를 하기 전 부호의 비트 수를, 채널 부호화를 한 후 부호의 비트 수로 나눈 것을 부호율이라 한다. 삼중 반복 부호화의 부호율은 약 0.33이다.

EBS와 연계한 수능 지문은 EBS 교재보다 더 어렵게 지문을 작성하기 때문에 EBS 교재를 공부했다 하더라도 수능에서 별 도움이 되지 않습니다. 어려운 전문적인 개념어가 나오고 내용도 더 복잡해지기 때문입니다. 제시한 문단은 수능 지문의 셋째 넷째 문단입니다. 이 문단 앞에 제시된 첫째 둘째 문단은 전문적인 개념들이 연속적으로 나열되고 있어서 독해할 때 많은 집중력이 필요하고 정신력 또한 많이 소진됩니다. 특히 둘째 문단은 '엔트로피 부호화'라는 전문적 내용을 설명하고 있기 때문에 이 부분의 독해에 신경을 많이 쓰게 됩니다. 그래서 첫째 둘째 문단에서 정신력이 고갈되어 정작 중요한 셋째 넷째 문단에서는 독해 집중력이 떨어지게 됩니다. 이럴 때 독해의 기본 원리를 적용해야 합니다. 즉 개념어를 설명한 후 예시를 줄 때, 개념어의 의미를 예시 부분에서 정확히 확인하는 것이죠. 하늘이 무너져도 솟아날 구멍이 있다는 속담이 괜히 있는 게 아닙니다. ^^

이 문단의 주요 정보는 '삼중 반복 부호화'입니다. 문단의 핵심어는 '채널 부호화'이지만 '삼중 반복 부호화'가 이와 관련한 구체적 내용을 담고 있기 때문에 '삼중 반복 부호화'의 의미를 정확히 파악해야 합니다. 부호를 전송할 때 발생하는 오류를 정정하기 위해 잉여 정보를 추가하게 되는데, '삼중 반복 부호화'는 0과 1을 각각 000과 111로 부호화하는 것입니다. 즉 0의 부호는 000으로 같은 부호를 세 번 반복하고, 1의 부호는 111로 역시 같은 부호를 세 번 반복합니다. 이렇게 하면 부호를 송신하는 과정에서 채널 잡음이 끼어들어 오류가 발생하더라도 수신기에서 오류를 정정할 수 있습니다. 즉 수신기는 삼중 반복된 부호에서 과반수가 넘는 부호를 정상적인 부호로 판단하는 것이죠. 설사 하나의 비트에서 오류가 생겨 001을 수신해도 0으로 판단하기 때문에 오류를 수정할 수 있습니다.

채널 부호화를 거친 부호들을 채널을 통해 전송하려면 부호들을 전기 신호로 변환해야 한다. 0 또는 1에 해당하는 전기 신호의 전압을 결정하는 과정이 **선 부호화**이다. 전압의 결정 방법은 선 부호화 방식에 따라 다르다. 선 부호화 중 하나인 **《'차동 부호화'》는 부호의 비트가 0이면 전압을 유지하고 1이면 전압을 변화시킨다.** 차동 부호화를 시작할 때는 기준 신호가 필요하다. ((예를 들어 차동 부호화 직전의 기준 신호가 양(+)의 전압이라면 부호 0110은 '양, 음, 양, 양'의 전압을 갖는 전기 신호로 변환된다.)) 수신기에서는 송신기와 동일한 기준 신호를 사용하여, 전압의 변화가 있으면 1로 판단하고 변화가 없으면 0으로 판단한다.

이 문단의 구조는 앞 문단의 내용 전개 구조와 같습니다. 즉 문단의 핵심어는 '선 부호화'이지만 문단 독해의 초점은 '차동 부호화'에 있습니다. 문단의 핵심어를 제기하고 이와 관련된 주요 정보를 '차동 부동화'라는 개념어로 제시합니다. '차동 부호화'가 무엇인지 설명한 후 예시를 들고 있는 것도 앞 문단과 같습니다. 같은 위상의 문단이 나열될 경우에는 앞 문단과 뒤 문단의 전개 방식이 같은 경우가 많기 때문에 이 점을 생각하면서 독해하면 문단 내용을 잘 파악할 수 있습니다.

'차동 부동화'는 부호의 비트가 0이면 전압을 유지하고 1이면 전압을 변화시키는 것인데, 이 말의 의미를 그 다음 예시 부분에서 정확히 확인해야 합니다. 부호 0110은 '양, 음, 양, 양'의 전압을 갖는 전기 신호로 변환된다는 부분을 무심코 읽으면, "0은 양이고 1은 음이군"이라고 착각하여 0을 양에 대응하는 것으로, 1을 음에 대응하는 것으로 오독할 수 있습니다. 그런데 다시 한 번 더 자세히 보면 첫째 0은 양으로 대응되고 둘째 1은 음으로 대응되지만, 셋째 1은 양으로 대응되기 때문에 '0은 양이고 1은 음이다.'라는 예시 해석은 잘못된 것임을 알게 됩니다. 착각하기 딱 좋은 예시이죠.

그래서 '차동 부동화'의 설명 부분을 다시 확인하고 예시를 세밀히 살펴보아야 합니다. 그리고 "0이면 전압을 유지하고 1이면 전압을 변화시킨다."는 것은 순차적으로 이어지는 비트의 관계에서 나타나는 것임을 알아차려야 합니다. 즉 기준 신호가 양의 전압일 때 0은 기존 전압을 유지하므로 양이 되고, 1은 전압을 바꾸므로 음이 되는 것입니다. 그렇다면 예시로 제시된 0110에서 첫째 0은 양으로 유지되고, 둘째 1은 전압을 바꾸어야 하므로 음이 되고, 셋째 1도 전압을 바꾸어야 하므로 둘째 비트의 음 전압을 양 전압으로 바꿉니다. 넷째 0은 앞의 전압을 유지하므로 양이 됩니다.

수능 지문은 매우 불친절한 지문이라는 것을 다시 확인할 수 있는 지문입니다. 만약 지문에서, '차동 부동화는 부호의 비트가 0이면 전압을 유지하고 1이면 전압을 변화시킨다. 즉 0일 때는 앞 비트의 전압과 같이 유지하고 1일 때는 앞 비트의 전압을 바꾸는 것이다.'라는 문장을 하나 더 넣어주면 차동 부동화의 개념을 쉽게 이해할 수 있는데, 이런 말을 넣지 않고 예시 속에서 '보물찾기'식으로 '차동 부호화' 개념의 의미를 숨기고 있습니다.

문제를 풀 때 송신과 수신의 과정이 있다는 점을 주의 깊게 보아야 합니다. 송신하기 위해서 데이터를 삼중 반복 부호화합니다. 삼중 반복 부호화는 지문에 나온 것처럼, "0과 1을 각각 000과 111로 부호화"하는 것입니다. 채널 잡음 때문에 오류가 있어도 수신기에서는 과반이 넘으면, 과반이 넘은 부호를 정상적인 부호로 판단하기 때문에 오류가 정정됩니다.

그리고 수신기는 송신기와 동일한 기준 신호를 사용하여 차동 부호화 원리를 적용합니다.

보기

날씨 데이터를 전송하려고 한다. 날씨는 '맑음', '흐림', '비', '눈'으로만 분류하며, 각 날씨의 발생 확률은 모두 같다. 엔트로피 부호화를 통해 '맑음', '흐림', '비', '눈'을 각각 00, 01, 10, 11의 부호로 바꾼다.

① 삼중 반복 부호화를 이용하여 전송한 특정 날씨의 부호를 '110001'과 '101100'으로 각각 수신하였다면 서로 다른 날씨로 판단하겠군.

② 날씨 '비'를 삼중 반복 부호화와 차동 부호화를 이용하여 부호화하는 경우, 기준 신호가 양(+)의 전압이면 '음, 양, 음, 음, 음, 음'의 전압을 갖는 전기 신호로 변환되겠군.

③ 삼중 반복 부호화와 차동 부호화를 이용하여 특정 날씨의 부호를 전송할 경우, 수신기에서 '음, 음, 음, 양, 양, 양'을 수신했다면 기준 신호가 양(+)의 전압일 때 '흐림'으로 판단하겠군.

---

① – 110001에서 앞의 110은 1이 과반이 되므로 수신기는 이것을 1로 판단하고, 뒤의 001은 0이 과반이 되므로 0으로 판단합니다. 그래서 110001은 10으로 판단합니다. 그리고 101100에서 앞의 101은 1이 과반이므로 1로 판단하고, 뒤의 100은 0이 과반이므로 0으로 판단합니다. 그래서 101100도 10으로 판단하므로 두 가지 부호 모두 '비'라고 판단합니다. 적절하지 않습니다.

② – 비는 10이고, 이것을 삼중 반복 부호화하면 111000입니다. 그러면 이것을 전기 신호로 바꾸기 위해서 차동 부호화해야 합니다. 기준 신호가 양이기 때문에 첫째 비트 1은 기준 신호 양을 음 전압으로 바꾸어야 합니다. 둘째 비트 1은 앞의 비트 음을 양으로 바꾸어야 합니다. 셋째 비트 1은 둘째 비트 양 전압을 음으로 바꾸어야 합니다. 넷째 비트 0은 앞 비트와 같은 전압을 유지해야 하므로 음이 되고, 다섯째 여섯째 모두 0이므로 앞 비트와 같은 전압인 음으로 유지해야 합니다. 그래서 음, 양, 음, 음, 음, 음의 전기 신호로 변환됩니다. 적절한 선지이기 때문에 정답입니다.

③ – 수신기도 송신기와 동일한 기준 신호를 사용하여 차동 부호화의 원리를 적용합니다. 기준 신호가 양입니다. 그러면 첫 번째 음은 기준 신호와 비교하여 전압이 바뀌었습니다. 그렇다면 첫 번째 음을 삼중 반복 부호로 표시하면 1이 됩니다. 두 번째 음은 첫째 부호의 전압과 동일하므로 삼중 반복 부호로 표시하면 0이 됩니다. (음이니까 전압을 바꾼다고 착각할 수 있습니다. 아닙니다. 1일 때 전압을 바꿉니다.) 세 번째의 음은 앞의 부호와 동일한 전압을 유지하니까 역시 0이 됩니다. 그리고 네 번째의 양은 세 번째와 비교해서 전압이 바뀌었기 때문에 부호 1이 됩니다. 다섯째와 여섯째는 모두 양이므로 넷째와 동일한 전압을 유지합니다. 그래서 다섯째와 여섯째는 모두 0의 부호가 됩니다. 그러면 수신기는 음, 음, 음, 양, 양, 양을 100100으로 인식하고, 앞 3자리와 뒤 3자리에서 과반이 되는 부호 0을 정상적인 부호로 판단합니다. 결국 00으로 인식하여 '맑음'으로 판단합니다. 적절하지 않은 선지입니다. (정답: ②)

| 사례분석 3 (2014학년도 9월 A형)

'재정위'는 방향 기억이 헝클어진 상황에서도 장소의 기하학적 특징을 활용하여 방향을 다시 찾는 방법이다. 예를 들어, 직사각형 방에 갇힌 배고픈 흰쥐에게 특정 장소에만 먹이를 두고 찾게 하면, 긴 벽이 오른쪽에 있었는지와 같은 공간적 정보만을 활용하여 먹이를 찾는다. 이런 정보는 흰쥐의 방향 감각을 혼란시킨 상황에서도 보존되는데, 흰쥐는 재정위 과정에서 장소기억 관련 정보를 무시한다. 하지만 최근 연구에 따르면, 원숭이는 재정위 과정에서 벽 색깔과 같은 장소기억 정보도 함께 활용한다는 점이 밝혀졌다.

문제 | 윗글을 바탕으로 할 때, 〈보기〉의 상황에서 병아리가 보일 행동에 대한 추론으로 가장 적절한 것은?

보기

병아리가 재정위 과정에서 기하학적 특징만을 활용한다고 가정하자. 아래 그림의 직사각형 모양의 상자에서 먹이는 A에만 있다. 병아리가 A, B, C, D를 모두 탐색하여 먹이가 어디에 있는지 학습하게 한 후, 상자에서 꺼내 방향을 혼란시킨 다음 병아리를 상자 중앙에 놓고 먹이를 찾도록 한다. 이와 같은 실험을 여러 번 수행하여 병아리가 A, B, C, D를 탐색하는 빈도를 측정한다.

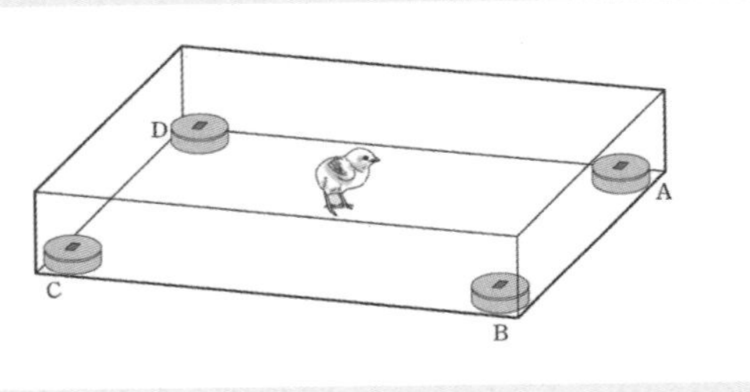

① A를 높은 빈도로 탐색하고 B, C, D를 비슷한 정도의 낮은 빈도로 탐색한다.
② A, B를 비슷한 정도의 높은 빈도로 탐색하고 C, D를 비슷한 정도의 낮은 빈도로 탐색한다.
③ A, C를 비슷한 정도의 높은 빈도로 탐색하고 B, D를 비슷한 정도의 낮은 빈도로 탐색한다.
④ A, D를 비슷한 정도의 높은 빈도로 탐색하고 B, C를 비슷한 정도의 낮은 빈도로 탐색한다.
⑤ A, B, C, D를 비슷한 정도의 빈도로 탐색한다.

'재정위'는 1) 방향 기억이 헝클어진 상황에서도 2) 장소의 기하학적 특징을 활용하여 3) 방향을 다시 찾는 방법이다. ((예를 들어, 직사각형 방에 갇힌 배고픈 흰쥐에게 특정 장소에만 먹이를 두고 찾게 하면, 긴 벽이 오른쪽에 있었는지와 같은 공간적 정보만을 활용하여 먹이를 찾는다. 이런 정보는 흰쥐의 방향 감각을 혼란시킨 상황에서도 보존되는데, 흰쥐는 재정위 과정에서 장소기억 관련 정보를 무시한다.)) 하지만 최근 연구에 따르면, 원숭이는 재정위 과정에서 벽 색깔과 같은 장소기억 정보도 함께 활용한다는 점이 밝혀졌다.

모르는 단어나 개념이 나오면 그것을 자신의 배경 지식 속에서 이해하려고 하지 마세요. 글자 그대로 인지하고, 지문에서 설명하는 바에 따라 의미를 이해해야 합니다. 여기서는 정의의 방식으로 '재정위' 개념을 설명하고, 그 다음에 예를 들고 있습니다. 정의를 내리는 부분에 들어 있는 여러 의미 영역들을 확인해야 하지만, 예시에서 더 자세히 말하는 경우가 있기 때문에 예시 부분도 잘 살펴보아야 합니다. "장소의 기하학적 특징을 활용"한다는 구절이, 예시 속에서는 "긴 벽이 오른쪽에 있었는지와 같은 공간적 정보만을 활용"한다고 더 자세히 언급되어 있습니다. 지문에 나온 예시는 〈보기〉의 예시에도 그대로 적용됩니다. 그래서 〈보기〉 예시의 해석 근거는 지문의 예시에 있음을 잊지 말아야 합니다.

보기

병아리가 **재정위 과정**에서 기하학적 특징만을 활용한다고 가정하자. 아래 그림의 직사각형 모양의 상자에서 먹이는 A에만 있다. 병아리가 A, B, C, D를 모두 탐색하여 1) 먹이가 어디에 있는지 학습하게 한 후, 상자에서 꺼내 2) 방향을 혼란시킨 다음 병아리를 상자 중앙에 놓고 먹이를 찾도록 한다. 이와 같은 실험을 여러 번 수행하여 병아리가 A, B, C, D를 탐색하는 빈도를 측정한다.

〈보기〉 내용을 파악할 때는 제일 먼저, 지문에 나오는 여러 개념 중에서 어느 개념을 적용해야 하는가를 확인해야 합니다. 여기서는 '재정위' 개념을 제시하고 있습니다. 그러면 '재정위' 개념이 나오는 문단을 다시 읽고 문제를 푸는 것이 가장 좋습니다. 그래야 개념을 정확히 이해하고 〈보기〉를 제대로 해석할 수 있으니까요. "기하학적 특징만을 활용한다"는 조건은 지문에 나온 예시를 살펴보고, 그 예시를 통해 이해하는 것이 가장 빠릅니다. "긴 벽이 오른쪽에 있었는지와 같은 공간적 정보만을 활용"한다는 지문의 예시 부분을 통해, 〈보기〉의 조건이 무엇을 의미하는지 바로 이해할 수 있습니다. 이렇게 본다면, 지문에 나온 흰쥐의 예시나, 〈보기〉의 병아리 예시는 똑같은 상황임을 알 수 있습니다.

보기

병아리가 재정위 과정에서 기하학적 특징만을 활용한다고 가정하자. 아래 그림의 직사각형 모양의 상자에서 먹이는 A에만 있다. 병아리가 A, B, C, D를 모두 탐색하여 먹이가 어디에 있는지 학습하게 한 후, 상자에서 꺼내 1) 방향을 혼란시킨 다음 병아리를 2) 상자 중앙에 놓고 먹이를 찾도록 한다. 이와 같은 실험을 여러 번 수행하여 병아리가 A, B, C, D를 탐색하는 빈도를 측정한다.

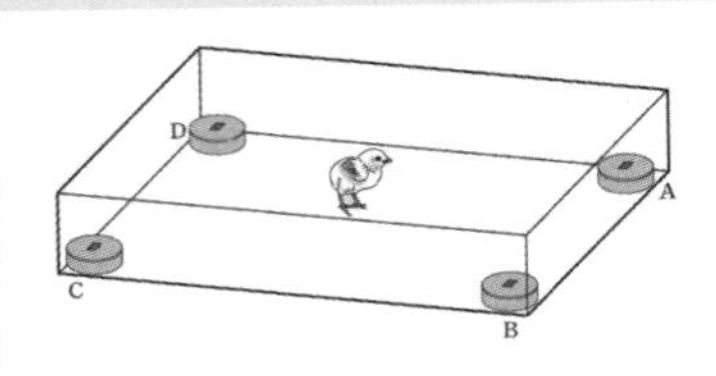

① A를 높은 빈도로 탐색하고 B, C, D를 비슷한 정도의 낮은 빈도로 탐색한다.
② A, B를 비슷한 정도의 높은 빈도로 탐색하고 C, D를 비슷한 정도의 낮은 빈도로 탐색한다.
③ A, C를 비슷한 정도의 높은 빈도로 탐색하고 B, D를 비슷한 정도의 낮은 빈도로 탐색한다.
④ A, D를 비슷한 정도의 높은 빈도로 탐색하고 B, C를 비슷한 정도의 낮은 빈도로 탐색한다.
⑤ A, B, C, D를 비슷한 정도의 빈도로 탐색한다.

선지 ①에 대한 오답률이 매우 높았습니다. 10명 중 2명꼴로 ①을 정답으로 착각했습니다. 왜 그랬을까요? "방향을 혼란시킨 다음"이라는 말의 의미를 정확히 이해하지 못했기 때문입니다. 병아리는 기하학적 특징을 이용하여 먹이를 찾겠죠? 이때 기하학적 특징은 "긴 벽이 오른쪽에 있었는지와 같은 공간적 정보"라는 것을 지문에서 확인했습니다. 〈보기〉의 병아리에게는 먹이가 있는 A는, '긴 벽의 왼쪽 끝'에 있습니다. 그러니 A를 당연히 여러 번 찾을 것입니다. 그런데 "방향을 혼란시킨 다음" 병아리를 박스의 중앙에 놓으면, 병아리의 위치가 〈보기〉처럼 A를 바라보는 위치에 있을 수도 있고, A의 반대 방향인 C쪽을 바라볼 수도 있습니다. 병아리가 C쪽을 바라보는 위치에 있으면 '긴 벽 왼쪽 끝'은 C가 됩니다. 만약 C에 먹이가 없으면, 병아리는 방향을 바꾸어 '긴 벽 왼쪽 끝'의 A를 탐색할 것입니다. 즉 A와 C는 병아리 입장에서 본다면 어느 쪽도 '긴 벽 왼쪽 끝'에 있기 때문에, A와 C를 비슷한 정도의 높은 빈도로 탐색할 것이고, B와 D는 비슷한 정도의 낮은 빈도로 탐색할 것입니다. (정답: ③)

유제 연습 ❷

1 다음의 진술이 '반(反)본질주의'의 견해로 볼 수 있는지 판단하시오.

> '본질'이 존재론적 개념이라면 거기에 언어적으로 상관하는 것은 '정의'이다. 그런데 어떤 대상에 대해서 약정적이지 않으면서 완벽하고 정확한 정의를 내리기 어렵다는 사실은 반(反)본질주의의 주장에 힘을 실어 준다. 사람을 예로 들어 보자. 이성적 동물은 사람에 대한 정의로 널리 알려져 있다. 그러면 이성적이지 않은 갓난아이를 사람의 본질에 반례로 제시할 수 있다. 이번에는 '사람은 사회적 동물이다.'라고 정의를 제시할 수도 있다. 그러나 사회를 이루고 산다고 해서 모두 사람인 것은 아니다. 개미나 벌도 사회를 이루고 살지만 사람은 아니다.

ⓐ 어떤 대상이라도 그 개념을 언어로 약정(=약속하여 정함)할 수 없다.

| 풀이 |

첫 문장과 둘째 문장을 살펴보면, 의미상 대조 관계에 있습니다. 첫째 문장이 '본질주의'와 관련된다는 것을, 둘째 문장 내용과의 대조 관계를 통해서 짐작할 수 있죠. 둘째 문장의 "약정적이지 않으면서 완벽하고 정확한 정의"는 첫째 문장에 나오는 정의를 가리키고 있습니다. 즉 본질주의에서 말하는 정의는 약속으로 정한 것이 아니며, 완벽하다는 것을 암시합니다. "'본질'이 존재론적 개념"이라는 말은 본질이 실제 존재한다는 말입니다. 이처럼 실제 존재하는 본질에 언어적으로 연결되는 것이 정의라고 보는 것은 본질주의 관점입니다.

그런데 '반(反)본질주의'는 "약정적이지 않으면서 완벽하고 정확한 정의를 내리기 어렵다."는 사실과 관련됩니다. "약정적이지 않으면서 완벽하고 정확한 정의"가 가능하다고 보는 관점이 본질주의의 생각이라면, 이것이 어렵다고 보는 것은 반(反)본질주의의 관점에 해당하죠. 즉 반(反)본질주의 입장에서는, 정의는 인간이 정한 약속에 불과하며 본질은 실제로 존재하는 것이 아니라는 것이죠.

그 다음에 이어지는 예시는 반(反)본질주의 관점에 해당하는 사례들입니다. '사람은 이성적이다'라는 정의에 대해 '이성적이지 않은 갓난아이'의 반례(反例=반대되는 사례)가 제시되고 있고, 사회적 성격은 인간만이 갖는 것이 아니라 사회를 이루고 사는 개미나 벌도 갖는다는 것입니다. 이러한 사례들은 "완벽하고 정확한 정의"가 불가능하다는 것을 가리키며, 따라서 정의는 인간이 정한 약속에 불과하다는 것이죠. 반(反)본질주의는 본질이나 개념을 언어로 약속해서 정하는 것으로 보기 때문에, ⓐ의 진술은 반(反)본질주의 관점에 해당하지 않습니다. (정답: 반(反)본질주의 견해 아님)

3 비교 대조(반면, 그러나, 이에 비해)

❶ 'A와 B'라는 두 개의 대상이나 개념이 문단 머리에서부터 제시되는 경우가 있습니다. 이럴 경우 문단의 처음부터 문단 끝까지 'A와 B'를 비교-대조하는 방식으로 설명하게 됩니다. 그래서 비교-대조의 설명 흐름을 문단 안에서 잘 파악하는 것이 독해의 초점이 됩니다. 가끔 설명의 흐름을 특정 문장에 가서는 'B와 A'라는 식으로 순서를 바꾸는 경우가 있으므로 주의해야 합니다.

❷ 문단 중간 부분에 와서 '그러나, 이에 비해' 등을 사용하여 문단 머리에서 설명한 'A'와 대조되는 'B'를 제시하는 경우가 있습니다. 이럴 경우 차이점을 통해 'A'와 'B'의 내용이 부각됩니다. 때에 따라서는 'B'의 내용이 다음 문단으로 이어져 대조되는 차이점을 더 자세히 설명하게 됩니다.

❸ 사람들이 일반적으로 생각하는 통념에 반론하는 방식으로 서술하는 경우도 있습니다. 문제 제기를 통해 차이점을 드러내는데, 일종의 대조적 기법이라 볼 수 있습니다. 주로 문단 머리에서 논의의 출발점으로 사용하지만, 문단 중간에서 사용하는 경우도 있습니다.

| 사례분석 1 (2017학년도 수능)

보험 계약 체결 전 보험 가입자가 고의나 중대한 과실로 '중요한 사항'을 보험사에 알리지 않거나 사실과 다르게 알리면 고지 의무를 위반하게 된다. 이러한 경우에 우리 상법은 보험사에 계약 해지권을 부여한다. 보험사는 보험 사고가 발생하기 이전이나 이후에 상관없이 고지 의무 위반을 이유로 계약을 해지할 수 있고, 해지권 행사는 보험사의 일방적인 의사 표시로 가능하다. 해지를 하면 보험사는 보험금을 지급할 책임이 없게 되며, 이미 보험금을 지급했다면 그에 대한 반환을 청구할 수 있다. 일반적으로 법에서 의무를 위반하게 되면 위반한 자에게 그 의무를 이행하도록 강제하거나 손해 배상을 청구할 수 있는 것과 달리, 보험 가입자가 고지 의무를 위반했을 때에는 보험사가 해지권만 행사할 수 있다. 그런데 보험사의 계약 해지권이 제한되는 경우도 있다. 계약 당시에 보험사가 고지 의무 위반에 대한 사실을 알았거나 중대한 과실로 인해 알지 못한 경우에는 보험 가입자가 고지 의무를 위반했어도 보험사의 해지권은 배제된다. 이는 보험 가입자의 잘못보다 보험사의 잘못에 더 책임을 둔 것이라 할 수 있다. 또 보험사가 해지권을 행사할 수 있는 기간에도 일정한 제한을 두고 있는데, 이는 양자의 법률관계를 신속히 확정함으로써 보험 가입자가 불안정한 법적 상태에 장기간 놓여 있는 것을 방지하려는 것이다. 그러나 고지해야 할 '중요한 사항' 중 고지 의무 위반에 해당되는 사항이 보험 사고와 인과 관계가 없을 때에는 보험사는 보험금을 지급할 책임이 있다. 그렇지만 이때에도 해지권은 행사할 수 있다.

문제 | 윗글에 대한 설명으로 적절한 것은?

① 고지 의무를 위반한 보험 가입자는 보험사에 손해 배상을 해야 한다.
② 보험 가입자가 고지 의무 위반 사실을 보험 사고 후 보험사에 즉시 알렸다면 고지 의무를 위반한 것이 아니다.
③ 보험 계약 체결 당시 보험사에게 중대한 과실이 있고, 보험 가입자 또한 중대한 과실로 고지 의무를 위반했다면, 보험사는 보험금을 돌려받을 수 있다.
④ 보험 가입자가 고지하지 않은 중요한 사항이 보험 사고와 인과 관계가 없다면 보험사는 보험금을 돌려받을 수 없다.

최근 수능 지문은 무척 길어지고, 문단 하나하나도 길어지고 있습니다. 그래서 글자 수도 많아지고, 내용도 복잡해지고 있습니다. 이럴수록 문단의 주요 정보 파악에 신경 써야 합니다. 그리고 문단을 읽고 나서 중심 내용과 문단의 구조를 다시 한 번 더 확인하는 것이 좋습니다.

보험 계약 체결 전 보험 가입자가 고의나 중대한 과실로 '중요한 사항'을 보험사에 알리지 않거나 사실과 다르게 알리면 **고지 의무**를 위반하게 된다. 이러한 경우에 우리 상법은 보험사에 1) 계약 해지권을 부여한다. 보험사는 보험 사고가 발생하기 이전이나 이후에 상관없이 고지 의무 위반을 이유로 계약을 해지할 수 있고, 해지권 행사는 보험사의 일방적인 의사 표시로 가능하다. 2) 해지를 하면 보험사는 보험금을 지급할 책임이 없게 되며, 이미 보험금을 지급했다면 그에 대한 반환을 청구할 수 있다. 일반적으로 법에서 의무를 위반하게 되면 위반한 자에게 그 의무를 이행하도록 강제하거나 3) 손해 배상을 청구할 수 있는 것과 달리, 보험 가입자가 고지 의무를 위반했을 때에는 보험사가 해지권만 행사할 수 있다.

이 문단의 핵심어는 '**고지 의무**'입니다. 그런데 고지 의무를 이끌어내는 도입 부분을 소홀히 읽기 쉽습니다. 그렇지만 이러한 도입 부분에서도 주요 정보가 포함됩니다. 즉 고지 의무는 '보험 계약 체결 전'에 해야 한다는 점입니다. 그리고 고지 의무를 보험 가입자가 위반하게 되면, 보험사는 1) 계약 해지권을 가지며, 2) 보험 해지를 통해 보험금을 지급하지 않거나 되돌려 받을 수 있지만, 3) 대신에 손해 배상 청구를 할 수 없습니다. 이러한 내용이 '고지 의무'와 관련된 주요 정보입니다.

이 정도의 문단 길이라면, 수능 지문에서 보통 한 문단 정도가 됩니다. 그렇지만 최근 수능 지문의 길이가 늘어나고 있습니다. 이 글도 마찬가지입니다. 지문 전체가 매우 길 뿐만 아니라, 이 문단도 뒤에 대조되는 내용이 복잡하게 전개됩니다. 주요 내용을 빠짐없이 확인하고, 문단의 구조를 파악하여 독해를 정확히 할 필요가 있습니다.

((그런데)) 보험사의 계약 해지권이 제한되는 경우도 있다. 1) 계약 당시에 보험사가 고지 의무 위반에 대한 사실을 알았거나 2) 중대한 과실로 인해 알지 못한 경우에는 보험 가입자가 고지 의무를 위반했어도 보험사의 해지권은 배제된다. 이는 보험 가입자의 잘못보다 3) 보험사의 잘못에 더 책임을 둔 것이라 할 수 있다. 또 4) 보험사가 해지권을 행사할 수 있는 기간에도 일정한 제한을 두고 있는데, 이는 양자의 법률관계를 신속히 확정함으로써 보험 가입자가 불안정한 법적 상태에 장기간 놓여 있는 것을 방지하려는 것이다. ((그러나)) 고지해야 할 '중요한 사항' 중 고지 의무 위반에 해당되는 사항이 보험 사고와 인과 관계가 없을 때에는 보험사는 보험금을 지급할 책임이 있다. 그렇지만 이때에도 해지권은 행사할 수 있다.

이 문단의 후반부에 와서는 접속어 **'그런데'**를 통하여 앞부분과 대조되는 내용을 서술하고 있습니다. 즉 보험사의 계약 해지권이 제한되는 경우를 말하고 있습니다. 1) 보험사가 고지 의무 위반에 대한 사실을 알았거나 2) 보험사가 중대한 과실로 위반 사실을 알지 못했을 경우입니다. 이렇게 계약 해지권이 제한되는 경우는 보험사에게 잘못이 있어서, 보험사에게 책임을 두는 것입니다. 만약 보험사의 계약 해지권이 제한되는 경우라면, 보험사는 보험금을 지급해야 하고, 지급한 보험금은 돌려받을 수 없을 것입니다.

이 문단의 마지막 부분에 **'그러나'**가 나와서 대조되는 내용을 말하고 있어서 혼란스럽습니다. 따라서 글의 흐름을 다시 살펴볼 필요가 있어요. 고지 의무 위반이 보험 사고와 인관 관계가 없을 때에도 해지권은 행사할 수 있기 때문에, 대조되는 문장 형식으로 서술한 것으로 보입니다. 그렇지만 이 경우에도 보험사는 보험금을 지급해야 합니다. 즉 보험금 지급이라는 점에서 계약 해지권이 제한되는 경우와 동일합니다. 그래서 '해지권을 행사하더라도 보험금을 지급해야 하는 경우가 있다.'라는 선지가 있다면, 이 선지는 적절할 것입니다.

선지 ①과 ②는 문단 앞부분에서 확인할 수 있습니다. 보험사는 해지권만 갖고 손해 배상을 청구하지 못한다고 하였고, 그리고 고지 의무는 보험 계약 체결 전에 이루어져야 한다고 했습니다.

선지 ③에는 많은 수험생들이 적절하다고 판단했습니다. 약 20% 정도의 수험생들이 적절하다고 생각하였는데, 이 선지는 적절하지 않습니다. 보험사가 중대한 과실이 있으면, 설사 보험 가입자가 고지 의무를 위반하였다고 하더라도 보험사의 해지권은 배제됩니다. 즉 보험사는 해지권을 행사할 수 없어서 보험금을 지급해야 하는 것이죠. 선지 ④가 적절합니다. 보험 가입자가 고지하지 않은 중요한 사항이 보험 사고와 인과 관계가 없다면 보험사는 보험금을 지급할 의무가 있습니다. 만약 보험금을 지급했다면 돌려받을 수 없는 것이죠. (정답: ④)

| 사례분석 2

(2017학년도 9월)

콘크리트가 철근 콘크리트로 발전함에 따라 건축은 구조적으로 더욱 견고해지고, 형태면에서는 더욱 다양하고 자유로운 표현이 가능해졌다. 일반적으로 콘크리트는 누르는 힘인 압축력에는 쉽게 부서지지 않지만 당기는 힘인 인장력에는 쉽게 부서진다. 압축력이나 인장력에 재료가 부서지지 않고 그 힘에 견딜 수 있는, 단위 면적당 최대의 힘을 각각 압축 강도와 인장 강도라 한다. 콘크리트의 압축 강도는 인장 강도보다 10배 이상 높다. 또한 압축력을 가했을 때 최대한 줄어드는 길이는 인장력을 가했을 때 최대한 늘어나는 길이보다 훨씬 길다. 그런데 철근이나 철골과 같은 철재는 인장력과 압축력에 의한 변형 정도가 콘크리트보다 작은 데다가 압축 강도와 인장 강도 모두가 콘크리트보다 높다. 특히 인장 강도는 월등히 더 높다. 따라서 보강재로 철근을 콘크리트에 넣어 대부분의 인장력을 철근이 받도록 하면 인장력에 취약한 콘크리트의 단점이 크게 보완된다. 다만 철근은 무겁고 비싸기 때문에, 대개는 인장력을 많이 받는 부분을 정확히 계산하여 그 지점을 위주로 철근을 보강한다. 또한 가해진 힘의 방향에 수직인 방향으로 재료가 변형되는 점도 고려해야 하는데, 이때 필요한 것이 포아송 비이다. 철재는 콘크리트보다 포아송 비가 크며, 대체로 철재의 포아송 비는 0.3, 콘크리트는 0.15 정도이다.

문제 | 윗글을 바탕으로 〈보기〉에 대해 탐구한 내용으로 적절하지 <u>않은</u> 것은?

보기

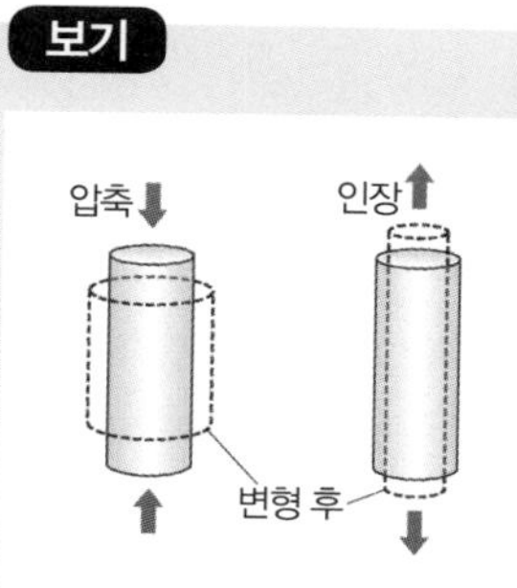

철재만으로 제작된 원기둥 A와 콘크리트만으로 제작된 원기둥 B에 힘을 가하며 변형을 관찰하였다. A와 B의 윗면과 아랫면에 수직인 방향으로 압축력을 가했더니 높이가 줄어들면서 지름은 늘어났다. 또, A의 윗면과 아랫면에 수직인 방향으로 인장력을 가했더니 높이가 늘어나면서 지름이 줄어들었다. 이때 지름의 변화량의 절댓값을 높이의 변화량의 절댓값으로 나누어 포아송 비를 구하였더니, 일반적으로 알려진 철재와 콘크리트의 포아송 비와 동일하게 나왔다. 그리고 A와 B의 포아송 비는 변형 정도에 상관없이 그 값이 변하지 않았다. (단, 힘을 가하기 전 A의 지름과 높이는 B와 동일하다.)

① 동일한 압축력을 가했다면 B는 A보다 높이가 더 줄어들었을 것이다.

② A에 인장력을 가했다면 높이의 변화량의 절댓값은 지름의 변화량의 절댓값보다 컸을 것이다.

③ B에 압축력을 가했다면 지름의 변화량의 절댓값은 높이의 변화량의 절댓값보다 작았을 것이다.

④ A와 B에 압축력을 가했을 때 줄어든 높이의 변화량이 같았다면 B의 지름이 A의 지름보다 더 늘어났을 것이다.

⑤ A와 B에 압축력을 가했을 때 늘어난 지름의 변화량이 같았다면 A의 높이가 B의 높이보다 덜 줄어들었을 것이다.

특정 분야의 전문적 내용을 수능 비문학 지문으로 출제하는 경향이 계속되고 있습니다. 이 같은 내용을 설명하는 단어나 개념을 정확히 알지 못한 채 지문을 독해해야 하고, 문제도 풀어야 합니다. 지문의 내용을 꼼꼼히 독해해야 할 필요가 더욱 커진 것이죠. 더구나 최근에는 법학적성의 '언어추론' 문제처럼, 지문에 흩어져 있는 여러 개념들을 연결해서 추론해야만 정답이 나오는 고난도 문제가 자주 출제됩니다. 이 문제도 마찬가지입니다. 지문에 나온 개념, 〈보기〉에 나온 개념, 문제 상황과의 관련성 등을 연결해서 추론해야만 정답이 나옵니다. 그런데 이러한 과정에서 정답을 착각하게 하는 독해의 여러 요인들이 나타납니다. 그런 것들이 무엇인지 확인하고 연습함으로써 실제 수능 시험에서는 이러한 복합적 추론 문제–오답률이 60~70%에 달하는 1등급 문제–의 장벽을 극복할 수 있어야겠지요.

콘크리트가 철근 콘크리트로 발전함에 따라 건축은 구조적으로 더욱 견고해지고, 형태면에서는 더욱 다양하고 자유로운 표현이 가능해졌다. 일반적으로 콘크리트는 누르는 힘인 압축력에는 쉽게 부서지지 않지만 당기는 힘인 인장력에는 쉽게 부서진다. 압축력이나 인장력에 재료가 부서지지 않고 그 힘에 견딜 수 있는, 단위 면적당 최대의 힘을 각각 압축 강도와 인장 강도라 한다. 1) 콘크리트의 압축 강도는 인장 강도보다 10배 이상 높다. 또한 2) 압축력을 가했을 때 최대한 줄어드는 길이는 인장력을 가했을 때 최대한 늘어나는 길이보다 훨씬 길다.

이 문단 전반부는 콘크리트에 관한 설명입니다. 콘크리트는 압축력에 강하지만, 인장력에는 약합니다. 1) 압축 강도가 인장 강도보다 10배 이상 높고, 2) 압축력이 작용할 때 줄어드는 길이는 인장력이 작용할 때보다 훨씬 길다는 것이죠. 이런 정도의 내용은 어렵지 않게 독해되지만, 후반부에서는 철재를 콘크리트와 비교하면서 설명하기 때문에 내용이 좀 더 복잡해지고 있습니다.

((그런데)) 철근이나 철골과 같은 철재는 인장력과 압축력에 의한 1) 변형 정도가 콘크리트보다 작은 데다가 압축 강도와 인장 강도 모두가 콘크리트보다 높다. 특히 2) 인장 강도는 월등히 더 높다. 따라서 보강재로 철근을 콘크리트에 넣어 대부분의 인장력을 철근이 받도록 하면 인장력에 취약한 콘크리트의 단점이 크게 보완된다. 다만 철근은 무겁고 비싸기 때문에, 대개는 인장력을 많이 받는 부분을 정확히 계산하여 그 지점을 위주로 철근을 보강한다. 또한 가해진 힘의 방향에 수직인 방향으로 재료가 변형되는 점도 고려해야 하는데, 이때 필요한 것이 포아송 비이다. 3) 철재는 콘크리트보다 포아송 비가 크며, 대체로 철재의 **포아송 비**는 0.3, 콘크리트는 0.15 정도이다.

문단 후반부는 철근과 철골에 관한 설명입니다. 철재는 인장력이나 압축력에 의한 변형 정도가 콘크리트보다 작다는 것이 독해 과정에서 쉽게 입력됩니다. 그리고 인장 강도가 월등히 높다는 것도 쉽게 인지됩니다. 콘크리트와 비교하여 철재의 특성을 대조적으로 설명하고 있기 때문에 우리는 그것을 쉽게 이해하게 됩니다. **'포아송 비'**라는 낯선 개념이 나오지만, 지문에서는 철재가 더 크고 콘크리트가 작다는 것만 말하고, 더 이상 설명하고 있지 않습니다. 이런 정도로 내용을 이해한 후 우리는 〈보기〉를 검토하게 될 것입니다.

보기

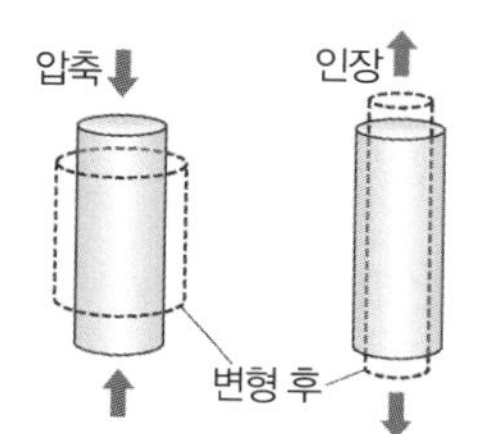

철재만으로 제작된 원기둥 A와 콘크리트만으로 제작된 원기둥 B에 힘을 가하며 변형을 관찰하였다. A와 B의 윗면과 아랫면에 수직인 방향으로 1) 압축력을 가했더니 높이가 줄어들면서 지름은 늘어났다. 또, A의 윗면과 아랫면에 수직인 방향으로 2) 인장력을 가했더니 높이가 늘어나면서 지름이 줄어들었다. 이때 지름의 변화량의 절댓값을 높이의 변화량의 절댓값으로 나누어 **포아송 비**를 구하였더니, 일반적으로 알려진 철재와 콘크리트의 포아송 비와 동일하게 나왔다. 그리고 A와 B의 포아송 비는 변형 정도에 상관없이 그 값이 변하지 않았다. (단, 힘을 가하기 전 A의 지름과 높이는 B와 동일하다.)

〈보기〉에 와서는 내용이 더 어려워집니다. **'포아송 비'**를 설명하고 있지만, 내용이 헷갈릴 수 있습니다. 먼저 압축력을 가했을 때 높이가 줄고 대신 지름이 늘어나고, 그 다음 인장력을 가했을 때 높이가 늘고 지름이 줄어듭니다. 지름 변화량의 절댓값을 높이 변화량의 절댓값으로 나눈 것을 '포아송 비'라고 하는데, 여기서 독해의 혼동이 옵니다. 압축했을 때와 인장했을 때, 각각의 변화량을 더해서 포아송 비를 구하는 것인지, 아니면 압축의 포아송 비와 인장의 포아송

비를 각각 구하는 것인지 헷갈립니다. 〈보기〉에는 더 이상의 설명이 없습니다. 여하튼 '포아송 비 = 지름 변화량/높이 변화량'으로 정리되는데, 철재는 0.3, 콘크리트는 0.15라고 하니까, 높이 변화량이 지름 변화량보다 월등히 높습니다. 이 점도 전문적 지식이 없는 수험생들에게는 잘 이해되지 않는 부분입니다. 독해의 여러 혼동이 오지만 문제를 검토하고 해결해야 합니다.

선지 ③이 왜 적절하지 않다고 생각할까요? 그래서 ③을 정답으로 착각하는 이유가 무엇일까요? 압축을 가했을 때, 콘크리트는 줄어드는 높이보다는 늘어나는 지름이 훨씬 길다고 착각하기 때문입니다. 즉 지름이 더 길게 늘어날 것이라고 연상되는 것이죠. 지문에 나오는 이 구절이 이러한 착각을 일으킵니다. "압축력을 가했을 때 최대한 줄어드는 길이는 인장력을 가했을 때 최대한 늘어나는 길이보다 훨씬 길다." 이 구절을 통해서 지름의 변화량이 높이 변화량보다 더 크다고 착각하는 것이죠. 그런데 이 구절은 압축했을 때와 인장했을 때를 비교하고 있습니다. 선지 ③은 압축했을 때의 경우입니다. 그래서 선지 ③은 포아송 비 개념에 입각해서 판단해야 합니다. 당연히 지름 변화량의 절댓값이 높이 변화량의 절댓값보다 훨씬 작기 때문에 선지 ③은 적절한 진술입니다.

그러면 선지 ④는 왜 적절하다고 생각할까요? 그래서 ④를 오답이라고 착각하는 이유는 무엇일까요? "A와 B에 압축력을 가했을 때" 부분에서 '동일한 압축력'이라고 생각하기 때문입니다. 철재와 콘크리트에 동일한 압축력을 가한다면, 당연히 철재 A의 변화량이 적죠. 지문에서도 '철재의 변형 정도가 콘크리트보다 작다'고 나와 있고, 콘크리트는 압축력을 가했을 때 잘 줄어드니까, 콘크리트의 지름이 철재의 지름보다 더 늘어났을 것이라고 판단하는 것이죠. 그런데 철재와 콘크리트에 동일한 압축력을 가하게 되면, "줄어든 높이 변화량이 같았다"라는 선지 ④의 조건이 성립할 수 없습니다. 철재의 압축 강도가 콘크리트의 압축 강도보다 높기 때문에 같은 압축력이라면, 당연히 철재의 높이 변화량이 적을 수밖에 없습니다. 선지 ④는 "A와 B에 압축력을 가했을 때" 부분과 "줄어든 높이의 변화량이 같았다면" 부분 사이에서, 압축력이 다르다는 점을 추론하도록 유도합니다. 선지 ①에서는 ④와 다르게, "동일한 압축력을 가했다면"이라는 조건을 분명히 주고 있죠. 선지 ④에 나오는 "줄어든 높이의 변화량이 같았다면"의 구절이 '동일한 압축력'이라는 착각 속에 묻혀 더 생각해보지 못하면, 결국 적절하다고 판단하여 정답이 아니라고 단정내립니다.

선지 ④나 ⑤는 '포아송 비' 개념에 비추어 판단해야 합니다. '포아송 비 = 지름 변화량 / 높이 변화량'에서, 철재는 0.3, 콘크리트는 0.15입니다. 높이 변화량이 같았다면, 철재의 포아송 비가 더 크므로 철재의 지름 변화량도 더 많아야 합니다. 철재 지름이 더 늘어나야죠. 또 지름 변화량이 같았다면, 분모인 높이 변화량에서 철재의 경우가 더 적게 줄어들어야 철재 포아송 비가 콘크리트 포아송 비보다 더 큰 상태를 유지할 것입니다. (정답: ④)

유제 연습 ❸

1 다음 글에 대한 설명 중 적절하지 않은 것은?

이런 정서주의에서는 도덕적 판단이 윤리적 행위를 하도록 동기를 부여하는 것에 대해 도덕 실재론보다 단순하게 설명할 수 있다. 윤리적 행위의 동기 부여를 설명할 때 도덕적 판단이 나타내는 승인 감정 또는 부인 감정 이외에 다른 것이 필요하지 않기 때문이다. 승인 감정은 어떤 행위를 좋다고 여기는 것이고 그것이 일어나길 욕망하는 것이기에 결국 그것을 해야 한다는 동기 부여까지 직접 연결된다는 것이다. 부인 감정도 마찬가지로 작동한다. 이에 비해 도덕 실재론에서는 도덕적 판단 이외에도 인간의 욕망과 감정에 관한 이해가 반드시 필요하다. 예컨대 '약자를 돕는 것은 옳다'에 덧붙여 '사람들은 약자가 어려운 처지에 빠지지 않기를 바란다'와 같이 인간의 욕망과 감정에 대한 법칙을 추가해야 한다. 그래야만 도덕 실재론에서는 약자를 돕는 윤리적 행위를 해야겠다는 동기 부여에 대해 설명할 수 있다. 인간의 욕망과 감정에 대한 법칙을 쉽게 확보할 수 있는 것은 아니기에 그것 없이도 윤리적 행위의 동기 부여를 설명할 수 있는 정서주의는 도덕 실재론에 비해 높이 평가된다.

또한 옳음과 옳지 않음의 의미를 승인 감정과 부인 감정의 표현으로 이해하는 정서주의에 따르면 사람들 간의 도덕적 판단의 차이도 간단하게 설명할 수 있다. 윤리적인 문제에 대해 서로 합의하지 못하는 의견 차이에 대해서도 굳이 어느 한 쪽 의견이 틀렸기 때문이라고 말할 필요가 없이 서로 감정과 태도가 다를 뿐이라고 설명할 수 있다. 이런 설명은 도덕적 판단의 차이로 인한 극단적인 대립을 피할 수 있게 해 준다는 점에서 의의가 있다.

ⓐ 정서주의에 따르면, 도덕적 판단은 윤리적 행위의 동기 부여와 직접 관련된다.
ⓑ 도덕 실재론에 따르면, 도덕적 판단은 승인 감정에 의해 '옳음'의 태도를 표현한다.

| 풀이 |

'정서주의'와 '도덕 실재론'이라는 대조적 개념을 첫 문장에서 언급하고, 이어서 정서주의를 설명하고 있습니다. 그리고 문단 중간 부분에 이르러, "이에 비해 도덕 실재론에서는"이라는 구절을 통하여 도덕 실재론을 설명하고 있습니다. 도덕 실재론은 옳고 그름에 대한 판단 이외에 "인간의 욕망과 감정에 대한 법칙"을 추가해야만 '동기 부여'에 대해 설명할 수 있다고 합니다. '승인 감정'이나 '부인 감정'은 정서주의의 도덕 판단과 관련되고, 도덕 실재론과는 관계가 없습니다. 둘째 문단은 '도덕 판단의 차이'에 대해 설명하고 있고, 이에 비해 첫째 문단은 '동기 부여'에 대해 설명하고 있습니다. (정답: ⓑ)

4 이유 근거(~ 때문에, 왜냐하면 / 만약 ~ 한다면 / 그러므로, 따라서)

❶ 이유와 근거는 자연 현상이나 사회 현상을 설명하는 글에서 자주 나타납니다. 현상을 설명하면서 그 원인을 함께 제시하려는 것이죠. 그래서 현상에 대해 어느 정도 언급한 다음 문단 중간에서 이유나 원인을 제시할 가능성이 큽니다.

❷ 설명하고 있는 내용에 대한 논리적 판단 근거를 문단 중간에서 제시하는 경우도 있습니다. 전제 – 결론의 관계 속에서 이유나 근거를 제시하는 것이죠. 혹은 이러한 판단 근거가 문단 끝 부분에 제시되면서 미괄식 문단처럼 문단이 마무리되는 경우도 있습니다.

❸ 묻고 답하는 방식은 독자에게 호기심을 유도하고, 설명의 초점을 부각시킵니다. 즉 질문을 통해 이유나 근거를 확인해야 할 필요성을 제기하고, 대답에서 그것을 확인하는 방식입니다. 따라서 질문–대답 속에서 문제 제기의 초점과 그 이유를 확인하는 것이 독해의 요령입니다.

| 사례분석 1 (2014학년도 수능 A형)

1859년 키르히호프는 이 방법을 천문학 분야로까지 확장하였다. 그는 불꽃 반응 실험에서 관찰한 나트륨 스펙트럼의 두 개의 인접한 밝은 선과 1810년대 프라운호퍼가 프리즘을 이용하여 태양빛의 스펙트럼에서 발견한 검은 선들을 비교하는 과정에서, 태양빛의 스펙트럼에 검은 선이 나타나는 원인을 설명할 수 있었다. 그는 태양빛의 스펙트럼의 검은 선들 중에서 프라운호퍼의 D선이 나트륨 고유의 밝은 선들과 같은 파장에서 겹쳐지는 것을 확인하고, D선은 태양에서 비교적 차가운 부분인 태양 대기 중에 존재하는 나트륨 때문에 생긴다고 해석했다. 이것은 태양 대기 중의 나트륨이 태양의 더 뜨거운 부분에서 나오는 빛 가운데 D선에 해당하는 파장의 빛들을 흡수하기 때문이다. 태양빛의 스펙트럼을 보면 D선 이외에도 차가운 태양 대기 중의 특정 원소에 의해 흡수된 빛의 파장 위치에 검은 선들이 나타난다. 이 검은 선들은 그 특정 원소가 불꽃 반응에서 나타내는 스펙트럼 상의 밝은 선들과 나타나는 위치가 동일하다.

문제 | 윗글을 바탕으로 〈보기〉를 해석한 내용으로 적절하지 않은 것은?

보기

우리 은하의 어떤 항성 α와 β의 별빛 스펙트럼을 살펴보니 많은 검은 선들을 볼 수 있었다. 이것들을 나트륨, 리튬의 스펙트럼의 밝은 선들과 비교했을 때, 나트륨 스펙트럼의 밝은 선들은 각각의 파장에서 항성 β의 검은 선들과 겹쳐졌으나, 항성 α의 검은 선들과는 겹쳐지지 않았다. 리튬 스펙트럼의 밝은 선들은 각각의 파장에서 항성 α의 검은 선들과 겹쳐졌으나 항성 β의 검은 선들과는 겹쳐지지 않았다.

① 항성 α는 태양이 아니겠군.
② 항성 α의 별빛 스펙트럼에는 리튬이 빛을 흡수해서 생긴 검은 선들이 있겠군.
③ 항성 β에는 리튬이 존재하지 않겠군.
④ 항성 β의 별빛 스펙트럼에는 D선과 일치하는 검은 선들이 없겠군.
⑤ 항성 β의 별빛 스펙트럼에는 특정한 파장의 빛이 흡수되어 생긴 검은 선들이 있겠군.

1859년 키르히호프는 이 방법(=분광 분석법)을 천문학 분야로까지 확장하였다. 그는 1) 불꽃 반응 실험에서 관찰한 나트륨 스펙트럼의 두 개의 인접한 밝은 선과 1810년대 프라운호퍼가 프리즘을 이용하여 2) 태양빛의 스펙트럼에서 발견한 검은 선들을 비교하는 과정에서, 태양빛의 스펙트럼에 검은 선이 나타나는 원인을 설명할 수 있었다. 그는 ((태양빛의 스펙트럼의 검은 선들 중에서 프라운호퍼의 D선이 나트륨 고유의 밝은 선들과 같은 파장에서 겹쳐지는 것을 **확인하고**,)) D선은 태양에서 비교적 차가운 부분인 태양 대기 중에 존재하는 나트륨 때문에 생긴다고 **해석했다**.

두 개의 나트륨 스펙트럼이 나옵니다. 하나는 불꽃 반응 실험에서 관찰한 나트륨 스펙트럼인데, 밝은 선으로 나타납니다. 다른 하나는 태양빛 스펙트럼입니다. 그런데 태양빛 스펙트럼의 D선은 검게 나타납니다. 이 두 개의 스펙트럼을 비교해본 결과, 나트륨 고유의 같은 파장이 겹쳐지고 있습니다. 같은 파장인데도 불구하고, 불꽃 반응 실험의 스펙트럼에서는 밝게 나타나고, 태양빛 스펙트럼에서는 검게 나타납니다. 키르히호프는 먼저 이러한 현상을 관찰하고 확인하였던 것입니다.

같은 나트륨 파장의 빛인데, 왜 하나는 밝게 나타나고 다른 하나는 검게 나타나는가? 당연히 이런 의문이 생기게 될 것입니다. 이러한 현상에 대해 키르히호프는 태양의 대기 상태에 주목하고 원인을 추정합니다. 즉 태양의 대기는 태양보다는 온도가 낮을 것입니다. 태양의 대기 중에 존재하는 나트륨과, 태양 속에 존재하는 나트륨에 어떤 차이가 있을 거라고 생각했을 것입니다.

이것은 태양 대기 중의 나트륨이 태양의 더 뜨거운 부분에서 나오는 빛 가운데 D선에 해당하는 파장의 빛들을 **흡수하기 때문이다**. // 태양빛의 스펙트럼을 보면 D선 이외에도 차가운 태양 대기 중의 특정 원소에 의해 흡수된 빛의 파장 위치에 검은 선들이 나타난다. 이 검은 선들은 그 특정 원소가 불꽃 반응에서 나타내는 스펙트럼 상의 밝은 선들과 나타나는 위치가 동일하다.

태양의 대기 중에 존재하는 나트륨이, 태양의 뜨거운 부분에서 나오는 나트륨 빛을 흡수하기 때문에 태양빛 스펙트럼에서는 검은 색으로 나타난 것입니다. 그런데 태양빛 스펙트럼의 다른 부분에도 검은 선들이 나타난다면, 나트륨 이외의 다른 원소들에게도 이런 현상이 일어난 것이라고 추론할 수 있을 것입니다.

보기

우리 은하의 어떤 항성 α와 β의 별빛 스펙트럼을 살펴보니 많은 검은 선들을 볼 수 있었다. 이것들을 나트륨, 리튬의 스펙트럼의 밝은 선들과 비교했을 때, **나트륨 스펙트럼의 밝은 선들**은 각각의 파장에서 1) 항성 β의 검은 선들과 겹쳐졌으나, 2) 항성 α의 검은 선들과는 겹쳐지지 않았다. // **리튬 스펙트럼의 밝은 선들**은 각각의 파장에서 항성 α의 검은 선들과 겹쳐졌으나 항성 β의 검은 선들과는 겹쳐지지 않았다.

항성 β의 별빛 스펙트럼에 나타나는 검은 선들은 나트륨 스펙트럼의 밝은 선과 겹쳐지기 때문에 태양과 같은 항성이라고 추론할 수 있습니다. 반면에 항성 α의 경우는 그렇지가 않습니다. 항성 α는 리튬 스펙트럼의 밝은 선들과 겹쳐지고 있습니다. 그래서 항성 α는 태양과 같은 항성이라고 추론하기 어렵습니다. 이러한 보기 해석을 통해 선지를 비교하면 정답을 정확히 확인할 수 있겠죠?

① 항성 α는 태양이 아니겠군. (O)
② 항성 α의 별빛 스펙트럼에는 리튬이 빛을 흡수해서 생긴 검은 선들이 있겠군. (O)
③ 항성 β에는 리튬이 존재하지 않겠군. (O)
④ 항성 β의 별빛 스펙트럼에는 D선과 일치하는 검은 선들이 없겠군. (×: 정답)
⑤ 항성 β의 별빛 스펙트럼에는 특정한 파장의 빛이 흡수되어 생긴 검은 선들이 있겠군. (O)

| 사례분석 2

(2016학년도 9월 B형)

표적 항암제의 하나인 신호 전달 억제제는 암세포의 증식을 유도하는 신호 전달 과정 중 특정 단계의 진행을 방해한다. 신호 전달 경로는 암의 종류에 따라 다르므로 신호 전달 억제제는 특정한 암에만 치료 효과를 나타낸다. 만성골수성백혈병(CML)의 치료제인 이마티닙이 그 예이다. 만성골수성백혈병은 골수의 조혈 모세포가 혈구로 분화하는 과정에서 발생하는 혈액암이다. 만성골수성백혈병 환자의 95% 정도는 조혈 모세포의 염색체에서 돌연변이 유전자가 형성되어 변형된 형태의 효소인 Bcr-Abl 단백질을 만들어 낸다. 이 효소는 암세포 증식을 유도하는 신호 전달 경로를 활성화하여 암세포를 증식시킨다. 이러한 원리에 착안하여 Bcr-Abl 단백질에 달라붙어 그것의 작용을 방해하는 이마티닙이 개발되었다.

표적 항암제 중 신생 혈관 억제제는 암세포가 새로운 혈관을 생성하는 것을 방해한다. 암세포가 증식하여 종양이 되고 그 종양이 자라려면 산소와 영양분이 계속 공급되어야 한다. 종양이 계속 자라려면 종양에 인접한 정상 조직과 종양이 혈관으로 연결되고, 종양 속으로 혈관이 뻗어 들어와야 한다. 대부분의 암세포들은 혈관 내피 성장인자(VEGF)를 분비하여 암세포 주변의 조직에서 혈관내피세포를 증식시킴으로써 새로운 혈관을 형성한다. 이러한 원리에 착안하여 종양의 혈관 생성을 저지할 수 있는 약제인 베바시주맙이 개발되었다. 이 약제는 인공적인 항체로서 혈관내피 성장인자를 항원으로 인식하여 결합함으로써 혈관 생성을 방해한다. 베바시주맙은 대장암의 치료제로 개발되었지만 다른 여러 종류의 암에도 효과가 있다.

문제 | 윗글을 바탕으로 〈보기〉의 ⓐ, ⓑ를 이해한 내용으로 적절하지 않은 것은?

보기

어떤 암세포를 시험관 속의 액체에 넣었다. 액체 속에는 산소와 영양분이 충분함에도 불구하고, ⓐ액체 속의 암세포는 세포 분열을 하여 1~2 mm의 작은 암 덩이로 자란 후 더 이상 증식하지 않았다.

같은 종류의 암세포를 실험동물에게 주입하였다. ⓑ주입된 암세포는 커다란 종양으로 계속 자라났고, 종양의 일부 조직을 조사해 보니 조직 내부에 혈관이 들어차 있었다.

① ⓐ에서는 혈관내피 성장인자 분비를 통한 혈관 생성이 이루어지지 못했겠군.
② ⓐ와 함께 Bcr-Abl 단백질을 액체에 넣는다면 암세포가 큰 종양으로 계속 자라겠군.
③ ⓑ와 함께 세포 독성 항암제를 주입한다면 암세포의 분열이 억제되겠군.
④ ⓑ가 종양으로 자랄 수 있었던 것은 산소와 영양분이 계속 공급되었기 때문이겠군.
⑤ ⓑ가 종양으로 자라는 과정에서 암세포의 증식을 유도하는 신호 전달 경로에 비정상적인 단백질의 개입이 있었겠군.

표적 항암제의 하나인 **신호 전달 억제제**는 암세포의 증식을 유도하는 신호 전달 과정 중 특정 단계의 진행을 방해한다. 신호 전달 경로는 암의 종류에 따라 다르므로 신호 전달 억제제는 특정한 암에만 치료 효과를 나타낸다. 만성골수성백혈병(CML)의 치료제인 이마티닙이 그 예이다. 만성골수성백혈병은 골수의 조혈 모세포가 혈구로 분화하는 과정에서 발생하는 혈액암이다. 만성골수성백혈병 환자의 95% 정도는 조혈 모세포의 염색체에서 돌연변이 유전자가 형성되어 변형된 형태의 효소인 Bcr-Abl 단백질을 만들어 낸다. 이 효소는 암세포 증식을 유도하는 신호 전달 경로를 활성화하여 암세포를 증식시킨다. 이러한 원리에 착안하여 Bcr-Abl 단백질에 달라붙어 그것의 작용을 방해하는 이마티닙이 개발되었다.

여러 종류의 암들은 암세포 증식을 유도하는 각기 다른 신호 전달 경로를 갖고 있습니다. '신호 전달 억제제'는 신호 전달 과정의 특정 단계를 방해하여 암세포 증식을 억제하는 항암제입니다. 즉 신호 전달 경로의 활성화가 암세포 증식의 원인이기 때문에, 이것을 억제하는 것이 치료법이 되는 것이죠. 만성골수성백혈병의 경우 Bcr-Abl 단백질이 신호 전달 경로를 활성화하기 때문에, 이 효소의 작용을 억제하는 치료제로 이마티닙이 개발되었습니다.

표적 항암제 중 **신생 혈관 억제제**는 암세포가 새로운 혈관을 생성하는 것을 방해한다. 암세포가 증식하여 종양이 되고 그 종양이 자라려면 산소와 영양분이 계속 공급되어야 한다. 1) 종양이 계속 자라려면 종양에 인접한 정상 조직과 종양이 혈관으로 연결되고, 종양 속으로 혈관이 뻗어 들어와야 한다. 대부분의 암세포들은 2) 혈관 내피 성장인자(VEGF)를 분비하여 암세포 주변의 조직에서 혈관내피세포를 증식시킴으로써 새로운 혈관을 형성한다. 이러한 원리에 착안하여 종양의 혈관 생성을 저지할 수 있는 약제인 베바시주맙이 개발되었다. 이 약제는 인공적인 항체로서 혈관내피 성장인자를 항원으로 인식하여 결합함으로써 혈관 생성을 방해한다. 베바시주맙은 대장암의 치료제로 개발되었지만 다른 여러 종류의 암에도 효과가 있다.

암세포가 증식하여 종양이 되고, 그 종양이 자라려면 산소와 영양분이 계속 공급되어야 합니다. 이것은 정상 조직과 종양 조직이 혈관으로 연결되어야 가능합니다. 그래서 암세포는 암세포 주변 조직에서 혈관내피세포를 증식시킴으로써 새로운 혈관을 형성합니다. 이것이 종양의 생성과 성장의 원인이죠. 이러한 종양 생성과 성장의 원인을 제거하거나 방해할 수 있으면 암 치료가 가능할 것입니다. '신생 혈관 억제제'는 종양의 혈관 생성을 저지하는 약물로 개발되었습니다. 베바시주맙이 대장암 치료제로 개발되었지만 다른 종류의 암에도 효과가 있는 것은, 암세포의 혈관 생성의 원리가 다른 종류의 암에서도 동일하기 때문일 겁니다.

보기

어떤 암세포를 시험관 속의 액체에 넣었다. 액체 속에는 산소와 영양분이 충분함에도 불구하고, ⓐ**액체 속의 암세포**는 1) 세포 분열을 하여 1~2 mm의 작은 암 덩이로 자란 후 / 2) 더 이상 증식하지 않았다.

같은 종류의 암세포를 실험동물에게 주입하였다. ⓑ**주입된 암세포**는 ㄱ) 커다란 종양으로 계속 자라났고, 종양의 일부 조직을 조사해 보니 ㄴ) 조직 내부에 혈관이 들어차 있었다.

ⓐ의 경우 암세포가 증식은 하였습니다. 세포 분열을 하여 1~2mm의 작은 암 덩이로 자랐습니다. 그런데 더 이상 성장하지 못하였습니다. 시험관 속의 액체에는 산소와 영양분이 충분했는데 더 이상 증식하지 못한 것이죠. 왜 그랬을까요? 산소와 영양분이 암세포에 공급되기 위해서는 암세포 속으로 혈관이 뻗어 들어와야 합니다. 그러기 위해서는 암세포의 주변 조직에 있는 혈관이 증식되어 암세포 내에 새롭게 형성되어야 합니다. ⓐ는 혈관이 생성되지 못하여 더 이상 증식하지 못하였다고 볼 수 있습니다. ⓑ의 경우는 종양으로 계속 자라났습니다. 종양 조직 내부에 혈관이 생성되었기 때문에 산소와 영양분을 계속 공급받을 수 있었던 것이죠.

① ⓐ에서는 혈관내피 성장인자 분비를 통한 혈관 생성이 이루어지지 못했겠군.

(혈관내피 성장인자 분비를 통해 암세포는 새로운 혈관을 생성합니다. 그런데 ⓐ는 혈관 생성이 이루어지지 않았기 때문에 더 이상 증식하지 못하였다고 볼 수 있으므로 적절한 선지입니다.)

② ⓐ와 함께 Bcr-Abl 단백질을 액체에 넣는다면 암세포가 큰 종양으로 계속 자라겠군.

(혈관이 생성되지 않으면 큰 종양으로 자랄 수 없습니다. 그래서 선지 ①과 ②는 서로 모순됩니다. Bcr-Abl 단백질을 넣으면 암세포를 일시적으로 증식시킬 수 있지만, 혈관이 생성되지 않으면 산소와 영양분이 암세포 조직 내로 공급할 수 없기 때문에 종양으로 계속 자랄 수 없습니다. 적절하지 않아서 정답입니다.)

③ ⓑ가 종양으로 자랄 수 있었던 것은 산소와 영양분이 계속 공급되었기 때문이겠군.

(적절한 선지입니다.)

④ ⓑ가 종양으로 자라는 과정에서 암세포의 증식을 유도하는 신호 전달 경로에 비정상적인 단백질의 개입이 있었겠군.

(적절하지 않다고 판단한 수험생들이 많았습니다. '암세포 증식을 유도하는 신호 전달 경로'는 신호 전달 억제제를 설명하는 문단에 언급하고 있기 때문에, 마치 신생 혈관의 생성은 '신호 전달 경로'와 관련이 없는 것으로 착각할 수 있습니다. 그런데 여러 종류의 암은 신호 전달 경로를 갖고 있고, 종양 성장은 암세포의 증식과 분명 관련이 있습니다. 그래서 적절한 선지입니다.)

유제 연습 ❹

1 다음 글을 〈보기〉와 같이 그래프로 그렸다. 이를 이해한 내용으로 적절하지 않은 것은?

> 정부가 볼펜에 자루당 100원의 물품세를 생산자에게 부과한다고 하자. 세금 부과 전에 자루당 1,500원에 100만 자루가 거래되고 있었다면 생산자는 총 1억 원의 세금을 납부해야 할 것이다. 이로 인해 손실을 입게 될 생산자는 1,500원이라는 가격에 불만을 갖게 되므로 가격을 100원 더 올리려고 한다. 생산자가 불만을 갖게 되면 가격이 상승하기 시작한다. 그러나 가격이 한없이 올라가는 것은 아니다. 가격 상승으로 생산자의 불만이 누그러지지만 반대로 소비자의 불만이 증가하기 때문이다. 결국 시장의 가격 조정 과정을 통해 양측의 상반된 힘이 균형을 이루는 지점에 이르게 되며, 1,500원~1,600원 사이에서 새로운 가격이 형성된다. 즉 생산자는 법적 납부자로서 모든 세금을 납부하겠지만 가격이 상승하기 때문에 자루당 실제 부담하는 세금을 그만큼 줄이게 되는 셈이다. 반면에 소비자는 더 높은 가격을 지불하게 되므로 가격이 상승한 만큼 세금을 부담하는 셈이 된다.
>
> **보기**
>
> 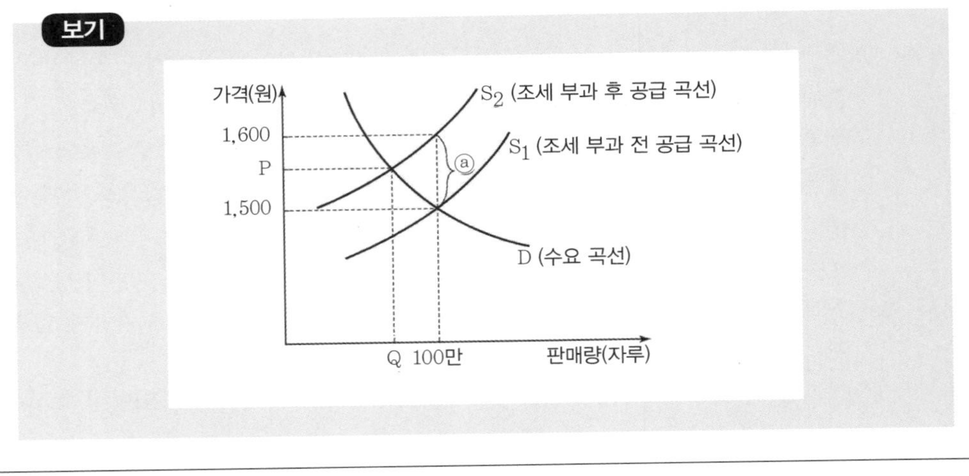
>

① 조세 부과 후 소비자는 P를 자루당 가격으로 지불한다.

② 조세 부과 후 생산자는 ⓐ를 자루당 조세액으로 납부한다.

③ 조세를 100원에서 50원으로 줄이면 공급 곡선 S_1이 오른쪽 아래로 이동한다.

④ 소비자의 자루당 세금 부담액은 P에서 1,500원을 뺀 것이다.

⑤ 조세 부과로 판매량이 100만 자루에서 Q로 줄어들게 된다.

| 풀이 |

물품세 100원에 대한 생산자의 불만이 가격 상승으로 이어집니다. 100원의 세금액을 그대로 볼펜 가격에 떠넘기고 싶습니다. 자루당 1,600원으로 가격을 올리고 싶지만, 물건을 사는 소비자의 눈치를 봐야 합니다. 생산자가 물품세 전액을 볼펜 가격의 인상으로 해결할 수 없는 이유는 소비자의 수요 감소를 생각해야 하기 때문이죠. 가격이 오르면 수요가 감소하고 대신에 공급은 늘어나고, 반면에 가격이 내리면 수요가 늘어나고 공급이 감소하는 것은 시장의 가격 기능 때문입니다. 이러한 가격 기능 때문에 1,500원~1,600원 사이에서 볼펜의 새로운 가격이 형성됩니다. 생산자는 가격이 오른 만큼 세금 부담을 줄이게 되고, 소비자는 가격이 오른 만큼 세금을 부담하게 됩니다.

그래프가 나오면 당황하거나 정신이 혼미해질 수 있습니다. 그런데 이 그래프는 사회 시간에 나온 수요–공급 곡선이라 매우 친숙할 것입니다. ^.^ 그런데도 문제에서 틀리는 수험생들이 자주 있습니다. 그래프 해석에 좀 더 집중할 필요가 있습니다. 가격이 1,500원이었을 때는 생산자가 100만 자루를 생산하고 있었습니다. 가격을 1,600원으로 올려도 생산자는 100만 자루를 만들어 판매하고 싶을 겁니다. 그런데 소비자의 수요가 감소하여 볼펜 생산을 100만 자루 이하로 줄여야 합니다. 그리고 볼펜 한 자루의 가격도 1,500원~1,600원 사이에 결정됩니다. 이렇게 해서 물품세가 100원이 부과되었을 때 가격 P가 새롭게 형성되고, 여기에 따른 판매량은 Q입니다. 이때 물품세 100원은 변함이 없고, 그래프에서는 ⓐ로 표시하고 있습니다.

① 이 선지는 금방 이해되겠죠? P는 물품세가 부과된 다음 새롭게 형성된 시장 가격이죠. (O)

② 이 선지도 적절합니다. ⓐ = 1,600–1,500 = 100입니다. 100원은 부과된 물품세 금액을 의미합니다. (O)

③ 공급 곡선이 S_1보다 오른쪽으로 이동하면 판매량이 늘어나겠죠? 그런데 물품세를 부과하여 생산자가 가격을 올리면 판매량이 줄어듭니다. 물품세를 100원에서 50원으로 줄여도, 50원만큼의 가격 상승 요인이 있습니다. 그렇기 때문에 공급 곡선은 S_1과 S_2 사이에서 이동할 것입니다. 즉 공급 곡선은 S_1보다 왼쪽 위로 움직이게 됩니다. (X : 정답)

④ 소비자는 "가격이 상승한 만큼 세금을 부담"하게 됩니다. 그래서 새롭게 형성된 가격 P에서 기존 가격 1,500원을 뺀 것이 소비자가 부담하는 금액입니다. (O)

⑤ 판매량은 100만 자루에서 Q로 감소하게 됩니다. (O)

5 전환(그런데, 그렇지만, 그러나, 한편)

❶ 설명이나 논점의 방향을 바꾸는 접속어로는 '그런데'와 '그러나'가 사용됩니다. 문단 안에서 방향을 전환하는 경우는 주로 문단 끝에서 나타납니다. 첫 문단의 경우에는 글 전체의 화제어가 도입되는 과정이 끝난 다음, 문단 끝에서 방향을 전환함으로써 문제 제기나 글의 의도를 드러냅니다. 글 중간 문단의 경우에는 대상에 대해 설명하고 난 다음, 대상의 다른 속성을 드러낼 필요가 있거나, 다음 문단과의 연결고리를 밝힐 필요가 있을 때 방향을 전환합니다.

❷ 문단 머리의 접속어로 '한편', '그런데' 등이 와서 문단 전체가 방향 전환하고 있음을 알려주는 경우도 있습니다. 이런 문단은 앞 문단의 내용을 다른 방향으로 전환하지만, 문단의 위상이 앞 문단보다는 부차적일 수 있습니다. 따라서 방향 전환하는 문단이 강조 문단인지 아니면 부차적인 문단인지를 판단해야 합니다.

| 사례분석 1

(2016학년도 6월 A형)

징벌적 손해 배상 제도는 불법 행위의 피해자가 손해액에 해당하는 배상금에다 가해자에 대한 징벌의 성격이 가미된 배상금을 더하여 배상받을 수 있도록 하는 것을 내용으로 한다. 일반적인 손해 배상 제도에서는 피해자가 손해액을 초과하여 배상받는 것이 불가능하지만 징벌적 손해 배상 제도에서는 ㉠그것이 가능하다는 점에서 이례적이다. 그런데 ㉡이 제도는 민사적 수단인 손해 배상 제도이면서도 피해자가 받는 배상금 안에 ㉢벌금과 비슷한 성격이 가미된 배상금이 포함된다는 점 때문에 중복 제재의 발생과 관련하여 의견이 엇갈리며, 이 제도 자체에 대한 찬반양론으로 이어지고 있다.

이 제도의 반대론자들은 징벌적 성격이 가미된 배상금이 피해자에게 부여되는 ㉣횡재라고 본다. 또한 징벌적 성격이 가미된 배상금이 형사적 제재 수단인 벌금과 함께 부과될 경우에는 가해자에 대한 중복 제재가 된다고 주장한다. 반면에 찬성론자들은 징벌적 성격이 가미된 배상금을 피해자들이 소송을 위해 들인 시간과 노력에 대한 정당한 대가로 본다. 따라서 징벌적 성격이 가미된 배상금도 피해자의 구제를 목적으로 하는 민사적 제재의 성격을 갖는다고 보아야 하므로 징벌적 성격이 가미된 배상금과 벌금이 함께 부과되더라도 중복 제재가 아니라고 주장한다.

문제 | 문맥을 고려할 때 ㉠~㉣에 대한 설명으로 적절하지 <u>않은</u> 것은?

① ㉠은 피해자가 손해액을 초과하여 배상받은 것을 가리킨다.
② ㉡은 징벌적 손해 배상 제도를 가리킨다.
③ ㉢은 피해자가 받는 배상금 중 국가에 귀속되는 부분과 관련된다.
④ ㉣은 배상금 전체에서 손해액에 해당하는 배상금을 제외한 금액을 의미한다.

문맥의 흐름을 파악할 때, 앞에서 설명한 개념이나 어휘가 뒤에서는 어떤 개념이나 어휘로 바뀌는지 잘 살펴보아야 합니다. 같은 의미의 개념이나 어휘로 바꿔가며 설명하기 때문입니다. 설명문은 이런 방식으로 서술하는 것이 보통입니다. 이렇게 개념이나 어휘를 바꿔가면서 서술하다 보면, 구체적이고 자세하게 설명하게 되고, 설명 대상의 속성을 폭넓게 제시할 수 있습니다. 여기서도 문맥적 의미를 고려할 때 이러한 점에 유의할 필요가 있습니다.

징벌적 손해 배상 제도는 불법 행위의 피해자가 1) 손해액에 해당하는 배상금에다 가해자에 대한 2) 징벌의 성격이 가미된 배상금을 더하여 배상받을 수 있도록 하는 것을 내용으로 한다. 일반적인 손해 배상 제도에서는 피해자가 손해액을 초과하여 배상받는 것이 불가능하지만 징벌적 손해 배상 제도에서는 그것이 가능하다는 점에서 이례적이다. **((그런데))** 이 제도는 민사적 수단인 손해 배상 제도이면서도 피해자가 받는 배상금 안에 벌금과 비슷한 성격이 가미된 배상금이 포함된다는 점 때문에 중복 제재의 발생과 관련하여 의견이 엇갈리며, 이 제도 자체에 대한 찬반양론으로 이어지고 있다.

징벌적 손해 배상은 두 가지 배상금이 포함됩니다. 하나는 피해자가 손해 본 만큼의 액수이며, 다른 하나는 '징벌적 성격이 가미된 배상금'입니다. 즉 '징벌적 손해 배상액 = 손해액 + 징벌적 배상금'이라고 할 수 있습니다. 다른 손해 배상 제도에서는 손해액만 배상받는데, 징벌적 손해 배상 제도에서는 이것 이외에도 추가적인 배상금을 더 받는 것이죠.

일반적인 손해 배상 제도에서는 손해 본 만큼만 배상받습니다. 만약 그렇지 않고 추가적으로 더 많은 금액을 받으면, 피해자가 오히려 이득을 보게 됩니다. 그렇기 때문에 보통의 경우는 손해액만큼만 보상받습니다. 여기에는 '교환의 정의'가 작용합니다. 시장에서 물건을 사고팔 때 등가(等價)의 법칙이 작용하는 것처럼, 동등한 값어치로 배상하는 것이죠.

이렇게 손해액만큼 배상하는 것이 '민사적 손해 배상'입니다. 대부분의 민사(民事 = 개인과 개인 사이에서 이루어지는 법률적 관계) 문제에는 '교환의 정의'가 작용하는 것이죠. 그런데 '징벌적 손해 배상 제도'에서는 추가적으로 배상되는 금액 때문에 논란이 되고 있습니다. '징벌적 성격이 가미된 배상금'인데, 이게 '벌금'과 성격이 비슷하다는 것입니다. 즉 '징벌의 성격이 가미된 배상금 = 벌금과 비슷한 성격이 가미된 배상금'인 것이죠. ((그런데))라는 접속어를 통해서 논의 방향을 전환하면서, '벌금의 의미'와 '중복 제재 발생 문제'를 제기하고 있습니다. 그래서 징벌적 제도에 대한 찬반양론이 일어나고 있는데, 이것은 다음 문단에서 거론하고 있습니다.

이 제도의 반대론자들은 징벌적 성격이 가미된 배상금이 피해자에게 부여되는 횡재라고 본다. 또한 1) 징벌적 성격이 가미된 배상금이 2) 형사적 제재 수단인 벌금과 **함께 부과될 경우에는** 가해자에 대한 중복 제재가 된다고 주장한다. // 반면에 찬성론자들은 징벌적 성격이 가미된 배상금을 피해자들이 소송을 위해 들인 시간과 노력에 대한 정당한 대가로 본다. 따라서 징벌적 성격이 가미된 배상금도 피해자의 구제를 목적으로 하는 민사적 제재의 성격을 갖는다고 보아야 하므로 징벌적 성격이 가미된 배상금과 벌금이 함께 부과되더라도 중복 제재가 아니라고 주장한다.

징벌적 손해 배상 제도에 대한 찬반양론 문제가 앞 문단 끝 부분에서 언급되었습니다. 이제 이 문단에서는 이것을 이어 받아서 상세히 설명합니다. 반대론자들은 '징벌적 성격이 가미된 배상금'이 횡재라고 생각합니다. '징벌적 성격이 가미된 배상금'은 손해액 이외의 추가적인 배상금입니다. 그래서 반대론자들은 손해액 이외의 금액을 추가적으로 받기 때문에 이를 '횡재', 일종의 불로소득으로 보고 있는 것이죠. 이에 반해 찬성론자들은 그것이 불로소득이 아니라고 주장합니다. 피해자들이 소송에 들인 시간과 노력에 대한 보상이라는 것이죠.

이 문단에서 주의 깊게 읽어야 할 부분이 있습니다. "징벌적 성격이 가미된 배상금이 형사적 제재 수단인 벌금과 함께 부과될 경우에는" 구절입니다. 가해자에게 벌금이 함께 부과될 경우도 있음을 암시합니다. 즉 '징벌적 손해 배상 제도'는 민사 문제에서 제기되는 것이고, 형사 문제는 별도의 성격이기 때문에 벌금이 따로 부과될 수도 있습니다. 형사 문제는 국가가 개입하여 처벌하는 것이기 때문에, 벌금은 국가가 부과하여 국가가 수취하는 것이죠.

반대론자들은 '징벌적 성격이 가미된 배상금'에 이미 가해자에 대한 처벌의 성격이 들어 있다고 봅니다. 그래서 '벌금'이 함께 부과될 경우에는 이중 처벌, 중복 제재가 된다고 보는 것이죠. 그런데 찬성론자들은 추가적으로 배상받는 '징벌적 손해 배상액'이 처벌의 의미가 아니라, 피해자들의 소송 노력에 대한 대가이고, 그래서 민사적 보상이라고 보고 있습니다. 찬성론자들이 벌금이 함께 부과되더라도 중복 제재가 아니라고 주장하는 근거는 여기에 있습니다.

① ㉠은 피해자가 손해액을 초과하여 배상받은 것을 가리킨다.

(지시어이므로 앞 문장 내용과 관련됩니다. 적절한 선지입니다.)

② ㉡은 징벌적 손해 배상 제도를 가리킨다.

(역시 지시어이고, 문단의 중심어인 징벌적 손해 배상 제도를 가리킵니다. 적절한 선지입니다.)

③ ㉢은 피해자가 받는 배상금 중 국가에 귀속되는 부분과 관련된다.

('징벌적 성격이 가미된 배상금'을 의미합니다. 그런데 이것은 피해자가 받는 배상금 안에 포함되어 있고 민사적 손해 배상 수단이라고 문장 앞부분에서 설명하고 있기 때문에, 국가가 수취하는 벌금과는 다른 것입니다. 적절하지 않은 선지이므로 정답입니다.)

④ ㉣은 배상금 전체에서 손해액에 해당하는 배상금을 제외한 금액을 의미한다.

(손해액 이외에 추가적으로 받는 배상액을 의미하므로, 적절한 선지입니다.)

유제 연습 ❺

1 다음 글의 내용과 일치하지 않는 것은?

어떤 사람이 자전거에 대해서 많은 정보를 갖고 있다고 해서 자전거를 탈 수 있게 되는 것은 아니며, 자전거를 탈 줄 알기 위해서 반드시 자전거에 대해서 많은 정보를 갖고 있어야 하는 것도 아니다. 아무 정보 없이 그저 넘어지거나 다치거나 하는 과정을 거쳐 자전거를 탈 줄 알게 될 수도 있다. '자전거가 왼쪽으로 기울면 핸들을 왼쪽으로 틀어라'와 같은 정보를 이용해서 자전거를 타는 법을 배운 사람이라도 자전거를 익숙하게 타게 된 후에는 그러한 정보를 전혀 의식하지 않고서도 자전거를 잘 탈 수 있다. 자전거 타기 같은 절차적 지식을 갖기 위해서는 훈련을 통하여 몸과 마음을 특정한 방식으로 조직화해야 한다. 그러나 특정한 정보를 마음에 떠올릴 필요는 없다.

반면, '이 사과는 둥글다'는 것을 알기 위해서는 둥근 사과의 이미지가 되었건 '이 사과는 둥글다'는 명제가 되었건 어떤 정보를 마음속에 떠올려야 한다. '마음속에 떠올린 정보'를 표상이라고 할 수 있으므로, 이러한 지식을 표상적 지식이라고 부른다. 그런데 어떤 표상적 지식을 새로 얻게 됨으로써 이전에 할 수 없었던 어떤 것을 하게 될지는 분명하지 않다. 이런 점에서 표상적 지식은 절차적 지식과 달리 특정한 일을 수행하는 능력과 직접 연결되어 있지 않다.

① 절차적 지식은 다른 지식 유형의 기반이 된다.

② 표상적 지식은 특정한 수행 능력으로 바로 이어지지 않는다.

③ 지식은 능력의 소유나 정보의 소유를 의미한다.

| 풀이 |

절차적 지식은 '자전거를 탈 줄 알게 되는' 능력과 관련됩니다. 첫 문단의 마지막 문장은, 다음 문단에서 '마음에 떠올리는 정보', 즉 표상적 지식을 언급하기 위해 방향 전환을 하고 있습니다. 둘째 문단 후반부에서는 '그런데'를 통하여 방향 전환하고 있습니다. 즉 표상적 지식을 절차적 지식과 비교하여 설명하고 있죠. "표상적 지식은 절차적 지식과 달리 특정한 일을 수행하는 능력과 직접 연결되어 있지 않다." 이 문장에서 절차적 지식은 특정한 일을 수행하는 능력과 관련된다는 것을 암시하고 있고, 이에 비해 표상적 지식은 그렇지 않다는 것을 드러냅니다.

선지 ①은 첫 문단의 마지막 문장을 바꾼 표현인데, 적절하지 않습니다. "특정한 정보를 마음에 떠올릴 필요가 없다"는 말은 '다른 지식의 유형 기반'이 되지 않는다는 것을 의미합니다. 선지 ③은 적절합니다. 절차적 지식은 능력의 소유를 의미하며, 표상적 지식은 '어떤 정보를 마음에 떠올려야' 하기 때문에 정보의 소유를 의미한다고 볼 수 있습니다. (정답: ①)

| 나열과 과정

01 **㉠을 이용한 필기체 숫자 분류기의 구성도로 옳은 것은?**

우편번호 자동분류기가 학습하기 위해서는, 먼저 우편번호 숫자를 하나씩 분할하고, 0부터 9까지를 잘 구별할 수 있는 입력 특징을 찾아야 한다. 그림은 필기체 숫자를 가로, 세로 8 등분하여 연필이 지나간 자리를 1, 그렇지 않으면 0의 값을 주어, 입력 특징을 추출한 것이다.

다음으로, 추출된 특징으로 학습할 때 분류기에 목표치를 제공함으로써 학습을 감독할 수 있다. 즉, 입력 특징에 대한 목표치가 제시되면 분류기는 데이터를 제시된 목표치로 분류하도록 학습한다. 이렇게 목표치를 이용하는 학습을 ㉠감독학습이라 한다. 숫자 분류기에 0부터 9까지 각각의 숫자에 대한 목표치가 제공되면, 분류기는 감독학습을 수행한다. 그림에서 분류기는 네 개의 학습 데이터에 대한 입력 특징과 목표치를 통해 학습한다. 이 학습을 통해 두 개의 '5'와 두 개의 '0'을 각각 같은 숫자로 인식하면서, 동시에 '5'와 '0'을 서로 다른 숫자로 분류해 내는 함수를 만든다. 감독학습을 통해 올바르게 학습하였다면, 그림의 실험 데이터는 숫자 '5'로 인식된다.

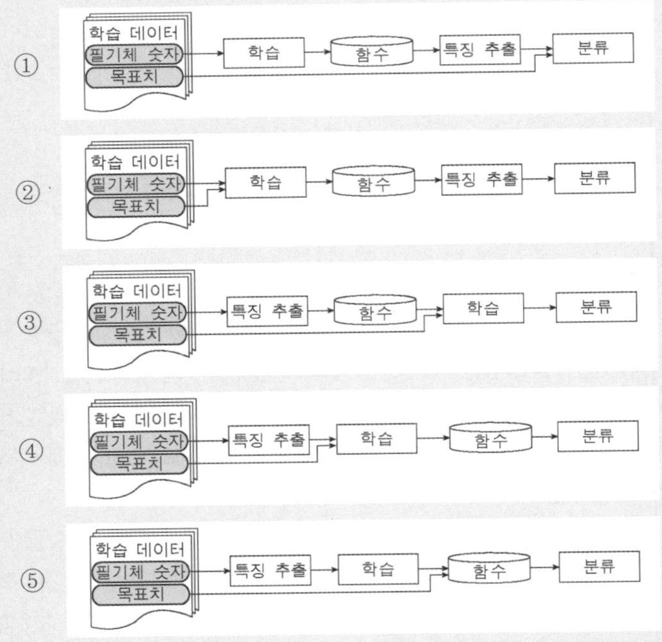

02

다음 그래프는 엔진이 작동할 때의 실린더 내부 압력과 피스톤의 위치 및 이동 방향을 나타낸 것이다. 다음 글의 ㉠에 해당하는 구간은?

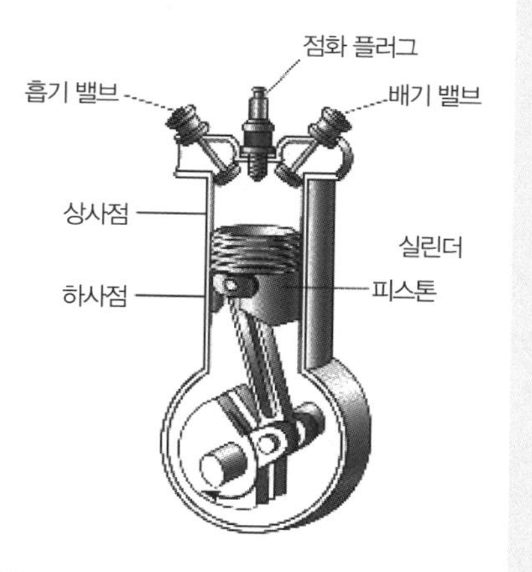

엔진의 동력은 흡기, 압축, 폭발, 배기의 4 행정을 순차적으로 거쳐 생산된다. 흡기 행정에서는 흡기 밸브를 열고 피스톤을 상사점에서 하사점으로 이동시킨다. 이때 실린더 내부 압력이 대기압보다 낮아져 공기가 유입되는데, 흡입되는 공기에 연료를 분사하여 공기와 함께 연료를 섞어 넣는다. 압축 행정에서는 ㉠<u>실린더를 밀폐시키고 피스톤을 다시 상사점으로 밀어 공기와 연료의 혼합 기체를 압축한다</u>. 폭발 행정에서는 피스톤이 상사점에 이를 즈음에 점화 플러그에 불꽃을 일으켜 압축된 혼합 기체를 연소시킨다. 압축된 혼합 기체가 폭발적으로 연소되면서 실린더 내부 압력이 급격히 높아지고, 외부 대기압과의 압력 차이에 의해 피스톤이 하사점으로 밀리면서 동력이 발생한다. 배기 행정에서는 배기 밸브가 열리고 남아 있는 압력에 의해 연소 가스가 외부로 급격히 빠져나간다. 피스톤이 다시 상사점으로 움직이면 흡기 때와는 반대로 부피가 줄면서 대기압보다 내부 압력이 높아지므로 잔류 가스가 모두 배출된다.

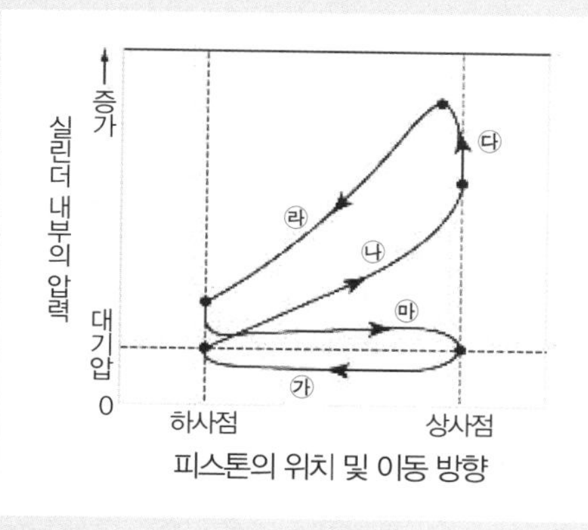

① ㉮　　② ㉯　　③ ㉰　　④ ㉱　　⑤ ㉲

03 **아래 그림은 다음 글에 나타난 기업 결합의 심사 과정을 도식화한 것이다. ⓐ~ⓒ에 들어갈 내용으로 알맞은 것은?**

기업 결합의 위법성에 대한 심사는 기업 결합의 성립 여부를 확인하는 것부터 시작한다. 여기서는 해당 기업 간에 단일 지배 관계가 형성되었는지가 관건이다. 예컨대 주식 취득을 통한 결합의 경우, 취득 기업이 피취득 기업을 경제적으로 지배할 정도의 지분을 확보하지 못하면, 결합의 성립이 인정되지 않고 심사도 종료된다.

반면에 결합이 성립된다면 정부는 그것이 영향을 줄 시장의 범위를 획정함으로써, 그 결합이 동일 시장 내 경쟁자 간에 이루어진 수평 결합인지, 거래 단계를 달리하는 기업 간의 수직 결합인지, 이 두 결합 형태가 아니면서 특별한 관련이 없는 기업 간의 혼합 결합인지를 규명하게 된다. 문제는 어떻게 시장을 획정할 것인지인데, 대개는 한 상품의 가격이 오른다고 가정할 때 소비자들이 이에 얼마나 민감하게 반응하여 다른 상품으로 옮겨 가는지를 기준으로 한다. 그 민감도가 높을수록 그 상품들은 서로에 대해 대체재, 즉 소비자에게 같은 효용을 줄 수 있는 상품에 가까워진다. 이 경우 생산자들이 동일 시장 내의 경쟁자일 가능성도 커진다.

이런 분석에 따라 시장의 범위가 정해지면, 그 결합이 시장의 경쟁을 제한하는지를 판단하게 된다. 하지만 설령 그럴 우려가 있는 것으로 판명되더라도 곧바로 위법으로 보지는 않는다. 정부가 당사자들에게 결합의 장점이나 불가피성에 관해 항변할 기회를 부여하여 그 타당성을 검토한 후에, 비로소 시정조치 부과 여부를 최종 결정하게 된다.

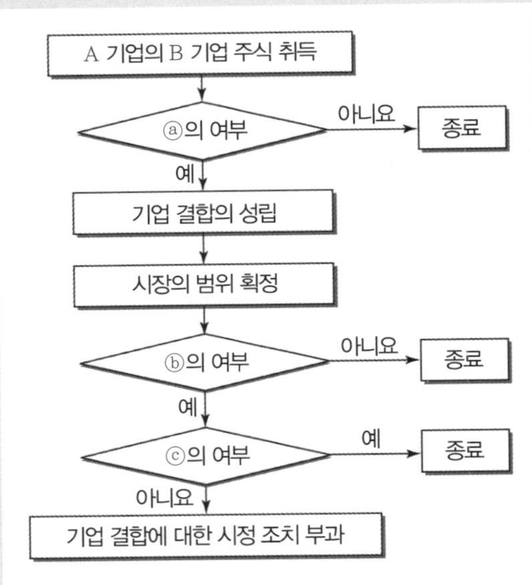

	ⓐ		ⓑ		ⓒ
①	A 기업에 대한 지배 관계 형성	—	대체재 존재	—	경쟁 제한
②	A 기업에 대한 지배 관계 형성	—	항변의 타당성	—	경쟁 제한
③	B 기업에 대한 지배 관계 형성	—	경쟁 제한	—	항변의 타당성
④	B 기업에 대한 지배 관계 형성	—	대체재 존재	—	항변의 타당성
⑤	B 기업에 대한 지배 관계 형성	—	항변의 타당성	—	경쟁 제한

| 예시

04 **다음 글로 미루어 볼 때 ㉠에 대한 이해로 가장 적절한 것은?**

헴펠과 달리 샐먼은 설명이 논증은 아니라고 판단하여 인과 개념에 주목했다. 피설명항을 결과로 보고 이를 일으키는 원인을 밝히는 것이 설명이라는 샐먼의 인과적 설명 이론은 헴펠의 이론보다 우리의 일상적 직관에 더 부합한다는 장점이 있다. 하지만 어떤 설명 이론이라도 인과 개념을 도입하는 순간 ㉠원인과 결과 사이의 관계가 분명하지 않다는 철학적 문제를 해결해야 한다. 왜냐하면 결과를 일으키는 원인은 무수히 많고 연쇄적으로 서로 얽혀 있기 때문이다. 예를 들어 소크라테스가 죽게 된 원인은 독을 마신 것이지만, 독을 마시게 된 원인은 사형 선고를 받은 것이고, 사형 선고를 받게 된 원인도 여러 가지를 떠올릴 수 있다. 이에 결과를 일으킨 원인을 골라내는 문제는 결국 원인과 결과가 시공간적으로 어떻게 연결되는가에 대한 철학적 분석을 필요로 한다. 그것이 없다면, 설명을 인과로 이해하려는 시도는 설명이라는 불명료한 개념을 인과라는 또 하나의 불명료한 개념으로 대체하는 것에 불과할 수 있기 때문이다. 이에 현대 철학자들은 현대 과학의 성과를 반영하는 철학적 탐구를 통해 새로운 설명 이론을 제시하기 위한 고민을 계속하고 있다.

① 설명 개념이 인과 개념보다 불명료하다는 문제
② 원인과 결과의 시공간적 연결은 불필요하다는 문제
③ 인과 개념이 설명의 형식을 제시하지 못한다는 문제
④ 결과를 야기한 정확한 원인을 확정하기 어렵다는 문제
⑤ 피설명항에 원인을 제시하는 명제가 들어갈 수 없다는 문제

05 〈그림〉의 곡선 B에 대한 설명으로 적절하지 않은 것은?

1970년대에 루빈은 더 정확한 관측 결과를 바탕으로 이 '실종된 질량'(=암흑 물질)의 실재를 확증하였다. 나선 은하에서 별과 같은 보통의 물질들은 중심부에 집중되어 공전한다. 중력 법칙을 써서 나선 은하에서 공전하는 별의 속력을 계산하면, 중심부에서는 은하의 중심으로부터 거리가 멀어질수록 속력이 증가함을 알 수 있다. 그런데 중심부 밖에서는 중심으로부터 멀어질수록 중심 쪽으로 별을 당기는 중력이 줄어들기 때문에 〈그림〉의 곡선 A에서처럼 거리가 멀어질수록 별의 속력이 줄어드는 것으로 나온다. 그렇지만 실제 관측 결과, 나선 은하 중심부 밖에서 공전하는 별의 속력은 〈그림〉의 곡선 B에서처럼 중심으로부터의 거리와 무관하게 거의 일정하다. 이것은 은하 중심에서 멀리 떨어진 별일수록 은하 중심 쪽으로 그 별을 당기는 물질이 그 별의 공전 궤도 안쪽에 많아져서 거리가 멀어질수록 줄어드는 중력을 보충해 주기 때문으로 보인다. 이로부터 루빈은 별의 공전 궤도 안쪽에 퍼져 있는 추가적인 중력의 원천, 곧 암흑 물질이 존재한다는 것을 추정하였다. 그 후 암흑 물질의 양이 보통의 물질보다 월등히 많다는 것도 확인되었다.

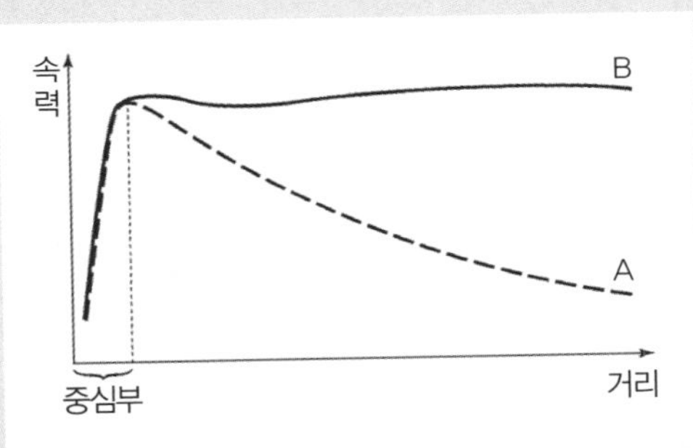

① 나선 은하를 관측한 결과를 근거로 그린 곡선이다.
② '실종된 질량'의 존재를 확인해 줄 정보를 포함하고 있다.
③ 중심부 밖의 경우, 별의 공전 속력에 영향을 미치는 중력이 A에서보다 더 큼을 보여 준다.
④ 중심부의 경우, 거리와 별의 공전 속력이 비례하는 것을 통해 암흑 물질이 중심부에 집중되어 있음을 보여 준다.
⑤ 중심부 밖의 경우, 은하의 중심에서 멀리 떨어져 있는 별일수록 그 별을 은하 중심으로 당기는 암흑 물질이 더 많음을 보여 준다.

06 **다음 글의 내용과 일치하는 것은?**

저항형 가스 센서는 두께가 수백 나노미터(10^{-9}m)에서 수 마이크로미터(10^{-6}m)인 산화물 반도체 물질이 두 전극 사이를 연결하는 방식으로 되어 있다. 가스가 센서에 다다르면 시간이 지남에 따라 산화물 반도체 물질에 흡착*되는 가스의 양이 늘어나다가 흡착된 가스의 양이 일정하게 유지되는 정상 상태(定常狀態)에 도달하여 일정한 저항값을 나타내게 된다. 정상 상태에 도달하는 동안 이산화질소와 같은 산화 가스는 산화물 반도체로부터 전자를 받으면서 흡착하여 산화물 반도체의 저항값을 증가시킨다. 반면에 일산화탄소와 같은 환원 가스는 산화물 반도체 물질에 전자를 주면서 흡착하여 산화물 반도체의 저항값을 감소시킨다. 이러한 저항값 변화로부터 가스를 감지하고 농도를 산출하는 것이 센서의 작동 원리이다.

① 산화물 반도체 물질은 가스 흡착 시 전자를 주거나 받을 수 있다.
② 인간은 후각을 이용하여 유해 가스 농도를 수치로 나타낼 수 있다.
③ 회복 시간이 길어야 산화물 반도체 가스 센서를 오래 사용할 수 있다.
④ 산화물 반도체 물질에 흡착되는 가스의 양은 시간이 지남에 따라 계속 늘어난다.
⑤ 저항형 가스 센서는 가스의 탈착* 전후에 변화한 저항값으로부터 가스를 감지한다.

* 흡착: 고체 표면에 기체나 액체가 달라붙는 현상.
* 탈착: 흡착된 물질이 고체 표면으로부터 떨어지는 현상.

07 **다음 ㉠의 의미에 대한 진술이 적절한가 판단하시오.**

미적 무관심성은 예술의 고유한 가치를 옹호하는 데 큰 역할을 하는 개념이다. 그러나 우리는 그것이 극단적으로 추구될 경우에 가해질 수 있는 비판을 또한 존중하지 않을 수 없다. 왜냐하면 독립 선언이 곧 ㉠고립 선언은 아니기 때문이다. 예술의 고유한 가치는 진리나 선과 같은 가치 영역들과 유기적인 조화를 이룰 때 더욱 고양된다. 요컨대 예술은 다른 목적에 종속되는 한갓된 수단이 되어서도 안 되겠지만, 그것의 지적 · 실천적 역할이 완전히 도외시되어서도 안 된다.

㉠ 예술가들이 작품 창조를 위해 세속으로부터 고립된 별도의 작업 공간을 요구하는 선언

08 **㉠과 ㉡에 대한 설명으로 적절하지 않은 것은?**

행정 담당자 주도로 이루어지는 정책 결정의 문제점을 극복하기 위해 그동안 지방 자치 단체 자체의 개선 노력이 없었던 것은 아니다. 지역 주민의 요구를 수용하기 위해 도입한 '민간화'와 '경영화'가 대표적인 사례이다. 이 둘은 모두 행정 담당자 주도의 정책 결정을 보완하기 위해 시장 경제의 원리를 부분적으로 받아들였다는 점에서는 공통되지만, 운영 방식에는 차이가 있다. ㉠민간화는 지방 자치 단체가 담당하는 특정 업무의 운영권을 민간 기업에 위탁하는 것으로, 기업 선정을 위한 공청회에 주민들이 참여하는 등의 방식으로 주민들의 요구를 반영하는 것이다. 하지만 민간화를 통해 수용되는 주민들의 요구는 제한적이므로 전체 주민의 이익이 반영되지 못하는 경우가 많고, 민간 기업의 특성상 공익의 추구보다는 기업의 이익을 우선한다는 한계가 있다. ㉡경영화는 민간화와는 달리, 지방 자치 단체가 자체적으로 민간 기업의 운영 방식을 도입하는 것을 말한다. 주민들을 고객으로 대하며 주민들의 요구를 충족하고자 하는 것이다. 그러나 주민 감시나 주민자치위원회 등을 통한 외부의 적극적인 견제가 없으면 행정 담당자들이 기존의 관행에 따라 업무를 처리하는 경향이 나타나기도 한다.

① ㉠은 기업의 이익을 중시하여 전체 주민의 이익을 소홀히 할 우려가 있다.
② ㉡이 성공적으로 시행되려면 정책 결정 과정에 외부의 견제 장치가 필요하다.
③ ㉠과 ㉡은 모두 행정 담당자 주도의 정책 결정을 보완하기 위해 도입되었다.
④ ㉠과 ㉡은 모두 지방 자치 단체가 외부에 정책 결정권을 위임하는 방식이다.
⑤ ㉠과 ㉡은 모두 지방 자치 단체의 정책 결정에 지역 주민의 요구를 반영하기 위해 도입되었다.

09 **㉠의 관점이 가장 잘 드러난 작품은?**

톨스토이의 견해에 따르면, 생각이 타인에게 전달될 필요가 있듯이 감정도 그러하다. 이때 감정을 타인에게 전달하는 주요 수단이 예술이다. 예술가는 자신이 표현하고픈 감정을 떠올린 후, 작품을 통해 타인도 공감할 수 있도록 전달한다. 그런데 이때 ㉠전달되는 감정은 질이 좋아야 하며, 한 사회를 좋은 방향으로 이끌어 나갈 수 있어야 한다. 연대감이나 형제애가 그러한 감정이다. 이런 맥락에서 톨스토이는 노동요나 민담 등을 높이 평가하였고, 교태 어린 리스트의 음악이나 허무적인 보들레르의 시는 부정적으로 평가하였다. 좋은 감정이 잘 표현된 한 편의 예술이 전 사회, 나아가 전 세계를 감동시키며 세상의 발전에 기여할 수 있다.

① 포수는 한 덩이 납으로/그 순수를 겨냥하지만,/매양 쏘는 것은/피에 젖은 한 마리 상한 새에 지나지 않는다.
② 밤에 홀로 유리를 닦는 것은/외로운 황홀한 심사이어니,/고운 폐혈관이 찢어진 채로/아아, 너는 산새처럼 날아갔구나!
③ 눈물 아롱아롱/피리 불고 가신 임의 밟으신 길은/진달래 꽃비 오는 서역 삼만 리./흰 옷깃 여며 여며 가옵신 임의/다시 오진 못하는 파촉 삼만 리.
④ 인생은 외롭지도 않고/그저 잡지의 표지처럼 통속하거늘/한탄할 그 무엇이 무서워서 우리는 떠나는 것일까/목마는 하늘에 있고/방울 소리는 귓전에 철렁거리는데
⑤ 보리밭에 내리던 봄눈들을 데리고/추워 떠는 사람들의 슬픔에게 다녀와서/눈 그친 눈길을 너와 함께 걷겠다./슬픔의 힘에 대한 이야길 하며/기다림의 슬픔까지 걸어가겠다.

01

우편번호 자동분류기가 학습하기 위해서는, **(먼저)** 우편번호 숫자를 하나씩 분할하고, 0부터 9까지를 잘 구별할 수 있는 입력 특징을 찾아야 한다. 그림은 필기체 숫자를 가로, 세로 8 등분하여 연필이 지나간 자리를 1, 그렇지 않으면 0의 값을 주어, 입력 특징을 추출한 것이다.

(다음으로), 추출된 특징으로 학습할 때 분류기에 목표치를 제공함으로써 학습을 감독할 수 있다. 즉, 입력 특징에 대한 목표치가 제시되면 분류기는 데이터를 제시된 목표치로 분류하도록 학습한다. 이렇게 목표치를 이용하는 학습을 ㉠감독학습이라 한다. 숫자 분류기에 0부터 9까지 각각의 숫자에 대한 목표치가 제공되면, 분류기는 감독학습을 수행한다. 그림에서 분류기는 네 개의 학습 데이터에 대한 입력 특징과 목표치를 통해 학습한다. **(이 학습을 통해)** 두 개의 '5'와 두 개의 '0'을 각각 같은 숫자로 인식하면서, 동시에 '5'와 '0'을 서로 다른 숫자로 분류해 내는 함수를 만든다. 감독학습을 통해 올바르게 학습하였다면, 그림의 실험 데이터는 숫자 '5'로 인식된다.

우편번호 자동분류기의 학습 과정에 대해 설명하고 있습니다. 그 과정을 '먼저' → '다음으로'로 제시하고 있어서 첫째 과정과 둘째 과정은 쉽게 파악됩니다. 첫째 과정에서는 입력 특징을 찾는 것이고, 둘째 과정에서는 목표치가 제시되어 학습합니다. 그런데 셋째 과정이 분명하게 드러나지 않습니다. '이 학습을 통해'라는 구절을 통해서 셋째 과정임을 짐작할 수 있습니다. 즉, 목표치가 제시되어 학습을 한다고 하였죠? 이 다음의 과정은 학습 이후의 과정일 것입니다. 그래서 '이 학습을 통해'라는 구절은 다음 과정으로 나아가는 것임을 알 수 있습니다. 셋째 과정에서는 '숫자로 분류해 내는 함수'를 만드는 과정입니다. 이렇게 이해했다면 여기에 적합한 선지는 ④와 ⑤가 남습니다. 여기서 목표치는 어느 과정에 제시되는가를 확인하면 됩니다. 목표치는 둘째 과정인 학습 과정에서 제시되므로 ④가 적절합니다. (정답: ④)

02

엔진의 동력은 흡기, 압축, 폭발, 배기의 4 행정을 순차적으로 거쳐 생산된다. **흡기 행정**에서는 흡기 밸브를 열고 피스톤을 상사점에서 하사점으로 이동시킨다. 이때 실린더 내부 압력이 대기압보다 낮아져 공기가 유입되는데, 흡입되는 공기에 연료를 분사하여 공기와 함께 연료를 섞어 넣는다. **압축 행정**에서는 ㉠실린더를 밀폐시키고 피스톤을 다시 상사점으로 밀어 공기와 연료의 혼합 기체를 압축한다. **폭발 행정**에서는 피스톤이 상사점에 이를 즈음에 점화 플러그에 불꽃을 일으켜 압축된 혼합 기체를 연소시킨다. 압축된 혼합 기체가 폭발적으로 연소되면서 실린더 내부 압력이 급격히 높아지고, 외부 대기압과의 압력 차이에 의해 피스톤이 하사점으로 밀리면서 동력이 발생한다. **배기 행정**에서는 배기 밸브가 열리고 남아 있는 압력에 의해 연소 가스가 외부로 급격히 빠져나간다. 피스톤이 다시 상사점으로 움직이면 흡기 때와는 반대로 부피가 줄면서 대기압보다 내부 압력이 높아지므로 잔류 가스가 모두 배출된다.

엔진이 동력을 얻기 위한 과정을 네 단계로 나누어 설명하고 있습니다. 흡기 행정은 피스톤의 제일 높은 지점인 상사점에서 하사점으로 이동하면서 흡기 밸브가 열리고 공기가 유입되며 연료가 분사되는 과정입니다. 그래프에서는 ㉮에 해당합니다. 압축 행정에서는 하사점에서 상사점으로 이동하면서 공기와 연료를 압축하는 과정이죠. 기체를 압축하기 때문에 압력이 올라갈 것입니다. 그래프에서는 ㉯에 해당합니다. 폭발 행정은 피스톤이 상사점에 도달할 무렵에 압축된 혼합 기체를 연소시키면서 동력을 얻는 과정입니다. 피스톤이 하사점으로 밀리기 때문에 그래프에서는 ㉰와 ㉱에 해당합니다. 그리고 배기 행정에서는 배기 밸브가 열리면서 연소 가스가 외부로 급격히 빠져나가고 피스톤은 상사점으로 움직입니다. 그래프에서는 ㉲에 해당합니다. (정답: ②)

03

기업 결합의 위법성에 대한 심사는 1) 기업 결합의 성립 여부를 확인하는 것부터 시작한다. 여기서는 해당 기업 간에 단일 지배 관계가 형성되었는지가 관건이다. 예컨대 주식 취득을 통한 결합의 경우, 취득 기업이 피취득 기업을 경제적으로 지배할 정도의 지분을 확보하지 못하면, 결합의 성립이 인정되지 않고 심사도 종료된다.

반면에 2) 결합이 성립된다면 정부는 그것이 영향을 줄 시장의 범위를 획정함으로써, 그 결합이 동일 시장 내 경쟁자 간에 이루어진 수평 결합인지, 거래 단계를 달리하는 기업 간의 수직 결합인지, 이 두 결합 형태가 아니면서 특별한 관련이 없는 기업 간의 혼합 결합인지를 규명하게 된다. 문제는 어떻게 시장을 획정할 것인지인데, 대개는 한 상품의 가격이 오른다고 가정할 때 소비자들이 이에 얼마나 민감하게 반응하여 다른 상품으로 옮겨 가는지를 기준으로 한다. 그 민감도가 높을수록 그 상품들은 서로에 대해 대체재, 즉 소비자에게 같은 효용을 줄 수 있는 상품에 가까워진다. 이 경우 생산자들이 동일 시장 내의 경쟁자일 가능성도 커진다.

((이런 분석에 따라 시장의 범위가 정해지면)), 3) 그 결합이 시장의 경쟁을 제한하는지를 판단하게 된다. 하지만 설령 그럴 우려가 있는 것으로 판명되더라도 곧바로 위법으로 보지는 않는다. 정부가 당사자들에게 결합의 장점이나 불가피성에 관해 항변할 기회를 부여하여 그 타당성을 검토한 후에, 비로소 시정조치 부과 여부를 최종 결정하게 된다.

정답을 ④로 착각하는 경우가 무척 많습니다. 기업 결합의 심사 과정에서 어떤 부분이 독해의 착오를 가져오는지 살펴봅시다. 이 글은 기업 결합의 심사 과정을 말하면서 이어서 그 단계에 맞는 검증 기준을 서술하고 있습니다. 즉 첫째 단계에서는 기업 결합의 성립 여부를 가리는데, 단일 지배 관계 형성 여부가 기준이 됩니다. 둘째 단계에서는 기업 결합이 성립된 경우를 따집니다. 이때의 기준은 시장의 범위를 획정하는 것이고, 대체재 개념으로 시장 범위를 획정하게 됩니다.

그런데 세 번째 과정을 서술한 마지막 문단 첫 부분에서 독해의 착오가 일어납니다. **"이런 분석에 따라 시장의 범위가 정해지면"**이 마치 기업 결합의 셋째 심사 과정을 의미한다고 착각합니다. 이 글의 서술 방식이 기업 결합 심사 단계를 말하고 이어서 그 기준을 제시하기 때문에, "시장의 경쟁을 제한하는지"가 세 번째 심사 과정의 기준이라고 착각하는 것이죠. 시장 경쟁 제한은 둘째 문단에서 언급한 '대체재'와 관련이 있으니까, 대체재 존재 파악이 기업 결합 심사의 한 과정으로 착각하는 것입니다. "이런 분석에 따라 시장의 범위가 정해지면"을 다시 찬찬히 읽어볼까요? 시장 범위가 획정된 것이죠? 그래서 세 번째 심사 과정은 그 다음 단계로 넘어가게 되고, 그것이 바로 '시장 경쟁의 제한' 여부입니다. 그리고 시장 경쟁을 제한하더라도 기업에게 항변의 기회를 부여하죠. (정답: ③)

04

헴펠과 달리 샐먼은 설명이 논증은 아니라고 판단하여 인과 개념에 주목했다. 피설명항을 결과로 보고 이를 일으키는 원인을 밝히는 것이 설명이라는 샐먼의 **인과적 설명 이론**은 헴펠의 이론보다 우리의 일상적 직관에 더 부합한다는 장점이 있다. 하지만 어떤 설명 이론이라도 인과 개념을 도입하는 순간 ㉠원인과 결과 사이의 관계가 분명하지 않다는 철학적 문제를 해결해야 한다. // **왜냐하면** 결과를 일으키는 원인은 무수히 많고 연쇄적으로 서로 얽혀 있기 때문이다. **예를 들어** 소크라테스가 죽게 된 원인은 독을 마신 것이지만, 독을 마시게 된 원인은 사형 선고를 받은 것이고, 사형 선고를 받게 된 원인도 여러 가지를 떠올릴 수 있다. 이에 결과를 일으킨 원인을 골라내는 문제는 결국 원인과 결과가 시공간적으로 어떻게 연결되는가에 대한 철학적 분석을 필요로 한다. 그것이 없다면, 설명을 인과로 이해하려는 시도는 설명이라는 불명료한 개념을 인과라는 또 하나의 불명료한 개념으로 대체하는 것에 불과할 수 있기 때문이다. 이에 현대 철학자들은 현대 과학의 성과를 반영하는 철학적 탐구를 통해 새로운 설명 이론을 제시하기 위한 고민을 계속하고 있다.

샐먼의 인과적 설명 이론은, 설명을 원인-결과의 관계로 접근한다는 의미입니다. 그런데 원인-결과의 관계가 분명한가라는 철학적 문제가 있습니다. '왜냐하면'을 통해서 그러한 철학적 문제가 나타나는 이유를 밝히고 있는데, 바로 연쇄적으로 원인-결과 관계가 얽혀 있기 때문입니다. 연쇄적으로 얽혀 있는 이유를 소크라테스의 죽음을 예로 들어 다시 설명하고 있습니다. 원인을 '여러 가지를 떠올릴 수 있다'는 부분에서, 원인을 정확히 확정짓기가 어렵다고 추론할 수 있을 겁니다. 즉 연쇄적인 얽힘은 원인이 불분명하다고 볼 수 있기 때문에 선지 ④가 적절합니다. (정답: ④)

05

1970년대에 루빈은 더 정확한 관측 결과를 바탕으로 이 **'실종된 질량'(=암흑 물질)**의 실재를 확증하였다. 나선 은하에서 별과 같은 보통의 물질들은 중심부에 집중되어 공전한다. 중력 법칙을 써서 나선 은하에서 공전하는 별의 속력을 계산하면, **중심부에서는** 은하의 중심으로부터 거리가 멀어질수록 속력이 증가함을 알 수 있다. // 그런데 **중심부 밖에서는** 중심으로부터 멀어질수록 중심 쪽으로 별을 당기는 중력이 줄어들기 때문에 〈그림〉의 곡선 A에서처럼 거리가 멀어질수록 별의 속력이 줄어드는 것으로 나온다. 그렇지만 실제 관측 결과, 나선 은하 중심부 밖에서 공전하는 별의 속력은 〈그림〉의 곡선 B에서처럼 중심으로부터의 거리와 무관하게 거의 일정하다. 이것은 은하 중심에서 멀리 떨어진 별일수록 **((은하 중심 쪽으로))** 그 별을 당기는 물질이 그 별의 공전 궤도 안쪽에 많아져서 거리가 멀어질수록 줄어드는 중력을 보충해 주기 때문으로 보인다. 이로부터 루빈은 별의 공전 궤도 안쪽에 퍼져 있는 추가적인 중력의 원천, 곧 암흑 물질이 존재한다는 것을 추정하였다. 그 후 암흑 물질의 양이 보통의 물질보다 월등히 많다는 것도 확인되었다.

은하의 중심부에는 보통의 물질들이 집중되어 있고, 별들이 은하 중심으로부터 멀어질수록 속력이 증가합니다. 잡아당기는 중력의 힘이 세기 때문에 중심부 안의 별들에게서는 중심으로부터 거리가 멀어질수록 공전 속력이 커지는 것이죠. 반면에 중심부 밖의 별들은, 잡아당기는 중력의 힘이 약해지기 때문에 별들의 속력이 줄어들어야 합니다. 이것이 이론상으로 예측한 것이며 그림의 A 곡선으로 나타납니다. 그런데 실제로 관측해보면 그림 B의 곡선으로 나타나죠. 그림 B는 그림 A보다 더 위에 존재합니다. 그래프 Y축 상의 기준으로 본다면 속력이 훨씬 높은 것으로 관측되는 것이죠. 이론상으로는 별들의 속력이 줄어들어야 하는데, 관측해본 결과 별들의 속력이 줄어들지 않고 그대로 유지하고 있으니, 그 이유를 따져보아야 하겠죠. 루빈은 암흑 물질이 존재하여 은하 중심부 밖의 별들에게도 잡아당기는 중력이 약해지지 않고 그대로 작용한다고 보는 것이죠. 그러면 이러한 암흑 물질은 어디에 존재합니까? 여기서 독해를 정확히 해야 합니다. 별들의 공전 궤도 안쪽에 암흑 물질이 존재합니다. 공전 궤도 안쪽에 있어야 **'은하 중심 쪽으로'** 별들을 잡아당기는 중력이 작용하게 됩니다. '은하 중심 쪽으로'를 잘못 읽으면 '은하 중심에서'라고 독해할 수 있습니다. 이렇게 독해하면 은하 중심부에 암흑 물질이 집중되어 있다는 의미입니다. 선지 ④를 적절하다고 생각하고 선지 ③을 정답으로 착각한 수험생들이 많았는데, 이 부분 독해에서 착오가 있었기 때문입니다. 그리고 중심부 밖의 경우, 곡선 B에서 보듯 별들의 속력에 차이가 없습니다. 중심부 밖의 별들은 은하 중심에서 멀리 떨어져 있을수록 더 많은 암흑 물질이 존재합니다. 그래야만 이론상으로 감소되는 중력을 보충해줄 수 있죠. 그래서 선지 ⑤는 적절합니다. (정답: ④)

06

> **저항형 가스 센서**는 두께가 수백 나노미터(10^{-9}m)에서 수 마이크로미터(10^{-6}m)인 산화물 반도체 물질이 두 전극 사이를 연결하는 방식으로 되어 있다. 가스가 센서에 다다르면 시간이 지남에 따라 산화물 반도체 물질에 흡착되는 가스의 양이 늘어나다가 흡착된 가스의 양이 일정하게 유지되는 정상 상태(定常狀態)에 도달하여 일정한 저항값을 나타내게 된다. 정상 상태에 도달하는 동안 이산화질소와 같은 **산화 가스**는 산화물 반도체로부터 전자를 받으면서 흡착하여 산화물 반도체의 저항값을 증가시킨다. // 반면에 일산화탄소와 같은 **환원 가스**는 산화물 반도체 물질에 전자를 주면서 흡착하여 산화물 반도체의 저항값을 감소시킨다. **이러한 저항값 변화**로부터 가스를 감지하고 농도를 산출하는 것이 센서의 작동 원리이다.

저항형 가스 센서는 산화물 반도체 물질에 가스가 흡착되고 센서가 그 농도를 산출해서 가스를 감지하는 센서입니다. 즉 가스의 양이 정상 상태에 도달하면 일정한 저항값을 나타내게 되는데, 흡착 전과 흡착 후의 가스의 양을 저항값으로 산출하여 센서가 작동하는 것이죠. 산화 가스는 반도체로부터 전자를 받으면서 저항값을 증가시키고, 환원 가스는 반도체에 전자를 주면서 저항값을 감소시킵니다.

이 글만 집중해서 읽으면 정답 ①이 분명하게 드러납니다. 그러나 지문 전체를 읽고 선지를 살펴보면 ⑤를 정답이라고 착각하는 경우가 많습니다. 센서 성능 평가의 내용이 복잡하게 서술되고 있고, 센서가 다시 사용되기 위해서 가스가 탈착되어야 하는데 이에 대한 설명이 이어지고 있기 때문에 독해에 혼동이 올 수 있습니다. '이러한 저항값의 변화'는 가스 탈착 전후의 저항값 변화가 아니라, 흡착 전후의 저항값의 변화입니다. (정답: ①)

07

미적 무관심성은 예술의 고유한 가치를 옹호하는 데 큰 역할을 하는 개념이다. 그러나 우리는 그것이 극단적으로 추구될 경우에 가해질 수 있는 비판을 또한 존중하지 않을 수 없다. 왜냐하면 독립 선언이 곧 ㉠**고립 선언**은 아니기 때문이다. 예술의 고유한 가치는 진리나 선과 같은 가치 영역들과 유기적인 조화를 이룰 때 더욱 고양된다. 요컨대 예술은 다른 목적에 종속되는 한갓된 수단이 되어서도 안 되겠지만, 그것의 지적 · 실천적 역할이 완전히 도외시되어서도 안 된다.

미적 무관심이 예술의 고유한 가치를 옹호한다고 할 때, 긍정적인 비유로 쓰인 것이 '독립 선언'이고, 부정적인 비유로 쓰인 것이 '고립 선언'입니다. 고립 선언의 의미는 그 다음 부연 설명 문장에서 제시하고 있습니다. 예술이 독자성을 갖는다고 하더라도, "진리나 선과 같은 가치 영역들과 유기적인 조화"를 이룰 때 의미가 있다는 것이죠. 그러니까 '고립 선언'은 예술이 이러한 것과 조화를 이루지 못하는 경우를 의미합니다. 예술이 "진리나 선과 같은 가치 영역들과 유기적인 조화"를 갖는 것을 예술의 "지적 · 실천적 역할"이라고 보고 있습니다. 따라서 "예술가들이 작품 창조를 위해 세속으로부터 고립된 별도의 작업 공간을 요구하는 선언"은 ㉠의 의미와 관련이 없습니다. (정답: 적절하지 않다.)

08

행정 담당자 주도로 이루어지는 **정책 결정의 문제점을 극복**하기 위해 그동안 **지방 자치 단체 자체의 개선 노력**이 없었던 것은 아니다. 지역 주민의 요구를 수용하기 위해 도입한 '민간화'와 '경영화'가 대표적인 사례이다. 이 둘은 모두 행정 담당자 주도의 정책 결정을 보완하기 위해 시장 경제의 원리를 부분적으로 받아들였다는 점에서는 공통되지만, 운영 방식에는 차이가 있다. ㉠**민간화**는 지방 자치 단체가 담당하는 특정 업무의 운영권을 민간 기업에 위탁하는 것으로, 기업 선정을 위한 공청회에 주민들이 참여하는 등의 방식으로 주민들의 요구를 반영하는 것이다. 하지만 민간화를 통해 수용되는 주민들의 요구는 제한적이므로 전체 주민의 이익이 반영되지 못하는 경우가 많고, 민간 기업의 특성상 공익의 추구보다는 기업의 이익을 우선한다는 한계가 있다. ㉡**경영화**는 민간화와는 달리, 지방 자치 단체가 자체적으로 민간 기업의 운영 방식을 도입하는 것을 말한다. 주민들을 고객으로 대하며 주민들의 요구를 충족하고자 하는 것이다. 그러나 주민 감시나 주민자치위원회 등을 통한 외부의 적극적인 견제가 없으면 행정 담당자들이 기존의 관행에 따라 업무를 처리하는 경향이 나타나기도 한다.

지자체의 개선 노력인 '민간화'와 '경영화'의 개념을 문단 머리 부분에 제시하고 있습니다. 민간화와 경영화를 도입하는 이유는, 1) 행정 담당자 주도로 이루어지는 정책 결정의 문제점을 극복하기 위해서, 그리고 2) 주민 요구를 수용하기 위해서, 3) 행정 담당자 주도의 정책 결정을 보완하기 위해서입니다. 이것들은 모두 시장 경제의 원리를 수용하는 것이죠. 그래서 선지 ③과 ⑤는 적절합니다. '민간화'는 지자체의 서비스 중 특정 업무를 민간 기업에 위탁(=남에게 책임을 맡김)하는 것입니다. 그런데 민간 기업에 맡기면 전체 주민의 이익을 반영하지 못하거나, 기업 이익을 우선적으로 추구할 가능성이 있습니다. 그래서 선지 ①은 적절합니다. '경영화'는 지자체가 민간 기업의 경영 방식을 도입하는 것입니다. 그런데 기존의 관행대로 업무를 처리할 가능성이 있어서 외부의 견제가 필요합니다. 그래서 선지 ②도 적절합니다. 선지 ④가 적절하지 않습니다. 지자체가 정책 결정권을 외부에 넘기는 것은 아닙니다. (정답: ④)

09

톨스토이의 견해에 따르면, **생각이 타인에게 전달될 필요가 있듯이 감정도 그러하다.** 이때 감정을 타인에게 전달하는 주요 수단이 예술이다. 예술가는 자신이 표현하고픈 감정을 떠올린 후, 작품을 통해 타인도 공감할 수 있도록 전달한다. **((그런데))** 이때 ㉠전달되는 감정은 질이 좋아야 하며, 한 사회를 좋은 방향으로 이끌어 나갈 수 있어야 한다. 연대감이나 형제애가 그러한 감정이다. 이런 맥락에서 톨스토이는 노동요나 민담 등을 높이 평가하였고, 교태 어린 리스트의 음악이나 허무적인 보들레르의 시는 부정적으로 평가하였다. 좋은 감정이 잘 표현된 한 편의 예술이 전 사회, 나아가 전 세계를 감동시키며 세상의 발전에 기여할 수 있다.

톨스토이는 예술에서 감정을 중시하는 입장에 서 있습니다. 즉 감정의 전달을 예술의 수단으로 보고 있는데, 이때 전달되는 감정은 '질이 좋아야'한다고 합니다. 감정의 질이 좋아야 한다는 의미는 그 다음 부연 설명 문장에서 언급하고 있습니다. '연대감이나 형제애'를 드러내는 감정이어야 하고, 그래서 '노동요나 민담'을 높이 평가했습니다. 연대감을 나타내는 선지는 ⑤입니다. "추위에 떠는 사람들의 슬픔에게 다녀와서/눈 그친 눈길을 너와 함께 걷겠다./" 부분이 연대감을 암시합니다. (정답: ⑤)

3 문단 끝 미괄식 독해

문단 끝 부분에 중심 내용이 올 경우 특별한 이유가 있습니다. 먼저, 문단의 중심 내용을 문단 머리에서 제시하지 않았기 때문에 문단 끝에서 중심 내용을 드러내야 할 경우입니다. 구체적인 사례를 여러 번 거론하고 문단 마지막 부분에 와서야 중심 내용을 확 드러내는 것이죠. 그러면 중심 내용이 더욱 부각될 것입니다.

그리고 여러 정보나 사례들을 논리적으로 연결하여 어떤 결론을 이끌어내야 할 경우에도 문단 끝에 중심 내용이 오는 것이 자연스럽습니다. 대전제, 소전제 식으로 정보들 간의 논리적 연결성을 드러내면서 결론을 이끌어내는 것이죠. 이런 전개 과정을 거쳐 문단 끝에서 결론을 내게 되면 중심 내용이 문단 끝에 오게 됩니다. 또 문단 머리에서 중심 내용을 제시했다 하더라도 그것을 다시 강조하고 싶을 때에는 중심 내용을 문단 끝에서 다시 거론할 수 있습니다.

(문단 머리 부분)	
(문단 중간 부분)	
문단 끝 부분	• 문단 전체의 요약과 결론 • 새로운 개념어 사용

문단 끝 미괄식 독해

중심 내용이 문단 끝에 올 경우에는 문단의 내용을 정리 요약하는 문장이 있기 마련입니다. 또한 정리 요약 문장에 새로운 개념이나 새로운 의미의 단어가 포함될 수도 있습니다. 그래서 문단 끝의 정리 요약 문장이 중심 문장일 가능성이 크므로, 독해할 때 이 문장에 유의해야 합니다.

경우에 따라서는 다음 문단과의 연결을 위해 새로운 내용이 문단 끝에 제시되는 경우가 있습니다. 특히 첫 문단의 끝 부분에서는 글 전체 화제어의 속성을 제시하는 경우가 많습니다. 화제어의 속성은 글 중간 문단에서 설명하게 될 문단 핵심어입니다. 첫 문단의 끝 부분은 이렇게 글 중간 문단과 연결하는 구실을 합니다.

1 요약 정리 문장에 주목한다

❶ 문단 끝 부분에서 문단 내용을 요약 정리하는 문장은, '그러므로, 따라서, 결국' 등의 접속어를 통하여 나타납니다. 이럴 경우 단어나 표현을 바꾸어 요약하는 경우가 많지만, 그렇다고 문단 내용과 달라지는 것은 아닙니다.

❷ 문단의 구조가 복잡할 경우, 거꾸로 요약된 부분을 통해 문단의 내용을 확인할 수 있습니다. 이 경우 문단 중간에서 설명한 여러 정보들을 한 마디로 요약하고 있는 개념어를 찾아내는 것이 독해의 초점이 됩니다.

| 사례분석 1

(2014학년도 6월 A형)

민법 제750조에서는 불법 행위에 따른 손해 배상 책임을 규정하고 있다. 그 배상 책임의 성립 요건은, '고의나 과실'로 말미암은 '위법 행위'가 있어야 하고, '손해가 발생'하여야 하며, 바로 그 위법 행위 때문에 손해가 생겼다는 이른바 '인과 관계'가 있어야 한다는 점이다. 이 요건들이 모두 충족되어야, 법률 효과로서 가해자는 피해자에게 손해를 배상할 책임이 생기는 것이다.

소송에서는 이런 요건들을 입증해야 한다. 소송에서 입증은 주장하는 사실을 법관이 의심 없이 확신하도록 만드는 일이다. 어떤 사실의 존재 여부에 대해 법관이 확신을 갖지 못하면, 다시 말해 입증되지 않으면 원고와 피고 가운데 누군가는 패소의 불이익을 당하게 된다. 이런 불이익을 받게 될 당사자는 입증의 부담을 안을 수밖에 없고, 이를 입증 책임이라 부른다.

대체로 어떤 사실이 존재함을 증명하는 것이 존재하지 않음을 증명하는 것보다 쉽다. 이 둘 가운데 어느 한 쪽에 부담을 지워야 한다면, 쉬운 쪽에 지우는 것이 공평할 것이다. 이런 형평성을 고려하여 특정한 사실의 발생을 주장하는 이에게 그 사실의 존재에 대한 입증 책임을 지도록 하였다. 그리하여 상대방에게 불법 행위의 책임이 있다고 주장하는 피해자는 소송에서 원고가 되어, 앞의 민법 조문에서 규정하는 요건들이 이루어졌다고 입증해야 한다.

문제 | 윗글을 이해한 내용으로 가장 적절한 것은?

① 소송에서 양 당사자에게 부담을 공평하게 하려는 고려가 입증 책임을 분배하는 원리에 작용한다.

② 원칙적으로 어떤 사실이 일어났을지도 모른다는 개연성이 인정되면 입증이 성공하였다고 본다.

③ 민법 제750조에서 규정하는 요건들이 충족되었다는 사실을 입증할 책임은 소송에서 피고에게 있다.

④ 위법 행위를 저지르면 고의와 과실이 없다는 사실을 입증하더라도 불법 행위에 따

른 손해 배상 책임이 성립한다.

⑤ 문제되는 사실이 실제로 일어났는지 밝혀지지 않으면 그 사실의 존재에 대한 입증 책임이 없는 쪽이 소송에서 불이익을 받는다.

구체적인 정보를 제시하고 문단 끝에서 내용을 정리하는 미괄식 문단의 경우, 이러한 구체적 정보를 정확히 파악해야 합니다. 특히 문단 끝의 내용 정리가 간략할 경우, 문단 중간에서 설명한 구체적 정보에 더 주목해야 합니다. 문단에서 제시한 주요 정보들은 선지에서 반드시 활용합니다. 그래서 구체적인 정보를 제시하면서 문단을 서술해 나가는 미괄식 문단에서는 이러한 구체적 정보가 문단의 주요 정보가 될 가능성이 큽니다.

민법 제750조에서는 불법 행위에 따른 손해 배상 책임을 규정하고 있다. 그 손해 배상 책임의 성립 요건은, 1) '고의나 과실'로 말미암은 '위법 행위'가 있어야 하고, 2) '손해가 발생'하여야 하며, 3) 바로 그 위법 행위 때문에 손해가 생겼다는, 이른바 '인과 관계'가 있어야 한다는 점이다. 이 요건들이 모두 충족되어야, 법률 효과로서 가해자는 피해자에게 손해를 배상할 책임이 생기는 것이다.

소송에서는 이런 요건들을 입증해야 한다. 소송에서 입증은 주장하는 사실을 법관이 의심 없이 확신하도록 만드는 일이다. 어떤 사실의 존재 여부에 대해 법관이 확신을 갖지 못하면, 다시 말해 입증되지 않으면 원고와 피고 가운데 누군가는 패소의 불이익을 당하게 된다. 이런 불이익을 받게 될 당사자는 입증의 부담을 안을 수밖에 없고, 이를 **입증 책임**이라 부른다.

'소송에서 입증 책임'이 문단 끝에 나와 있습니다. 손해 배상 책임의 성립 요건을 말한 다음, 소송에서 이것을 입증하는 문제로 논의가 전개되고 있죠. 그래서 이 3가지 요건의 입증 문제를 누가 책임지는가 하는 문제로 나아가기 전에, 3가지 요건을 먼저 정확히 이해하는 것이 필요합니다. 손해 배상 책임의 성립 요건은 '위법 행위', '손해 발생', '위법 행위와 손해 발생 간 인과 관계'입니다. 그리고 이 모두가 성립되어야 합니다. 그리고 소송에서 입증은 "주장하는 사실을 법관이 의심 없이 확신하도록 만드는 일"이라는 문장에도 주목할 필요가 있습니다. '성립 요건' 사실의 존재 여부는 법관의 확신과 관련되며, 그렇기 때문에 법관이 그런 확신을 갖도록 하는 입증 책임 문제가 제기되는 것입니다.

대체로 어떤 사실이 존재함을 증명하는 것이 존재하지 않음을 증명하는 것보다 쉽다. 이 둘 가운데 어느 한 쪽에 부담을 지워야 한다면, 쉬운 쪽에 지우는 것이 공평할 것이다. **((이런 형평성을 고려하여))** 특정한 사실의 발생을 주장하는 이에게 그 사실의 존재에 대한 입증 책임을 지도록 하였다. 그리하여 상대방에게 불법 행위의 책임이 있다고 주장하는 피해자는 소송에서 원고가 되어, 앞의 민법 조문에서 규정하는 요건들이 이루어졌다고 입증해야 한다.

이 문단에서는 앞 문단에서 언급한 입증 책임의 문제를 좀 더 구체적으로 설명하고 있습니다. 여기서 입증 책임의 문제는 형평성을 고려하고 있다고 합니다. 어떤 사실이 존재한다는 것을 입증하는 것이 더 쉬우므로, 이것을 민사 소송의 원고가 입증해야 한다는 것이죠. 즉 원고는 상대방인 피고가 자신에게 손해 배상의 책임이 있다는 것을 주장하기 때문에 손해 배상 책임의 성립 요건들을 입증해야 합니다. 위법성, 손해 발생, 인과 관계의 내용을 제시하여 법관이 그것을 사실로서 확신하도록 해야 하죠.

형평성이 원고에게 적용되고 있는데, 피고에게는 어떤 형평성이 적용될까요? 이 문단에서는 그것을 명시적으로 언급하고 있지 않습니다. 그래서 피고에게는 형평성에 해당하는 것이 없는 것으로 착각할 수 있습니다. 그런데 '형평성'이라는 단어 자체가 이미 원고와 피고 양자를 동등하게 대한다는 의미를 암시합니다. "이런 형평성을 고려하여"라는 구절에서 이것을 드러내고 있다고 생각합니다. 즉 피고는 손해 배상 책임의 성립 요건을 입증할 필요가 없는 것이죠. 그러니까 피고는 손해 배상 책임이 없다는 것을 입증하지 않아도 되는 것입니다. 원고가 그것을 입증하지 못하면 자신은 책임이 없는 것으로 자동적으로 인정됩니다.

① 소송에서 양 당사자에게 부담을 공평하게 하려는 고려가 입증 책임을 분배하는 원리에 작용한다.

(원고와 피고 모두에게 부담을 공평하게 고려한다는 말이 명시적으로 나와 있지 않기 때문에 적절하지 않다고 생각할 거예요. "이런 형평성을 고려하여"라는 구절을 통해 입증 책임을 분배하는 원리가 작동한다고 추론할 수 있습니다. 정답입니다.)

② 원칙적으로 어떤 사실이 일어났을지도 모른다는 개연성이 인정되면 입증이 성공하였다고 본다.

(인과 관계의 성립은 가능성을 말하는 것이 아니라 필연성을 말하는 것입니다. 즉 위법 행위 그 때문에 손해가 발생하는 것입니다. '개연성'은 가능성을 말하기 때문에 적절하지 않습니다.)

③ 민법 제750조에서 규정하는 요건들이 충족되었다는 사실을 입증할 책임은 소송에서 피고에게 있다.

(피해자가 원고가 되어 성립 요건을 입증해야 합니다. 적절하지 않은 선지입니다.)

④ 위법 행위를 저지르면 고의와 과실이 없다는 사실을 입증하더라도 불법 행위에 따른 손해 배상 책임이 성립한다.

(위법 행위는 고의나 과실이 있어야 합니다. 적절하지 않은 선지입니다.)

⑤ 문제되는 사실이 실제로 일어났는지 밝혀지지 않으면 그 사실의 존재에 대한 입증 책임이 없는 쪽이 소송에서 불이익을 받는다.

(입증 책임이 없는 피고가 이익을 받기 때문에 적절하지 않은 선지입니다.)

| 사례분석 2 (2016학년도 9월 B형)

18, 19세기 산업 혁명을 계기로 활동적 삶은 사색적 삶보다 중요성이 더 커지게 되었다. 생산 기술에 과학적 지식이 응용되고 기계의 사용이 본격화되면서 기계의 속도에 기초하여 노동 규율이 확립되었고, 인간의 삶은 시간적 규칙성을 따르도록 재조직되었다. 나아가 시간이 관리의 대상으로 부각되면서 시간-동작 연구를 통해 가장 효율적인 작업 동선(動線)을 모색했던 테일러의 과학적 관리론은 20세기 초부터 생산 활동을 합리적으로 조직하는 중요한 원리로 자리 잡았다. 이로써 두뇌에 의한 노동과 근육에 의한 노동이 분리되어 인간의 육체노동이 기계화되는 결과가 초래되었다. 또한 과학을 기술 개발에 활용하기 위한 시스템이 요구되어 공학, 경영학 등의 실용 학문과 산업체 연구소들이 출현하였다. 이는 전통적으로 사색적 삶의 영역에 속했던 진리 탐구마저 활동적 삶의 영역에 속하는 생산 활동의 논리에 포섭되었음을 단적으로 보여 준다.

이처럼 산업 혁명 이후 기계 문명이 발달하고 그에 힘입어 자본주의 시장 메커니즘이 사회를 전면적으로 지배하게 됨에 따라 근면과 속도가 강조되었다. 활동적 삶이 지나치게 강조된 데 대한 반작용으로, '의미 없는 부지런함'이 만연해진 세태에 대한 ㉠비판의 목소리가 나타나 성찰에 의한 사색적 삶의 중요성을 역설하기도 하였다.

문제 | ㉠의 내용과 가장 가까운 것은?

① 기계 기술은 정신 기술처럼 가치 있으며, 산업 현장은 그 자체로 위대하고 만족스럽다.
② 인간은 일하기 위해서 사는 것이며, 더 이상 할 일이 없다면 괴로움과 질곡에 빠지고 말 것이다.
③ 자극에 즉각적으로 반응하지 않고 여유롭게 삶의 의미를 되새기는 사유의 방법을 배워야 한다.
④ 나태는 녹이 스는 것처럼 사람을 쇠퇴하게 만들며 쇠퇴의 속도는 노동함으로써 지치는 것보다 훨씬 빠르다.
⑤ 인간은 기계이므로 인간의 행동, 언어, 사고, 감정, 습관, 신념 등은 모두 외적인 자극과 영향으로부터 생겨났다.

18, 19세기 산업 혁명을 계기로 활동적 삶은 사색적 삶보다 중요성이 더 커지게 되었다. 생산 기술에 과학적 지식이 응용되고 기계의 사용이 본격화되면서 기계의 속도에 기초하여 노동 규율이 확립되었고, 인간의 삶은 시간적 규칙성을 따르도록 재조직되었다. 나아가 시간이 관리의 대상으로 부각되면서 시간–동작 연구를 통해 가장 효율적인 작업 동선(動線)을 모색했던 테일러의 과학적 관리론은 **20세기 초부터** 생산 활동을 합리적으로 조직하는 중요한 원리로 자리 잡았다. // **이로써** 두뇌에 의한 노동과 근육에 의한 노동이 분리되어 1) 인간의 육체노동이 기계화되는 결과가 초래되었다. 또한 2) 과학을 기술 개발에 활용하기 위한 시스템이 요구되어 공학, 경영학 등의 실용 학문과 산업체 연구소들이 출현하였다. 이는 전통적으로 사색적 삶의 영역에 속했던 진리 탐구마저 활동적 삶의 영역에 속하는 생산 활동의 논리에 포섭되었음을 단적으로 보여 준다.

'활동적 삶'과 '사색적 삶'을 대비하면서 서술하고 있습니다. 활동적 삶은 "18, 19세기 산업 혁명을 계기로" 중요성이 커지게 되었고, "20세기 초부터"는 생산 활동을 합리적으로 조직하기 시작했습니다. 그 결과, 첫째 두뇌 노동과 육체노동이 분리되어 육체노동이 기계화되었고, 둘째 과학을 기술 개발에 활용하기 시작했습니다. 실용 학문과 산업체 연구소의 출현은 과거 "사색적 삶의 영역에 속했던 진리 탐구마저 활동적 삶의 영역에 속하는 생산 활동의 논리에 포섭되었음"을 보여주고 있는 것이죠. '활동적 삶'의 중요성이 커지고 있음을 역사적 시간 흐름 속에서 '활동적 삶'의 여러 측면에 걸쳐 설명한 문단입니다.

이처럼 산업 혁명 이후 기계 문명이 발달하고 그에 힘입어 자본주의 시장 메커니즘이 사회를 전면적으로 지배하게 됨에 따라 근면과 속도가 강조되었다. **활동적 삶이 지나치게 강조된 데 대한 반작용**으로, '의미 없는 부지런함'이 만연해진 세태에 대한 ㉠비판의 목소리가 나타나 성찰에 의한 사색적 삶의 중요성을 역설하기도 하였다.

이 문단에서는 "활동적 삶이 지나치게 강조된 데 대한 반작용"을 서술하고 있습니다. 즉 '의미 없는 부지런함'에 대한 비판의 목소리가 나타나면서, 사색적 삶을 중요하게 인식하는 경향을 서술하고 있습니다.

㉠의 '비판의 목소리'가 향하는 대상은 ㉠의 앞부분, 즉 "활동적 삶이 지나치게 강조된 데 대한 반작용으로, '의미 없는 부지런함'이 만연한 세태"입니다. 활동적 삶의 태도를 비판하고 있고, 사색적 삶을 강조하고 있기 때문에 선지 ③이 적절합니다. (정답: ③)

유제 연습 ❶

1 다음 글에 따라, '폐어 단계'에서 관찰할 수 있는 호흡계 구조를 〈보기〉에서 찾아 바르게 묶은 것은?

> 바다 속에 서식했던 척추동물의 조상형 동물들은 체와 같은 구조를 이용하여 물 속의 미생물을 걸러 먹었다. 이들은 몸집이 아주 작아서 물 속에 녹아 있는 산소가 몸 깊숙한 곳까지 자유로이 넘나들 수 있었기 때문에 별도의 호흡계가 필요하지 않았다. 그런데 몸집이 커지면서 먹이를 거르던 체와 같은 구조가 호흡 기능까지 갖게 되어 마침내 아가미 형태로 변형되었다. 즉, 소화계의 일부가 호흡 기능을 담당하게 된 것이다. 그 후 호흡계의 일부가 변형되어 허파로 발달하고, 그 허파는 위장으로 이어지는 식도 아래쪽으로 뻗어 나갔다. 한편, 공기가 드나드는 통로는 콧구멍에서 입천장을 뚫고 들어가 입과 아가미 사이에 자리 잡게 되었다. 이러한 진화 과정을 보여 주는 것이 폐어(肺魚) 단계의 호흡계 구조이다.

보기

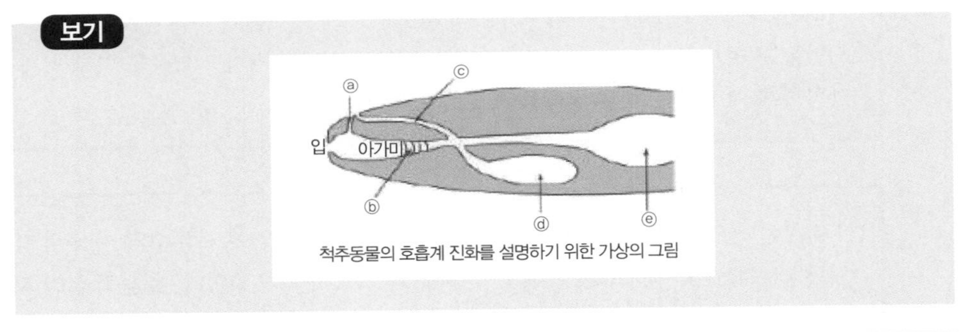

척추동물의 호흡계 진화를 설명하기 위한 가상의 그림

① ⓐ, ⓑ, ⓒ ② ⓐ, ⓑ, ⓓ ③ ⓑ, ⓓ, ⓔ
④ ⓐ, ⓑ, ⓒ, ⓓ ⑤ ⓐ, ⓒ, ⓓ, ⓔ

| 풀이 |

이 문단을 빠르게 읽고 문제를 풀면 정답을 ①로 착각할 수 있습니다. '콧구멍에서 입천장을 뚫고 들어간다'는 것이 확실히 인지되고, 먹이를 거르던 체와 같던 구조가 아가미가 되었다는 점도 뚜렷하게 기억에 남습니다. 그래서 그림의 ⓒ를 정확히 확인하지 않고 ①을 정답으로 판단합니다. "호흡계의 일부가 변형되어 허파로 발달하고, 그 허파는 위장으로 이어지는 식도 아래쪽으로 뻗어 나갔다."의 구절을 정확히 독해하지 않은 것이죠. ⓓ는 허파이고, ⓔ는 식도와 이어지는 위입니다. 먹이는 소화된 후 몸 밖으로 배출되어야 하므로 소화계는 몸 밖과 이어집니다. 그렇게 본다면 ⓔ는 소화계에 속하는 위라는 것을 알 수 있고, ⓓ는 식도 아래쪽의 허파입니다. (정답: ②)

2 다음 ㉠의 입장과 가장 가까운 것은?

아리스토텔레스는 좋은 성품을 얻는 것을 기술을 습득하는 것에 비유한다. 그에 따르면, 리라(lyra)를 켬으로써 리라를 켜는 법을 배우며 말을 탐으로써 말을 타는 법을 배운다. 어떤 기술을 얻고자 할 때 처음에는 교사의 지시대로 행동한다. 그리고 반복 연습을 통하여 그 행동이 점점 더 하기 쉽게 되고 마침내 제2의 천성이 된다. 이와 마찬가지로 어린아이는 어떤 상황에서 어떻게 행동해야 진실되고 관대하며 예의를 차리게 되는지 일일이 배워야 한다. 훈련과 반복을 통하여 그런 행위들을 연마하다 보면 그것들을 점점 더 쉽게 하게 되고, 결국에는 스스로 판단할 수 있게 된다.

그는 올바른 훈련이란 강제가 아니고 그 자체가 즐거움이 되어야 한다고 지적한다. 또한 그렇게 훈련받은 사람은 일을 바르게 처리하는 것을 즐기게 되고, 일을 바르게 처리하고 싶어 하게 되며, 올바른 일을 하는 것을 어려워하지 않게 된다. 이처럼 ㉠성품의 탁월함이란 사람들이 '하는 것'만이 아니라 사람들이 '하고 싶어 하는 것'과도 관련된다. 그리고 한두 번 관대한 행동을 한 것으로 충분하지 않으며, 늘 관대한 행동을 하고 그런 행동에 감정적으로 끌리는 성향을 갖고 있어야 비로소 관대함에 관하여 성품의 탁월함을 갖고 있다고 할 수 있다.

① 천성으로 타고 나야 가능한 일이다.
② 주체적 판단으로 옳은 일을 하는 것과 관련된다.
③ 내적 갈등이 없이 옳은 일을 하는 것과 관련된다.
④ 옳다는 확신을 가지고 하는 것과 관련된다.
⑤ 다른 사람의 칭찬을 의식하지 않고 옳은 일을 하는 것과 관련된다.

| 풀이 |

정답을 ②로 착각할 가능성이 높습니다. 훈련과 반복을 통하여 좋은 성품을 얻게 되고, "결국 스스로 판단할 수 있게 된다"라고 했으니까, 주체적 판단이 마치 목표처럼 느껴집니다. 그런데 둘째 문단의 후반부에서 '성품의 탁월함'이 어떤 성격을 갖는가에 대해 요약 정리해주고 있습니다. 성품의 탁월함이란 먼저 사람들이 '하고 싶어 하는 것'과 관련된다는 것이고, 그리고 '감정적으로 끌리는 성향을 갖고' 있어서 언제든지 쉽게 관대한 행동을 할 수 있어야 한다는 것이죠. "늘 관대한 행동을 하고 그런 행동에 감정적으로 끌리는 성향을 갖고 있어야" 한다는 부분과 의미가 통하는 선지는 ③입니다. "내적 갈등이 없이 옳은 일을 하는 것"은 옳은 일에 대해 감정적으로 끌려서 쉽게 할 수 있다는 것과 같은 의미라고 볼 수 있습니다. (정답: ③)

2 새로운 개념이나 단어가 포함되었는지 확인한다

❶ 경우에 따라서는 요약 정리 문장에 새로운 개념이나 새로운 의미의 단어가 포함될 수도 있습니다. 귀납적 일반화의 원리에 따라 문단 내용 전체를 추상화하기 때문에 새로운 개념이나 새로운 단어가 제시되는 것이죠. 그래서 문단 끝에 중심 내용이 올 경우에는 새로운 개념이나 단어가 제시되었는지 살피는 것도 독해의 초점이 됩니다.

| 사례분석 1 (2006학년도 수능)

'춤연극'으로 잘 알려진 피나 바우쉬의 영화 ㉠「황후의 탄식」에는 각 장면들이 연극 무대처럼 펼쳐진다. 이 작품은 일정한 줄거리가 없는 대신, 상이한 연상을 불러일으키는 다양한 장면들로 구성된 몽타주*와 같다. 연출가는 배우들의 모습을 클로즈업하여 그들의 표정과 행동을 자세하게 관찰하고, 그들이 도시와 숲 속에서 돌아다니는 모습을 먼 거리에서 바라보고 있다. 도시와 자연 배경은 주위와의 연관 관계로부터 떨어져 나와 원래의 지리적 공간이 아닌 낯설고 새로운 추상적인 공간이 된다. 그 공간에 등장하는 배우들은 갈 곳을 잃고 헤매는 모습을 보여 주고 있다. 낮과 밤의 구별이 없는 도시의 거리, 마른 나뭇가지들이 여기저기 흩어진 숲 속의 빈터, 너른 풀밭, 어두운 숲 등은 그 빛과 어둠으로 우리 존재의 슬픈 내면을 비춘다. 밝음 속에서 소외되는 것과 어둠 속에 갇히는 것은 본원적으로 같다. 이렇게 상징적인 이미지를 통해서 연출가는 작품을 고정되고 완성된 것이 아니라, 새롭게 생성되는 '과정 속의 작품'으로 만들고, 공연에 시적인 특질을 부여하게 된다.

* 몽타주: 둘 이상의 장면을 하나로 편집하는 영화나 사진 등의 기법.

문제 | 〈보기〉가 ㉠에 대한 비평문이라고 할 때, 위 글의 논지와 다른 것은?

보기

「황후의 탄식」은 ⓐ이미지의 나열로 일관한다. ⓑ모든 장면은 하나의 서사적 구조에 종속되지 않으며, 나름대로의 독자성을 지닌다. 이처럼 인간의 이성에 대한 믿음에 기반하고 있는 ⓒ인과적인 플롯을 거부하는 것은, 인간의 존재 조건에 대한 근본적인 물음을 던지기 위해서이다. 이 영화에서는 ⓓ자연의 구체적 묘사와 배우의 사실적 연기가 중요하다. 결국 ⓔ자연과 인간은 시적 의미를 갖게 된다.

① ⓐ　② ⓑ　③ ⓒ　④ ⓓ　⑤ ⓔ

'춤연극'으로 잘 알려진 피나 바우쉬의 영화 「황후의 탄식」에는 각 장면들이 연극 무대처럼 펼쳐진다. 이 작품은 일정한 줄거리가 없는 대신, 상이한 연상을 불러일으키는 다양한 장면들로 구성된 몽타주와 같다. 연출가는 배우들의 모습을 클로즈업하여 그들의 표정과 행동을 자세하게 관찰하고, 그들이 도시와 숲 속에서 돌아다니는 모습을 먼 거리에서 바라보고 있다. 도시와 자연 배경은 주위와의 연관 관계로부터 떨어져 나와 원래의 지리적 공간이 아닌 낯설고 새로운 추상적인 공간이 된다. 그 공간에 등장하는 배우들은 갈 곳을 잃고 헤매는 모습을 보여 주고 있다. 낮과 밤의 구별이 없는 도시의 거리, 마른 나뭇가지들이 여기저기 흩어진 숲 속의 빈터, 너른 풀밭, 어두운 숲 등은 그 빛과 어둠으로 우리 존재의 슬픈 내면을 비춘다. 밝음 속에서 소외되는 것과 어둠 속에 갇히는 것은 본원적으로 같다. **((이렇게)) 상징적인 이미지를 통해서** 연출가는 작품을 고정되고 완성된 것이 아니라, 새롭게 생성되는 '과정 속의 작품'으로 만들고, 공연에 시적인 특질을 부여하게 된다.

보기

「황후의 탄식」은 ⓐ이미지의 나열로 일관한다. ⓑ모든 장면은 하나의 서사적 구조에 종속되지 않으며, 나름대로의 독자성을 지닌다. 이처럼 인간의 이성에 대한 믿음에 기반하고 있는 ⓒ인과적인 플롯을 거부하는 것은, 인간의 존재 조건에 대한 근본적인 물음을 던지기 위해서이다. 이 영화에서는 ⓓ자연의 **구체적 묘사**와 배우의 **사실적 연기**가 중요하다. 결국 ⓔ자연과 인간은 시적 의미를 갖게 된다.

「황후의 탄식」에 대한 여러 가지들을 설명하지만, 잘 이해되지 않는 어려운 내용도 들어 있습니다. 몽타주는 서로 관련이 없는 이미지들을 병렬적으로 제시하는 기법으로, 일정한 줄거리도 없고 인과적 서사구조도 갖지 않습니다. 장면 하나하나가 독자적인 의미를 지닌다고 볼 수 있죠. 그래서 〈보기〉의 ⓑ와 ⓒ 그리고 ⓐ는 '몽타주'라는 개념과 관련을 갖습니다.

이러한 배경 지식이 없어도 문단의 마지막 문장에서, 영화 내용을 한 마디로 압축하여 새롭게 제시한 개념어를 통해 문제를 해결할 수 있습니다. 새롭게 제시한 개념은 바로 '상징적 이미지'입니다. '상징'이라는 개념은 구체적이고 사실적인 것과는 양립할 수 없는 개념입니다. 구체적이고 사실적인 것은 객관적이고 모두가 확인할 수 있는 것이죠. 이에 반해 상징적인 것은 사람이 생각하고 있는 관념과 연결됩니다. 그래서 주관적일 수 있고, 사람의 머릿속에 있는 것이라 모호합니다. 상징물은 이러한 관념과 연결되는 사물인데, 그것이 어떤 관념과 생각을 의미하는지 명확하지 않을 수 있습니다. 그래서 공연이 시적인 특질을 가질 수 있는 것이죠. (정답: ④)

| 사례분석 2 (2017학년도 수능)

논리실증주의자와 달리 콰인은 가설만 가지고서 예측을 논리적으로 도출할 수 없다고 본다. 예를 들어 ⓐ새로 발견된 금속 M은 열을 받으면 팽창한다는 가설만 가지고는 ⓑ열을 받은 M이 팽창할 것이라는 예측을 이끌어낼 수 없다. 먼저 지금까지 관찰한 모든 금속은 열을 받으면 팽창한다는 기존의 지식과 M에 열을 가했다는 조건 등이 필요하다. 이렇게 예측은 가설, 기존의 지식들, 여러 조건 등을 모두 합쳐야만 논리적으로 도출된다는 것이다. 그러므로 예측이 거짓으로 밝혀지면 정확히 무엇 때문에 예측에 실패한 것인지 알 수 없다는 것이다. 이로부터 콰인은 개별적인 가설뿐만 아니라 ⓒ기존의 지식들과 여러 조건 등을 모두 포함하는 전체 지식이 경험을 통한 시험의 대상이 된다는 총체주의를 제안한다.

콰인은 분석 명제와 종합 명제로 지식을 엄격히 구분하는 대신, 경험과 직접 충돌하지 않는 중심부 지식과, 경험과 직접 충돌할 수 있는 주변부 지식을 상정한다. 경험과 직접 충돌하여 참과 거짓이 쉽게 바뀌는 주변부 지식과 달리 주변부 지식의 토대가 되는 중심부 지식은 상대적으로 견고하다. 그러나 이 둘의 경계를 명확히 나눌 수 없기 때문에, 콰인은 중심부 지식과 주변부 지식을 다른 종류라고 하지 않는다. 수학적 지식이나 논리학 지식은 중심부 지식의 한가운데에 있어 경험에서 가장 멀리 떨어져 있지만 그렇다고 경험과 무관한 것은 아니라는 것이다. 그런데 주변부 지식이 경험과 충돌하여 거짓으로 밝혀지면 전체 지식의 어느 부분을 수정해야 할지 고민하게 된다. 주변부 지식을 수정하면 전체 지식의 변화가 크지 않지만 중심부 지식을 수정하면 관련된 다른 지식이 많기 때문에 전체 지식도 크게 변화하게 된다. 그래서 대부분의 경우에는 주변부 지식을 수정하는 쪽을 선택하겠지만 실용적 필요 때문에 중심부 지식을 수정하는 경우도 있다. 그리하여 콰인은 중심부 지식과 주변부 지식이 원칙적으로 모두 수정의 대상이 될 수 있고, 지식의 변화도 더 이상 개별적 지식이 단순히 누적되는 과정이 아니라고 주장한다.

문제 | 윗글을 바탕으로 총체주의의 입장에서 ⓐ~ⓒ에 대해 평가한 것으로 적절하지 않은 것은?

① ⓑ가 거짓으로 밝혀지더라도 그것이 ⓐ 때문이라고 단정하지 못하겠군.
② ⓑ가 거짓으로 밝혀지면 ⓒ의 어느 부분을 수정하느냐는 실용적 필요에 따라 달라지겠군.
③ ⓑ는 ⓐ와 ⓒ로부터 논리적으로 도출된다고 하겠군.
④ ⓑ가 거짓으로 밝혀지면 ⓑ는 ⓒ의 주변부에서 경험과 직접 충돌한 것이라고 하겠군.
⑤ ⓑ가 거짓으로 밝혀지면 ⓐ를 수정하는 방법으로 ⓒ를 지키려 하겠군.

귀납적 일반화에는 추상(抽象: 여러 가지 사물이나 개념에서 공통되는 특성이나 속성 따위를 추출하여 파악하는 것)하는 사고가 작용합니다. 구체적인 여러 사례들에 공통되는 요소를 찾아서 거기에 적절한 개념을 제시하는 것이죠. 그래서 귀납적 일반화에는 새로운 개념이나 단어가 들어가게 되고, 이것은 구체적 사례들을 모두 포괄하는 상위 개념어가 됩니다. 미괄식 문단은 이런 성격을 띤다고 볼 수 있어요. 구체적인 것들을 먼저 말한 다음, 그것들을 포괄하는 정리 문장이 제시되는데, 이때 앞 내용들을 추상화한 개념어가 있는지 살펴보는 게 독해의 초점이 됩니다.

논리실증주의자와 달리 콰인은 가설만 가지고서 예측을 논리적으로 도출할 수 없다고 본다. 예를 들어 ⓐ새로 발견된 금속 M은 열을 받으면 팽창한다는 가설만 가지고는 ⓑ열을 받은 M이 팽창할 것이라는 **예측**을 이끌어낼 수 없다. 먼저 지금까지 관찰한 모든 금속은 열을 받으면 팽창한다는 **기존의 지식**과 M에 열을 가했다는 **조건** 등이 필요하다. **이렇게 예측은 가설, 기존의 지식들, 여러 조건 등을 모두 합쳐야만 논리적으로 도출된다는 것이다.** 그러므로 예측이 거짓으로 밝혀지면 정확히 무엇 때문에 예측에 실패한 것인지 알 수 없다는 것이다. // **이로부터** 콰인은 개별적인 가설뿐만 아니라 ⓒ기존의 지식들과 여러 조건 등을 모두 포함하는 전체 지식이 경험을 통한 시험의 대상이 된다는 **총체주의**를 제안한다.

'논리실증주의와 달리'라는 구절을 통해 논리실증주의자들의 생각을 추론할 수 있습니다. 콰인은 이들과 달리 가설만 가지고서 예측을 논리적으로 도출할 수 없다고 하니까, 논리실증주의자들은 가설을 가지고서 예측을 논리적으로 도출할 수 있다고 보는 것이죠. 논리실증주의자들은 관찰과 실험을 통해 예측이 맞을 때에는 가설이 하나의 지식으로 성립한다고 볼 것입니다. 이것이 이 문단에 앞서서 제시하고 있는 내용이죠.

그런데 콰인은 예측을 가설에서 이끌어내는 데에는 '기존의 지식'과 '조건'이 필요하다고 봅니다. 즉 콰인의 입장은, 예측은 가설과 기존 지식과 조건 등이 합쳐져야 논리적으로 도출된다고 보는 것이죠. 만약 예측이 거짓으로 밝혀진다면 이런 입장에서는 원인을 밝혀내기가 어렵습니다. 가설에 문제가 있는지, 기존 지식의 적용이 잘못되었는지, 조건이 잘못되었는지, 아니면 지식과 조건의 결합에서 잘못되었는지 알기 어려운 것이죠. 이러한 문제는 '지식이 어떻게 성립하는가'라는 문제와도 관련됩니다. 그렇기 때문에 콰인은 지식의 성립 문제에서도 논리실증주의자와 입장을 달리할 것입니다.

가설과 지식에 관한 콰인의 생각은 '총체주의'(=지식 전체, 즉 가설+기존 지식+조건)라는 새로운 개념으로 제시됩니다. 앞에서 거론한 가설, 예측, 기존 지식, 조건, 이 모두를 포괄하는 총체주의라는 개념을 사용하는 것이죠. 그래서 마지막 문장의 밑줄 ⓒ는 바로 앞에서 언급하고 있는 개별적 가설도 포함하고 있다는 것을 놓쳐서는 안 됩니다. 밑줄이 "기존의 지식들과 여러 조건 등을 모두 포함하는 전체 지식"에만 있으니까, 개별적 가설은 제외되는 것 아니냐라고 생각할 수 있지만, 그렇지 않습니다.

콰인은 분석 명제와 종합 명제로 지식을 엄격히 구분하는 대신, 경험과 직접 충돌하지 않는 **중심부 지식**과, 경험과 직접 충돌할 수 있는 **주변부 지식**을 상정한다. 1) 경험과 직접 충돌하여 참과 거짓이 쉽게 바뀌는 주변부 지식과 달리 주변부 지식의 토대가 되는 중심부 지식은 상대적으로 견고하다. 그러나 이 둘의 경계를 명확히 나눌 수 없기 때문에, 콰인은 2) 중심부 지식과 주변부 지식을 다른 종류라고 하지 않는다. (수학적 지식이나 논리학 지식은 중심부 지식의 한가운데에 있어 경험에서 가장 멀리 떨어져 있지만 그렇다고 경험과 무관한 것은 아니라는 것이다.) // ((**그런데**)) **주변부 지식이 경험과 충돌하여 거짓으로 밝혀지면 전체 지식의 어느 부분을 수정해야 할지 고민하게 된다**. 주변부 지식을 수정하면 전체 지식의 변화가 크지 않지만 중심부 지식을 수정하면 관련된 다른 지식이 많기 때문에 전체 지식도 크게 변화하게 된다. 그래서 a) 대부분의 경우에는 주변부 지식을 수정하는 쪽을 선택하겠지만 b) 실용적 필요 때문에 중심부 지식을 수정하는 경우도 있다. // **그리하여** 콰인은 중심부 지식과 주변부 지식이 원칙적으로 **모두 수정의 대상**이 될 수 있고, 지식의 변화도 더 이상 **개별적 지식이 단순히 누적되는 과정이 아니라고 주장**한다.

첫째 문단과 둘째 문단 사이에는 원래의 수능 지문과 달리 하나의 문단이 빠져 있습니다. 빠져 있어도 제시된 문제를 해결하는데 큰 지장이 없고, 오히려 문제를 더 잘 풀 수 있을 것 같습니다. ^.^ 빠져 있는 문단의 내용이 어렵고, 문맥 흐름을 독해하는 데에 곤란을 주는 점도 있기 때문이죠. 빠져 있는 문단의 내용은 무엇일까요? 앞 문단의 내용은 뒤 문단 머리 부분에서 다시 언급하는 경향이 있기 때문에 이 문단의 머리 부분에서 추론할 수 있습니다. 이젠 알 수 있겠죠? 분석 명제와 종합 명제로 지식을 분류하는 내용일 겁니다. 그런데 콰인은 그러한 분류를 엄격히 구분하지 않는다고 하네요. 분석 명제와 종합 명제로 지식을 엄격히 분류하는 것을 부정하는 논증이 생략된 문단에 나와 있고, 이 문단에서는 콰인 자신의 지식 분류에 대해 말하고 있습니다.

콰인은 중심부 지식과 주변부 지식으로 지식을 분류합니다. 분류를 할 때는 어떤 기준이 작용하죠? 여기서는 어떤 기준이 작용할까요? 바로 경험입니다. 경험과 직접 충돌하느냐 직접 충돌하지 않느냐를 기준으로 하고 있습니다. 그러니까 논리실증주의자와 콰인의 공통점은 경험에 기초하여 지식의 성립을 추구하고 있다는 점입니다.

수학적 지식이나 논리학 지식은 분석 명제에 속하는 지식인데, 콰인을 이것을 중심부 지식에 포함시키고 있습니다. 경험으로부터 가장 멀리 떨어져 있고, 상대적으로 견고한 지식입니다. 그렇지만 이러한 중심부 지식도 경험과 무관한 것이 아니며, 주변부 지식과 명확하게 경계를 나눌 수 있는 것도 아니라고 콰인은 보고 있습니다.

문단 중간 부분에서 '그런데'를 통하여 논점을 전환하고 있습니다. 즉 지식의 분류가 이제 지식의 수정과 어떤 관련이 있는가를 살펴보는 것이죠. 앞 문단에서 언급한, '예측 실패'와 관련이 있습니다. 가설과 예측은 관찰과 실험이라는 경험을 거쳐야 하므로 주변부 지식에 속합니다. 그래서 "주변부 지식이 경험과 충돌하여 거짓으로 밝혀지면" 지식을 수정해야 합니다. 콰인은 '총체주의' 입장에 있기 때문에 가설만 수정하는 것에 반대합니다. 가설, 기존 지식, 조건 등을 모두 포괄하는 전체 지식을 놓고 어느 것을 수정해야 할지 고민하게 됩니다. 주변부 지식은 조금만 수정하면 되고, 중심부 지식을 수정하면 지식 변화가 커지게 되죠. 그래서 대부분은 주변부 지식을 수정하지만, "실용적 필요 때문에 중심부 지식을 수정하는 경우"도 있습니다. 즉 콰인은 중심부 지식도 수정할 수 있다고 보는 것이죠.

마지막 문장에서 이런 내용을 요약하고 있는데, 2가지 사항으로 압축하고 있습니다. 하나는 주변부 지식과 중심부 지식 모두가 수정의 대상이 된다는 점이고, 다른 하나는 지식 변화가 개별 지식의 누적 과정이 아니라는 것입니다. 이 두 가지 사항은 논리실증주의자들이 바라보는 지식 개념과 차이가 나는 것들입니다.

ⓐ 새로 발견된 금속 M은 열을 받으면 팽창한다는 가설

ⓑ 열을 받은 M이 팽창할 것이라는 예측

ⓒ 기존의 지식들과 여러 조건 등을 모두 포함하는 전체 지식

① ⓑ가 거짓으로 밝혀지더라도 그것이 ⓐ 때문이라고 단정하지 못하겠군.

(총체주의 입장에서는 가설, 기존 지식, 조건 등 지식 전체에서 어떤 것이 원인인지 정확히 알아내기 어렵다는 입장을 지닙니다. 그래서 가설 ⓐ 때문이라고 단정하지 못하므로 적절한 선지입니다.)

② ⓑ가 거짓으로 밝혀지면 ⓒ의 어느 부분을 수정하느냐는 실용적 필요에 따라 달라지겠군.

(실용적 필요에 따라 중심부 지식도 수정할 수 있다는 것이 총체주의 입장입니다. 적절한 선지입니다.)

③ ⓑ는 ⓐ와 ⓒ로부터 논리적으로 도출된다고 하겠군.

(총체주의 입장에서는 ⓑ의 예측이 가설과 기존 지식 그리고 여러 조건을 합친 전체 지식에서 논리적으로 도출될 수 있다고 하므로 적절한 선지입니다.)

④ ⓑ가 거짓으로 밝혀지면 ⓑ는 ⓒ의 주변부에서 경험과 직접 충돌한 것이라고 하겠군.

(ⓑ는 예측이고, 이것은 관찰과 실험으로 확인할 수 있는 지식에 속합니다. 총체주의 입장에서는 ⓑ는 주변부 지식에 속하게 되기 때문에, 만약 ⓑ가 거짓으로 밝혀진다면 경험과 직접 충돌한 결과입니다. 그래서 적절한 선지입니다.)

⑤ ⓑ가 거짓으로 밝혀지면 ⓐ를 수정하는 방법으로 ⓒ를 지키려 하겠군.

(ⓑ의 예측이 거짓으로 밝혀지면, 총체주의 입장에서는 가설, 기존 지식, 조건 등 지식 전체에서 지식을 수정하려고 합니다. ⓐ를 수정하려는 것은 적절할 수 있지만, 그렇다고 전체 지식 ⓒ를 지키려고 한다고 볼 수 없습니다. 오히려 지식을 수정하여 지식의 변화를 꾀한다고 볼 수 있습니다. 적절한 선지가 아니므로 정답입니다.)

유제 연습 ❷

1 ㉠~㉣에 대한 이해로 적절하지 않은 것은?

기차 안에서처럼 두 개의 의자가 서로 마주보고 있고, 그 옆에는 스크린이 창문처럼 설치되어 있다. 관람객들이 이 의자에 앉아 대화를 나누면 대화 속의 단어들에 상응하는 이미지들이 화면 가득히 나타나 입체적 영상을 만들어 낸다. 이는 소머러와 미그노뉴의 디지털 아트 작품인 「인터넷 타기」에 대한 설명이다. 이와 같은 최근의 예술적 시도들은 ㉠작품과 수용자 사이의 경계를 넘어 작품의 생성과 전개에 수용자를 참여시킴으로써 ㉡작품과 수용자 사이의 상호 작용을 가능하게 한다.

이는 분명 종래의 예술관에 대한 도전이다. 종래의 예술관은 수용자의 참여를 허락하지 않았을 뿐만 아니라 예술 감상을 미적 관조로 한정하고 있었기 때문이다. 즉 예술 작품에 대한 감상은 ㉢예술 이외의 모든 관심과 욕구로부터 초연한 상태에서 가능하다는 것이다. 더구나 이러한 관조적 태도와 함께 예술 작품 자체도 모든 것에서 벗어난 순수한 객체가 됨으로써 이제 예술은 그 어떤 권위도 침해할 수 없는 자율적 영역이 된다. 이 때문에 종종 예술은 쓸모없는 것으로 평가절하되기도 하지만, 현실의 모든 긴장과 갈등으로부터 벗어날 수 있는 ㉣해방 공간으로 승화되기도 한다.

① ㉠: 예술 작품을 창작하는 데 수용자의 참여를 배제함으로써 예술 작품을 예술가만의 창작 결과로 만드는 것을 말한다.

② ㉡: 수용자가 완결성을 갖는 작품을 변형하면서 이를 감상하는 것을 말한다.

③ ㉢: 실용적, 윤리적, 정치적 목적을 달성하려는 욕구 혹은 과학적 호기심 등 예술 작품 자체를 향유하려는 것 이외의 관심과 욕구를 말한다.

④ ㉣: 사람들이 삶의 긴장과 갈등으로부터 벗어나 오직 예술 작품에만 관심을 집중하는 상태를 말한다.

| 풀이 |

첫째 문단과 둘째 문단은 서로 대조되는 개념을 설명하기 때문에 차이점을 비교하면서 독해해야 합니다. 첫째 문단 마지막 부분에서는 '최근의 예술적 시도들'의 의미를 정리하고 있습니다. 여러 의미 영역을 추상적 개념으로 제시하고 있기 때문에 정확한 독해가 필요합니다. 1) "작품과 수용자 사이 경계를 넘어" 부분을 살펴봅시다. 작품은 예술가가 만든 것이고 수용자는 그것을 감상하는 일반인입니다. 둘 사이의 경계를 넘는다고 하니까, 최근의 예술적 시도들은 예술가와 일반인의 경계를 없앤다는 것이고, 종래의 예술들은 이러한 경계를 설정하고 있다는 것을 암시합니다. 2) "작품의 생성과 전개에 수용자를 참여시킴으로써" 부분에서 유의할 점은, **'작품의 생성과 전개'**라는 구절입니다. 작품을 만들고 전개하는 과정을 말하기 때문에 예술 작품이 고정되고 완성되어 있다는 의미는 아닙니다. 문단 머리 부분에서 제시하고 있는 예시를 참고할 필요가 있습니다. 이렇게 작품 생성에 계속적으로 수용자를 참여시킴으로써, 3) "작품과 수용자 사이의 상호 작용을 가능하게" 한다는 것입니다.

둘째 문단은 이와 대비하여 '종래의 예술관'의 특징을 말하고 있습니다. 먼저 작품 생성과 전개에 수용자의 참여를 허락하지 않습니다. 일반인들이 할 수 있는 것은 말 그대로 작품을 '수용'하는 것입니다. 즉 예술가가 완성한 작품을 감상하고 미적 관조를 하는 것이죠. 그런데 이 같은 예술관이 갖는 긍정적인 의미가 있습니다. 먼저 예술에 대한 관조적 감상은 일상적 삶의 관심과 욕구로부터 초연하게 해줍니다. 그렇기 때문에 예술 작품도 삶의 다른 영역에서 벗어나 어떤 권위도 침해할 수 없는 자율적인 대상이 되게 됩니다. 따라서 예술은 "현실의 모든 긴장과 갈등으로부터 벗어날 수 있는 해방 공간"의 영역이 된다는 것이죠.

① 밑줄이 "작품과 수용자 사이의 경계"에까지만 쳐져 있습니다. 빠르게 읽다 보면 "넘어"까지 그어져 있다고 생각할 수 있습니다. 더구나 ㉠ 앞에는 '최근의 예술적 시도들'이라는 문단 중심어가 나오기 때문에, ㉠의 의미는 작품에 수용자를 참여시킨다고 판단하기 쉽습니다. 그래서 적절하지 않다고 생각하여 정답으로 착각할 수 있습니다. 그런데 ㉠은 예술가와 일반인 사이의 경계를 인정하는 종래의 예술관과 관련됩니다. ①이 적절한 이유는 여기에 있습니다. (O)

② "작품과 수용자 사이의 상호 작용"을 가능하게 하는 이유가 ㉡ 바로 앞부분에 나와 있습니다. 그래서 ㉡의 의미는 이 부분과 결합해서 이해해야 합니다. 앞부분이 원인이고 ㉡은 그 결과이기 때문이죠. 이런 생각을 갖고 선지 ②를 살펴보아야 합니다. "완결성을 갖는 작품을 변형"이라는 선지 ② 부분에서, '완결성'이라는 개념을 놓치고 '변형'이라는 개념만 생각하면 적절한 것으로 생각합니다. 수용자가 참여하여 작품을 만드는 것이니까, '변형'이라는 말이 적절하다고 생각하게 됩니다. 그런데 '완결성'이라는 말은 '작품의 생성과 전개'라는 말과 모순됩니다. 작품을 생성하는 것에 수용자가 참여한다는 것은, 작품이 아직 완결되지 않았다는 의미를 내포합니다. 예술 작품의 생성에 수용자를 참여시키게 되면 계속적으로 작품이 '전개'됩니다. 그래서 '전개'라는 개념이 덧붙여져 있다고 생각됩니다. 그리고 "이를 감상하는 것을 말한다." 부분은 적절합니다. 수용자는 작품을 생성하면서도 작품을 감상할 수 있으니까요. 선지의 앞부분이 잘못됐기 때문에 적절하지 않고 그래서 정답입니다. (X: 정답)

③ 적절한 선지입니다. (O)

④ ㉣을 수식하는 ㉣ 앞부분과 관련하여 이해하면 됩니다. 적절한 선지입니다. (O)

| 문단 끝 요약

01 **다음 글의 내용으로 적절하지 <u>않은</u> 것은?**

일반적으로 제품의 품질 특성값은 평균을 중심으로 가장 많이 분포되어 있으며, 특성값이 평균에서 멀리 떨어진 제품일수록 생산될 가능성은 점차 줄어든다. 여기서 품질 특성값들이 그 평균에서 떨어져 흩어져 있는 정도를 산포도라고 하며, 산포도를 측정하는 척도로 표준 편차를 이용한다. 시그마(σ)는 표준 편차를 나타내는 기호로 그 값이 작다는 것은 평균을 중심으로 품질 특성값이 덜 흩어져 있음을 의미하며, 이는 곧 생산된 제품의 품질이 상대적으로 균일하다는 것을 의미한다. 이와 같은 통계적 개념인 시그마를 조직이 도달해야 할 품질 목표로 설정하는 기업 경영이 있는 것이다.

모든 제품에는 나름대로의 규격이 있는데 이 규격은 일반적으로 규격 하한과 규격 상한으로 주어진다. 규격을 벗어나는 제품은 모두 불량품이 된다. 오른편의 그림처럼 두 공정 A, B에서 생산된 제품들의 품질 특성값 평균이 규격 하한과 규격 상한의 중간인 목표값에 모두 일치하였다고 가정하자. A공정에서 생산된 제품은 산포도가 작아서 규격을 벗어나는 것이 거의 없으나, B공정에서 생산된 제품은 산포도가 커서 규격을 벗어나는 불량품이 발생하고 있다. 평균에서 규격 하한 혹은 규격 상한까지의 거리를 시그마의 배수로 표현할 때, A 공정은 시그마가 작아 그 배수가 큰 반면, B공정은 시그마가 커서 A공정에 비해 그 배수는 작다. 이와 같이 평균에서 규격 하한 혹은 규격 상한까지의 거리가 시그마의 몇 배가 되느냐에 따라 불량률이 작아지기도 하고 커지기도 하는 것을 알 수 있다.

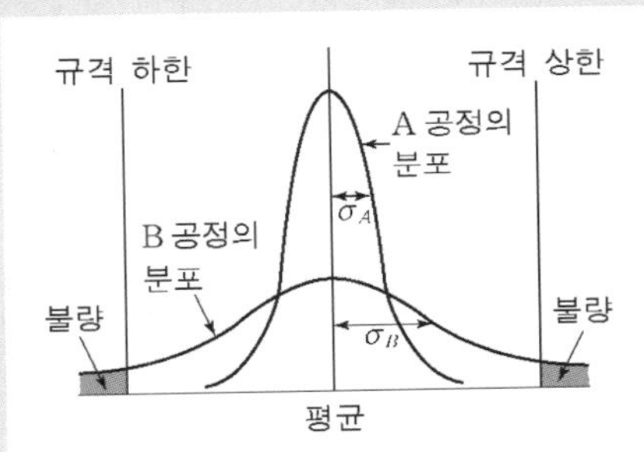

① 표준 편차가 작을수록 불량이 적은 우수한 공정으로 판정하게 된다.
② 품질 관리의 기술은 통계적 개념에 바탕을 두고 있다.
③ 평균에서 규격 상한까지 시그마 배수가 작을수록 제품의 품질이 균일하다.
④ 평균에서 규격 상한까지의 거리가 표준 편차의 6배이면 공정은 6시그마 상태에 있다.

02 ㉠과 ㉡의 공통점으로 가장 적절한 것은?

시민 사회라는 용어는 17세기에 등장했지만, 19세기 초에 이를 국가와 구분하여 개념적으로 정교화한 인물이 헤겔이다. 그가 활동하던 시기에 유럽의 후진국인 프러시아에는 절대주의 시대의 잔재가 아직 남아 있었다. 산업 자본주의도 미성숙했던 때여서, 산업화를 추진하고 자본가들을 육성하며 심각한 빈부 격차나 계급 갈등 등의 사회 문제를 해결해야 하는 시대적 과제가 있었다. 그는 사익의 극대화가 국부(國富)를 증대해준다는 점에서 공리주의를 긍정했으나, 그것이 시민 사회 내에서 개인들의 무한한 사익 추구가 일으키는 빈부 격차나 계급 갈등을 해결할 수는 없다고 보았다. 그는 시민 사회가 개인들이 사적 욕구를 추구하며 살아가는 생활 영역이자 그 욕구를 사회적 의존 관계 속에서 추구하게 하는 공동체적 윤리성의 영역이어야 한다고 생각했다. 특히 시민 사회 내에서 사익 조정과 공익 실현에 기여하는 ㉠직업 단체와 복지 및 치안 문제를 해결하는 복지 행정 조직의 역할을 설정하면서, 이 두 기구가 시민 사회를 이상적인 국가로 이끌 연결 고리가 될 것으로 기대했다. 하지만 빈곤과 계급 갈등은 시민 사회 내에서 근원적으로 해결될 수 없는 것이었다. 따라서 그는 국가를 사회 문제를 해결하고 공적 질서를 확립할 최종 주체로 설정하면서 시민 사회가 국가에 협력해야 한다고 생각했다.

한편 1789년 프랑스 혁명 이후 프랑스 사회는 혁명을 이끌었던 계몽주의자들의 기대와는 다른 모습을 보이고 있었다. 사회는 사익을 추구하는 파편화된 개인들의 각축장이 되어 있었고 빈부 격차와 계급 갈등은 격화된 상태였다. 이러한 혼란을 극복하기 위해 노동자 단체와 고용주 단체 모두를 불법으로 규정한 르 샤플리에 법이 1791년부터 약 90년간 시행되었으나, 이 법은 분출되는 사익의 추구를 억제하지도 못하면서 오히려 프랑스 시민 사회를 극도로 위축시켰다. 뒤르켐은 이러한 상황을 아노미, 곧 무규범 상태로 파악하고 최대 다수의 최대 행복을 표방하는 공리주의가 사실은 개인의 이기심을 전제로 하고 있기에 아노미를 조장할 뿐이라고 생각했다. 그는 사익을 조정하고 공익과 공동체적 연대를 실현할 도덕적 개인주의의 규범에 주목하면서, 이를 수행할 주체로서 ㉡직업 단체의 역할을 강조하였다. 국가의 역할을 강조한 헤겔의 영향을 받았음에도 불구하고, 뒤르켐은 직업 단체가 정치적 중간 집단으로서 구성원의 이해관계를 국가에 전달하는 한편 국가를 견제해야 한다고 보았던 것이다.

① 사익을 조정하고 공익 실현을 추구한다.
② 국가를 견제하는 정치적 기능을 수행한다.
③ 치안 및 복지 문제 해결의 기능을 담당한다.
④ 공리주의를 억제하고 도덕적 개인주의를 수용한다.
⑤ 시민 사회 외부에서 국가와의 연결 고리로 작용한다.

03 [A]를 이해한 내용으로 적절하지 않은 것은?

1960년대 이후 개발된 레이저 빛은 멀리까지 퍼지지 않고 직진하기 때문에 길이 측정에 유용함이 입증되었다. 아인슈타인의 상대성 이론에 따르면 빛의 속력은 항상 일정하므로, 레이저를 이용하여 빛의 속력을 길이 표준에 이용하자는 의견이 제기되었다. 이 의견은 1983년 제17차 총회에 반영되어 미터 정의가 현재와 같이 개정되었다.

[A]

"미터는 빛이 진공에서 299 792 458분의 1초 동안 진행한 경로의 길이이다(CGPM, 1983)."

여기서 빛의 속력이 정확한 값으로 고정된 것에 주목할 필요가 있다. 과거에는 속력을 정하려면 이동 거리와 시간을 측정해야만 했다. 그런데 측정은 항상 오차를 가지게 마련이므로 측정으로 표준을 정하면 값을 확정할 수 없다. 예를 들어 측정된 빛의 속력은 299 792 458(1.2)m/s라는 식으로 복잡하게 표현되었는데 여기서 괄호는 측정 불확정도를 나타내었다. 그러나 새로운 정의에서 빛의 속력은 불확정도가 0인 정확한 값으로 규정된다. 그 대신 길이의 정의에 따라 속력을 측정하는 것이 아니라, 역으로 빛의 속력을 기준으로 길이를 정의하게 된 것이다.

① 속력이 길이의 표준을 결정하게 되었다.
② 길이의 측정값은 불확정도가 0이 될 수 없다.
③ 빛은 진공에서 1초에 299 792 458 미터를 진행한다.
④ 시간의 표준이 길이의 표준보다 먼저 결정되어야 한다.
⑤ 빛의 속력은 오차가 0이 되도록 정확하게 측정할 수 있다.

01

일반적으로 **제품의 품질 특성값**은 평균을 중심으로 가장 많이 분포되어 있으며, 특성값이 평균에서 멀리 떨어진 제품일수록 생산될 가능성은 점차 줄어든다. 여기서 품질 특성값들이 그 평균에서 떨어져 흩어져 있는 정도를 산포도라고 하며, 산포도를 측정하는 척도로 표준 편차를 이용한다. **시그마(σ)**는 표준 편차를 나타내는 기호로 그 값이 작다는 것은 평균을 중심으로 품질 특성값이 덜 흩어져 있음을 의미하며, 이는 곧 생산된 제품의 품질이 상대적으로 균일하다는 것을 의미한다. 이와 같은 통계적 개념인 시그마를 조직이 도달해야 할 품질 목표로 설정하는 기업 경영이 있는 것이다.

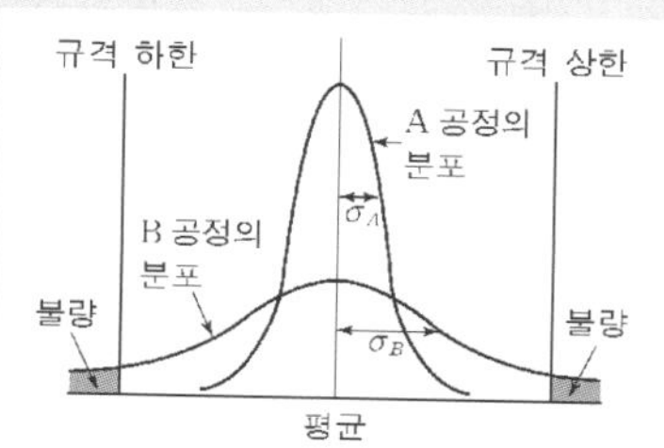

모든 제품에는 나름대로의 규격이 있는데 이 규격은 일반적으로 규격 하한과 규격 상한으로 주어진다. 규격을 벗어나는 제품은 모두 불량품이 된다. 오른편의 그림처럼 두 공정 A, B에서 생산된 제품들의 품질 특성값 평균이 규격 하한과 규격 상한의 중간인 목표값에 모두 일치하였다고 가정하자. A공정에서 생산된 제품은 산포도가 작아서 규격을 벗어나는 것이 거의 없으나, B공정에서 생산된 제품은 산포도가 커서 규격을 벗어나는 불량품이 발생하고 있다. **평균에서 규격 하한 혹은 규격 상한까지의 거리를 시그마의 배수로 표현할 때**, A 공정은 시그마가 작아 그 배수가 큰 반면, B공정은 시그마가 커서 A공정에 비해 그 배수는 작다. 이와 같이 평균에서 규격 하한 혹은 규격 상한까지의 거리가 시그마의 몇 배가 되느냐에 따라 불량률이 작아지기도 하고 커지기도 하는 것을 알 수 있다.

통계적 개념을 통한 기업 경영에 대해서는 첫 문단 마지막 부분에서 말하고 있고, 둘째 문단 마지막 부분에서는 제품 품질의 불량 문제를 거론하고 있습니다. 선택지 ②는 품질 경영을 말하고 있기 때문에 적절합니다.

구체적인 정보를 제시하고 있는 문단 중간 부분이 중요합니다. 품질 경영과 관련된 주요 정보를 알려주고 있기 때문이죠. '제품의 품질 특성값'은 제품 하나하나의 품질 상태를 말합니다. 이러한 제품들 전체의 품질 특성값을 모아 평균을 낼 수 있겠죠. 그러면 평균이 중심이 될 것입니다. 평균에서 멀어진 특성값을 보이는 제품들이 있을 터인데, B처럼 넓게 퍼져 있는 제품은 품질이 균일하지 않은 것을 의미하고 A처럼 좁게 퍼져 있는 제품은 품질이 균일한 것을 의미합니다. 그래서 퍼져 있는 산포도를 측정하는 표준 편차가 작으면 품질이 균일할 것입니다. 그래서 선지 ①은 적절합니다.

그런데 독해에서 조심해야 할 부분이 있습니다. 평균에서 멀어지는 방향이 그래프 상으로는 좌우로 나타납니다. 평균값에서 작아지는 것이 하한이고 평균값에서 커지는 것이 상한입니다. 품질 경영을 위해서는 규격 상한과 규격 하한을 설정하게 됩니다. 그러면 평균에서 규격 상한까지의 거리와, 평균에서 규격 하한까지의 거리는 같게 됩니다. 시그마 배수는 규격 상한과 규격 하한까지의 거리를 대상으로 하는 것이 아니고, 평균에서 하한(또는 상한)까지 거리를 대상으로 합니다. "평균에서 규격 하한 또는 규격 상한까지의 거리"를 빠르게 읽으면 '평균에서'라는 말을 빼먹고 '규격 하한에서 규격 상한까지의 거리'로 읽을 가능성이 있습니다. 이렇게 독해하면 선지 ④가 적절하지 않다고 생각하여 이것을 정답으로 착각하게 됩니다. 선지 ④는 적절합니다. 그리고 시그마가 작아야 시그마 배수는 커지게 됩니다. 그래서 시그마 배수가 커야 품질이 더욱 균일해지죠. 선지 ③이 적절하지 않아서 정답입니다. (정답: ③)

02

시민 사회라는 용어는 17세기에 등장했지만, 19세기 초에 이를 국가와 구분하여 개념적으로 정교화한 인물이 **헤겔**이다. 그가 활동하던 시기에 유럽의 후진국인 프러시아에는 절대주의 시대의 잔재가 아직 남아 있었다. 산업 자본주의도 미성숙했던 때여서, 산업화를 추진하고 자본가들을 육성하며 심각한 빈부 격차나 계급 갈등 등의 사회 문제를 해결해야 하는 시대적 과제가 있었다. 그는 1) 사익의 극대화가 국부(國富)를 증대해준다는 점에서 공리주의를 긍정했으나, 그것이 시민 사회 내에서 개인들의 무한한 사익 추구가 일으키는 빈부 격차나 계급 갈등을 해결할 수는 없다고 보았다. ((그는 시민 사회가 개인들이 사적 욕구를 추구하며 살아가는 생활 영역이자 그 욕구를 사회적 의존 관계 속에서 추구하게 하는 **공동체적 윤리성의 영역**이어야 한다고 생각했다.)) 특히 시민 사회 내에서 사익 조정과 공익 실현에 기여하는 ㉠직업 단체와 복지 및 치안 문제를 해결하는 복지 행정 조직의 역할을 설정하면서, 2) 이 두 기구가 시민 사회를 이상적인 국가로 이끌 연결 고리가 될 것으로 기대했다. 하지만 빈곤과 계급 갈등은 시민 사회 내에서 근원적으로 해결될 수 없는 것이었다. // **따라서** 그는 **국가를 사회 문제를 해결하고 공적 질서를 확립할 최종 주체로 설정**하면서 **시민 사회가 국가에 협력**해야 한다고 생각했다.

한편 1789년 프랑스 혁명 이후 프랑스 사회는 혁명을 이끌었던 계몽주의자들의 기대와는 다른 모습을 보이고 있었다. 사회는 사익을 추구하는 파편화된 개인들의 각축장이 되어 있었고 빈부 격차와 계급 갈등은 격화된 상태였다. 이러한 혼란을 극복하기 위해 노동자 단체와 고용주 단체 모두를 불법으로 규정한 르 샤플리에 법이 1791년부터 약 90년간 시행되었으나, 이 법은 분출되는 사익의 추구를 억제하지도 못하면서 오히려 프랑스 시민 사회를 극도로 위축시켰다. **뒤르켐**은 1) 이러한 상황을 아노미, 곧 무규범 상태로 파악하고 최대 다수의 최대 행복을 표방하는 공리주의가 사실은 개인의 이기심을 전제로 하고 있기에 아노미를 조장할 뿐이라고 생각했다. ((그는 사익을 조정하고 공익과 공동체적 연대를 실현할 **도덕적 개인주의의 규범에 주목**하면서,)) 이를 수행할 주체로서 ㉡직업 단체의 역할을 강조하였다. 국가의 역할을 강조한 헤겔의 영향을 받았음에도 불구하고, 뒤르켐은 **직업 단체가 정치적 중간 집단**으로서 구성원의 이해관계를 국가에 전달하는 한편 **국가를 견제해야 한다**고 보았던 것이다.

첫 문단과 둘째 문단은 대조되기 때문에 주요 정보들을 비교하면서 독해해야 합니다. 헤겔은 국부(國富=나라의 경제력)를 증대시켜준다는 점에서 공리주의를 긍정했지만, 뒤르켐은 무규범 아노미 상태를 조장하기 때문에 공리주의를 부정했습니다. 그리고 헤겔은 '공동체의 윤리성'이라는 측면에서 공익의 주체를 국가로 설정합니다. 시민 사회 내의 '직업 단체'와 '복지 행정 조직'은 국가와 연결고리는 되지만, 빈곤과 계급 갈등을 근원적으로 해결할 수 없다고 보았고 따라서 시민 사회는 국가에 협력해야 한다고 보았습니다. 이에 비해 뒤르켐은 '도덕적 개인주의의 규범'에 주목하면서 '직업 단체'가 정치적 중간 집단이어야 하고 이들이 국가를 견제해야 한다고 보았습니다.

선지 ②는 뒤르켐의 입장입니다. 선지 ③은 헤겔의 '복지 행정 조직'에 관한 말입니다. 선지 ④는 뒤르켐의 입장입니다. 선지 ⑤는 헤겔과 뒤르켐의 공통점처럼 착각할 수 있습니다. 그런데 '직업 단체'는 시민 사회 내에 있는 조직입니다. 시민 사회 외부에 있는 것이 아니기 때문에 적절하지 않습니다. 적절한 선지는 ①입니다. 시민 사회의 사적 이익의 대립을 조정하고 공익을 추구하는 조직으로 본 점은 헤겔과 뒤르켐의 공통점입니다. (정답: ①)

03

1960년대 이후 개발된 레이저 빛은 멀리까지 퍼지지 않고 직진하기 때문에 길이 측정에 유용함이 입증되었다. 아인슈타인의 상대성 이론에 따르면 빛의 속력은 항상 일정하므로, 레이저를 이용하여 빛의 속력을 길이 표준에 이용하자는 의견이 제기되었다. 이 의견은 1983년 제17차 총회에 반영되어 미터 정의가 현재와 같이 개정되었다.

[A] "미터는 빛이 진공에서 299 792 458분의 1초 동안 진행한 경로의 길이이다(CGPM, 1983)."

여기서 빛의 속력이 정확한 값으로 고정된 것에 주목할 필요가 있다. **과거에는** 속력을 정하려면 1) 이동 거리와 시간을 측정해야만 했다. 그런데 2) 측정은 **항상** 오차를 가지게 마련이므로 측정으로 표준을 정하면 값을 확정할 수 없다. 예를 들어 측정된 빛의 속력은 299 792 458(1.2)m/s라는 식으로 복잡하게 표현되었는데 여기서 괄호는 측정 불확정도를 나타내었다. // **((그러나)) 새로운 정의에서** ㄱ) 빛의 속력은 불확정도가 0인 정확한 값으로 **규정**된다. 그 대신 ㄴ) 길이의 정의에 따라 속력을 측정하는 것이 아니라, 역으로 빛의 속력을 기준으로 길이를 정의하게 된 것이다.

[A]는 대조되는 방식으로 전개되기 때문에, 문단 후반부에 제시된 내용이나 개념을 이해하기 위해서는 문단 전반부의 내용과 대조하면서 독해해야 합니다. 과거에는 속력을 정하려면 '이동 거리와 시간을 측정'해야 했습니다. 즉 이동 거리를 측정하려면 먼저 길이에 대한 표준이 있어야 합니다. 그런데 이러한 측정은 항상 오차를 가져옵니다. **'항상'**이라는 단어는 100%라는 뜻입니다. 측정은 필연적으로 반드시 오차를 가져온다는 거예요. 빛의 속력 측정도 마찬가지입니다.

아인슈타인의 상대성 이론에 따르면 빛의 속도는 항상 일정합니다. 그래서 빛의 속력이 일정하다는 **'규정'** 아래서 길이에 대한 정의를 내리게 됩니다. 즉 실제로 측정해서 그런 것이 아니라 우리가 머릿속 생각으로 정한 것이죠. 이렇게 변하지 않는 것이 있고, 측정 불확정도가 0인 것이 있다면 우리는 길이 표준을 정확히 설정할 수 있을 겁니다. "미터는 빛이 진공에서 299 792 458분의 1초 동안 진행한 경로의 길이이다(CGPM, 1983)." 그래서 이러한 미터 정의가 길이 표준이 된 것이죠. 그런데 빛의 속력을 기준으로 길이를 정의하게 됨에 따라, '그러면 속력은 무엇인가?'라는 문제가 제기됩니다. 속력은 단위 시간당 이동한 거리이므로, 이제는 '시간의 기준을 어떻게 설정할 것인가'라는 문제로 이어지죠. 그래서 '시간의 표준'을 제기한 선지 ④는 적절합니다. [A]의 마지막 부분을 확인하는 선지인데, 독해가 쉽지 않습니다. 선지 ⑤가 적절하지 않아서 정답입니다. 모든 측정은 오차를 가져옵니다. 빛의 속력의 불확정도가 0이라는 것은 측정 결과가 아니며, 우리의 약속입니다. (정답: ⑤)

4 문단 내용 정리하기

수능 지문은 독해하기가 무척 어렵고 문제도 어렵게 출제됩니다. 비문학에서 등급이 갈릴만큼 변별 기능을 하고 있습니다. 그리고 각 등급별로 읽기 능력의 차이도 확연하게 존재합니다. 상위 등급으로 오르기 위해서는 읽기 능력을 향상시켜야 합니다. 읽기 능력은 문단의 중심 내용과 이를 뒷받침하는 주요 정보를 정리하는 능력과 관련되죠. 빠르면서도 정확하게 문단 내용을 정리하는 것은 독해뿐만 아니라 문제 해결에도 관건이 됩니다.

보통의 경우 지문 전체를 한 번 정독하고 문제를 해결하는 과정에서 관련 문단을 다시 읽어봅니다. 그런데 이렇게 접근하면 문단의 내용을 정확하게 이해하는 데 한계가 있고, 문제도 틀릴 가능성이 높습니다. 문제를 풀기 전에 가능한 한 글의 내용을 정확하게 이해해야 합니다. 그러기 위해서는 지문을 읽는 과정에서 문단의 주요 정보를 중심 내용과 관련하여 정리할 수 있어야 합니다. 이것이 우리가 목표로 하는 것이죠.

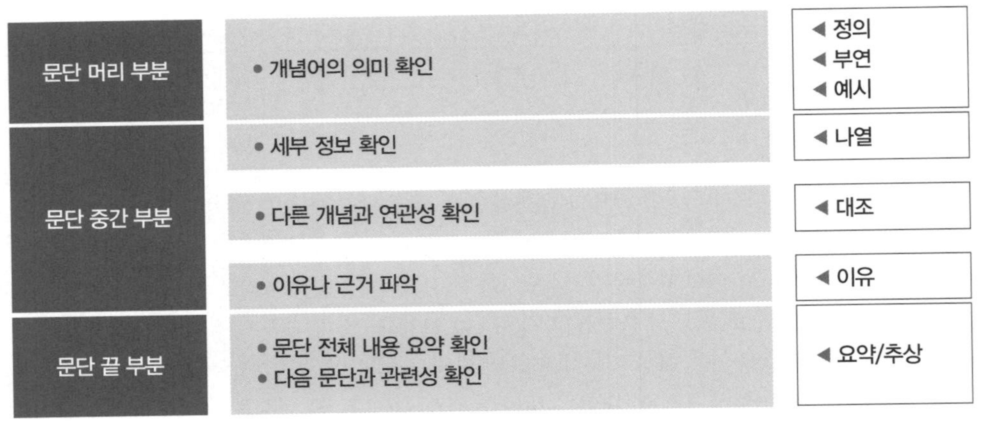

문단 내용 정리하기

문단을 '머리-중간-끝'으로 나누어 각각 2번 읽기가 필요하며, '속독 → 정독/속독 → 정독/속독 → 정독'하는 방식으로 문단을 읽음으로써 빠르기와 정확성을 높여야 합니다. 문단 독해 능력이 문단 읽기 능력과 함께 향상되지 않으면, 등급이 오르지 않게 됩니다. 지문 분석과 문제 분석의 비문학 공부와 함께, 비문학 읽기의 훈련 과정이 병행되어야만 등급이 오릅니다. 때문에 읽기 훈련도 함께 해야 합니다.

1 중심 내용을 확인한다

❶ 문단 내용을 정리할 때는 먼저 문단의 중심 내용이 무엇인지 확인해야 합니다. 특히 고난도 지문일수록 더욱 그렇게 해야 합니다. 왜냐하면 어려운 많은 정보들이 문단에서 제시되지만, 정작 이것들이 무엇과 관련되는지 불분명하기 때문입니다. 그래서 문단의 내용을 정리할 때는 중심 내용부터 확인해야 합니다.

❷ 문단의 구조와 전개 과정을 살펴보면 중심 내용과 주요 정보를 쉽게 확인할 수 있습니다. 문단을 처음 읽을 때는 내용 파악에 집중하게 되므로, 사실상 문단 구조나 전개 과정에 주의를 기울이지 못합니다. 그렇지만 문단을 다시 살펴볼 때는 문단 구조와 전개 과정을 의식적으로 확인할 여유가 생기게 되고, 내용 파악도 용이해집니다.

| 사례분석 1

(2018학년도 6월)

율곡은 수기를 위한 수양론과 치인을 위한 경세론을 전개하는데, 그 바탕은 만물을 '이(理)'와 '기(氣)'로 설명하는 이기론이다. 존재론의 측면에서 율곡은 '이'를 형체도 없고 시간과 공간의 제약을 받지 않고 존재하는 만물의 법칙이자 원리로 보고, '기'를 시간적인 선후와 공간적인 시작과 끝을 가지면서 끊임없이 변화하며 작동하는 물질적 요소로 본다. '이'와 '기'는 사물의 구성 요소로서 서로 다른 성질을 갖지만, '이'는 현실 세계에서 항상 '기'와 더불어 실제로 존재한다. 율곡은 이처럼 서로 구별되면서도 분리됨이 없이 존재하는 '이'와 '기'의 관계를 이기지묘(理氣之妙)라 표현한다.

수양론의 한 가지 기반으로, 율곡은 이통기국(理通氣局)을 주장한다. 이것은 만물이 하나의 동일한 '이'를 공유하지만, 다양한 '기'의 성질로 인해 서로 다른 모습으로 나타날 수 있음을 의미한다. 또한 이러한 이통기국론은, 성인과 일반인이 기질의 차이는 있지만 동일한 '이'를 갖기 때문에 일반인이라도 기질상의 병폐를 제거하고 탁한 기질을 정화하면 '이'의 선한 본성이 회복되어 성인의 경지에 이를 수 있다는 기질 변화론으로 이어진다. 율곡은 흐트러진 마음을 거두어들이는 거경(居敬), 경전을 읽고 공부하여 시비를 분별하는 궁리(窮理), 그리고 몸과 마음을 다스려 사욕을 극복하는 역행(力行)을 기질 변화를 위한 중요한 수양 방법으로 제시한다. 인간에게 내재된 천도를 실현하려는 율곡의 수양론은 사회의 폐단을 제거하여 천도를 실현하려는 경세론으로 이어진다.

문제 | '율곡'의 관점에서 '이'와 '기'에 대해 설명한 것으로 적절하지 않은 것은?

① 천재지변은 '기'의 현상으로서 여기에도 '이'가 더불어 존재한다.

② '기'는 만물에 내재된 법칙이라는 점에서, 시공을 초월하는 '이'와 대비된다.

③ 탁한 기질을 깨끗하게 변화시켜 '이'라 할 수 있는 선한 본성이 드러나게 할 수 있다.
④ 모든 사물들은 동일한 '이'를 갖지만 서로 다른 '기'로 말미암아 다양한 모습으로 나타난다.

인문이나 예술 지문을 읽다 보면 어려운 개념어나 낯선 단어를 많이 접하게 됩니다. 이에 대한 배경 지식이 없더라도 글의 흐름 속에서 의미를 확인할 수 있어야 합니다. 그렇게 하기 위해서는 세밀하게 읽어야 하는데, 그러다 보면 자칫 글의 중심 내용을 놓칠 수 있습니다. 이 경우에도 문단의 중심 내용을 확인하는 것이 필요합니다.

율곡은 수기를 위한 수양론과 치인을 위한 경세론을 전개하는데, 그 바탕은 만물을 '이(理)'와 '기(氣)'로 설명하는 이기론이다. 존재론의 측면에서 율곡은 **'이'**를 형체도 없고 시간과 공간의 제약을 받지 않고 존재하는 **만물의 법칙이자 원리**로 보고, **'기'**를 시간적인 선후와 공간적인 시작과 끝을 가지면서 끊임없이 변화하며 작동하는 **물질적 요소**로 본다. 1) '이'와 '기'는 사물의 구성 요소로서 서로 다른 성질을 갖지만, 2) '이'는 현실 세계에서 항상 '기'와 더불어 실제로 존재한다. 율곡은 이처럼 서로 구별되면서도 분리됨이 없이 존재하는 '이'와 '기'의 관계를 이기지묘(理氣之妙)라 표현한다.

첫째 문장이 어렵네요. 수기(修己: 자신의 몸과 마음을 닦음)는 개인의 도덕 수양과 관련되고, 치인(治人: 남을 다스림)은 세상을 다스리는 경세론과 관련됩니다. 도덕의 원리가 세상을 다스리는 일과 관련된다는 것도 이해하기 쉽지 않은데, 수기와 치인의 원리를 '이'와 '기'로 설명한다는 것입니다. 이와 기는 존재나 실재의 근본을 따지는 철학의 영역에 속합니다. 지문에서는 그것을 '존재론'이라고 말하고 있지요.

내용이 어려워도 이와 기를 대조적으로 살펴보면 쉽게 이해할 수 있습니다. 그리고 여기에 나오는 개념들은 고등학교 윤리 과목에 나오는 것들입니다. 그래서 고등학교 과정에서 알아두어야 할 지식이라 할 수 있어요. 이는 만물의 법칙이고, 기는 물질적 요소입니다. 이렇게 간단히 이해해도 좋습니다. 법칙은 형체가 없을 것이고 시공간의 제약을 넘어서 보편적으로 존재할 것입니다. 물질적 요소는 시간 공간의 제약을 받으며 처음과 끝이 있겠죠. 이것이 이와 기에 대한 기본 생각입니다. 그런데 율곡은 '이기지묘'를 말합니다. 이와 기는 서로 다른 성질이지만 항상 현실에서는 서로 붙어 있다는 것이죠. 모든 사물 대상은 물질적 요소와 원리적 요소가 결합되어 있다고 보면 됩니다.

수양론의 한 가지 기반으로, 율곡은 **이통기국(理通氣局)**을 주장한다. 1) 이것은 만물이 하나의 동일한 '이'를 공유하지만, 다양한 '기'의 성질로 인해 서로 다른 모습으로 나타날 수 있음을 의미한다. 또한 이러한 이통기국론은, 성인과 일반인이 기질의 차이는 있지만 동일한 '이'를 갖기 때문에 2) 일반인이라도 기질상의 병폐를 제거하고 탁한 기질을 정화하면 '이'의 선한 본성이 회복되어 성인의 경지에 이를 수 있다는 기질 변화론으로 이어진다. ((율곡은 흐트러진 마음을 거두어들이는 **거경(居敬)**, 경전을 읽고 공부하여 시비를 분별하는 **궁리(窮理)**, 그리고 몸과 마음을 다스려 사욕을 극복하는 **역행(力行)**을 **기질 변화를 위한 중요한 수양 방법**으로 제시한다.)) // 인간에게 내재된 천도를 실현하려는 율곡의 **수양론은** 사회의 폐단을 제거하여 천도를 실현하려는 **경세론으로** 이어진다.

'이통기국'은 글자 그대로, 이는 통하고 기는 국한된다는 뜻입니다. 지문에서는 이것을 이렇게 설명하고 있네요. "이것은 만물이 하나의 동일한 '이'를 공유하지만, 다양한 '기'의 성질로 인해 서로 다른 모습으로 나타날 수 있음을 의미한다." 모든 만물에는 하나의 동일한 원리인 이가 들어 있고, 반면에 기는 서로 다르게 나타난다는 것이죠.

그런데 이러한 이통기국은 일반인의 기질을 변화시킬 수 있다는 '기질 변화론'으로 이어집니다. 그 근거는 이의 보편성에 있습니다. 즉 일반인도 세상의 원리인 이를 갖기 때문에, 그리고 이는 선한 본성과 관련되기 때문에 기질상의 병폐를 제거하면 성인의 경지에 오를 수 있다는 것이죠. 기질 변화를 위한 수양 방법으로 거경, 궁리, 역행을 들고 있습니다. 이러한 수양론은 개인의 도덕적 차원으로 끝나는 것이 아니라, 세상을 이끄는 경세론으로 확대됩니다. 즉 사회적 폐단을 제거하고 하늘의 도를 실현하는 것과도 관련되는 것이죠. 이제 문단의 중심 내용을 확인해 보면, '이통기국의 의미와 기질 변화론과의 관련성'을 문단의 중심 내용으로 요약할 수 있겠습니다.

① 천재지변은 '기'의 현상으로서 여기에도 '이'가 더불어 존재한다.

("시간적인 선후와 공간적인 시작과 끝을 가지면서 끊임없이 변화하며 작동하는 물질적 요소"가 기이므로, 천재지변은 기에 속한다고 볼 수 있습니다. 이는 만물의 법칙이고 모든 사물 대상에 존재하는 원리이므로 천재지변에도 이가 존재합니다. 적절한 선지입니다.)

② '기'는 만물에 내재된 법칙이라는 점에서, 시공을 초월하는 '이'와 대비된다.

(이가 만물에 내재된 법칙이므로 적절하지 않은 선지입니다. 그래서 정답입니다.)

③ 탁한 기질을 깨끗하게 변화시켜 '이'라 할 수 있는 선한 본성이 드러나게 할 수 있다.

(이는 일반인에게 들어 있기 때문에 기 때문에 생기는 병폐를 제거하고 정화할 수 있습니다. 그래서 선한 본성을 드러내고 성인의 경지에 도달할 수 있습니다. 적절한 선지입니다.)

④ 모든 사물들은 동일한 '이'를 갖지만 서로 다른 '기'로 말미암아 다양한 모습으로 나타난다.

(이통기국의 의미를 설명하고 있기 때문에 적절한 선지입니다.)

| 사례분석 2

(2014학년도 수능 A형)

CD 드라이브는 디스크 표면에 조사된 레이저 광선이 반사되거나 산란되는 효과를 이용해 정보를 판독한다. CD의 기록면 중 광선이 흩어짐 없이 반사되는 부분을 랜드, 광선의 일부가 산란되어 빛이 적게 반사되는 부분을 피트라고 한다. CD에는 나선 모양으로 돌아 나가는 단 하나의 트랙이 있는데 트랙을 따라 일렬로 랜드와 피트가 번갈아 배치되어 있다. 피트를 제외한 부분, 즉 이웃하는 트랙과 트랙 사이도 랜드에 해당한다.

CD 드라이브는 디스크 모터, 광 픽업 장치, 광학계 구동 모터로 구성된다. 디스크 모터는 CD를 회전시킨다. CD 아래에 있는 광 픽업 장치는 레이저 광선을 발생시켜 CD 기록면에 조사하고, CD에서 반사된 광선은 광 픽업 장치 안의 광 검출기가 받아들인다. 광선의 경로 상에 있는 포커싱 렌즈는 광선을 트랙의 한 지점에 모으고, 광 검출기는 반사된 광선의 양을 측정하여 랜드와 피트의 정보를 읽어낸다. 이때 CD의 회전 속도에 맞춰 트랙에 광선이 조사될 수 있도록 광학계 구동 모터가 광 픽업 장치를 CD 중심부에서 바깥쪽으로 서서히 직선으로 이동시킨다.

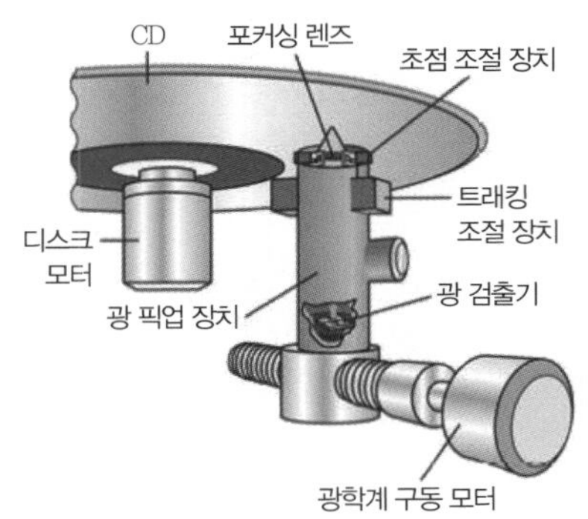

CD의 고속 회전 등으로 진동이 생기면 광선의 위치가 트랙을 벗어나거나 초점이 맞지 않아 데이터를 잘못 읽을 수 있다. 이를 막으려면 트래킹 조절 장치와 초점 조절 장치를 제어해 실시간으로 편차를 보정해야 한다. 편차 보정에는 광 검출기가 사용된다. 광 검출기는 가운데를 기준으로 전후좌우의 네 영역으로 분할되어 있는데, 트랙의 방향과 같은 방향으로 전후 영역이, 직각 방향으로 좌우 영역이 배치되어 있다. 이때 각 영역에 조사되는 빛의 양이 많아지면 그 영역의 출력값도 커지며 네 영역의 출력값의 합을 통해 피트와 랜드를 구별한다.

레이저 광선이 트랙의 중앙에 초점이 맞은 상태로 정확히 조사되면 광 검출기 네 영역의 출력값은 모두 동일하다. 그런데 광선이 피트에 해당하는 지점에 조사될 때 트랙의 중앙을 벗어나 좌측으로 치우치면, 피트 왼편에 있는 랜드에서 반사되는 빛이 많아져 광 검출기의 좌 영역의 출력값이 우 영역보다 커진다. 이 경우 두 출력값의 차이에 대응하는 만큼 트래킹 조절 장치를 작동하여 광 픽업 장치를 오른쪽으로 움직여서 편차를 보정한다. 우측으로 치우쳐 조사된 경우에도 비슷한 과정을 거쳐 편차를 보정한다.

한편 광 검출기에 조사되는 광선의 모양은 초점의 상태에 따라 전후나 좌우 방향으로 길어진다. CD 기록면과 포커싱 렌즈 간의 거리가 가까워져 광선의 초점이 맞지 않으면, 조사된 모양이 전후 영역으로 길어지고 출력값도 상대적으로 커진다. 반면 둘 사이의 거리가 멀어지면, 좌우 영역으로 길어지고 출력값도 상대적으로 커진다. 이때 광 검출기의 전후 영역 출력값의 합과 좌우 영역 출력값의 합을 구한 후, 그 둘의 차이에 해당하는 만큼 초점 조절 장치를 이용해 포커싱 렌즈의 위치를 CD 기록면과 가깝게 또는 멀게 이동시켜 초점이 맞도록 한다.

문제 | 윗글을 바탕으로 〈보기〉에 대해 설명한 내용으로 적절한 것은?

보기

다음은 CD 기록면의 피트 위치에 레이저 광선이 조사되었을 때 〈상태 1〉과 〈상태 2〉에서 얻은 광 검출기의 출력값이다.

영역	전	후	좌	우
상태 1의 출력값	2	2	3	1
상태 2의 출력값	5	5	3	3

① 광 검출기에 조사되는 레이저 광선의 총량은 〈상태 1〉보다 〈상태 2〉가 작다.
② 〈상태 1〉에서는 초점 조절 장치가 구동되어야 하지만, 〈상태 2〉에서는 구동될 필요가 없다.
③ 〈상태 1〉에서는 트래킹 조절 장치가 구동될 필요가 없지만, 〈상태 2〉에서는 구동되어야 한다.
④ 〈상태 1〉에서는 레이저 광선이 트랙의 오른쪽에 치우쳐 조사되고, 〈상태 2〉에서는 가운데 조사된다.
⑤ 〈상태 1〉에서는 포커싱 렌즈와 CD 기록면의 사이의 거리를 조절할 필요가 없지만, 〈상태 2〉에서는 멀게 해야 한다.

문단의 위상이 같으면 문단의 내용 구조도 같은 게 보통입니다. 즉 서로 같은 위상의 개념들을 설명하는 문단들이 나열될 경우, 또는 서로 대조되는 개념들이 병렬되는 경우에는 문단 전개 방식이 같은 것이죠. 이렇게 같은 위상의 문단이 나열될 경우에는 문단의 구조를 통해서 문단 내용을 확인하는 것도 독해 방법 중 하나입니다. 이 지문처럼 문단의 중심 내용을 파악하기 힘들 경우에 이런 방식으로 확인해 보는 것도 필요합니다. 서로 위상이 같은 문단 내에서 중심 내용이 비슷한 위치에서 서술될 수 있기 때문이죠.

CD의 고속 회전 등으로 진동이 생기면 광선의 위치가 트랙을 벗어나거나 초점이 맞지 않아 데이터를 잘못 읽을 수 있다. 이를 막으려면 1) 트래킹 조절 장치와 초점 조절 장치를 제어해 실시간으로 **편차를 보정**해야 한다. 2) 편차 보정에는 광 검출기가 사용된다. // **광 검출기**는 가운데를 기준으로 전후좌우의 네 영역으로 분할되어 있는데, 트랙의 방향과 같은 방향으로 전후 영역이, 직각 방향으로 좌우 영역이 배치되어 있다. 이때 각 영역에 **((조사되는 빛의 양이 많아지면 그 영역의 출력값도 커지며))** 네 영역의 출력값의 합을 통해 피트와 랜드를 구별한다.

첫째 문단과 둘째 문단은 CD 드라이브의 복잡한 구성 요소를 설명하고 있고, 내용 파악도 어렵습니다. 이 글이 무엇을 말하는지 생각할 겨를도 없이 셋째 문단으로 오게 됩니다. 구성 요소 하나하나를 확인하다 보면 중심 내용이 무엇인지를 놓치게 됩니다. 셋째 문단을 읽고 다시 한 번 호흡을 가다듬어 정신을 차려서 글 내용을 확인할 때, 중심 내용을 생각해 보아야 합니다.

CD를 읽을 때 데이터를 잘못 읽을 수 있으니까, 편차를 보정한다는 것이 이 문단의 중심 내용이고 글 전체의 설명 대상입니다. 1) 트래킹 조절 장치와 초점 조절 장치를 제어해서 편차를 보정한다는 것이 주요 정보의 하나입니다. 트래킹 조절 장치와 초점 조절 장치를 어떻게 제어하는지는 설명하고 있지 않습니다. 2) 그리고 편차 보정에는 광 검출기가 사용된다는데, 광 검출기가 트래킹 조절 장치나 초점 조절 장치의 제어와 어떤 관련이 있는지 나와 있지 않습니다. 불친절하게 서술한 지문입니다. 여하튼 광 검출기를 중심으로 문단 후반부를 설명하고 있는데, 나중에 지문 전체를 다 읽고 나서야, 이 부분이 트래킹 조절 장치나 초점 조절 장치의 제어와 관련됨을 짐작할 수 있죠.

광 검출기의 내용도 복잡하지만, 중심 내용과 관련짓지 못하고 읽게 되어 더욱 혼란스럽습니다. 트랙과 같은 방향일 때는 전후 영역의 출력값이 나오고, 트랙과 직각 방향일 때는 좌우 영역의 출력값이 나오게 됩니다. 이때 CD에 조사되어 반사되는 빛의 양이 많아지면 출력값이 커지게 됩니다. 그러면 피트와 랜드 중에서 어느 것이 더 출력값이 클까요? 이것은 첫 문단의 구절과 연결하여 이해해야 합니다. "CD의 기록면 중 광선이 흩어짐 없이 반사되는 부분을 랜드, 광선이 일부가 산란되어 빛이 적게 반사되는 부분을 피트라고 한다." 그러니까 랜드가 빛의 양이 많기 때문에 피트보다 출력값이 크게 됩니다.

레이저 광선이 **〈트랙의 중앙에 초점이 맞은 상태〉**로 정확히 조사되면 광 검출기 네 영역의 출력값은 모두 동일하다. 그런데 광선이 피트에 해당하는 지점에 조사될 때 1) 트랙의 중앙을 벗어나 좌측으로 치우치면, 피트 왼편에 있는 랜드에서 반사되는 빛이 많아져 광 검출기의 **((좌 영역의 출력값이 우 영역보다))** 커진다. 이 경우 **두 출력값의 차이에 대응하는 만큼 트래킹 조절 장치**를 작동하여 광 픽업 장치를 오른쪽으로 움직여서 편차를 보정한다. 2) 우측으로 치우쳐 조사된 경우에도 비슷한 과정을 거쳐 편차를 보정한다.

한편 광 검출기에 조사되는 광선의 모양은 초점의 상태에 따라 전후나 좌우 방향으로 길어진다. 1) CD 기록면과 포커싱 렌즈 간의 거리가 가까워져 **〈광선의 초점이 맞지 않으면,〉** 조사된 모양이 전후 영역으로 길어지고 출력값도 상대적으로 커진다. 반면 2) 둘 사이의 거리가 멀어지면, 좌우 영역으로 길어지고 출력값도 상대적으로 커진다. 이때 광 검출기의 **((전후 영역 출력값의 합**과 **좌우 영역 출력값의 합))**을 구한 후, **그 둘의 차이에 해당하는 만큼 초점 조절 장치를 이용해 포커싱 렌즈의 위치**를 CD 기록면과 가깝게 또는 멀게 이동시켜 초점이 맞도록 한다.

넷째 문단과 다섯째 문단은 중심 내용이 무엇인지 명확하게 서술하지 않아서 독해가 더욱 어렵습니다. 그렇지만 중심 내용을 잘 확인하면, 주요 정보는 의외로 쉽게 이해됩니다. 넷째 문단은 초점은 맞았는데, 레이저 광선이 트랙의 중앙을 벗어난 경우입니다. 이럴 경우에는 좌영역의 출력값과 우영역의 출력값의 차이만큼 트래킹 조절 장치를 움직이면 보정됩니다. 다섯째 문단은 레이저 광선의 초점이 맞지 않는 경우입니다. 이럴 경우에는 **전후 영역의 출력값의 합**과 **좌우 영역의 출력값의 합**을 구한 후 그 차이만큼 초점 조절 장치를 이용해 포커싱 렌즈를 움직여서 거리를 조정하게 됩니다. 이렇게 중심 내용을 확인하면 주요 정보는 쉽게 독해되지만, 만약 중심 내용이 무엇인지 모르고 읽으면 독해가 무척 힘들어집니다.

보기

다음은 CD 기록면의 피트 위치에 레이저 광선이 조사되었을 때 〈상태 1〉과 〈상태 2〉에서 얻은 광 검출기의 출력값이다.

영역	전	후	좌	우
상태 1의 출력값	2	2	3	1
상태 2의 출력값	5	5	3	3

상태 1은 **전후 영역의 출력값의 합(=4)과 좌우 영역의 출력값의 합(=4)은 같습니다.** 그러니까 초점이 맞은 상태이므로 포커싱 렌즈와 CD면 사이의 거리를 조정할 필요가 없습니다. 대신 좌우 영역의 출력값이 다릅니다. 좌영역 출력값이 우영역 출력값보다 크므로 좌측으로 치우쳐 있는 상태입니다. 트래킹 조절 장치를 우측으로 움직이면 편차가 보정됩니다.

상태 2는 **전후 영역의 출력값의 합(=10)과 좌우 영역의 출력값의 합(=6)은 다릅니다.** 그러니까 초점이 맞지 않은 상태입니다. 포커싱 렌즈와 CD 기록면 사이의 거리를 조정할 필요가 있는데, 전후 영역의 출력값의 합이 더 크므로 둘 사이의 거리는 가까운 상태입니다. 그러므로 포커싱 렌즈를 멀게 해야 합니다. 상태 2에서는 트래킹 조절 장치를 움직일 필요는 없죠. 왜냐하면 좌영역의 출력값과 우영역의 출력값이 같기 때문입니다. (정답: ⑤)

유제 연습 ❶

1 〈보기〉는 다음 글을 읽고 쓴 글이다. ⓐ~ⓔ 중 다음 글에 대한 이해로 적절하지 않은 것은?

그러나 19세기에 들어서자 현실적으로 자연법을 명확히 확정하기 어렵다는 비판 속에서 자연법 사상은 퇴조하는 경향을 보였다. 이때 비판의 선봉에 서며 새롭게 등장한 이론이 이른바 '법률실증주의'이다. 법률실증주의는 국가의 입법 기관에서 제정하여 현실적으로 효력을 갖는 법률인 실정법만이 법으로 인정될 수 있다는 입장이다. 이에 따르면 입법자가 합법적인 절차로 제정한 법률은 그 내용이 어떻든 절대적인 법이 되며, 또한 그것은 국가 권위에 근거하여 이루어진 것이기에 국민은 이를 따라야 할 의무가 있다. 하지만 현대에 와서 합법의 외관을 쓴 전체주의로 말미암은 참혹한 세계 대전을 겪게 되자, 자연법에 대한 논의는 부흥기를 맞기도 하였다. 오늘날 자연법은 실정법이 지향해야 할 이상을 제시하는 역할에서 여전히 의의가 인정된다.

보기

법과 정의의 관계로 법을 바라볼 때 자연법 사상과 법률실증주의는 서로 마주 보도록 양쪽 끝에 세울 수 있을 것 같다. 자연법 사상에서는 법의 내용이 정의로워야 한다고 주장하는 반면에, ⓐ법률실증주의는 적법한 절차를 거쳐 제정된 법률이라면 그 내용이 정의로운지는 따지지 않는다고 하기 때문이다. ⓑ현실적으로 자연법을 뚜렷이 확정하기 어렵다는 점을 생각할 때, 법률실증주의를 따르면 실정법만이 법이 되므로, 무엇이 법인지 확정하는 일이 간편하다. 하지만 ⓒ법률실증주의에 따르면 심각하게 부당한 내용의 법률조차도 입법의 형식만 거쳤다면 법이라고 해야 한다는 문제점이 있다. 그렇지만 ⓓ법률실증주의는 법을 왜 지켜야 하는지에 대해서 국가의 권위와 같은 형식적인 요소와 함께 국민의 준수 의지라는 도덕적인 근거를 들어 답변한다.

① ⓐ ② ⓑ ③ ⓒ ④ ⓓ

| 풀이 |

관점이나 입장을 소개하는 글을 읽을 때 조심할 점이 있습니다. 이 글은 법률실증주의의 입장을 설명하는 글입니다. 그리고 법률실증주의를 자연법과 대비하여 말하고 있죠. 그래서 글쓴이가 법률실증주의의 특정한 관점을 언급할 때 인용 표현을 함으로써, 그것이 자신의 입장이 아니고 법률실증주의의 입장이라는 것을 밝히게 됩니다. '~라고 한다', '~라는 입장이다' 등 말이죠.

그런데 이 부분을 읽어봅시다. "입법자가 합법적인 절차로 제정한 법률은 그 내용이 어떻든 절대적인 법이 되며, 또한 그것은 국가 권위에 근거하여 이루어진 것이기에 국민은 이를 따라야 할 의무가 있다." 이 부분은 법률실증주의의 관점이 아니라 자연법이나 모든 법들이 지켜야할 '의무'를 말하는 것 같습니다. 분명히 법률실증주의 관점이라는 것을 밝혔는데도, 읽는 과정에서 이것을 놓칠 수 있습니다. 이 문장의 첫머리에 **'이에 따르면'**이 있어서, 이것이 법률실증주의의 입장이라는 것을 말하고 있죠. 다음 문장에 '하지만'이라는 접속어를 통해 법률실증주의와 대비되는 자연법의 의의를 말하는 것을 통해서도, 앞 문장의 내용이 법률실증주의 관점임을 알 수 있습니다. 글을 빠르게 읽거나 아니면 복잡한 내용이 너무 많으면 이런 부분을 놓칠 수 있고, 그래서 어떤 선입견이 무의식적으로 생겨 날 수 있습니다.

ⓐ 법률실증주의는 적법한 절차를 거쳐 제정된 법률이라면 그 내용이 정의로운지는 따지지 않는다.
("입법자가 합법적인 절차로 제정한 법률은 그 내용이 어떻든 절대적인 법이 되며"라는 구절과 의미가 같습니다. 적절한 선지입니다.)

ⓑ 현실적으로 자연법을 뚜렷이 확정하기 어렵다는 점을 생각할 때, 법률실증주의를 따르면 실정법만이 법이 되므로, 무엇이 법인지 확정하는 일이 간편하다.
("현실적으로 자연법을 명확히 확정하기 어렵다는 비판" 속에서 법률실증주의가 나타납니다. 즉 "법률실증주의는 국가의 입법 기관에서 제정하여 현실적으로 효력을 갖는 법률인 실정법만이 법으로 인정될 수 있다는 입장이다."에서 ⓑ가 적절함을 확인할 수 있습니다.)

ⓒ 법률실증주의에 따르면 심각하게 부당한 내용의 법률조차도 입법의 형식만 거쳤다면 법이라고 해야 한다는 문제점이 있다.
(ⓒ는 ⓐ와 의미가 동일합니다. 그래서 적절한 선지입니다.)

ⓓ 법률실증주의는 법을 왜 지켜야 하는지에 대해서 국가의 권위와 같은 형식적인 요소와 함께 **국민의 준수 의지라는 도덕적인 근거**를 들어 답변한다.
("국가 권위에 근거하여 이루어진 것이기에 국민은 이를 따라야 할 의무가 있다."라는 구절을 통해서 마치 적절한 것처럼 생각할 수 있습니다. 그런데 이것은 후반부에서 말하는 '**국민의 준수 의지라는 도덕적 근거**'와 관련되지 않습니다. '국민의 준수 의지라는 도덕적 근거'는 오히려 자연법 사상이라 볼 수 있습니다. '준수 의지'는 사람의 자율적인 판단 능력에서 나오는데, 이것은 법률실증주의와 관련이 없습니다. 적절하지 않아서 정답입니다.)

(정답: ④)

2 중심 내용을 뒷받침하는 주요 정보를 확인한다

❶ 중심 내용의 확인과 더불어 이를 뒷받침하는 주요 정보도 확인해야 합니다. 문단의 주요 정보는 문제에서 어떤 형태로든 출제가 됩니다. 주요 정보는 문제의 선지에서 '적절한가, 적절하지 않은가'의 형태로 제시되는 경우가 많기 때문에 정확하게 확인해 두어야 헷갈리지 않습니다.

❷ 주요 정보를 확인할 때 지문에 표시를 해 두는 것이 필요합니다. 내용 정리를 머릿속에 하면 혼동이 생겨 오답할 가능성이 큽니다. 비문학 독해 능력은 주요 정보를 정확히 표시할 수 있는 능력이라 할 수 있지요. 비문학 지문을 공부하고 연습할 때 여러 기호를 이용하여 지문에 표시하는 능력을 키워야 합니다.

| 사례분석 1

(2017학년도 6월)

인간의 신경 조직을 수학적으로 모델링하여 컴퓨터가 인간처럼 기억 · 학습 · 판단할 수 있도록 구현한 것이 인공 신경망 기술이다. 신경 조직의 기본 단위는 뉴런인데, ⓐ인공 신경망에서는 뉴런의 기능을 수학적으로 모델링한 퍼셉트론을 기본 단위로 사용한다.

ⓑ퍼셉트론은 입력값들을 받아들이는 여러 개의 ⓒ입력 단자와 이 값을 처리하는 부분, 처리된 값을 내보내는 한 개의 출력 단자로 구성되어 있다. 퍼셉트론은 각각의 입력 단자에 할당된 ⓓ가중치를 입력값에 곱한 값들을 모두 합하여 가중합을 구한 후, 고정된 ⓔ임계치보다 가중합이 작으면 0, 그렇지 않으면 1과 같은 방식으로 ⓕ출력값을 내보낸다.

이러한 퍼셉트론은 출력값에 따라 두 가지로만 구분하여 입력값들을 판정할 수 있을 뿐이다. 이에 비해 복잡한 판정을 할 수 있는 인공 신경망은 다수의 퍼셉트론을 여러 계층으로 배열하여 한 계층에서 출력된 신호가 다음 계층에 있는 모든 퍼셉트론의 입력 단자에 입력값으로 입력되는 구조로 이루어진다. 이러한 인공 신경망에서 가장 처음에 입력값을 받아들이는 퍼셉트론들을 입력층, 가장 마지막에 있는 퍼셉트론들을 출력층이라고 한다.

문제 | 윗글에 따를 때, ⓐ~ⓕ에 대한 설명으로 적절하지 않은 것은?

① ⓑ는 ⓐ의 기본 단위이다.
② ⓒ는 ⓑ를 구성하는 요소 중 하나이다.
③ ⓓ가 변하면 ⓔ도 따라서 변한다.
④ ⓔ는 ⓕ를 결정하는 기준이 된다.

인간의 신경 조직을 수학적으로 모델링하여 컴퓨터가 인간처럼 기억 · 학습 · 판단할 수 있도록 구현한 것이 **인공 신경망** 기술이다. 신경 조직의 기본 단위는 뉴런인데, 인공 신경망에서는 뉴런의 기능을 수학적으로 모델링한 퍼셉트론을 기본 단위로 사용한다.

퍼셉트론은 1) 입력값들을 받아들이는 여러 개의 입력 단자와 2) 이 값을 처리하는 부분, 3) 처리된 값을 내보내는 한 개의 출력 단자로 구성되어 있다. // 퍼셉트론은 ㄱ) **각각의 입력 단자에 할당된 가중치**를 입력값에 곱한 값들을 모두 합하여 가중합을 구한 후, ㄴ) 고정된 임계치보다 가중합이 작으면 0, 그렇지 않으면 1과 같은 방식으로 출력값을 내보낸다.

인공지능의 구조에 관한 글인데, 그림 없이 글로만 설명하고 있어서 내용이 어렵습니다. 인공 신경망의 기본 단위는 퍼셉트론인데, 이것의 구성은 첫째 입력 단자(여러 개로 구성), 둘째 입력값 처리 부분, 셋째 출력 단자(하나로 구성)로 되어 있습니다. 그런데 각각의 입력 단자에는 가중치가 설정되어 있습니다. 이 가중치에 입력값을 곱한 값들을 모두 더하여 가중합을 구합니다. 그래서 고정된 임계치보다 이것이 작으면 0, 크면 1의 출력값을 출력 단자로 내보냅니다.

이러한 퍼셉트론은 출력값에 따라 두 가지로만 구분하여 입력값들을 판정할 수 있을 뿐이다. 이에 비해 **복잡한 판정을 할 수 있는 인공 신경망**은 1) 다수의 퍼셉트론을 여러 계층으로 배열하여 2) 한 계층에서 출력된 신호가 다음 계층에 있는 (**모든 퍼셉트론의 입력 단자에**) 입력값으로 입력되는 구조로 이루어진다. 이러한 인공 신경망에서 가장 처음에 입력값을 받아들이는 퍼셉트론들을 **입력층**, 가장 마지막에 있는 퍼셉트론들을 **출력층**이라고 한다.

앞 문단에서 인공 신경망의 기본 단위를 설명했다면, 이 문단에서는 복잡한 인공 신경망에 대해 설명합니다. 복잡한 인공 신경망은 다수의 퍼셉트론을 계층적 구조로 배열함으로써 가능해집니다. 여기서 주목해야 할 점은, 한 계층에서 출력된 신호는 다음 계층에 있는 모든 퍼셉트론의 입력 단자에 입력값으로 입력된다는 점입니다. 그래서 인공 신경망 계층에서 처음 입력값을 받아들이는 계층이 입력층이고, 마지막 계층이 출력층이 됩니다.

ⓑ(퍼셉트론)는 ⓐ(인공 신경망)의 기본 단위입니다. ⓒ(입력 단자)는 ⓐ를 구성하는 한 요소입니다. 인공 신경망은 입력 단자, 처리 부분, 출력 단자로 구성되어 있죠. ⓓ(가중치)가 변한다고 ⓔ(임계치)도 변하는 것은 아닙니다. 임계치는 고정되어 있습니다. 그리고 가중치는 변하게 되는데, 첫째 둘째 문단에서는 언급되지 않습니다. 이후 문단에서 서술하고 있죠. 임계치는 ⓕ(출력값)을 결정하는 기준이 됩니다. 가중합이 임계치보다 크면 1, 작으면 0이 되죠. (정답: ③)

| 사례분석 2

(2017학년도 수능)

탄수화물은 사람을 비롯한 동물이 생존하는 데 필수적인 에너지원이다. 탄수화물은 섬유소와 비섬유소로 구분된다. 사람은 체내에서 합성한 효소를 이용하여 곡류의 녹말과 같은 비섬유소를 포도당으로 분해하고 이를 소장에서 흡수하여 에너지원으로 이용한다. 반면, 사람은 풀이나 채소의 주성분인 셀룰로스와 같은 섬유소를 포도당으로 분해하는 효소를 합성하지 못하므로, 섬유소를 소장에서 이용하지 못한다. 소, 양, 사슴과 같은 반추 동물도 섬유소를 분해하는 효소를 합성하지 못하는 것은 마찬가지이지만, 비섬유소와 섬유소를 모두 에너지원으로 이용하며 살아간다.

위(胃)가 넷으로 나누어진 반추 동물의 첫째 위인 반추위에는 여러 종류의 미생물이 서식하고 있다. 반추 동물의 반추위에는 산소가 없는데, 이 환경에서 왕성하게 생장하는 반추위 미생물들은 다양한 생리적 특성을 가지고 있다. 그중 ⓐ피브로박터 숙시노젠(F)은 섬유소를 분해하는 대표적인 미생물이다. 식물체에서 셀룰로스는 그것을 둘러싼 다른 물질과 복잡하게 얽혀있는데, F가 가진 효소 복합체는 이 구조를 끊어 셀룰로스를 노출시킨 후 이를 포도당으로 분해한다. F는 이 포도당을 자신의 세포 내에서 대사 과정을 거쳐 에너지원으로 이용하여 생존을 유지하고 개체 수를 늘림으로써 생장한다. 이런 대사 과정에서 아세트산, 숙신산 등이 대사산물로 발생하고 이를 자신의 세포 외부로 배출한다. 반추위에서 미생물들이 생성한 아세트산은 반추 동물의 세포로 직접 흡수되어 생존에 필요한 에너지를 생성하는 데 주로 이용되고 체지방을 합성하는 데에도 쓰인다. 한편 반추위에서 **숙신산**은 프로피온산을 대사산물로 생성하는 다른 미생물의 에너지원으로 빠르게 소진된다. 이 과정에서 생성된 프로피온산은 반추 동물이 간(肝)에서 포도당을 합성하는 대사 과정에서 주요 재료로 이용된다.

반추위에는 비섬유소인 녹말을 분해하는 ⓑ스트렙토코쿠스보비스(S)도 서식한다. 이 미생물은 반추 동물이 섭취한 녹말을 포도당으로 분해하고, 이 포도당을 자신의 세포 내에서 대사과정을 통해 자신에게 필요한 에너지원으로 이용한다. 이때 S는 자신의 세포 내의 산성도에 따라 세포 외부로 배출하는 대사산물이 달라진다. 산성도를 알려 주는 수소 이온 농도 지수(pH)가 7.0 정도로 중성이고 생장 속도가 느린 경우에는 아세트산, 에탄올 등이 대사산물로 배출된다. 반면 산성도가 높아져 pH가 6.0 이하로 떨어지거나 녹말의 양이 충분하여 생장 속도가 빠를 때는 **젖산**이 대사산물로 배출된다. 반추위에서 젖산은 반추 동물의 세포로 직접 흡수되어 반추 동물에게 필요한 에너지를 생성하는 데 이용되거나 아세트산 또는 프로피온산을 대사산물로 배출하는 다른 미생물의 에너지원으로 이용된다.

그런데 S의 과도한 생장이 반추 동물에게 악영향을 끼치는 경우가 있다. 반추 동물이 짧은 시간에 과도한 양의 비섬유소를 섭취하면 S의 개체 수가 급격히 늘고 과도한 양의 젖산이 배출되어 반추위의 산성도가 높아진다. 이에 따라 산성의 환경에서 왕성히 생장하며 항상 젖산을 대사산물로 배출하는 ⓒ락토바실러스루미니스(L)와 같은 젖산 생성 미생물들의 생장이 증가하며 다량의 젖산을 배출하기 시작한다. F를 비롯한 섬유소 분해 미생물들은 자신의 세포 내부의 pH를 중성으로 일정하게 유지하려는 특성이 있는데, 젖산 농도의 증가로 자신의 세포 외부의 pH가 낮아지면 자신의 세포 내의 항상성을 유지하기 위해 에너지를 사용하므로 생장이 감소한다. 만일 자신의 세포 외부의 pH가 5.8 이하로 떨어지면 에너지가 소진되어 생장을 멈추고 사멸하는 단계로 접어든다. 이와 달리 S와 L은 상대적으로 산성에 견디는 정도가 강해 자신의 세포 외부의 pH가 5.5 정도까지 떨어지더라도 이에 맞춰 자신의 세포 내부의 pH를 낮출 수 있어 자신의 에너지를 세포 내부의 pH를 유지하는 데 거의 사용하지 않고 생장을 지속하는 데 사용한다. 그러나 S도 자신의 세포 외부의 pH가 그 이하로 더 떨어지면 생장을 멈추고 사멸하는 단계로 접어들고, 산성에 더 강한 L을 비롯한 젖산 생성 미생물들이 반추위 미생물의 많은 부분을 차지하게 된다. 그렇게 되면 반추위의 pH가 5.0 이하가 되는 급성 반추위 산성증이 발병한다.

문제 | 윗글로 볼 때, ⓐ~ⓒ에 대한 이해로 적절하지 <u>않은</u> 것은?

① ⓐ와 ⓑ는 모두 급성 반추위 산성증에 걸린 반추 동물의 반추위에서는 생장하지 못하겠군.

② ⓐ와 ⓑ는 모두 반추위에서 반추 동물의 체지방을 합성하는 물질을 생성할 수 있겠군.

③ 반추위의 pH가 6.0일 때, ⓐ는 ⓒ보다 자신의 세포 내의 산성도를 유지하는 데 더 많은 에너지를 쓰겠군.

④ ⓑ와 ⓒ는 모두 반추위의 산성도에 따라 다양한 종류의 대사산물을 배출하겠군.

⑤ 반추위에서 녹말의 양과 ⓑ의 생장이 증가할수록, ⓐ의 생장은 감소하고 ⓒ의 생장은 증가하겠군.

탄수화물은 사람을 비롯한 동물이 생존하는 데 필수적인 에너지원이다. 탄수화물은 섬유소와 비섬유소로 구분된다. ((사람은)) 체내에서 합성한 효소를 이용하여 **곡류의 녹말과 같은 비섬유소**를 포도당으로 분해하고 이를 소장에서 흡수하여 에너지원으로 이용한다. 반면, 사람은 풀이나 채소의 주성분인 **셀룰로스와 같은 섬유소**를 포도당으로 분해하는 효소를 합성하지 못하므로, 섬유소를 소장에서 이용하지 못한다. // ((소, 양, 사슴과 같은 반추 동물))도 섬유소를 분해하는 효소를 합성하지 못하는 것은 마찬가지이지만, 비섬유소와 섬유소를 모두 에너지원으로 이용하며 살아간다.

위(胃)가 넷으로 나누어진 반추 동물의 첫째 위인 **반추위**에는 여러 종류의 미생물이 서식하고 있다. 1) 반추 동물의 반추위에는 산소가 없는데, 2) 이 환경에서 왕성하게 생장하는 반추위 미생물들은 다양한 생리적 특성을 가지고 있다. // 그중 ⓐ**피브로박터 숙시노젠(F)**은 ① 섬유소를 분해하는 대표적인 미생물이다. 식물체에서 셀룰로스는 그것을 둘러싼 다른 물질과 복잡하게 얽혀있는데, ② F가 가진 효소 복합체는 이 구조를 끊어 셀룰로스를 노출시킨 후 이를 포도당으로 분해한다. ③ F는 이 포도당을 자신의 세포 내에서 대사 과정을 거쳐 에너지원으로 이용하여 생존을 유지하고 개체 수를 늘림으로써 생장한다. ④ 이런 대사 과정에서 **아세트산, 숙신산** 등이 대사산물로 발생하고 이를 자신의 세포 외부로 배출한다. // 반추위에서 미생물들이 생성한 **〈아세트산〉**은 1) 반추 동물의 세포로 직접 흡수되어 생존에 필요한 에너지를 생성하는 데 주로 이용되고 2) 체지방을 합성하는 데에도 쓰인다. 한편 반추위에서 **〈숙신산〉**은 ① 프로피온산을 대사산물로 생성하는 다른 미생물의 에너지원으로 빠르게 소진된다. 이 과정에서 생성된 ② 프로피온산은 반추 동물이 간(肝)에서 포도당을 합성하는 대사 과정에서 주요 재료로 이용된다.

새로운 개념이나 단어가 연속적으로 나오기 때문에 글 내용을 정확히 인지하면서 읽어가기가 무척 어렵습니다. 고난도 지문의 한 유형으로 볼 수 있죠. 이런 글은 지문의 주요 정보를 분류하는 표시를 하면서 독해해야 하는데, 논의의 출발점이 되는 주요 개념에서 혼동이 오지 않도록 조심해야 합니다. 예를 들면, '비섬유소'와 '섬유소' 개념을 들 수 있습니다. 비섬유소는 녹말 같은 것이죠. 사람은 이것을 몸에서 합성한 효소를 통해 포도당으로 분해합니다. 작은 창자에서 포도당을 흡수하여 에너지원으로 이용합니다. 반면에 셀룰로스와 같은 섬유소는 분해하지 못하기 때문에 사람은 섬유소를 이용하지 못합니다. 이에 비해 반추 동물은 섬유소를 에너지원으로 이용할 수 있습니다. 반추 동물이 비록 섬유소를 분해하는 효소를 합성하지 못해도, 반추위에 살고 있는 미생물을 통하여 섬유소를 에너지원으로 활용합니다. 이 같은 설명에서 '비섬유소', '섬유소'의 개념에 혼동이 올 수 있으니 조심해야 합니다.

반추위에는 산소가 없지만 이런 환경에서 살 수 있는 미생물들이 있습니다. 먼저 F는 **섬유소를 분해하는 미생물**입니다. F의 특성을 살펴보면, 1) 섬유소의 복잡한 구조를 끊어내는 효소를 갖고 있어서 셀룰로스를 포도당으로 분해할 수 있으며, 2) 이 포도당을 F 자신의 에너지원으로 사용하고, 3) 대신에 아세트산과 숙신산을 배출합니다.

미생물이 배출하는 아세트산이나 숙신산이 반추 동물에게는 도움이 될 거라는 점은 글을 읽으면서 직감할 수 있을 겁니다. 포도당은 미생물이 사용하며 대신에 미생물의 대사산물이 반추 동물에게 활용될 거라고 추론할 수 있죠. 그래서 아세트산, 숙신산의 내용을 잘 정리해둘 필요가 있습니다. **아세트산**은 1) 반추 동물 세포로 직접 흡수되어 에너지원으로 사용되고, 2) 체지방 합성에도 사용됩니다. 아세트산은 반추 동물에게 직접 도움이 되네요. **숙신산**은 좀 더 복잡합니다. 1) 숙신산은 다른 미생물의 에너지원으로 사용됩니다. 그런데 2) 대신에 프로피온산을 배출하는데, 이것은 반추 동물의 간에서 포도당을 합성할 때 원료로 사용됩니다.

반추위에는 **비섬유소인 녹말을 분해**하는 ⓑ **스트렙토코쿠스보비스(S)**도 서식한다. 이 미생물은 반추 동물이 섭취한 1) 녹말을 포도당으로 분해하고, 이 포도당을 자신의 세포 내에서 대사과정을 통해 2) 자신에게 필요한 에너지원으로 이용한다. // 이때 S는 자신의 **((세포 내의 산성도에 따라))** 세포 외부로 배출하는 대사산물이 달라진다. 산성도를 알려 주는 수소 이온 농도 지수(pH)가 ① 7.0 **정도로 중성이고 생장 속도가 느린 경우에는 〈아세트산, 에탄올〉** 등이 대사산물로 배출된다. 반면 산성도가 높아져 pH가 ② 6.0 이하로 떨어지거나 녹말의 양이 충분하여 생장 속도가 빠를 때는 **〈젖산〉**이 대사산물로 배출된다. // 반추위에서 **((젖산))**은 반추 동물의 1) 세포로 직접 흡수되어 반추 동물에게 필요한 에너지를 생성하는 데 이용되거나 2) 아세트산 또는 프로피온산을 대사산물로 배출하는 다른 미생물의 에너지원으로 이용된다.

이제 비섬유소를 분해하는 미생물인 S에 대해 설명합니다. S는 비섬유소인 녹말을 분해하여 포도당을 F처럼 자신의 에너지원으로 이용합니다. 그런데 **S의 세포 내 산성도에 따라** 밖으로 배출하는 대사산물이 달라집니다. 그것의 특성을 살펴보면 1) 수소 이온 농도 지수(pH)가 중성인 **7.0에서는 아세트산, 에탄올**이 배출되고, 2) **6.0 이하로 떨어지거나** 녹말양이 충분하면 **젖산**이 대사산물로 배출됩니다.

그런데 **젖산**은 반추 동물의 세포로 직접 흡수되어 에너지원으로 사용될 수도 있고, 아니면 다른 미생물의 에너지원으로 사용될 수 있습니다. 젖산을 사용하는 미생물은 대사산물로 아세트산이나 프로피온산을 배출합니다. 그러니까 젖산은 반추 동물도 이용할 수 있고, 미생물도 이용할 수 있는 것이죠.

그런데 **S의 과도한 생장**이 반추 동물에게 악영향을 끼치는 경우가 있다. 반추 동물이 짧은 시간에 과도한 양의 비섬유소를 섭취하면 1) S의 개체 수가 급격히 늘고 과도한 양의 젖산이 배출되어 반추위의 산성도가 높아진다. 이에 따라 산성의 환경에서 왕성히 생장하며 2) **항상** 젖산을 대사산물로 배출하는 ⓒ **락토바실러스루미니스(L)**와 같은 젖산 생성 미생물들의 생장이 증가하며 다량의 젖산을 배출하기 시작한다. // **((F를 비롯한 섬유소 분해 미생물들은))** 자신의 세포 내부의 pH를 중성으로 일정하게 유지하려는 특성이 있는데, ① 젖산 농도의 증가로 자신의 세포 외부의 pH가 낮아지면 자신의 세포 내의 항상성을 유지하기 위해 에너지를 사용하므로 생장이 감소한다. 만일 ② 자신의 세포 외부의 pH가 5.8 이하로 떨어지면 에너지가 소진되어 생장을 멈추고 사멸하는 단계로 접어든다. // 이와 달리 **((S와 L은))** 상대적으로 산성에 견디는 정도가 강해 자신의 세포 외부의 ① pH가 5.5 정도까지 떨어지더라도 이에 맞춰 자신의 세포 내부의 pH를 낮출 수 있어 자신의 에너지를 세포 내부의 pH를 유지하는 데 거의 사용하지 않고 생장을 지속하는 데 사용한다. 그러나 ② **S도** 자신의 세포 외부의 pH가 그 이하로 더 떨어지면 생장을 멈추고 **사멸하는 단계**로 접어들고, 산성에 더 강한 L을 비롯한 젖산 생성 미생물들이 반추위 미생물의 많은 부분을 차지하게 된다. ③그렇게 되면 반추위의 pH가 5.0 이하가 되는 급성 반추위 산성증이 발병한다.

S의 과도한 생장은 반추위 환경에 영향을 미칩니다. 젖산을 배출하는 L을 증가시키고, 반추위를 산성화시킵니다. 젖산이 증가하여 반추위가 산성화되면, **F는** 자신의 세포를 중성으로 유지하기 위해 에너지를 사용하기 때문에 생장이 감소하고 5.8 이하로 떨어지면 사멸합니다. **S와 L은** 산성에 견디는 정도가 강해서 5.5까지는 세포 내부의 pH를 낮출 수 있습니다. 그래서 세포 내 산성도 유지에 에너지를 거의 사용하지 않습니다. 그러나 5.5 이하로 더 떨어지면 S도 사멸하고, 산성에 강한 L만 남습니다. 그러면 젖산은 더 많이 배출되고 반추위 산성도가 5.0 이하가 되는 급성 반추위 산성증이 생기죠. 정말 복잡하고 독해하기가 어렵죠? 이런 지문은 주요 정보를 시험지에 잘 분류하고 표시해 두어야 문제 풀이에 착오가 없게 됩니다.

[문제] 윗글로 볼 때, ⓐ(F)와 ⓑ(S)와 ⓒ(L)에 대한 이해로 적절하지 않은 것은?

① ⓐ와 ⓑ는 모두 급성 반추위 산성증에 걸린 반추 동물의 반추위에서는 생장하지 못하겠군.

(F는 5.8 이하에서 그리고 S는 5.5 이하에서 사멸하는데, 급성 반추위 산성은 5.0입니다. 그래서 급성 반추위 산성증에서는 F와 S는 생장하지 못하므로 적절한 선지입니다.)

② ⓐ와 ⓑ는 모두 반추위에서 반추 동물의 체지방을 합성하는 물질을 생성할 수 있겠군.

(체지방을 합성하는 물질은 아세트산입니다. F와 S 모두 아세트산을 배출하므로 적절한 선지입니다.)

③ 반추위의 pH가 6.0일 때, ⓐ는 ⓒ보다 자신의 세포 내의 산성도를 유지하는 데 더 많은 에너지를 쓰겠군.

(7.0이 중성입니다. 그러니까 F는 반추위 환경이 6.0이 되면 세포 외부의 산성도가 낮아지게 되고, 자신의 세포 내 산성도를 유지하기 위해 에너지를 많이 사용합니다. L은 산성도 유지에 에너지를 사용할 필요가 없는 미생물이죠. 그래서 적절한 선지입니다.)

④ ⓑ와 ⓒ는 모두 반추위의 산성도에 따라 다양한 종류의 대사산물을 배출하겠군.

(S는 산성도에 따라 배출하는 대사산물이 다르지만, L은 항상 젖산만 배출합니다. 적절하지 않은 선지이므로 정답입니다.)

⑤ 반추위에서 녹말의 양과 ⓑ의 생장이 증가할수록, ⓐ의 생장은 감소하고 ⓒ의 생장은 증가하겠군.

(S의 과도한 생장과 많은 녹말양은 L을 생장시킵니다. 이에 따라 젖산이 증가하여 반추위의 산성화가 진행되면 F는 사멸하죠. 적절한 선지입니다.)

(정답: ④)

유제 연습 ❷

1 다음 글에 대한 설명 중 적절하지 않은 것은?

> 한편 1840년대에 줄(Joule)은 일정량의 열을 얻기 위해 필요한 각종 에너지의 양을 측정하는 실험을 행하였다. 대표적인 것이 열의 일당량 실험이었다. 이 실험은 열기관을 대상으로 한 것이 아니라, 추를 낙하시켜 물속의 날개바퀴를 회전시키는 실험이었다. 열의 양은 칼로리(calorie)로 표시되는데, 그는 역학적 에너지인 일이 열로 바뀌는 과정의 정밀한 실험을 통해 1 kcal의 열을 얻기 위해서 필요한 일의 양인 열의 일당량을 측정하였다. 줄은 이렇게 일과 열은 형태만 다를 뿐 서로 전환이 가능한 물리량이므로 등가성을 갖는다는 것을 입증하였으며, 열과 일이 상호 전환될 때 열과 일의 에너지를 합한 양은 일정하게 보존된다는 사실을 알아내었다. 이후 열과 일뿐만 아니라 화학 에너지, 전기 에너지 등이 등가성을 가지며 상호 전환될 때에 에너지의 총량은 변하지 않는다는 에너지 보존 법칙이 입증되었다.

① 줄의 열의 일당량 실험은 열기관을 대상으로 하지 않았다.
② 줄의 열의 일당량 실험은 1 kcal의 열로 어느 정도의 일을 하는가를 측정한 실험이었다.
③ 일과 열은 서로 전환이 가능한 물리량이고 등가성을 갖는다.
④ 줄의 실험을 토대로 에너지 보존의 법칙이 입증되었다.

| 풀이 |

열의 일당량 실험을 뒷받침하는 주요 정보를 하나씩 확인해야 합니다. 그런데 '열의 일당량'이라는 개념이 어떤 선입견을 불러올 수도 있어요. 즉 열이 얼마만큼의 일을 하는가라는 잘못된 선입견을 떠올리게 할 수 있죠. 그래서 '열의 일당량' 정의 부분에 대해서 신중하게 읽을 필요가 있습니다. 먼저 "일이 열로 바뀌는 과정"이라는 점이고, 그리고 "1 Kcal의 열을 얻기 위해서 필요한 일의 양"을 의미합니다. 처음에 들었던 선입견과 반대되는 내용이 '열의 일당량' 개념이라는 것을 문단 중간에서 확인할 수 있습니다. 줄의 실험이 갖는 의미는, 일과 열은 형태만 다를 뿐 서로 전환 가능한 물리량이라는 점을 입증해냈고, 일과 열은 등가성을 갖고 있으며, 열과 일이 상호 전환될 때 열과 일의 에너지를 합한 양은 일정하게 보존된다는 점을 확인한 것입니다. 이러한 줄의 실험을 토대로 모든 에너지 즉 화학 에너지나 전기 에너지도 등가성을 가지며, 이들이 상호 전환될 때 에너지 총량이 변하지 않는다는 에너지 보존의 법칙을 입증할 수 있었습니다.
(정답: ②)

실전 연습 문단 내용 정리하기

| 중심 내용 확인

01 다음 글의 중심 화제로 가장 적절한 것은?

장자는 자아의 편견과 아집 상태에서 벗어나 세계와 자유롭게 소통하는 합일의 경지를 만물의 상호 의존성으로 설명한다. 자아와 타자는 서로의 존재를 온전히 전제할 때 자신들의 존재가 드러날 수 있다고 그는 말한다. 예컨대, 내가 편견 없는 눈의 감각으로 꽃을 응시하면 그 꽃으로 인해 나의 존재가 성립되고 나로 인해 그 꽃 또한 존재의 의미를 획득하게 된다는 것이다. 이런 관계가 성립되기 위해서는 끊임없이 타자를 위해 마음의 공간을 비워 두는 수행이 필요하다. 장자는 이런 수행을 통해서 개체로서의 자아를 뛰어넘어 세계의 모든 존재와 일체를 이루는 자아에 도달할 수 있다고 주장한다. 장자가 나비가 되어 자신조차 잊은 채 자유롭게 날 수 있었던 것은 나비를 있는 그대로 온전하게 받아들일 수 있었기 때문에 가능했다. 만물과 조화롭게 합일한다는 '물아일체'로 호접몽 이야기를 끝맺는 까닭이 여기에 있다.

① 장자의 호접몽 이야기에 담긴 물아일체의 진정한 의미
② 정신과 육체의 조화를 위해 장자가 제시한 수행의 방법
③ 자아와 세계의 상호 의존적 관계를 위한 정적 상태의 극복
④ 마음의 두 가지 상태와 그 상보적 관계에 대한 장자의 견해

02 ㉠과 ㉡에 대하여 추론한 내용으로 적절하지 <u>않은</u> 것은?

우리나라는 1990년대 중반부터 극히 제한된 형태의 간접 광고만을 허용하는 ㉠<u>협찬 제도</u>를 운영해 왔다. 이 제도는 프로그램 제작자가 협찬 업체로부터 경비, 물품, 인력, 장소 등을 제공받아 활용하고 프로그램이 종료될 때 협찬 업체를 알리는 협찬 고지를 허용했다. 그러나 프로그램의 내용이 전개될 때 상품명이나 상호를 보여 주거나 출연자가 이를 언급해 광고 효과를 주는 것은 법으로 금지했다. 협찬 받은 의상의 상표를 보이지 않게 가리는 것은 그 때문이다.

우리나라는 협찬 제도를 그대로 유지하면서 광고주와 방송사 등의 요구에 따라 방송법에 '간접 광고'라는 조항을 신설하여 2010년부터 시행하였다. ㉡<u>간접 광고 제도</u>가 도입된 취지는 프로그램 내에서 광고를 하는 행위에 대해 법적인 규제를 완화하여 방송 광고 산업을 활성화하겠다는 것이었다. 이로써 프로그램 내에서 상품명이나 상호를 보여 주는 것이 허용되었다. 다만 시청권의 보호를 위해 상품명이나 상호를 언급하거나 구매와 이용을 권유하는 것은 금지되었다. 또 방송이 대중에게 미치는 영향력이 크기 때문에 객관성과 공정성이 요구되는 보도, 시사, 토론 등의 프로그램에서는 간접 광고가 금지되었다. 그럼에도 불구하고 간접 광고 제도를 비판하는 사람들은 간접 광고로 인해 광고 노출 시간이 길어지고 프로그램의 맥락과 동떨어진 억지스러운 상품 배치가 빈번해 프로그램의 질이 떨어지고 있다고 주장한다.

① ㉠이 시행되면서, 프로그램 내용이 전개될 때 상표를 노출할 수 있게 되어 방송 광고 업계는 이 제도를 환영했겠군.
② ㉠에 따라 경비를 제공한 협찬 업체는 프로그램이 종료될 때의 협찬 고지를 통해서 광고 효과를 거둘 수 있겠군.
③ ㉡이 도입된 이후에는 프로그램 내용이 전개될 때 작위적으로 상품을 노출시키는 장면이 많아졌겠군.
④ ㉡을 도입할 때 보도와 토론 프로그램에서 간접 광고를 허용하지 않은 것은 방송의 공적 특성을 고려한 것이겠군.

03 다음 글을 바탕으로 할 때, 〈보기〉의 실험에 대한 이해로 적절하지 않은 것은?

단백질이 지속적으로 분해됨에도 불구하고 체내 단백질의 총량이 유지되거나 증가할 수 있는 것은 세포 내에서 단백질 합성이 끊임없이 일어나기 때문이다. 단백질 합성에 필요한 아미노산은 세포 내에서 합성되거나, 음식으로 섭취한 단백질로부터 얻거나, 체내 단백질을 분해하는 과정에서 생성된다. 단백질 합성에 필요한 아미노산 중 체내에서 합성할 수 없어 필요량을 스스로 충족할 수 없는 것을 필수아미노산이라고 한다. 어떤 단백질 합성에 필요한 각 필수아미노산의 비율은 정해져 있다. 체내 단백질 분해를 통해 생성되는 필수아미노산도 다시 단백질 합성에 이용되기도 하지만, 부족한 양이 외부로부터 공급되지 않으면 전체의 체내 단백질 합성량이 줄어들게 된다. 그러므로 필수아미노산은 반드시 음식물을 통해 섭취되어야 한다. 다만 성인과 달리 성장기 어린이의 경우, 체내에서 합성할 수는 있으나 그 양이 너무 적어서 음식물로 보충해야 하는 아미노산도 필수아미노산에 포함된다.

각 식품마다 포함된 필수아미노산의 양은 다르며, 필수아미노산이 균형을 이룰수록 공급된 필수아미노산의 총량 중 단백질 합성에 이용되는 양의 비율, 즉 필수아미노산의 이용 효율이 높다. 일반적으로 육류, 계란 등 동물성 단백질은 필수아미노산을 균형 있게 함유하고 있어 필수아미노산의 이용 효율이 높은 반면, 쌀이나 콩류 등에 포함된 식물성 단백질은 제한아미노산을 가지며 필수아미노산의 이용 효율이 상대적으로 낮다.

제한아미노산은 단백질 합성에 필요한 각각의 필수아미노산의 양에 비해 공급된 어떤 식품에 포함된 해당 필수아미노산의 양의 비율이 가장 낮은 필수아미노산을 말한다. 가령, 가상의 P 단백질 1몰*을 합성하기 위해서는 필수아미노산 A와 B가 각각 2몰과 1몰이 필요하다고 하자. P를 2몰 합성하려고 할 때, A와 B가 각각 2몰씩 공급되었다면 A는 필요량에 비해 2몰이 부족하게 되어 P는 결국 1몰만 합성된다. 이때 A가 부족하여 합성할 수 있는 단백질의 양이 제한되기 때문에 A가 제한아미노산이 된다.

* 몰: 물질의 양을 나타내는 단위.

보기

가상의 단백질 Q를 1몰 합성하는 데 필수아미노산 A, B, C가 각각 2몰, 3몰, 1몰이 필요하다고 가정하자. 단백질 Q를 2몰 합성하려고 할 때 (가), (나), (다)에서와 같이 A, B, C의 공급량을 달리하고, 다른 조건은 모두 동일한 상황에서 최대한 단백질을 합성하는 실험을 하였다.

(가): A 4몰, B 6몰, C 2몰
(나): A 6몰, B 3몰, C 3몰
(다): A 4몰, B 3몰, C 3몰

(단, 단백질과 아미노산의 분해는 없다고 가정한다.)

① (가)에서는 단백질 합성을 제한하는 필수아미노산이 없겠군.
② (가)에서는 (다)에 비해 단백질 합성에 이용된 필수아미노산의 총량이 많겠군.
③ (나)에서는 (다)에 비해 합성된 단백질의 양이 많겠군.
④ (나)와 (다) 모두에서는 단백질 합성을 제한하는 필수아미노산이 B가 되겠군.
⑤ (나)에서는 (다)에 비해 단백질 합성에 이용되지 않고 남은 필수아미노산의 총량이 많겠군.

01

장자는 자아의 편견과 아집 상태에서 벗어나 세계와 자유롭게 소통하는 합일의 경지를 **((만물의 상호 의존성))**으로 설명한다. 자아와 타자는 서로의 존재를 온전히 전제할 때 자신들의 존재가 드러날 수 있다고 그는 말한다. **(예컨대**, 내가 편견 없는 눈의 감각으로 꽃을 응시하면 그 꽃으로 인해 나의 존재가 성립되고 나로 인해 그 꽃 또한 존재의 의미를 획득하게 된다는 것이다.) 이런 관계가 성립되기 위해서는 끊임없이 타자를 위해 **마음의 공간을 비워 두는 수행이 필요**하다. 장자는 이런 수행을 통해서 개체로서의 자아를 뛰어넘어 **세계의 모든 존재와 일체를 이루는 자아**에 도달할 수 있다고 주장한다. // 장자가 나비가 되어 자신조차 잊은 채 자유롭게 날 수 있었던 것은 나비를 있는 그대로 온전하게 받아들일 수 있었기 때문에 가능했다. 만물과 조화롭게 합일한다는 **'물아일체'로 호접몽 이야기를 끝맺는 까닭**이 여기에 있다.

자아와 세계의 합일의 경지를 '만물의 상호 의존성'으로 설명하면서, 문단 끝에 와서는 "'물아일체'로 호접몽 이야기를 끝맺는 까닭"으로 정리하고 있습니다. 물아일체의 진정한 의미를 설명했다고 볼 수 있기 때문에 정답은 ①입니다. '마음을 비워 두는 수행'은 '정신과 육체의 조화'를 위해서가 아니라 자아와 세계의 합일을 위한 것입니다. 자아와 세계의 상호 의존적 관계를 위해서는 마음의 공간을 비워 두어야 하므로 '정적 상태의 극복'이 아니라 고요하고 차분한 상태로 가야할 것 같습니다. 마음의 두 가지 상태는 이 문단에서는 나와 있지 않습니다. (정답: ①)

02

우리나라는 1990년대 중반부터 극히 제한된 형태의 간접 광고만을 허용하는 ㉠협찬 제도를 운영해 왔다. 이 제도는 프로그램 제작자가 1) 협찬 업체로부터 경비, 물품, 인력, 장소 등을 제공받아 활용하고 2) 프로그램이 종료될 때 협찬 업체를 알리는 협찬 고지를 허용했다. 그러나 프로그램의 내용이 전개될 때 3) **상품명이나 상호를 보여 주거나 출연자가 이를 언급해 광고 효과를 주는 것은 법으로 금지했다.** 협찬 받은 의상의 상표를 보이지 않게 가리는 것은 그 때문이다.

우리나라는 협찬 제도를 그대로 유지하면서 광고주와 방송사 등의 요구에 따라 방송법에 '간접 광고'라는 조항을 신설하여 2010년부터 시행하였다. ㉡간접 광고 제도가 도입된 취지는 프로그램 내에서 광고를 하는 행위에 대해 법적인 규제를 완화하여 방송 광고 산업을 활성화하겠다는 것이었다. 이로써 ① 프로그램 내에서 상품명이나 상호를 보여 주는 것이 허용되었다. 다만 시청권의 보호를 위해 ② **상품명이나 상호를 언급하거나 구매와 이용을 권유하는 것은 금지**되었다. 또 방송이 대중에게 미치는 영향력이 크기 때문에 ③ **객관성과 공정성이 요구되는 보도, 시사, 토론 등의 프로그램에서는 간접 광고가 금지**되었다. 그럼에도 불구하고 간접 광고 제도를 비판하는 사람들은 간접 광고로 인해 광고 노출 시간이 길어지고 프로그램의 맥락과 동떨어진 억지스러운 상품 배치가 빈번해 프로그램의 질이 떨어지고 있다고 주장한다.

협찬 제도의 특징은 1) 업체로부터 여러 가지를 제공받을 수 있지만, 2) 방송 프로그램 종료 후에 고지해야 하고, 3) 방송 프로그램 중에는 상품명이나 상호를 언급할 수 없습니다. 이에 비해 간접 광고 제도는, ① 방송 프로그램 중에 상품명이나 상호를 보여줄 수 있지만, ② 언급할 수는 없고 구매를 권유할 수도 없으며, ③ 보도 · 시사 · 토론 등의 프로그램에서는 간접 광고를 할 수 없는 특징을 갖고 있습니다. (정답: ①)

03

단백질이 지속적으로 분해됨에도 불구하고 체내 단백질의 총량이 유지되거나 증가할 수 있는 것은 **세포 내에서 단백질 합성**이 끊임없이 일어나기 때문이다. 단백질 합성에 필요한 아미노산은 1) **세포 내에서 합성**되거나, 2) **음식으로 섭취**한 단백질로부터 얻거나, 3) **체내 단백질을 분해**하는 과정에서 생성된다. 단백질 합성에 필요한 아미노산 중 체내에서 합성할 수 없어 필요량을 스스로 충족할 수 없는 것을 **필수아미노산**이라고 한다. 어떤 단백질 합성에 필요한 각 필수아미노산의 비율은 정해져 있다. 체내 단백질 분해를 통해 생성되는 필수아미노산도 다시 단백질 합성에 이용되기도 하지만, 부족한 양이 외부로부터 공급되지 않으면 전체의 체내 단백질 합성량이 줄어들게 된다. 그러므로 필수아미노산은 반드시 음식물을 통해 섭취되어야 한다. 다만 성인과 달리 성장기 어린이의 경우, 체내에서 합성할 수는 있으나 그 양이 너무 적어서 음식물로 보충해야 하는 아미노산도 필수아미노산에 포함된다.

각 식품마다 포함된 필수아미노산의 양은 다르며, 필수아미노산이 균형을 이룰수록 공급된 필수아미노산의 총량 중 단백질 합성에 이용되는 양의 비율, 즉 필수아미노산의 이용 효율이 높다. 일반적으로 육류, 계란 등 동물성 단백질은 필수아미노산을 균형 있게 함유하고 있어 필수아미노산의 이용 효율이 높은 반면, 쌀이나 콩류 등에 포함된 식물성 단백질은 제한아미노산을 가지며 필수아미노산의 이용 효율이 상대적으로 낮다.

제한아미노산은 단백질 합성에 필요한 각각의 필수아미노산의 양에 비해 공급된 어떤 식품에 포함된 해당 **필수아미노산의 양의 비율이 가장 낮은 필수아미노산**을 말한다. ((가령, 가상의 P 단백질 1몰을 합성하기 위해서는 필수아미노산 A와 B가 각각 2몰과 1몰이 필요하다고 하자. P를 2몰 합성하려고 할 때, A와 B가 각각 2몰씩 공급되었다면 A는 필요량에 비해 2몰이 부족하게 되어 P는 결국 1몰만 합성된다. 이때 A가 부족하여 합성할 수 있는 단백질의 양이 제한되기 때문에 A가 제한아미노산이 된다)).

필수아미노산과 제한아미노산의 개념을 정확히 알아둘 필요가 있습니다. 즉 제한아미노산도 필수아미노산의 하나인데, 이것은 상대적 개념입니다. 단백질을 합성하는데 부족한 필수아미노산이 제한아미노산입니다. 〈보기〉의 상황은 지문에 나온 예시를 통해 정확히 이해할 수 있습니다. 단백질 Q를 2몰 합성하기 위해서는 A는 4몰, B는 6몰, C는 2몰이 필요합니다. (가)는 단백질 Q가 2몰 합성되고 제한아미노산은 없습니다. (나)는 B 때문에 1몰만 합성됩니다. 즉 제한아미노산은 B이고, 단백질 1몰을 합성한 후 A는 4몰이 남고 C는 2몰이 남습니다. (다)도 B 때문에 1몰만 합성됩니다. 여기서도 제한아미노산은 B입니다. 단백질 1몰을 합성한 후, A는 2몰이 남고 C는 2몰이 남습니다. ②는 단백질 합성에 들어간 필수아미노산 총량을 말하죠? (가)는 2몰이 합성되었기 때문에 A, B, C를 모두 더하면 12몰이 사용되었고, (나)는 1몰만 합성되었기 때문에 6몰이 사용되었습니다. 그래서 ②는 적절합니다. (나)와 (다)는 각기 단백질이 1몰만 합성되었기 때문에 ③이 적절하지 않습니다. (정답: ③)

3장

글 독해

1 지문 전체 재정리 글 독해

2 문제 풀이 과정 글 독해

3 고난도 지문 글 독해

글 독해의 실제

수능 비문학에서 '글 독해'란 지문 전체에 대한 독해를 가리킵니다. 그런데 수능 비문학의 '글 독해'는 지문에 대한 독해로 끝나지 않습니다. 우리는 지문 독해가 끝나면 곧바로 문제로 달려들어 정답을 찾아내려 눈에 불을 켜게 됩니다. 수능 비문학 지문을 독해하는 이유는 문제의 정답을 찾아내기 위함이죠. 만약 '글 독해'를 지문 전체에 대한 독해로 의미를 한정한다면, 수능 비문학 독해의 본질을 놓치게 됩니다. 수능에서는 글 전체에 대한 읽기와 이해를 전제로 해서 문항까지 해결하는 것이 '글 독해'라 할 수 있고, 이는 수능 독해만이 갖는 특성이라 할 수 있습니다. 그렇기 때문에 이 책에서 제시하는 '글 독해 방법'은 이러한 수능 독해의 특성에 맞춰져 있습니다. 즉 출제 원리에 대입해서, 문제 해결 방법을 독해 방법과 연결하여, '수학처럼 정답이 나오는 방법'을 제시하는 것입니다.

이 같은 '글 독해의 방법'을 개략적으로 제시하면 다음과 같습니다. 먼저 문제 풀이로 넘어가기 전에 독해한 지문의 전체 내용을 재정리하는 것입니다. 문제로 바로 넘어가지 않고 호흡을 가다듬어 독해의 집중력을 다시 정비하는 것이죠. 지문 재정리는 '처음 – 중간 – 끝'이라는 글의 구성 원리에 따라 내용을 살펴보는 것이며, 또한 글의 전개 방식이나 문단과 문단 사이 개념의 연관성 등을 확인하는 것입니다. 특히 고난도 지문의 경우에는 문단의 중심 내용을 살펴보고, 개념 간의 관련성을 확인하는 것이 필요합니다.

다음으로 문제를 풀 때 지문을 다시 살펴보는 것입니다. 수능 지문은 어렵고 문제 또한 어렵기 때문에, 지문 독해가 끝났더라도 문제를 해결하는 과정에서 다시 살펴보아야 합니다. 이때 문제 유형에 따라 살펴보아야 할 지문의 범위가 다르고 독해의 초점도 달라집니다. 문제 유형이 독해법과 관련되는 이유도 여기에 있는 것이죠.

수능 비문학 문제는 '눈에 보이는 그대로' 이해하고 풀어야 합니다. 왜냐하면 읽기 평가 문제로서 일정한 틀(=유형)을 보여주며, 특정한 출제 원리가 적용되기 때문입니다. 눈에 보이는 그대로의 문제는 「일치–불일치 문제」, 「밑줄 문제」, 「〈보기〉 문제」 이 3 가지이며 모든 비문학 지문에서 적용되고 있습니다. 일치–불일치 문제의 선지는 지문 전체와 관련되고, 밑줄 문제나 〈보기〉 문제의 선지는 주로 특정 문단과 연결됩니다. 그리고 이러한 문제 유형들은 특정한 출제 원리가 적용되기 때문에 출제 원리에 독해의 초점을 맞추어야 정답을 정확히 찾을 수 있습니다.

글 독해의 실제 과정 모형도

| 지문 전체 재정리 글 독해 방법 |

〈지문 전체 재정리 독해〉		〈고난도 지문 재정리 독해〉
• '처음-끝' 상관관계 확인 • 글의 전개 방식 확인	+	• 문단의 중심 내용 확인 • 문단 사이 개념의 연관성 확인

| 문제 풀이 과정 글 독해 방법 |

문제 유형		문제 해결과 관련된 독해법	지문 범위
일치-불일치 문제	➡	• 선지와 지문 연결 • 선지와 지문 내용 같은가 확인	지문 전체
밑줄 문제	➡	• 밑줄에 내포된 의미의 추론 근거 확인 • 구체 상황 추상하기	특정 문단 / 지문 전체
〈보기〉 문제	➡	• 문단 사이 개념 연관성 확인 • 지문에 나온 예시 확인 • 조건에 맞춰 〈보기〉 해석하기	특정 문단 / 지문 전체
주제 찾기 / 요약하기	➡	• 첫 문단-끝 문단 호응 관계 확인 • 글 전개 방식 확인 • 글 전체 내용 추상하기	첫 문단-끝 문단 / 지문 전체

1 지문 전체 재정리 글 독해

비문학 지문을 읽을 때 절대적으로 금해야 할 읽기 방법이 있습니다. (1) 첫 문단 읽고 일치-불일치 문제의 선지 한두 개 살펴보고, 둘째 문단 읽고 일치-불일치 문제 선지 한두 개 더 살펴보고, 밑줄 문제 있으면 검토하고, 셋째 문단 읽고 〈보기〉문제 검토하고, 그리고 대충 마지막 문단 읽고 문제들을 마무리하는 방식으로 비문학 지문을 읽는 방법입니다. (2) 또한 조사나 연결어를 빼먹고 건너뛰거나 주어-서술어 등을 대충 보고 넘어가는 방식으로 지문을 읽는 방법입니다.

이렇게 읽으면 글 내용을 파악하는데 실패합니다. 왜냐하면 수능 비문학 지문은 무척 어려워서 이런 글 읽기로는 내용의 연결성을 놓치기 때문입니다. 이런 식으로 공부하면 4등급 이상으로 올라갈 수 없습니다. 문제를 먼저 10초, 20초 검토하고 나서 지문을 읽는 것은 괜찮습니다. 그렇지만 지문을 읽기 시작하면 처음부터 끝까지 차분히 정독해야 합니다. 지문과 문제 사이를 왔다 갔다 하면서 읽으면 어려운 지문이 읽히는 것 같지만 사실은 시간만 허비하는 것이죠.

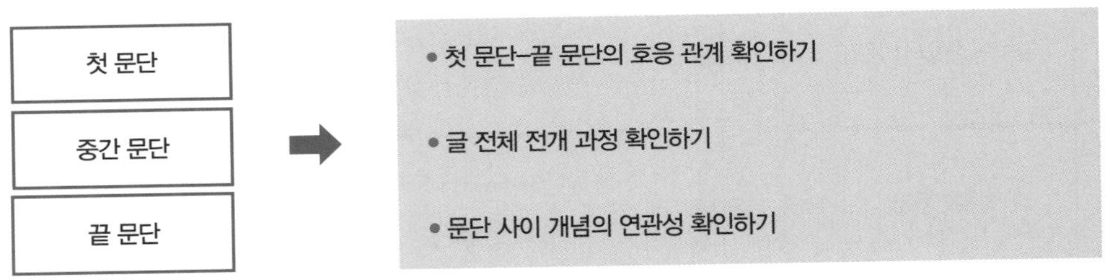

지문 전체를 재정리하는 글 독해

수능 국어를 80분 내내 집중하여 푸는 것은 여간 어렵지 않습니다. 중간중간 머리의 스트레스를 풀고 호흡도 가다듬어 집중력을 재정비할 필요가 있습니다. 비문학 지문을 다 읽고 나서 재정리하는 것도 이와 관련됩니다. 특히 첫 문단을 다시 읽을 필요가 있습니다. 아무리 열심히 정독했더라도 지문을 다 읽고 나면 첫 문단의 내용이 머릿속에서 사라지기 때문이죠. 글 중간 부분이 너무 복잡하고 어렵기 때문에 첫 문단의 내용을 기억하지 못하게 됩니다. 이런 상태로 문제를 풀게 되면 오답을 할 가능성이 큽니다. 그래서 첫 문단을 읽으면서 끝 문단과의 호응 관계를 살펴보고, 글의 전개 방식이나 개념 간 연관성 등도 살펴보는 것이 필요합니다.

1 '처음 - 끝' 상관관계 확인하기

❶ 지문을 재정리하면서 독해할 때 첫 문단을 반드시 한 번 더 읽어 보는 것이 필요합니다. 첫 문단을 다시 읽어야 하는 이유는 첫 문단 내용이 머릿속에서 사라지기 때문입니다. 설사 첫 문단 내용이 사라진다고 해도 문제 풀이와 관련이 없다면 괜찮을 겁니다. 그런데 첫 문단 내용도 반드시 문제에 출제됩니다. '일치 – 불일치 문제'에서는 선지 하나를 구성하고, '표제 – 부제' 등 주제와 관련된 문제에서는 첫 문단의 화제어가 반드시 포함됩니다.

❷ 수능 비문학 지문은 '처음 – 중간 – 끝'이라는 글의 구성 원리에 따라 완성됩니다. '처음 – 중간 – 끝'의 구성 원리에서 각 부분이 하고 있는 역할은 다릅니다. '처음' 부분은 도입의 역할을 하겠죠. 설명문의 '처음' 부분에서는 설명하려는 대상을 제시합니다. 글 전체의 대상이 되는 화제어는 첫 문단에서 제시되는 것이죠. 그리고 이 화제어가 어떤 특성을 갖고 있는지도 첫 문단에서 제시됩니다. 화제어의 속성이라 할 수 있는 내용은 '중간' 부분에 나오게 됩니다. 즉 '중간' 부분은 화제어의 속성을 구체적으로 설명하는 부분이라 할 수 있죠. '끝' 부분은 전체 글 내용을 마무리하는 역할을 합니다. 마무리하기 때문에 글 내용을 요약한 부분이 있게 마련입니다.

❸ 첫 문단에는 글을 쓰게 된 동기나 문제의식이 들어 있습니다. 그런데 그 답변은 첫 문단에 들어 있지 않죠. 글 '중간' 부분에서 그것을 해명하고 밝히게 됩니다. 마지막 문단인 글의 '끝'에서는 글 전체의 내용을 요약하기 때문에, 글의 동기나 문제의식에 대한 답변이 들어 있습니다. 그렇지만 '끝' 부분에는 글의 동기나 문제의식은 포함되어 있지 않습니다. 이렇게 '처음'과 '끝'은 서로 호응하면서 글이 구성되어 있는 것이죠. 만약 첫 문단에서 밑줄을 치고 그것의 의미를 묻는다면, 밑줄 부분은 글의 문제의식일 가능성이 높습니다. 이 문항에서 알고자 하는 의미는 문제의식에 대한 답변일 터인데, 첫 문단에서는 찾을 수 없고 마지막 문단에서 확인해야 합니다. 반대로 끝 문단에서 밑줄을 치고 그것의 의미를 묻는다면, 글 내용에 대한 문제의식을 묻는 경우라 할 수 있습니다. 끝 문단이 아니라 첫 문단에서 확인할 필요가 있는 것이죠.

❹ 최근 수능 지문에서는 '처음 – 중간 – 끝'의 구성 원리가 약화되고 있습니다. 문단 길이가 늘어나고, 첫 문단부터 구체 정보가 제시되고 있지요. 그렇지만 '처음 – 중간 – 끝'의 원리를 알고서 지문을 읽는 것과, 모르고 읽는 것에는 큰 차이가 있습니다. '처음 – 중간 – 끝'의 구성 원리에 따라 지문 독해를 하면 내용 파악이 더 수월해집니다.

| 사례분석 (2014학년도 수능 B형)

❶ 정신적 사건과 물질적 사건은 구분된다고 생각하는 것이 우리의 상식이다. 이러한 상식에 따르면 인간의 정신적 사건과 육체적 사건도 구분되는 것으로 보게 된다. 하지만 정신적 사건과 육체적 사건이 서로 긴밀히 연결되어 있다고 보는 것 또한 우리의 상식이다. 위가 텅 비어 있으면 정신적인 고통을 느끼는 현상, 두려움을 느끼면 가슴이 더 빨리 뛰는 현상 등이 그런 예이다. 문제는 정신적 사건과 육체적 사건의 이질성과 관련성이라는 두 가지 상식을 조화시키기가 쉽지 않다는 것이다. 정신적 사건과 육체적 사건이 서로 다른 종류의 것이라고 주장하는 이론, 곧 심신 이원론은 그 두 종류의 사건이 관련되어 있음을 설명하기 위해 다양한 방법을 시도한다.

❷ 먼저 정신적 사건과 육체적 사건이 서로에게 인과적으로 영향을 주고받는다는 상호작용론이 있다. 이는 위가 텅 비었다는 육체적 사건이 원인이 되어 고통을 느낀다는 정신적 사건이 결과로 일어나고, 두려움이라는 정신적 사건이 원인이 되어 가슴이 더 빨리 뛰는 육체적 사건이 결과로 일어난다고 설명한다. 그러나 서양 근세 철학의 관점에서 보면 공간을 차지하고 있지 않은 정신이 어떻게 공간을 차지하고 있는 육체에 영향을 미칠 수 있느냐 하는 문제가 생긴다.

❸ 이에 비해 평행론은 정신적 사건과 육체적 사건 사이에는 어떤 인과 관계도 성립하지 않으며, 정신적 사건은 정신적 사건대로, 육체적 사건은 육체적 사건대로 인과 관계가 성립한다고 주장하는 이원론이다. 이 이론에 따르며 정신적 사건과 육체적 사건이 상호 작용하는 것처럼 보이는 것은 어떤 정신적 사건이 일어날 때 거기에 해당하는 육체적 사건도 평행하게 항상 일어나기 때문이다. 물질로 이루어진 세계의 모든 사건은 다른 물질적 사건이 원인이 되어 일어난다는 생각, 즉 물질적 사건의 원인을 설명하기 위해 물질세계 밖으로 나갈 필요가 없다는 생각은 근대 과학의 기본 전제이다. 평행론은 이 전제와 충돌하지 않는다는 장점이 있다. 그러나 서로 다른 종류의 사건들이 동시에 일어난다는 사실은 이해하기가 힘들다.

❹ 부수 현상론은 모든 정신적 사건은 육체적 사건에 의해서 일어나지만 그 역은 성립하지 않는다고 주장하여 두 가지 상식 사이의 조화를 설명하려는 이원론이다. 이에 따르면 육체적 사건은 정신적 사건을 일으키고 또 다른 육체적 사건의 원인도 된다. 하지만 정신적 사건은 육체적 사건에 동반되는 부수 현상일 뿐, 정신적 사건이든 육체적 사건이든 어떠한 사건에도 아무런 영향을 미치지 못한다. 그러나 정신적 사건이 아무 일도 못하면서 따라 나올 뿐이라는 주장은, 아무 일도 하지 못한다면 도대체 정신적 사건이 왜 존재해야 하는가 하는 의문을 불러일으킨다.

❺ 정신적 사건과 육체적 사건을 구분하면서 그 둘이 관련 있음을 설명하려는 이론들은 모두 각자의 문제점에 봉착한다. 그래서 정신적 사건과 육체적 사건은 별개의 사건이 아니라 두 사건이 문자 그대로 동일한 사건이라는 동일론, 곧 심신 일원론이 제기된다. 과학의 발달

로 그동안 정신적 사건이라고 알려졌던 것이 사실은 육체적 사건에 불과하다는 것이 밝혀짐에 따라, 인과 관계는 오로지 물질적 사건들 사이에서만 존재한다고 보게 된 것이다.

문제 1 | 윗글을 통해 알 수 있는 내용으로 적절하지 않은 것은?

① '심신 이원론'에서는 정신적 사건과 육체적 사건이 구분된다는 상식을 포기하지 않는다.

② '상호 작용론'에서는 정신적 사건이 육체적 사건의 원인이 되기도 하고 결과가 되기도 한다고 생각한다.

③ '평행론'에서는 정신적 사건이 육체적 사건의 원인이 되지 않으면서도 함께 일어날 수도 있다고 주장한다.

④ '부수 현상론'에서는 육체적 사건이 정신적 사건을 일으킬 수 있다고 본다.

⑤ '동일론'은 정신적 사건과 육체적 사건에 대한 두 가지 상식이 모두 성립함을 보여준다.

문제 2 | '평행론'과 '동일론'에서 모두 동의할 수 있는 진술로 적절한 것은?

① 정신적 사건들 사이에는 인과 관계가 존재하지 않는다.

② 육체적 사건과 정신적 사건은 서로 대응되며 별개의 세계에 존재한다.

③ 물질적 사건의 원인을 설명하기 위해서 물질세계 밖으로 나갈 필요가 없다.

④ 공간을 차지하고 있지 않은 정신이 공간을 차지하고 있는 육체에 영향을 미칠 수 있다.

⑤ 정신적 사건이든 육체적 사건이든 어떠한 사건에도 영향을 미치지 못하는 정신적 사건이 존재한다.

❶ 정신적 사건과 물질적 사건은 **구분**된다고 생각하는 것이 우리의 상식이다. 이러한 상식에 따르면 인간의 정신적 사건과 육체적 사건도 **구분**되는 것으로 보게 된다. // 하지만 정신적 사건과 육체적 사건이 서로 긴밀히 **연결**되어 있다고 보는 것 또한 우리의 상식이다. ((위가 텅 비어 있으면 정신적인 고통을 느끼는 현상, 두려움을 느끼면 가슴이 더 빨리 뛰는 현상 등이 그런 예이다.)) 문제는 정신적 사건과 육체적 사건의 **이질성과 관련성**이라는 두 가지 상식을 조화시키기가 쉽지 않다는 것이다. 정신적 사건과 육체적 사건이 서로 다른 종류의 것이라고 주장하는 이론, 곧 심신 이원론은 그 두 종류의 사건이 관련되어 있음을 설명하기 위해 다양한 방법을 시도한다.

첫 문단을 읽고 나면 '심신 이원론'이 주로 인지됩니다. 나머지 내용은 잘 기억에 남지 않고, '두 가지 상식'이 무엇을 말하는지 알지 못합니다. '두 가지 상식'이라는 구절이 있었는지도 기억하지 못하죠. 문단의 전개 구조가 '두 가지 상식'을 곁가지 정보로 생각하도록 만들고 있습니다. 먼저 '정신적 사건과 물질적 사건'이 '구분'된다고 하고, 그리고 '정신적 사건과 육체적 사건'이 '연결'되어 있다고 서술하고 있습니다. 그런데 예시는 '연결'에 대한 예시입니다. '구분'에 대한 예시는 없고 '연결'에 대한 예시만 주고서 바로 단어를 바꿔 서술하기 때문에 내용 흐름이 잘 잡히지 않습니다. 즉 구분과 연결을 이제 '이질성과 관련성'으로 바꾸어 설명하는데, 이것이 '두 가지 상식'이라고 덧붙이고 있습니다. (구분=이질성, 연결=관련성) 그런데 마지막 문장은 또 '심신 이원론'만, 즉 '구분'만을 언급하고 있습니다. 지문을 처음 읽었을 때 첫 문단의 내용을 정확히 독해하기가 어렵고, [문제 1]을 해결하는 과정에서 정밀하게 독해할 가능성이 큽니다. 그래서 문제 풀이로 가기 전에 첫 문단을 한 번 더 읽는 것이 문제 해결에 큰 도움이 됩니다.

❷, ❸, ❹ 문단은 상대적으로 독해하기가 쉽습니다. '심신 이원론'을 설명하는 '다양한 방법'이기 때문에, 문단의 중심어인 '상호 작용론', '평행론', '부수 현상론'이 잘 인지됩니다. 그리고 문단의 구조도 동일합니다. 문단 중심어를 설명한 다음, 마지막 문장에서 접속어 '그러나'를 통해 그것의 문제점을 ❷, ❸, ❹ 문단 모두에서 지적하고 있습니다. ❸ 문단에서 주목할 문장은, "물질로 이루어진 세계의 모든 사건은 다른 물질적 사건이 원인이 되어 일어난다는 생각, 즉 물질적 사건의 원인을 설명하기 위해 물질세계 밖으로 나갈 필요가 없다는 생각" 부분입니다. '평행론'이 갖고 있는 전제조건이죠. 이것은 [문제 2]와 관련됩니다.

❺ 정신적 사건과 육체적 사건을 구분하면서 그 둘이 관련 있음을 설명하려는 이론들은 모두 각자의 문제점에 봉착한다. 그래서 정신적 사건과 육체적 사건은 별개의 사건이 아니라 두 사건이 문자 그대로 동일한 사건이라는 **동일론**, 곧 **심신 일원론**이 제기된다. 과학의 발달로 그동안 ((정신적 사건이라고 알려졌던 것이 사실은 육체적 사건에 불과하다는 것이 밝혀짐에 따라, 인과 관계는 오로지 물질적 사건들 사이에서만 존재한다))고 보게 된 것이다.

마지막 문단에 와서야 비로소 '동일론' 즉, '심신 일원론'이라는 개념을 읽게 됩니다. "아, 심신 일원론도 있구나"하는 정도로 독해하지만, '심신 일원론'이 첫 문단에서도 제기된 것인지 정확하게 인지하지 못한 채 문제 풀이로 넘어갈 가능성이 큽니다. 이런 상황에서는 '두 가지 상식'이라는 표현은 더더욱 머릿속에 없게 됩니다. 그래서 [문제 1]을 보면 당황하게 됩니다.

'심신 일원론'은 정신적 사건과 육체적 사건은 '연결'되어 있다고 보는 입장입니다. 즉 정신적 사건은 육체적 사건에 불과하다는 것이고, '인과 관계는 물질적 사건들 사이에서만 존재한다'고 보는 입장입니다. 다시 말해 '이질성과 관련성이라는 두 가지 상식' 중에서 '관련성'을 강조하는 것이죠.

문제 1 | –(일치–불일치 문제 1 유형)

일치–불일치 문제의 선지는 지문의 모든 곳과 관련됩니다. 여기서는 지문의 ❶, ❷, ❸, ❹, ❺ 문단에 대응하여 선지 ①, ②, ③, ④, ⑤를 기계적으로 맞추고 있습니다. 그리고 지문에 나온 단어나 표현을 선지에서 바꾸지 않고, 단순 요약하고 있습니다. 그래서 선지 ④까지는 적절하다고 쉽게 판단할 수 있습니다. 그런데 선지 ⑤에 와서 당황하게 됩니다. '두 가지 상식'이라는 표현이 ❺ 문단에 없기 때문에 이것이 적절한지 아닌지 판단할 수 없는 것이죠. '두 가지 상식'이라는 표현이 지문의 어디에 있는지 기억나지 않아서, 결국 '육체적 사건'과 '정신적 사건'의 관계를 설명하는 첫 문단으로 돌아가 이 부분을 다시 정밀하게 읽게 됩니다. 이렇게 읽고 난 다음에야 비로소 '두 가지 상식'의 의미를 이해하고, 첫 문단의 구조도 알게 되죠. 그리고 '이질성과 관련성'이라는 단어가 '구분'과 '연결'의 또 다른 표현임도 알게 됩니다. '동일론'은 '두 가지 상식' 중에서 '연결'의 입장에 있기 때문에 '두 가지 상식이 모두 성립함을 보여준다.'는 말은 적절하지 않습니다. (정답: ⑤)

문제 2 | –(밑줄 문제 2 유형)

'밑줄 문제 2 유형'은 밑줄 부분이나 개념의 의미를 묻는 문제입니다. 여기서는 밑줄을 치지 않고 개념 자체에 따옴표를 쳐서, '평행론'과 '동일론'의 의미를 묻는 형태로 출제하였습니다. 발문 "'평행론'과 '동일론'에서 모두 동의할 수 있는 진술로 적절한 것은?"에서 두 개념의 공통점을 확인하라고 요구하고 있습니다. 이럴 경우 선지 하나하나를 지문과 대조하기보다는 '평행론'이 서술된 ❸ 문단과 '동일론'이 서술된 ❺ 문단을 빠르게 읽고 공통점을 찾아서 그것이 선지에 제시되었는지 확인하는 게 시간도 절약하고 정답도 확실히 판단할 수 있는 방법입니다. '물질세계 밖으로 나갈 필요가 없다'는 것은 '평행론'이 서술된 ❸ 문단에서 그대로 가져왔습니다. 그래서 ❺ 문단의 마지막 부분에서 말하고 있는, "인과 관계는 오로지 물질적 사건들 사이에서만 존재한다고 보게 된 것이다."와 비교하여 의미가 통하는지 확인하면 됩니다. 즉 '물질적 사건들 사이에서만 존재한다'는 말은 '물질세계 밖으로 나가지 않는다'는 표현과 같은 의미라고 할 수 있습니다. (정답: ③)

유제 연습 ❶

❶『뉴욕 타임스』와『워싱턴 포스트』를 비롯한 미국의 많은 신문은 선거 과정에서 특정 후보에 대한 지지를 표명한다. 전통적으로 이 신문들은 후보의 정치적 신념, 소속 정당, 정책을 분석하여 자신의 입장과 같거나 그것에 근접한 후보를 선택하여 지지해 왔다. 그러나 근래 들어 이 전통은 적잖은 ㉠ 논란거리가 되고 있다. 신문이 특정 후보를 지지하는 것이 실제로 영향력이 있는지, 또는 공정한 보도를 사명으로 하는 신문이 특정 후보를 지지하는 행위가 과연 바람직한지 등과 관련하여 근본적인 의문이 제기되고 있는 것이다.

❷ 신문의 특정 후보 지지가 유권자의 표심(票心)에 미치는 영향은 생각보다 강하지 않다는 것이 학계의 일반적인 시각이다. 1958년 뉴욕 주지사 선거에서『뉴욕 포스트』가 록펠러 후보를 지지해 그의 당선에 기여한 유명한 일화가 있긴 하지만, 지지 선언의 영향력은 해가 갈수록 줄어들고 있다. 이 현상은 '선별 효과 이론' 과 '보강 효과 이론'으로 설명할 수 있다.

[A] ❸ 선별 효과 이론에 따르면, 개인은 미디어 메시지에 선택적으로 노출되고, 그것을 선택적으로 인지하며, 선택적으로 기억한다. 예를 들면, '가' 후보를 싫어하는 사람은 '가' 후보의 메시지에 노출되는 것을 꺼려할 뿐만 아니라, 그것을 부정적으로 인지하고, 그것의 부정적인 면만을 기억하는 경향이 있다. 한편 보강 효과 이론에 따르면, 미디어 메시지는 개인의 태도나 의견의 변화로 이어지지 못하고, 기존의 태도와 의견을 보강하는 차원에 머무른다. 가령 '가' 후보의 정치 메시지는 '가' 후보를 좋아하는 사람에게는 긍정적인 태도를 강화시키지만, 그를 싫어하는 사람에게는 부정적인 태도를 강화시킨다. 이 두 이론을 종합해 보면, 신문의 후보 지지 선언이 유권자의 후보 선택에 크게 영향을 미치지 못한다는 것을 알 수 있다.

❹ 신문의 후보 지지 선언이 과연 바람직한가에 대한 논쟁도 계속되고 있다. 후보 지지 선언이 언론의 공정성을 훼손할 수 있다는 것이 이 논쟁의 핵심 내용이다. 이런 논쟁이 일어나는 이유는 신문의 특정 후보 지지가 언론의 권력을 강화하는 도구로 이용될 뿐만 아니라, 수많은 쟁점들이 복잡하게 얽혀 있는 선거에서는 후보에 대한 독자의 판단을 선점하려는 비민주적인 행위가 될 수 있기 때문이다. 일부 정치 세력이 신문의 후보 지지 선언을 정치 선전에 이용하는 문제점 또한 이에 대한 비판의 근거로 제시되고 있다.

❺ 신문이 특정 후보를 공개적으로 지지하는 것은 사회적 가치에 대한 신문의 입장을 분명히 드러내는 행위이다. 하지만 그로 인해 보도의 공정성을 담보하는 데에 어려움이 따를 수도 있다. 따라서 신문은 지지 후보의 표명이 보도의 공정성을 해치지 않는지 신중하게 따져 보아야 하며, 독자 역시 지지 선언의 함의를 분별할 수 있는 혜안을 길러야 할 것이다.

문제 1 | 위 글로부터 알 수 있는 사실이 아닌 것은?

① 보강 효과 이론은 개인의 태도와 관련이 있다.
② 선별 효과 이론은 개인의 인지 작용과 관련이 있다.
③ 신문의 특정 후보 지지 문제는 보도의 공정성 문제로 이어진다.
④ 신문의 후보 지지 선언이 선거 결과와 항상 관련 없는 것은 아니었다.
⑤ 신문은 후보의 정치적 성향과 유권자의 표심을 분석하여 지지 후보를 선택한다.

문제 2 | 위 글에 따를 때, ㉠에 해당하지 않는 것은?

① 정치 세력의 신문 지배
② 후보에 대한 판단의 선점
③ 정치 선전의 도구화
④ 후보 지지 선언의 영향력
⑤ 언론 권력의 강화

문제 3 | [A]에서 제시한 이론들을 적용할 수 있는 예로 적절하지 않은 것은?

① 조카가 원래 좀 거친 편인데 폭력 영화를 보더니 더 거칠어졌어.
② 언론이 야간 범죄의 위험성을 보도하니까 아무도 문밖으로 나오지 않더라.
③ 내가 좋아하는 연예인은 드라마에서 악역을 맡아도 역시 멋있기만 하더라.
④ 나는 '가' 후보를 지지하는데, 텔레비전 토론을 보니 역시 '가' 후보가 설득력 있게 잘 하더라.
⑤ 아내가 나한테 금연 광고를 보여 주면서 담배를 끊으라고 하는데, 90세가 넘으신 우리 할머니는 하루에 두 갑을 피우면서도 아직 정정하셔.

❶『뉴욕 타임스』와『워싱턴 포스트』를 비롯한 미국의 많은 신문은 선거 과정에서 특정 후보에 대한 지지를 표명한다. 전통적으로 이 신문들은 후보의 정치적 신념, 소속 정당, 정책을 분석하여 자신의 입장과 같거나 그것에 근접한 후보를 선택하여 지지해 왔다. 그러나 근래 들어 이 전통은 적잖은 ㉠논란거리가 되고 있다. **신문이 특정 후보를 지지하는 것**이 1) 실제로 영향력이 있는지, 《또는》 2) 공정한 보도를 사명으로 하는 신문이 특정 후보를 지지하는 행위가 과연 바람직한지 등과 관련하여 근본적인 의문이 제기되고 있는 것이다.

첫 문단을 전개하는 일반적인 방식은, '도입 문장 → 화제어 도출 → 화제어 설명과 화제어 속성 제시'로 볼 수 있습니다. 여기서 첫째 문장과 둘째 문장은 '도입 문장'으로 볼 수 있고, 셋째 문장은 화제어 도출을 위해 방향 전환을 꾀하고 있습니다. 넷째 문장에서 화제어가 제시되고, 화제어의 속성 또한 제시되고 있습니다.

이 글의 화제어는 '신문이 특정 후보를 지지하는 것'입니다. 이러한 화제어는 '논란거리'가 되는데, 왜냐하면 그러한 지지 행위가 '영향력이 있는지', 또는 '바람직한지'와 관련되기 때문입니다. 즉 '논란거리'는 이 글의 가장 중요한 정보인 화제어와 관련되고, 화제어의 속성은 '영향력 여부'와 '바람직함의 문제' 두 가지로 제시되고 있습니다. '또는' 이라는 접속어를 통해 화제어의 속성이 2가지임을 분명히 보여주고 있는 것이죠. 첫 문단을 읽을 때에는 글의 화제어와 화제어의 속성을 확인하는 것이 독해의 초점이 됩니다.

첫 문단을 읽을 때 방심하기 쉬운 부분이 있습니다. 화제어를 도출하기 위해 제시되는 '도입 문장'을 소홀하게 읽는 것이죠. 글 내용이 아직 파악되지 않은 상태이기도 하지만, 대수롭지 않게 접근하는 독해 태도도 한몫합니다. 그런데 이 부분이 선지에서 출제될 수도 있기 때문에 주의해야 하죠.

❷ 신문의 특정 후보 지지가 유권자의 표심(票心)에 미치는 영향은 생각보다 강하지 않다는 것이 학계의 일반적인 시각이다. 1958년 뉴욕 주지사 선거에서『뉴욕 포스트』가 록펠러 후보를 지지해 그의 당선에 기여한 유명한 일화가 있긴 하지만, 지지 선언의 영향력은 해가 갈수록 줄어들고 있다. 이 현상은 '선별 효과 이론' 과 '보강 효과 이론'으로 설명할 수 있다. ❸ **선별 효과 이론**에 따르면, 개인은 미디어 메시지에 선택적으로 노출되고, 그것을 선택적으로 인지하며, 선택적으로 기억한다. ((예를 들면, '가' 후보를 싫어하는 사람은 '가' 후보의 메시지에 노출되는 것을 꺼려할 뿐만 아니라, 그것을 부정적으로 인지하고, 그것의 부정적인 면만을 기억하는 경향이 있다.)) 《한편》 **보강 효과 이론**에 따르면, 미디어 메시지는 개인의 태도나 의견의 변화로 이어지지 못하고, 기존의 태도와 의견을 보강하는 차원에 머무른다. ((가령 '가' 후보의 정치 메시지는 '가' 후보를 좋아하는 사람에게는 긍정적인 태도를 강화시키지만, 그를 싫어하는 사람에게는 부정적인 태도를 강화시킨다.)) // 이 두 이론을 종합해 보면, 신문의 후보 지지 선언이 유권자의 후보 선택에 크게 영향을 미치지 못한다

는 것을 알 수 있다.

❷ 문단과 ❸ 문단은 '영향력 있는가'라는 화제어의 첫째 속성에 대해 설명하고 있는 부분인데, ❷ 문단 첫 문장은 이에 대해 영향력이 없다고 명확하게 밝히고 있습니다. 그리고 '선별 효과 이론'과 '보강 효과 이론'은 영향력 없음을 뒷받침하는 두 개의 이론임을 말하고 있습니다. 그래서 ❸ 문단에서는 이 두 이론을 설명하고, 마지막 문장에서 특정 후보를 지지하는 것은 큰 영향력이 없다고 정리하고 있죠.

❹ 신문의 후보 지지 선언이 과연 **바람직한가에 대한 논쟁**도 계속되고 있다. 후보 지지 선언이 **언론의 공정성**을 훼손할 수 있다는 것이 이 논쟁의 핵심 내용이다. **이런 논쟁이 일어나는 이유**는 1) 신문의 특정 후보 지지가 언론의 권력을 강화하는 도구로 이용될 뿐만 아니라, 수많은 쟁점들이 복잡하게 얽혀 있는 선거에서는 2) 후보에 대한 독자의 판단을 선점하려는 비민주적인 행위가 될 수 있기 때문이다. 3) 일부 정치 세력이 신문의 후보 지지 선언을 정치 선전에 이용하는 문제점 또한 이에 대한 비판의 근거로 제시되고 있다.

❹ 문단은 '바람직한지'라는 화제어의 둘째 속성을 설명하고 있습니다. '바람직한지'는 '가치적인 문제(=의견이나 주장과 관련된 문제)'이며, 사람에 따라 생각이 다를 수 있습니다. 그렇기 때문에 논쟁이 계속 일어나는데, 신문이 특정 후보를 지지하는 것은 '언론의 공정성' 문제와 관련됩니다. 이러한 '언론의 공정성' 문제에는 3가지 쟁점이 제기됩니다. 즉 1) 언론이 자신의 권력을 강화하는 도구로 이용한다는 점이고, 2) 후보자에 대한 판단을 선점하는 행위이며, 3) 선거 후보자가 이를 자신의 정치 선전에 이용한다는 점입니다.

❺ 신문이 특정 후보를 공개적으로 지지하는 것은 사회적 가치에 대한 신문의 입장을 분명히 드러내는 행위이다. 하지만 그로 인해 보도의 공정성을 담보하는 데에 어려움이 따를 수도 있다. 따라서 신문은 지지 후보의 표명이 보도의 공정성을 해치지 않는지 신중하게 따져 보아야 하며, 독자 역시 지지 선언의 함의를 분별할 수 있는 혜안을 길러야 할 것이다.

마지막 문단에는 글 내용을 요약하고 있습니다. 그런데 여기서는 '영향력 여부'는 요약하고 있지 않습니다. 이 문제는 '사실적 문제(=참 거짓을 확인할 수 있는 문제)'이고, 영향력이 없다고 결론이 났기 때문일 겁니다. 반면 '바람직한가' 문제는 계속 논쟁이 되고 있고, 그래서 글쓴이도 여기에 대해 자신의 의견을 첨부하는 식으로 마무리하고 있습니다. 즉 신문은 공정성을 해치지 말아야 하며, 독자는 신문의 특정 후보 지지를 분별 있게 받아들여야 한다고 자신의 의견을 말하고 있는 것이죠.

문제 1 | – (일치–불일치 문제 1 유형)

일치–불일치 문제는 지문의 주요 정보뿐만 아니라 곁가지 정보도 출제 대상이 됩니다. 그래서 곁가지 정보로 구성되는 선지도 포함됩니다. 그런데 지문을 읽을 때 주요 정보에 집중하다 보면, 이러한 곁가지 정보는 기억에 남지 않기 때문에 오답을 할 가능성이 큽니다.

선지 ①, ②, ③은 쉽게 확인됩니다. 그런데 선지 ④를 적절하지 않다고 판단하고 선지 ⑤를 적절한 것으로 착각할 수 있습니다. ❶ 문단의 둘째 문장 신문이 "후보를 선택하여 지지해 왔다"라는 부분은 기억나지만, 선지 ④는 지문에 나와 있지 않기 때문이죠. 선지 ④는 ❷ 문단의 둘째 문장을 바꾼 것입니다. 즉 록펠러 후보를 지지해 당선에 기여한 사례를 "선거 결과와 항상 관련 없는 것은 아니었다."라고 표현을 바꾼 것이기 때문에 지문의 내용과 의미가 같다고 볼 수 있죠. 반면 선지 ⑤는 ❶ 문단의 둘째 문장 앞부분을 놓치고 읽었기 때문에 적절하다고 착각한 겁니다. 신문은 자신의 입장과 같은 후보를 지지합니다. 그래서 "유권자 표심을 분석하여 지지 후보를 선택한다."는 선지 ⑤는 지문의 내용과 일치하지 않습니다. (정답: ⑤)

문제 2 | – (밑줄 문제 2 유형)

㉠의 '논란거리'는 글 전체의 화제어인 '신문이 특정 후보를 지지하는 것'과, 화제어의 속성인 '영향력 여부'와 '바람직함의 문제'와 관련됩니다. 즉 이 지문의 가장 중요한 정보를 이해했는가를 묻고 있는 것이죠. ❷, ❸ 문단에서는 '영향력 없음'이 확인되었고, ❹ 문단에서 '바람직한지'에 대해 논쟁이 일어나는 3가지 쟁점을 말하고 있습니다. 그래서 '바람직한지'에 관한 주요 정보는 ❹ 문단에서 확인해야 합니다. 선지 ④는 '영향력 문제'를 말하고 있고, 선지 ②, ③, ⑤는 '바람직한지'와 관련된 3가지 쟁점을 선지로 제시하였습니다. 첫 문단의 밑줄 부분에 내포된 의미를 ❹ 문단에서 확인해야 하기 때문에 선지에서 단어나 표현을 바꾸지 않았습니다. 정답 도출이 글의 구성 원리에 따라 복잡한 과정을 거쳐야 하기 때문에 단어나 표현을 바꾸지 않은 것으로 생각됩니다. 지문의 내용을 살펴보면, 신문이 주체가 되고 정치 세력은 신문의 대상이 되고 있습니다. 그래서 정치 세력이 주체가 되어 신문을 지배한다는 선지 ①은 적절하지 않다고 판단하여 정답이라고 생각할 수 있습니다. 이와 같은 정답 도출 과정은 '언어적 감각'에 의한 것이며, 글의 구성 원리에 따른 정확한 과정은 아닙니다. 이런 방식은 글의 구성 원리에 따라 지문을 정확히 독해하는 데에 한계가 있으니 조심해야 합니다. (정답: ①)

문제 3 | – (〈보기〉 문제 1 유형)

'〈보기〉 문제 1 유형'은 개념을 〈보기〉 상황에 적용하는 유형인데, 여기서는 선지에 상황을 제시하고 있습니다. 이런 문제에서는 개념의 의미를 정확히 이해하고 상황에 적용해야 합니다. '선별 효과 이론'은 개인이 좋아하는 것만 골라 미디어 메시지를 접한다는 이론이며, '보강 효과 이론'은 미디어 메시지가 태도 변화를 가져오지 못하고 보강만 한다는 이론입니다. ①은 보강 효과 이론과 관련되고, ②는 태도 변화가 나타났기 때문에 적절하지 않은 예이어서 정답입니다. ③은 선별 효과 이론과 관련되고, ④도 선별 효과 이론과 관련됩니다. ⑤는 태도 변화 없이 자신의 생각을 강화해주기 때문에 보강 효과 이론과 관련됩니다. (정답: ②)

2 글의 전개 방식 확인하기

※ 글의 전개 방식은 '서술상의 특징을 묻는 문제'와 관련이 있습니다. 그리고 글의 전개 방식은 비문학의 제재에 따라 차이가 나타나기도 합니다. 제재에 따라 특성을 갖는 글의 전개 방식을 알아두는 것도 독해에 도움이 됩니다.

❶ 개념이나 대상을 설명하는 방식(인문, 사회, 과학, 기술, 예술)

'동양의 천', '각운동량', '창조도시'처럼 글의 화제어가 개념어이거나 구체적인 대상을 설명하는 방식입니다. 비문학의 모든 제재에 적용되는 전개 방식이고, 설명문의 대표적인 전개 방식이죠. 이러한 글에서는 화제어와 관련된 핵심 정보가 반드시 출제됩니다. 글을 전개하는 방식은 정의, 예시, 부연 설명, 비교-대조 등을 통해 글의 화제어를 상세하게 밝히는 방식을 취합니다.

❷ 현상에 대해 원인을 밝히는 방식(과학, 사회)

자연 현상이나 사회 현상을 거론하고, 이것의 원인을 객관적으로 밝혀서 설명하는 방식입니다. 그런데 사회 지문에서는 글 전개 과정에서 주장이 드러나는 경우가 있습니다. 사회 현상은 해결해야 할 성격을 지니고 있어 그러한 현상을 극복할 대안을 제시하는데, 이러한 대안은 주장의 성격을 지니고 있죠. 사회 지문의 마지막 문단에서 주장이 첨가되는 이유도 바로 여기에 있습니다.

❸ 과정이나 순서를 밝히는 방식(기술, 과학, 사회)

과정이나 순서를 설명하는 지문은 문제에서 그러한 과정과 순서를 묻게 됩니다. 과정과 순서가 핵심 정보가 되기 때문입니다. 기술이나 과학 또는 사회 지문에서 과정과 순서를 다루는 경우가 의외로 많습니다. 전개되는 과정이 앞 단계와 인과관계를 이루며 진행될 때 인과관계까지도 고려해야 합니다.

❹ 문제를 제기하고 해결하는 방식(사회, 과학, 인문, 예술)

기존의 것에 대해 문제점이나 의문을 제기하고 새로운 관점이나 대안을 제시하는 방식입니다. 이 경우 새로운 관점이나 대안을 기존의 것과 비교-대조하면서 서술할 가능성이 큽니다. 실제 문제에서도 비교-대조되는 차이점을 이해했는지 여러 측면에서 묻게 됩니다.

❺ 주장에 대해 근거를 밝히는 방식(사회, 인문)

수능에서는 설명문 위주로 출제되기 때문에 주장문은 거의 출제되지 않습니다. 간혹 주장을 소개하는 글이나 옛글의 상소문을 출제하기도 합니다. 주장문에서는 근거 확인이 독해의 초점이 되고, 문제에서도 근거를 묻습니다.

(2010학년도 9월)

(가) 많은 경제학자들은 제도의 발달이 경제 성장의 중요한 원인이라고 생각해 왔다. 예를 들어 재산권 제도가 발달하면 투자나 혁신에 대한 보상이 잘 이루어져 경제 성장에 도움이 된다는 것이다. 그러나 이를 입증하기는 쉽지 않다. 제도의 발달 수준과 소득 수준 사이에 상관관계가 있다 하더라도, 제도는 경제 성장에 영향을 줄 수도 있지만 경제 성장으로부터 영향을 받을 수도 있으므로 그 인과관계를 판단하기 어렵기 때문이다.

(나) 그런데 최근에 각국의 소득 수준이 위도나 기후 등의 지리적 조건과 밀접한 상관관계를 가진다는 통계적 증거들이 제시되었다. 제도와 달리 지리적 조건은 소득 수준의 영향을 받지 않는다. 이 때문에 지리적 조건이 사람들의 건강이나 생산성 등과 같은 직접적인 경로를 통해 경제 성장에 영향을 끼친다는 해석이 설득력을 얻게 되었다.

(다) 제도를 중시하는 경제학자들은, 지리적 조건이 직접적인 원인이라면 경제 성장에 더 유리한 지리적 조건을 가진 나라가 예나 지금이나 소득 수준이 더 높아야 하지만 그렇지 않은 사례가 많다는 사실에 주목하였다. 이들은 '지리적 조건과 소득 수준 사이의 상관관계'와 함께 이러한 '소득 수준의 역전 현상'을 동시에 설명하려면, 제도가 경제 성장의 직접적인 원인이고 지리적 조건은 제도의 발달 방향에 영향을 주는 간접적인 경로를 통해 경제 성장과 관계를 맺는 것으로 보아야 한다고 주장한다. 다시 말해 지리적 조건은 지금의 경제 성장의 직접적인 원인이 아니라는 것이다. 오히려 지리적 조건은 과거에 더 잘살던 지역에서는 경제 성장에 불리한 방향으로, 더 못살던 지역에서는 유리한 방향으로 제도가 발달하게 된 '제도의 역전'이라는 역사적 과정에 영향을 끼쳤다는 것이다.

(라) 이제 지리적 조건의 직접적인 영향을 강조하는 학자들도 간접적인 경로의 존재를 인정하게 되었다. 하지만 직접적인 경로가 경제 성장에서 더욱 중요하고 지속적인 영향을 끼친다는 입장에는 변함이 없다.

문제 1 | 〈보기〉는 위 글을 순서대로 정리한 것이다. ㄱ~ㄹ에 해당하는 것은?

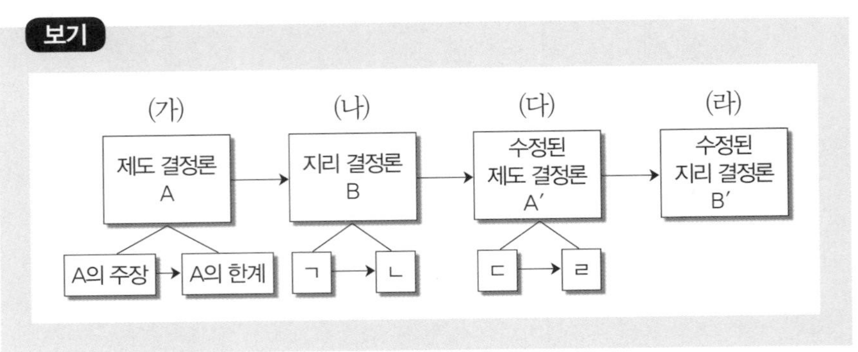

	ㄱ	ㄴ	ㄷ	ㄹ
①	B의 주장	B의 한계	A′의 증거	A′의 주장
②	B의 주장	B의 한계	B에 대한 반증	A′의 주장
③	B의 증거	B의 주장	B에 대한 반증	A′의 주장
④	B의 증거	B의 주장	A′의 주장	B에 대한 반증
⑤	B의 한계	B의 주장	A′의 주장	A′에 대한 반증

문제 2 | (가)~(다)의 주장을 뒷받침하는 사례를 〈보기〉에서 찾아 바르게 짝지은 것은?

보기

ㄱ. 대체로 기온이 높은 나라일수록 질병 등의 문제로 사람들의 건강 상태가 좋지 못하고 생산성도 낮다. 이에 따라 경제 성장이 잘 이루어지지 못하여 1인당 소득 수준이 낮다.

ㄴ. 영국은 명예혁명 이후에 재산권 제도가 발달하였지만, 스페인은 그렇지 못했다. 이 때문에 스페인의 제도가 이식된 중남미 국가들이 영국의 제도가 이식된 북미 국가들보다 소득 수준이 낮다.

ㄷ. 기후가 사탕수수 등의 상업성 작물에 적합한 지역에서는 노예 노동을 이용했기 때문에 재산권 보호와 정치 참여 면에서 불평등한 제도가 정착했다. 이로 인해 현재까지 경제 성장에 바람직한 제도가 잘 발달하지 못하고 있다.

	(가)	(나)	(다)
①	ㄱ	ㄴ	ㄷ
②	ㄴ	ㄱ	ㄷ
③	ㄴ	ㄷ	ㄱ
④	ㄷ	ㄱ	ㄴ
⑤	ㄷ	ㄴ	ㄱ

(가) 많은 경제학자들은 **제도의 발달**이 경제 성장의 중요한 원인이라고 생각해 왔다. ((예를 들어 재산권 제도가 발달하면 투자나 혁신에 대한 보상이 잘 이루어져 경제 성장에 도움이 된다는 것이다.)) 그러나 이를 입증하기는 쉽지 않다. 제도의 발달 수준과 소득 수준 사이에 상관관계가 있다 하더라도, 제도는 경제 성장에 영향을 줄 수도 있지만 경제 성장으로부터 영향을 받을 수도 있으므로 그 인과관계를 판단하기 어렵기 때문이다.

(나) 그런데 최근에 각국의 소득 수준이 위도나 기후 등의 **지리적 조건**과 밀접한 상관관계를 가진다는 통계적 증거들이 제시되었다. 1) 제도와 달리 지리적 조건은 소득 수준의 영향을 받지 않는다. 이 때문에 2) 지리적 조건이 사람들의 건강이나 생산성 등과 같은 직접적인 경로를 통해 경제 성장에 영향을 끼친다는 해석이 설득력을 얻게 되었다.

경제 성장의 원인에 대해 서로 다른 관점을 제시하는 글입니다. 그래서 주장에 대해 근거를 밝히는 방식과 기존의 것에 대해 문제를 제기하는 방식이 결합되어 있는 글 전개라 할 수 있습니다. 그리고 '경제 성장'이라는 말과 '소득 수준'이라는 말을 번갈아가면서 사용하고 있는데, 서로 의미가 같습니다.

(가) 문단에서는 '제도 발달'의 관점을 소개하면서 이것의 문제점도 동시에 언급합니다. 즉 제도 발달이 경제 성장의 결과일 수도 있다는 것이죠. 그러면 제도 발달의 관점은 잘못된 주장일 수 있습니다. 결과를 원인으로 혼동하고 있으니까요. 그래서 (나)에서는 '지리적 조건'이라는 새로운 관점이 통계적 증거를 제시하면서 '제도 발달'의 관점을 반박하면서 나타났습니다. '지리적 조건'의 관점은 원인–결과의 관계가 분명하다는 것이죠. 어느 나라의 위도나 기후 등 지리적 조건은 옛날부터 그대로 주어지는 것이기 때문에, 만약 특정한 지리적 조건에 있는 나라들에서 소득 수준이 높다면 지리적 조건이 경제 성장의 원인이 된다는 것입니다. 그래서 지리적 조건은 경제 성장의 '직접적인 경로'를 제공한다는 것이죠.

(다) 제도를 중시하는 경제학자들은, 지리적 조건이 직접적인 원인이라면 경제 성장에 더 유리한 지리적 조건을 가진 나라가 예나 지금이나 소득 수준이 더 높아야 하지만 1) 그렇지 않은 사례가 많다는 사실에 주목하였다. 이들은 '지리적 조건과 소득 수준 사이의 상관관계'와 함께 2) 이러한 '소득 수준의 역전 현상'을 동시에 설명하려면, 제도가 경제 성장의 직접적인 원인이고 지리적 조건은 제도의 발달 방향에 영향을 주는 간접적인 경로를 통해 경제 성장과 관계를 맺는 것으로 보아야 한다고 주장한다. 다시 말해 지리적 조건은 지금의 경제 성장의 직접적인 원인이 아니라는 것이다. 오히려 지리적 조건은 과거에 더 잘살던 지역에서는 경제 성장에 불리한 방향으로, 더 못살던 지역에서는 유리한 방향으로 제도가 발달하게 된 '제도의 역전'이라는 역사적 과정에 영향을 끼쳤다는 것이다.

(다) 문단은 '제도 발달'의 관점에서 '지리적 조건'의 관점의 문제를 지적하고 자신의 주장을 일부 수정합니다. 즉 지리적 관점과 관련이 없는 반대되는 사례들을 제시하고, 지리적 관점에

서는 설명할 수 없는 '소득 수준 역전 현상'을 제기합니다. 그래서 제도 발달이 경제 성장의 직접적인 원인이고, 지리적 조건은 간접적인 경로라는 새로운 주장을 펴고 있죠. 제도 발달의 관점도 이제 경제 성장에서 지리적 조건을 고려하지만, 지리적 조건을 간접적으로 보고 있습니다.

(라) 이제 지리적 조건의 직접적인 영향을 강조하는 학자들도 1) 간접적인 경로의 존재를 인정하게 되었다. 하지만 2) 직접적인 경로가 경제 성장에서 더욱 중요하고 지속적인 영향을 끼친다는 입장에는 변함이 없다.

(라) 문단에서는 수정된 '지리적 조건'의 관점을 언급합니다. 즉 '제도 발달'의 관점으로부터 반박을 받고 난 후 간접적 경로의 존재를 인정한 것이죠. 그런데 '지리적 조건'의 관점에서는 '제도 발달'이 간접적이고, 여전히 '지리적 조건'이 직접적이라는 입장을 견지하고 있습니다.

문제 1 | –(주제 확인 문제 유형)

선지의 ㄱ, ㄴ은 (나) 문단의 논지 전개 방식을 묻고 있고 ㄷ, ㄹ은 (다) 문단의 논지 전개 방식을 묻고 있습니다. (나)에서는 '지리적 조건'의 관점에 대한 통계적 증거를 먼저 제시하고, 그 다음에 '지리적 조건'의 관점을 말하고 있습니다. 즉 "지리적 조건이 사람들의 건강이나 생산성 등과 같은 직접적인 경로를 통해 경제 성장에 영향을 끼친다는 해석"이 제시되고 있죠. 그래서 '주장의 증거 → 주장' 제시로 서술하고 있습니다.

반면 (다)는 '지리적 조건'의 관점에 해당하지 않는 사례에 주목하고, '지리적 조건'의 관점에서는 설명할 수 없는 '소득 수준 역전 현상'을 언급하고 있습니다. 그 다음에 '제도 발달'의 관점을 수정하여 다시 주장을 펴고 있습니다. "즉 제도가 경제 성장의 직접적인 원인이고 지리적 조건은 제도의 발달에 영향을 주는 간접적인 경로를 통해 경제 성장과 관계를 맺는 것으로 보아야 한다고 주장"합니다. 그래서 '앞 주장에 대한 반증 → 수정된 자신의 주장'으로 서술하고 있습니다. 여기에 적합한 선지는 ③입니다. (정답: ③)

문제 2 | –(〈보기〉 문제 1 유형)

지문에 나온 개념을 〈보기〉의 상황에 적용하는 문제입니다. 그래서 (가)의 '제도 발달'의 관점과, (나)의 '지리적 조건'의 관점 그리고 (다)의 수정된 '제도 발달'의 관점을 〈보기〉 상황에 적용해야 합니다. ㄱ은 (나)의 '지리적 조건'의 관점을 뒷받침하는 사례입니다. 기온이라는 지리적 조건이 경제 성장에 영향을 준다고 하기 때문입니다. ㄴ은 (가)의 '제도 발달'의 관점을 뒷받침합니다. 재산권 제도가 소득 수준에 영향을 준다고 보고 있죠. ㄷ은 (다)의 수정된 '제도 발달'의 관점을 뒷받침합니다. 기후 때문에 불평등한 제도가 정착했고, 그래서 지리적 조건은 제도 발달에 영향을 주는 간접 경로라고 말하기 때문입니다. (정답: ②)

유제 연습 ❷

[A] ❶ 언론 보도로 명예가 훼손되는 경우 피해를 구제 받으려면 어떻게 해야 할까? 우리 민법은 명예 훼손으로 인한 피해를 구제 받기 위해 손해 배상과 같은 금전적인 구제와 아울러 비금전적인 구제를 청구할 수 있다고 규정하고 있다. 이러한 비금전적인 구제 방식의 하나가 '반론권'이다. 반론권은 언론의 보도로 피해를 입었다고 주장하는 당사자가 문제가 된 언론 보도 내용 중 순수한 의견이 아닌 사실적 주장(사실에 관한 보도 내용)에 대해 해당 언론사를 상대로 지면이나 방송으로 반박할 수 있는 권리이다. 반론권은 일반적으로 반론 보도를 통해 실현되는데, 이는 정정 보도나 추후 보도와는 다르다. 정정 보도는 보도 내용이 사실과 달라 잘못된 사실을 바로잡는 것이며, 추후 보도는 형사상의 조치를 받은 것으로 보도된 당사자의 무혐의나 무죄 판결에 대한 내용을 보도해 주는 것이다.

❷ 반론권 제도는 세계적으로 약 30개 국가에서 시행되고 있는데, 우리나라의 반론권 제도는 의견에도 반론권을 적용하는 프랑스식 모델이 아닌 사실적 주장에 대해서만 반론권을 부여하는 독일식 모델을 따르고 있다. 우리나라 반론권 제도의 특징은 정부가 반론권 제도를 도입하면서 이를 언론중재위원회를 통하여 행사하도록 했다는 것이다. 반론권 도입 당시 우리 정부는 언론중재위원회를 통한 반론권 행사가 언론에는 신뢰도 하락과 같은 부담을 주지 않고, 개인에게는 신속히 피해를 구제 받을 기회를 주기 때문에 효율적이라고 주장하였다. 이에 대해 언론사와 일부 학자들은 법정 기구인 언론중재위원회를 통해 반론권을 행사하도록 하는 것이 언론의 편집 및 편성권을 침해하여 궁극적으로 언론 자유의 본질을 훼손할 수 있다는 우려를 나타냈다.

❸ 그러나 헌법재판소는 반론권 존립 여부에 대해 판단하면서, 반론권은 잘못된 사실을 진실에 맞게 수정하는 권리가 아니라 피해를 입은 자가 문제가 되는 기사에 대해 자신의 주장을 게재하는 권리로서 합헌적인 구제 장치라고 보았다. 또한 대법원은 반론권 제도를 이른바 무기대등원칙(武器對等原則)에 부합하는 것으로 판단하였다. 즉 사회적 강자인 언론을 대상으로 일반인이 동등한 공격과 방어를 할 수 있도록 균형 유지 수단을 제공하는 것이므로 정당하다는 것이다.

❹ 반론권 청구는 언론중재위원회 또는 법원에 할 수 있으며, 두 기관에 동시에 신청할 수도 있다. 이때 반론권은 해당 언론사의 잘못이나 기사 내용의 진실성 여부에 상관없이 청구할 수 있다. 언론 전문가들은 일부 학자들의 비판적인 시각에도 불구하고 언론과 관련된 분쟁은 법정 밖에서 해결하는 것이 가장 바람직하다는 측면에서 언론중재위원회를 통한 반론권

제도의 중요성을 인정하고 있다. 그러나 그 효율성을 제고하기 위해서는 당사자가 모두 만족할 수 있도록 중재의 합의율과 질적 수준을 높여야 할 것이다.

문제 1 | 위 글의 논지 전개 방식으로 적절한 것은?

① 외국의 사례를 열거하여 공통적인 논지를 도출한다.
② 일반인의 상식을 제시한 후 이를 논리적으로 비판한다.
③ 새로운 이론을 통해 기존의 주장을 반박하고 재해석한다.
④ 개념을 정의한 후 대립되는 주장을 소개하고 필자의 견해를 밝힌다.
⑤ 현상이나 사실을 설명한 뒤 필자의 생각과 반대되는 견해의 장단점을 분석한다.

문제 2 | [A]에 근거하여 볼 때, 반론 보도문의 성격에 가장 잘 맞는 것은?

① 본지는 2008년 1월 1일자 3면에서 공무원 A 씨가 횡령 혐의로 체포되었다고 보도하였습니다. 그러나 A 씨는 2009년 4월 20일 대법원에서 무죄 판결이 났음을 알려 드립니다.
② ○○ 연구소의 B 소장은 '경제 회복 당분간 어렵다'는 취지의 본지 인터뷰 기사 내용에 대해, 이는 인터뷰 내용 중 일부 대목만을 인용하여 '경기 부양에 적절한 조치가 필요하다'라는 자신의 견해를 확대 해석한 결과라고 밝혀 왔습니다.
③ C 기업은 해당 기업에서 제작한 핵심적 기계 장치의 안전성이 우려된다는 본지의 보도로 인하여 많은 손해를 보았다고 전해 왔습니다. 사실 관계를 확인한 결과 기계 자체가 아닌 사용상의 문제인 것으로 드러나 관련 기업과 독자 여러분께 사과드립니다.
④ 본지는 D 병원장의 예를 들어 병원들이 보험료를 부풀려 신청한다는 보도를 한 바 있습니다. 이에 대해 D 병원장은 기사에서 지적된 사람은 자신이 아니라고 알려 왔으며, 확인 결과 기사의 D 병원장은 E 병원장의 오기(誤記)로 드러났음을 알려 드립니다.
⑤ 본지는 F 금융공사가 미국보다 비싼 학자금 대출 금리로 부당한 이익을 남긴다고 보도한 바 있습니다. 이에 대해 F 금융공사는 미국에서 가장 널리 이용되는 학자금 대출 상품의 금리보다 자사의 금리가 더 낮다고 주장하였습니다. 이는 사실로 확인되었으므로 해당 내용을 수정합니다.

❶ 언론 보도로 명예가 훼손되는 경우 피해를 구제 받으려면 어떻게 해야 할까? 우리 민법은 명예 훼손으로 인한 피해를 구제 받기 위해 손해 배상과 같은 금전적인 구제와 아울러 비금전적인 구제를 청구할 수 있다고 규정하고 있다. 이러한 1) 비금전적인 구제 방식의 하나가 '반론권'이다. 2) **반론권**은 언론의 보도로 피해를 입었다고 주장하는 당사자가 문제가 된 언론 보도 내용 중 순수한 의견이 아닌 **사실적 주장(사실에 관한 보도 내용)**에 대해 해당 언론사를 상대로 지면이나 방송으로 반박할 수 있는 권리이다. 반론권은 일반적으로 **반론 보도**를 통해 실현되는데, 이는 정정 보도나 추후 보도와는 다르다. **정정 보도**는 보도 내용이 사실과 달라 잘못된 사실을 바로잡는 것이며, **추후 보도**는 형사상의 조치를 받은 것으로 보도된 당사자의 무혐의나 무죄 판결에 대한 내용을 보도해 주는 것이다.

이 글은 '반론권'이라는 개념을 설명하는 글이기 때문에 개념에 대한 정의나 설명 부분을 정확히 파악해야 합니다. 그리고 반론권과 관련된 사회적 쟁점이 화제어의 속성으로 제기되기 때문에 그러한 쟁점도 확인해야 합니다. 사회 지문은 사회적 쟁점을 포함할 가능성이 있는 것이죠.

❶ 문단의 첫 문장에서 질문을 던지는 의문문 형식으로 시작하고 있는데, 첫 문장에서 주목할 부분은 '언론 보도'입니다. 즉 언론 보도와 관련된 피해자의 구제 문제인 것이죠. 그리고 반론권을 정의하는 문장에서 어려운 부분이 있습니다. '사실적 주장(사실에 관한 보도 내용)'이라는 부분이 바로 이해되지 않고 오히려 착각을 불러올 수 있습니다. 그리고 괄호 부분의 표현이 이러한 착각을 올바른 것으로 확신시켜주는 역할을 합니다. 즉 사실적 주장은 반론 보도를 통해 실현되는데, 정정 보도와 어떤 차이점이 있는지 정확히 이해하지 못하고 반론 보도와 정정 보도를 혼동하는 것이죠. '사실적 주장'은 '사실'의 영역입니까 아니면 '주장'의 영역입니까? '사실적'이라는 수식어는 '주장'을 수식하기 때문에 부차적이겠죠? 즉 '사실적 주장'은 주장입니다. 그렇다면 괄호 부분에 나오는 "사실에 관한 보도 내용"은 이와 어떻게 관련될까요? 사실과 주장이라는 모순된 말을 결합하여 '사실적 주장'이라고 표현하고, 괄호 부분에서는 '사실'이라고 말하기 때문에 혼돈이 오는 것이죠. '주장을 사실적으로 보도하는 것'이라고 괄호 부분에 제시했다면 정확하게 이해할 수 있는데, 그렇게 하고 있지 않네요.

❷ 반론권 제도는 세계적으로 약 30개 국가에서 시행되고 있는데, 우리나라의 반론권 제도는 의견에도 반론권을 적용하는 프랑스식 모델이 아닌 사실적 주장에 대해서만 반론권을 부여하는 독일식 모델을 따르고 있다. 우리나라 반론권 제도의 특징은 정부가 반론권 제도를 도입하면서 이를 언론중재위원회를 통하여 행사하도록 했다는 것이다. 반론권 도입 당시 우리 정부는 언론중재위원회를 통한 반론권 행사가 언론에는 신뢰도 하락과 같은 부담을 주지 않고, 개인에게는 신속히 피해를 구제 받을 기회를 주기 때문에 **효율적이라고 주장**하였다. 이에 대해 언론사와 일부 학자들은 법정 기구인 언론중재위원회를 통해 반론권을 행사하도록 하는 것이 언론의 편집 및 편성권을 침해하여 궁극적으로 언론 자유의 본질을 훼손할 수 있다는 우려를 나타냈다.

'의견에도 반론권을 적용하는 프랑스식 모델과', '사실적 주장에 대해서만 반론권을 부여하는 독일식 모델'이라는 두 가지 사례를 대조하는 이 부분도 '사실적 주장'에 대한 착각을 강화시켜 줍니다. "의견은 주장을 말하니까 독일식 모델을 따른다는 것은 사실에 관한 보도이겠구나."라고 생각하는 것이죠.

우리나라 반론권 제도의 특징은 '언론중재위원회'를 통해 행사하는 특징이 있습니다. 만약 법원만을 통해 반론권을 행사하도록 한다면 대법원까지 최종 판결이 나는데 몇 년이 걸릴 수 있습니다. 그래서 '언론중재위원회'를 통하면 신속히 구제할 수 있기 때문에 '효율적'이라는 단어를 사용하였습니다. 여기서 '효율적'이라는 단어는 '신속함'과 관련됩니다.

❸ 그러나 헌법재판소는 반론권 존립 여부에 대해 판단하면서, 반론권은 잘못된 사실을 진실에 맞게 수정하는 권리가 아니라 피해를 입은 자가 문제가 되는 기사에 대해 자신의 **주장을 게재하는 권리**로서 합헌적인 구제 장치라고 보았다. 또한 대법원은 반론권 제도를 이른바 무기대등원칙(武器對等原則)에 부합하는 것으로 판단하였다. 즉 사회적 강자인 언론을 대상으로 일반인이 동등한 공격과 방어를 할 수 있도록 균형 유지 수단을 제공하는 것이므로 정당하다는 것이다.

이 문단에서는 '반론권'을 '주장을 게재하는 권리'라고 본 헌법재판소의 판단을 소개하고 있습니다. '사실적 주장'의 의미를 정확히 말하고 있지만, 정정 보도와의 차이점을 덧붙이지 않기 때문에 지금까지 지문을 읽어내려오면서 생긴 착각이 여기서도 시정되지 않습니다. [문제 2]를 출제하기 위해 일부러 개념을 정확히 설명하지 않은 것으로 보입니다.

❹ 반론권 청구는 언론중재위원회 또는 법원에 할 수 있으며, 두 기관에 동시에 신청할 수도 있다. 이때 반론권은 해당 언론사의 잘못이나 기사 내용의 진실성 여부에 상관없이 청구할 수 있다. 언론 전문가들은 일부 학자들의 비판적인 시각에도 불구하고 언론과 관련된 분쟁은 법정 밖에서 해결하는 것이 가장 바람직하다는 측면에서 언론중재위원회를 통한 반론권 제도의 중요성을 인정하고 있다. 그러나 그 효율성을 제고하기 위해서는 당사자가 모두 만족할 수 있도록 중재의 합의율과 질적 수준을 높여야 할 것이다.

'사실적 주장'을 착각하면 '기사 내용의 진실성 여부에 상관없이 청구할 수 있다'는 말의 의미를 제대로 이해하지 못하고 글자 그대로 받아들이게 됩니다. 즉 이 말의 의미는 피해자의 주장을 왜곡했을 때뿐만 아니라, 피해자 주장의 일부를 빠뜨릴 때에도 청구할 수 있다는 것이겠죠. 그리고 여기서 '효율성'은 중재 합의율과 관련하여 사용하였습니다. ❷ 문단에서 '신속성'의 의미로 사용된 '효율적'이라는 단어와 구별해서 독해해야 합니다.

문제 1 | –(주제 확인 문제 유형)

'반론권' 개념에 대해 ❶ 문단에서 정의를 내립니다. 그리고 ❷ 문단에서 '언론중재위원회'에 대한 2가지 입장을 소개하고 있죠. 그리고 마지막 문단에서는 '중재의 합의율과 질적 수준의 고양'에 대해 필자의 주장이 제시되어 있습니다. '높여야 할 것이다'는 당위를 나타내며, 그래서 의견이 포함되어 있습니다. 사회 지문은 사회적 현상을 개념이나 이론을 통해 객관적으로 설명하다가, 마지막 문단에서 필자의 주장이 개입되는 경우가 많습니다. 사회적 현상은 그 사회에서 해결해야 할 문제를 포함하기 때문에, 해결 방책에 대한 의견이 자연스럽게 개진되는 것입니다. (정답: ④)

문제 2 | –(〈보기〉 문제 1 유형)

❶ 문단에 나온 '반론권'의 개념을 구체 상황에 적용하는 문제입니다. 여기서는 〈보기〉가 아닌 선지에 구체 상황을 제시하였습니다. 이런 문제 유형은 개념의 의미를 지문에서 정확히 이해하는 것이 무엇보다 필요합니다. 그런데 반론권 개념을 이해하는데 핵심 사항인 '사실적 주장'의 의미를 착각하거나, 제대로 이해하지 못하기 때문에 선지에서 정답을 고르기가 어렵습니다.

반론 보도는 언론사가 주장을 사실적으로 보도하지 않아 피해를 입은 당사자가 반박할 수 있는 권리입니다. 정정 보도는 보도 내용이 사실과 달라 잘못된 사실을 바로 잡는 것인데, 주장과는 관련이 없습니다. 이 점이 반론 보도와 다른 점입니다. 추후 보도는 형사상 조치를 받은 사람이 무혐의나 무죄 판결이 났을 경우 보도하는 것입니다. 이렇게 본다면 ①은 추후 보도에 해당합니다. ②는 B소장의 주장을 사실대로 보도하지 않고 확대 해석하여 보도하였습니다. 그래서 자신의 주장을 사실대로 보도해 달라는 반론을 제기하여 보도하였기 때문에 반론 보도에 해당합니다. ③은 사실 관계를 잘못 보도한 것을 바로 잡기 때문에 정정 보도에 해당합니다. ④도 사실 관계를 잘못 보도한 것을 바로 잡는 보도입니다. 그래서 정정 보도에 해당합니다. ⑤가 반론 보도라고 착각할 가능성이 큽니다. '금리가 낮다고 주장하였고 이것이 사실로 확인되었으니까, 사실적 주장에 맞는 사례구나'라고 착각하는 것이죠. 이것은 반론 보도가 아니라 정정 보도에 해당합니다. F사는 어떤 주장을 펼친 적이 없습니다. 언론사가 사실 관계를 제대로 파악하지 못하고 보도한 것에 F사가 항의한 것이죠. 그래서 언론사가 사실 관계를 바로 잡아 보도한 것이기 때문에 정정 보도에 해당합니다. (정답: ②)

3 개념과 개념의 연관성 확인하기

❶ 글의 대상을 설명하는 주요 정보가 개념어로 제시되는 경우가 많습니다. 문단별로 각기 다른 개념어로 대상을 설명하는데, 앞 문단의 개념어와 뒤 문단의 개념어 사이에 의미가 서로 연결됩니다. 그런데 고난도 지문에서는 이러한 개념 사이의 연관성이 분명하지 않고 모호하여 독해가 어렵습니다. 따라서 문단과 문단 사이 개념의 연관성을 다시 정확하게 확인하는 작업이 필요합니다. 지문 전체를 재정리하는 독해에서도 주의를 기울여야 하지만, 특히 문제를 풀 때 더욱 신경 써서 확인해야 합니다.

❷ 개념 사이의 연관성을 확인할 때, 먼저 문단의 개념어가 그 문단의 중심 내용과 어떤 관련을 가지는지 살펴보는 것이 필요합니다. 그리고 앞뒤 문단들이 서로 어떻게 연결되어 있는가를 살펴보면서, 앞 문단의 개념어와 뒤 문단의 개념어 사이의 관련성을 확인해보면 개념 사이 연관성을 정확하게 알 수 있습니다.

❸ 문단과 문단 사이의 기능적 관계를 살펴보는 것도 개념 간 연관성을 이해하는 데 도움이 됩니다. 부연 설명 문단인가, 예시 문단인가, 나열과 병렬의 문단인가, 비교 대조 문단인가, 전환 문단인가, 원인 결과 문단인가, 전제 결론 문단인가 등등의 기능적 관계를 살펴보는 것입니다. 앞뒤 문단의 관련성을 파악하면서, 문단 간 개념어들 사이에서도 연관성을 확인하는 것이죠.

❹ 문단에 제시된 자세한 정보들을 잘 분류하면서 이해하는 독해 능력과, 그러한 정보들을 포괄적으로 이해하는 추리 상상적 독해 능력은 꼭 일치하지 않습니다. 문단과 문단 사이 기능적 관계를 확인하는 것은 문단 내용을 포괄적으로 이해하는 추리 상상적 독해 능력과 관련됩니다. 이러한 독해 능력을 키우기 위해서는 의도적으로 문단과 문단 사이의 관계를 따져보는 훈련을 해야 합니다. 이러한 훈련은 글의 전개 방식을 이해하는 것과 밀접한 관련을 가지며, '서술상의 특징'이나 '문단 핵심어'를 묻는 문제에서 힘을 발휘하게 합니다.

❺ 그리고 앞 문단과 뒤 문단의 위상과 성격이 같으면, 문단의 구조와 전개 과정도 같은 게 보통입니다. 문단의 구조와 전개 과정을 살펴보면, 그 문단의 주요 정보가 어떻게 배치되어 있는지를 알 수 있고, 이를 통해서 문단과 문단 사이 개념의 연관성을 함께 확인할 수 있습니다. 이때에도 문단의 중심 내용이 무엇인지 확인하고, 중심 내용과 관련하여 개념어가 어떻게 배치되어 있는가를 살펴보아야 합니다. 그러면 문단 전체가 쉽게 독해됩니다.

| 사례분석 (2014학년도 9월 A형)

❶ 1895년에 발견된 X선은 진단의학의 혁명을 일으켰다. 이후 X선 사진 기술은 단면 촬영을 통해 입체 영상 구성이 가능한 CT(컴퓨터 단층촬영장치)로 진화하면서 해부를 하지 않고 인체 내부를 정확하게 진단하는 기술로 발전하였다.
❷ X선 사진은 X선을 인체에 조사하고, 투과된 X선을 필름에 감광시켜 얻어낸 것이다. 조사된 X선의 일부는 조직에서 흡수 · 산란되고 나머지는 조직을 투과하여 반대편으로 나오게 된다. X선이 투과되는 정도를 나타내는 투과율은 공기가 가장 높으며 지방, 물, 뼈의 순서로 낮아진다. 또한 투과된 X선의 세기는 통과한 조직의 투과율이 낮을수록, 두께가 두꺼울수록 약해진다. 이런 X선의 세기에 따라 X선 필름의 감광 정도가 달라져 조직의 흑백 영상을 얻을 수 있다. 그렇지만 X선 사진에서는 투과율이 비슷한 조직들 간의 구별이 어려워서, X선 사진은 다른 조직과의 투과율 차이가 큰 뼈나 이상 조직의 검사에 주로 사용된다. 이러한 X선 사진의 한계를 극복한 것이 CT이다.
❸ CT는 인체에 투과된 X선의 분포를 통해 인체의 횡단면을 영상으로 재구성한다. CT 촬영기 한쪽 편에는 X선 발생기가 있고 반대편에는 여러 개의 X선 검출기가 배치되어 있다. CT 촬영기 중심에, 사람이 누운 침대가 들어가면 X선 발생기에서 나온 X선이 인체를 투과한 후 맞은편 X선 검출기에서 검출된다.
❹ X선 검출기로 인체를 투과한 X선의 세기를 검출하는데, 이때 공기를 통과하며 감쇄된 양을 빼고, 인체 조직만을 통과하면서 감쇄된 X선의 총량을 구해야 한다. 이것은 공기만을 통과한 X선 세기와 조직을 투과한 X선 세기의 차이를 계산하면 얻을 수 있고, 이를 환산값이라고 한다. 즉, 환산값은 특정 방향에서 X선이 인체 조직을 통과하면서 산란되거나 흡수되어 감쇄된 총량을 의미한다. 이 값을 여러 방향에서 구하기 위해 CT 촬영기를 회전시킨다. 그러면 동일 단면에 대한 각 방향에서의 환산값을 구할 수 있고, 이를 활용하여 컴퓨터가 단면 영상을 재구성한다.
❺ CT에서 영상을 재구성하는 데에는 **역투사**(back projection) 방법이 이용된다. 역투사는 어떤 방향에서 X선이 진행했던 경로를 거슬러 진행하면서 경로상에 환산값을 고르게 분배하는 방법이다. CT 촬영기를 회전시키며 얻은 여러 방향의 환산값을 경로별로 역투사하여 더해 나가는데, 이처럼 여러 방향의 환산값들이 더해진 결과가 역투사 결괏값이다. 역투사를 하게 되면 뼈와 같이 감쇄를 많이 시키는 조직에서는 여러 방향의 값들이 더해지게 되고, 그 결과 다른 조직에서보다 더 큰 결괏값이 나오게 된다.
❻ 역투사 결괏값들을 합성하면 투과율의 차이에 따른 조직의 분포를 영상으로 재구성할 수 있다. CT 촬영기가 조금씩 움직이면서 인체의 여러 단면에 대하여 촬영을 반복하면 연속적인 단면 영상을 얻을 수 있고, 필요에 따라 이 단면 영상들을 조합하여 입체 영상도 얻을 수 있다.

문제 1 | **역투사**에 대한 설명으로 적절하지 <u>않은</u> 것은?

① X선 사진의 흑백 영상을 만드는 과정에서 역투사는 필요하지 않다.
② 역투사 결괏값은 조직이 없고 공기만 있는 부분에서 가장 크다.
③ 역투사 결괏값들을 활용하여 조직의 분포에 대한 영상을 얻을 수 있다.
④ X선 투과율이 낮은 조직일수록 그 위치에 대응하는 역투사 결괏값은 커진다.
⑤ 역투사 결괏값은 CT 촬영기에서 구한 환산값을 컴퓨터에서 처리하여 얻을 수 있다.

문제 2 | 윗글을 바탕으로 〈보기〉와 같은 실험을 했을 때, B에 해당하는 그래프로 알맞은 것은?

보기

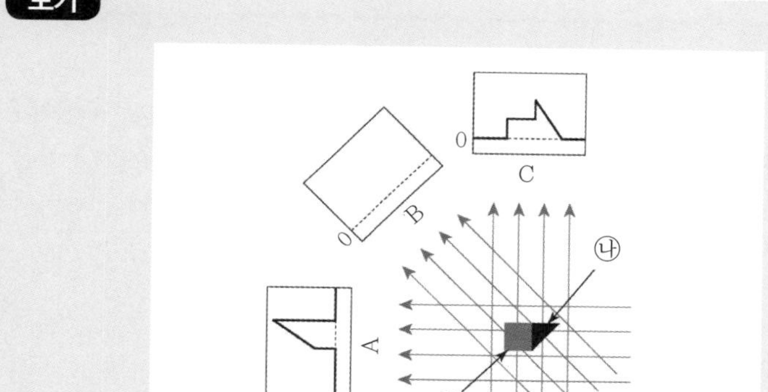

위의 그림처럼 단면이 정사각형인 물체 ㉮와 직각이등변 삼각형인 물체 ㉯가 연결된 ■◤를 CT 촬영기 안에 넣고 촬영하여 A, B, C 방향에서 구한 환산값의 크기를 그래프로 나타냈다. 이때 ㉮의 투과율은 ㉯의 2배이다.

* X선은 화살표와 같이 평행하게 진행함.
*물체 ■◤의 밑면을 기준으로 A는 0° 방향, B는 45° 방향, C는 90° 방향의 위치에 있음.

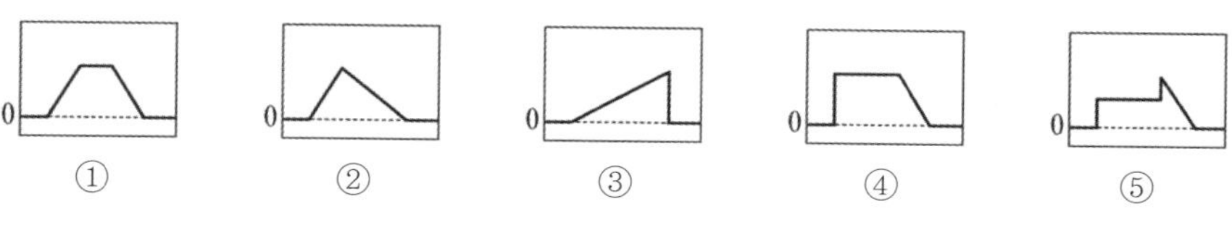

❷ X선 사진은 X선을 인체에 조사하고, 투과된 X선을 필름에 감광시켜 얻어낸 것이다. 조사된 X선의 일부는 조직에서 흡수 · 산란되고 나머지는 조직을 투과하여 반대편으로 나오게 된다. 1) X선이 투과되는 정도를 나타내는 **투과율**은 공기가 가장 높으며 지방, 물, 뼈의 순서로 낮아진다. 또한 2) 투과된 X선의 세기는 통과한 조직의 투과율이 낮을수록, 두께가 두꺼울수록 약해진다. 이런 X선의 세기에 따라 X선 필름의 감광 정도가 달라져 조직의 흑백 영상을 얻을 수 있다. 그렇지만 X선 사진에서는 투과율이 비슷한 조직들 간의 구별이 어려워서, X선 사진은 다른 조직과의 투과율 차이가 큰 뼈나 이상 조직의 검사에 주로 사용된다. 이러한 X선 사진의 한계를 극복한 것이 CT이다.

X선이 투과되는 정도를 나타내는 투과율과, 투과된 X선의 세기는 서로 정비례 관계에 있습니다. 투과율이 높으면 투과된 X선의 세기는 강하고, 반대로 투과율이 낮으면 (또는 조직의 두께가 두꺼우면) X선의 세기는 약해집니다.

❹ X선 검출기로 인체를 투과한 X선의 세기를 검출하는데, 이때 공기를 통과하며 감쇄된 양을 빼고, 인체 조직만을 통과하면서 감쇄된 X선의 총량을 구해야 한다. 이것은 공기만을 통과한 X선 세기와 조직을 투과한 X선 세기의 차이를 계산하면 얻을 수 있고, 이를 환산값이라고 한다. 즉, **환산값**은 특정 방향에서 X선이 인체 조직을 통과하면서 산란되거나 흡수되어 감쇄된 총량을 의미한다. 이 값을 여러 방향에서 구하기 위해 CT 촬영기를 회전시킨다. 그러면 동일 단면에 대한 각 방향에서의 환산값을 구할 수 있고, 이를 활용하여 컴퓨터가 단면 영상을 재구성한다.

❺ CT에서 영상을 재구성하는 데에는 **역투사**(back projection) 방법이 이용된다. 역투사는 어떤 방향에서 X선이 진행했던 경로를 거슬러 진행하면서 경로상에 환산값을 고르게 분배하는 방법이다. CT 촬영기를 회전시키며 얻은 여러 방향의 환산값을 경로별로 역투사하여 더해 나가는데, 이처럼 여러 방향의 환산값들이 더해진 결과가 **역투사 결괏값**이다. 역투사를 하게 되면 뼈와 같이 감쇄를 많이 시키는 조직에서는 여러 방향의 값들이 더해지게 되고, 그 결과 다른 조직에서보다 더 큰 결괏값이 나오게 된다.

X선 세기를 검출하기 위해서 환산값을 구해야 합니다. 환산값은 X선의 감쇄된 총량을 의미하기 때문에 투과율과는 반비례 관계에 있습니다. 즉 투과율이 높으면 X선의 감쇄된 양이 적어서 환산값은 적고, 반대로 투과율이 낮으면 감쇄된 양이 많아 환산값은 커지게 됩니다. CT 영상을 재구성하기 위해 또다시 역투사 결괏값을 구해야 하는데, 역투사 결괏값은 환산값과 정비례 관계에 있습니다. 즉 감쇄가 많으면 역투사 결괏값이 커지는 것이죠. 이렇게 '투과율', '환산값', '역투사 결괏값'의 관계가 서로 맞물려 있기 때문에 개념 사이 연관성을 잘 알아두어야 합니다. 자칫하면 서로의 관계성을 착각할 수 있는데, 그러면 문제 풀이에서 실수하게 됩니다.

문제 1 | – (밑줄 문제 2 유형)

①은 적절합니다. X선을 통해 흑백 영상을 얻을 수 있다는 것이 ❷ 문단에 나와 있습니다. 그렇지만 역투사 방법이 적용되지 않습니다. CT에서 영상을 재구성할 때 역투사 방법이 이용됩니다. ②가 적절하지 않아서 정답입니다. X선 감쇄는 공기만 있는 부분에서 가장 적기 때문에 역투사 결괏값도 가장 작습니다. ③은 마지막 ❻ 문단에서 확인할 수 있습니다. ④는 적절합니다. 투과율과 역투사 결괏값은 반비례 관계에 있기 때문에 투과율이 낮으면 역투사 결괏값은 커지게 되죠. ⑤는 ❹ 문단 마지막 문장에서 확인할 수 있습니다. (정답: ②)

문제 2 | – (〈보기〉 문제 2 유형)

'〈보기〉 문제 2 유형'은 문제 해결의 조건을 주고 지문과 〈보기〉의 정보를 특정 방향으로 활용하도록 유도하는 문제입니다. 문제 해결의 조건을 잘 생각하여 〈보기〉의 의도를 제대로 파악하면, 그러한 조건 속에서 문제 해결의 실마리를 찾을 수 있습니다. 그렇기 때문에 이런 문제 유형에서는 〈보기〉 해석을 잘 해야 합니다. 첫 번째 조건은 ㉮는 정사각형 물체이고 ㉯는 직각이등변 삼각형의 물체라는 점입니다. 그래서 ㉯는 ㉮를 대각선으로 잘랐을 때 절반에 해당됩니다. B 방향으로 통과하는 X선은 ㉮의 정사각형 왼쪽 하단 꼭지점부터 시작하여 ㉮ 물체 내부를 관통합니다. 그리고 정사각형 물체의 왼쪽 상단 꼭지점과 오른쪽 하단 꼭지점을 잇는 대각선은 45°이므로 X선의 B방향과 일치합니다. 그러면 ㉮의 정사각형 왼쪽 하단 꼭지점부터 시작하여, 정사각형 물체의 대각선까지 X선은 점진적으로 감쇄하는 양이 늘기 때문에 그래프 모양은 점진적으로 상승하는 모양을 취할 것입니다. 그리고 대각선에 와서 감쇄하는 X선 양이 최고에 달할 것입니다. 이제 ㉯의 이등변 삼각형 물체 쪽에서 살펴봅시다. ㉯의 이등변 삼각형 물체의 오른쪽 꼭지점부터 시작하여 점차 이등변 삼각형 내부로 들어오면서 X선 감쇄 양은 점진적으로 늘어날 것입니다. 이등변 삼각형의 직각 꼭지점에서 밑변에 수직선을 내리면 45°를 이룰 것이고, 이것은 X선의 B방향과 일치합니다. 그래서 이 수직선에서 감쇄하는 X선 양이 ㉯ 물체에서 최고점을 이룰 것입니다. 그리고 정사각형의 대각선과 직각이등변 삼각형의 수직선 사이에는 간격이 있게 되는데, 이 부분은 그래프에서 어떻게 나타날까요? 그래프 모양이 오른쪽 왼쪽 양쪽 끝에서 점진적으로 올라오지 않는 ③, ④, ⑤ 선지는 정답에서 제외됩니다.

두 번째 조건은 ㉮의 투과율이 ㉯의 2배라는 점입니다. 그렇다면 ㉮에서 감쇄되는 X선 양은 ㉯보다 1/2 적다는 뜻이고, 그래프 상으로는 ㉮가 ㉯보다 1/2 적게 나타난다는 것이죠. 그런데 이 조건을 정사각형 대각선과 직각이등변 삼각형의 수직선 사이의 간격 부분에 적용해야 합니다. 왜냐하면 X선이 ㉮와 ㉯를 동시에 통과하는 부분이기 때문이죠. ㉯는 ㉮의 절반이라는 점을 적용하면, 정사각형 부분과 직각이등변 삼각형 부분은 2 : 1로 되어 있다는 것을 알 수 있습니다. 그렇지만 직각이등변 삼각형 물체에서 감쇄하는 양이 2배 많기 때문에, 환산값은 1 : 1로 같게 됩니다. 그래서 X선이 정사각형 물체와 직각이등변 삼각형 물체를 동시에 통과하는 부분, 즉 정사각형의 대각선과 직각이등변 삼각형의 수직선 사이의 간격 부분은 그래프 상에서는 최고의 정점을 보이는 수평의 일직선으로 나타나게 됩니다. (정답: ①)

유제 연습 ❸

❶ 어떤 명제가 참이라는 것은 무슨 뜻인가? 이 질문에 대한 답변 중 하나가 정합설이다. 정합설에 따르면, 어떤 명제가 참인 것은 그 명제가 다른 명제와 정합적이기 때문이다. 그러면 '정합적이다'는 무슨 의미인가? 정합적이라는 것은 명제들 간의 특별한 관계인데, 이 특별한 관계가 무엇인지에 대해 전통적으로는 '모순 없음'과 '함축', 그리고 최근에는 '설명적 연관' 등으로 정의해 왔다.

❷ 먼저 '정합적이다'를 모순 없음으로 정의하는 경우, 추가되는 명제가 이미 참이라고 인정한 명제와 모순이 없으면 정합적이고, 모순이 있으면 정합적이지 않다. 여기서 모순이란 "은주는 민수의 누나이다."와 "은주는 민수의 누나가 아니다."처럼 동시에 참이 될 수도 없고 또 동시에 거짓이 될 수도 없는 명제들 간의 관계를 말한다. '정합적이다'를 모순 없음으로 정의하는 입장에 따르면, "은주는 민수의 누나이다."가 참일 때 추가되는 명제 "은주는 학생이다."는 앞의 명제와 모순이 되지 않기 때문에 정합적이고, 정합적이기 때문에 참이다. 그런데 '정합적이다'를 모순 없음으로 이해하면, 앞의 예에서처럼 전혀 관계가 없는 명제들도 모순이 발생하지 않는다는 이유 하나만으로 모두 정합적이고 참이 될 수 있다는 문제가 생긴다.

❸ 이 문제를 해결하기 위해서 '정합적이다'를 함축으로 정의하기도 한다. 함축은 "은주는 민수의 누나이다."가 참일 때 "은주는 여자이다."는 반드시 참이 되는 것과 같은 관계를 이른다. 명제 A가 명제 B를 함축한다는 것은 'A가 참일 때 B가 반드시 참'이라는 의미이다. '정합적이다'를 함축으로 이해하면, 명제 "은주는 민수의 누나이다."가 참일 때 이와 무관한 명제 "은주는 학생이다."는 모순이 없다고 해도 정합적이지 않다. 왜냐하면 "은주는 학생이다."는 "은주는 민수의 누나이다."에 의해 함축되지 않기 때문이다.

❹ 그런데 '정합적이다'를 함축으로 정의할 경우에는 참이 될 수 있는 명제가 과도하게 제한된다. 그래서 '정합적이다'를 설명적 연관으로 정의하기도 한다. 명제 "민수는 운동 신경이 좋다."는 "민수는 농구를 잘한다."는 명제를 함축하지는 않지만, 민수가 농구를 잘하는 이유를 그럴듯하게 설명해 준다. 그 역의 관계도 마찬가지이다. 두 경우 각각 설명의 대상이 되는 명제와 설명해 주는 명제 사이에는 서로 설명적 연관이 있다고 말한다. 설명적 연관이 있는 두 명제는 서로 정합적이기 때문에 그중 하나가 참이면 추가되는 다른 하나도 참이다. 설명적 연관으로 '정합적이다'를 정의하게 되면 함축 관계를 이루는 명제들까지도 포괄할 수 있는 장점이 있다. 함축 관계를 이루는 명제들은 필연적으로 설명적 연관이 있기 때문이다. '정합적이다'를 설명적 연관으로 정의하면, 함축으로 이해하는 것보다는 많은 수의 명제를 참으로 추가할 수 있다.

❺ 그러나 설명적 연관이 정확하게 어떤 의미인지, 그리고 그 연관의 긴밀도가 어떻게 측정될 수 있는지는 아직 완전히 해결되지 않은 문제이다. 이 문제와 관련된 최근 연구는 확률 이론을 활용하여 정합설을 발전시키고 있다.

문제 1 | 윗글의 내용과 일치하지 <u>않는</u> 것은?

① 정합설에서 참 또는 거짓을 판단하는 기준은 명제들 간의 관계이다.
② 정합설에서 이미 참이라고 인정한 명제와 어떤 새로운 명제가 정합적이면, 그 새로운 명제도 참이다.
③ '정합적이다'를 모순 없음으로 이해했을 때 참이 아닌 명제는 함축으로 이해했을 때에도 참이 아니다.
④ 함축 관계에 있는 명제들은 설명적 연관이 있는 명제들일 수는 있지만 모순 없는 명제들일 수는 없다.
⑤ '정합적이다'를 설명적 연관으로 이해한다고 해도 연관의 긴밀도 문제 때문에 정합설은 아직 한계가 있다.

문제 2 | 〈보기〉의 명제를 참이라고 할 때, 윗글을 바탕으로 추론한 내용으로 적절하지 <u>않은</u> 것은?

보기

ㅇ 우리 동네 전체가 정전되었다.

① '정합적이다'를 모순 없음으로 이해하면, "우리 동네에는 솔숲이 있다."를 참인 명제로 추가할 수 있다.
② '정합적이다'를 함축으로 이해하면, "우리 집이 정전되었다."를 참인 명제로 추가할 수 있다.
③ '정합적이다'를 설명적 연관으로 이해하면, "예비 전력의 부족으로 전력 공급이 중단됐다."를 참인 명제로 추가할 수 있다.
④ '정합적이다'를 함축으로 이해하면, "우리 동네에는 솔숲이 있다."를 참인 명제로 추가할 수 없다.
⑤ '정합적이다'를 설명적 연관으로 이해하면, "우리 집이 정전되었다."를 참인 명제로 추가할 수 없다.

❷ 먼저 '정합적이다'를 **모순 없음으로 정의**하는 경우, 1) 추가되는 명제가 이미 참이라고 인정한 명제와 모순이 없으면 정합적이고, 모순이 있으면 정합적이지 않다. 여기서 2) 모순이란 "은주는 민수의 누나이다."와 "은주는 민수의 누나가 아니다."처럼 동시에 참이 될 수도 없고 또 동시에 거짓이 될 수도 없는 명제들 간의 관계를 말한다. '정합적이다'를 모순 없음으로 정의하는 입장에 따르면, "은주는 민수의 누나이다."가 참일 때 추가되는 명제 "은주는 학생이다."는 앞의 명제와 모순이 되지 않기 때문에 정합적이고, 정합적이기 때문에 참이다. 그런데 '정합적이다'를 모순 없음으로 이해하면, 앞의 예에서처럼 3) 전혀 관계가 없는 명제들도 모순이 발생하지 않는다는 이유 하나만으로 모두 정합적이고 참이 될 수 있다는 문제가 생긴다.

'정합적이다'를 '모순 없음'으로 정의할 때 세 가지 정도의 주요 정보를 제시하고 있습니다. 그런데 이 중에서 전혀 관계가 없는 명제들도 모순이 없으면 참으로 인정된다는 문제점이 제기됩니다. '모순 없음'을 참(=진리)의 기준이라고 생각할 때 나타나는 문제점이죠.

❸ 이 문제를 해결하기 위해서 '정합적이다'를 **함축으로 정의**하기도 한다. 함축은 "은주는 민수의 누나이다."가 참일 때 "은주는 여자이다."는 반드시 참이 되는 것과 같은 관계를 이른다. a) 명제 A가 명제 B를 함축한다는 것은 'A가 참일 때 B가 반드시 참'이라는 의미이다. '정합적이다'를 함축으로 이해하면, 명제 "은주는 민수의 누나이다."가 참일 때 이와 b) 무관한 명제 "은주는 학생이다."는 모순이 없다고 해도 정합적이지 않다. 왜냐하면 "은주는 학생이다."는 "은주는 민수의 누나이다."에 의해 함축되지 않기 때문이다.

'정합적이다'를 '함축'으로 정의하면 관계없는 명제들은 참으로 인정되지 않습니다. 명제 A가 참일 때 추가되는 명제 B도 참이어야만, 이것을 '함축'이라고 하기 때문이죠. 그래서 '모순 없음'을 정합적인 것의 기준으로 삼을 때 나타나는 문제점 즉 관계없는 명제를 참에서 제외하는 것이 바로 함축이라고 생각할 수 있습니다.

❹ 그런데 '정합적이다'를 함축으로 정의할 경우에는 참이 될 수 있는 명제가 과도하게 제한된다. 그래서 '정합적이다'를 **설명적 연관으로 정의**하기도 한다. 명제 "민수는 운동 신경이 좋다."는 "민수는 농구를 잘한다."는 명제를 1) 함축하지는 않지만, 민수가 농구를 잘하는 이유를 그럴듯하게 설명해 준다. 그 역의 관계도 마찬가지이다. 두 경우 각각 설명의 대상이 되는 명제와 설명해 주는 명제 사이에는 서로 설명적 연관이 있다고 말한다. 2) 설명적 연관이 있는 두 명제는 서로 정합적이기 때문에 그중 하나가 참이면 추가되는 다른 하나도 참이다. 설명적 연관으로 '정합적이다'를 정의하게 되면 3) 함축 관계를 이루는 명제들까지도 포괄할 수 있는 장점이 있다. 함축 관계를 이루는 명제들은 필연적으로 설명적 연관이 있기 때문이다. '정합적이다'를 설명적 연관으로 정의하면, 함축으로 이해하는 것보다

는 많은 수의 명제를 참으로 추가할 수 있다.

'정합적이다'를 '설명적 연관'으로 정의하면 '함축' 관계를 이루는 명제는 참으로 포함될 뿐만 아니라, '함축' 관계에 있지 않지만 그럴듯하게 설명해 주는 명제들도 참에 포함시킬 수 있습니다. 그러니까 참에 포함되는 명제 수를 따져보면, '모순 없음' 〉 '설명적 연관' 〉 '함축'의 순서로 많다는 것을 알 수 있습니다.

문제 1 | –(일치–불일치 문제 2 유형)

'일치–불일치 문제 1 유형'은 선지에서 지문의 내용을 단순 요약합니다. 그런데 '일치–불일치 문제 2 유형'은 선지 대부분에서 단어나 표현을 바꿉니다. 그래서 정답 판단이 어렵습니다. 이 문제는 지문의 개념들을 활용하여 선지에서 바뀐 표현들의 의미를 추론까지 해야 합니다.

①은 ❶ 문단에 나온 '명제들의 특별한 관계'를 단순 요약하였습니다. ②는 '정합설은 명제들 간의 특별한 관계'라는 것을 풀어서 표현한 선지입니다. 즉 ❶ 문단에서는 '명제들의 특별한 관계'라고 포괄적으로 언급하였고, 이것의 실질적인 의미는 ❷ 문단의 첫 문장에서 '모순 없음'을 설명하는 부분에서 제시하고 있습니다. '참이라고 인정한 명제'와 '추가되는 명제(=새로운 명제)' 사이에 모순이 없으면 정합적이라는 말을, '정합설' 모두에 적용하는 것이 선지 ②입니다. 그래서 선지 ②는 지문의 내용과 일치한다고 볼 수 있습니다. 선지 ③의 오답률은 10명 중 2명꼴로 높았던 편입니다. '모순 없음'의 개념과 '함축'의 개념 사이 연관성을 따지는데 혼동이 온 것이죠. '모순 없음'이 참으로 인정하는 명제들 중에는 '관계없는 명제'들도 포함되어, 참으로 인정되는 범위가 매우 넓습니다. 함축은 이것들을 배제합니다. 그렇다면 '모순 없음'에서도 참이 아닌 명제라면 '함축'에서는 더더욱 참이 아니게 됩니다. 그래서 ③은 지문의 내용과 일치한다고 볼 수 있습니다. 선지 ④는 '모순 없음', '함축', '설명적 연관'의 3가지 개념들 사이의 연관성을 살펴보아야 합니다. '함축 관계에 있는 명제들'은 모두 '설명적 연관이 있는 명제'에 포함됩니다. 이는 ❹ 문단에 나온 것을 그대로 가져온 말입니다. 그런데 이것이 '모순 없는 명제'들과 어떤 관계에 있는가를 추론해야 합니다. '함축 관계에 있는 명제'들은 '모순 없는 명제'들 중에서 '관계없는 명제'를 배제한 것이기 때문에, 당연히 '모순 없는 명제'에 속하게 됩니다. 그래서 선지 ④는 '모순 없는 명제들일 수밖에 없다'라고 수정해야 지문의 내용과 일치하게 됩니다. 선지 ④는 일치하지 않기 때문에 정답입니다. 선지 ⑤는 ❺ 문단 내용을 단순 요약한 것입니다. (정답: ④)

문제 2 | –(〈보기〉 문제 1 유형)

①은 적절합니다. 정전된 것과 솔숲이 있는 것은 '관계없는 명제'들이죠. '모순 없음'의 관점에서는 참으로 인정됩니다. ②도 적절합니다. '함축'은 명제 A가 참일 때 명제 B도 반드시 참인 관계를 말합니다. 동네 전체가 정전되면, 그 동네에 속한 우리 집도 정전되는 것이죠. ③도 적절합니다. '설명적 연관'이 있다고 판단할 수 있죠. ④도 적절합니다. '함축'에서는 '관계없는 명제'를 참에서 제외시킵니다. ⑤가 적절하지 않아서 정답입니다. "우리 집이 정전되었다."는 명제는 〈보기〉와 '함축' 관계에 있기 때문에 '설명적 연관' 범위에는 당연히 포함됩니다. (정답: ⑤)

2 문제 풀이 과정 글 독해

문제를 풀기 전에 지문 전체를 완벽하게 재정리하는 독해는 쉽지 않습니다. 시간이 부족하기 때문에 지문만 읽고 있을 수는 없기 때문이죠. 오히려 문제를 해결하는 과정에서 지문을 다시 살펴보면서 재정리 독해할 가능성이 높습니다. 따라서 지문을 재정리하는 독해법은 문제 풀이 과정에서도 여전히 유효하게 활용할 수 있습니다.

문제 풀이 과정에서는 지문을 살펴보더라도 문제와 연관해서 생각하게 됩니다. 그러니까 문제 풀이 과정의 글 독해는 문제 해결을 위해 지문을 선택적으로 찾아 독해하는 것이죠. 이때 문제 유형에 따라 지문을 독해하는 초점이 달라집니다. 왜냐하면 문제 유형에 따라 출제 원리가 다르기 때문입니다.

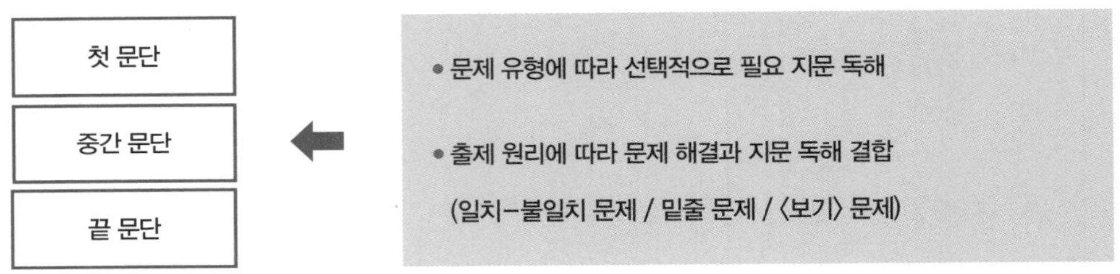

문제 풀이 과정의 글 독해

수능 비문학의 출제 원리는 '읽기에 따른 사고(思考) 영역'과 관련됩니다. 즉 「사실적 사고」, 「추론적 사고」, 「비판적 사고」, 「추리 상상적 사고」 이 네 가지의 사고 영역에 걸쳐 읽기 능력을 평가하는 것이죠. 사실적 사고는 글자 그대로의 내용을 이해하는 것인데, 선지에서는 지문 내용을 단순 요약하여 사실적 사고를 평가합니다. **일치-불일치 문제**의 기본 유형은 사실적 사고를 확인하는 문제입니다. 추론적 사고는 글 속에 숨어 있는 의미를 이해하는 것인데, 선지에서는 어휘나 표현을 바꾸어 출제하여 추론적 사고를 평가합니다. **밑줄 문제**는 추론적 사고를 확인하는 문제입니다. 그리고 비판적 사고는 글 내용의 타당성을 따지는 것인데, 수능에서는 타당성을 따지는 준거를 제시해 줍니다. 지문 자체에서 주어지면 '내적 준거'라 하고, 〈보기〉에서 주어지면 '외적 준거'라 합니다. **〈보기〉 문제**는 이러한 준거점과 관련하여 타당성을 올바르게 따지는 비판적 사고를 평가합니다. 추리 상상적 사고는 글 내용을 추상하여 새로운 개념으로 이해하는 것인데, '주제 찾는 문제', '글 내용 요약 문제', '서술상의 특징 문제' 등이 추리 상상적 사고 능력을 확인하는 문제입니다.

1 일치-불일치 문제 1 유형 - 단순 요약을 파악하는 사실적 사고

❶ 일치-불일치 문제는 사실적 사고를 묻는 유형입니다. 사실적 사고는 글자 그대로의 내용을 이해하는 능력을 말하죠. 그러니까 지문에 무엇이 나왔는가를 확인하는 것이고, 글을 정확하게 읽었는가를 묻는 문제인 것입니다. 그런데 생각보다 어렵습니다.

특히 2017학년도 이후 지문의 길이가 길어지고, 지문 내용이 복잡한 정보들로 가득 차 있기 때문에 일치-불일치 문제의 해결이 쉽지 않습니다. 게다가 'A하여 B하다'라는 지문 내용을 선지에서는 위치를 바꾸어 'B하여 A하다'라고 뒤바꿔 출제하는 경우가 많기 때문에 선지에서 지문 내용을 혼동하게 됩니다.

❷ '윗글을 통해 알 수 있는 것은?', '윗글과 일치하는 것은?' 등의 형태로 일치-불일치 문제가 출제됩니다. 이러한 발문을 통해서 알 수 있는 것처럼, 지문 전체를 대상으로 선지가 구성됩니다. 그래서 일치-불일치 문제에서 선지의 정오답을 판단할 때 2단계가 적용됩니다. 먼저 선지가 지문의 어디와 관련되는가를 확인해야 하고, 그리고 선지가 지문의 내용과 일치하는가(또는 의미상 같은가)를 확인해야 합니다. 지문의 내용이 어려우면 지문의 어디와 관련되는지 찾기도 어렵고, 의미가 같은지 확인하는 것도 어렵습니다.

❸ 비문학 지문을 정독하면서 중심 내용과 이를 뒷받침하는 주요 정보들을 확인하는 것이 독해의 기본입니다. 이렇게 독해하다 보면 지문의 많은 정보들에서 곁가지 내용이나 정보들에는 크게 신경 쓰지 않게 됩니다. 그런데 일치-불일치 문제의 선지는 중심 내용이나 주요 정보에 국한되지 않습니다. 곁가지 정보라고 눈여겨보지 않았던 것에서도 출제됩니다. 지문의 구석구석에서 일치-불일치 문제의 선지가 출제되는 것이죠. 그래서 지문을 정확하고 빠르게 독해할 수 있는 능력은 일차적으로 일치-불일치 문제에서 평가됩니다.

❹ 일치-불일치 문제 1 유형은 선지에서 지문 내용을 단순 요약합니다. 지문을 글자 그대로 이해했는가를 확인하기 위해 지문에 나온 단어나 표현을 바꾸지 않고 선지에서 단순 요약하는 것이죠. 그런데 선지 하나 정도는 단어나 표현을 바꾸기도 합니다. 예를 들면, "홍예는 구조적 안정성을 얻을 수 있기 때문에 예로부터 동서양에서 널리 활용되었다."라는 지문 내용을, 선지에서는 "홍예는 조상들의 미의식이 잘 드러나는 우리나라 특유의 건축 구조이다."라고 바꾸어 출제하는 것이죠. 이렇게 지문과 선지 사이에서 단어나 표현이 바뀌었을 때, 서로 의미가 같은가를 판단해야 합니다. 여기서는 의미가 같지 않죠? '동서양에서 널리 활용'은 '우리나라 특유의 건축 구조'의 표현과 의미가 통하지 않습니다. 만약 일치-불일치 문제의 선지 모두가 단어나 표현이 바뀌어 출제된다면 가장 어려운 문제로 변하게 됩니다. 이것이 일치-불일치 문제 2 유형입니다.

(2017학년도 9월)

❶ 18세기에는 열의 실체가 칼로릭(caloric)이며 칼로릭은 온도가 높은 쪽에서 낮은 쪽으로 흐르는 성질을 갖고 있는, 질량이 없는 입자들의 모임이라는 생각이 받아들여지고 있었다. 이를 칼로릭 이론이라 부르는데, 이에 따르면 찬 물체와 뜨거운 물체를 접촉시켜 놓았을 때 두 물체의 온도가 같아지는 것은 칼로릭이 뜨거운 물체에서 차가운 물체로 이동하기 때문이라는 것이다. 이러한 상황에서 과학자들의 큰 관심사 중의 하나는 증기 기관과 같은 열기관의 열효율 문제였다.

❷ 열기관은 높은 온도의 열원에서 열을 흡수하고 낮은 온도의 대기와 같은 열기관 외부에 열을 방출하며 일을 하는 기관을 말하는데, 열효율은 열기관이 흡수한 열의 양 대비 한 일의 양으로 정의된다. 19세기 초에 카르노는 열기관의 열효율 문제를 칼로릭 이론에 기반을 두고 다루었다. 카르노는 물레방아와 같은 수력 기관에서 물이 높은 곳에서 낮은 곳으로 흐르면서 일을 할 때 물의 양과 한 일의 양의 비가 높이 차이에만 좌우되는 것에 주목하였다. 물이 높이 차에 의해 이동하는 것과 흡사하게 칼로릭도 고온에서 저온으로 이동하면서 일을 하게 되는데, 열기관의 열효율 역시 이러한 두 온도에만 의존한다는 것이었다.

❸ 한편 1840년대에 줄(Joule)은 일정량의 열을 얻기 위해 필요한 각종 에너지의 양을 측정하는 실험을 행하였다. 대표적인 것이 열의 일당량 실험이었다. 이 실험은 열기관을 대상으로 한 것이 아니라, 추를 낙하시켜 물속의 날개바퀴를 회전시키는 실험이었다. 열의 양은 칼로리(calorie)로 표시되는데, 그는 역학적 에너지인 일이 열로 바뀌는 과정의 정밀한 실험을 통해 1 kcal의 열을 얻기 위해서 필요한 일의 양인 열의 일당량을 측정하였다. 줄은 이렇게 일과 열은 형태만 다를 뿐 서로 전환이 가능한 물리량이므로 등가성을 갖는다는 것을 입증하였으며, 열과 일이 상호 전환될 때 열과 일의 에너지를 합한 양은 일정하게 보존된다는 사실을 알아내었다. 이후 열과 일뿐만 아니라 화학 에너지, 전기 에너지 등이 등가성을 가지며 상호 전환될 때에 에너지의 총량은 변하지 않는다는 에너지 보존 법칙이 입증되었다.

❹ 열과 일에 대한 이러한 이해는 카르노의 이론에 대한 과학자들의 재검토로 이어졌다. 특히 톰슨은 ⓐ칼로릭 이론에 입각한 카르노의 열기관에 대한 설명이 줄의 에너지 보존 법칙에 위배된다고 지적하였다. 카르노의 이론에 의하면, 열기관은 높은 온도에서 흡수한 열 전부를 낮은 온도로 방출하면서 일을 한다. 이것은 줄이 입증한 열과 일의 등가성과 에너지 보존법칙에 어긋나는 것이어서 열의 실체가 칼로릭이라는 생각은 더 이상 유지될 수 없게 되었다. 하지만 열효율에 관한 카르노의 이론은 클라우지우스의 증명으로 유지될 수 있었다. 그는 카르노의 이론이 유지되지 않는다면 열은 저온에서 고온으로 흐르는 현상이 생길 수도 있을 것이라는 가정에서 출발하여, 열기관의 열효율은 열기관이 고온에서 열을 흡수하고 저온에 방출할 때의 두 작동 온도에만 관계된다는 카르노의 이론을 증명하였다.

❺ 클라우지우스는 자연계에서는 열이 고온에서 저온으로만 흐르고 그와 반대되는 현상은 일어나지 않는 것과 같이 경험적으로 알 수 있는 방향성이 있다는 점에 주목하였다. 또한

일이 열로 전환될 때와는 달리, 열기관에서 열 전부를 일로 전환할 수 없다는, 즉 열효율이 100%가 될 수 없다는 상호 전환 방향에 관한 비대칭성이 있다는 사실에 주목하였다. 이러한 방향성과 비대칭성에 대한 논의는 이를 설명할 수 있는 새로운 물리량인 엔트로피의 개념을 낳았다.

문제 1 | 윗글에서 알 수 있는 내용으로 가장 적절한 것은?

① 열기관은 외부로부터 받은 일을 열로 변환하는 기관이다.
② 수력 기관에서 물의 양과 한 일의 양의 비는 물의 온도 차이에 비례한다.
③ 칼로릭 이론에 의하면 차가운 쇠구슬이 뜨거워지면 쇠구슬의 질량은 증가하게 된다.
④ 칼로릭 이론에서는 칼로릭을 온도가 낮은 곳에서 높은 곳으로 흐르는 입자라고 본다.
⑤ 열기관의 열효율은 두 작동 온도에만 관계된다는 이론은 칼로릭 이론의 오류가 밝혀졌음에도 유지되었다.

문제 2 | 윗글로 볼 때 ⓐ의 내용으로 가장 적절한 것은?

① 화학 에너지와 전기 에너지는 서로 전환될 수 없는 에너지라는 점
② 열의 실체가 칼로릭이라면 열기관이 한 일을 설명할 수 없다는 점
③ 자연계에서는 열이 고온에서 저온으로만 흐르는 것과 같은 방향성이 있는 현상이 존재한다는 점
④ 열효율에 관한 카르노의 이론이 맞지 않는다면 열은 저온에서 고온으로 흐르는 현상이 생길 수 있다는 점
⑤ 열기관의 열효율은 열기관이 고온에서 열을 흡수하고 저온에 방출할 때의 두 작동 온도에만 관계된다는 점

❶ 18세기에는 열의 실체가 칼로릭(caloric)이며 칼로릭은 1) 온도가 높은 쪽에서 낮은 쪽으로 흐르는 성질을 갖고 있는, 2) 질량이 없는 입자들의 모임이라는 생각이 받아들여지고 있었다. 이를 **칼로릭 이론**이라 부르는데, 이에 따르면 찬 물체와 뜨거운 물체를 접촉시켜 놓았을 때 두 물체의 온도가 같아지는 것은 칼로릭이 뜨거운 물체에서 차가운 물체로 이동하기 때문이라는 것이다. 이러한 상황에서 과학자들의 큰 관심사 중의 하나는 증기 기관과 같은 **열기관의 열효율 문제**였다.

❷ **열기관**은 높은 온도의 열원에서 열을 흡수하고 낮은 온도의 대기와 같은 열기관 외부에 열을 방출하며 일을 하는 기관을 말하는데, **열효율**은 열기관이 흡수한 열의 양 대비 한 일의 양으로 정의된다. 19세기 초에 카르노는 열기관의 열효율 문제를 칼로릭 이론에 기반을 두고 다루었다. 카르노는 물레방아와 같은 수력 기관에서 물이 높은 곳에서 낮은 곳으로 흐르면서 일을 할 때 물의 양과 한 일의 양의 비가 높이 차이에만 좌우되는 것에 주목하였다. 물이 높이 차에 의해 이동하는 것과 흡사하게 칼로릭도 고온에서 저온으로 이동하면서 일을 하게 되는데, 열기관의 열효율 역시 이러한 두 온도에만 의존한다는 것이었다.

❸ 한편 1840년대에 줄(Joule)은 일정량의 열을 얻기 위해 필요한 각종 에너지의 양을 측정하는 실험을 행하였다. 대표적인 것이 **열의 일당량 실험**이었다. 이 실험은 열기관을 대상으로 한 것이 아니라, 추를 낙하시켜 물속의 날개바퀴를 회전시키는 실험이었다. 열의 양은 칼로리(calorie)로 표시되는데, 그는 역학적 에너지인 일이 열로 바뀌는 과정의 정밀한 실험을 통해 1 kcal의 열을 얻기 위해서 필요한 일의 양인 열의 일당량을 측정하였다. 줄은 이렇게 1) 일과 열은 형태만 다를 뿐 서로 전환이 가능한 물리량이므로 등가성을 갖는다는 것을 입증하였으며, 2) 열과 일이 상호 전환될 때 열과 일의 에너지를 합한 양은 일정하게 보존된다는 사실을 알아내었다. 이후 열과 일뿐만 아니라 화학 에너지, 전기 에너지 등이 등가성을 가지며 상호 전환될 때에 에너지의 총량은 변하지 않는다는 에너지 보존 법칙이 입증되었다.

열기관의 열효율 문제는 산업혁명 초기(18세기)에는 '칼로릭' 이론에 기반을 두고 있었습니다. 카르노는 칼로릭 이론을 토대로 열기관의 열효율 문제를 다룹니다. 즉 고온에서 저온으로 열이 이동하면서 열기관의 열효율은 두 온도에만 의존한다고 보았습니다. 한편 줄의 '열의 일당량' 실험은 일이 열로 바뀌는 과정에서 에너지 양을 측정한 실험이었습니다. 열이 일로 바뀌는 것이 아니라, 일이 열로 바뀌는 과정입니다. 이를 통해 일과 열은 서로 전환 가능한 물리량이며, 나아가 에너지 보존의 법칙도 입증할 수 있었습니다.

❹ 열과 일에 대한 이러한 이해는 카르노의 이론에 대한 과학자들의 재검토로 이어졌다. 특히 톰슨은 ⓐ칼로릭 이론에 입각한 카르노의 열기관에 대한 설명이 줄의 에너지 보존 법칙에 위배된다고 지적하였다. 카르노의 이론에 의하면, 열기관은 높은 온도에서 **흡수한 열**

전부를 낮은 온도로 방출하면서 일을 한다. 이것은 줄이 입증한 열과 일의 등가성과 에너지 보존법칙에 어긋나는 것이어서 열의 실체가 칼로릭이라는 생각은 더 이상 유지될 수 없게 되었다. 하지만 열효율에 관한 카르노의 이론은 클라우지우스의 증명으로 유지될 수 있었다. 그는 카르노의 이론이 유지되지 않는다면 열은 저온에서 고온으로 흐르는 현상이 생길 수도 있을 것이라는 가정에서 출발하여, 열기관의 열효율은 열기관이 **고온에서 열을 흡수하고 저온에 방출할 때의 두 작동 온도에만 관계**된다는 카르노의 이론을 증명하였다.

❺ 클라우지우스는 자연계에서는 열이 고온에서 저온으로만 흐르고 그와 반대되는 현상은 일어나지 않는 것과 같이 경험적으로 알 수 있는 **방향성**이 있다는 점에 주목하였다. 또한 일이 열로 전환될 때와는 달리, 열기관에서 열 전부를 일로 전환할 수 없다는, 즉 열효율이 100%가 될 수 없다는 **상호 전환 방향에 관한 비대칭성**이 있다는 사실에 주목하였다. 이러한 방향성과 비대칭성에 대한 논의는 이를 설명할 수 있는 새로운 물리량인 엔트로피의 개념을 낳았다.

줄의 실험 결과 카르노 이론 중에서 오류로 드러난 부분이 있습니다. 열기관이 높은 온도에서 **흡수한 열 전부**를 낮은 온도로 방출한다고 생각한 점을 톰슨은 오류라고 지적하였습니다. 그런데 클라우지우스는 이러한 오류를, 열기관의 열효율이 100%가 될 수 없다는 '상호 전환 방향에 관한 비대칭성'으로 새롭게 정리하였습니다. 동시에 클라우지우스는 카르노 이론 중 '고온에서 열을 흡수하고 저온에서 방출할 때의 두 작동 온도에만 관계된다'는 점은 정당하다고 밝혀냈습니다. 그러니까 클라우지우스는 카르노 이론에서 '방향성'은 정당하다고 밝혔고, 오류였던 점은 '비대칭성'으로 재정리한 것이죠.

문제 1 | – (일치–불일치 문제 1 유형)

선지는 지문의 내용을 단순 요약하여 제시하였습니다. 단어나 표현을 바꾸지 않고 출제하였기 때문에 쉽게 확인할 수 있는 문제입니다. ①은 열기관을 정의하는 ❷ 문단 첫째 문장에서 확인할 수 있습니다. ②도 ❷ 문단에서 확인할 수 있습니다. ③은 ❶ 문단에서 확인됩니다. ④도 ❶ 문단에서 확인됩니다. ⑤는 '열기관의 열효율 문제'에서 가장 중요한 정보인, '두 작동 온도에만 관계'한다는 것을 말하고 있습니다. 이는 ❹ 문단 내용과 일치합니다. (정답: ⑤)

문제 2 | – (밑줄 문제 2 유형)

밑줄 친 ⓐ 부분에 내포된 의미는, ⓐ 다음에 이어지는 부연 설명 부분에서 확인할 수 있습니다. 즉 카르노 이론은 열기관이 흡수한 열 전부를 낮은 온도로 방출한다는 것인데, 이것은 등가성과 에너지 보존 법칙에서 벗어난 것이죠. 그래서 칼로릭 이론은 더는 열기관이 한 일을 설명할 수 없는 것입니다. 선지 ②가 정답이 되고, 선지 ④와 ⑤는 클라우지우스가 입증한 카르노 이론 중 정당한 부분입니다. (정답: ②)

유제 연습 ❶

❶ 논증은 크게 연역과 귀납으로 나뉜다. 전제가 참이면 결론이 확실히 참인 연역 논증은 결론에서 지식이 확장되는 것처럼 보이지만, 실제로는 전제에 이미 포함된 결론을 다른 방식으로 확인하는 것일 뿐이다. 반면 귀납 논증은 전제들이 모두 참이라고 해도 결론이 확실히 참이 되는 것은 아니지만 우리의 지식을 확장해 준다는 장점이 있다. 여러 귀납 논증 중에서 가장 널리 쓰이는 것은 수많은 사례들을 관찰한 다음에 그것을 일반화하는 것이다. 우리는 수많은 까마귀를 관찰한 후에 우리가 관찰하지 않은 까마귀까지 포함하는 '모든 까마귀는 검다.'라는 새로운 지식을 얻게 되는 것이다.

❷ 철학자들은 과학자들이 귀납을 이용하기 때문에 과학적 지식에 신뢰를 보낼 수 있다고 생각했다. 그러나 모든 귀납에는 논리적인 문제가 있다. 수많은 까마귀를 관찰한 사례에 근거해서 '모든 까마귀는 검다.'라는 지식을 정당화하는 것은 합리적으로 보이지만, 아무리 치밀하게 관찰하여도 아직 관찰되지 않은 까마귀 중에서 검지 않은 까마귀가 있을 수 있기 때문이다.

❸ 포퍼는 귀납의 논리적 문제는 도저히 해결할 수 없지만, 귀납이 아닌 연역만으로 과학을 할 수 있는 방법이 있으므로 과학적 지식은 정당화될 수 있다고 주장한다. 어떤 지식이 반증 사례 때문에 거짓이 된다고 추론하는 것은 순전히 연역적인데, 과학은 이 반증에 의해 발전하기 때문이다. 다음 논증을 보자.

(ㄱ) 모든 까마귀가 검다면 어떤 까마귀는 검어야 한다.
(ㄴ) 어떤 까마귀는 검지 않다.
(ㄷ) 따라서 모든 까마귀가 다 검은 것은 아니다.

❹ '모든 까마귀는 검다.'라는 지식은 귀납에 의해서 참임을 보여 줄 수는 없지만, 이 논증에서처럼 전제 (ㄴ)이 참임이 밝혀진다면 확실히 거짓임을 보여 줄 수 있다. 그러나 아직 (ㄴ)이 참임이 밝혀지지 않았다면 그 지식을 거짓이라고 말할 수 없다.

❺ 포퍼에 따르면, 지금 우리가 받아들이는 과학적 지식들은 이런 반증의 시도로부터 잘 견뎌 온 것들이다. 참신하고 대담한 가설을 제시하고 그것이 거짓이라는 증거를 제시하려는 노력을 진행해서, 실제로 반증이 되면 실패한 과학적 지식이 되지만 수많은 반증의 시도로부터 끝까지 살아남으면 성공적인 과학적 지식이 되는 것이다. 그런데 포퍼는 반증 가능성이 없는 지식, 곧 아무리 반증을 해 보려 해도 경험적인 반증이 아예 불가능한 지식은 과학적 지식이 될 수 없다고 비판한다. 가령 '관찰할 수 없고 찾아낼 수 없는 힘이 항상 존재한다.'처럼 경험적으로 반박할 수 있는 사례를 생각할 수 없는 주장이 그것이다.

문제 1 | 윗글을 통해 알 수 있는 것은?

① 연역 논증은 결론에서 지식의 확장이 일어난다.
② 귀납 논증은 전제가 참이면 결론은 항상 참이다.
③ 치밀하게 관찰한 후 도출된 귀납의 결론은 확실히 참이다.
④ 과학적 지식은 새로운 지식이라는 점에서 연역의 결과이다.
⑤ 전제에 없는 새로운 지식이 귀납의 논리적인 문제를 낳는다.

문제 2 | 윗글로 미루어 볼 때, 포퍼의 견해를 표현한 것으로 가장 적절한 것은?

① 충분한 관찰에 근거한 지식은 반증 없이 정당화할 수 있음을 인정하라.
② 과감하게 가설을 세우고 그것이 거짓임을 증명하려고 시도하라.
③ 실패한 지식이 곧 성공적인 지식임을 명심하라.
④ 수많은 반증의 시도에 일일이 대응하지 말라.
⑤ 과학적 지식을 귀납 논증으로 정당화하라.

문제 3 | 윗글의 (ㄱ)~(ㄷ)과 〈보기〉에 대한 설명으로 적절하지 않은 것은?

보기

㉠은 다음과 같은 논증으로 표현할 수 있다.

(가) 내가 오늘 관찰한 까마귀는 모두 검다.
내가 어제 관찰한 까마귀는 모두 검다.
내가 그저께 관찰한 까마귀는 모두 검다.
⋮

(나) 따라서 모든 까마귀는 검다.

① (가)가 확실히 참이어도 검지 않은 까마귀가 내일 관찰된다면 (나)는 거짓이 된다.
② (ㄴ)과 (가)가 참임을 밝히는 작업은 모두 경험적이다.
③ '모든 까마귀는 검다.'는 (ㄴ)만으로 거짓임이 밝혀지지만 (가)만으로는 참임을 밝힐 수 없다.
④ (ㄱ), (ㄴ)에서 (ㄷ)이 도출되는 것이나 (가)에서 (나)가 도출되는 것은 모두 지식이 확장되는 것이다.
⑤ 포퍼에 따르면 ㉠의 '모든 까마귀가 검다.'가 과학적 지식임은 (가)~(나)의 논증이 아니라 (ㄱ)~(ㄷ)의 논증을 통해 증명된다.

❶ 논증은 크게 연역과 귀납으로 나뉜다. a) 전제가 참이면 결론이 확실히 참인 **연역 논증**은 결론에서 지식이 확장되는 것처럼 보이지만, 실제로는 b) 전제에 이미 포함된 결론을 다른 방식으로 확인하는 것일 뿐이다. // 반면 // **귀납 논증**은 1) 전제들이 모두 참이라고 해도 결론이 확실히 참이 되는 것은 아니지만 우리의 2) **지식을 확장**해 준다는 장점이 있다. ((여러 귀납 논증 중에서 가장 널리 쓰이는 것은 3) 수많은 사례들을 관찰한 다음에 그것을 일반화하는 것이다. 우리는 수많은 까마귀를 관찰한 후에 우리가 관찰하지 않은 까마귀까지 포함하는 '모든 까마귀는 검다.'라는 **새로운 지식**을 얻게 되는 것이다.))

연역 논증과 귀납 논증의 차이점을 밝히고 있습니다. 연역 논증은 전제가 참이면 결론이 참이되지만, 결론에 새로운 지식이 포함되는 것은 아닙니다. 결론의 내용은 대전제나 소전제에 들어 있는 것이죠. 그러나 귀납 논증의 결론은 오류의 가능성이 있습니다. 많은 사례를 일반화해서 새로운 개념이나 내용을 결론으로 도출하지만, 모든 사례를 확인할 수 없기 때문입니다. 귀납 논증은 지식을 확장해 주는 특징이 있습니다. 여기서 '지식의 확장'과 '새로운 지식'은 같은 의미입니다.

❷ 철학자들은 과학자들이 귀납을 이용하기 때문에 과학적 지식에 신뢰를 보낼 수 있다고 생각했다. 그러나 모든 귀납에는 논리적인 문제가 있다. ((수많은 까마귀를 관찰한 사례에 근거해서 '모든 까마귀는 검다.'라는 지식을 정당화하는 것은 합리적으로 보이지만, 아무리 치밀하게 관찰하여도 아직 관찰되지 않은 까마귀 중에서 검지 않은 까마귀가 있을 수 있기 때문이다.))

귀납의 논리적 문제점은 결론이 확실히 참이 되지 못한다는 점입니다. 결론은 오류의 가능성을 내포하고 있습니다. 결론과 어긋나는, 지금까지 관찰되지 않는 사례가 나타날 수 있는 것이죠.

❸ **포퍼**는 귀납의 논리적 문제는 도저히 해결할 수 없지만, 귀납이 아닌 연역만으로 과학을 할 수 있는 방법이 있으므로 과학적 지식은 정당화될 수 있다고 주장한다. 어떤 지식이 **반증 사례** 때문에 거짓이 된다고 추론하는 것은 순전히 연역적인데, 과학은 이 반증에 의해 발전하기 때문이다. 다음 논증을 보자.

(ㄱ) 모든 까마귀가 검다면 어떤 까마귀는 검어야 한다.
(ㄴ) 어떤 까마귀는 검지 않다.
(ㄷ) 따라서 모든 까마귀가 다 검은 것은 아니다.

❹ '모든 까마귀는 검다.'라는 지식은 귀납에 의해서 참임을 보여 줄 수는 없지만, 이 논증에서처럼 전제 (ㄴ)이 참임이 밝혀진다면 확실히 거짓임을 보여 줄 수 있다. 그러나 아직 (ㄴ)이 참임이 밝혀지지 않았다면 그 지식을 거짓이라고 말할 수 없다.

귀납의 문제, 즉 결론이 항상 오류를 내포할 수 있다는 점은 논리적으로 해결할 수 없습니다. 확률로도 해결할 수 없죠. 예를 들어, '10% 범위 내에서 귀납적 결론은 참이다.'라고도 할 수 없습니다. 왜냐하면 참일 가능성이 0%이기 때문이죠. 즉 수없이 많이 관찰한 사례는 '유한'이고, 관찰하지 못한 사례는 논리적으로 '무한'이기 때문에, 유한을 무한으로 나누면 0이 되는 것이죠. 분자 유한을 분모 무한으로 나누면 확률은 0이 됩니다. 그래서 귀납에 의해서 과학적 지식은 정당화될 수 없고, 오직 연역 논증에 의해서만 과학적 지식은 정당화될 수 있습니다. 연역 논증은 결론이 항상 참이기 때문입니다.

그래서 포퍼는 연역 논증을 주장하는데, 그 발상이 독특합니다. '어떤 지식이 반증 사례 때문에 거짓이 된다는 것을 추론하는 것은 순전히 연역적'이라는 것이죠. 즉 어느 지식이 참이 아니라 거짓임을 밝혀내는 것은 연역 논증에 의해서 가능하다고 합니다. 따라서 지문에 나와 있는 (ㄱ), (ㄴ), (ㄷ)의 논증은 연역 논증입니다. 그런데 "어떤 까마귀는 검지 않다."라는 반증 사례가 아직 발견되지 않았다면, "모든 까마귀는 검다."라는 귀납적 결론이 거짓이라고 볼 이유가 아직은 없습니다. 이렇게 포퍼는 반증 사례로 어떤 지식이 거짓임을 밝혀내는 연역 논증을 통해 거꾸로 귀납 논증이 유효하다는 것을 파악한 것입니다.

❺ 포퍼에 따르면, 지금 우리가 받아들이는 과학적 지식들은 이런 반증의 시도로부터 잘 견뎌 온 것들이다. 참신하고 대담한 가설을 제시하고 그것이 거짓이라는 증거를 제시하려는 노력을 진행해서, 실제로 반증이 되면 실패한 과학적 지식이 되지만 수많은 반증의 시도로부터 끝까지 살아남으면 성공적인 과학적 지식이 되는 것이다. 그런데 포퍼는 반증 가능성이 없는 지식, 곧 아무리 반증을 해 보려 해도 경험적인 반증이 아예 불가능한 지식은 과학적 지식이 될 수 없다고 비판한다. 가령 '관찰할 수 없고 찾아낼 수 없는 힘이 항상 존재한다.'처럼 경험적으로 반박할 수 있는 사례를 생각할 수 없는 주장이 그것이다.

---

❺ 문단에는 귀납 논증을 옹호하는 포퍼의 논리가 나와 있습니다. 즉 '대담한 가설을 세워라, 그리고 반증 사례에서 살아남아라, 그러면 과학적 지식이 된다.'는 것이죠. '대담한 가설'은 경험 가능한 사례로부터 도출된 귀납적 결론입니다. 귀납적 결론은 항상 오류의 가능성을 갖고 있기 때문에 '가설'의 성격을 갖는 것이죠. 이러한 가설이 반증 사례로부터 견디어 낸다면, 그것은 과학적 지식으로 성립한다고 포퍼는 보고 있습니다. 그렇기 때문에 포퍼는 반증할 수 없는 지식, 즉 경험적인 반증이 불가능한 지식은 과학적 지식이 될 수 없다고 말합니다. 이처럼 포퍼는 철저히 경험적 지식을 옹호하는 입장에서 경험적인 귀납적 논증을 다시 살려 내고 있는 것이죠.

문제 1 | –(일치–불일치 문제 1 유형)

①과 ②는 ❶ 문단에서 적절하지 않음을 확인할 수 있습니다. ③은 ❷ 문단에서 역시 적절하지 않다는 것을 알 수 있죠. ④는 ❸ 문단 내용과 착각할 수 있습니다. "연역만으로 과학을 할 수 있는 방법이 있으므로 과학적 지식은 정당화될 수 있다"라는 말에서, '아, 과학적 지식은 연역의 결과이구나!'라고 착각할 수 있는 것이죠. 그런데 ❶ 문단에서 '새로운 지식'을 얻고 '지식을 확장'하는 것은 귀납 논증이라고 말하고 있습니다. 그래서 ④는 적절하지 않습니다. ⑤가 정답입니다. 지식을 확장한다는 것은 전제에 없는 '새로운 지식'을 말하는 것이죠. 이것이 귀납 논증의 특징인데, 귀납의 결론은 오류에 빠질 가능성을 항상 갖고 있다는 논리적 문제점도 갖고 있습니다. (정답: ⑤)

문제 2 | –(밑줄 문제 1 유형)

'밑줄 문제 1 유형'은 특정 대상이나 개념과 관련된 여러 정보들을 이해했는지를 묻는 문제입니다. 그래서 지문에 나온 여러 정보들을 선지에서 제시하는데, 단순 요약하기도 하고 또는 단어나 표현을 바꾸기도 합니다. 경우에 따라서는 여러 개념들을 결합하여 추론해야 하는 선지도 출제되는데, 이런 문제는 무척 어렵습니다. 여기서는 마지막 ❺ 문단의 의미를 파악했는지 평가하려는 것이죠. 그런데 마지막 ❺ 문단은 ❸, ❹ 문단에 나온 포퍼의 논리와 연관되기 때문에 ❸, ❹ 문단의 내용도 함께 살펴보아야 합니다.

①에서 말하는 '충분한 관찰에 근거한 지식'은 경험적이고 귀납적 지식으로 볼 수 있습니다. 이러한 지식은 반증으로부터 살아남아야 하기 때문에 '반증 없이 정당화할 수 있음'은 적절하지 않습니다. ② '거짓임을 증명하려고 시도하라'고 하니까 매우 이상하게 느껴집니다. 그런데 거짓임을 증명하기 위해서는 반증 사례를 제시해야 하는데, 이런 반증 사례로부터 살아남으면 과학적 지식이 되죠. 그래서 ②는 포퍼의 견해를 따르고 있고 정답입니다. ③과 ④는 ❺ 문단에서 적절하지 않다는 것을 알 수 있습니다. ⑤는 적절하지 않습니다. 과학적 지식은 연역적 방법으로 정당화될 수 있다고 ❸ 문단에 나와 있습니다. (정답: ②)

문제 3 | –(〈보기〉 문제 2 유형)

'〈보기〉 문제 2 유형'은 문제의 조건을 잘 살펴서 해결 실마리를 찾아야 합니다. 이 문제는 지문의 (ㄱ), (ㄴ), (ㄷ)의 논증과, 〈보기〉 (가), (나)의 논증이 무엇인지를 정확히 이해해야 합니다. 지문의 (ㄱ), (ㄴ), (ㄷ)의 논증은 연역 논증이고, 〈보기〉 (가), (나)의 논증은 귀납 논증입니다. 이 점을 정확히 인식하면 정답은 쉽게 찾을 수 있죠. 연역 논증은 지식의 확장이 일어나지 않기 때문에 적절하지 않은 것은 ④입니다. (ㄴ)의 '어떤 까마귀가 검지 않다'와, (가)의 '관찰한 까마귀는 검다'라는 것을 밝히는 것은 경험에 의존합니다. 그래서 선지 ②는 적절합니다. 그리고 포퍼는 과학적 지식은 연역적 방법으로만 정당화될 수 있다고 ❸ 문단에서 말하고 있습니다. 그래서 선지 ⑤는 적절합니다. (ㄱ)~(ㄷ)이 연역 논증이기 때문이죠. (정답: ④)

2 일치-불일치 문제 2 유형 - 바뀐 표현의 의미를 파악하는 추론적 사고

❶ 일치-불일치 문제 1 유형은 2005~2009학년도 사이에 많이 출제되었습니다. 그러다가 2011학년도 수능 이후에는 주로 일치-불일치 문제 2 유형으로 바뀌었습니다. 즉 선지 5개 모두 단어와 표현을 바꿈으로써 최고 어려운 문제로 탈바꿈한 것이죠. 2011학년도 수능에 나온 '연결 리스트' 지문, '채권' 지문 등의 일치-불일치 문제는 사실상 고난도 추론 문제입니다. 이 문제들은 선지에서 단어나 표현을 바꿀 뿐만 아니라, 여러 문단에 나오는 개념들을 함께 적용해야 정답이 나오도록 출제한 것입니다. 일치-불일치 문제 2 유형은 2014~2016학년도 수능 A, B형에서 난이도 조정에 활용하다가 2017학년도 이후에는 밑줄 문제나 〈보기〉 문제의 선지에서도 활용하면서 더욱 심화되고 있습니다.

❷ 일치-불일치 문제 2 유형도 문제 1 유형과 같이 2단계 풀이 과정을 거칩니다. 그런데 선지가 지문의 어디와 관련되는지 찾기가 어렵습니다. 그리고 선지와 지문의 의미가 같은지를 판단하기도 어렵습니다. 더구나 일치-불일치 문제 2 유형에서는 지문의 여러 정보들을 적용하여 선지의 정오답을 판단해야 하는 고난도 추론적 독해까지 해야 합니다. 그러니까 지문의 특정 부분과 대응하여 선지의 의미가 같은지를 판단해야 할 뿐만 아니라, 지문 곳곳에 나오는 주요 정보들과의 관련성을 따져 선지를 판단해야 하는 복합적인 추론 과정도 거쳐야 하는 것입니다.

❸ 일치-불일치 문제 2 유형은 정답이 분명하게 보이는 경우가 있고, 정답이 불분명한 경우가 있습니다. 4개 선지는 불분명하더라도 정답이 분명한 문제와, 5개 선지 모두가 불분명한 문제가 있는 것입니다. 정답이 분명한 문제에서 지문을 정독하고 정답을 바로 찾아낼 수 있으면 3등급 수준입니다. 만약 이러한 문제를 틀리면 4등급이라 할 수 있죠. 그리고 정답이 불분명한 일치-불일치 문제 2 유형에서 정답을 바로 찾아낼 수 있으면 그 사람은 2등급 수준입니다. 2014~2016학년도 수능에서는 1등급, 2~3등급, 4~5등급을 위한 비문학 지문의 경계가 분명했습니다.

❹ 비문학 독서 공부나 연습의 일차적인 목표는 일치-불일치 문제 2 유형의 해결에 있습니다. 일치-불일치 문제 2 유형은 4등급이냐, 3등급이냐, 2등급이냐를 가르는 역할을 하기 때문이죠. 비문학을 공부할 때 지문을 정독하고 선지를 체크한 후 바로 정답을 확인하지 말고, 다시 지문을 정독하고 일치-불일치 문제의 선지 하나하나를 지문과 대조하면서 확인하는 것이 필요합니다. 다른 문제도 이렇게 확인한 다음에 정답을 맞추는 것이 좋습니다. 지문과 문제를 정밀하게 확인한 후 다시 지문을 정독합니다. 이때 지문을 빠르게 읽으면서 읽기 속도를 향상시켜야 합니다. 같은 지문을 여러 번 반복해서 공부하는 것이 비문학 공부의 핵심이죠.

| 사례분석 (2011학년도 수능)

❶ 채권은 사업에 필요한 자금을 조달하기 위해 발행하는 유가증권으로, 국채나 회사채 등 발행 주체에 따라 그 종류가 다양하다. 채권의 액면 금액, 액면 이자율, 만기일 등의 지급 조건은 채권 발행 시 정해지며, 채권 소유자는 매입 후에 정기적으로 이자액을 받고, 만기일에는 마지막 이자액과 액면 금액을 지급받는다. 이때 이자액은 액면 이자율을 액면 금액에 곱한 것으로 대개 연 단위로 지급된다. 채권은 만기일 전에 거래되기도 하는데, 이때 채권 가격은 현재 가치, 만기, 지급 불능 위험 등 여러 요인에 따라 결정된다.

❷ 채권 투자자는 정기적으로 받게 될 이자액과 액면 금액을 각각 현재 시점에서 평가한 값들의 합계인 채권의 현재 가치에서 채권의 매입 가격을 뺀 순수익의 크기를 따진다. 채권 보유로 미래에 받을 수 있는 금액을 현재 가치로 환산하여 평가할 때는 금리를 반영한다. 가령 금리가 연 10%이고, 내년에 지급받게 될 금액이 110원이라면, 110원의 현재 가치는 100원이다. 즉 금리는 현재 가치에 반대 방향으로 영향을 준다. 따라서 금리가 상승하면 채권의 현재 가치가 하락하게 되고 이에 따라 채권의 가격도 하락하게 되는 결과로 이어진다. 이처럼 수시로 변동되는 시중 금리는 현재 가치의 평가 구조상 채권 가격의 변동에 영향을 주는 요인이 된다.

❸ 채권의 매입 시점부터 만기일까지의 기간인 만기도 채권의 가격에 영향을 준다. 일반적으로 다른 지급 조건이 동일하다면 만기가 긴 채권일수록 가격은 금리 변화에 더 민감하므로 가격 변동의 위험이 크다. 채권은 발행된 이후에는 만기가 점점 짧아지므로 만기일이 다가올수록 채권 가격은 금리 변화에 덜 민감해진다. 따라서 투자자들은 만기가 긴 채권일수록 높은 순수익을 기대하므로 액면 이자율이 더 높은 채권을 선호한다.

❹ 또 액면 금액과 이자액을 약정된 일자에 지급할 수 없는 지급 불능 위험도 채권 가격에 영향을 준다. 예를 들어 채권을 발행한 기업의 경영 환경이 악화될 경우, 그 기업은 지급 능력이 떨어질 수 있다. 이런 채권에 투자하는 사람들은 위험을 감수해야 하므로 이에 대한 보상을 요구하게 되고, 이에 따라 채권 가격은 상대적으로 낮게 형성된다.

❺ 한편 채권은 서로 대체가 가능한 금융 자산의 하나이기 때문에, 다른 자산 시장의 상황에 따라 가격에 영향을 받기도 한다. 가령 주식 시장이 호황이어서 주식 투자를 통한 수익이 커지면 상대적으로 채권에 대한 수요가 줄어 채권 가격이 하락할 수도 있다.

문제 1 | 위 글의 설명 방식으로 적절하지 않은 것은?

① 채권 가격을 결정하는 데 영향을 미치는 요인을 몇 가지로 나누어 설명하고 있다.
② 채권의 지급 불능 위험과 채권 가격 간의 관계를 설명하기 위해 예를 들고 있다.
③ 유사한 원리를 보이는 현상에 빗대어 채권의 특성을 설명하고 있다.
④ 금리가 채권 가격에 미치는 영향을 인과적으로 설명하고 있다.
⑤ 채권의 의미를 밝히고 그 종류를 들고 있다.

문제 2 | 위 글로 미루어 알 수 있는 것은?

① 채권이 발행될 때 정해지는 액면 금액은 채권의 현재 가치에서 이자액을 뺀 것이다.
② 채권의 순수익은 정기적으로 지급될 이자액을 합산하여 현재가치로 환산한 값이다.
③ 다른 지급 조건이 같다면 채권의 액면 이자율이 높을수록 채권 가격은 하락한다.
④ 지급 불능 위험이 커진 채권을 매입하려는 투자자는 높은 순수익을 기대한다.
⑤ 일반적으로 지급 불능 위험이 낮으면 상대적으로 액면 이자율이 높다.

❶ 채권은 사업에 필요한 자금을 조달하기 위해 발행하는 유가증권으로, 국채나 회사채 등 발행 주체에 따라 그 종류가 다양하다. 채권의 액면 금액, 액면 이자율, 만기일 등의 지급 조건은 채권 발행 시 정해지며, 채권 소유자는 매입 후에 정기적으로 이자액을 받고, 만기일에는 마지막 이자액과 액면 금액을 지급받는다. 이때 이자액은 액면 이자율을 액면 금액에 곱한 것으로 대개 연 단위로 지급된다. 채권은 만기일 전에 거래되기도 하는데, 이때 **채권 가격**은 현재 가치, 만기, 지급 불능 위험 등 여러 요인에 따라 결정된다.

채권은 이자를 정기적으로 지급하고, 만기일에 원금을 갚는 유가증권입니다. 액면 금액, 액면 이자율, 만기일은 채권의 앞면에 인쇄되어 채권 발생 시 정해집니다. 그래서 액면 이자율은 시장 이자율(=시중 금리)과는 다른 개념입니다.

❷ 채권 투자자는 정기적으로 받게 될 이자액과 액면 금액을 각각 현재 시점에서 평가한 값들의 합계인 1) **채권의 현재 가치**에서 **채권의 매입 가격**을 뺀 **순수익**의 크기를 따진다. 채권 보유로 미래에 받을 수 있는 금액을 2) 현재 가치로 환산하여 평가할 때는 **금리를 반영**한다. ((가령 금리가 연 10%이고, 내년에 지급받게 될 금액이 110원이라면, 110원의 현재 가치는 100원이다. 즉 금리는 현재 가치에 반대 방향으로 영향을 준다.)) 따라서 3) 금리가 상승하면 채권의 현재 가치가 하락하게 되고 이에 따라 채권의 가격도 하락하게 되는 결과로 이어진다. 이처럼 수시로 변동되는 **시중 금리**는 현재 가치의 평가 구조상 채권 가격의 변동에 영향을 주는 요인이 된다.

---

❷ 문단의 내용이 어렵습니다. 경제 지문에서 개념들이 글로 서술되지만, 이러한 개념들을 간단한 수식으로 바꿀 수 있는 경우가 있죠. **'채권 순수익 = 채권 현재 가치 − 채권 매입가격(채권 가격)'**으로, 첫째 문장을 바꿀 수 있습니다. 이렇게 수식으로 표현하면 개념 사이의 관련성을 혼동하지 않게 됩니다. 그리고 채권의 현재 가치를 따질 때는 시중 금리를 활용합니다. 시중 금리는 시장 이자율이며, 이것은 채권에 표시된 액면 이자율과는 다른 이자율입니다. 시중 금리가 상승하면 채권의 현재 가치가 하락하게 됩니다. 채권은 액면에 정해진 이자를 지급하는 유가증권인데, 시중 금리가 오르면 상대적으로 채권 이자는 값어치가 떨어지는 것이죠.

❸ 채권의 매입 시점부터 만기일까지의 기간인 **만기**도 채권의 가격에 영향을 준다. 일반적으로 다른 지급 조건이 동일하다면 만기가 긴 채권일수록 가격은 금리 변화에 더 민감하므로 가격 변동의 위험이 크다. 채권은 발행된 이후에는 만기가 점점 짧아지므로 만기일이 다가올수록 채권 가격은 금리 변화에 덜 민감해진다. 따라서 투자자들은 만기가 긴 채권일수록 **높은 순수익을 기대**하므로 액면 이자율이 더 높은 채권을 선호한다.
❹ 또 액면 금액과 이자액을 약정된 일자에 지급할 수 없는 **지급 불능 위험**도 채권 가격에 영향을 준다. 예를 들어 채권을 발행한 기업의 경영 환경이 악화될 경우, 그 기업은 지급 능력이 떨어질 수 있다. 이런 채권에 투자하는 사람들은 위험을 감수해야 하므로 이에 대한 보상을 요구하게 되고, 이에 따라 **채권 가격은 상대적으로 낮게 형성**된다.

채권 투자자는 액면 이자율이 높은 채권을 선호할 것입니다. 그리고 원금을 돌려받는 만기일이 오래 남아 있을수록 이자 받는 기간이 길어지기 때문에 만기가 긴 채권을 선호합니다. 만약 기업이 부도나서 원금을 돌려받지 못하는 경우가 생기면 투자 금액을 손해 보게 됩니다. 그래서 지급 불능 위험도 채권 투자에서 고려해야 합니다. 대신에 지급 불능 위험이 큰 채권일 경우에는 채권(매입) 가격이 낮아져서, 싸게 사는 만큼 높은 수익을 얻을 수도 있습니다.

문제 1 | – (내용 요약/서술상 특징 문제 유형)

❶ 문단에서 화제어인 채권 가격에 영향을 주는 요인으로 현재 가치, 만기, 지급 불능 위험이 제시되고 있습니다. 이것들은 화제어의 속성이라고 할 수 있죠. ①은 적절합니다. ②는 ❹ 문단에서 확인할 수 있기 때문에 적절합니다. 선지 ③에 나와 있는 "유사한 원리를 보이는 현상에 빗대어"라는 말은 '유추'를 말합니다. 유추는 서로 범주가 다른 것들에서 공통된 것을 찾는 것입니다. 채권의 특성을 다른 현상과 빗대어 설명하는 경우는 없습니다. 적절하지 않기 때문에 ③이 정답입니다. ④는 ❷ 문단에서 확인할 수 있습니다. ⑤를 정답이라고 착각한 경우가 의외로 많습니다. 채권의 의미는 ❶ 문단 첫째 문장에서 채권의 정의를 말하는 부분에 나와 있습니다. 그리고 채권의 종류는 국채, 회사채로 제시되어 있습니다. 문제 풀이로 넘어가기 전에 첫 문단을 다시 한 번 더 읽어보는 것이 필요합니다. 특히 화제어를 도입하기 위해 서술하는 첫째 문장이나 둘째 문장도 주의 깊게 봐두어야 합니다. (정답: ③)

문제 2 | – (일치–불일치 문제 2 유형)

'일치–불일치 문제 2 유형'은 선지에서 단어나 표현을 바꿀 뿐만 아니라 여러 개념을 묶어서 추론해야 하는 경우도 있습니다. 더구나 선지의 표현들이 지문의 내용을 무의미하게 결합했을 때는 적절한지 판단하기가 무척 곤혹스럽지요. ①은 액면 금액을 묻고 있습니다. 액면 금액은 원금인데, 이것을 추론할 수 있는 근거는 ❶ 문단에 "만기일에 이자액과 액면 금액을 지급받는다"는 정도입니다. '현재 가치에서 이자액을 뺀 것'이라는 표현은 단어를 무의미하게 결합한 것이죠. ②는 채권의 순수익을 묻고 있습니다. 이것은 ❷ 문단 첫째 문장에서 적절하지 않음을 확인할 수 있습니다. 현재 가치에서 매입 가격을 뺀 것이 순수익입니다. ③에서는 일부러 혼동이 일어나도록 선지를 만들었습니다. 시중 금리가 높아지면 채권 가격은 하락한다고 하니까, 액면 이자율이 마치 시중 금리인 것처럼 착각하게 합니다. 액면 이자율은 발행 때 정해지는 것이며, 채권 발행자가 부담하는 이자율입니다. ④가 정답입니다. ❷ 문단의 '순수익' 개념과, ❹ 문단의 '채권 가격은 상대적으로 낮게 형성된다'는 것을 묶어서 판단해야 합니다. 즉 '순수익 = 현재 가치 – 매입 가격'이므로, 채권(매입) 가격이 낮게 형성되면, 순수익은 커지게 됩니다. 선지 ⑤의 표현은 지문에 나와 있지 않습니다. 지급 불능 위험과 액면 이자율과의 관계는 나와 있지 않죠. 지급 불능 위험이 크면 이자율이 높은 게 보통입니다. 돈이 급한 경우이기 때문에 채권 발행자는 높은 이자율을 감수하는 것이죠. (정답: ④)

유제 연습 ❷

❶ 어떤 물체가 점탄성이라는 성질을 가지고 있다고 했을 때, 점탄성이란 무엇일까? 점탄성을 이해하기 위해 점성을 가진 물체와 탄성을 가진 물체의 특징을 알아보자. 용수철에 힘을 가하여 잡아당기면 용수철은 즉각적으로 늘어나며 용수철에 가한 힘을 제거하면 바로 원래의 형태로 되돌아가는데, 이는 용수철이 탄성을 가지고 있기 때문이다. 이와 같이 용수철은 힘과 변형의 관계가 즉각적으로 형성되는 '즉각성'을 가지고 있다. 반면 꿀을 평평한 판 위에 올려놓으면 꿀은 중력에 의해 서서히 흐르는 변형을 하게 되는데, 이는 꿀이 흐름에 저항하는 성질인 점성을 가지고 있기 때문이다. 즉 꿀은 힘과 변형의 관계가 시간에 따라 변하는 '시간 지연성'을 가지고 있다.

❷ 어떤 물체가 힘과 변형의 관계에서 탄성체가 가지고 있는 '즉각성'과 점성체가 가지고 있는 '시간 지연성'을 모두 가지고 있을 때 점탄성을 가지고 있다고 하고, 그 물체를 점탄성체라 한다. 이러한 점탄성을 잘 보여 주는 물리적 현상으로 응력 완화와 크리프를 들 수 있다. 응력 완화는 변형된 상태가 고정되어 있을 때, 물체가 받는 힘인 응력이 시간에 따라 감소하는 현상이다. 그리고 크리프는 응력이 고정되어 있을 때 변형이 서서히 증가하는 현상이다.

❸ 응력 완화를 이해하기 위해 고무줄에 힘을 주어 특정 길이만큼 당긴 후 이 길이를 유지하는 경우를 생각해 보자. 외부에서 힘을 주면 고무줄은 즉각적으로 늘어나게 된다. 힘과 변형의 관계가 탄성의 특성인 '즉각성'을 보여 주는 것이다. 그런데 이때 늘어난 고무줄의 길이를 그대로 고정해 놓으면, 시간이 지남에 따라 겉보기에는 아무 변화가 없지만 고무줄의 분자들의 배열 구조가 점차 변하며 응력이 서서히 감소하게 된다. 이는 점성의 특성인 '시간 지연성'을 보여 주는 것이다. 이처럼 점탄성체의 변형이 그대로 유지될 때, 응력이 시간에 따라 서서히 감소하는 현상이 응력 완화이다.

❹ 이제는 고무줄에 추를 매달아 고무줄이 일정한 응력을 받도록 하는 경우를 살펴보자. 고무줄은 순간적으로 일정 길이만큼 늘어난다. 이는 탄성체가 가지고 있는 특성을 보여 준다. 그러나 이후에는 시간이 지남에 따라 점성체와 같이 분자들의 위치가 점차 변하며 고무줄이 서서히 늘어나게 되는데, 이러한 현상이 크리프이다. 오랜 세월이 지나면 유리창 유리의 아랫부분이 두꺼워지는 것도 이와 같은 현상이다.

❺ 점탄성체의 변형에 걸리는 시간이 물질마다 다른 것은 분자나 원자 간의 결합 및 배열된 구조가 서로 다르기 때문이다. 나일론과 같은 물질의 응력 완화와 크리프는 상온(常溫)에서도 인지할 수 있지만, 금속의 경우 너무 느리게 일어나므로 상온에서는 관찰이 어렵다. 온도를 높이면 물질의 유동성이 증가하기 때문에, 나일론의 경우 온도를 높임에 따라 응력 완화와 크리프가 가속화되며, 금속도 고온에서는 응력 완화와 크리프를 인지할 수 있다. 모든 물

체는 본질적으로는 점탄성체이며 물체의 점탄성 현상이 우리가 인지할 정도로 빠르게 일어나는가 아닌가의 차이가 있을 뿐이다.

문제 1 | 윗글을 이해한 내용으로 가장 적절한 것은?

① 용수철의 힘과 변형의 관계가 '즉각성'을 갖는 것은 점성 때문이다.
② 같은 온도에서는 물질의 종류와 무관하게 물질의 유동성 정도는 같다.
③ 물체가 서서히 변형될 때에는 물체를 이루는 분자의 위치에 변화가 없다.
④ 유리창의 유리 아랫부분이 두꺼워지는 것은 '시간 지연성'과 관련이 있다.
⑤ 판 위의 꿀이 흐르는 동안 중력에 대응하여 꿀의 응력은 서서히 증가한다.

문제 2 | 윗글을 바탕으로 〈보기〉의 (가), (나)에 대해 탐구한 내용으로 적절하지 않은 것은?

보기

(가) 나일론 재질의 기타 줄을 길이가 늘어나게 당긴 후 고정하여 음을 맞추고 바로 풀어 보니 원래의 길이로 돌아갔다. 이번에는 기타 줄을 길이가 늘어나게 당긴 후 고정하여 음을 맞추고 오랫동안 방치해 놓으니, 매여 있는 기타 줄의 길이는 그대로였지만 팽팽한 정도가 감소하여 음이 맞지 않았다.

(나) 무거운 책을 선반에 올려놓으니 선반이 즉각적으로 아래로 휘어졌다. 이 상태에서 선반이 서서히 휘어져 몇 달이 지난 후 살펴보니 선반의 휘어진 정도가 처음보다 더 심해져 있었다. 다른 조건이 모두 같을 때 선반이 서서히 휘는 속력은 따뜻한 여름과 추운 겨울에 따라 차이가 있었다.

① (가)에서 기타 줄이 원래의 길이로 돌아간 것은 기타 줄이 탄성을 가지고 있기 때문이군.
② (가)에서 기타 줄의 팽팽한 정도가 달라진 것은 기타 줄에 응력 완화가 일어났기 때문이군.
③ (가)에서 나일론 재질 대신 금속 재질의 기타 줄을 사용한다면 기타 줄의 팽팽한 정도가 더 빨리 감소하겠군.
④ (나)에서 선반이 책 무게 때문에 서서히 변형된 것은 선반이 크리프 현상을 보였기 때문이겠군.
⑤ (나)에서 여름과 겨울에 선반의 휘어지는 속력이 차이가 나는 것은 선반이 겨울보다 여름에 휘어지는 속력이 더 크기 때문이군.

❶ 어떤 물체가 점탄성이라는 성질을 가지고 있다고 했을 때, **점탄성**이란 무엇일까? 점탄성을 이해하기 위해 **점성**을 가진 물체와 **탄성**을 가진 물체의 특징을 알아보자. 용수철에 힘을 가하여 잡아당기면 용수철은 즉각적으로 늘어나며 용수철에 가한 힘을 제거하면 바로 원래의 형태로 되돌아가는데, 이는 용수철이 탄성을 가지고 있기 때문이다. 이와 같이 용수철은 힘과 변형의 관계가 즉각적으로 형성되는 **'즉각성'**을 가지고 있다. // 반면 // 꿀을 평평한 판 위에 올려놓으면 꿀은 중력에 의해 서서히 흐르는 변형을 하게 되는데, 이는 꿀이 흐름에 저항하는 성질인 점성을 가지고 있기 때문이다. 즉 꿀은 힘과 변형의 관계가 시간에 따라 변하는 **'시간 지연성'**을 가지고 있다.

탄성을 가진 물체는 '힘과 변형의 관계가 즉각적으로 형성되는 즉각성'을 갖고 있는 반면 점성을 가진 물체는 '힘과 변형의 관계가 시간에 따라 변하는 시간 지연성'을 갖고 있습니다. 탄성의 대표적인 물체로는 용수철을 들 수 있고, 점성의 대표적인 물체로는 꿀을 들 수 있습니다. 둘째 문장에서는 점성→탄성으로 말하였는데, 뒤 부분에서는 탄성→점성으로 서술하고 있어서 독해할 때 약간 혼동이 옵니다. 그리고 점성에서 '흐름에 저항하는 성질'과 '시간 지연성'은 같은 맥락으로 사용된 것입니다.

❷ 어떤 물체가 힘과 변형의 관계에서 탄성체가 가지고 있는 '즉각성'과 점성체가 가지고 있는 '시간 지연성'을 모두 가지고 있을 때 **점탄성**을 가지고 있다고 하고, 그 물체를 점탄성체라 한다. 이러한 ≪점탄성을 잘 보여 주는 물리적 현상≫으로 응력 완화와 크리프를 들 수 있다. **응력 완화**는 변형된 상태가 고정되어 있을 때, 물체가 받는 힘인 응력이 시간에 따라 감소하는 현상이다. 그리고 **크리프**는 응력이 고정되어 있을 때 변형이 서서히 증가하는 현상이다.

즉각성과 시간 지연성을 모두 가지고 있을 때 이것을 점탄성이라고 합니다. 점탄성의 물리적 현상으로 응력 완화와 크리프를 들 수 있습니다. 이때 조심할 점이 있습니다. 앞에서 '탄성과 점성'을 대비하면서 설명하고 있기 때문에, 응력 완화를 탄성과 연관시키고 크리프를 점성과 연관시킬 가능성이 있습니다. 글을 읽으면서 이러한 무의식적 연상이 나타날 수 있기 때문에 조심해야 합니다. 응력 완화와 크리프는 모두 점탄성체의 물리적 특성입니다. 응력 완화는 **'변형된 상태를 고정하였을 때'** 나타나는 응력이 감소하는 현상이고, 크리프는 **'응력을 고정하였을 때'** 나타나는 변형의 증가 현상입니다.

❸ **응력 완화**를 이해하기 위해 고무줄에 힘을 주어 특정 길이만큼 당긴 후 이 길이를 유지하는 경우를 생각해 보자. 외부에서 힘을 주면 고무줄은 즉각적으로 늘어나게 된다. 힘과 변형의 관계가 탄성의 특성인 '즉각성'을 보여 주는 것이다. ((그런데 이때 **늘어난 고무줄의**

길이를 그대로 고정해 놓으면, 시간이 지남에 따라 겉보기에는 아무 변화가 없지만 고무줄의 분자들의 배열 구조가 점차 변하며 **응력이 서서히 감소**하게 된다.)) 이는 점성의 특성인 '시간 지연성'을 보여 주는 것이다. 이처럼 점탄성체의 변형이 그대로 유지될 때, 응력이 시간에 따라 서서히 감소하는 현상이 응력 완화이다.

응력 완화는 ❷ 문단에서 말한 것처럼 탄성체의 변형된 상태를 고정시켰을 때 나타나는 현상입니다. ❸ 문단에서는 그것을 더 구체적으로 설명하고 있죠. '늘어난 고무줄의 길이를 그대로 고정해 놓으면', 응력이 서서히 감소하는데, 이는 힘과 변형의 관계가 시간에 따라 변하는 '시간 지연성'을 보여주는 것입니다. ❸ 문단 예시를 통해 응력 완화의 개념을 확인할 수 있습니다.

❹ 이제는 고무줄에 **추를 매달아 고무줄이 일정한 응력을 받도록 하는 경우**를 살펴보자. 고무줄은 순간적으로 일정 길이만큼 늘어난다. 이는 탄성체가 가지고 있는 특성을 보여 준다. ((그러나 이후에는 시간이 지남에 따라 점성체와 같이 분자들의 위치가 점차 변하며 **고무줄이 서서히 늘어나게 되는데,** 이러한 현상이 **크리프**이다.)) 오랜 세월이 지나면 유리창 유리의 아랫부분이 두꺼워지는 것도 이와 같은 현상이다.

---

❹ 문단에서는 크리프에 대해 설명합니다. ❸ 문단의 내용을 확인하였다면, ❹ 문단도 앞 문단과 같은 방식으로 설명할 것이라고 예측할 수 있습니다. 크리프 경우는 일정한 응력을 받게 했을 경우 나타나는 현상을 말합니다. 일정한 응력을 계속 유지하면, 분자들의 위치가 변하면서 고무줄이 더 늘어나게 되죠. 응력 완화와 크리프 현상의 차이점을 대비하면서 독해하면, 각각의 개념을 확실하게 이해하여 문제 풀이를 착오 없이 할 수 있습니다.

❺ 점탄성체의 변형에 걸리는 시간이 물질마다 다른 것은 분자나 원자 간의 결합 및 배열된 구조가 서로 다르기 때문이다. **나일론과 같은 물질**의 응력 완화와 크리프는 상온(常溫)에서도 인지할 수 있지만, **금속의 경우** 너무 느리게 일어나므로 상온에서는 관찰이 어렵다. // 1) 온도를 높이면 물질의 유동성이 증가하기 때문에, 나일론의 경우 온도를 높임에 따라 응력 완화와 크리프가 가속화되며, 금속도 고온에서는 응력 완화와 크리프를 인지할 수 있다. 2) 모든 물체는 본질적으로는 점탄성체이며 물체의 점탄성 현상이 우리가 인지할 정도로 빠르게 일어나는가 아닌가의 차이가 있을 뿐이다.

점탄성체의 특징을 마무리하고 있는 마지막 문단입니다. 물질마다 점탄성체의 변형에 걸리는 시간이 다른 이유는 분자나 원자의 결합 및 배열 구조가 다르기 때문이고, 모든 물질은 점탄성체의 특징을 갖고 있습니다. 그리고 온도가 높아지면 물질의 유동성이 증가하여 응력 완화와 크리프가 가속화 됩니다.

문제 1 | –(일치–불일치 문제 2 유형)

'일치–불일치 문제 2 유형'은 지문의 내용을 선지에서 새로운 단어나 표현으로 바꿔 제시합니다. 이렇게 단어나 표현을 바꾼 선지의 개수가 5개 전부일 수도 있고, 2~3개일 수도 있습니다. 때에 따라서는 정답 선지와 매력적 오답 선지에서만 착각이 일어나도록 교묘하게 단어나 표현을 바꿔 오답률이 높도록 유도합니다.

①은 ❶ 문단에서 확인할 수 있습니다. '즉각성'은 탄성과 관련된 개념입니다. 적절하지 않음을 바로 알 수 있습니다. ②는 마지막 ❺ 문단에서 적절하지 않음을 확인할 수 있습니다. 나일론은 상온에서도 응력 완화나 크리프를 관찰할 수 있지만, 금속은 같은 상온에서 이러한 현상을 관찰할 수 없습니다. 이처럼 물질에 따라 분자나 원자 간 결합이나 배열 구조가 다르기 때문에 점탄성체의 변형 시간, 물질의 유동성 정도가 다른 것이죠. ③은 크리프를 말하고 있는데, 크리프는 분자들의 위치에 변화가 오기 때문에 물체가 변하는 것입니다. ❹ 문단에서 적절하지 않음을 확인할 수 있죠. 선지 ①과 ②와 ③은 단순 요약한 것으로 볼 수 있겠네요.

④는 착각이 일어나도록 선지를 만들었습니다. 유리창 아랫부분이 두꺼워지는 크리프 현상은 ❹ 문단에 나와 있습니다. 그런데 ❹ 문단에는 '시간 지연성'이라는 개념이 나와 있지 않고, 대신 ❸ 문단의 응력 완화를 설명하는 곳에서 '시간 지연성'을 언급하고 있습니다. 그래서 ④가 적절하지 않다고 착각하는 것이죠. '시간 지연성' 개념은 ❶ 문단에 정확히 나와 있습니다. 즉 "힘과 변형의 관계가 시간에 따라 변하는" 것이 '시간 지연성'입니다. ❶ 문단에서 '즉각성' 개념과 대비하여 파악하면, '시간 지연성'은 서서히 변형이 오는 것이라 볼 수 있죠. 선지 ④는 적절하며 정답입니다. 선지 ⑤는 적절하다고 착각할 수 있습니다. ❶ 문단에 나온 꿀 흐름의 예시 부분과 관련되기 때문에 이 부분을 다시 읽어 보게 됩니다. 중력에 의해 서서히 변형이 일어나게 되고 시간이 지남에 따라 변형 정도가 커질 수 있기 때문에, 꿀의 응력은 증가한다고 착각하는 것이죠. 그런데 크리프 현상은 일정한 응력을 계속 받는 상태에서 물체가 변형되는 것을 말합니다. 즉 응력이 일정한 힘으로 고정되어 있는 상황에서 꿀이 변형되는 것입니다. 그리고 중력이 응력으로 작용합니다. ❶ 문단에서는 "꿀은 중력에 의해 서서히 흐르는 변형을 하게" 된다고 한 부분에서 이렇게 추론할 수 있습니다. (정답: ④)

문제 2 | –(〈보기〉 문제 1 유형)

〈보기〉의 (가)와 (나)에 어떤 개념이 적용되어야 하는지 확인해야 합니다. (가)는 응력 완화가 적용됩니다. '팽팽한 정도가 감소'한다는 말이 응력 완화를 암시합니다. 기타 줄의 길이는 그대로였다는 것은 늘어난 기타 줄을 고정했다는 것이고, 시간이 지나면 이 상태에서 응력이 감소하는 것이죠. (나)는 크리프를 말합니다. 무거운 책을 올려놓았다는 것은 일정한 응력을 유지하고 있다는 것이죠. 이런 상황에서 물체의 변형이 서서히 일어나는 것이기 때문에 크리프를 의미합니다. 선지 ③이 적절하지 않습니다. 금속 재질의 줄은 나일론 줄보다 변형이 적습니다. 팽팽한 정도가 빨리 감소하는 것은 나일론 줄이 될 것입니다. (정답: ③)

3 **밑줄 문제 1 유형 -** 밑줄의 개념이나 대상과 관련된 정보를 확인하는 추론적 사고

❶ 밑줄 문제는 밑줄을 긋고 그것의 의미를 묻는 문제 형태입니다. 밑줄 대신에 지문에 나온 개념어나 대상과 관련하여 묻기도 합니다. 하나의 개념이나 대상을 넘어 두 개, 세 개를 서로 비교하면서 묻기도 합니다.

❷ 밑줄 부분은 주로 지문의 주요 정보와 관련되는 부분입니다. 설명문에서 제시되는 정보의 층위(=단계)를 살펴보면 4가지 층위로 분류할 수 있습니다. 먼저 글 전체의 대상이 되는 하나의 **화제어**를 들 수 있습니다. 주로 첫 문단에서 글 전체의 설명 대상이 되는 화제어가 제시되죠. 그 다음으로 이러한 화제어가 갖고 있는 몇 가지 특성이 두 번째 층위를 이룹니다. **화제어의 속성**이라고 할 수 있는 이러한 정보들은 글 중간 문단의 중심어로 기능하며, 밑줄 문제로 출제되는 경우가 많습니다. 세 번째 층위는 문단의 중심 내용이나 화제어의 속성을 뒷받침하는 **주요 정보**들입니다. 지문의 길이가 짧고 글 내용이 간단한 경우에는 이러한 정보들이 문단의 세부적 정보로도 기능합니다. 주요 정보에 대해 부연 설명하거나 예시 정도를 서술하는 것이죠. 그런데 2017학년도 이후 수능에서는 지문의 길이가 길어지고, 문단의 분량도 많아진 상황에서 또 하나의 정보 층위가 제시되고 있습니다. 네 번째 정보 층위는 주요 정보를 세밀히 뒷받침하는 **세부 정보**의 층위입니다. 마치 모세혈관처럼 세밀하게 펼쳐져 있는 정보들이죠. 2017학년도 이후 비문학 독해가 어려워지고 있는 이유도 이러한 네 번째 정보 층위가 제시되기 때문입니다.

❸ 밑줄 문제 1 유형은 2017학년도 이후 출제 빈도가 높아지고 있는데, 하나의 밑줄 대신에 두 개, 세 개의 개념이나 대상을 묻는 경향이 있습니다. 지문에서 언급하고 있는 정보가 많기 때문에 확인해야 할 주요 정보도 그만큼 많은 것이죠. 그래서 비문학 지문을 정말 정밀하게 읽어야 합니다. 그냥 읽기보다는 두 번, 세 번 읽으면서 지문에 분류 표시를 하면서 독해해야 합니다.

❹ 밑줄 문제 1 유형의 선지 구성 방식은 크게 두 가지가 있습니다. 과학이나 기술 지문처럼 세부 정보가 빽빽이 제시되는 경우, 선지는 일치–불일치 문제 1 유형처럼 지문의 내용을 **단순 요약**합니다. 지문에 나온 단어나 표현을 바꾸지 않고 선지를 구성하지만, 내용이 너무 복잡하여 제대로 확인하기도 벅찹니다. 사실적 독해가 결코 쉬운 게 아니죠. 그리고 인문이나 사회 또는 과학 지문처럼 정보 간의 유기적 관련성이 클 경우, 선지는 일치–불일치 문제 2 유형처럼 지문 내용을 단순 요약하지 않고 **단어나 표현을 바꿉**니다. 지문의 어디와 관련되는지, 지문과 의미가 같은지 확인해야 하는 고난도 문제입니다. 어떤 경우에는 **여러 정보나 개념들을 결합해서 선지를 판단**해야 할 때도 있습니다.

| 사례분석 (2018학년도 6월)

❶ DNS(도메인 네임 시스템) 스푸핑은 인터넷 사용자가 어떤 사이트에 접속하려 할 때 사용자를 위조 사이트로 접속시키는 행위를 말한다. 이는 도메인 네임을 IP 주소로 변환해 주는 과정에서 이루어진다.

❷ 인터넷에 연결된 컴퓨터들이 서로를 식별하고 통신하기 위해서 각 컴퓨터들은 IP(인터넷 프로토콜)에 따라 만들어지는 고유 IP 주소를 가져야 한다. 프로토콜은 컴퓨터들이 연결되어 서로 데이터를 주고받기 위해 사용하는 통신 규약으로 소프트웨어나 하드웨어로 구현된다. 현재 주로 사용하는 IP 주소는 '***.126.63.1'처럼 점으로 구분된 4개의 필드에 숫자를 사용하여 나타낸다. 이 주소를 중복 지정하거나 임의로 지정해서는 안 되고 공인 IP 주소를 부여받아야 한다.

❸ 공인 IP 주소에는 동일한 번호를 지속적으로 사용하는 고정 IP 주소와 번호가 변경되기도 하는 유동 IP 주소가 있다. 유동 IP 주소는 DHCP라는 프로토콜에 의해 부여된다. DHCP는 IP 주소가 필요한 컴퓨터의 요청을 받아 주소를 할당해 주고, 컴퓨터가 IP 주소를 사용하지 않으면 주소를 반환받아 다른 컴퓨터가 그 주소를 사용할 수 있도록 해 준다. 한편, 인터넷에 직접 접속은 안 되고 내부 네트워크에서만 서로를 식별할 수 있는 사설 IP 주소도 있다.

❹ 인터넷은 공인 IP 주소를 기반으로 동작하지만 우리가 인터넷을 사용할 때는 IP 주소 대신 사용하기 쉽게 'www.***.***' 등과 같이 문자로 이루어진 도메인 네임을 이용한다. 따라서 도메인 네임을 IP 주소로 변환해 주는 DNS가 필요하며 DNS를 운영하는 장치를 네임서버라고 한다. 컴퓨터에는 네임서버의 IP 주소가 기록되어 있어야 하는데, 유동 IP 주소를 할당받는 컴퓨터에는 IP 주소를 받을 때 네임서버의 IP 주소가 자동으로 기록되지만, 고정 IP 주소를 사용하는 컴퓨터에는 사용자가 네임서버의 IP 주소를 직접 기록해 놓아야 한다. 인터넷 통신사는 가입자들이 공동으로 사용할 수 있는 네임서버를 운영하고 있다.

❺ ㉮사용자가 어떤 사이트에 정상적으로 접속하는 과정을 살펴보자. 웹 사이트에 접속하려고 하는 컴퓨터를 클라이언트라 한다. 사용자가 방문하고자 하는 사이트의 도메인 네임을 주소창에 직접 입력하거나 포털 사이트에서 그 사이트를 검색해 클릭하면 클라이언트는 기록되어 있는 네임서버에 도메인 네임에 해당하는 IP 주소를 물어보는 질의 패킷을 보낸다. 네임서버는 해당 IP 주소가 자신의 목록에 있으면 클라이언트에 이 IP 주소를 알려 주는 응답 패킷을 보낸다. 응답 패킷에는 어느 질의 패킷에 대한 응답인지가 적혀 있다. 만일 해당 IP 주소가 목록에 없으면 네임서버는 다른 네임서버의 IP 주소를 알려 주는 응답 패킷을 보내고, 클라이언트는 다시 그 네임서버에 질의 패킷을 보내는 단계로 돌아가 같은 과정을 반복한다. 클라이언트는 이렇게 알아낸 IP 주소로 사이트를 찾아간다. 네임서버와 클라이언트는 UDP라는 프로토콜에 맞추어 패킷을 주고받는다. UDP는 패킷의 빠른 전송 속도를 확보하기 위해 상대에게 패킷을 보내기만 할 뿐 도착 여부는 확인하지 않으며, 특정 질의 패킷에 대해 처음 도착한 응답 패킷을 신뢰하고 다음에 도착한 패킷은 확인하지 않고 버린다. DNS

스푸핑은 UDP의 이런 허점들을 이용한다.

❻ ㉯DNS 스푸핑이 이루어지는 과정을 알아보자. 악성 코드에 감염되어 DNS 스푸핑을 행하는 컴퓨터를 공격자라 한다. 클라이언트가 네임서버에 특정 IP 주소를 묻는 질의 패킷을 보낼 때, 공격자에도 패킷이 전달되고 공격자는 위조 사이트의 IP 주소가 적힌 응답 패킷을 클라이언트에 보낸다. 공격자가 보낸 응답 패킷이 네임서버가 보낸 응답 패킷보다 클라이언트에 먼저 도착하고 클라이언트는 공격자가 보낸 응답 패킷을 옳은 패킷으로 인식하여 위조 사이트로 연결된다.

문제 1 | 윗글의 '프로토콜'에 대한 설명으로 적절하지 않은 것은?

① 컴퓨터 사이의 통신을 위한 규약으로서 저마다 정해진 기능이 있다.
② IP에 따르면 현재 주로 사용하는 IP 주소는 4개의 필드에 적힌 숫자로 구성된다.
③ DHCP를 이용하는 컴퓨터는 IP 주소를 요청해야 IP 주소를 부여받을 수 있다.
④ DHCP를 이용하는 컴퓨터에는 네임서버의 IP 주소를 사용자가 기록해야 한다.
⑤ UDP는 패킷 전송 속도를 높이기 위해 패킷이 목적지에 제대로 도착했는지 확인하지 않는다.

문제 2 | 윗글을 바탕으로 알 수 있는 것은?

① DNS는 도메인 네임을 사설 IP 주소로 변환한다.
② 동일한 내부 네트워크에 연결된 컴퓨터들의 사설 IP 주소는 서로 달라야 한다.
③ 유동 IP 주소 방식의 컴퓨터들에는 동시에 동일한 공인 IP 주소를 할당할 수 있다.
④ 고정 IP 주소 방식의 컴퓨터들에는 동시에 동일한 공인 IP 주소를 부여할 수 있다.
⑤ IP 주소가 서로 다른 컴퓨터들은 각각에 기록되어 있는 네임서버의 IP 주소도 서로 달라야 한다.

문제 3 | 〈보기〉는 ㉮ 또는 ㉯에서 이루어지는 클라이언트의 동작을 나타낸 것이다. 이에 대한 이해로 적절한 것은?

보기

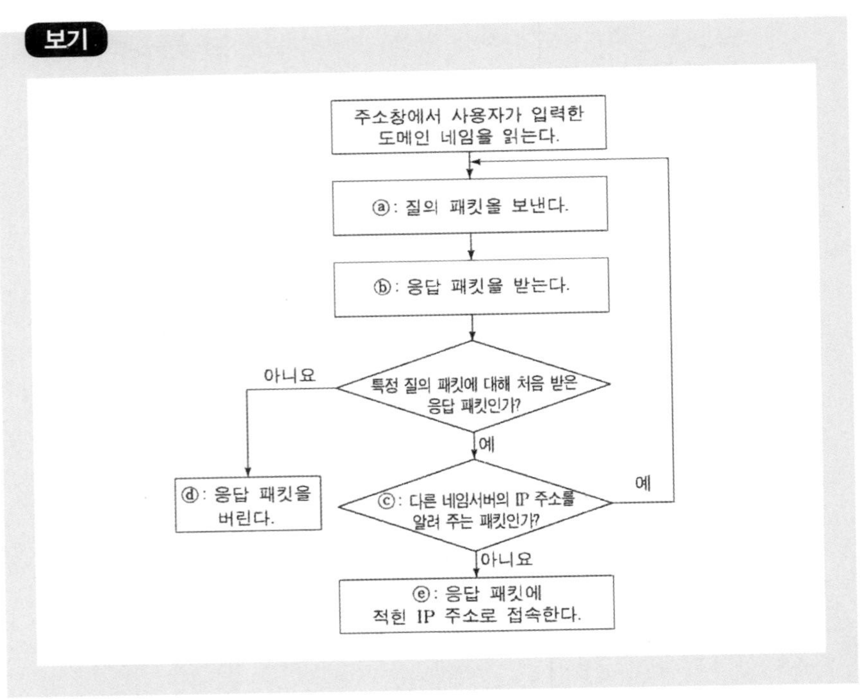

① ㉮ : ⓐ가 두 번 동작했다면, 두 질의 내용이 동일하고 패킷을 받는 수신 측도 동일하다.

② ㉮ : ⓑ가 두 번 동작했다면, 두 응답 내용이 서로 다르고 패킷을 보낸 송신 측은 동일하다.

③ ㉮ : ⓒ는 ⓐ에서 질의한 도메인 네임에 해당하는 IP 주소를 네임서버가 찾았는지 여부를 확인하는 절차이다.

④ ㉯ : ⓓ의 응답 패킷에는 공격자가 보내 온 IP 주소가 포함되어 있다.

⑤ ㉯ : ⓔ의 IP 주소는 ⓐ에서 질의한 도메인 네임에 해당하는 IP 주소이다.

문제 4 | 윗글과 〈보기〉를 참고할 때, DNS 스푸핑을 피하기 위한 방법으로 적절한 것은?

보기

DNS가 고안되기 전에는 특정 컴퓨터의 사용자가 'hosts'라는 파일에 모든 도메인 네임과 그에 해당하는 IP 주소를 적어 놓았고, 클라이언트들은 이 파일을 복사하여 사용하였다. 네임서버를 사용하는 현재에도 여전히 클라이언트는 질의 패킷을 보내기 전에 hosts 파일의 내용을 확인한다. 클라이언트가 이 파일에서 원하는 도메인 네임의 IP 주소를 찾으면 그 주소로 바로 접속하고, IP 주소를 찾지 못했을 때 클라이언트는 네임서버에 질의 패킷을 보낸다.

① 클라이언트에서 사용자가 hosts 파일을 찾아 삭제하면 되겠군.
② 클라이언트의 IP 주소를 사용자가 클라이언트의 hosts 파일에 적어 놓으면 되겠군.
③ 클라이언트에 hosts 파일이 없더라도 사용자가 주소창에 도메인 네임만 입력하면 되겠군.
④ 네임서버의 도메인 네임과 IP 주소를 사용자가 클라이언트의 hosts 파일에 적어 놓으면 되겠군.
⑤ 접속하려는 사이트의 도메인 네임과 IP 주소를 사용자가 클라이언트의 hosts 파일에 적어 놓으면 되겠군.

❶ **DNS**(도메인 네임 시스템) **스푸핑**은 인터넷 사용자가 어떤 사이트에 접속하려 할 때 a) 사용자를 위조 사이트로 접속시키는 행위를 말한다. 이는 b) 도메인 네임을 IP 주소로 변환해 주는 과정에서 이루어진다.

❷ 인터넷에 연결된 컴퓨터들이 서로를 식별하고 통신하기 위해서 1) 각 컴퓨터들은 IP(인터넷 프로토콜)에 따라 만들어지는 고유 IP 주소를 가져야 한다. 프로토콜은 컴퓨터들이 연결되어 서로 데이터를 주고받기 위해 사용하는 통신 규약으로 소프트웨어나 하드웨어로 구현된다. 현재 주로 사용하는 2) IP 주소는 '***.126.63.1'처럼 점으로 구분된 4개의 필드에 숫자를 사용하여 나타낸다. 3) 이 주소를 중복 지정하거나 임의로 지정해서는 안 되고 4) 공인 IP 주소를 부여받아야 한다.

DNS 스푸핑은 도메인 네임을 IP 주소로 변환해 주는 과정에서 위조 사이트로 접속시키는 행위입니다. ❷ 문단에서는 IP 주소에 관하여 세부 정보를 제시하고 있습니다. 이같은 세부 정보를 하나하나 분류하여 표시해야 합니다.

❸ **공인 IP 주소**에는 1) 동일한 번호를 지속적으로 사용하는 **고정 IP 주소**와 2) 번호가 변경되기도 하는 **유동 IP 주소**가 있다. ((유동 IP 주소는 DHCP라는 프로토콜에 의해 부여된다. DHCP는 IP 주소가 필요한 컴퓨터의 요청을 받아 주소를 할당해 주고, 컴퓨터가 IP 주소를 사용하지 않으면 주소를 반환받아 다른 컴퓨터가 그 주소를 사용할 수 있도록 해 준다.)) // 한편, 인터넷에 직접 접속은 안 되고 내부 네트워크에서만 서로를 식별할 수 있는 **사설 IP 주소**도 있다.

---

❸ 문단에서는 공인 IP 주소에 대하여 설명하고 있습니다. 고정 IP 주소와 유동 IP 주소에 대해 언급하고, 사설 IP 주소도 말하고 있습니다.

❹ 인터넷은 공인 IP 주소를 기반으로 동작하지만 우리가 인터넷을 사용할 때는 IP 주소 대신 사용하기 쉽게 'www.***.***' 등과 같이 ㄱ) 문자로 이루어진 도메인 네임을 이용한다. 따라서 ㄴ) 도메인 네임을 IP 주소로 변환해 주는 DNS가 필요하며 ㄷ) DNS를 운영하는 장치를 **네임서버**라고 한다. 컴퓨터에는 네임서버의 IP 주소가 기록되어 있어야 하는데, ㄹ) 유동 IP 주소를 할당받는 컴퓨터에는 IP 주소를 받을 때 네임서버의 IP 주소가 자동으로 기록되지만, ㅁ) 고정 IP 주소를 사용하는 컴퓨터에는 사용자가 네임서버의 IP 주소를 직접 기록해 놓아야 한다. ㅂ) 인터넷 통신사는 가입자들이 공동으로 사용할 수 있는 네임서버를 운영하고 있다.

---

❹ 문단에 와서는 독해의 집중력이 매우 떨어집니다. ❷, ❸ 문단에서 IP 주소에 대한 세부 정보가 계속 서술되고, 이어서 ❹ 문단에서도 IP 주소를 말하고 있기 때문이죠. 이 문단에서는 도메인 네임을 IP 주소로 변환해 주는 DNS에 대해 설명합니다. DNS을 운영하는 장치를 네임 서버라고 하고, 통신사들은 네임서버를 운영하고 있습니다.

❺ ㉮사용자가 어떤 사이트에 **정상적으로 접속하는 과정**을 살펴보자. 웹 사이트에 접속하려고 하는 컴퓨터를 클라이언트라 한다. 사용자가 1) 방문하고자 하는 사이트의 도메인 네임을 주소창에 직접 입력하거나 포털 사이트에서 그 사이트를 검색해 클릭하면 클라이언트는 기록되어 있는 2) 네임서버에 도메인 네임에 해당하는 IP 주소를 물어보는 질의 패킷을 보낸다. 3) 네임서버는 해당 IP 주소가 자신의 목록에 있으면 클라이언트에 이 IP 주소를 알려 주는 응답 패킷을 보낸다. 응답 패킷에는 어느 질의 패킷에 대한 응답인지가 적혀 있다. 만일 4) 해당 IP 주소가 목록에 없으면 네임서버는 **다른 네임서버의 IP 주소**를 알려 주는 응답 패킷을 보내고, 5) 클라이언트는 다시 **((그 네임서버에)) 질의 패킷을 보내는 단계로 돌아가** 같은 과정을 반복한다. 클라이언트는 이렇게 알아낸 IP 주소로 사이트를 찾아간다. // 네임서버와 클라이언트는 UDP라는 프로토콜에 맞추어 패킷을 주고받는다. **UDP**는 a) 패킷의 빠른 전송 속도를 확보하기 위해 상대에게 패킷을 보내기만 할 뿐 도착 여부는 확인하지 않으며, 특정 질의 패킷에 대해 b) 처음 도착한 응답 패킷을 신뢰하고 다음에 도착한 패킷은 확인하지 않고 버린다. DNS 스푸핑은 UDP의 이런 허점들을 이용한다.

---

❺ 문단에 와서는 독해력이 더욱 떨어집니다. 세부 정보가 계속 이어지기 때문이고, '클라이언트'나 '사용자' 등 같은 맥락의 말들이 번갈아가면서 사용되어 집중력을 방해합니다. 이런 상황에서 결정적으로 오독할 문장이 나타납니다. 질의 패킷에 대해 네임서버가 응답 패킷을 보내는데, 찾아가려는 사이트의 IP 주소가 네임서버에 없을 경우 네임서버는 다른 네임서버의 주소를 알려주는 패킷을 클라이언트에 보냅니다. 그리고 클라이언트는 다시 질의 패킷을 보내죠. 이때 클라이언트가 다시 질의 패킷을 보내는 네임서버는 **여전히 똑같은 네임서버라고 오독할 가능성**이 큽니다. 다시 말하면, "클라이언트는 다시 그 네임서버에 질의 패킷을 보내는 단계로 돌아가 같은 과정을 반복한다."의 문장에서 **"그 네임서버"**는 원래 네임서버가 알려준 다른 네임서버라고 생각하지 못하는 것이죠. 앞 문단에서 통신사들이 네임서버를 운영하고 있다고 말한 점도 이러한 착각을 불러일으킵니다. 통신사의 네임서버가 당연히 모든 것을 처리해줄 것으로 생각하고, 사용자가 다른 네임서버로 질의 패킷을 보낸다는 것을 생각하지 못하는 것이죠. 접속하고자 하는 사이트의 IP 주소가 없다면 네임서버가 알려주는 다른 네임서버에 문의하고 거기에 IP 주소가 있다면 바로 그 사이트로 접속하는 것이 정상적으로 접속하는 과정입니다. 이러한 접속 과정을 쉽게 독해하지 못하는 데에는 UDP 프로토콜에 대한 설명이 이어지는 것도 한몫합니다. 새로운 내용에 집중해야 하기 때문에 앞부분을 그냥 넘어가게 됩니다. 반면 UDP에 대한 설명은 명확하게 이해됩니다. 2가지 사항이 뚜렷하게 제시되기 때문이죠.

❻ ㈏**DNS 스푸핑이 이루어지는 과정**을 알아보자. 악성 코드에 감염되어 DNS 스푸핑을 행하는 컴퓨터를 공격자라 한다. 1) 클라이언트가 네임서버에 특정 IP 주소를 묻는 질의 패킷을 보낼 때, 공격자에도 패킷이 전달되고 2) 공격자는 위조 사이트의 IP 주소가 적힌 응답 패킷을 클라이언트에 보낸다. 3) 공격자가 보낸 응답 패킷이 네임서버가 보낸 응답 패킷보다 클라이언트에 먼저 도착하고 클라이언트는 공격자가 보낸 응답 패킷을 옳은 패킷으로 인식하여 위조 사이트로 연결된다.

---

❺ 문단과 ❻ 문단의 중심 내용은 분명합니다. ㈎와 ㈏의 밑줄을 통해 처음부터 명확히 말하고 있기 때문입니다. 그런데 ❺ 문단의 내용이 복잡하여 이러한 중심 내용을 명확히 확인하지 않고 독해할 수도 있기 때문에 문단의 중심 내용을 살펴보는 것이 꼭 필요합니다. 그래야 세부 정보가 쉽게 파악되죠. ❻ 문단의 내용은 쉽게 이해됩니다. 클라이언트가 보내는 질의 패킷에 공격자도 위조 사이트의 IP 주소를 응답 패킷으로 보낼 수 있고, 이것이 네임서버가 보낸 응답 패킷보다 먼저 도착하면 클라이언트 컴퓨터는 이것을 옳은 것으로 인식하여 위조 사이트에 연결하게 됩니다. 앞서 UDP의 내용이 분명하기 때문에 이 문단은 수월하게 독해됩니다.

문제 1 | –(밑줄 문제 1 유형)

밑줄 대신 '프로토콜'이라는 대상을 제시하고, 이와 관련된 여러 정보를 묻고 있는 문제입니다. 지문은 내용이 복잡하고 여러 정보가 제시되어 있기 때문에, 이것들을 글자 그대로 이해했는가를 확인하는 것입니다. '일치–불일치 문제 1 유형'을 특정한 대상이나 개념에 활용하여 출제한 것이라고 볼 수 있네요. 비문학 문제 수가 3개를 넘어, 4~6개로 늘어나면서, 문제를 다양한 형태로 출제하고 있습니다. 다른 지문에서는 특정 대상이나 개념에 대한 여러 정보를 물으면서, 선지에서 단어나 표현을 바꾸기도 합니다. '일치–불일치 문제 2 유형'을 선지에 적용하는 것이죠. 이럴 경우 오답률이 배 이상으로 늘어날 정도로 고난도 문제가 됩니다. 이런 지문을 읽을 때에는 '글 읽기의 정통적 방법'을 취하는 것이 최선입니다. 문단을 두 번 세 번 읽으면서 내용을 정확히 분류하고, 문단을 읽고 나서 중심 내용이 무엇인지 확인하며, 문단과 문단 사이의 관련성을 살펴보는 것이죠.

①은 ❷ 문단에 나온 '프로토콜' 정의 부분에서 확인할 수 있습니다. 즉 "프로토콜은 컴퓨터들이 연결되어 서로 데이터를 주고받기 위해 사용하는 통신 규약" 부분을 가져와 선지를 구성하였습니다. 선지의 "저마다 정해진 기능"이라는 말은, "서로를 식별하고", "서로 데이터를 주고받기"라는 지문의 표현을 살짝 바꾼 것으로 판단할 수 있습니다. ②는 ❷ 문단에서 확인할 수 있습니다. ③은 ❸ 문단에서 확인할 수 있습니다. DHCP는 유동 IP 주소와 관련되기 때문에 컴퓨터가 요청해야 합니다. ④가 적절하지 않아서 정답인데, 약간의 혼동이 올 수 있습니다. DHCP는 ❸ 문단에서 언급하고 있지만, IP 주소의 기록은 ❹ 문단에 나와 있기 때문입니다. ❹ 문단까지 찾아가 다시 살펴보아야 하기 때문에 선지 확인 시간이 더 걸리는 것이죠. ⑤는 ❺ 문단에서 쉽게 확인할 수 있습니다. (정답: ④)

문제 2 | – (일치–불일치 문제 2 유형)

윗글 내용 전체를 대상으로 선지를 만들면서 표현을 바꾸거나, 관련 없는 것들을 결합하고 있습니다. 그래서 선지 하나하나를 지문과 연결하여 정확히 판단해야 하는데, 복잡하고 시간도 많이 걸립니다. 당연히 오답률도 높아서 60%에 이릅니다. ①부터 지문에서 확인하기가 쉽지 않습니다. 도메인 네임을 IP 주소로 변환하는 것은 인터넷 사용과 관련됩니다. ❹ 문단 첫 문장에 "인터넷은 공인 IP 주소를 기반으로 동작"한다는 말이 나오죠? 그래서 DNS는 '공인 IP 주소'로 변환한다는 것을 추론할 수 있습니다. 사설 IP 주소는 인터넷과 직접 접속되는 것이 아니므로 ①은 적절하지 않습니다. ②가 적절하여 정답입니다. 사설 IP 주소는 "내부 네트워크에서만 서로를 식별"할 수 있습니다. 그래서 주소가 서로 달라야 합니다. IP 주소는 사설이든 공인이든 서로를 식별하는 기능을 하기 때문에 당연히 달라야겠지요. ③은 ❸ 문단에 나온, "IP 주소를 사용하지 않으면 주소를 반환받아 다른 컴퓨터가 그 주소를 사용할 수 있도록 해 준다."는 부분과 관련하여 적절하지 않습니다. 여러 컴퓨터들이 "동시에 동일한 공인 IP 주소를 할당"받을 수 없다는 것을, 이 부분을 통해 알 수 있는 것이죠. ④는 ❸ 문단의 첫째 문장을 오독하면 적절하다고 착각하게 됩니다. "공인 IP 주소에는 동일한 번호를 지속적으로 사용하는 고정 IP 주소"가 있다고 하니까, 동일한 번호를 지속적으로 사용한다는 것을 "동시에 동일한 공인 IP 주소를 할당"하는 것으로 오독할 수 있는 것이죠. ❷ 문단에 나온 IP(인터넷 프로토콜)의 설명 부분을 살펴보면, IP는 서로를 식별하는 기능을 갖기 때문에 서로가 동일한 IP 주소를 가질 수 없음을 알 수 있습니다. ⑤는 ❹ 문단에서 적절하지 않음을 추론할 수 있습니다. "인터넷 통신사는 가입자들이 공동으로 사용할 수 있는 네임서버를 운영하고 있다."라는 부분에서, IP 주소가 각기 다른 컴퓨터들이 네임서버의 주소는 같을 수 있다는 것을 알 수 있죠.

이제 이 문제를 다시 찬찬히 살펴봅시다. 지문에 나온 내용을 선지에서 표현을 바꿔 복잡하게 출제하였지만, **출제의 어떤 초점이 숨어있는 것 같습니다.** 제일 먼저 확인되는 것이 IP 주소에 대해 출제했다는 점입니다. 그리고 선지 ②와 ③과 ④는 IP를 공유해서 쓸 수 있는가를 묻고 있습니다. **IP와 IP 주소**는 이 글 전체의 대상이 되는 화제어입니다. 그리고 **IP의 기능** 즉 1) **인터넷에서** 2) **서로를 식별하고** 3) **통신하는 기능은**, 화제어와 관련된 속성입니다. 설명문은 여러 정보 중에서 가장 중요한 정보를 놓치지 않고 정확히 파악해야 합니다. 수능 비문학도 글의 가장 중요한 정보에 대해 출제하고 있습니다. 그러니까 이 지문의 가장 중요한 정보인 IP와 IP 주소 그리고 IP의 기능을 정확히 이해하고 글을 읽어나갔다면, [문제 2]는 수월하게 해결할 수 있는 것이죠. 복잡한 정보 속에 허우적거리며 따라가는 것이 아니라, 설명 대상의 가장 중요한 정보를 정확히 확인하는 것이 우선 필요합니다. 설명문의 구성 원리를 염두에 두고 지문을 독해하면 그만큼 독해력도 강해지고 문제 해결력도 좋아질 것입니다.

그리고 이처럼 정답이 불분명한 일치–불일치 문제 2 유형에서, 지문을 정독한 후 정답을 바로 찾아낼 수 있으면 그 사람은 2등급 수준에 있다고 볼 수 있죠. 이런 문제에서 정답을 찾아내지 못하거나 정답을 찾는데 많은 시간을 소비하는 사람은 3등급 이하 수준에 있다고 볼 수 있습니다. 그래서 비문학을 연습할 때, 반드시 문제를 풀고 나서 정답을 맞추기 전에 선지 하나하나를 지문과 비교하면서 일치–불일치 여부를 확인해야 합니다. 그런 다음 다시 지문을 정독해야 하는데, 이때는 지문을 좀 더 빠르게 읽으면서 읽기 속도를 높여야 합니다. (정답: ②)

문제 3 | –(〈보기〉 문제 1 유형)

㉮와 ㉯의 과정을 〈보기〉에 적용하는 문제입니다. ㉮는 정상적으로 접속한 과정이고, ㉯는 위조 사이트로 접속하는 과정입니다. 이 둘의 차이를 인식하고 선지를 살펴야 합니다. 선지 ①과 ②와 ③은 정상적으로 접속하는 과정을 말하고, 선지 ④와 ⑤는 위조 사이트로 접속하는 과정을 말합니다. 자칫 선지 ⑤에서 ㉯에 주의를 기울이지 못하고, ⓔ만 주목하면, ⓔ가 마치 질의한 도메인 네임의 IP 주소로 접속하는 것으로 착각할 수 있습니다. 선지 ⑤는 ㉯ 과정에서 일어나는 것이므로 만약 ⓔ처럼 사이트에 접속하게 되면 그 사이트는 위조 사이트가 되는 것이죠.

〈보기〉에서 마름모 도형의 과정을 이해하기가 어려운 이유는, ❺ 문단에서 말하는 **"다른 네임서버"**를 정확히 이해하지 못했기 때문입니다. "다른 네임서버"가 원래의 네임서버가 아니라는 것을 확인하면, 〈보기〉의 접속 과정은 어렵지 않게 파악할 수 있습니다. ①에서 클라이언트가 질의 패킷을 두 번 보냈다면, 두 질의 내용은 동일합니다. 즉 접속하려는지 묻고 있는 것이죠. 그렇지만 패킷을 받는 수신 측은 다르기 때문에 적절하지 않습니다. 원래의 네임서버에게 문의했다가, 거기에는 IP 주소가 없기 때문에 "다른 네임서버" 주소의 답신이 오게 됩니다. 그러면 두 번째 질의는 "다른 네임서버"에게 보내는 것이므로 수신자가 달라집니다. ②도 적절하지 않습니다. 응답 패킷을 클라이언트가 두 번 받았다면, 하나는 문의한 IP 주소가 없기 때문에 "다른 네임서버" 주소를 알려줄 것이고, 두 번째는 접속하려는 IP 주소가 있다는 답변일 것입니다. 응답 내용도 다르고, 응답 패킷을 보내는 송신 측 네임서버도 서로 다릅니다. ③이 적절하여 정답입니다. ⓒ에서 "다른 네임서버"를 알려주는 응답 패킷이면 클라이언트는 다시 질의 패킷을 보내게 됩니다. 그렇지 않고 올바른 응답 패킷이면 그 사이트로 접속하게 되겠죠. ④도 적절하지 않습니다. ⓓ는 응답 패킷을 버리는 것이기 때문에 공격자의 것이 아닙니다. 공격자의 응답 패킷이 먼저 도착하여 다른 패킷을 버리도록 만들기 때문이죠. (정답: ③)

문제 4 | –(〈보기〉 문제 1 유형)

지문의 내용을 〈보기〉에 적용하는 것이 아니라, 지문의 내용과 〈보기〉의 내용을 합쳐서 '스푸핑을 피하는 방법'을 선지에서 찾아야 하는 문제입니다. 그래서 〈보기〉의 내용을 정확히 확인해야 문제가 해결됩니다. 〈보기〉에서 말하고 있는 것은, 'hosts' 파일에 IP 주소를 적어 놓으면 네임서버에 IP 주소를 물을 필요가 없고, 그렇게 되면 공격자에게 노출될 위험도 없어진다는 것이죠. ①처럼 hosts 파일을 삭제하면 인터넷 접속이 불가능해지거나, 네임서버에 질의 패킷을 보내야 하므로 공격자에게 노출됩니다. ②도 적절하지 않습니다. 사용자 자신의 IP 주소를 hosts 파일에 적어 놓을 필요가 없습니다. hosts 파일에는 접속하려는 사이트의 IP 주소를 적어 놓아야 합니다. ③은 ①과 똑같은 결과를 가져옵니다. 네임서버에 질의 패킷을 보내야 하므로 공격자에게 노출됩니다. ④도 적절하지 않습니다. 네임서버의 도메인 네임과 IP 주소는 접속하려는 사이트가 아닙니다. 접속하고자 하는 사이트를 기만하여 위조 사이트로 유도하는 것이 스푸핑이기 때문에 ④는 스푸핑을 막는 방법이 될 수 없습니다. ⑤가 적절하여 정답입니다. hosts 파일에 접속하려는 사이트의 도메인 네임과 IP 주소를 적어 놓으면 네임서버에 질의 패킷을 보낼 필요가 없고, 그러면 공격자에게 노출되지도 않습니다. (정답: ⑤)

유제 연습 ❸

❶ 유학은 ㉠수기치인(修己治人)을 통해 성인(聖人)이 되기 위한 학문으로 성학(聖學)이라고도 불린다. '수기'는 사물을 탐구하고 앎을 투철히 하고 뜻을 성실하게 하고 마음을 바르게 하여 자신을 닦는 일이며, '치인'은 집안을 바르게 하고 나라를 통치하고 세상을 평화롭게 하는 것을 의미한다. 수기치인을 통해 하늘의 도리인 천도(天道)와 합일되는 경지에 도달한 사람이 바로 '성인'이다. 이러한 유학의 이념을 적극 수용했던 율곡 이이는 수기치인의 도리를 밝힌 『성학집요』(1575)를 지어 이 땅에 유학의 이상 사회가 구현되기를 소망했다.

❷ 율곡은 수기를 위한 수양론과 치인을 위한 경세론을 전개하는데, 그 바탕은 만물을 '이(理)'와 '기(氣)'로 설명하는 이기론이다. 존재론의 측면에서 율곡은 '이'를 형체도 없고 시간과 공간의 제약을 받지 않고 존재하는 만물의 법칙이자 원리로 보고, '기'를 시간적인 선후와 공간적인 시작과 끝을 가지면서 끊임없이 변화하며 작동하는 물질적 요소로 본다. '이'와 '기'는 사물의 구성 요소로서 서로 다른 성질을 갖지만, '이'는 현실 세계에서 항상 '기'와 더불어 실제로 존재한다. 율곡은 이처럼 서로 구별되면서도 분리됨이 없이 존재하는 '이'와 '기'의 관계를 이기지묘(理氣之妙)라 표현한다.

❸ 수양론의 한 가지 기반으로, 율곡은 이통기국(理通氣局)을 주장한다. 이것은 만물이 하나의 동일한 '이'를 공유하지만, 다양한 '기'의 성질로 인해 서로 다른 모습으로 나타날 수 있음을 의미한다. 또한 이러한 이통기국론은, 성인과 일반인이 기질의 차이는 있지만 동일한 '이'를 갖기 때문에 일반인이라도 기질상의 병폐를 제거하고 탁한 기질을 정화하면 '이'의 선한 본성이 회복되어 성인의 경지에 이를 수 있다는 기질 변화론으로 이어진다. 율곡은 흐트러진 마음을 거두어들이는 거경(居敬), 경전을 읽고 공부하여 시비를 분별하는 궁리(窮理), 그리고 몸과 마음을 다스려 사욕을 극복하는 역행(力行)을 기질 변화를 위한 중요한 수양 방법으로 제시한다. 인간에게 내재된 천도를 실현하려는 율곡의 수양론은 사회의 폐단을 제거하여 천도를 실현하려는 경세론으로 이어진다.

❹ 대사상가인 동시에 탁월한 경세가였던 율곡은 많은 논설에서 법제 개혁론을 펼쳤는데, 이는 「만언봉사」(1574)에서 잘 나타난다. 선조는 "'이'는 빈틈없는 완전함이 있고, '기'는 변화하는 움직임이 있다."라고 말하면서 근래 하늘과 땅에서 일어난 재앙으로부터 깨우쳐야 할 도리를 신하들에게 물었고, 율곡이 그에 대한 답변을 올린 것이 「만언봉사」이다. 여기서 율곡은 "때에 따라 변할 수 있는 것은 법제이며, 시대를 막론하고 변할 수 없는 것이 왕도요, 어진 정치요, 삼강이요, 오륜입니다."라고 말하면서 법제 개혁의 필요성을 주장한다. 곧, '이'라 할 수 있는 왕도나 오륜을 고치려 하는 것이 아니라, 그것을 구현할 수 있도록 법제를 개혁하여야 한다는 것이다.

❺ 조선에서 법전의 기본적인 원천은 '수교(受教)'이다. 어떤 사건이 매우 중대하다고 여겨지면 국왕은 조정의 회의를 열고 처리 지침을 만들어 사건을 해결한다. 이 지침이 앞으로도 같은 종류의 사건을 해결하는 데 적합하겠다고 판단되면, 국왕의 하명 형식을 갖는 법령으로 만들어지는데, 이를 수교라 한다. 그리고 이후의 시행 과정에서 폐단이 없고 유용하다고 확인된 수교들은 다시 다듬어지고 정리되어 '록(錄)'이라는 이름이 붙은 법전에 실린다. 여기에 수록된 규정들 가운데에 지속적인 적용을 거치면서 영구히 시행할 만한 것이라 판정된 것은 마침내 '대전(大典)'이라는 법전에 오르게 된다.

❻ 성종 때에 확정된 ≪경국대전≫(1485)은 이 과정을 거친 규정들을 체계적으로 집대성한 통일 법전이다. 꾸준한 정련을 거쳐 '대전'에 오른 이 규정들은 '양법미의(良法美意)'라 하였다. 백성들에게 항구히 시행할 만한 아름다운 규범이라는 의미이다. 실제로 이 ≪경국대전≫은 조선 왕조가 끝날 때까지 국가 기본 법전의 역할을 수행해 왔고, 그 안에 실린 규정들은 개정되지 않았다. 선왕들이 심혈을 기울여 만들고 오랜 시행으로 검증하여 영원토록 시행할 것으로 판정된 규범은 '조종성헌(祖宗成憲)'이라 불렸고, 이는 함부로 고칠 수 없다고 생각되었다. 왕도에 근접하였다고 여긴 것이다. '대전'에 실린 규정은 조종성헌으로 받아들여졌고, 따라서 국왕이라 해도 그것을 어길 수 없었다.

❼ 율곡의 법제 개혁론은 조종성헌을 변혁하자는 것이 아니다. 그는 성종을 이은 연산군 때 제정된 조세 법령이 여전히 백성의 삶을 피폐하게 하는데도 고쳐지지 않는 실정을 지적하는 등 폐단이 있는 여러 법령들을 거론한다. 이런 법령들은 고수할 것이 아니라 바꾸어야만 한다고 역설한다. 그래야 오히려 조종성헌이 회복된다는 것이다. 결국 조종성헌에 해당하지 않는 부당한 법령을 오래된 선왕의 법이라며 고칠 수 없다고 고집하는 권세가들에 대하여, 그런 법령은 변하지 않아야 할 '이'의 영역에 속하는 것이 아니라는 이론적인 공박을 펼친 것이다. 자신의 이기론을 바탕으로 더 나은 세상을 이루려 했던 율곡 이이의 노력은 수기치인의 실천이라 할 만하다.

문제 1 | ㉠에 관한 이해로 가장 적절한 것은?

① '수기'와 '치인'은 각각 '이'와 '기'의 정화를 통해 '성인'이 됨을 목표로 한다.
② '이기지묘'는 '수기'와 '치인'의 상호 대립적이고 분리 가능한 특징을 설명해 준다.
③ '수기'를 위한 수양론과 '치인'을 위한 경세론은 모두 천도의 실현을 목적으로 한다.
④ '이통기국'은 '수기'와 '치인'을 통해 '성인'이 지닌 기질적 병폐의 극복이 가능함을 말해 준다.
⑤ '수기'와 '치인'을 위한 기질 변화 방법으로는 독서와 공부를 통해 시비를 분별하는 '역행'이 있다.

문제 2 | 윗글의 '율곡'과 〈보기〉의 '플라톤'의 견해를 비교하여 이해한 것으로 가장 적절한 것은?

보기

플라톤은 물질적이고 가변적인 사물들이 존재하는 현실 세계와 비물질적이고 불변적이고 완벽한 이데아들이 존재하는 이상 세계를 구분한다. 이데아는 물질로부터 떨어져 있고 또한 시간과 공간의 제약도 받지 않지만, 마음속의 추상적 개념이 아니라 실제로 존재하는 것이다. 이상 세계에서 영혼으로 존재하면서 이데아를 직접 접했던 인간은, 태어나기 위해 이 땅에 내려오는 과정에서 그에 대한 모든 기억을 상실한다. 물질의 한계로 인해 이데아의 완벽함이 현실 세계에서 똑같이 구현되지는 않지만, 그래도 이데아를 가장 잘 기억하는 사람이 통치자가 되어 그것을 이 땅에서 구현해 내려 한다면 그만큼 좋은 국가를 만들게 될 것이다. 이 통치자가 바로 플라톤이 말하는 '철학자 왕'이다.

① 율곡의 '이'는 플라톤의 '이데아'와 달리 물질과 분리됨이 없이 존재한다.
② 율곡의 '이'는 플라톤의 '이데아'와 달리 시간과 공간의 제약을 받지 않는다.
③ 율곡의 '성인'은 플라톤의 '철학자 왕'과 달리 수양보다는 기억에 의존하여 통치한다.
④ 율곡의 '이'는 플라톤의 '이데아'와 마찬가지로 마음속에 존재하는 추상적 개념이다.
⑤ 율곡이 생각하는 이상 사회는 플라톤의 이상 세계와 마찬가지로 현실에서 완전하게 실현될 수 있다.

문제 3 | 윗글에 나타난 '율곡'의 법제 개혁론에 대한 설명으로 적절하지 <u>않은</u> 것은?

① 이기론을 바탕으로 한 경세론의 실천으로서 법제 개혁을 주장한다.
② '이'와 '기'에 대해 잘못된 견해를 제시하는 국왕에게 선왕의 법을 개혁할 것을 건의한다.
③ 조종성헌 존중의 전통을 악용하는 이들에 의해 법제 개혁이 가로막히는 경향을 비판한다.
④ 삼강과 같은 불변적 가치를 거론하는 까닭은 결국 법제 개혁의 방향을 제시하기 위한 것이다.
⑤ ≪경국대전≫이 확정된 이후 연산군 때 제정된 악법들은 개혁 대상이 되어야 한다고 본다.

❶ 유학은 ㉠수기치인(修己治人)을 통해 성인(聖人)이 되기 위한 학문으로 성학(聖學)이라고도 불린다. **'수기'**는 사물을 탐구하고 앎을 투철히 하고 뜻을 성실하게 하고 마음을 바르게 하여 자신을 닦는 일이며, **'치인'**은 집안을 바르게 하고 나라를 통치하고 세상을 평화롭게 하는 것을 의미한다. 수기치인을 통해 하늘의 도리인 천도(天道)와 합일되는 경지에 도달한 사람이 바로 **'성인'**이다. 이러한 유학의 이념을 적극 수용했던 율곡 이이는 수기치인의 도리를 밝힌 「성학집요」(1575)를 지어 이 땅에 유학의 이상 사회가 구현되기를 소망했다.

'수기'와 '치인'에 관해서 설명하고 있습니다. 동양 사상을 소개하는 다른 인문 지문처럼 한자어가 많이 나와 독해를 어렵게 하고 있지요. '수기'의 핵심은 개인의 도덕적 수양, 즉 자신을 닦는 일이고, '치인'의 핵심은 세상을 다스리는 일입니다. 개인의 도덕적 완성으로 곧 사회적 윤리가 실현된다는 유교 윤리를 말하고 있죠. 율곡은 이러한 유학적 이상이 조선 사회에 실현되기를 소망했습니다.

❷ 율곡은 수기를 위한 **수양론**과 치인을 위한 **경세론**을 전개하는데, 그 바탕은 만물을 '이(理)'와 '기(氣)'로 설명하는 이기론이다. 존재론의 측면에서 율곡은 **'이'**를 1) 형체도 없고 2) 시간과 공간의 제약을 받지 않고 3) 존재하는 만물의 법칙이자 원리로 보고, **'기'**를 a) 시간적인 선후와 공간적인 시작과 끝을 가지면서 b) 끊임없이 변화하며 작동하는 c) 물질적 요소로 본다. // '이'와 '기'는 사물의 구성 요소로서 서로 다른 성질을 갖지만, '이'는 현실 세계에서 항상 '기'와 더불어 실제로 존재한다. 율곡은 이처럼 서로 구별되면서도 분리됨이 없이 존재하는 '이'와 '기'의 관계를 **이기지묘(理氣之妙)**라 표현한다.

❸ 수양론의 한 가지 기반으로, 율곡은 **이통기국(理通氣局)**을 주장한다. 이것은 1) 만물이 하나의 동일한 '이'를 공유하지만, 다양한 '기'의 성질로 인해 서로 다른 모습으로 나타날 수 있음을 의미한다. 또한 이러한 이통기국론은, 성인과 일반인이 기질의 차이는 있지만 동일한 '이'를 갖기 때문에 2) 일반인이라도 기질상의 병폐를 제거하고 탁한 기질을 정화하면 '이'의 선한 본성이 회복되어 성인의 경지에 이를 수 있다는 기질 변화론으로 이어진다. // 율곡은 흐트러진 마음을 거두어들이는 **거경(居敬)**, 경전을 읽고 공부하여 시비를 분별하는 **궁리(窮理)**, 그리고 몸과 마음을 다스려 사욕을 극복하는 **역행(力行)**을 기질 변화를 위한 중요한 수양 방법으로 제시한다. 인간에게 내재된 천도를 실현하려는 율곡의 수양론은 사회의 폐단을 제거하여 천도를 실현하려는 경세론으로 이어진다.

---

❷와 ❸ 문단에서는 율곡의 '수기치인'에 대해 자세히 설명하고 있습니다. 먼저 '이기론'에 대해 ❷ 문단에서 설명하고 있습니다. '이(理)'가 원리이며 법칙이라면, '기(氣)'는 물질적 요소입니다. 그런데 현실 세계에서 이와 기는 항상 결합해 같이 존재합니다. 이를 '이기지묘'라고 합니다. ❸ 문단에서는 수양론에 대해 설명합니다. 수양론의 기반은 '이통기국'이죠. '이'는 모두

에게 동일한 원리로 존재하지만, '기'는 다양하기 때문에 사람들은 서로 다른 모습으로 나타납니다. 그래서 일반인들도 기질상의 병폐를 해결하면 '이'의 본성이 회복되어 성인의 수준으로 오를 수 있습니다. 기질 변화를 위한 수양의 방법으로 '거경', '궁리', '역행'을 들고 있습니다.

❹ 대사상가인 동시에 탁월한 경세가였던 율곡은 많은 논설에서 **법제 개혁론**을 펼쳤는데, 이는 「만언봉사」(1574)에서 잘 나타난다. 선조는 "'이'는 빈틈없는 완전함이 있고, '기'는 변화하는 움직임이 있다."라고 말하면서 근래 하늘과 땅에서 일어난 재앙으로부터 깨우쳐야 할 도리를 신하들에게 물었고, 율곡이 그에 대한 답변을 올린 것이 「만언봉사」이다. 여기서 율곡은 "때에 따라 변할 수 있는 것은 법제이며, 시대를 막론하고 변할 수 없는 것이 왕도요, 어진 정치요, 삼강이요, 오륜입니다."라고 말하면서 법제 개혁의 필요성을 주장한다. 곧, '이'라 할 수 있는 왕도나 오륜을 고치려 하는 것이 아니라, 그것을 구현할 수 있도록 법제를 개혁하여야 한다는 것이다.

율곡은 경세론(=세상을 다스리는 이치)의 입장에서 '법제 개혁론'을 펼칩니다. 선조의 문제 제기는 '이기론'에 따르면 정당한 것이며, '근래 일어나는 일'에 대한 이유를 '이기론'에 입각하여 알고 싶어합니다. 여기에 대해 율곡은 법제는 시대에 따라 변할 수 있는 것이고, 삼강오륜과 왕도는 변하지 않는 '이(理)'라 할 수 있다고 하여 법제 개혁을 주장하고 있습니다. 이렇게 율곡의 유교 사상이 사회 개혁과 관련되어 있음을 ❹문단은 말하고 있습니다.

❺ 조선에서 법전의 기본적인 원천은 **'수교(受教)'**이다. 1) 어떤 사건이 매우 중대하다고 여겨지면 국왕은 조정의 회의를 열고 처리 지침을 만들어 사건을 해결한다. 2) 이 지침이 앞으로도 같은 종류의 사건을 해결하는 데 적합하겠다고 판단되면, 국왕의 하명 형식을 갖는 법령으로 만들어지는데, 이를 수교라 한다. 그리고 이후의 시행 과정에서 폐단이 없고 3) 유용하다고 확인된 수교들은 다시 다듬어지고 정리되어 '록(錄)'이라는 이름이 붙은 법전에 실린다. 여기에 수록된 규정들 가운데에 지속적인 적용을 거치면서 4) 영구히 시행할 만한 것이라 판정된 것은 마침내 **'대전(大典)'**이라는 법전에 오르게 된다.

❻ 성종 때에 확정된 **≪경국대전≫**(1485)은 이 과정을 거친 규정들을 체계적으로 집대성한 통일 법전이다. 꾸준한 정련을 거쳐 1) '대전'에 오른 이 규정들은 '양법미의(良法美意)'라 하였다. 백성들에게 항구히 시행할 만한 아름다운 규범이라는 의미이다. 2) 실제로 이 ≪경국대전≫은 조선 왕조가 끝날 때까지 국가 기본 법전의 역할을 수행해 왔고, 그 안에 실린 규정들은 개정되지 않았다. 선왕들이 심혈을 기울여 만들고 오랜 시행으로 검증하여 영원토록 시행할 것으로 판정된 규범은 '조종성헌(祖宗成憲)'이라 불렸고, 이는 함부로 고칠 수 없다고 생각되었다. 왕도에 근접하였다고 여긴 것이다. 3) '대전'에 실린 규정은 조종성헌으로

받아들여졌고, 따라서 국왕이라 해도 그것을 어길 수 없었다.

---

❺ 문단과 ❻ 문단은 조선 시대의 법률에 대해 설명하고 있습니다. 그런데 이 내용은 율곡의 법제 개혁론을 직접 설명하는 부분이 아닙니다. 이런 식의 지문 구성 방식은 매우 이례적입니다. 글 화제어와 간접적으로 관련된 내용을 서술하다 보니까, 지문의 정보량도 많아지고 문단의 중심 내용도 글 흐름과 다르다고 느껴집니다. ❺ 문단에서는 '대전'에 오르기까지 법률의 시행과 제정 과정이 나와 있습니다. 이 과정을 정확히 점검할 필요가 있습니다. 4단계의 과정을 거쳐 법률이 '대전'에 오르게 되는데, '대전'에 오르는 것들은 거르고 거른 법률이어서 법 제정에 매우 신중했음을 알 수 있습니다. ❻ 문단은 조선 시대 법전인 '경국대전'에 대해 설명하고 있습니다. '경국대전'은 '조종성헌'이라 하여 영구히 시행될 수 있는 왕도라고 생각하고 있었음을 알 수 있습니다.

❼ 율곡의 법제 개혁론은 1) 조종성헌을 변혁하자는 것이 아니다. 그는 성종을 이은 연산군 때 제정된 조세 법령이 여전히 백성의 삶을 피폐하게 하는데도 고쳐지지 않는 실정을 지적하는 등 2) 폐단이 있는 여러 법령들을 거론한다. 이런 법령들은 고수할 것이 아니라 바꾸어야만 한다고 역설한다. 그래야 오히려 조종성헌이 회복된다는 것이다. 결국 조종성헌에 해당하지 않는 부당한 법령을 오래된 선왕의 법이라며 고칠 수 없다고 고집하는 권세가들에 대하여, 3) 그런 법령은 변하지 않아야 할 '이'의 영역에 속하는 것이 아니라는 이론적인 공박을 펼친 것이다. 자신의 이기론을 바탕으로 더 나은 세상을 이루려 했던 율곡 이이의 노력은 수기치인의 실천이라 할 만하다.

율곡의 법제 개혁론은 '조종성헌'을 바꾸자는 것이 아니고, 폐단이 있는 법령을 바꾸자는 것입니다. 그것은 '이'의 영역에 있는 것이 아니라 '기'의 영역에 있는 것이기 때문에 바꾸고 변혁할 수 있는 것이라 주장한 것이죠. 율곡의 경세론은 이처럼 '이기론'에 근거하면서, 기존의 권세가들을 향하여 비판하고 새로운 개혁을 주장하고 있습니다.

문제 1 | -(밑줄 문제 1 유형)

밑줄 대신 글의 화제어인 '수기치인'에 관한 여러 정보를 묻고 있습니다. 지문에서 설명하는 정보량이 많기 때문에 선지는 단어나 표현을 바꾸지 않고 지문 내용을 단순 요약하고 있습니다. 이런 문제는 정답이 분명합니다. 그래서 지문을 정독한 후 이 문제의 정답을 바로 찾아낼 수 있어야 합니다. 만약 정답을 바로 확인하지 못하여 시간이 오래 걸리거나 또는 정답을 찾지 못하면 그 사람의 독해 실력은 3등급이 되기 어렵습니다. 정답이 불분명하고 선지에서 단어나 표현을 바꾼 경우는 2~3등급의 경계가 되고, 정답이 분명하고 단순 요약한 경우는 3~4등급의 경계가 됩니다. 즉 3~4등급과 2~3등급 사이에 독해력의 경계가 분명히 있는 것이죠. 그래서 독해력 향상의 목표와 방향이 명확히 존재하며, 그러한 목표와 방향에 맞춰 훈련과 연습을 해야 합니다. 훈련과 연습을 하지 않고서는 상위 등급으로 오를 수 없기 때문에 꾸준히 규칙적으로 읽기 훈련과 지문–문제 분석 연습을 해야 합니다.

①은 ❸ 문단에서 적절하지 않음을 확인할 수 있습니다. "탁한 기질을 정화하면 '이'의 선한 본성이 회복되어 성인의 경지에 이를 수 있다는 기질 변화론으로 이어진다."에서 '기'를 정화한다는 것을 알 수 있죠. '이'는 선한 본성이기 때문에 정화(=불순하거나 더러운 것을 깨끗하게 함)의 대상이 될 수 없습니다. 기질을 정화해서 '이'가 드러나도록 하는 것이 정화의 목표인 셈이죠. 앞뒤 관계를 바꾸거나, 관계없는 내용을 결합하여 혼동이 일어나도록 선지를 구성하는 것은 매력적인 오답을 만드는 전형적인 방식입니다.

②는 ❷ 문단에서 적절하지 않음을 확인할 수 있습니다. '수기치인'은 이기론에 의해 설명할 수 있는데, '이'와 '기'는 서로 구별되지만 분리됨 없이 존재합니다. 이것이 '이기지묘'이죠. 그래서 '이기지묘'의 입장에서는 '수기'와 '치인'은 구별은 될 수 있지만 분리됨 없이 존재한다고 본 것입니다. ③이 정답입니다. ❶과 ❷ 문단에서 적절하다는 것을 확인할 수 있습니다. 먼저 ❷ 문단의 첫째 문장에서 '수기'는 수양론과 관계되고, '치인'은 경세론과 관계된다는 것을 알 수 있습니다. 그리고 ❶ 문단에서 '수기치인'은 '천도'와 합일되는 것을 목표로 한다고 말하고 있습니다. 유학의 목표는 '성인'이 되는 것에 있고 '천도'와 합일의 경지가 '성인'에게서 실현되기 때문에 '천도'의 실현이 목표임을 추론할 수 있습니다.

④는 착각이 일어나도록 선지를 만든 매력적 오답입니다. ❸ 문단에서 적절하지 않음을 확인할 수 있습니다. "일반인이라도 기질상의 병폐를 제거하고 탁한 기질을 정화하면 '이'의 선한 본성이 회복되어 성인의 경지에 이를 수 있다는 기질 변화론"에서 '기질상의 병폐 제거'만 기억하면, '성인'인지 '일반인'인지 착각할 수 있습니다. 여기서 성인(聖人)은 성스럽고 본받을 만한 사람입니다. 성인(成人)과 구별해야 합니다. 성인(成人)은 20세가 넘은 어른을 지칭합니다. 일반인을 성인(成人)이라 생각하여 정답이라고 착각할 수도 있어요. ⑤는 ❸ 문단에서 적절하지 않음을 확인할 수 있습니다. 시비를 분별하는 것은 '궁리'입니다. '역행'은 몸과 마음을 다스려 사욕을 극복하는 것이죠. (정답: ③)

문제 2 | –(〈보기〉 문제 1 유형)

윗글의 내용과 〈보기〉의 내용을 비교해서 적절한 선지를 고르는 문제입니다. 일반적으로 '〈보기〉 문제 1 유형'은 지문에 나온 개념을 〈보기〉 상황에 적용하는 것인데, 여기서는 〈보기〉에 플라톤의 견해를 주고, 이것을 율곡의 '이기론'과 비교하도록 했습니다. 지문의 내용도 많고 복잡한데, 〈보기〉까지 새롭게 제시되었습니다. 그래서 독해 집중력이 떨어지고 내용 파악의 어려움이 가중됩니다. 게다가 선지는 사실적 정보들을 뒤섞어 놓았기 때문에, 선지의 적절성을 파악하는데 시간이 많이 걸립니다. 단어나 표현을 바꾸지 않아도 사실적 정보들을 선지에서 뒤섞어 놓으면 복잡한 정보의 늪에서 허우적거리게 됩니다. 이것을 피하기 위해서는 먼저 〈보기〉의 내용을 정확히 파악해야 합니다. 〈보기〉의 내용이 새롭게 제시되었기 때문이죠.

보기

플라톤은 1) 물질적이고 가변적인 사물들이 존재하는 **현실 세계**와 2) 비물질적이고 불변적이고 완벽한 이데아들이 존재하는 **이상 세계**를 구분한다. **《이데아》**는 a) 물질로부터 떨어져 있고 b) 또한 시간과 공간의 제약도 받지 않지만, 마음속의 추상적 개념이 아니라 c) 실제로 존재하는 것이다. // 이상 세계에서 영혼으로 존재하면서 이데아를 직접 접했던 인간은, 태어나기 위해 이 땅에 내려오는 과정에서 그에 대한 모든 기억을 상실한다. 물질의 한계로 인해 이데아의 완벽함이 현실 세계에서 똑같이 구현되지는 않지만, 그래도 이데아를 가장 잘 기억하는 사람이 통치자가 되어 그것을 이 땅에서 구현해 내려 한다면 그만큼 좋은 국가를 만들게 될 것이다. 이 통치자가 바로 플라톤이 말하는 '철학자 왕'이다.

플라톤의 이상 세계는 이데아의 세계이고, 비물질적입니다. 현실 세계는 물질적이고 가변적입니다. 이데아는 물질로부터 떨어져 있고 시간 공간에 제약 받지 않으며 실제로 존재합니다.

①이 적절하여 정답입니다. '이'는 '기'와 더불어 존재하기 때문에 물질과 분리됨 없이 존재합니다. ②는 "플라톤의 '이데아'와 달리" 부분이 적절하지 않습니다. 플라톤의 이데아도 시간과 공간의 제약을 받지 않습니다. ③은 "기억에 의존하여 통치한다."가 적절하지 않습니다. 기억에 의존하여 통치하는 자는 플라톤의 '철학자 왕'입니다. ④는 ❷ 문단의 "'이'는 현실 세계에서 항상 '기'와 더불어 실제로 존재한다."라는 말을 통해서 적절하지 않음을 알 수 있습니다. '이'는 마음 속에 존재하는 추상적 개념이 아니라 실제로 사물 속에 존재하는 것이죠. ⑤에서는 "플라톤의 이상 세계와 마찬가지로 현실에서 완전하게 실현될 수 있다"는 부분이 적절하지 않습니다. 플라톤의 이데아는 현실 세계에서 똑같이 구현되지 않습니다. (정답: ①)

문제 3 | –(밑줄 문제 1 유형)

율곡의 법제 개혁론에 관한 여러 정보를 확인하는 문제인데, 선지에서 단어나 표현을 바꾸어 출제했습니다. 그래서 오답률이 45% 정도에 이르고, 선지 중에서 착각을 일으키는 '매력적인' 부분이 있어서 더욱 그렇습니다. ①은 ❷ 문단과 ❹ 문단을 통해서 적절하다는 것을 확인할 수 있습니다. ②는 선조 임금에 대한 잘못된 선입견이 작동하면 적절하다고 착각할 수 있습니다. 선조 임금이 임진왜란을 제대로 막지 못하고 이순신 장군을 홀대한 것 등의 이미지가 떠오르면, '이'와 '기'에 대해서도 잘못된 생각을 한 것이라고 착각하게 되죠. 그런데 '이'는 완전하고, '기는 변화한다'는 선조 임금의 말은 올바른 견해입니다. ②가 적절하지 않아서 정답입니다. ③은 ❼ 문단의 내용을 요약한 것입니다. ④는 ❹ 문단에 나온 '법제 개혁의 필요성'을 '법제 개혁의 방향 제시'라는 말로 바꾼 것인데, 서로 의미가 같다고 볼 수 있습니다. '법제 개혁의 필요성'은 왕도를 고치는 것이 아니라 그것을 구현하려는 것이기 때문에 '법제 개혁의 방향'이라는 말로 바꾸어도 의미가 통하는 것이죠. ⑤는 ❼ 문단에서 확인할 수 있습니다. (정답: ②)

4 **밑줄 문제 2 유형 -** 밑줄에 내포된 의미를 확인하는 추론적 사고

❶ 밑줄 문제 2 유형은 주로 하나의 개념이나 대상에 대해 그 의미를 묻는 문제입니다. 밑줄 문제의 전형적인 모습이라 할 수 있고, 글 속에 숨어 있는 의미를 확인하는 추론적 사고를 묻는 유형입니다. 그래서 대부분의 수능 비문학에서 확인할 수 있는 문제 유형인 것이죠.

❷ 설명문에서 추론적 사고는 부연 설명 관계에서 잘 알 수 있습니다. 중심 내용을 먼저 언급하고, 그것의 의미를 다시 반복해서 설명하는 것이 부연 설명이죠. 부연 설명 문장은 중심 내용 문장과 의미상으로는 같습니다. 그러나 부연 설명 문장에서 사용한 단어나 표현은 중심 내용 문장과 다릅니다. 이렇게 단어나 표현을 바꿔가면서 중심 내용의 여러 측면을 밝히는 것이죠. 그래서 설명문에서 추론적 사고는 단어나 표현이 바뀜에도 의미가 같다고 판단하는 것이고, 이러한 '유사성'을 확인하는 것이 추론적 사고라 할 수 있습니다. 선지에서는 지문과 다르게 단어나 표현을 바꿔 출제하는데, 이러한 출제 방식은 추론적 사고를 평가하는 것과 관련됩니다.

❸ 글 속에 숨어 있는 의미를 확인하는 추론적 사고는 '유사성의 원리'와 관련되지만, 이러한 추론적 사고가 자칫 엉뚱하게 흘러갈 수도 있습니다. 수능 문제는 정답의 근거가 분명해야 합니다. 그래서 밑줄에 숨어 있는 의미를 추론하기 위해서는 명확한 근거가 있어야 합니다. 밑줄 부분과 의미가 통하는, 즉 유사한 의미를 지니는 부분을 지문에서 확인하는 것이 문제 해결의 초점이 됩니다. 그래서 지문의 다른 부분과 연결해서 판단해야 하기 때문에 밑줄 친 부분만 생각해서는 안 됩니다.

❹ 먼저 추론의 근거가 밑줄 문장 안에 있는가를 확인해야 합니다. 지시어가 있다면 반드시 **지시어**가 가리키는 부분으로 가야 합니다. 밑줄이 있는 문장이 **특정한 문장 구조**를 취하는지도 확인해야 합니다. 만약 비교–대조 문장 형태를 취한다면 의미도 비교–대조 관계에서 파악해야 합니다. 조건문의 형태를 취한다면, 그러한 조건 상황과 관련지어 의미를 파악해야 하죠.

다음으로 **앞–뒤 문장 관계**에서 추론 근거를 확인해야 합니다. 밑줄 다음 문장이 부연 설명의 문장이면, 밑줄의 의미는 부연 설명 문장에서 더 잘 알 수 있습니다. 앞–뒤 문장 관계에서 주목해야 할 추론 근거는 **단어나 표현의 변화 부분**입니다. 이 역시 추론의 근거가 됩니다. 또한 문단 안이나 글 전체에서 추론의 근거를 확인할 때는 **문단 구조나 글 구조**와 관련하여 판단할 필요가 있습니다. 특히 '처음–중간–끝'의 구성 원리에 따라 추론 근거를 확인해야 할 경우도 종종 있습니다. 이처럼 추론 근거를 확인하는 것이 밑줄 문제 2 유형의 해결법입니다.

| 사례분석 (2015학년도 6월 A형)

❶ 기업은 근로자에게 제공하는 보상에 비해 근로자가 더 많이 노력하기를 바라는 반면, 근로자는 자신이 노력한 것에 비해 기업으로부터 더 많은 보상을 받기를 바란다. 이처럼 기업과 근로자 간의 이해가 상충되는 문제를 완화하기 위해 근로자가 받는 보상에 근로자의 노력이 반영되도록 하는 약속이 인센티브 계약이다. 인센티브 계약에는 명시적 계약과 암묵적 계약을 이용하는 두 가지 방식이 존재한다.

❷ 명시적 계약은 법원과 같은 제3자에 의해 강제되는 약속이므로 객관적으로 확인할 수 있는 조건에 기초해야 한다. 근로자의 노력은 객관적으로 확인할 수 없기 때문에, 노력 대신에 노력의 결과인 성과에 기초하여 근로자에게 보상하는 약속이 명시적인 인센티브 계약이다. 이 계약은 근로자로 하여금 자신의 노력을 증가시키도록 하는 매우 강력한 동기를 부여한다. 가령, 근로자에 대한 보상 체계가 '고정급 + α × 성과'(0≤ α ≤1)라고 할 때, 인센티브 강도를 나타내는 α가 커질수록 근로자는 고정급에 따른 기본 노력 외에도 성과급에 따른 추가적인 노력을 더하게 될 것이다. 왜냐하면 기본 노력과 달리 추가적인 노력에 따른 성과는 α가 커질수록 더 많은 몫을 자신이 갖게 되기 때문이다. 따라서 α를 늘리면 근로자의 노력 수준이 증가함에 따라 추가적인 성과가 더욱 늘어나, 추가적인 성과 가운데 많은 몫을 근로자에게 주더라도 기업의 이윤은 늘어난다.

❸ 그러나 명시적인 인센티브 계약이 갖고 있는 두 가지 문제점으로 인해 α가 커짐에 따라 기업의 이윤이 감소하기도 한다. 첫째, 명시적인 인센티브 계약은 근로자의 소득을 불확실하게 만든다. 왜냐하면 근로자의 성과는 근로자의 노력뿐만 아니라 작업 상황이나 여건, 운 등과 같은 우연적인 요인들에 의해서도 영향을 받기 때문이다. 그런데 소득이 불확실해지는 것을 근로자가 받아들이도록 하기 위해서 기업은 근로자에게 위험 프리미엄* 성격의 추가적인 보상을 지불해야 한다. 따라서 α가 커지면 기업이 근로자에게 지불해야 하는 보상이 늘어나 기업의 이윤이 줄기도 한다. 둘째, 명시적인 인센티브 계약은 근로자들이 보상을 잘 받기 위한 노력에 치중하도록 하는 인센티브 왜곡 문제를 발생시킨다. 성과 가운데에는 측정하기 쉬운 것도 있지만 그렇지 않은 것도 있기 때문이다. 중요하지만 성과 측정이 어려워 충분히 보상받지 못하는 업무를 근로자들이 등한시하게 되면 기업 전체의 성과에 해로운 결과를 초래하게 된다. 따라서 α가 커지면 인센티브를 왜곡하는 문제가 악화되어 기업의 이윤이 줄기도 하는 것이다.

❹ 합당한 성과 측정 지표를 찾기 힘들고 인센티브 왜곡의 문제가 중요한 경우에는 암묵적인 인센티브 계약이 더 효과적일 수 있다. 암묵적인 인센티브 계약은 성과와 상관없이 근로자의 노력에 대한 주관적인 평가에 기초하여 보너스, 복지 혜택, 승진 등의 형태로 근로자에게 보상하는 것이다. ㉠암묵적 계약은 법이 보호할 수 있는 계약을 실제로 맺는 것이 아니다. 이에 따르면 상대방과 협력 관계를 계속 유지하는 것이 장기적으로 이익일 경우에 자발적으로 상대방의 기대에 부응하도록 행동하는 것을 계약의 이행으로 본다. 물론 어느 한

쪽이 상대방의 기대를 저버림으로써 얻게 되는 단기적 이익이 크다고 생각하여 협력 관계를 끊더라도 법적으로 이를 못하도록 강제할 방법은 없다. 하지만 상대방의 신뢰를 잃게 되면 그때부터 상대방의 자발적인 협력을 기대할 수 없게 된다. 따라서 암묵적인 인센티브 계약에 의존할 때에는 기업의 평가와 보상이 공정하다고 근로자가 신뢰하도록 만드는 것이 중요하다.

* 위험 프리미엄: 소득의 불확실성이 커질 때 근로자는 사실상 소득이 줄어든 것으로 느끼게 되는데, 이를 보전하기 위해 기업이 지불해야 하는 보상.

문제 1 | 윗글에 대한 이해로 적절하지 <u>않은</u> 것은?

① 기업과 근로자 사이의 이해 상충은 근로자의 노력을 반영하는 보상을 통해 완화할 수 있는 문제이다.
② 법이 보호할 수 있는 인센티브 계약에 의해 근로자의 노력을 늘리려는 것이 오히려 기업에 해가 되는 경우가 있다.
③ 명시적 인센티브 계약에서 노력의 결과인 성과에 기초하는 것은 노력 자체를 객관적으로 확인할 수 없기 때문이다.
④ 합당한 성과 측정 지표를 찾기 힘들 경우에는 객관적 평가보다 주관적 평가에 기초한 보상이 더 효과적일 수 있다.
⑤ 성과를 측정하기 어려운 업무에 종사하는 근로자에 대한 보상에서는 명시적인 인센티브의 강도가 높은 것이 효과적이다.

문제 2 | ㉠에 대한 설명으로 적절하지 <u>않은</u> 것은?

① 법원과 같은 제3자가 강제할 수 없는 약속이다.
② 객관적으로 확인할 수 있는 조건에 기초한 약속이다.
③ 자신에게 이익이 되기 때문에 자발적으로 이행하는 약속이다.
④ 상대방의 신뢰를 잃음으로써 초래되는 장기적 손실이 클수록 더 잘 지켜지는 약속이다.
⑤ 상대방의 기대를 저버림으로써 얻게 되는 단기적 이익이 작을수록 더 잘 지켜지는 약속이다.

❷ **명시적 계약**은 1) 법원과 같은 제3자에 의해 강제되는 약속이므로 2) 객관적으로 확인할 수 있는 조건에 기초해야 한다. 근로자의 노력은 객관적으로 확인할 수 없기 때문에, 노력 대신에 3) 노력의 결과인 성과에 기초하여 근로자에게 보상하는 약속이 명시적인 인센티브 계약이다. 이 계약은 근로자로 하여금 자신의 노력을 증가시키도록 하는 매우 강력한 동기를 부여한다. 가령, 근로자에 대한 보상 체계가 '고정급 + α × 성과'(0≤ α ≤1)라고 할 때, 인센티브 강도를 나타내는 α가 커질수록 근로자는 고정급에 따른 기본 노력 외에도 성과급에 따른 추가적인 노력을 더하게 될 것이다. 왜냐하면 기본 노력과 달리 추가적인 노력에 따른 성과는 α가 커질수록 더 많은 몫을 자신이 갖게 되기 때문이다. 4) 따라서 α를 늘리면 근로자의 노력 수준이 증가함에 따라 추가적인 성과가 더욱 늘어나, 추가적인 성과 가운데 많은 몫을 근로자에게 주더라도 기업의 이윤은 늘어난다.

❸ 그러나 명시적인 인센티브 계약이 갖고 있는 ≪**두 가지 문제점**≫으로 인해 α가 커짐에 따라 기업의 이윤이 감소하기도 한다. **첫째**, 명시적인 인센티브 계약은 근로자의 소득을 불확실하게 만든다. 왜냐하면 근로자의 성과는 근로자의 노력뿐만 아니라 작업 상황이나 여건, 운 등과 같은 우연적인 요인들에 의해서도 영향을 받기 때문이다. 그런데 소득이 불확실해지는 것을 근로자가 받아들이도록 하기 위해서 기업은 근로자에게 위험 프리미엄 성격의 추가적인 보상을 지불해야 한다. 따라서 α가 커지면 기업이 근로자에게 지불해야 하는 보상이 늘어나 기업의 이윤이 줄기도 한다. **둘째**, 명시적인 인센티브 계약은 근로자들이 보상을 잘 받기 위한 노력에 치중하도록 하는 인센티브 왜곡 문제를 발생시킨다. 성과 가운데에는 측정하기 쉬운 것도 있지만 그렇지 않은 것도 있기 때문이다. 중요하지만 성과 측정이 어려워 충분히 보상받지 못하는 업무를 근로자들이 등한시하게 되면 기업 전체의 성과에 해로운 결과를 초래하게 된다. 따라서 α가 커지면 인센티브를 왜곡하는 문제가 악화되어 기업의 이윤이 줄기도 하는 것이다.

---

❷ 문단과 ❸ 문단은, "기업과 근로자 간의 이해가 상충되는 문제를 완화하기 위해 근로자가 받는 보상에 근로자의 노력이 반영되도록 하는" 인센티브 계약 중 '명시적 계약'에 대해 설명하고 있습니다. '명시적 계약'은 1) 제3자에 의해 강제되고, 2) 객관적으로 확인할 수 있는 조건에 기초합니다. 그런데 노력의 과정은 객관적으로 측정하기 어려워서 3) 노력의 결과인 성과에 기초하여 보상을 약속합니다. 그렇지만 명시적 인센티브 계약은 근로자의 소득을 불확실하게 만들어서 근로자에게 추가적 보상을 해야 할 경우가 생기고, 또한 인센티브 왜곡 문제도 발생하여 기업 전체의 성과에 해로운 결과를 초래할 수 있습니다.

❹ 합당한 성과 측정 지표를 찾기 힘들고 인센티브 왜곡의 문제가 중요한 경우에는 암묵적인 인센티브 계약이 더 효과적일 수 있다. 암묵적인 인센티브 계약은 성과와 상관없이 근로자의 노력에 대한 주관적인 평가에 기초하여 보너스, 복지 혜택, 승진 등의 형태로 근로

자에게 보상하는 것이다. ㉠**암묵적 계약**은 1) 법이 보호할 수 있는 계약을 실제로 맺는 것이 아니다. 이에 따르면 2) 상대방과 협력 관계를 계속 유지하는 것이 장기적으로 이익일 경우에 자발적으로 상대방의 기대에 부응하도록 행동하는 것을 계약의 이행으로 본다. 물론 어느 한쪽이 상대방의 기대를 저버림으로써 얻게 되는 단기적 이익이 크다고 생각하여 협력 관계를 끊더라도 법적으로 이를 못하도록 강제할 방법은 없다. 하지만 상대방의 신뢰를 잃게 되면 그때부터 상대방의 자발적인 협력을 기대할 수 없게 된다. 따라서 3) 암묵적인 인센티브 계약에 의존할 때에는 기업의 평가와 보상이 공정하다고 근로자가 신뢰하도록 만드는 것이 중요하다.

성과 측정의 객관적 지표를 찾기 어려울 때나 인센티브 왜곡 문제가 심각할 경우, 근로자의 노력을 주관적으로 평가하여 보상하는 암묵적 계약이 제시됩니다. 암묵적 계약은 협력 관계를 유지하는 것이 장기적으로 이익일 경우에 "자발적으로 상대방의 기대에 부응하도록" 합니다.

문제 1 | –(일치–불일치 문제 1 유형)

①은 ❶ 문단, ②는 ❸ 문단에서 확인할 수 있죠. ③은 ❷ 문단에서 확인할 수 있는데, 선지를 꼼꼼히 읽을 필요가 있습니다. 빠르게 읽다 보면 착각할 수 있거든요. 선지 끝의 "객관적으로 확인할 수 없기 때문이다."만을 주목하면, 적절하지 않다고 착각하게 됩니다. 명시적 계약은 객관적 조건에 기초하고 있으니까요. 그런데 노력 자체를 객관적으로 확인할 수 없어서 노력의 결과인 성과에 기초한다는 의미이므로, 선지 내용과 일치합니다. ④는 암묵적 계약이 필요한 경우를 말하기 때문에 적절하고, ❹ 문단에서 확인할 수 있습니다. ⑤는 암묵적 계약이 도입되어야 할 업무인데, 명시적 계약을 도입하고 있기 때문에 적절하지 않습니다. (정답: ⑤)

문제 2 | –(밑줄 문제 2 유형)

㉠의 '암묵적 계약'과 관련된 내용이 그 다음 문장에서, "이에 따르면"이라는 접속어를 통하여 부연 설명합니다. 부연 설명 부분에서 선지 ③과 ④와 ⑤를 적절하다고 확인할 수 있죠. 약간씩 표현을 바꾸었지만, 쉽게 이해할 수 있습니다. "자발적으로 상대방의 기대에 부응하도록" 하는 부분이 선지 ③의 "자발적으로 이행하는 약속" 부분과 의미가 통합니다. "상대방과 협력 관계를 계속 유지하는 것이 장기적으로 이익일 경우"라는 부분은 선지 ④의 "상대방의 신뢰를 잃음으로써 초래되는 장기적 손실이 클수록" 부분과 의미가 통합니다. "상대방의 기대를 저버림으로써 얻게 되는 단기적 이익이 크다고 생각하여 협력 관계를 끊더라도 법적으로 이를 못하도록 강제할 방법이 없다"는 부분은 선지 ⑤의 "단기적 이익이 작을수록 더 잘 지켜지는 약속"과 의미가 통합니다. 단기적 이익이 클 때 협력 관계를 끊을 수 있는데, 단기적 이익이 작으면 굳이 협력 관계를 끊을 이유가 없는 것이죠. 선지 ②는 '명시적 계약'에 해당하므로 적절하지 않고, 그래서 정답입니다. (정답: ②)

유제 연습 ❹

❶ 온라인을 통한 통신, 금융, 상거래 등은 우리에게 편리함을 주지만 보안상의 문제도 안고 있는데, 이런 문제를 해결하기 위하여 암호 기술이 동원된다. 예를 들어 전자 화폐의 일종인 비트코인은 해시 함수를 이용하여 화폐 거래의 안전성을 유지한다. 해시 함수란 입력 데이터 x에 대응하는 하나의 결과 값을 일정한 길이의 문자열로 표시하는 수학적 함수이다. 그리고 입력 데이터 x에 대하여 해시 함수 H를 적용한 수식을 H(x)=k라 할 때, k를 해시 값이라 한다. 이때 해시 값은 입력 데이터의 내용에 미세한 변화만 있어도 크게 달라진다. 현재 여러 해시 함수가 이용되고 있는데, 해시 값을 표시하는 문자열의 길이는 각 해시 함수마다 다를 수 있지만 특정 해시 함수에서의 그 길이는 고정되어 있다.

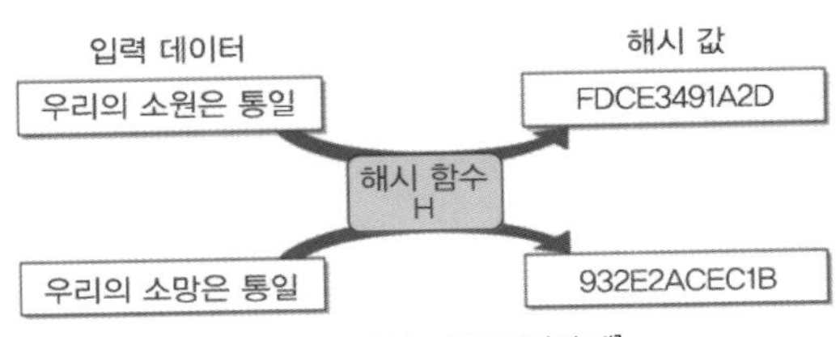

[해시 함수의 입 · 출력 동작의 예]

❷ 이러한 특성을 갖고 있기 때문에 해시 함수는 데이터의 내용이 변경되었는지 여부를 확인하는 데 이용된다. 가령, 상호 간에 동일한 해시 함수를 사용한다고 할 때, 전자 문서와 그 문서의 해시 값을 함께 전송하면 상대방은 수신한 전자 문서에 동일한 해시 함수를 적용하여 결과 값을 얻은 뒤 전송받은 해시 값과 비교함으로써 문서가 변경되었는지 확인할 수 있다.

❸ 그런데 해시 함수가 ㉠일방향성과 ㉡충돌회피성을 만족시키면 암호 기술로도 활용된다. 일방향성이란 주어진 해시 값에 대응하는 입력 데이터의 복원이 불가능하다는 것을 말한다. 특정 해시 값 k가 주어졌을 때 H(x)=k를 만족시키는 x를 계산하는 것이 매우 어렵다는 것이다. 그리고 충돌회피성이란 특정 해시 값을 갖는 서로 다른 데이터를 찾아내는 것이 현실적으로 불가능하다는 것을 의미한다. 서로 다른 데이터 x, y에 대해서 H(x)와 H(y)가 각각 도출한 값이 동일하면 이것을 충돌이라 하고, 이때의 x와 y를 충돌쌍이라 한다. 충돌회피성은 이러한 충돌쌍을 찾는 것이 현재 사용할 수 있는 모든 컴퓨터의 계산 능력을 동원하더라도 그것을 완료하기가 사실상 불가능하다는 것이다.

[가] ❹ 해시 함수는 온라인 경매에도 이용될 수 있다. 예를 들어 ○○ 온라인 경매 사이트에서 일방향성과 충돌회피성을 만족시키는 해시 함수 G가 모든 경매 참여자와 운영자에게 공개되어 있다고 하자. 이때 각 입찰 참여자는 자신의 입찰가를 감추기 위해 논스*의 해시 값과, 입찰가에 논스를 더한 것의 해시 값을 함께 게시판에 게시한다. 해시값 게시 기한이 지난 후 각 참여자는 본인의 입찰가와 논스를 운영자에게 전송하고 운영자는 최

고 입찰가를 제출한 사람을 낙찰자로 선정한다. 이로써 온라인 경매 진행 시 발생할 수 있는 다양한 보안상의 문제를 해결할 수 있다.

* 논스: 입찰가를 추측할 수 없게 하기 위해 입찰가에 더해지는 임의의 숫자.

문제 1 | 윗글의 ㉠과 ㉡에 대하여 추론한 내용으로 가장 적절한 것은?

① ㉠을 지닌 특정 해시 함수를 전자 문서 x, y에 각각 적용하여 도출한 해시 값으로부터 x, y를 복원할 수 없다.
② 입력 데이터 x, y에 특정 해시 함수를 적용하여 도출한 문자열의 길이가 같은 것은 해시 함수의 ㉠ 때문이다.
③ ㉡을 지닌 특정 해시 함수를 전자 문서 x, y에 각각 적용하여 도출한 해시 값의 문자열의 길이는 서로 다르다.
④ 입력 데이터 x, y에 특정 해시 함수를 적용하여 도출한 해시 값이 같은 것은 해시 함수의 ㉡ 때문이다.
⑤ 입력 데이터 x, y에 대해 ㉠과 ㉡을 지닌 서로 다른 해시 함수를 적용하였을 때 도출한 결과 값이 같으면 이를 충돌이라고 한다.

문제 2 | [가]에 따라 〈보기〉의 사례를 이해한 내용으로 가장 적절한 것은?

보기

온라인 미술품 경매 사이트에 회화 작품 △△이 출품되어 A와 B만이 경매에 참여하였다. A, B의 입찰가와 해시 값은 다음과 같다. 단, 입찰 참여자는 논스를 임의로 선택한다.

입찰 참여자	입찰가	논스의 해시 값	'입찰가+논스'의 해시 값
A	a	r	m
B	b	s	n

① A는 a, r, m 모두를 게시 기한 내에 운영자에게 전송해야 한다.
② 운영자는 해시 값을 게시하는 기한이 마감되기 전에 최고가 입찰자를 알 수 없다.
③ m과 n이 같으면 r과 s가 다르더라도 A와 B의 입찰가가 같다는 것을 의미한다.
④ A와 B 가운데 누가 높은 가격으로 입찰하였는지는 r과 s를 비교하여 정할 수 있다.
⑤ B가 게시판의 m과 r을 통해 A의 입찰가 a를 알아낼 수도 있으므로 게시판은 비공개로 운영되어야 한다.

❶ 온라인을 통한 통신, 금융, 상거래 등은 우리에게 편리함을 주지만 보안상의 문제도 안고 있는데, 이런 문제를 해결하기 위하여 암호 기술이 동원된다. 예를 들어 전자 화폐의 일종인 비트코인은 해시 함수를 이용하여 화폐 거래의 안전성을 유지한다. **해시 함수**란 1) 입력 데이터 x에 2) 대응하는 하나의 결과 값을 3) 일정한 길이의 문자열로 표시하는 수학적 함수이다. 그리고 입력 데이터 x에 대하여 해시 함수 H를 적용한 수식을 H(x)=k라 할 때, k를 **해시 값**이라 한다. 이때 해시 값은 입력 데이터의 내용에 미세한 변화만 있어도 크게 달라진다. 현재 여러 해시 함수가 이용되고 있는데, 해시 값을 표시하는 문자열의 길이는 각 해시 함수마다 다를 수 있지만 특정 해시 함수에서의 그 길이는 고정되어 있다.

해시 함수에 대해 설명하고 있는데, 특히 해시 함수의 정의를 내리는 부분에 주목할 필요가 있습니다. 해시 함수의 여러 의미 영역을 하나의 문장으로 표현하고 있기 때문에 의미 영역 하나하나를 독해해야 합니다. 1) 하나의 데이터 x를 입력하면, 2) 거기에 대응하여 하나의 결과 값이 도출되는데, 3) 이때 그 결과 값은 일정한 길이의 문자열로 표시된다는 것이 해시 함수와 관련된 내용입니다. 특정 해시 함수에서는 이러한 문자열의 길이는 고정되어 있습니다.

❷ 이러한 특성을 갖고 있기 때문에 해시 함수는 데이터의 내용이 변경되었는지 여부를 확인하는 데 이용된다. 가령, 상호 간에 동일한 해시 함수를 사용한다고 할 때, 전자 문서와 그 문서의 해시 값을 함께 전송하면 상대방은 수신한 전자 문서에 동일한 해시 함수를 적용하여 결과 값을 얻은 뒤 전송받은 해시 값과 비교함으로써 문서가 변경되었는지 확인할 수 있다.

해시 함수를 이용하여 문서 변경 여부를 확인하는 방법을 서술하고 있습니다. 즉 전자 문서에 해시 값을 함께 전송하고, 상대방은 동일한 해시 함수를 이용하여 결과 값을 얻은 뒤 전자 문서와 같이 딸려온 해시 값과 비교합니다.

❸ 그런데 해시 함수가 ㉠일방향성과 ㉡충돌회피성을 만족시키면 암호 기술로도 활용된다. **일방향성**이란 주어진 해시 값에 대응하는 입력 데이터의 복원이 불가능하다는 것을 말한다. 특정 해시 값 k가 주어졌을 때 H(x)=k를 만족시키는 x를 계산하는 것이 매우 어렵다는 것이다. // 그리고 **충돌회피성**이란 특정 해시 값을 갖는 서로 다른 데이터를 찾아내는 것이 현실적으로 불가능하다는 것을 의미한다. ((서로 다른 데이터 x, y에 대해서 H(x)와 H(y)가 각각 도출한 값이 동일하면 이것을 충돌이라 하고, 이때의 x와 y를 충돌쌍이라 한다.)) 충돌회피성은 이러한 충돌쌍을 찾는 것이 현재 사용할 수 있는 모든 컴퓨터의 계산 능력을 동원하더라도 그것을 완료하기가 사실상 불가능하다는 것이다.

해시 함수가 암호 기술로도 활용될 수 있는 것은 일방향성과 충돌회피성을 갖고 있기 때문입니다. 일방향성이란, 어떤 해시 값이 주어졌을 때 거기에 대응하는 입력 데이터를 찾아낼 수 없다는 것입니다. 그러니까 해시 값으로부터 해시 함수에 입력한 하나의 입력 데이터를 역으로 추적할 수 없다는 것이죠. 그리고 충돌회피성은, 특정한 해시 값을 갖는 서로 다른 데이터 x, y를 찾아내기가 거의 불가능한 것을 말합니다. 이러한 일방향성과 충돌회피성 때문에 해시 함수가 암호 기능을 할 수 있습니다.

❹ 해시 함수는 온라인 경매에도 이용될 수 있다. 예를 들어 ○○ 온라인 경매 사이트에서 일방향성과 충돌회피성을 만족시키는 해시 함수 G가 모든 경매 참여자와 운영자에게 공개되어 있다고 하자. 이때 각 입찰 참여자는 자신의 입찰가를 감추기 위해 1) 논스의 해시 값과, 2) 입찰가에 논스를 더한 것의 해시 값을 함께 게시판에 게시한다. 해시 값 게시 기한이 지난 후 3) 각 참여자는 본인의 입찰가와 논스를 운영자에게 전송하고 운영자는 최고 입찰가를 제출한 사람을 낙찰자로 선정한다. 이로써 온라인 경매 진행 시 발생할 수 있는 다양한 보안상의 문제를 해결할 수 있다.

온라인 경매에서 해시 함수가 사용되는 경우를 설명하고 있습니다. 경매이기 때문에 경매 참여자들은 공개적으로 자신의 입찰가를 제시할 수 있어야 하지만, 온라인 경매이기 때문에 자신의 입찰가를 비밀로 해야 합니다. 그래서 원래의 입찰가에다 임의의 숫자를 더한 논스를 활용합니다. **논스의 해시 값**과 그리고 **입찰가에 논스를 더한 숫자의 해시 값**을 함께 게시판을 올리면, 운영자는 물론 다른 경매 참여자도 자신의 입찰가를 모르게 됩니다. 게시 기한이 지난 후에 각 참여자가 입찰가와 논스를 운영자에게 보내면, 그때서야 운영자는 정확한 입찰가를 알 수 있고, 최고 입찰가를 제시한 사람을 낙찰자로 선정하는 것이죠.

문제 1 | -(밑줄 문제 2 유형)

㉠의 '일방향성'과 ㉡의 '충돌회피성'과 관련한 내용을 묻고 있는 문제입니다. 각각의 개념을 이해했는지 평가하는 문제이므로, 먼저 개념을 지문에서 정확히 확인하는 것이 필요합니다. 일방향성은 "주어진 해시 값에 대응하는 입력 데이터의 복원이 불가능"함을 말합니다. 즉 데이터를 해시 함수에 넣으면 해시 값을 얻을 수 있지만, 역으로 해시 값에서 데이터를 찾을 수 없기 때문에 한쪽 방향으로만 진행할 수 있습니다. 그래서 일방향성이라고 하네요. 그리고 충돌회피성은 "특정 해시 값을 (공통으로) 갖는 서로 다른 데이터를 찾아내는 것이 현실적으로 불가능"함을 말합니다.

①이 적절합니다. 해시 값으로부터 데이터 x, y를 복원할 수 없습니다. ②는 문자열의 길이를 묻고 있습니다. 문자열의 길이는 특정 해시 함수에서 고정되어 있습니다. 입력 데이터 x, y의 해시 값을 표시하는 문자열이 같은 것은 해시 함수가 같기 때문입니다. 해시 함수가 갖는 '일방향성'과는 관련이 없습니다. ③이 적절하지 않은 이유는 ②에서 설명한 것과 관련이 있습니다. 즉 특정한 해시 함수에서 도출된 해시 값의 문자열의 길이는 서로 같기 때문에 ③이 적절하지 않습니다. ④도 적절하지 않습니다. 입력 데이터에 미세한 변화만 있어도 해시 값은 크게 달라집니다. 그리고 '충돌회피성'은 특정 해시 값을 공통으로 갖는 데이터 x, y를 찾는 것은 불가능합니다. 그래서 해시 값이 같게 나올 수가 없는 것이죠. ⑤에서 적절하지 않은 부분은, "서로 다른 해시 함수를 적용하였을 때"입니다. 충돌은, 동일한 해시 함수를 사용했을 때 도출되는 결과 값이 같은 경우를 말합니다. (정답: ①)

문제 2 | -(〈보기〉 문제 1 유형)

[가]의 상황을 〈보기〉에 적용하는 문제입니다. 그래서 먼저 [가]의 상황을 제대로 파악해야 합니다. 온라인 경매의 공개는 게시판에서 이루어집니다. 입찰가를 게시 기한 동안 비밀로 하기 위해 **논스의 해시 값과, 입찰가에 논스를 더한 것의 해시 값**을 게시판에 올리게 되죠. 그리고 게시 기한이 끝난 다음 입찰 참여자는 **입찰가와 논스**를 운영자에게 보냅니다. 그러니까 운영자도 게시 기한 동안은 입찰 참여자들의 입찰가를 알지 못합니다.

①은 게시 기한 내에 입찰가도 운영자에게 보낸다고 하니까 적절하지 않습니다. ②가 적절합니다. 게시 기한 중에는 운영자도 최고 입찰가격을 알지 못합니다. ③은 적절하지 않습니다. 논스의 해시 값과 '입찰가+논스'의 해시 값은 입찰가를 숨기기 위한 것이죠. '입찰가+논스'의 해시 값이 같다고 입찰가가 같은 게 아닙니다. ④도 적절하지 않죠. 논스의 해시 값을 통해 입찰가격을 확인할 수 없습니다. 입찰가는 게시 기한이 끝난 후 입찰 참여자가 운영자에게 통보해야만 알 수 있습니다. ⑤는 게시판 운영을 비공개로 한다는 점이 적절하지 않습니다. 경매는 공개적이어야 하는데, 온라인 경매이기 때문에 공개 게시판을 운영하고 있습니다. (정답: ②)

5 **밑줄 문제 3 유형 -** 구체 상황을 비교하는 추리 상상적 사고

❶ 밑줄 문제 3 유형은 한 문장이나 두 문장 정도에 밑줄이 쳐 있고, 선지나 〈보기〉도 구체 상황을 제시하는 문제 형태입니다. 지문의 상황과 선지의 구체 상황을 서로 비교하여 유사한 것을 찾도록 하는 것이죠. 최근에는 잘 출제되지 않고, 2000년대 초반에 종종 출제되었습니다. 그렇지만 밑줄 문제 3 유형을 공부할 필요가 분명히 있습니다. 밑줄 문제 1 유형이나 밑줄 문제 2 유형의 해결 원리와는 다른 사고 영역이 존재하기 때문입니다. 즉 구체적 상황을 추상하여 하나의 새로운 개념으로 생각하는 추리 상상적 사고력을 키울 수 있는 것이죠.

❷ 수능 출제 매뉴얼에서는 창의적 사고, 즉 추리 상상적 사고를 이렇게 설명하고 있습니다. "창의적 사고는 언어활동의 과정에서 자료나 텍스트의 표현에 제시되지 않은 요소를 창출해낸다는 점에서 추론적 사고와 비슷하지만, 추론적 사고가 수평적 확산인데 비해 창의적 사고는 수직적인 수준 오름(shift-up)이라는 점에서 서로 구별된다." 수평적 확산은 유사성을 통해 우리의 생각이 옆으로 나아간다는 것입니다. 즉 유의어나 반대어를 생각해냄으로써 사물의 또 다른 측면으로 생각을 넓히는 게 추론적 사고입니다.

그런데 '수직적 수준 오름'에 해당하는 추리 상상적 사고는 생각이 넓어지다 보면 어느 순간에 구체적인 것들을 추상하고 일반화할 수 있는 경지까지 나아가는 것을 의미합니다. 일반화하고 추상화한다는 것은 구체적 사례를 넘어서는 것이니까 사고 수준이 위로 'up'되는 것입니다. 조금 어려운가요? ^.^ 여하튼 추리 상상적 사고 능력을 평가하는 수능 문제 유형은, '서술상의 특징 문제'나 '주제와 관련된 문제', '내용 요약 문제' 등입니다.

❸ 추리 상상적 사고가 무엇인지 알았다면, 이제 밑줄 문제 3 유형의 해결 방법도 찾아낼 수 있습니다. 밑줄 문제 3 유형은 구체 상황과 구체 상황을 비교하는 것입니다. 그런데 구체 상황 자체를 비교하면 많이 헷갈립니다. 이럴 때 지문의 구체 상황이나 선지의 구체 상황을 하나의 개념어로 요약하여 서로를 비교해 보면 공통점과 차이점이 뚜렷하게 드러납니다. 대부분의 경우에는 그 문장 안의 중심어를 찾아서 비교하면 됩니다.

또한 구체 상황의 문장을 이항대립적 개념어를 통해서 추상해 보는 것도 유력한 해결 방법입니다. **이항대립적 개념어**는 서로 쌍을 이루며 사고 범주를 구성하는 개념어입니다. 예를 들면, 부분-전체, 개인-사회, 자유-평등, 내용-형식, 구체-추상, 자연-인간, 현상-본질, 수단-목적, 개념-실제, 사실-가치 등이며, 이것들은 구체 상황의 핵심을 잘 인식할 수 있게 해줍니다.

(2003학년도 수능)

❶ 하사(下士*)는 오곡을 보면 중국에도 있는지를 묻고, 중사(中士*)는 중국 문장이 우리 나라보다 못하다고 여긴다. 상사(上士*)는 중국에는 이학(理學)이 없다 한다. 과연 그러하다면 중국에는 배울 만한 것이 거의 없다 하겠다.

❷ 그러나 이 큰 천하에 무엇인들 없겠는가? 내가 지나가 본 곳은 중국의 한 모퉁이인 유주(幽州), 연주(燕州)이고, 만난 사람도 문인 몇 사람일 뿐이니 도(道)를 물려받은 큰 선비는 실상 보지 못했다. 하지만 ㉠반드시 그런 사람이 없다고 감히 말하지 못하는 것은 천하의 서적을 다 읽지 못했고 천하의 지역을 두루 돌아보지 못한 때문이다. 지금 중국에는 뛰어난 학자들과 걸출한 문인들이 있는데도 우리 나라 사람들은 중국의 학문과 문학을 볼 것 없다고 하는데 도대체 무얼 믿고 그러는지 알 수 없다.

❸ 대저 서적에 기재된 것은 그 범위가 대단히 넓고 의미가 무궁하다. 그런 까닭에 중국 서적을 읽지 않는 자는 스스로 금을 긋는 것이고, 중국을 다 오랑캐라 하는 것은 남을 속이는 것이다. 중국에 비록 육상산이나 왕양명 같은 사람들의 학설이 있다고 해도 주자학의 적통(嫡統)은 제대로 남아 있다.

❹ 우리 나라는 사람마다 주자의 학설을 말할 뿐이며 나라 안에 이단이 없으므로 사대부는 감히 육상산이나 왕양명의 학설을 말하지 못한다. 이것이 어찌 도가 하나에서 나와서 그런 것이겠는가? 과거(科擧)로 몰아대고 풍기(風氣)로 구속하니 이와 같이 하지 않으면 몸이 편안하지 않고 그 자손마저 보전하지 못하기 때문이다. 이런 모든 것이 중국의 큰 규모와 같게 되지 못하는 요인이 된다. 무릇 우리 나라가 가지고 있는 좋은 기예를 다 발휘해도 중국의 물건 하나에 불과할 터이니 서로 비교하려는 것은 이미 자신을 알지 못함이 심한 자이다.

❺ 내가 연경(燕京)에서 돌아오니 국내 사람들이 잇달아 와서 중국 이야기를 들려주기를 청하는 것이었다. 나는 일어나면서,

"그대는 중국 비단을 못 보았나? 꽃과 새, 용 따위의 무늬가 번쩍번쩍하여 살아 있는 듯하며, 가까이 보면 기뻐하는 듯, 슬퍼하는 듯, 모습이 금세 달라진다. 그것을 보는 자는 다 직조 기술이 과연 여기까지 이를 줄은 몰랐다 하는 바, 우리 나라의 면포가 날과 씨만으로 짜여 있는 것과 어떠한가? 중국에는 어떤 물건이든지 그렇지 않은 것이 없다. ㉡그 말은 문자를 그대로 사용하며, 집은 금빛과 채색 단장으로 꾸몄고, 통행하는 것은 수레이고, 냄새는 향기로운 냄새뿐이다. 그 도읍, 성곽, 음악의 번화함이며, 무지개 다리, 푸른 숲 속에 은은하게 오가는 풍경은 완연히 그림과 같다. 부인네 머리 모습과 긴 저고리는 모두 옛날 제도 그대로이며 멀리서 바라보면 몸매가 날씬하여 우리 나라 부인네의 짧은 저고리와 폭 넓은 치마가 아직도 몽고 제도를 이어받은 것과 같지 않다."

하였더니 모두 허황하게 여겨 믿지 않았다. 평소에 생각하던 것과 아주 다르다는 듯이 이상한 표정을 짓고 돌아가면서, "호국(胡國)을 우단(右袒**)한다."라는 것이었다.

❻ 아아, 나를 찾아왔던 사람들은 모두가 장차 이 유도(儒道)를 밝히고 이 백성을 다스릴 사

람들인데 그 고루함이 이와 같으니 오늘날 우리 나라 풍속이 진흥하지 못하는 것이 당연하다. 주자는 "의리를 아는 사람이 많기를 원할 뿐이다." 하였는데, 그러므로 나도 이에 대해서 변론하지 않을 수 없다.

– 박제가, 북학의 –

* 하사 · 중사 · 상사: 선비를 상 · 중 · 하로 나누어 표현한 것.

** 우단: 한쪽 편을 듦.

문제 1 | ㉠과 같은 진술을 뒷받침할 수 있는 것은?

① 조물주의 존재 여부와 같은 신념의 문제는 사실의 진위와는 관계없다.
② 유럽의 백조가 희다고 해서 전 세계의 백조가 희다고 주장할 수는 없다.
③ 소 꼬리를 다리라고 부른다고 해서 소의 다리가 다섯 개가 되는 것은 아니다.
④ 이곳에서 키가 큰 사람이라고 하여 저곳에서도 키가 크다고 보장할 수는 없다.
⑤ 바닷물이 짠지 짜지 않은지를 알기 위해 모든 바닷물을 다 마셔 볼 필요는 없다.

문제 2 | 대상에 대한 태도가 ㉡과 가장 가까운 것은?

① 분을 바른 듯이 하얀 얼굴, 기름 바른 머리, 여름에도 까만 지팡이와 같이 밤낮 팔에 걸고 다니는 외투, 속에도 없는 것을 지어서 하는 듯한 그 공손한 태도와 웃음.

② 고대 그리스 조각같이 매끈한 얼굴 윤곽, 그 밑으로 살짝 다물어도 선명하게 선이 지는 입매, 언제나 투명하고 파르스름해 보이는 그의 살결, 그 초연함. 그는 속눈썹마저 길었다.

③ 자신이 가진, 백 명 중 한 명꼴에 해당하는 아름다움을 소모하지 못해 늘 전전긍긍해 하는 여자였다. 화장과 옷맵시에 유달리 감각이 뛰어났던 그녀는 액자에 끼워 놓고 봐야 안성맞춤인 그런 여자였다.

④ 민주의 모습은 아득하게 사막의 흰 햇빛 속에 녹아들고 볼에 패인 보조개로만 남는다. 그 보조개는 구름이 되기도 하고, 이슬이 되기도 하고, 안개가 되기도 하고, 그러다가 한 줄기 바람이 되어 옷섶을 시리게 파고든다.

⑤ 루바슈카도 아니고 터키 사람들의 옷도 아닌 참으로 기묘한 디자인의 옷을 그는 걸치고 있었다. 녹색과 갈색의 대담한 체크무늬의 옷은 이상하기도 하려니와 얼마나 컸던지 움직이면 사람이 아니라 옷이 움직이고 있는 형편이었다.

❶ 하사(下士)는 오곡을 보면 중국에도 있는지를 묻고, 중사(中士)는 중국 문장이 우리 나라보다 못하다고 여긴다. 상사(上士)는 중국에는 이학(理學)이 없다 한다. 과연 그러하다면 중국에는 배울 만한 것이 거의 없다 하겠다.

❷ **그러나** 이 큰 천하에 무엇인들 없겠는가? 내가 지나가 본 곳은 중국의 한 모퉁이인 유주(幽州), 연주(燕州)이고, 만난 사람도 문인 몇 사람일 뿐이니 도(道)를 물려받은 큰 선비는 실상 보지 못했다. 하지만 ㉠ 반드시 그런 사람이 없다고 감히 말하지 못하는 것은 **천하의 서적을 다 읽지 못했고 천하의 지역을 두루 돌아보지 못한 때문**이다. 지금 중국에는 뛰어난 학자들과 걸출한 문인들이 있는데도 우리 나라 사람들은 중국의 학문과 문학을 볼 것 없다고 하는데 도대체 무얼 믿고 그러는지 알 수 없다.

---

❶ 문단에는 중국을 무시하는 태도가 나와 있고, ❷ 문단에는 "그러나"라는 접속어를 통해 이와 대조되는 필자의 의견을 말하고 있습니다. 즉 "큰 천하에 무엇인들 없겠는가?"라고 합니다. 글쓴이는 큰 선비를 만나지 못했지만, 넓은 중국 천하를 두루 다니지 못했고 천하의 많은 서적을 다 읽지 못했기 때문에 중국에는 배울 게 없다고 감히 말할 수 없다고 생각합니다.

❸ 대저(=대체로 보아) 서적에 기재된 것은 그 범위가 대단히 넓고 의미가 무궁하다. 그런 까닭에 중국 서적을 읽지 않는 자는 스스로 금을 긋는 것이고, 중국을 다 오랑캐라 하는 것은 남을 속이는 것이다. 중국에 비록 육상산이나 왕양명 같은 사람들의 학설이 있다고 해도 주자학의 적통(嫡統)은 제대로 남아 있다.

❹ 우리 나라는 사람마다 주자의 학설을 말할 뿐이며 나라 안에 이단이 없으므로 사대부는 감히 육상산이나 왕양명의 학설을 말하지 못한다. 이것이 어찌 도가 하나에서 나와서 그런 것이겠는가? 과거(科擧)로 몰아대고 풍기(風氣)로 구속하니 이와 같이 하지 않으면 몸이 편안하지 않고 그 자손마저 보전하지 못하기 때문이다. 이런 모든 것이 중국의 큰 규모와 같게 되지 못하는 요인이 된다. 무릇 우리 나라가 가지고 있는 좋은 기예를 다 발휘해도 중국의 물건 하나에 불과할 터이니 서로 비교하려는 것은 이미 자신을 알지 못함이 심한 자이다.

박제가의 '북학의'는 청나라의 문물을 받아들이자는 입장에서 쓴 책입니다. 조선 후기 당시에는 청나라를 오랑캐로 배격하는 풍토가 있었는데, 박제가는 이것이 잘못되었다고 말하는 것이죠. 즉 중국에도 성리학의 전통이 남아 있고, 양명학 등 다른 학문도 존재하고 있어서 중국의 학문이 다양하며 범위가 넓고 의미가 무궁하지만, 조선은 성리학만 말하고 왕양명의 학설을 이단으로 다스리기 때문에 중국과 같이 큰 규모로 되지 못한다고 지적하고 있습니다.

❺ 내가 연경(燕京)에서 돌아오니 국내 사람들이 잇달아 와서 중국 이야기를 들려주기를 청하는 것이었다. 나는 일어나면서,

"그대는 중국 비단을 못 보았나? 꽃과 새, 용 따위의 무늬가 번쩍번쩍하여 살아 있는 듯하며, 가까이 보면 기뻐하는 듯, 슬퍼하는 듯, 모습이 금세 달라진다. 그것을 보는 자는 다 직조 기술이 과연 여기까지 이를 줄은 몰랐다 하는 바, 우리 나라의 면포가 날과 씨만으로 짜여 있는 것과 어떠한가? 중국에는 어떤 물건이든지 그렇지 않은 것이 없다. ㉡그 말은 문자를 그대로 사용하며, 집은 금빛과 채색 단장으로 꾸몄고, 통행하는 것은 수레이고, 냄새는 향기로운 냄새뿐이다. 그 도읍, 성곽, 음악의 번화함이며, 무지개 다리, 푸른 숲 속에 은은하게 오가는 풍경은 완연히 그림과 같다. 〈중략〉"

하였더니 모두 허황하게 여겨 믿지 않았다. 평소에 생각하던 것과 아주 다르다는 듯이 이상한 표정을 짓고 돌아가면서, "호국(胡國)을 우단(右袒)한다." 라는 것이었다.

㉡은 중국 문물을 예찬하고 있습니다. 중국의 실상을 보고 와서 알려 주는데, 사람들은 기존의 생각을 버리지 못하고, "오랑캐 나라를 두둔한다"고 말하고 있습니다.

문제 1 | – (밑줄 문제 3 유형)

㉠을 하나의 개념어로 정리할 수 있는 근거 부분을 ㉠에서 찾아 본다면, "천하의 서적을 다 읽지 못했고, 천하의 지역을 두루 돌아보지 못함"이 될 것입니다. 즉 전부를 알지 못하고 일부만 경험했다는 것이므로, ㉠에는 '전체–부분'의 관계가 내포되어 있습니다. ①은 '신념–사실', 즉 '가치–사실'의 관계로 볼 수 있습니다. ②가 '부분–전체'의 관계입니다. 유럽이라는 부분과 세계라는 전체가 대비되고 있죠. ③은 '개념–실제'로 볼 수 있네요. 개념은 이름 붙이는 것과 관련되지만, 이것이 실제와 맞지 않을 수 있다는 것입니다. ④는 '절대–상대'의 관계로 볼 수 있네요. ⑤는 '전체–부분' 관계로 보이지만, 그렇지 않습니다. 바닷물의 본질은 같다고 볼 수 있기 때문에, '본질–현상' 정도로 요약할 수 있겠습니다. (정답: ②)

문제 2 | – (밑줄 문제 3 유형)

지문의 글은 수필인데, 수필은 대상의 속성을 말하고, 거기에 글쓴이가 어떤 의미를 부여합니다. 이때 대상에 대해 글쓴이가 어떤 태도를 취하게 되죠. 그래서 수필 지문은 대상의 속성과 대상에 대한 태도가 문제로 출제됩니다. ㉡은 예찬적 태도임을 알 수 있고, 그래서 예찬적 태도를 보이는 선지를 찾아야 합니다. ①은 겉을 꾸미고 속을 감추고 있다는 것을 예리하게 분석하고 있기 때문에 '분석적 태도'라고 할 수 있습니다. ②가 예찬적 태도입니다. '그'의 모습을 육체의 여러 측면에서 예찬하고 있습니다. ③은 "액자에 끼워 놓고 봐야"라는 부분에서 객관화하고 대상화하는 태도임을 알 수 있습니다. ④도 예찬적 태도로 느껴지지만, '회상적 태도'로 볼 수 있어요. 민주의 이전 모습이 아련히 떠오르기 때문입니다. ⑤는 '희화적 태도'로 볼 수 있네요. 그의 옷차림에 대해 우스꽝스럽게 접근하고 있기 때문입니다. (정답: ②)

유제 연습 ❺

❶ 그림책의 그림은 순수 회화와 구별해서 일러스트레이션이라고 한다. 일러스트레이션(illustration)은 'illustrate'라는 동사에서 나온 말로, '예를 들어 쉽게 설명한다'라는 뜻이다. 그림책에서 일러스트레이션은 그림책이 전하는 이야기를 설명해 준다. 오랫동안 그림책은 글자를 터득하지 못한 아이들에게 어른이 읽어 주는 책이었고, 일러스트레이션은 책을 장식하는 요소로 사용되어 왔다. 도구였던 일러스트레이션이 오늘날처럼 주도적인 역할을 하면서 그림책이 독자적인 장르로 크게 발전하기 시작한 것은 2차 세계 대전 이후이다. 오늘날 그림책 속에 담긴 일러스트레이션은 점점 회화적인 요소가 강해질 뿐만 아니라, 이야기를 설명한다는 목적 때문에 예술적 의의를 인정받지 못했던 한계를 넘어서고 있다. 좋은 일러스트레이션일수록 이야기가 풍부하다. 한 권의 그림책 속에 어우러지는 일러스트레이션은 작품을 입체적으로 만든다.

❷ 좋은 그림책이란 어떤 것인가? 회화의 공간성과 영화의 시간성이 간결한 언어와 입체적으로 만나서 풍부한 이미지를 주는 그림책이다. 글 속에 생략되어 있는 묘사와 서술을 세심하게 이행하고 있는 그림을 엮은 책이다. 그려져 있는 것과 그려져 있지 않은 것 사이의 새로운 관계를 모색하는 독자의 능동적인 참여를 기다리는 그림책 속에는 글과 그림의 조합 방식에 대한 면밀한 고려가 숨어 있다. 끊어질 듯 끊어질 듯 이어지는 가느다란 선으로 표현하여 어딘지 소극적이고 더듬거릴 것 같아 보이는 그림, 유창한 드로잉으로 힘 있게 날아오를 것 같은 느낌을 주는 그림, 사인펜으로 북북 그어 놓은 선들 때문에 꼭 망친 것 같아서 인물의 절망감을 시각적으로 드러내는 그림, 하얀 바탕에 목탄을 문질러서 아련한 느낌을 주는 눈 쌓인 그림들은 들여다보면 볼수록 재미가 있다. 그림 자체가 보는 사람에게 전하는 감정이 풍부하기 때문이다.

❸ 그림의 배경들이 거의 흰색이거나 흰색에 엷은 색이 들어 있고, 물체를 표현하는 선들이 진하거나 날렵하면서도 많이 끊겨 있는 그림책도 있다. 그 끊겨진 선들마저 지워지는 곳에 빛이 있다. 그 빛은 그림 하나하나를 오로라처럼 둘러싸고 살아 있게 만든다. 이렇게 ㉠말이 줄어들어 생긴 빈 자리에 상상력과 사유가 깃든다. 이는 건축 설계시 형태, 장식, 공간과 같은 요소들 가운데 공간을 다양하게 변용하는 데에서도 볼 수 있다.

❹ 좋은 그림책은 완성되어 있는 글에 그림을 그려 넣은 책이 아니라 글과 그림이 함께 이야기를 완성해 나가는 책이다. 존재하는 물감들 속에서 존재하지 않는 색이 만들어지고, 선과 선, 색과 색, 혹은 선과 색이 만나면 화폭에 예상하거나 기대하지 못한 일이 일어나는 것이다. 영국의 화가 프란시스 베이컨의 말처럼 "그림을 그리는 동안 문득 그림 그 자체와는 상관없이 바깥에서 내가 예상하지 못했던 이러저러한 형태들과 방향들이 어찌어찌하여 그냥

나타나는" 것이다. 그림책을 본다는 것은 글로 쓰여진 개념이나 대상을 넘어 미지의 영역과 서로 맞닿고 대화를 나누는 일이다.

문제 1 | 위 글의 '일러스트레이션'이 겪은 변화와 유사한 것은?

① 뮤지컬은 오페라에 비해 다소 격이 떨어진다고 여겨졌으나, 이제는 오페라와 대등한 예술성을 지닌 것으로 인식되고 있다.

② 독립 영화는 최근까지 사람들의 주목을 받지 못했으나, 현재는 영화 예술의 중요한 한 축을 이루고 있다.

③ 서양 고전 음악은 소수의 특권층이 독점하던 예술이었지만, 현재는 누구나 즐길 수 있게 되었다.

④ 행위 예술이 처음 등장했을 때는 사람들에게 큰 충격을 주었으나, 이제는 낯익은 장르가 되었다.

⑤ 도자기는 처음에는 일상 용품으로 제작되었으나, 점차 독자적인 미적 가치를 인정받게 되었다.

문제 2 | ㉠의 사례로 가장 적절한 것은?

① 한 채를 둘로 나누어 자연 공간을 끌어들인다.

② 옥상을 다층적으로 설계해서 새로운 공간을 만든다.

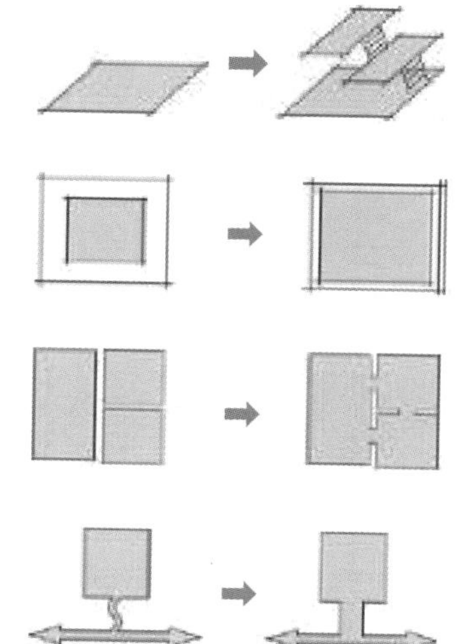

③ 건물 이외의 공간을 최소화해서 생활 공간을 넓힌다.

④ 건물들 사이에 통로를 만들어서 삶의 편의를 도모한다.

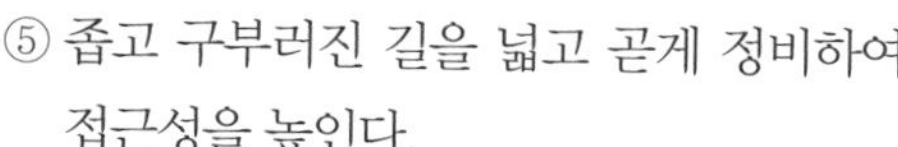

⑤ 좁고 구부러진 길을 넓고 곧게 정비하여 접근성을 높인다.

❶ **그림책의 그림**은 순수 회화와 구별해서 일러스트레이션이라고 한다. 일러스트레이션(illustration)은 'illustrate'라는 동사에서 나온 말로, '예를 들어 쉽게 설명한다'라는 뜻이다. **그림책에서 일러스트레이션**은 1) 그림책이 전하는 이야기를 설명해 준다. 오랫동안 그림책은 글자를 터득하지 못한 아이들에게 어른이 읽어 주는 책이었고, 2) 일러스트레이션은 책을 장식하는 요소로 사용되어 왔다. 3) 도구였던 일러스트레이션이 오늘날처럼 주도적인 역할을 하면서 그림책이 독자적인 장르로 크게 발전하기 시작한 것은 2차 세계 대전 이후이다. ((오늘날 그림책 속에 담긴 일러스트레이션은 점점 회화적인 요소가 강해질 뿐만 아니라, 이야기를 설명한다는 목적 때문에 예술적 의의를 인정받지 못했던 한계를 넘어서고 있다.)) 4) 좋은 일러스트레이션일수록 이야기가 풍부하다. 한 권의 그림책 속에 어우러지는 일러스트레이션은 작품을 입체적으로 만든다.

그림책 속의 그림을 일러스트레이션이라고 합니다. 이 글의 화제어이죠. 첫 문단부터 일러스트레이션에 대한 설명이 구체적으로 이어지고 있고, 또한 주요 정보도 제시하고 있습니다. 즉 일러스트레이션은 과거에는 책을 장식하는 요소로 예술적 의의를 인정받지 못했으며, 그림책이 전하는 이야기를 설명해 주는 도구였습니다. 그렇지만 오늘날에는 일러스트레이션이 예술적 의의를 인정받고 있으며, 좋은 일러스트레이션일수록 이야기를 풍부하게 하고 작품을 입체적으로 만듭니다.

❷ **좋은 그림책**이란 어떤 것인가? 1) 회화의 공간성과 영화의 시간성이 간결한 언어와 입체적으로 만나서 풍부한 이미지를 주는 그림책이다. 2) 글 속에 생략되어 있는 묘사와 서술을 세심하게 이행하고 있는 그림을 엮은 책이다. 3) 그려져 있는 것과 그려져 있지 않은 것 사이의 새로운 관계를 모색하는 독자의 능동적인 참여를 기다리는 그림책 속에는 4) 글과 그림의 조합 방식에 대한 면밀한 고려가 숨어 있다. ((끊어질 듯 끊어질 듯 이어지는 가느다란 선으로 표현하여 어딘지 소극적이고 더듬거릴 것 같아 보이는 그림, 유창한 드로잉으로 힘 있게 날아오를 것 같은 느낌을 주는 그림, 사인펜으로 북북 그어 놓은 선들 때문에 꼭 망친 것 같아서 인물의 절망감을 시각적으로 드러내는 그림, 하얀 바탕에 목탄을 문질러서 아련한 느낌을 주는 눈 쌓인 그림들은 들여다보면 볼수록 재미가 있다. 그림 자체가 보는 사람에게 전하는 감정이 풍부하기 때문이다.))

그림책 중에서도 좋은 그림책이란 어떤 것인가에 대한 의문을 던지며, '좋은 그림책'에 대해 주의를 환기하고 있습니다. '회화의 공간성과 영화의 시간성'이 '언어'와 만나서 풍부한 이미지를 주는 그림책이 좋은 그림책입니다. 일러스트레이션이 그림이기 때문에 회화로서 일정한 공간을 차지할 것입니다. 그리고 이러한 그림들이 책장을 넘기면 마치 영화의 장면처럼 시간의 흐름을 타고 이야기가 전개될 것입니다. 이런 와중에 이야기는 글자나 말소리로 제시되면서 일

러스트레이션과 어우러져 풍부한 이미지를 줄 것입니다. 둘째 문장의 내용이 압축적이어서 이것의 의미를 생각하는데 시간이 좀 걸립니다. 그리고 일러스트레이션은 글 속에 드러나 있지 않고 생략된 부분을 그림으로 보여주기도 합니다. 그래서 '그림과 글', '그려져 있는 부분과 그려져 있지 않은 부분'의 관계를 면밀히 고려해야 좋은 그림책이라 할 수 있습니다.

❸ 그림의 배경들이 거의 흰색이거나 흰색에 엷은 색이 들어 있고, 물체를 표현하는 선들이 진하거나 날렵하면서도 많이 끊겨 있는 그림책도 있다. 그 끊겨진 선들마저 지워지는 곳에 빛이 있다. 그 빛은 그림 하나하나를 오로라처럼 둘러싸고 살아 있게 만든다. **이렇게 ㉠말이 줄어들어 생긴 빈 자리에 상상력과 사유**가 깃든다. **이는** 건축 설계시 형태, 장식, 공간과 같은 요소들 가운데 **공간을 다양하게 변용**하는 데에서도 볼 수 있다.

---

❸ 문단은 ❷ 문단을 부연 설명하고 있습니다. 그림의 배경에 대해 설명하고 있는 것입니다. 그런데 이 문단은 문단 끝에 "이렇게"라는 접속어를 통해 문단 중심 내용이 마지막에 있음을 알려 주고 있네요. 즉 밑줄 ㉠이 문단의 중심 문장입니다. "말이 줄어들어 생긴 빈 자리"는 ❷ 문단에서 언급한 "글 속에 생략되어 있는 묘사와 서술" 부분과 같은 의미입니다. 이러한 부분은 그림의 배경을 통해 암시되고, 그래서 "상상력과 사유"가 깃들게 됩니다. 이것을 건축 설계에 비유한다면, "공간을 다양하게 변용"하는 것으로 볼 수 있습니다.

❹ **좋은 그림책**은 완성되어 있는 글에 그림을 그려 넣은 책이 아니라 1) 글과 그림이 함께 이야기를 완성해 나가는 책이다. 존재하는 물감들 속에서 존재하지 않는 색이 만들어지고, 선과 선, 색과 색, 혹은 선과 색이 만나면 2) 화폭에 예상하거나 기대하지 못한 일이 일어나는 것이다. 영국의 화가 프란시스 베이컨의 말처럼 "그림을 그리는 동안 문득 그림 그 자체와는 상관없이 바깥에서 내가 예상하지 못했던 이러저러한 형태들과 방향들이 어찌어찌하여 그냥 나타나는" 것이다. 3) 그림책을 본다는 것은 글로 쓰여진 개념이나 대상을 넘어 미지의 영역과 서로 맞닿고 대화를 나누는 일이다.

---

❹ 문단은 마지막 문단인데, '좋은 그림책'에 대해 또 다른 측면을 말하고 있습니다. 즉 ❷문단과 ❸ 문단을 하나의 의미 덩어리로 묶을 수 있다면, ❹ 문단은 이와 병렬되는 또 하나의 의미 덩어리로 묶을 수 있는 것이죠. '좋은 그림책'은 "글과 그림이 함께 이야기를 완성해 나가는 책" 입니다. 이 글은 일러스트레이션에 관하여 말하기 때문에, 그림의 역할에 대해 설명하고 있죠. 그림을 그리는 과정에서는 예상하지 못한 일이 일어나게 되는데, 그래서 우리가 그림책을 본다는 것은 "글로 쓰여진 개념이나 대상을 넘어 미지의 영역"과 대화를 나눌 수 있는 것입니다.

문제 1 | -(밑줄 문제 3 유형)

'일러스트레이션' 개념의 의미를 묻고 있기 때문에 '밑줄 문제 2 유형'으로 볼 수도 있습니다. 그런데 선지 구성이 구체 상황을 제시하고 있어서 하나의 개념어로 정리할 필요가 있고, 또한 지문에서 '일러스트레이션'의 변화 과정도 개념어로 정확히 이해할 필요가 있습니다. 그래야 선지의 정답을 정확히 판단할 수 있죠. 따라서 '밑줄 문제 3 유형'의 접근법을 취해야 합니다.

먼저 일러스트레이션이 겪은 변화 과정을 하나의 개념어로 이해할 필요가 있습니다. 이것은 ❶ 문단에 나오기 때문에 여기를 다시 읽어 볼 필요가 있어요. 일러스트레이션은 도구였고, 예술적 의의를 인정받지 못했습니다. 그렇지만 오늘날에는 그림책이 독자적인 장르로 발전하고, 일러스트레이션은 회화적 요소가 강해질 뿐만 아니라 예술적 의의에 대한 한계도 넘어서고 있습니다. 이것이 '일러스트레이션이 겪은 변화'인데, 이것을 개념어로 파악한다면 '도구-예술'의 대조적 관계로 정리할 수 있습니다. 즉 '과거에는 도구였지만 지금은 예술이다.'라고 정리할 수 있는 것이죠.

①은 착각을 불러올 수 있는 '매력적인 오답'입니다. 대등한 예술성을 지녔다고 하니까 일러스트레이션이 예술적 의의를 인정받는 것과 유사하다고 착각할 수 있죠. 그런데 ①을 하나의 개념어로 파악한다면, '예술의 질적 차이'로 정리할 수 있습니다. 두 가지 예술을 비교하는데, 격차가 존재하다가 지금은 없다고 보는 것이기 때문에 비교의 대상이 공통적으로 '예술'에 속합니다. 여기서는 '도구'의 개념을 찾아 볼 수 없기 때문에 적절하지 않습니다. ②는 '주목받지 못함-한 축 이룸'으로 대조할 수 있습니다. "그림책이 독자적인 장르로 발전"하는 것과 유사하다고 착각할 수 있지만, 이는 '도구-예술'의 대조적 관계를 정확히 파악하지 못했기 때문입니다. ③은 '독점-대중화'의 관계로 파악할 수 있습니다. ④는 '낯설음-낯익음'의 관계로 파악할 수 있죠. ⑤에서 "일상 용품으로 제작" 부분이 '도구'의 개념을 지니고 있습니다. 그리고 "독자적인 미적 가치 인정"이 예술적 가치의 획득으로 볼 수 있죠. 도자기의 변화 과정을 '도구-예술'의 대조적 개념으로 정리할 수 있어 선지 ⑤가 적절합니다. (정답: ⑤)

문제 2 | -(밑줄 문제 3 유형)

②를 정답이라고 착각할 가능성이 높은 문제입니다. ㉠에서 "공간을 다양하게 변용"한다는 부분만을 주목하면 ②에서 "옥상을 다층적으로 설계"한다는 것과 유사하다고 착각하는 것이죠. 그렇지만 밑줄 ㉠에 들어 있는 앞 문장과 뒤 문장의 관계를 정확히 파악해야 합니다. ㉠의 앞뒤 문장의 관계는 지시어 '이는'이 있기 때문에 서로 유추 관계에 있습니다. 그러니까 앞 문장 내용의 유사성과 관련하여 뒤 문장을 이끌어낸 것이죠. 그래서 뒤 문장에 나오는 "공간을 다양하게 변용"한다는 의미는 앞 문장의 내용과 유사성을 가져야 합니다. 앞 문장은 "말이 줄어들어 생긴 빈 자리"와 "상상력과 사유가 깃듦"이 서로 연결되어 있습니다. 그래서 건축 설계에서 공간의 다양한 변용은 '빈 자리 → 상상력과 사유 깃듦'의 의미를 지니고 있어야 하지요. 이렇게 본다면 선지 ①이 정답임을 알 수 있습니다. "한 채를 둘로 나눔"은 '빈 자리'를 의미하고, "자연 공간을 끌어들임"은 '상상력과 사유 깃듦'과 의미가 통하는 것이죠. (정답: ①)

6 〈보기〉 문제 1 유형 - 보기 상황에 개념을 적용하는 비판적, 추론적 사고

❶ 〈보기〉 문제가 미로를 헤매는 것처럼 어려워 보여도, 다음에 말하는 것을 명확하게 인식하면 '정답의 문'을 찾을 수 있습니다. 즉 〈보기〉 문제는 지문의 중심 내용과 주요 정보, 그리고 주요 개념들을 이해했는가를 묻는 문제입니다. 따라서 지문의 이런 내용을 정확히 이해하는 것이 급선무이고, 〈보기〉 문제가 지문의 어떤 내용을 확인하려는 것인지 파악하는 것이 중요합니다.

지문과 〈보기〉의 연결성을 정확하게 파악하면 출제 의도를 이해하게 됩니다. 그러면 지문에 나온 정보(=내적 준거)들과 〈보기〉에 제시된 정보(=외적 준거)들을 활용하여 선지의 표현들이 적절한지 판단할 수 있습니다. 선지는 지문이나 〈보기〉의 내용을 단순 요약하는 식으로 구성할 수도 있고, 단어나 표현을 바꾸어 구성할 수도 있습니다.

❷ 〈보기〉는 여러 가지 형태로 출제됩니다. 지문에서 설명한 것을 도표나 그림 등으로 지문의 상황과 똑같은 상황을 〈보기〉에서 주는 경우도 있습니다. 최근에는 지문 전체와 〈보기〉 전체를 추론하도록 하는 문제도 종종 출제됩니다. 지문의 예시를 활용해야 하는 〈보기〉 문제, 지문에 나온 개념을 적용하는 〈보기〉 문제, 조건을 제시한 〈보기〉 문제 등 여러 형태의 〈보기〉 문제에서 가장 보편적인 문제가 바로 '개념을 적용하는 〈보기〉 문제' 입니다.

〈보기〉 문제 1 유형은 지문의 개념을 〈보기〉에 적용하는 문제입니다. 이 유형에서는 개념과 연관된 지문 부분을 다시 정독해야 합니다. 개념을 정의한 부분이나 설명한 부분, 예시를 준 부분 등을 세밀히 살펴보아야 합니다. 그리고 특정 문단과 연결될 때에는 그 문단을 다시 읽고 중심 내용을 정확히 이해해야 합니다. 이렇게 확인한 내용들을 〈보기〉와 관련시키면서 선택지를 판단해야 합니다. 특히 〈보기〉 상황이 개념의 예시로 제시된 경우 지문에 나온 예시와 성격이 똑같기 때문에 지문의 예시 속에 정답의 근거가 있게 됩니다.

❸ 비판적 사고는 글의 내용, 글의 전개 방식, 논증의 과정에 대해서 오류가 있는지 없는지를 찾아보고 글 내용을 수용할 수 있는가를 판단하는 사고 능력을 말합니다. '타당성을 따진다'는 의미를 이렇게 생각할 수 있는 것이죠. 수능에서는 타당성의 준거를 제시합니다. 지문 자체에서 주는 것을 '내적 준거'라 하고, 〈보기〉에서 주는 것을 '외적 준거'라 하죠. 그런데 이러한 준거들이 선지에 들어있어야 합니다. 예를 들어 '〈보기〉에 비추어'라는 조건이 있다면, 〈보기〉에 나온 단어나 표현이 선지에 있어야 합니다. 만약 '윗글을 통해'라는 조건이 있다면, 지문의 내용이 선지에 나와야 합니다. 그렇지 않다면 자기 마음대로 타당성을 따진 것이기 때문에 정답이 될 수 없습니다.

| 사례분석

(2015학년도 수능 B형)

❶ 우리는 가끔 평소보다 큰 보름달인 '슈퍼문(supermoon)'을 보게 된다. 실제 달의 크기는 일정한데 이러한 현상이 발생하는 까닭은 무엇일까? 이 현상은 달의 공전 궤도가 타원 궤도라는 점과 관련이 있다.
❷ 타원은 두 개의 초점이 있고 두 초점으로부터의 거리를 합한 값이 일정한 점들의 집합이다. 두 초점이 가까울수록 원 모양에 가까워진다. 타원에서 두 초점을 지나는 긴지름을 가리켜 장축이라 하는데, 두 초점 사이의 거리를 장축의 길이로 나눈 값을 이심률이라 한다. 두 초점이 가까울수록 이심률은 작아진다.
❸ 달은 지구를 한 초점으로 하면서 이심률이 약 0.055인 타원 궤도를 돌고 있다. 이 궤도의 장축 상에서 지구로부터 가장 먼 지점을 '원지점', 가장 가까운 지점을 '근지점'이라 한다. 지구에서 보름달은 약 29.5일 주기로 세 천체가 '태양 – 지구 – 달'의 순서로 배열될 때 볼 수 있는데, 이때 보름달이 근지점이나 그 근처에 위치하면 슈퍼문이 관측된다. 슈퍼문은 보름달 중 크기가 가장 작게 보이는 것보다 14% 정도 크게 보인다. 이는 지구에서 본 달의 겉보기 지름이 달라졌기 때문이다. 지구에서 본 천체의 겉보기 지름을 각도로 나타낸 것을 각지름이라 하는데, 관측되는 천체까지의 거리가 가까워지면 각지름이 커진다. 예를 들어, 달과 태양의 경우 평균적인 각지름은 각각 0.5° 정도이다.
❹ 지구의 공전 궤도에서도 이와 같은 현상이 나타난다. 지구 역시 태양을 한 초점으로 하는 타원 궤도로 공전하고 있으므로, 궤도 상의 지구의 위치에 따라 태양과의 거리가 다르다. 달과 마찬가지로 지구도 공전 궤도의 장축 상에서 태양으로부터 가장 먼 지점과 가장 가까운 지점을 갖는데, 이를 각각 원일점과 근일점이라 한다. 지구와 태양 사이의 이러한 거리 차이에 따라 일식 현상이 다르게 나타난다. 세 천체가 '태양 – 달 – 지구'의 순서로 늘어서고, 달이 태양을 가릴 수 있는 특정한 위치에 있을 때, 일식 현상이 일어난다. 이때 달이 근지점이나 그 근처에 위치하면 대부분의 경우 태양 면의 전체 면적이 달에 의해 완전히 가려지는 개기 일식이 관측된다. 하지만 일식이 일어나는 같은 조건에서 달이 원지점이나 그 근처에 위치하면 대부분의 경우 태양 면이 달에 의해 완전히 가려지지 않아 태양 면의 가장자리가 빛나는 고리처럼 보이는 금환 일식이 관측될 수 있다.
❺ 이러한 원일점, 근일점, 원지점, 근지점의 위치는 태양, 행성 등 다른 천체들의 인력에 의해 영향을 받아 미세하게 변한다. 현재 지구 공전 궤도의 이심률은 약 0.017인데, 일정한 주기로 이심률이 변한다. 천체의 다른 조건들을 고려하지 않을 때 지구 공전 궤도의 이심률만이 현재보다 더 작아지면 근일점은 현재보다 더 멀어지며 원일점은 현재보다 더 가까워지게 된다. 이는 달의 공전 궤도 상에 있는 근지점과 원지점도 마찬가지이다. 천체의 다른 조건들을 고려하지 않을 때 천체의 공전 궤도의 이심률만이 현재보다 커지면 반대의 현상이 일어난다.

문제 1 | 윗글을 통해 알 수 있는 내용으로 적절하지 <u>않은</u> 것은?

① 태양의 인력으로 달 공전 궤도의 이심률이 약간씩 변화될 수 있다.
② 현재의 달 공전 궤도는 현재의 지구 공전 궤도보다 원 모양에 더 가깝다.
③ 금환 일식이 일어날 때 지구에서 관측되는 태양의 각지름은 달의 각지름보다 크다.
④ 지구에서 보이는 보름달의 크기는 달 공전 궤도 상의 근지점일 때보다 원지점일 때 더 작게 보인다.
⑤ 지구 공전 궤도 상의 근일점에서 관측한 태양의 각지름은 원일점에서 관측한 태양의 각지름보다 더 크다.

문제 2 | 윗글을 바탕으로 할 때, 〈보기〉의 ㉠에 들어갈 말로 가장 적절한 것은?

보기

북반구의 A 지점에서는 약 12시간 25분 주기로 해수면이 높아졌다 낮아졌다 하는 현상이 관측된다. 이 현상에서 해수면이 가장 높은 때와 가장 낮은 때의 해수면의 높이 차이를 '조차'라고 한다. 이 조차에 영향을 미치는 한 요인이 지구와 달, 지구와 태양 사이의 '거리'인데, 그 거리가 가까울수록 조차가 커진다. 지구와 태양 사이의 거리가 조차에 미치는 영향만을 고려하면, 조차는 북반구의 겨울인 1월에 가장 크고 7월에 가장 작다.

천체의 다른 모든 조건들은 고정되어 있고, 다만 지구 공전 궤도의 이심률과 지구와 달, 지구와 태양 사이의 거리만이 조차에 영향을 준다고 가정하자. 이 경우에 (______㉠______)

① 지구 공전 궤도의 이심률에 변화가 없다면, 1월에 슈퍼문이 관측되었을 때보다 7월에 슈퍼문이 관측되었을 때, A 지점에서의 조차가 더 크다.
② 지구 공전 궤도의 이심률에 변화가 없다면, 보름달이 관측된 1월에 달이 근지점에 있을 때보다 원지점에 있을 때, A 지점에서의 조차가 더 크다.
③ 지구 공전 궤도의 이심률에 변화가 없다면, 7월에 슈퍼문이 관측될 때보다 7월에 원지점에 위치한 보름달이 관측될 때, A 지점에서의 조차가 더 크다.
④ 지구 공전 궤도의 이심률만이 더 커지면, 달이 근지점에 있을 때 A 지점에서 1월에 나타나는 조차가 이심률 변화 전의 1월의 조차보다 더 커진다.
⑤ 지구 공전 궤도의 이심률만이 더 커지면, 달이 원지점에 있을 때 A 지점에서 7월에 나타나는 조차가 이심률 변화 전의 7월의 조차보다 더 커진다.

❶ 우리는 가끔 평소보다 큰 보름달인 '**슈퍼문(supermoon)**'을 보게 된다. 실제 달의 크기는 일정한데 이러한 현상이 발생하는 까닭은 무엇일까? 이 현상은 달의 공전 궤도가 타원 궤도라는 점과 관련이 있다.
❷ **타원**은 1) 두 개의 초점이 있고 두 초점으로부터의 거리를 합한 값이 일정한 점들의 집합이다. 두 초점이 가까울수록 원 모양에 가까워진다. 2) 타원에서 두 초점을 지나는 긴지름을 가리켜 **장축**이라 하는데, 3) 두 초점 사이의 거리를 장축의 길이로 나눈 값을 **이심률**이라 한다. 두 초점이 가까울수록 이심률은 작아진다.

슈퍼문 현상은 달의 공전 궤도가 타원 궤도이기 때문에 발생합니다. 타원의 성격을 ❷ 문단에서 설명하고 있습니다. 먼저 타원은 두 개의 초점이 있고, 두 초점이 가까울수록 즉 이심률이 작아질수록 원 모양에 가깝습니다. 이심률은 두 초점 사이 거리를 장축으로 나눈 값인데, 두 개의 초점 사이의 거리가 가까워진다는 것은 하나의 중심으로 점점 더 모아지고 있다는 것이죠. 여기서 타원 개념에 대한 정확한 이해가 무엇보다 중요합니다. 슈퍼문 현상과 직접 관련되는 개념이기 때문입니다.

❸ 달은 지구를 한 초점으로 하면서 이심률이 약 0.055인 타원 궤도를 돌고 있다. 이 궤도의 장축 상에서 **지구로부터 가장 먼 지점을 '원지점'**, **가장 가까운 지점을 '근지점'**이라 한다. 지구에서 보름달은 약 29.5일 주기로 세 천체가 '태양 – 지구 – 달'의 순서로 배열될 때 볼 수 있는데, 이때 보름달이 근지점이나 그 근처에 위치하면 슈퍼문이 관측된다. 슈퍼문은 보름달 중 크기가 가장 작게 보이는 것보다 14% 정도 크게 보인다. 이는 지구에서 본 달의 겉보기 지름이 달라졌기 때문이다. 지구에서 본 천체의 겉보기 지름을 각도로 나타낸 것을 **각지름**이라 하는데, 관측되는 천체까지의 거리가 가까워지면 각지름이 커진다. 예를 들어, 달과 태양의 경우 평균적인 각지름은 각각 0.5° 정도이다.

---

❸ 문단은 지구를 중심으로 공전하는 달의 타원 궤도를 설명하고 있습니다. 그래서 달의 타원 궤도에서 지구는 한 초점이 되는 것이죠. 지구로부터 달이 가장 멀리 위치할 때를 원지점이라 하고, 지구로부터 달이 가장 가까이 위치할 때를 근지점이라 합니다. 근지점에 있을 때 슈퍼문이 관측되죠. 각지름은 지구에서 본 천체(=우주에 존재하는 물체)의 겉보기 지름을 각도로 나타낸 것이기 때문에, 지구와 천체 사이의 거리가 가까울수록 각지름은 커지게 됩니다. 그런데, 달과 태양의 평균적인 각지름은 0.5° 정도로 서로 비슷합니다.

❹ 지구의 공전 궤도에서도 이와 같은 현상이 나타난다. 지구 역시 태양을 한 초점으로 하는 타원 궤도로 공전하고 있으므로, 궤도 상의 지구의 위치에 따라 태양과의 거리가 다르다. 달과 마찬가지로 지구도 공전 궤도의 장축 상에서 태양으로부터 가장 먼 지점과 가장 가까운 지점을 갖는데, 이를 각각 **원일점**과 **근일점**이라 한다. 지구와 태양 사이의 이러한 거리 차이에 따라 일식 현상이 다르게 나타난다. 세 천체가 '태양 – 달 – 지구'의 순서로 늘어서고, 달이 태양을 가릴 수 있는 특정한 위치에 있을 때, 일식 현상이 일어난다. 이때 1) 달이 근지점이나 그 근처에 위치하면 대부분의 경우 태양 면의 전체 면적이 달에 의해 완전히 가려지는 개기 일식이 관측된다. 하지만 일식이 일어나는 같은 조건에서 2) 달이 원지점이나 그 근처에 위치하면 대부분의 경우 태양 면이 달에 의해 완전히 가려지지 않아 태양 면의 가장자리가 빛나는 고리처럼 보이는 금환 일식이 관측될 수 있다.

---

❹ 문단은 지구의 공전 궤도에 대해 설명합니다. 지구도 태양을 한 초점으로 하여 타원으로 공전하고 있죠. 그래서 태양과 가장 가까이 접근할 때가 있고 태양과 가장 멀리 떨어질 때가 있습니다. 태양과 가장 가까이 있을 때를 근일점이라고 하고, 가장 멀리 있을 때를 원일점이라 합니다. 그리고 달이 근지점에 있느냐 아니면 원지점에 있느냐에 따라 일식 현상이 다르게 나타납니다.

❺ 이러한 원일점, 근일점, 원지점, 근지점의 위치는 태양, 행성 등 다른 천체들의 인력에 의해 영향을 받아 미세하게 변한다. 현재 지구 공전 궤도의 이심률은 약 0.017인데, 일정한 주기로 이심률이 변한다. 천체의 다른 조건들을 고려하지 않을 때 1) **지구 공전 궤도의 이심률만이 현재보다 더 작아지면** // 근일점은 현재보다 더 멀어지며 원일점은 현재보다 더 가까워지게 된다. 이는 달의 공전 궤도 상에 있는 근지점과 원지점도 마찬가지이다. 천체의 다른 조건들을 고려하지 않을 때 2) **천체의 공전 궤도의 이심률만이 현재보다 커지면** 반대의 현상이 일어난다.

천체들 사이에는 잡아당기는 인력이 작용합니다. 그래서 원일점이나 근일점, 그리고 원지점과 근지점의 위치는 미세하게 변하기 마련이죠. **만약 지구 공전 궤도의 이심률만 현재보다 더 작아지면 어떤 현상이 나타날까요?** 이심률이 작아진다는 것은 두 초점 사이의 거리가 가까워지는 것이기 때문에 타원 궤도가 좀 더 원모양으로 형성됩니다. **원일점에 있던 초점**은 원 중심으로 다가가기 때문에 원일점은 더 가까워집니다. **근일점에 있던 초점**도 원 중심으로 다가가므로 근일점은 반대로 더 멀어지게 됩니다.

만약 지구 공전 궤도의 이심률만 현재보다 더 커지면, 두 초점 사이의 거리가 더 멀어지게 됩니다. 그래서 공전 궤도가 더 찌그러진 타원 모양을 그리게 되죠. 그래서 원일점은 더 멀어지고, 근일점은 더 가까워집니다.

문제 1 | – (일치-불일치 문제 2 유형)

①은 ❺ 문단에서 확인할 수 있습니다. ②가 적절하지 않음을 바로 알 수 있고 그래서 정답입니다. 이심률이 작다는 것은 두 초점 사이의 거리가 가까운 것이고, 원모양에 더 가깝습니다. ❷ 문단에 나온 타원 개념을 정확히 이해하면 바로 알 수 있죠. 달 공전 궤도의 이심률이 0.055이고, 지구는 0.017이므로 지구의 이심률이 더 작고, 지구의 공전 궤도가 원모양에 더 가까습니다. ③은 금환 일식과 각지름에 관한 정보를 토대로 추론해야 합니다. 금환 일식은 달이 원지점에 위치할 때 관측되는 일식입니다. 그러니까 지구에서 관측되는 달까지의 거리가 가장 멉니다. 그래서 금환 일식 때의 달 각지름은 더 작아지게 되죠. 관측되는 천체가 멀어지면 각지름은 작아지니까요. 그런데 태양의 각지름은 변화가 없습니다. 그렇다면 달의 각지름은 작아지고 태양의 각지름은 변하지 않으니까, 금환 일식 때 태양의 각지름은 달보다 큰 것이죠. ④는 적절한 선지이지만, 우리의 인지 구조와 다르게 서술하여 혼란이 올 수 있습니다. 일반적으로 큰 것을 먼저 인지하는데, 선지는 작은 것을 말함으로써 혼동이 올 수 있습니다. 원지점은 지구로부터 가장 멀리 있는 경우이므로 더 작게 보이는 것은 적절합니다. ⑤도 적절합니다. (정답: ②)

문제 2 | – (〈보기〉 문제 1 유형)

지문에 나온 개념과 주요 정보를 〈보기〉에 적용하는 문제입니다. 먼저 〈보기〉에서 북반구 A 지점의 조차(=밀물과 썰물의 수위 차이)에 **'지구와 태양 사이의 거리'만이 영향을 준다는 첫째 조건**을 확실히 인지해야 합니다. 이럴 경우 1월에 조차가 가장 크다는 것은 지구가 태양과 가장 가까이 있어서 인력이 가장 클 것이고, 따라서 **1월의 북반구 A지점은 근일점**에 있게 됩니다. 그렇다면 **7월이 원일점**이 될 것입니다. 그리고 **지구의 공전 궤도 이심률이 조차에 영향을 미친다는 둘째 조건**도 기억해야 합니다. 지구 공전 궤도의 이심률 변화가 원일점과 근일점에 미치는 영향은 ❺ 문단에 나와 있기 때문에 여기를 다시 살펴보아야 합니다.

① – 슈퍼문이 관측되었다는 것은 달이 근지점이 있음을 의미합니다. 1월에 슈퍼문이 A지점에서 관측되었다는 것은 (근지점 + 근일점)의 상황입니다. 7월에 슈퍼문이 관측되었다는 것은 (근지점 + 원지점)의 상황입니다. 1월과 7월을 비교하면, 달과의 거리는 같은데 1월에 태양이 가까이 있고 7월에는 태양이 멀리 있습니다. 그래서 1월에 조차가 더 커야 하므로 적절하지 않습니다. ② – 1월에 달이 근지점에 있을 경우와 원지점에 있을 경우를 비교하고 있습니다. 근지점에 있을 때 달이 지구와 가까이 있기 때문에 조차가 더 클 것이므로 적절하지 않죠. ③ – 7월에 슈퍼문이 관측된 경우와 원지점에서 보름달이 관측된 경우를 비교하고 있습니다. 슈퍼문은 근지점에 있고 근지점에서 조차가 더 크므로 선지 ③은 적절하지 않습니다. ④ – 여기서는 '지구 공전 궤도의 이심률만 더 커진다'는 조건이 붙어 있습니다. 이 경우 근일점은 더 가까워지고 원일점은 더 멀어집니다. 이 점은 ❺ 문단에서 확인할 수 있죠. 이런 상황에서 1월의 A 지점은 (근지점 + 더 가까운 근일점)이 되므로 이심률 변화 전보다 태양이 더 가까이 있습니다. 그래서 변화 전보다 조차가 더 커지므로 ④는 적절합니다. ⑤ – 달이 원지점에 있고 이심률이 더 커지면 7월의 A 지점은 (원지점 + 더 멀어진 원일점)이 되므로 이심률 변화 전보다 태양이 더 멀리 있게 됩니다. 그래서 변화 전보다 조차가 더 작아지므로 ⑤는 적절하지 않습니다. (정답: ④)

유제 연습 ❻

❶ 보험은 같은 위험을 보유한 다수인이 위험 공동체를 형성하여 보험료를 납부하고 보험 사고가 발생하면 보험금을 지급받는 제도이다. 보험 상품을 구입한 사람은 장래의 우연한 사고로 인한 경제적 손실에 대비할 수 있다. 보험금 지급은 사고 발생이라는 우연적 조건에 따라 결정되는데, 이처럼 보험은 조건의 실현 여부에 따라 받을 수 있는 재화나 서비스가 달라지는 조건부 상품이다.

[가] ❷ 위험 공동체의 구성원이 납부하는 보험료와 지급받는 보험금은 그 위험 공동체의 사고 발생 확률을 근거로 산정된다. 특정 사고가 발생할 확률은 정확히 알 수 없지만 그동안 발생된 사고를 바탕으로 그 확률을 예측한다면 관찰 대상이 많아짐에 따라 실제 사고 발생 확률에 근접하게 된다. 본래 보험 가입의 목적은 금전적 이득을 취하는데 있는 것이 아니라 장래의 경제적 손실을 보상받는 데 있으므로 위험 공동체의 구성원은 자신이 속한 위험 공동체의 위험에 상응하는 보험료를 납부하는 것이 공정할 것이다. 따라서 공정한 보험에서는 구성원 각자가 납부하는 보험료와 그가 지급받을 보험금에 대한 기댓값이 일치해야 하며 구성원 전체의 보험료 총액과 보험금 총액이 일치해야 한다. 이때 보험금에 대한 기댓값은 사고가 발생할 확률에 사고 발생 시 수령할 보험금을 곱한 값이다. 보험금에 대한 보험료의 비율(보험료/보험금)을 보험료율이라 하는데, 보험료율이 사고 발생 확률보다 높으면 구성원 전체의 보험료 총액이 보험금 총액보다 더 많고, 그 반대의 경우에는 구성원 전체의 보험료 총액이 보험금 총액보다 더 적게 된다. 따라서 공정한 보험에서는 보험료율과 사고 발생 확률이 같아야 한다.

❸ 물론 현실에서 보험사는 영업 활동에 소요되는 비용 등을 보험료에 반영하기 때문에 공정한 보험이 적용되기 어렵지만 기본적으로 위와 같은 원리를 바탕으로 보험료와 보험금을 산정한다. 그런데 보험 가입자들이 자신이 가진 위험의 정도에 대해 진실한 정보를 알려 주지 않는 한, 보험사는 보험 가입자 개개인이 가진 위험의 정도를 정확히 파악하여 거기에 상응하는 보험료를 책정하기 어렵다. 이러한 이유로 사고 발생 확률이 비슷하다고 예상되는 사람들로 구성된 어떤 위험 공동체에 사고 발생 확률이 더 높은 사람들이 동일한 보험료를 납부하고 진입하게 되면, 그 위험 공동체의 사고 발생 빈도가 높아져 보험사가 지급하는 보험금의 총액이 증가한다. 보험사는 이를 보전하기 위해 구성원이 납부해야 할 보험료를 인상할 수밖에 없다. 결국 자신의 위험 정도에 상응하는 보험료보다 더 높은 보험료를 납부하는 사람이 생기게 되는 것이다. 이러한 문제는 정보의 비대칭성에서 비롯되는데 보험 가입자의 위험 정도에 대한 정보는 보험 가입자가 보험사보다 더 많이 갖고 있기 때문이다. 이를 해결하기 위해 보험사는 보험 가입자의 감춰진 특성을 파악할 수 있는 수단이 필요하다.

❹ 우리 상법에 규정되어 있는 **고지 의무**는 이러한 수단이 법적으로 구현된 제도이다. 보험 계약은 보험 가입자의 청약과 보험사의 승낙으로 성립된다. 보험 가입자는 반드시 계약을 체결하기 전에 '중요한 사항'을 알려야 하고, 이를 사실과 다르게 진술해서는 안 된다. 여기서 '중요한 사항'은 보험사가 보험 가입자의 청약에 대한 승낙을 결정하거나 차등적인 보험료를 책정하는 근거가 된다. 따라서 고지 의무는 결과적으로 다수의 사람들이 자신의 위험 정도에 상응하는 보험료보다 더 높은 보험료를 납부해야 하거나, 이를 이유로 아예 보험에 가입할 동기를 상실하게 되는 것을 방지한다.

❺ 보험 계약 체결 전 보험 가입자가 고의나 중대한 과실로 '중요한 사항'을 보험사에 알리지 않거나 사실과 다르게 알리면 고지 의무를 위반하게 된다. 이러한 경우에 우리 상법은 보험사에 계약 해지권을 부여한다. 보험사는 보험 사고가 발생하기 이전이나 이후에 상관없이 고지 의무 위반을 이유로 계약을 해지할 수 있고, 해지권 행사는 보험사의 일방적인 의사 표시로 가능하다. 해지를 하면 보험사는 보험금을 지급할 책임이 없게 되며, 이미 보험금을 지급했다면 그에 대한 반환을 청구할 수 있다. 일반적으로 법에서 의무를 위반하게 되면 위반한 자에게 그 의무를 이행하도록 강제하거나 손해 배상을 청구할 수 있는 것과 달리, 보험 가입자가 고지 의무를 위반했을 때에는 보험사가 해지권만 행사할 수 있다. 그런데 보험사의 계약 해지권이 제한되는 경우도 있다. 계약 당시에 보험사가 고지 의무 위반에 대한 사실을 알았거나 중대한 과실로 인해 알지 못한 경우에는 보험 가입자가 고지 의무를 위반했어도 보험사의 해지권은 배제된다. 이는 보험 가입자의 잘못보다 보험사의 잘못에 더 책임을 둔 것이라 할 수 있다. 또 보험사가 해지권을 행사할 수 있는 기간에도 일정한 제한을 두고 있는데, 이는 양자의 법률관계를 신속히 확정함으로써 보험 가입자가 불안정한 법적 상태에 장기간 놓여 있는 것을 방지하려는 것이다. 그러나 고지해야 할 '중요한 사항' 중 고지 의무 위반에 해당되는 사항이 보험 사고와 인과 관계가 없을 때에는 보험사는 보험금을 지급할 책임이 있다. 그렇지만 이때에도 해지권은 행사할 수 있다.

❻ 보험에서 고지 의무는 보험에 가입하려는 사람의 특성을 검증함으로써 다른 가입자에게 보험료가 부당하게 전가되는 것을 막는 기능을 한다. 이로써 사고의 위험에 따른 경제적 손실에 대비하고자 하는 보험 본연의 목적이 달성될 수 있다.

문제 1 | [가]를 바탕으로 〈보기〉의 상황을 이해한 내용으로 적절한 것은?

보기

사고 발생 확률이 각각 0.1과 0.2로 고정되어 있는 위험 공동체 A와 B가 있다고 가정한다. A와 B에 모두 공정한 보험이 항상 적용된다고 할 때, 각 구성원이 납부할 보험료와 사고 발생 시 지급받을 보험금을 산정하려고 한다.

단, 동일한 위험 공동체의 구성원끼리는 납부하는 보험료가 같고, 지급받는 보험금이 같다. 보험료는 한꺼번에 모두 납부한다.

① A에서 보험료를 두 배로 높이면 보험금은 두 배가 되지만 보험금에 대한 기댓값은 변하지 않는다.

② B에서 보험금을 두 배로 높이면 보험료는 변하지 않지만 보험금에 대한 기댓값은 두 배가 된다.

③ A에 적용되는 보험료율과 B에 적용되는 보험료율은 서로 같다.

④ A와 B에서의 보험금이 서로 같다면 A에서의 보험료는 B에서의 보험료의 두 배이다.

⑤ A와 B에서의 보험료가 서로 같다면 A와 B에서의 보험금에 대한 기댓값은 서로 같다.

문제 2 | 윗글을 이해한 내용으로 가장 적절한 것은?

① 보험사가 청약을 하고 보험 가입자가 승낙해야 보험 계약이 해지된다.

② 구성원 전체의 보험료 총액보다 보험금 총액이 더 많아야 공정한 보험이 된다.

③ 보험 사고 발생 여부와 관계없이 같은 보험료를 납부한 사람들은 동일한 보험금을 지급받는다.

④ 보험에 가입하고자 하는 사람이 알린 중요한 사항을 근거로 보험사는 보험 가입을 거절할 수 있다.

⑤ 우리 상법은 보험 가입자보다 보험사의 잘못을 더 중시하기 때문에 보험사에 계약 해지권을 부여하고 있다.

❷ 위험 공동체의 구성원이 납부하는 보험료와 지급받는 보험금은 그 위험 공동체의 사고 발생 확률을 근거로 산정된다. 특정 사고가 발생할 확률은 정확히 알 수 없지만 그동안 발생된 사고를 바탕으로 그 확률을 예측한다면 관찰 대상이 많아짐에 따라 실제 사고 발생 확률에 근접하게 된다. 본래 보험 가입의 목적은 금전적 이득을 취하는데 있는 것이 아니라 장래의 경제적 손실을 보상받는 데 있으므로 위험 공동체의 구성원은 자신이 속한 위험 공동체의 위험에 상응하는 보험료를 납부하는 것이 공정할 것이다. 따라서 **공정한 보험**에서는 구성원 각자가 1) 납부하는 **보험료**와 그가 지급받을 보험금에 대한 **기댓값**이 일치해야 하며 구성원 전체의 보험료 총액과 보험금 총액이 일치해야 한다. 이때 보험금에 대한 2) **기댓값**은 **사고가 발생할 확률**에 사고 발생 시 수령할 **보험금을 곱한 값**이다. 3) 보험금에 대한 보험료의 비율(보험료/보험금)을 **보험료율**이라 하는데, 보험료율이 사고 발생 확률보다 높으면 구성원 전체의 보험료 총액이 보험금 총액보다 더 많고, 그 반대의 경우에는 구성원 전체의 보험료 총액이 보험금 총액보다 더 적게 된다. 따라서 공정한 보험에서는 4) **보험료율**과 **사고 발생 확률**이 같아야 한다.

경제 지문에서는 개념들의 관계가 간단한 수식으로 정리될 경우가 있습니다. 머릿속으로 이해하기보다는 시험지 여백에 개념 사이의 관계를 수식으로 써보는 것이 좋습니다. 그래야 문제 풀이 과정에서 혼동하지 않고 정확하게 해결할 수 있지요. 그러면 [가]에 나온 개념들을 간단한 수식으로 정리해보도록 합시다.

1) 보험료 = 기댓값
2) 기댓값 = 사고 발생 확률 × 보험금
3) 보험료율 = 보험료/보험금
4) 보험료율 = 사고 발생 확률

❸ 물론 현실에서 보험사는 영업 활동에 소요되는 비용 등을 보험료에 반영하기 때문에 공정한 보험이 적용되기 어렵지만 기본적으로 위와 같은 원리를 바탕으로 보험료와 보험금을 산정한다. 그런데 보험 가입자들이 자신이 가진 위험의 정도에 대해 진실한 정보를 알려 주지 않는 한, 보험사는 보험 가입자 개개인이 가진 위험의 정도를 정확히 파악하여 거기에 상응하는 보험료를 책정하기 어렵다. 이러한 이유로 사고 발생 확률이 비슷하다고 예상되는 사람들로 구성된 어떤 위험 공동체에 사고 발생 확률이 더 높은 사람들이 동일한 보험료를 납부하고 진입하게 되면, 그 위험 공동체의 사고 발생 빈도가 높아져 보험사가 지급하는 보험금의 총액이 증가한다. 보험사는 이를 보전하기 위해 구성원이 납부해야 할 보험료를 인상할 수밖에 없다. 결국 자신의 위험 정도에 상응하는 보험료보다 더 높은 보험료를 납부하는 사람이 생기게 되는 것이다. 이러한 문제는 정보의 비대칭성에서 비롯되

는데 보험 가입자의 위험 정도에 대한 정보는 보험 가입자가 보험사보다 더 많이 갖고 있기 때문이다. 이를 해결하기 위해 보험사는 보험 가입자의 감춰진 특성을 파악할 수 있는 수단이 필요하다.

❹ 우리 상법에 규정되어 있는 **고지 의무**는 이러한 수단이 법적으로 구현된 제도이다. 보험 계약은 보험 가입자의 청약과 보험사의 승낙으로 성립된다. 보험 가입자는 반드시 계약을 체결하기 전에 '중요한 사항'을 알려야 하고, 이를 사실과 다르게 진술해서는 안 된다. 여기서 '중요한 사항'은 보험사가 보험 가입자의 청약에 대한 승낙을 결정하거나 차등적인 보험료를 책정하는 근거가 된다. 따라서 고지 의무는 결과적으로 다수의 사람들이 자신의 위험 정도에 상응하는 보험료보다 더 높은 보험료를 납부해야 하거나, 이를 이유로 아예 보험에 가입할 동기를 상실하게 되는 것을 방지한다.

사고 발생 확률이 더 높은 사람이 보험에 가입하면 다른 사람들이 높은 보험료를 납부하게 되므로 보험 가입자는 자신의 정보를 보험사에게 제공해야 합니다. 이것을 법적으로 강제하는 것이 '고지의무'이죠. 보험 가입자는 계약 체결 전에 '중요한 사항'을 보험사에게 알려야 합니다.

❺ 보험 계약 체결 전 1) 보험 가입자가 고의나 중대한 과실로 '중요한 사항'을 보험사에 알리지 않거나 사실과 다르게 알리면 고지 의무를 위반하게 된다. 이러한 경우에 2) 우리 상법은 보험사에 계약 해지권을 부여한다. 보험사는 보험 사고가 발생하기 이전이나 이후에 상관없이 고지 의무 위반을 이유로 계약을 해지할 수 있고, 해지권 행사는 보험사의 일방적인 의사 표시로 가능하다. 3) 해지를 하면 보험사는 보험금을 지급할 책임이 없게 되며, 이미 보험금을 지급했다면 그에 대한 반환을 청구할 수 있다. ((일반적으로 법에서 의무를 위반하게 되면 위반한 자에게 그 의무를 이행하도록 강제하거나 손해 배상을 청구할 수 있는 것과 달리, 보험 가입자가 고지 의무를 위반했을 때에는 보험사가 해지권만 행사할 수 있다.)) // **그런데 보험사의 계약 해지권이 제한되는 경우도 있다.** a) 계약 당시에 보험사가 고지 의무 위반에 대한 사실을 알았거나 중대한 과실로 인해 알지 못한 경우에는 보험 가입자가 고지 의무를 위반했어도 보험사의 해지권은 배제된다. 이는 보험 가입자의 잘못보다 보험사의 잘못에 더 책임을 둔 것이라 할 수 있다. b) 또 보험사가 해지권을 행사할 수 있는 기간에도 일정한 제한을 두고 있는데, 이는 양자의 법률관계를 신속히 확정함으로써 보험 가입자가 불안정한 법적 상태에 장기간 놓여 있는 것을 방지하려는 것이다. 그러나 c) 고지해야 할 '중요한 사항' 중 고지 의무 위반에 해당되는 사항이 **보험 사고와 인과 관계가 없을 때에는** 보험사는 보험금을 지급할 책임이 있다. 그렇지만 이때에도 해지권은 행사할 수 있다.

❻ 보험에서 고지 의무는 보험에 가입하려는 사람의 특성을 검증함으로써 다른 가입자에게 보험료가 부당하게 전가되는 것을 막는 기능을 한다. 이로써 사고의 위험에 따른 경제적 손실에 대비하고자 하는 보험 본연의 목적이 달성될 수 있다.

보험 계약자가 고지 의무를 위반하면 보험사는 계약을 일방적으로 해지할 수 있고 보험금을 지급하지 않아도 되며, 지급한 보험료는 회수할 수 있습니다. 그렇지만 보험사의 해지권이 제한되는 경우도 있으며, 보험 사고와 인과 관계가 없는 사항이라면 보험사는 보험금을 지급해야 합니다. 이러한 고지 의무는 보험료가 다른 사람들에게 전가되는 것을 막는 기능을 하죠.

문제 1 | –〈〈보기〉 문제 1 유형)

이 문제의 오답률은 70%에 달하였습니다. 왜 이렇게 오답률이 높았는지 살펴볼 필요가 있습니다. 보험 지문이 시험지의 거의 끝 부분에 배치되었기 때문에 수험생들의 독해 집중력이 많이 떨어졌을 겁니다. 게다가 이 지문 앞에 '탄수화물' 지문이 나와서 수험생들의 머리 에너지가 고갈된 상태였으리라 추측됩니다. 이 지문 자체만 본다면, [가]의 개념들을 선지에 적용하는 과정에서 많은 혼동이 왔을 겁니다. 개념들을 간단한 수식으로 변환해야 이런 혼동을 피할 수 있습니다.

① – (보험료 = 기댓값)이므로, A에서 보험료를 두 배로 높이면 기댓값도 두 배가 되기 때문에 적절하지 않습니다. ② – B에서 보험금을 두 배로 높이면 보험료도 두 배로 높아지고, 기댓값도 두 배로 높아집니다. 그런데 선지에서 보험료는 변하지 않는다고 하므로 적절하지 않습니다. 그리고 이 경우 사고 발생 확률과는 아무런 관계가 없으며, ①도 사고 발생 확률과 관계없습니다. ③ – 보험료율은 사고 발생 확률과 같습니다. 그런데 A의 사고 발생 확률은 0.1이고, B의 사고 발생 확률은 0.2라고 〈보기〉에서 제시하고 있죠. 그러니까 A의 보험료율은 0.1이고, B의 보험료율은 0.2가 되므로 적절하지 않습니다. ④ – 이 선지를 추론하는 과정에서 착각이 일어날 가능성이 큽니다. A의 사고 발생 확률은 0.1이고, B의 사고 발생 확률은 0.2입니다. 그런데 (사고 발생 확률 = 보험료율 = 보험료/보험금)이기 때문에 A와 B의 보험금이 서로 같으면, B의 보험료는 A보다 2배가 되어야 합니다. 그래야만 B의 사고 발생 확률이 A보다 2배가 되는 것이죠. ④는 적절하지 않습니다. ⑤ – 이 선지는 계산하거나 추론할 필요가 없습니다. [가]에서 정리한 수식을 살펴보면 금방 알 수 있죠. 즉 (보험료 = 기댓값)이므로 A와 B의 보험료가 같다면 기댓값도 같게 됩니다. (정답: ⑤)

문제 2 | –(일치-불일치 문제 1 유형)

①은 ❹ 문단에서 적절하지 않음을 확인할 수 있습니다. ②에서 말하는 '공정한 보험'은 ❷ 문단에서 확인 가능합니다. 보험료 총액과 보험금 총액이 같아야 '공정한 보험'이므로 ②는 적절하지 않습니다. ③은 ❶ 문단의 첫째 문장에서 확인할 수 있습니다. 보험을 정의하는 부분인데, 보험 사고가 발생해야 보험금을 받게 되므로 적절하지 않은 선지입니다. ④는 ❹ 문단의 '보험사의 승낙'과 관련되기 때문에 적절한 선지입니다. ⑤는 적절하지 않습니다. 보험사에 계약 해지권을 제한할 때가 보험사의 잘못을 더 중시하는 경우이고, 보험사에 계약 해지권을 부여하는 경우는 보험 가입자가 잘못한 경우입니다. (정답: ④)

7 <보기> 문제 2 유형 - 조건과 해결의 실마리를 찾아야 하는 비판적, 추론적 사고

❶ 〈보기〉 문제 2 유형은 지문이나 〈보기〉의 정보를 특정 방향으로 활용하게 함으로써 지문의 내용을 이해했는가를 묻는 문제입니다. 지문과 관련된 전문적인 내용의 그림이나 도표, 통계 등으로 〈보기〉를 구성합니다. 이런 문제 유형은 주기적으로 출제되고 있습니다. 전문적 지식과 관련된 지문이 주기적으로 새롭게 출제되기 때문에 이와 같은 문제가 계속 나오고 있는 것이죠.

특히 〈보기〉 문제 2 유형은 출제될 때마다 그 형태가 달라집니다. 해당 분야의 전문지식과 관련되기 때문이죠. 따라서 이 유형의 문제를 해결하기 위해서는 그동안 출제된 〈보기〉 문제 2 유형을 모두 찾아 풀어보는 것이 필요합니다. 문제를 많이 풀어봄으로써 이 유형의 문제 해결력을 키우는 것입니다.

❷ 〈보기〉 문제 2 유형은 문제 해결의 감각도 필요하지만, 정확한 문제 해결 방법을 아는 것이 더욱 중요합니다. 즉 〈보기〉 문제 2 유형의 해결 방법이 존재하는 것이죠. 이 유형은 정보를 특정 방향으로 활용하도록 '조건'을 제시합니다. 조건을 찾아 〈보기〉를 정확하게 해석하는 것이 해결 방법입니다. 조건을 정확히 확인하면 정답은 의외로 쉽게 찾을 수 있습니다. 왜냐하면 그러한 조건 속에 문제 해결의 실마리가 들어 있기 때문입니다. 이 유형의 문제들을 많이 풀어보는 것도 이러한 '조건'을 찾아내고 문제 해결의 실마리를 분석해내기 위함이죠. 〈보기〉 문제 2 유형에 대한 '감각'은 이러한 훈련 속에서 형성됩니다.

❸ 문제의 조건은 일차적으로 **발문**에 나타납니다. 발문을 꼼꼼히 읽고, 문제의 조건이 들어 있는지를 확인해야 합니다. 그 다음으로 문제의 조건은 **〈보기〉** 안에 나옵니다. 〈보기〉 상황에는 지문에 없던 새로운 정보들이 제시될 수 있는데, 이것들을 잘 살펴보아야 합니다. 이러한 새로운 정보를 통해 문제의 조건이 제시되는 경우가 많습니다.

특히 통계나 도표, 그래프 등이 주어질 때 각각의 기준점들을 확인하는 것이 필요합니다. 축이나 축의 기준이 무엇인지 확인하고, 통계나 도표의 단위나 기준 등도 잘 살펴봐야 합니다. '※'의 표시에 딸린 해석도 중요하지요. 그리고 문제의 조건이 **선지**나 **지문**에 있는 경우도 가끔 있습니다. 〈보기〉 문제 2 유형을 전부 풀어 보아야 하는 이유도 조건이 이렇게 다양하게 나타나는 것을 확인하고 문제 해결력을 높이기 위함입니다.

❹ 수능 당일 실전에서 이런 유형의 문제를 보게 되면 정신이 아찔해집니다. 아무리 연습을 해도 새로운 형태의 문제가 출제되기 때문이죠. 이 유형을 해결하기 위해서는 무엇보다 마음을 진정시켜야 합니다. 차분하지 않으면 문제 해석이 제대로 되지 않기 때문입니다. 그래서 마음을 통제하는 것이 가장 중요합니다.

| 사례분석 1 (2009학년도 수능)

❶ 컴퓨터에서 동영상을 본 사람은 한 번쯤 '어떻게 작은 파일 안에 수십만 장이 넘는 화면들이 들어갈 수 있을까?' 하는 의문을 가진 적이 있을 것이다. 동영상 압축은 막대한 크기의 동영상 데이터에서 필요한 정보만 남김으로써 화질의 차이는 거의 없이 데이터의 양을 수백분의 일까지 줄이는 기술이다. 동영상 압축에서는 일반적으로 화면 간 중복, 화소 간 중복, 통계적 중복 등을 이용한다.

❷ 동영상은 연속적인 화면의 모음인데, 화면 간 중복은 물체가 출현, 소멸, 이동하는 영역을 제외하고는 현재 화면과 이전 화면이 비슷한 것을 말한다. 스튜디오를 배경으로 아나운서가 뉴스를 보도하는 동영상을 생각해 보자. 현재 화면을 이전 화면과 비교하면 아나운서가 움직인 부분만 다르고 나머지는 동일하다. 따라서 현재 화면을 모두 저장하지 않고 변화된 영역에 해당하는 정보만 저장하면 데이터의 양을 크게 줄일 수 있다.

[A] ❸ 하나의 화면은 수많은 점들로 구성되는데, 이를 화소라 한다. 각각의 화소는 밝기와 색상을 나타내는 화소 값을 가진다. 화소 간 중복은 한 화면 안에서 서로 가까이 있는 화소들끼리 화소 값의 차이가 별로 없거나 변화가 규칙적인 것을 말한다. 동영상 압축에서는 원래의 화소 값들을 여러 개의 성분들로 형태를 변환한 다음, 화질에 거의 영향을 미치지 않는 성분들을 제거하고 나머지 성분들만을 저장한다. 이때 압축 전후의 화소들의 개수에는 변화가 없으나 변환된 성분들을 저장하는 개수가 줄어들기 때문에 화질의 차이가 별로 없이 데이터의 양을 크게 줄일 수 있다. 그런데 화면이 단순할수록 또 규칙적일수록 화소 간 중복이 많아서, 제거 가능한 성분들이 많아진다. 다만 이들 성분을 너무 많이 제거하면 화면이 흐려지거나 얼룩이 지는 등 동영상의 화질이 나빠진다. 이러한 과정은, 우유에서 수분을 없애 전지분유를 만들면 부피는 크게 줄어들지만 원래 우유의 맛이 거의 보존되는 것과 비슷하다.

❹ 압축된 동영상에 저장해야 하는 여러 가지의 데이터는 위의 과정을 거쳐 이미 많은 부분이 제거된 상태이다. 통계적 중복은 이들 데이터에서 몇몇 특정한 값이 나오는 빈도가 통계적으로 매우 높은 것을 말한다. 이때 자주 나오는 값일수록 더 짧은 코드로 변환하여 저장하면, 데이터 값을 그대로 저장할 때보다 저장하는 양을 크게 줄일 수 있다.

문제 1 | 위 글을 읽은 학생들의 반응으로 가장 적절한 것은?

① 화면이 복잡한 경우에는 화면 간 중복을 제거할 수 없겠어.
② 화면이 흐려지는 이유는 화소의 개수를 줄이지 않았기 때문이겠어.
③ 화질이 달라지면 안 되는 경우에는 화소 간 중복만 제거할 수 있겠어.
④ 맨 첫 화면에서는 이전 화면이 없어 화소 간 중복을 제거할 수 없겠어.
⑤ 변환된 성분을 제거하는 정도에 따라 압축된 동영상 파일의 크기가 달라지겠어.

문제 2 | 위 글을 바탕으로 〈보기〉의 (가)와 (나)를 비교한 것으로 적절한 것은?

보기

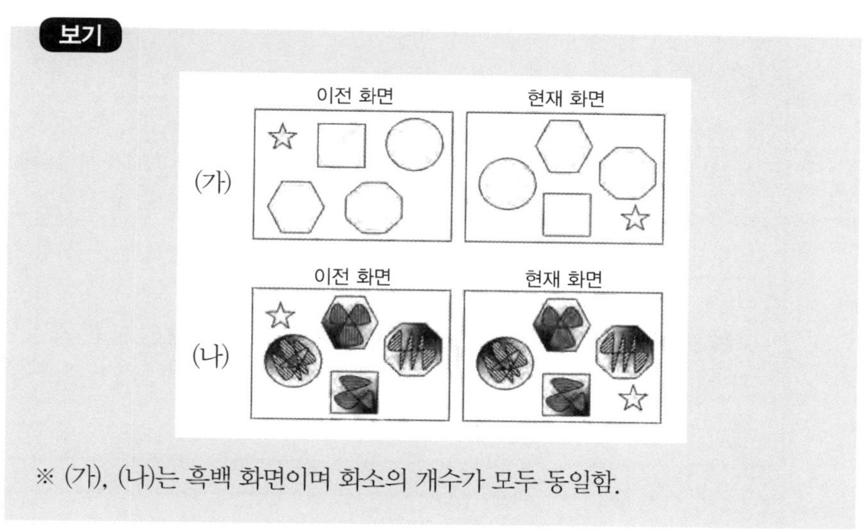

※ (가), (나)는 흑백 화면이며 화소의 개수가 모두 동일함.

	현재 화면과 이전 화면 사이의 화면 간 중복 정도	현재 화면 내의 화소 간 중복 정도
①	(가)가 더 높다	(가)가 더 높다
②	(가)가 더 높다	(나)가 더 높다
③	(나)가 더 높다	(가)가 더 높다
④	(나)가 더 높다	(나)가 더 높다
⑤	(가)와 (나)가 같다	(가)와 (나)가 같다

❶ 컴퓨터에서 동영상을 본 사람은 한 번쯤 '어떻게 작은 파일 안에 수십만 장이 넘는 화면들이 들어갈 수 있을까?' 하는 의문을 가진 적이 있을 것이다. **동영상 압축**은 막대한 크기의 동영상 데이터에서 1) 필요한 정보만 남김으로써 2) 화질의 차이는 거의 없이 3) 데이터의 양을 수백 분의 일까지 줄이는 기술이다. 동영상 압축에서는 일반적으로 **화면 간 중복, 화소 간 중복, 통계적 중복** 등을 이용한다.

'동영상 압축'이 글 전체의 화제어입니다. 동영상 압축에 대한 정의를 제시하고, 이와 관련한 3가지 압축 방법을 언급하고 있습니다. 3가지 압축 방법은 글 중간 문단의 중심어가 되고, 거기서 압축 방법을 자세히 설명합니다.

❷ 동영상은 연속적인 화면의 모음인데, **화면 간 중복**은 물체가 출현, 소멸, 이동하는 영역을 제외하고는 현재 화면과 이전 화면이 비슷한 것을 말한다. ((스튜디오를 배경으로 아나운서가 뉴스를 보도하는 동영상을 생각해 보자. 현재 화면을 이전 화면과 비교하면 아나운서가 움직인 부분만 다르고 나머지는 동일하다.)) 따라서 현재 화면을 모두 저장하지 않고 변화된 영역에 해당하는 정보만 저장하면 데이터의 양을 크게 줄일 수 있다.

---

❷ 문단은 '화면 간 중복'에 대해 설명하고 있습니다. 물체의 출현, 소멸, 이동하는 영역을 제외하고, 현재 화면과 이전 화면과 비슷한 것을 말하죠. 그래서 화면 간 중복에서는 변화된 영역의 정보만 저장하면 됩니다.

❸ 하나의 화면은 수많은 점들로 구성되는데, 이를 화소라 한다. 각각의 화소는 1) **밝기와 색상을 나타내는 화소 값**을 가진다. **화소 간 중복**은 한 화면 안에서 서로 가까이 있는 2) 화소들끼리 **화소 값**의 차이가 별로 없거나 변화가 규칙적인 것을 말한다.// 동영상 압축에서는 원래의 화소 값들을 여러 개의 성분들로 형태를 변환한 다음, (a) 화질에 거의 영향을 미치지 않는 성분들을 제거하고 나머지 성분들만을 저장한다. 이때 압축 전후의 (b) 화소들의 개수에는 변화가 없으나 변환된 성분들을 저장하는 개수가 줄어들기 때문에 화질의 차이가 별로 없이 데이터의 양을 크게 줄일 수 있다. 그런데 화면이 단순할수록 또 규칙적일수록 화소 간 중복이 많아서, 제거 가능한 성분들이 많아진다. 다만 (c) 이들 성분을 너무 많이 제거하면 화면이 흐려지거나 얼룩이 지는 등 동영상의 화질이 나빠진다. 이러한 과정은, 우유에서 수분을 없애 전지분유를 만들면 부피는 크게 줄어들지만 원래 우유의 맛이 거의 보존되는 것과 비슷하다.

여기서는 '화소 간 중복'에 대해 설명합니다. 화소 간 중복은 인접한 화소들 사이에 화소 값의

차이가 별로 없거나 변화가 규칙적인 것을 말합니다. 그런데 **화소 값**은 **'밝기와 색상'**을 의미합니다. '화소 간 중복'을 설명하기에 앞서 화소 값을 먼저 언급하였기 때문에 '화소 값'이 정확히 인지되지 않습니다. 나중에 문제 풀이를 할 때 비로소 화소 값이 무엇인지 확인할 가능성이 큽니다. 그리고 화소 간 중복에서는 1) 화질에 영향을 미치지 않는 성분들을 제거하고, 2) 화소 개수를 줄여서는 안 되며, 3) 제거 성분들이 많아지면 화질이 나빠집니다.

문제 1 | – (일치-불일치 문제 2 유형)

① – 화면이 복잡하여도 변화된 영역만 저장하면 되므로 화면 간 중복을 제거할 수 있기 때문에 적절하지 않습니다. ② – 화소의 개수는 줄여서는 안 되기 때문에 적절하지 않습니다. ③ – 화소 간 중복에서 화질이 달라질 수 있음을 [A]에서 확인할 수 있습니다. 화면 간 중복에서는 화질의 변화가 없습니다. 그래서 화질이 달라지면 안 되는 경우에는 화소 간 중복을 제거하면 안 되기 때문에 적절하지 않습니다. ④ – 맨 첫 화면은 시작 화면이기 때문에 화면 간 중복을 제거하면 안 됩니다. 그래서 화소 간 중복을 제거할 수 없는 것이 아니라 화면 간 중복을 제거할 수 없기 때문에 적절하지 않습니다. ⑤ – 압축된 동영상의 파일은 변화된 성분을 제거하는 것과 관련이 있기 때문에 적절합니다. (정답: ⑤)

문제 2 | – (〈보기〉 문제 2 유형)

이 문제는 '〈보기〉 문제 2 유형'의 전형을 보여줍니다. 잘 분석하고 기억해둘 필요가 있어요. 문제의 조건을 찾아서, 〈보기〉를 정확히 해석해야 합니다. 〈보기〉를 보았을 때, "(가)와 (나)의 차이점이 뭐지? (가)는 그냥 흰색인데, 왜 (나)는 명암을 줬을까?"라는 질문이 자연스럽게 나옵니다. 그리고 '이전 화면'에서 '현재 화면'으로 바뀌는 것은 화면 전환임을 바로 알 수 있습니다.

"(가)와 (나)의 차이점이 뭘까?"라고 생각하는 중에 그림 아래 '※' 부분을 주목하게 됩니다. 〈보기〉를 볼 때 대충 보았던 것인데, 세밀하게 살펴보게 되죠. 확인되는 점은 '흑백 화면'이라는 점과 '화소 개수가 동일'하다는 점입니다. 여기에 이르게 되면 여러 가지 생각이 듭니다. "흑백 화면? 화면 간 중복? 화소 간 중복?" 그래서 지문에 나와 있는 화면 간 중복 문단과 화소 간 중복 문단을 다시 읽게 되죠. 이때 비로소 화소 간 중복 문단에서 **'화소 값'의 개념을 확인**하고, **'화소 값'은 '밝기와 색상'이라는 두 가지 요소가 있다**는 것을 확인하게 됩니다. "〈보기〉는 흑백 화면이었지!"라는 생각이 떠오르면, "〈보기〉의 화소는 색상은 없고, 밝기만 갖고 있구나!"라는 점을 자연스럽게 추론하게 됩니다. "그렇다면 (가)의 흰색은 밝기가 같다는 것이고, (나)의 명암은 밝기의 차이가 있다는 것이구나!"라고 생각하게 됩니다. 즉 (가)는 화소 값의 변화가 없으므로 화소 간 중복이고, (나)는 화소 값의 변화가 있으므로 화소 간 중복이 아닌 것이죠. 그리고 (가)와 (나)의 도형은 화면 내 여러 영역일 것이라고 추론할 수 있습니다. 이것들을 살펴보면 (가)는 모든 도형에 위치 변화가 있고 (나)는 별의 위치만 바뀌고 나머지는 그대로 있음을 알게 됩니다. 그래서 (나)에서 화면 간 중복이 있다고 판단할 수 있습니다. (정답: ③)

| 사례분석 2

(2018학년도 6월)

❶ 통화 정책은 중앙은행이 물가 안정과 같은 경제적 목적의 달성을 위해 이자율이나 통화량을 조절하는 것이다. 대표적인 통화 정책 수단인 '공개 시장 운영'은 중앙은행이 민간 금융 기관을 상대로 채권을 매매해 금융 시장의 이자율을 정책적으로 결정한 기준 금리 수준으로 접근시키는 것이다. 중앙은행이 채권을 매수하면 이자율은 하락하고, 채권을 매도하면 이자율은 상승한다. 이자율이 하락하면 소비와 투자가 확대되어 경기가 활성화되고 물가 상승률이 오르며, 이자율이 상승하면 경기가 위축되고 물가 상승률이 떨어진다. 이와 같이 공개 시장 운영의 영향은 경제 전반에 파급된다.
❷ 중앙은행의 통화 정책이 의도한 효과를 얻기 위한 요건 중에는 '선제성'과 '정책 신뢰성'이 있다. 먼저 통화 정책이 선제적이라는 것은 중앙은행이 경제 변동을 예측해 이에 미리 대처한다는 것이다. 기준 금리를 결정하고 공개 시장 운영을 실시하여 그 효과가 실제로 나타날 때까지는 시차가 발생하는데 이를 '정책 외부 시차'라 하며, 이 때문에 선제성이 문제가 된다. 예를 들어 중앙은행이 경기 침체 국면에 들어서야 비로소 기준 금리를 인하한다면, 정책 외부 시차로 인해 경제가 스스로 침체 국면을 벗어난 다음에야 정책 효과가 발현될 수도 있다. 이 경우 경기 과열과 같은 부작용이 수반될 수 있다. 따라서 중앙은행은 통화 정책을 선제적으로 운용하는 것이 바람직하다.
❸ 또한 통화 정책은 민간의 신뢰가 없이는 성공을 거둘 수 없다. 따라서 중앙은행은 정책 신뢰성이 손상되지 않게 유의해야 한다. 그런데 어떻게 통화 정책이 민간의 신뢰를 얻을 수 있는지에 대해서는 견해 차이가 있다. 경제학자 프리드먼은 중앙은행이 특정한 정책 목표나 운용 방식을 '준칙'으로 삼아 민간에 약속하고 어떤 상황에서도 이를 지키는 ㉠'준칙주의'를 주장한다. 가령 중앙은행이 물가 상승률 목표치를 민간에 약속했다고 하자. 민간이 이 약속을 신뢰하면 물가 불안 심리가 진정된다. 그런데 물가가 일단 안정되고 나면 중앙은행으로서는 이제 경기를 부양하는 것도 고려해 볼 수 있다. 문제는 민간이 이 비일관성을 인지하면 중앙은행에 대한 신뢰가 훼손된다는 점이다. 준칙주의자들은 이런 경우에 중앙은행이 애초의 약속을 일관되게 지키는 편이 바람직하다고 주장한다.
❹ 그러나 민간이 사후적인 결과만으로는 중앙은행이 준칙을 지키려 했는지 판단하기 어렵고, 중앙은행에 준칙을 지킬 것을 강제할 수 없는 것도 사실이다. 준칙주의와 대비되는 ㉡'재량주의'에서는 경제 여건 변화에 따른 신축적인 정책 대응을 지지하며 준칙주의의 엄격한 실천은 현실적으로 어렵다고 본다. 아울러 준칙주의가 최선인지에 대해서도 물음을 던진다. 예상보다 큰 경제 변동이 있으면 사전에 정해 둔 준칙이 장애물이 될 수 있기 때문이다. 정책 신뢰성은 중요하지만, 이를 위해 중앙은행이 반드시 준칙에 얽매일 필요는 없다는 것이다.

문제 1 | 윗글을 바탕으로 〈보기〉를 이해할 때 '경제학자 병'이 제안한 내용으로 가장 적절한 것은?

보기

어떤 가상의 경제에서 20○○년 1월 1일부터 9월 30일까지 3개 분기 동안 중앙은행의 기준 금리가 4%로 유지되는 가운데 다양한 물가 변동 요인의 영향으로 물가 상승률은 아래 표와 같이 나타났다. 단, 각 분기의 물가 변동 요인은 서로 관련이 없다고 한다.

기간	1/1~3/31	4/1~6/30	7/1~9/30
	1분기	2분기	3분기
물가 상승률	2%	3%	3%

경제학자 병은 1월 1일에 위 표의 내용을 예측할 수 있었고 국민들의 생활 안정을 위해 물가 상승률을 매 분기 2%로 유지해야 한다고 주장하였다. 이를 위해 다음 사항을 고려한 선제적 통화 정책을 제안했으나 받아들여지지 않았다.

[경제학자 병의 고려 사항]

기준 금리가 4%로부터 1.5%p* 만큼 변하면 물가 상승률은 위 표의 각 분기 값을 기준으로 1%p만큼 달라지며, 기준금리 조정과 공개 시장 운영은 1월 1일과 4월 1일에 수행된다. 정책 외부 시차는 1개 분기이며 기준 금리 조정에 따른 물가 상승률 변동 효과는 1개 분기 동안 지속된다.

* %p는 퍼센트 간의 차이를 말한다. 예를 들어 1%에서 2%로 변화하면 이는 1%p 상승한 것이다.

① 중앙은행은 기준 금리를 1월 1일에 2.5%로 인하하고 4월 1일에도 이를 2.5%로 유지해야 한다.

② 중앙은행은 기준 금리를 1월 1일에 2.5%로 인하하고 4월 1일에는 이를 4%로 인상해야 한다.

③ 중앙은행은 기준 금리를 1월 1일에 4%로 유지하고 4월 1일에는 이를 5.5%로 인상해야 한다.

④ 중앙은행은 기준 금리를 1월 1일에 5.5%로 인상하고 4월 1일에는 이를 4%로 인하해야 한다.

⑤ 중앙은행은 기준 금리를 1월 1일에 5.5%로 인상하고 4월 1일에도 이를 5.5%로 유지해야 한다.

❶ **통화 정책**은 중앙은행이 물가 안정과 같은 경제적 목적의 달성을 위해 이자율이나 통화량을 조절하는 것이다. 대표적인 통화 정책 수단인 '공개 시장 운영'은 중앙은행이 민간 금융기관을 상대로 채권을 매매해 금융 시장의 이자율을 정책적으로 결정한 기준 금리 수준으로 접근시키는 것이다. 1) 중앙은행이 채권을 매수하면 이자율은 하락하고, 채권을 매도하면 이자율은 상승한다. 2) 이자율이 하락하면 소비와 투자가 확대되어 경기가 활성화되고 물가 상승률이 오르며, 이자율이 상승하면 경기가 위축되고 물가 상승률이 떨어진다. 이와 같이 공개 시장 운영의 영향은 경제 전반에 파급된다.

❷ 중앙은행의 통화 정책이 의도한 효과를 얻기 위한 요건 중에는 **'선제성'**과 **'정책 신뢰성'**이 있다. 먼저 통화 정책이 선제적이라는 것은 중앙은행이 경제 변동을 예측해 이에 미리 대처한다는 것이다. 기준 금리를 결정하고 공개 시장 운영을 실시하여 그 효과가 실제로 나타날 때까지는 시차가 발생하는데 이를 **'정책 외부 시차'**라 하며, 이 때문에 선제성이 문제가 된다. 예를 들어 중앙은행이 경기 침체 국면에 들어서야 비로소 기준 금리를 인하한다면, 정책 외부 시차로 인해 경제가 스스로 침체 국면을 벗어난 다음에야 정책 효과가 발현될 수도 있다. 이 경우 경기 과열과 같은 부작용이 수반될 수 있다. 따라서 중앙은행은 통화 정책을 선제적으로 운용하는 것이 바람직하다.

통화 정책은 이자율과 통화량을 조절하는 정책인데, 이자율이 내리면 경기가 활성화되고 물가는 오르게 됩니다. 반대로 이자율이 오르면 경기가 위축되고 물가 상승률이 떨어지죠. 경제의 기본적 원리라 쉽게 이해할 수 있을 겁니다. 그런데 중앙은행이 채권을 매수(=사들임)하면 이자율이 하락한다는 말이 잘 이해되지 않을 수 있습니다. 중앙은행은 시중은행과 거래합니다. 시중은행이 갖고 있는 채권을 사들이고 대신 시중은행에 현금을 지급하죠. 이렇게 되면 시중에 통화량이 늘어나고 이자율이 하락합니다. 중앙은행이 채권을 매도(=팔아넘김)하면 시중은행으로부터 현금을 회수하기 때문에 시중에 통화량이 줄어들고 이자율이 상승하게 됩니다. 이 같은 중앙은행의 통화 정책의 효과는 바로 나타나지 않고 어느 정도 시간이 지난 다음에 나타납니다. 이를 '정책 외부 시차'라 합니다.

❸ 또한 통화 정책은 민간의 신뢰가 없이는 성공을 거둘 수 없다. 따라서 중앙은행은 **정책 신뢰성**이 손상되지 않게 유의해야 한다. 그런데 어떻게 통화 정책이 민간의 신뢰를 얻을 수 있는지에 대해서는 견해 차이가 있다. // 경제학자 프리드먼은 중앙은행이 특정한 정책 목표나 운용 방식을 '준칙'으로 삼아 민간에 약속하고 어떤 상황에서도 이를 지키는 ㉠**'준칙주의'**를 주장한다. 가령 중앙은행이 물가 상승률 목표치를 민간에 약속했다고 하자. 민간이 이 약속을 신뢰하면 물가 불안 심리가 진정된다. 그런데 물가가 일단 안정되고 나면 중앙은행으로서는 이제 경기를 부양하는 것도 고려해 볼 수 있다. 문제는 민간이 이 비일관성을 인지하면 중앙은행에 대한 신뢰가 훼손된다는 점이다. 준칙주의자들은 이런 경우에 중

앙은행이 애초의 약속을 일관되게 지키는 편이 바람직하다고 주장한다.

❹ 그러나 민간이 사후적인 결과만으로는 중앙은행이 준칙을 지키려 했는지 판단하기 어렵고, 중앙은행에 준칙을 지킬 것을 강제할 수 없는 것도 사실이다. 준칙주의와 대비되는 ㉡**'재량주의'**에서는 경제 여건 변화에 따른 신축적인 정책 대응을 지지하며 준칙주의의 엄격한 실천은 현실적으로 어렵다고 본다. 아울러 준칙주의가 최선인지에 대해서도 물음을 던진다. 예상보다 큰 경제 변동이 있으면 사전에 정해 둔 준칙이 장애물이 될 수 있기 때문이다. 정책 신뢰성은 중요하지만, 이를 위해 중앙은행이 반드시 준칙에 얽매일 필요는 없다는 것이다.

---

❸ 문단을 독해할 때 조심할 점이 있습니다. 민간의 신뢰를 얻는 데에는 두 가지 방법이 있습니다. 준칙주의든, 재량주의든 모두 민간의 신뢰를 얻기 위한 방법이라는 점입니다. 글을 빠르게 읽다 보면, 어느 하나만이 신뢰를 얻는 방법이라고 착각할 수 있습니다. 그래서 ❸ 문단의 첫째, 둘째, 셋째 문장을 읽을 때 주의를 기울여야 합니다.

문제 1 | –(〈보기〉 문제 2 유형)

〈보기〉에 정보가 많기 때문에 정확하게 분류해서 조건을 찾아야 합니다. 〈보기〉의 조건을 하나씩 확인해 보면, 1) 3개 분기 동안 기준 금리가 4%를 유지하였습니다. 2) 경제학자 병은 물가 상승률을 매 분기 2%로 유지해야 한다고 주장했습니다. 그런데 〈보기〉의 표를 보니까 2분기와 3분기에는 물가 상승률이 각각 3%였습니다. 경제학자 병의 주장보다 1%씩 높아진 것이죠. 3) 기준 금리가 4%에서 1.5%p 변하면 – 즉 5.5%p로 금리가 상승하거나 또는 2.5%p로 금리가 하락하면 – 물가 상승률은 1%가 달라집니다. 5.5%로 상승하면 물가는 1% 하락하고, 2.5%로 하락하면 물가는 1% 상승합니다. 4) 정책 외부 시차는 1개 분기이므로, 기준 금리의 변화 효과는 1개 분기 후에, 즉 3개월 후에 발생합니다. 금리 조정을 1월 1일에 한 것은 4월 1일에 효과가 나타나고, 4월 1일에 조정한 것은 7월 1일에 효과가 발생합니다. 5) 금리 조정에 따른 물가 상승률 변동 효과는 1개 분기 동안, 즉 3개월 동안 지속됩니다.

그런데 이 같은 〈보기〉의 정보와 조건을 경제학자 병의 주장과 관련해 올바른 선지를 찾아야 합니다. 경제학자 병은 물가 상승률을 매 분기 2%로 유지해야 한다고 하였습니다. 그런데 2분기와 3분기는 물가 상승률이 각각 3%를 기록하여, 경제학자 병의 주장보다 물가 상승률이 1%씩 높았습니다. 그렇다면 물가를 잡기 위해 기준 금리를 올려야겠지요. 물가 상승률을 1% 낮추기 위해 기준 금리를 1.5% 올려야 합니다. 중앙은행의 기준 금리는 4%를 유지하고 있기 때문에 1.5%를 올리게 되면 5.5%가 될 것입니다. 정책 외부 시차는 3개월, 즉 1분기이므로 금리 상승의 효과는 3개월 후에 발생합니다. 2분기 물가 상승률을 잡기 위해서는 1월 1일에 기준 금리를 5.5%로 올려야 2분기 물가 상승률을 2%로 잡을 수 있습니다. 그리고 4월 1일의 기준 금리를 5.5%로 유지해야 3분기 물가 상승률도 2%로 잡을 수 있습니다. 물가 상승률 변동 효과는 1분기 동안 지속되기 때문에 분기별로 기준 금리를 조정해야 하고, 4월 1일에는 5.5%를 계속 유지해야 합니다. (정답: ⑤)

유제 연습 ❼

❶ 하드 디스크는 고속으로 회전하는 디스크의 표면에 데이터를 저장한다. 데이터는 동심원으로 된 트랙에 저장되는데, 하드 디스크는 트랙을 여러 개의 섹터로 미리 구획하고, 트랙을 오가는 헤드를 통해 섹터 단위로 읽기와 쓰기를 수행한다. 하드 디스크에서 데이터 입출력 요청을 완료하는 데 걸리는 시간을 접근 시간이라고 하며, 이는 하드 디스크의 성능을 결정하는 기준 중 하나가 된다. 접근 시간은 원하는 트랙까지 헤드가 이동하는 데 소요되는 탐색 시간과, 트랙 위에서 해당 섹터가 헤드의 위치까지 회전해 오는 데 걸리는 대기 시간의 합이다. 하드 디스크의 제어기는 '디스크 스케줄링'을 통해 접근 시간이 최소가 되도록 한다.

❷ ㉠200개의 트랙이 있고 가장 안쪽의 트랙이 0번인 하드 디스크를 생각해 보자. 현재 헤드가 54번 트랙에 있고 대기 큐*에는 '99, 35, 123, 15, 66' 트랙에 대한 처리 요청이 들어와 있다고 가정하자. 요청 순서대로 데이터를 처리하는 방법을 FCFS 스케줄링이라 하며, 이때 헤드는 '54 → 99 → 35 → 123 → 15 → 66'과 같은 순서로 이동하여 데이터를 처리하므로 헤드의 총 이동 거리는 356이 된다.

❸ 만일 헤드가 현재 위치로부터 이동 거리가 가장 가까운 트랙 순서로 이동하면 '54 → 66 → 35 → 15 → 99 → 123'의 순서가 되므로, 이때 헤드의 총 이동 거리는 171로 줄어든다. 이러한 방식을 SSTF 스케줄링이라 한다. 이 방법을 사용하면 FCFS 스케줄링에 비해 헤드의 이동 거리가 짧아 탐색 시간이 줄어든다. 하지만 현재 헤드 위치로부터 가까운 트랙에 대한 데이터 처리 요청이 계속 들어오면 먼 트랙에 대한 요청들의 처리가 계속 미뤄지는 문제가 발생할 수 있다.

❹ 이러한 SSTF 스케줄링의 단점을 개선한 방식이 SCAN 스케줄링이다. SCAN 스케줄링은 헤드가 디스크의 양 끝을 오가면서 이동 경로 위에 포함된 모든 대기 큐에 있는 트랙에 대한 요청을 처리하는 방식이다. 위의 예에서 헤드가 현재 위치에서 트랙 0번 방향으로 이동한다면 '54 → 35 → 15 → 0 → 66 → 99 → 123'의 순서로 처리되며, 이때 헤드의 총 이동 거리는 177이 된다. 이 방법을 쓰면 현재 헤드 위치에서 멀리 떨어진 트랙이라도 최소한 다음 이동 경로에는 포함되므로 처리가 지나치게 늦어지는 것을 막을 수 있다. SCAN 스케줄링을 개선한 LOOK 스케줄링은 현재 위치로부터 이동 방향에 따라 대기 큐에 있는 트랙의 최솟값과 최댓값 사이에서만 헤드가 이동함으로써 SCAN 스케줄링에서 불필요하게 양 끝까지 헤드가 이동하는 데 걸리는 시간을 없애 탐색 시간을 더욱 줄인다.

* 대기 큐: 하드 디스크에 대한 데이터 입출력 처리 요청을 임시로 저장하는 곳.

문제 1 | 〈보기〉는 주어진 조건에 따라 ㉠에서 헤드가 이동하는 경로를 나타낸 것이다. (가), (나)에 해당하는 스케줄링 방식으로 적절한 것은?

보기

조건 1. 대기 큐에 있는 요청 트랙 : 98, 183, 37, 122, 14

조건 2. 헤드는 50번 트랙의 작업을 마치고 현재 53번 트랙의 작업을 진행하는 중.

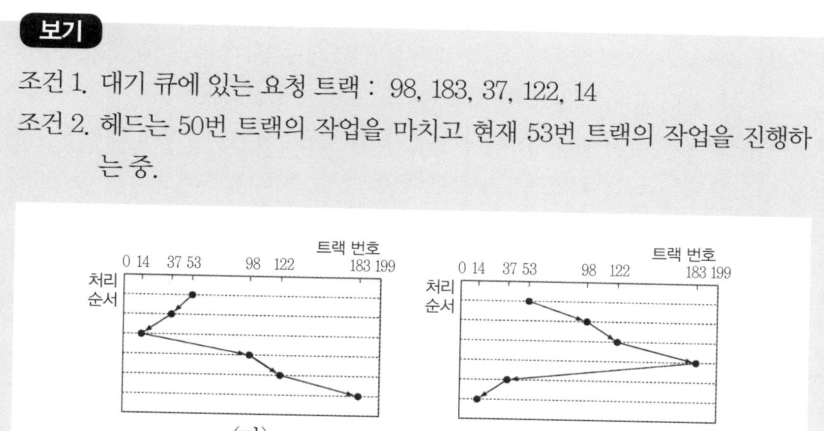

	(가)	(나)
①	FCFS	SSTF
②	SSTF	SCAN
③	SSTF	LOOK
④	SCAN	LOOK
⑤	LOOK	SCAN

문제 2 | 헤드의 위치가 트랙 0번이고 현재 대기 큐에 있는 요청만을 처리한다고 할 때, 각 스케줄링의 탐색 시간의 합에 대한 비교로 옳은 것은?

① 요청된 트랙 번호들이 내림차순이면, SSTF 스케줄링과 LOOK 스케줄링에서 탐색 시간의 합은 같다.

② 요청된 트랙 번호들이 내림차순이면, FCFS 스케줄링이 SSTF 스케줄링보다 탐색 시간의 합이 작다.

③ 요청된 트랙 번호들이 오름차순이면, FCFS 스케줄링과 LOOK 스케줄링에서 탐색 시간의 합은 다르다.

④ 요청된 트랙 번호들이 오름차순이면, FCFS 스케줄링이 SCAN 스케줄링보다 탐색 시간의 합이 크다.

⑤ 요청된 트랙 번호들에 끝 트랙이 포함되면, LOOK 스케줄링이 SCAN 스케줄링보다 탐색 시간의 합이 크다.

❶ 하드 디스크는 고속으로 회전하는 디스크의 표면에 데이터를 저장한다. 데이터는 동심원으로 된 **트랙**에 저장되는데, 하드 디스크는 트랙을 여러 개의 **섹터**로 미리 구획하고, 트랙을 오가는 헤드를 통해 섹터 단위로 읽기와 쓰기를 수행한다. 하드 디스크에서 데이터 입출력 요청을 완료하는 데 걸리는 시간을 **접근 시간**이라고 하며, 이는 하드 디스크의 성능을 결정하는 기준 중 하나가 된다. 1) 접근 시간은 원하는 트랙까지 헤드가 이동하는 데 소요되는 탐색 시간과, 2) 트랙 위에서 해당 섹터가 헤드의 위치까지 회전해 오는 데 걸리는 대기 시간의 합이다. 하드 디스크의 제어기는 **'디스크 스케줄링'**을 통해 접근 시간이 최소가 되도록 한다.

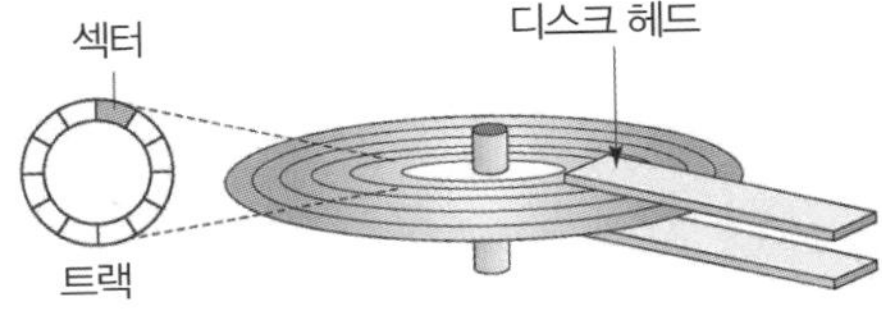

그림을 보면 하드 디스크의 '접근 시간' 원리를 잘 알 수 있습니다. 하드 디스크는 원 모양의 트랙과 트랙 안에 일정 부분을 잘라 놓은 섹터로 되어 있어서, 접근 시간은 두 단계로 이루어집니다. 먼저 트랙까지 헤드가 이동하는 시간(=탐색 시간)이 있고, 다음으로 섹터가 헤드까지 회전해 오는 시간(=대기 시간)이 있습니다. 이 둘의 합이 '접근 시간'이죠. '디스크 스케줄링'을 통해 접근 시간이 최소가 되도록 합니다.

❷ ㉠200개의 트랙이 있고 가장 안쪽의 트랙이 0번인 하드 디스크를 생각해 보자. 현재 헤드가 54번 트랙에 있고 대기 큐에는 '99, 35, 123, 15, 66' 트랙에 대한 처리 요청이 들어와 있다고 가정하자. 요청 순서대로 데이터를 처리하는 방법을 **FCFS 스케줄링**이라 하며, 이때 헤드는 '54 → 99 → 35 → 123 → 15 → 66'과 같은 순서로 이동하여 데이터를 처리하므로 헤드의 총 이동 거리는 356이 된다.

FCFS 스케줄링은 데이터를 요청 순서대로 처리하는 방법입니다. 이 방법은 헤드의 이동 거리가 커질 수 있는 단점이 있습니다. 그렇게 되면 접근 시간이 많이 걸리게 되죠.

❸ 만일 헤드가 현재 위치로부터 이동 거리가 가장 가까운 트랙 순서로 이동하면 '54 → 66 → 35 → 15 → 99 → 123'의 순서가 되므로, 이때 헤드의 총 이동 거리는 171로 줄어든다. 이러한 방식을 **SSTF 스케줄링**이라 한다. 이 방법을 사용하면 FCFS 스케줄링에 비해 헤드의 이동 거리가 짧아 탐색 시간이 줄어든다. 하지만 현재 헤드 위치로부터 가까운 트랙에 대한 데이터 처리 요청이 계속 들어오면 먼 트랙에 대한 요청들의 처리가 계속 미뤄지는 문제가 발생할 수 있다.

SSTF 스케줄링은 FCFS 스케줄링보다는 이동 거리가 짧아집니다. 그렇지만 먼 트랙에 대한 요청이 계속 미뤄질 수 있습니다.

❹ 이러한 SSTF 스케줄링의 단점을 개선한 방식이 **SCAN 스케줄링**이다. SCAN 스케줄링은 헤드가 (**디스크의 양 끝을 오가면서**) 이동 경로 위에 포함된 모든 대기 큐에 있는 트랙에 대한 요청을 처리하는 방식이다. 위의 예에서 헤드가 현재 위치에서 트랙 0번 방향으로 이동한다면 '54 → 35 → 15 → 0 → 66 → 99 → 123'의 순서로 처리되며, 이때 헤드의 총 이동 거리는 177이 된다. 이 방법을 쓰면 현재 헤드 위치에서 멀리 떨어진 트랙이라도 최소한 다음 이동 경로에는 포함되므로 처리가 지나치게 늦어지는 것을 막을 수 있다. SCAN 스케줄링을 개선한 **LOOK 스케줄링**은 현재 위치로부터 이동 방향에 따라 대기 큐에 있는 (**트랙의 최솟값과 최댓값 사이에서만**) 헤드가 이동함으로써 SCAN 스케줄링에서 불필요하게 양 끝까지 헤드가 이동하는 데 걸리는 시간을 없애 탐색 시간을 더욱 줄인다.

SCAN 스케줄링은 디스크의 양 끝을 오가면서 대기 큐에 있는 트랙을 처리하는 방식입니다. 반면에 LOOK 스케줄링은 트랙의 최솟값과 최댓값 사이에서만 헤드가 이동합니다. 여기서 '최솟값과 최댓값'이라는 개념이 나오지만, 특별한 설명이 없어서 이것을 바로 이해하기가 쉽지 않죠. 그 문장에 나오는 "양 끝까지 헤드가 이동하는 데 걸리는 시간을 없애"라는 부분을 통하여 '최댓값과 최솟값 사이'의 의미를 짐작하게 됩니다.

문제 1 | –〈보기〉 문제 2 유형

〈보기〉에 문제의 조건을 주고 있습니다. 조건 1은 대기 큐에 있는 요청 트랙입니다. 그러니까 98→183→37→122→14의 순으로 처리 요청이 들어 온 것입니다. 조건 2는 50번 트랙의 작업을 마치고 53번 트랙의 작업을 진행하는 중입니다. 이 두 가지 조건을 가지고, (가) 그림과 (나) 그림의 스케줄링의 차이점을 분석해야 합니다. 그리고 ㉠에서 트랙이 200개 있고 가장 안쪽의 트랙이 0이라고 하였으므로, 가장 바깥쪽의 트랙은 199가 될 것입니다.

(가) 그림은 53을 지나 37→14→98→122→183으로 진행하였습니다. 그렇다면 (가) 그림은 50을 지나 53을 거치고, 다시 방향을 틀어 37로 이동했다는 의미입니다. 이것은 디스크 양 끝을 오가면서 대기 큐에 있는 트랙을 처리하는 방식이 아니죠. 이동 거리가 가장 가까운 트랙 순서로 처리하는 SSTF 스케줄링 방식입니다.

(나) 그림은 53을 지나 98→122→183→37→14으로 진행하였습니다. 그렇다면 (나) 그림은 50을 지나 53을 거쳐, 그대로 같은 방향인 98과 122와 183으로 이동한 것입니다. 이것은 디스크 양 끝을 오가면서 대기 큐에 있는 트랙을 처리하는 방식이죠. 그러면 디스크 양 끝까지 가는 SCAN 스케줄링 방식인가, 아니면 최솟값과 최댓값 사이를 오가는 LOOK 스케줄링 방식인가를 확인해야 하는데, 디스크 바깥쪽의 199를 거치지 않고 방향을 틀었기 때문에 이것은 최솟값과 최댓값 사이를 오고가는 LOOK 스케줄링 방식입니다. (정답: ③)

문제 2 | −(밑줄 문제 1 유형)

'디스크 스케줄링'의 4가지 개념을 선지에 적용하는 문제이지만, 발문에 나온 조건도 살펴보아야 하는 복합적인 문제입니다. 게다가 선지에는 지문에 나오지 않았던 새로운 개념어가 제시되어 있어 문제 해결의 어려움을 가중시킵니다. 즉 '내림차순'과 '오름차순'에 대해서 별도의 설명이 없기 때문에 배경 지식으로 이 개념을 이해해야 하죠. '내림차순'은 가장 높은 번호에서 순서대로 내려오는 것이고, '오름차순'은 가장 낮은 번호에서 순서대로 올라가는 것입니다.

발문에 나온 조건을 살펴보면, 1) 헤드의 위치가 트랙 0번에 있습니다. 그러니까 헤드는 0에서 출발하여 199로 가야할 상황이기 때문에 '오름차순'을 대기하고 있다고 볼 수 있지요. 2) 현재 대기 큐에 있는 요청만을 처리한다고 하였습니다. 새롭게 처리 요청이 들어오는 트랙이 없는 것이죠. 이러한 조건을 생각하면서, '디스크 스케줄링'의 개념들을 선지에 적용하여 살펴보아야 합니다.

① − "요청된 트랙 번호들이 내림차순이면"의 상황을 생각해 봅시다. 이 상황은 트랙 번호가 199에서 0으로 내려오는 순서대로 대기 큐에서 요청하고 있는 것이죠. **SSTF 스케줄링**은 '헤드가 현재 위치로부터 이동 거리가 가장 가까운 트랙 순서로 이동'하는 것입니다. 그래서 현재 헤드는 0에 있기 때문에 0에서부터 올라가는 순서대로 데이터를 처리하게 됩니다. 즉 '오름차순'으로 헤드가 이동하게 됩니다. **LOOK 스케줄링**은 현재 위치로부터 이동 방향에 따라 최댓값과 최솟값 사이에서 헤드가 움직이는 스케줄링입니다. 그래서 헤드가 0에 있기 때문에 LOOK 스케줄링 역시 '오름차순'으로 헤드가 움직이게 됩니다. 그렇다면 SSTF 스케줄링과 LOOK 스케줄링은 탐색 시간의 합은 같게 됩니다. 그래서 ①이 정답입니다.

② − **FCFS 스케줄링**은 요청 순서대로 데이터를 처리하는 방식입니다. 그래서 요청된 트랙 번호들이 내림차순이면, 먼저 헤드가 0에서 199로 이동해야 하고, 그리고 199에서 내려오면서 트랙 번호를 처리해야 합니다. **SSTF 스케줄링**은 현재 위치에서 이동 거리가 가까운 트랙으로 이동하기 때문에 오름차순으로 처리하게 됩니다. 그렇게 되면 0에서 199로 올라가면서 트랙 번호를 처리하겠죠. 그러면 FCFS 스케줄링은 0에서 199까지 이동하는 시간이 더 있기 때문에 탐색 시간의 합이 더 크게 됩니다.

③ − 이 경우 FCFS 스케줄링은 오름차순으로 데이터를 처리합니다. 요청하는 순서가 오름차순이기 때문이죠. 그리고 LOOK 스케줄링도 오름차순으로 처리합니다. 헤드가 현재 0에 있기 때문에 올라가면서 처리하게 됩니다. 그래서 양자의 탐색 시간의 합은 같죠.

④ − 이 경우 FCFS 스케줄링은 오름차순입니다. 그리고 SCAN 스케줄링은 최솟값과 최댓값 사이를 오르내리며 트랙 번호를 처리하는데, 헤드가 지금 0에 있으므로 오름차순으로 처리할 것입니다. 그래서 양자의 탐색 시간의 합은 같습니다.

⑤ − LOOK 스케줄링의 최댓값에 끝 트랙 199가 포함되면 0에서 199까지 헤드가 올라가면서 처리해야 합니다. 이렇게 되면 SCAN 스케줄링 방식과 똑같이 탐색하며, 그래서 양자의 탐색 시간의 합은 같게 됩니다. (정답: ①)

8 주제 확인 문제 유형 - 글 내용을 요약하고 추상하는 추리 상상적 사고

❶ 글 내용을 요약하고 새로운 개념으로 추상할 수 있는 추리 상상적 사고를 묻는 문제도 출제됩니다. '주제를 묻는 문제', '서술상의 특징을 묻는 문제', '문단 화제어를 묻는 문제' 등입니다. 비문학 전체에서 한 문제 정도 출제되고 난이도도 높지 않지만 간혹 오답률이 가장 높을 때도 있습니다. 쉽다고 생각하여 대충 접근하기 때문입니다. 그리고 이러한 문제에는 착각을 일으킬 수 있는 요소가 내재되어 있습니다. 즉 새로운 개념으로 추상할 때 지문에서 사용한 개념이나 단어가 선지에서 바뀌게 됩니다. 그래서 선지의 표현이 지문 내용과는 다르게 낯설게 여겨지고, 하나하나 생각하지 않고 대략적으로 판단하면 실수하게 되는 것이죠.

❷ '윗글의 논점', '필자의 관점', '윗글의 중심 생각', '표제–부제' 등의 말들이 발문에 나오면, 그 문제는 '주제를 묻는 문제'입니다. 지문의 주제는 '처음–중간–끝'의 구성 원리를 통하여 확인할 수 있죠. 첫 문단에서는 글 전체의 대상인 화제어가 제시되고, 필자의 의도나 관점도 암시됩니다. 첫 문단에서 제시된 화제어는 글의 주제어라고 볼 수 있습니다. 그래서 '표제–부제'를 묻는 문제에서는 반드시 글의 화제어가 포함되어야 합니다. 글 중간에서는 화제어의 여러 속성을 설명하고, 글 끝에서는 전체 내용을 요약하고 정리하죠. 글의 주제를 하나의 문장으로 정리한다면, 'A는 B이다(또는 B한다)'라고 요약할 수 있을 겁니다. 여기서 A는 글의 화제어에 해당하고, B는 화제어의 속성에 해당하죠. 글 끝에서 요약 정리하는 문장은 이런 방식으로 글 전체의 주제를 담고 있습니다. 그래서 '주제를 묻는 문제'는 마지막 문단을 먼저 확인하고, 다음으로 필자의 의도나 관점까지 확인하기 위해 첫 문단을 확인하면, 정확하게 해결할 수 있습니다.

❸ '서술상의 특징을 묻는 문제'는 글의 전개 방식에 대해 추상적 개념어로 묻는 것이 보통입니다. 그래서 선지의 표현이 매우 낯설게 느껴집니다. EBS 교재에는 이러한 문제가 상대적으로 많이 출제되기 때문에 EBS 교재를 활용하면 이런 추상적 개념어를 활용하는 '서술상 특징 문제'를 충분히 연습할 수 있습니다. 그리고 2017학년도 이후 지문의 길이가 늘어나고 정보량이 많아짐에 따라 글의 중심 내용과 관련하여 '서술상 특징 문제'를 출제하기도 합니다. 이런 문제에서는 글의 주제나 중심 내용을 파악하는 것이 중요합니다. 정보가 많고 글 길이가 늘어났기 때문에 중심 내용 파악에 더 신경 써야 하죠. '문단의 화제어를 묻는 문제'도 마찬가지입니다. 지문 독해의 기본은 바로 문단의 중심 내용을 요약하고 확인하는 것이죠. 독해 훈련의 기본 과정을 철저히 할 필요가 있습니다.

| 사례분석

(2006학년도 수능)

(가) 괴테는 젊은 시절에 이탈리아로 여행을 떠나면서 "나의 조국을 알기 위해서 이탈리아로 가노라." 하는 말을 남겼다. 이 말은 언어를 이해하는 데에 시사하는 바가 크다. 외국어를 통해서 한국어에 없는 문법 장치를 발견함으로써 우리는 언어에 대한 인식의 지평을 넓힐 수 있다. 이러한 인식이 때로는 한국어의 고유성에 대한 재확인의 계기가 되기도 한다.
(나) "철수가 축구를 하였다."라는 문장을 생각해 보기로 하자. 이 문장으로는 화자가 '철수가 축구한 것'을 직접 보았는지 아니면 남으로부터 들었는지를 구별하기가 어렵다. 그런데 콜롬비아의 토속어인 투유카 어에서는 이것을 명확하게 구별하는 장치가 있다. 화자의 목격 여부가 동사에 형태적으로 표시되는데 그것을 ⓐ'증거법'이라고 부른다.

díiga apé**wi** (그가 축구한 것을 **내가 보았다.**)
díiga apé**ti** (그가 축구한 것을 **내가 소문을 들었지만 보지 못했다.**)
díiga apé**yi** (그가 축구한 것을 **내가 알지만 보지는 못했다.**)
díiga apé**yigi** (그가 축구한 것을 **나는 다른 사람으로부터 들었다.**)
díiga apé**hiyi** (그가 축구한 것을 **나는 짐작했다.**)

○ 증거법의 구성 요소 = {wi=시각적, ti=비시각적, yi=명백함, yigi=전해 들음, hiyi=짐작함}

(다) 위 예문들의 공통 의미는 '그가 축구를 하였다'이다. 그런데 투유카 어의 문장으로 이 의미만을 표현할 수는 없다. 투유카 어는 증거법의 형태들이 문장에 필수적으로 나타나기 때문이다. 반면에 한국어에는 증거법이라는 문법 범주가 없으므로 이러한 내용을 한국어로 표현하기 위해서 문법 형태들을 사용할 수 없다. 단어나 문장 등 다른 차원의 언어적 장치에 의해서 이러한 것들을 표현할 수밖에 없다. 이것은 한국어로 사실을 표현하는 방식과 투유카 어의 그것이 다름을 보여 준다.
(라) 그러면 한국어는 어떠한가? 한국어의 특성을 잘 드러내는 것은 ⓑ'높임법'이다. "준비를 하십시오."라는 말에는 '화자가 청자를 높이고 있다'는 정보가 들어 있다. 한국어 화자들이 말을 할 때는 언제나 다음과 같은 묵시적인 질문에 답해야만 한다. '당신은 청자에 대해서 어떠한 태도를 취하고 있습니까? 듣는 사람을 높입니까? 아니면 높이지 않습니까?' 이러한 고민이 우리에게는 당연한 것으로 되어 있지만, 높임법을 보편적인 언어 현상이라고 할 수 없다.
(마) 외국어는 자국어를 비추는 거울이다. 우리는 언어 간의 대조나 비교를 통하여 자신의 사고 방식을 돌이켜볼 기회를 가질 수 있다. 투유카 어의 증거법을 이해한 한국인들은 문장 속 동사의 역할에 대해서 한국어에서는 볼 수 없었던 새로운 차원의 인식을 하게 되는 것이

다. 인간의 언어는 산업화의 정도나 사용 인구의 많고 적음에 관계없이 나름대로의 고유한 가치를 지니고 있다. 토착민의 언어든 문명국의 언어든 서로 존중되어야 함은 물론이다. 이러한 언어들의 특징을 이해하게 될 때, 우리는 비로소 '언어의 그림'을 보다 객관적으로 그릴 수 있을 것이다.

문제 1 | (가) ~ (마)에 대한 설명으로 적절하지 않은 것은?

① (가): 인용을 통하여 흥미를 유발하고 있다.
② (나): 예시를 통하여 설명을 구체화하고 있다.
③ (다): 대조를 통하여 대상의 이해를 돕고 있다.
④ (라): 유추를 통하여 대안을 제시하고 있다.
⑤ (마): 비유를 통하여 설명의 효과를 높이고 있다.

문제 2 | 위 글에 담긴 글쓴이의 관점과 상통하는 것을 〈보기〉에서 골라 바르게 묶은 것은?

보기

ㄱ. 언어는 본능의 일종이지만, 문자 언어는 본능이 아니다.

– 스티븐 핀커 –

ㄴ. 인간은 유한한 문법 장치로 무한한 문장들을 생성해 낼 수 있다.

– 노암 촘스키 –

ㄷ. 어떠한 언어도 혼자만으로는 인간이 이루어 낸 모든 것들을 표현할 수가 없다.

– 에즈라 파운드 –

ㄹ. 세계는 여러 시각이 모인 모자이크이다. 언어가 하나씩 사라질 때마다 그 모자이크 한 조각을 잃는 것이다.

– 아린 달리냐 로드리게스 –

① ㄱ, ㄴ　② ㄱ, ㄷ　③ ㄴ, ㄷ
④ ㄴ, ㄹ　⑤ ㄷ, ㄹ

(가) 괴테는 젊은 시절에 이탈리아로 여행을 떠나면서 "나의 조국을 알기 위해서 이탈리아로 가노라." 하는 말을 남겼다. 이 말은 언어를 이해하는 데에 시사하는 바가 크다. 외국어를 통해서 한국어에 없는 문법 장치를 발견함으로써 우리는 **언어에 대한 인식의 지평**을 넓힐 수 있다. 이러한 인식이 때로는 **한국어의 고유성에 대한 재확인**의 계기가 되기도 한다.

글 '처음'에 해당하는 문단입니다. 글 도입으로 단순한 사례를 든 것 같지만, 이 지문에서 설명하고자 하는 글 화제어의 속성이 숨어 있습니다. 즉 외국어를 통해 1) 언어 인식 지평이 확대되고, 2) 언어의 고유성을 확인할 수 있다는 것입니다.

(나) "철수가 축구를 하였다."라는 문장을 생각해 보기로 하자. 이 문장으로는 화자가 '철수가 축구한 것'을 직접 보았는지 아니면 남으로부터 들었는지를 구별하기가 어렵다. 그런데 콜롬비아의 토속어인 투유카 어에서는 이것을 명확하게 구별하는 장치가 있다. 화자의 목격 여부가 동사에 형태적으로 표시되는데 그것을 ⓐ'증거법'이라고 부른다.

(다) 위 예문들의 공통 의미는 '그가 축구를 하였다'이다. 그런데 투유카 어의 문장으로 이 의미만을 표현할 수는 없다. 투유카 어는 증거법의 형태들이 문장에 필수적으로 나타나기 때문이다. 반면에 한국어에는 증거법이라는 문법 범주가 없으므로 이러한 내용을 한국어로 표현하기 위해서 문법 형태들을 사용할 수 없다. 단어나 문장 등 다른 차원의 언어적 장치에 의해서 이러한 것들을 표현할 수밖에 없다. 이것은 한국어로 사실을 표현하는 방식과 투유카 어의 그것이 다름을 보여 준다.

(라) 그러면 한국어는 어떠한가? 한국어의 특성을 잘 드러내는 것은 ⓑ'높임법'이다. "준비를 하십시오."라는 말에는 '화자가 청자를 높이고 있다'는 정보가 들어 있다. 한국어 화자들이 말을 할 때는 언제나 다음과 같은 묵시적인 질문에 답해야만 한다. '당신은 청자에 대해서 어떠한 태도를 취하고 있습니까? 듣는 사람을 높입니까? 아니면 높이지 않습니까?' 이러한 고민이 우리에게는 당연한 것으로 되어 있지만, 높임법을 보편적인 언어 현상이라고 할 수 없다.

(나), (다), (라)는 첫 문단에서 말한 화제어의 속성을 예를 들어 설명하고 있습니다. (나)와 (다)에서는 투유카 어의 '증거법'에 대해 말하고 있습니다. 투유카 어에는 화자의 목격 여부가 동사에 형태적으로 표시됩니다. 증거법이 문법 형태로 나타나는 것이죠. 이와 비교하여 우리나라의 '높임법'에 대해서는 (라)에서 설명하고 있습니다. 우리는 말을 할 때, 화자가 청자에 대해 어떤 태도를 취해야 하는데, 이러한 높임법도 역시 문장의 서술어 등에 형태적으로 나타납니다. 그러니까 우리의 '높임법'도 문법 형태로 나타난다고 추론할 수 있습니다.

(마) 외국어는 자국어를 비추는 거울이다. 우리는 언어 간의 대조나 비교를 통하여 자신의 사고 방식을 돌이켜볼 기회를 가질 수 있다. 투유카 어의 증거법을 이해한 한국인들은 문장 속 동사의 역할에 대해서 한국어에서는 볼 수 없었던 **새로운 차원의 인식**을 하게 되는 것이다. 인간의 언어는 산업화의 정도나 사용 인구의 많고 적음에 관계없이 나름대로의 **고유한 가치**를 지니고 있다. 토착민의 언어든 문명국의 언어든 서로 존중되어야 함은 물론이다. 이러한 언어들의 특징을 이해하게 될 때, 우리는 비로소 '언어의 그림'을 보다 객관적으로 그릴 수 있을 것이다.

끝 문단이면서 글 전체를 마무리 요약하고 있습니다. 그런데 첫 문단에 나온 화제어의 두 가지 속성이 여기서도 반복되고 있지만, 정확하게 찾아내기가 쉽지 않습니다. 의도적으로 생각하지 않고 독해하면 글의 주제를 놓치기 십상이죠. 외국어를 통해 1) 새로운 차원의 인식을 얻게 되고, 2) 각 언어의 고유한 가치를 확인할 수 있다는 것이 이 글의 주제입니다.

문제 1 | – (주제 확인 문제 유형)

서술상의 특징을 묻는 문제입니다. ①은 괴테의 말을 인용하고 있습니다. ②는 "철수가 축구를 하였다."라는 문장을 통해 예를 들고 있습니다. ③은 투유카 어와 한국어를 대조하고 있습니다. "반면에"라는 접속어가 대조임을 보여주고 있죠. ④에는 유추가 들어 있지 않습니다. 유추는 범주가 다른 두 사물을 비교하여 공통점을 찾아내는 것이죠. ⑤에는 비유가 들어 있습니다. "외국어는 자국어를 비추는 거울이다."는 다른 사물에 빗대어 표현한 문장입니다. (정답: ④)

문제 2 | – (주제 확인 문제 유형)

발문에서 "글쓴이의 관점과 상통하는 것"을 묻고 있기 때문에 글의 주제를 먼저 확인해야 합니다. 보통 글의 주제는 마지막 문단에 요약되기 때문에 끝 문단을 잘 살펴보아야 합니다. 그리고 첫 문단도 반드시 확인할 필요가 있습니다. 첫 문단에는 글쓴이의 의도나 문제의식이 제시되기 때문입니다. 이 글의 주제는 '언어에 대한 인식'과 '언어의 고유한 가치'입니다. 두 가지 관점을 갖고 〈보기〉의 상황을 비교해야 합니다. 그리고 〈보기〉의 ㄱ, ㄴ, ㄷ, ㄹ의 상황을 추상적 개념어로 정리하여 비교하면 더욱 선명하게 차이점을 드러낼 수 있습니다.

ㄱ은 '본능이냐 아니냐'라고 요약할 수 있습니다. 이러한 관점은 '인식 확대와 고유성 확인'이라는 관점과 통하지 않습니다. ㄴ은 '유한–무한/문법–문장'이라고 압축할 수 있는데, 이 역시 글쓴이의 관점과 통하지 않습니다. ㄷ은 '언어의 고유성 또는 개별 언어의 한계성'으로 요약할 수 있습니다. 이것은 글쓴이의 생각과 연결됩니다. ㄹ도 '개별 언어의 고유성 또는 인간 언어의 전체성'으로 요약되므로, 이 점은 글의 주제와 관련됩니다. (정답: ⑤)

유제 연습 ❽

❶ 우리 삶에서 운이 작용해서 결과가 달라지는 일은 흔하다. 그러나 외적으로 드러나는 행위에 초점을 맞추는 '의무 윤리'든 행위의 기반이 되는 성품에 초점을 맞추는 '덕의 윤리'든, 도덕의 문제를 다루는 철학자들은 도덕적 평가가 운에 따라 달라져서는 안 된다고 생각한다. 이들의 생각처럼 도덕적 평가는 스스로가 통제할 수 있는 것에 대해서만 이루어져야 한다. 운은 자신의 의지에 따라 통제할 수 없어서, 운에 따라 누구는 도덕적이게 되고 누구는 아니게 되는 일은 공평하지 않기 때문이다.

❷ 그런데 ㉠어떤 철학자들은 운에 따라 도덕적 평가가 달라지는 일이 실제로 일어난다고 주장하고, 그런 운을 '도덕적 운'이라고 부른다. 그들에 따르면 세 가지 종류의 도덕적 운이 거론된다. 첫째는 태생적 운이다. 우리의 행위는 성품에 의해 결정되며 이런 성품은 태어날 때 이미 결정되므로, 성품처럼 우리가 통제할 수 없는 요인이 도덕적 평가에 개입되는 불공평한 일이 일어난다는 것이다.

❸ 둘째는 상황적 운이다. 똑같은 성품이더라도 어떤 상황에 처하느냐에 따라 그 성품이 발현되기도 하고 안 되기도 한다는 것이다. 가령 남의 것을 탐내는 성품을 똑같이 가졌는데 결핍된 상황에 처한 사람은 그 성품이 발현되는 반면에 풍족한 상황에 처한 사람은 그렇지 않다면, 전자만 비난하는 것은 공평하지 못하다는 것이다. 어떤 상황에 처하느냐는 통제할 수 없는 요인이기 때문이다.

❹ 셋째는 우리가 통제할 수 없는 결과에 의해 도덕적 평가가 좌우되는 결과적 운이다. 어떤 화가가 자신의 예술적 이상을 달성하기 위해 가족을 버리고 멀리 떠났다고 해 보자. 이 경우 그가 화가로서 성공했을 때보다 실패했을 때 그의 무책임함을 더 비난하는 것을 '상식'으로 받아들이는 경우가 많다. 그러나 도덕적 운을 인정하는 철학자들은 그가 가족을 버릴 당시에는 예측할 수 없었던 결과에 의해 그의 행위를 달리 평가하는 것 역시 불공평하다고 생각한다.

❺ 그들의 주장에 따라 도덕적 운의 존재를 인정하면 불공평한 평가만 할 수 있을 뿐인데, 이는 결국 도덕적 평가 자체가 불가능해짐을 의미한다. ㉡도덕적 평가가 불가능한 대상은 강제나 무지와 같이 스스로가 통제할 수 없는 요인에 의해 결정되는 것에만 국한되어야 한다. 그런데 도덕적 운의 존재를 인정하면 그동안 도덕적 평가의 대상이었던 성품이나 행위에 대해 도덕적 평가를 내릴 수 없는 난점에 직면하게 되는 것이다.

❻ 하지만 관점을 바꾸어 도덕적 운의 존재를 부정하고 도덕적 평가가 불가능한 경우를 강제나 무지에 의한 행위에 국한한다면 이와 같은 난점에서 벗어날 수 있다. 도덕적 운의 존재를 부정하기 위해서는 도덕적 운이라고 생각되는 예들이 실제로는 도덕적 운이 아님을 보여

주면 된다. 우선 행위는 성품과는 별개의 것이므로 태생적 운의 존재가 부정된다. 또한 나쁜 상황에서 나쁜 행위를 할 것이라는 추측만으로 어떤 사람을 폄하하는 일은 정당하지 못하므로 상황적 운의 존재도 부정된다. 끝으로 어떤 화가가 결과적으로 성공을 했든 안 했든 무책임함에 대해서는 똑같이 비난받아야 하므로 결과적 운의 존재도 부정된다. 실패한 화가를 더 비난하는 '상식'이 통용되는 것은 화가의 무책임한 행위가 그가 실패했을 때보다 성공했을 때 덜 부각되기 때문이다.

문제 1 | ㉠과 글쓴이의 견해에 대한 설명으로 가장 적절한 것은?

① ㉠과 글쓴이는 모두 도덕적 운의 존재를 인정하는 것은 도덕적 평가를 불공평하게 만든다고 생각한다.
② ㉠과 글쓴이는 모두 도덕의 영역에서는 운에 따라 도덕적 평가가 달라지는 일은 없다고 생각한다.
③ ㉠과 글쓴이는 모두 같은 성품을 가진 사람은 같은 행위를 한다고 생각한다.
④ ㉠은 글쓴이와 달리 운은 우리가 통제할 수 없는 것이라고 생각한다.
⑤ ㉠과 달리 글쓴이는 도덕적 평가는 '상식'을 존중해야 한다고 생각한다.

문제 2 | ㉡의 관점에 따를 때, '도덕적 평가'의 대상으로 볼 수 있는 것만을 〈보기〉에서 있는 대로 고른 것은?

보기

ㄱ. 거친 성격의 사람이 자신의 성격을 억누르고 주위 사람들을 다정하게 대했다.
ㄴ. 복잡한 지하철에서 누군가에게 떠밀린 사람이 어쩔 수 없이 앞 사람의 발을 밟게 되었다.
ㄷ. 글을 모르는 어린아이가 바닥에 떨어진 중요한 서류가 실수로 버려진 것인 줄 모르고 찢으며 놀았다.
ㄹ. 풍족한 나라의 한 종교인이 가난한 나라로 발령을 받자 자신의 종교적 신념에 따라 가난한 사람들을 돕는 활동을 했다.

① ㄱ, ㄹ　② ㄴ, ㄷ　③ ㄷ, ㄹ
④ ㄱ, ㄴ, ㄷ　⑤ ㄱ, ㄴ, ㄹ

❶ 우리 삶에서 운이 작용해서 결과가 달라지는 일은 흔하다. 그러나 외적으로 드러나는 행위에 초점을 맞추는 '의무 윤리'든 행위의 기반이 되는 성품에 초점을 맞추는 '덕의 윤리'든, 1) 도덕의 문제를 다루는 철학자들은 도덕적 평가가 운에 따라 달라져서는 안 된다고 생각한다. 이들의 생각처럼 2) 도덕적 평가는 스스로가 통제할 수 있는 것에 대해서만 이루어져야 한다. ((운은 자신의 의지에 따라 통제할 수 없어서, 운에 따라 누구는 도덕적이게 되고 누구는 아니게 되는 일은 공평하지 않기 때문이다.))

❷ 그런데 ㉠어떤 철학자들은 운에 따라 도덕적 평가가 달라지는 일이 실제로 일어난다고 주장하고, 그런 운을 **'도덕적 운'**이라고 부른다. 그들에 따르면 세 가지 종류의 도덕적 운이 거론된다. 첫째는 태생적 운이다. 우리의 행위는 성품에 의해 결정되며 이런 성품은 태어날 때 이미 결정되므로, 성품처럼 우리가 통제할 수 없는 요인이 도덕적 평가에 개입되는 불공평한 일이 일어난다는 것이다.

이 글은 남의 주장을 소개하면서도 자신의 주장을 펼치고 있어서 독해의 혼동이 일어납니다. ❶ 문단에서 "도덕의 문제를 다루는 철학자들은 도덕적 평가가 운에 따라 달라져서는 안 된다고 생각한다."라고 말하면서, ❷ 문단에서는 '도덕적 운'을 인정하는 철학자를 거론하고 있습니다. 그래서 이들은 운에 의한 불공평한 도덕 평가를 인정하는 것으로 착각할 수 있습니다.

❸ 둘째는 상황적 운이다. 똑같은 성품이더라도 어떤 상황에 처하느냐에 따라 그 성품이 발현되기도 하고 안 되기도 한다는 것이다. 가령 남의 것을 탐내는 성품을 똑같이 가졌는데 결핍된 상황에 처한 사람은 그 성품이 발현되는 반면에 풍족한 상황에 처한 사람은 그렇지 않다면, 전자만 비난하는 것은 공평하지 못하다는 것이다. 어떤 상황에 처하느냐는 통제할 수 없는 요인이기 때문이다.

❹ 셋째는 우리가 통제할 수 없는 결과에 의해 도덕적 평가가 좌우되는 결과적 운이다. 어떤 화가가 자신의 예술적 이상을 달성하기 위해 가족을 버리고 멀리 떠났다고 해 보자. 이 경우 그가 화가로서 성공했을 때보다 실패했을 때 그의 무책임함을 더 비난하는 것을 '상식'으로 받아들이는 경우가 많다. 그러나 도덕적 운을 인정하는 철학자들은 그가 가족을 버릴 당시에는 예측할 수 없었던 결과에 의해 그의 행위를 달리 평가하는 것 역시 불공평하다고 생각한다.

---

❹ 문단 끝에서 도덕적 운을 인정하는 철학자들도 예측할 수 없었던 결과에 의해 평가하는 것을 불공평하다고 말합니다. '도덕적 운'을 인정하는 것과 도덕적 평가를 공정히 하는 것은 다른 것임을 암시하고 있습니다. 이 점을 분명히 설명하지 않아서 내용을 오독할 수 있는 것이죠.

❺ 그들의 주장에 따라 도덕적 운의 존재를 인정하면 불공평한 평가만 할 수 있을 뿐인데, 이는 결국 도덕적 평가 자체가 불가능해짐을 의미한다. ㉡도덕적 평가가 불가능한 대상은

강제나 무지와 같이 스스로가 통제할 수 없는 요인에 의해 결정되는 것에만 국한되어야 한다. 그런데 도덕적 운의 존재를 인정하면 그동안 도덕적 평가의 대상이었던 성품이나 행위에 대해 도덕적 평가를 내릴 수 없는 난점에 직면하게 되는 것이다.

❻ 하지만 관점을 바꾸어 도덕적 운의 존재를 부정하고 도덕적 평가가 불가능한 경우를 강제나 무지에 의한 행위에 국한한다면 이와 같은 난점에서 벗어날 수 있다. 도덕적 운의 존재를 부정하기 위해서는 도덕적 운이라고 생각되는 예들이 실제로는 도덕적 운이 아님을 보여 주면 된다. 우선 행위는 성품과는 별개의 것이므로 태생적 운의 존재가 부정된다. 또한 나쁜 상황에서 나쁜 행위를 할 것이라는 추측만으로 어떤 사람을 폄하하는 일은 정당하지 못하므로 상황적 운의 존재도 부정된다. 끝으로 어떤 화가가 결과적으로 성공을 했든 안 했든 무책임함에 대해서는 똑같이 비난받아야 하므로 결과적 운의 존재도 부정된다. 실패한 화가를 더 비난하는 '상식'이 통용되는 것은 화가의 무책임한 행위가 그가 실패했을 때보다 성공했을 때 덜 부각되기 때문이다.

---

❺ 문단 첫 문장과 둘째 문장에서는 글쓴이의 견해가 제시됩니다. 즉 '도덕적 운'의 존재를 인정하기만 해도 도덕 평가는 불가능하다는 것이 글쓴이의 견해로 볼 수 있습니다. 도덕 평가가 불가능한 것은 '강제'나 '무지'에 국한되어야 한다는 것이죠. 그리고 ❻ 문단에서는 관점을 바꾸면 '도덕적 운'의 존재를 부정할 수 있다고 글쓴이는 말하고 있습니다.

문제 1 | – (주제 확인 문제 유형)

이 문제는 글쓴이 의견과 '도덕적 운'의 주장 사이에 같은 점이 있음에도 그것이 명확히 드러나지 않아서 독해가 어렵습니다. 글쓴이는 '도덕적 운'을 인정하지 않고, ㉠의 '어떤 철학자들'은 '도덕적 운'을 인정합니다. 그렇지만 ㉠도 ❹ 문단에서 보는 것처럼 '도덕적 운'이 평가를 불공평하게 한다고 인정합니다. 그래서 ①이 정답입니다. ②에서 "운에 따라 도덕적 평가가 달라지는 일은 없다"고 생각하는 경우는 글쓴이의 입장입니다. ③에서, 같은 성품을 가진 사람도 상황에 따라 다르게 발현될 수 있다고 보는 입장은 ㉠의 입장입니다. ④는 ❶ 문단을 정밀 독해해야 적절한지 아닌지 판단할 수 있습니다. ❶의 마지막 문장은 글쓴이의 의견이기 때문에 '운은 통제할 수 없는 것'이라는 생각은 글쓴이 생각과 일치합니다. ⑤는 ❹ 문단에서 확인할 수 있습니다. 즉 ㉠도 글쓴이처럼 '상식'에 의한 도덕 평가를 불공평하다고 생각합니다. (정답: ①)

문제 2 | – (밑줄 문제 2 유형)

이 문제는 어렵지는 않지만 무의식적으로 착각을 불러옵니다. ②를 정답으로 착각한 경우가 30%나 됩니다. 정답은 ①입니다. 왜 그런지 살펴보죠. ㉡에서는 "도덕적 평가가 불가능한 대상"이라고 하였고, 발문에서는 "'도적적 평가'의 대상"이라고 하였습니다. 그런데 발문에서 "㉡의 관점에 따를 때"라고 말하기 때문에 '도덕적 평가가 불가능한 대상'이 연상되고, ②를 정답으로 착각한 것입니다. 실전에서 가장 무서운 것이 바로 무의식적 연상입니다. (정답: ①)

3 고난도 지문 글 독해

학생들에게 최대의 장벽이 바로 고난도 비문학 지문입니다. 수능 비문학의 출제 흐름을 살펴보면, 3~4년 단위로 경향성이 바뀌었음을 알 수 있습니다. 이러한 흐름에서 드러나는 뚜렷한 특징은 변별력을 높이기 위해 지문의 난이도를 계속 높였다는 점입니다.

(1) 2005~2009학년도까지는 비문학 지문이 어렵지 않게 읽히지만, 문제에서 오답을 하는 경향이 있었습니다. 이 시기의 비문학은 출제 원리가 잘 적용된 시기였으며, 그래서 비문학의 원리를 확인할 수 있었습니다. (2) 2010~2013학년도까지의 특징은 '일치-불일치 문제'에서 변형이 생기고, 이 유형이 최고난도의 추론적 문제로 바뀌는 경향이 나타난 것입니다. 지문의 난이도도 그전보다 더 높아졌습니다. (3) 2014~2016학년도까지는 수능 A, B형으로 출제되었습니다. 그리고 「수능 언어」에서 「수능 국어」로 바뀌면서 고등학교 국어 교육과정과의 관련성도 더욱 커졌습니다. 이 시기 비문학의 특징은 '과학, 기술 지문'이 무척 어려웠다는 점입니다. 그리고 또 하나의 특징은 비문학의 난이도 구분이 뚜렷했다는 점입니다. 1등급을 위한 지문, 2~3등급을 위한 지문, 4~5등급을 위한 지문이 확연했고, 이것들을 조합하는 방식으로 「수능 국어」의 난이도를 조정한 것입니다. (4) 2017학년도 이후에는 수능 A, B형을 하나로 통합하여 출제하면서, 지금까지와는 좀 다른 형태로 출제하고 있습니다. 먼저 비문학 지문은 3개가 출제됩니다. 지문의 길이가 늘어나고 모두 고난도로 출제되는데, 복합적인 추론 문제가 많아졌습니다.

이러한 수능 경향 속에서 고난도 지문을 만드는 방법은, 크게 4가지로 요약할 수 있습니다. 첫째 '문단의 중심 내용이 모호한 지문'입니다. 복잡한 내용을 체계적으로 서술하지 않고 의도적으로 중심 내용을 모호하게 하는 것이죠. 따라서 문단 독해를 한 다음에 중심 내용을 확인하는 것이 필요합니다. 둘째 '개념어를 연속적으로 덧붙이면서 설명하는 지문'입니다. 이런 지문은 '생물' 지문 등에 잘 나타납니다. 이런 글은 분류를 꼼꼼히 하면서 독해해야 합니다. 셋째 '문단과 문단 사이 개념들의 연관성이 모호한 지문'입니다. 이런 지문의 난이도가 가장 높습니다. 지문 전체를 재정리할 때 개념 간의 연관성을 확인하는 것이 꼭 필요합니다. 넷째는 '독해 과정에서 혼돈이 일어나는 지문'입니다. 의도적으로 지문을 그렇게 구성하는 경우도 있고, 무의식적으로 착각이 일어나는 경우도 있습니다. 지문을 정밀하게 읽어야 하고, 그러면서도 시간이 부족하지 않아야 합니다.

1 문단의 중심 내용을 우선적으로 확인해야 하는 지문

| 사례분석

(2013학년도 수능)

❶ 음성 인식 기술은 컴퓨터가 사람이 말하는 소리를 인식하여 해당 문자열로 바꾸는 기술이다. 사람의 말은 음소들의 시간적 배열로 볼 수 있다. 컴퓨터는 각 단어의 음소들의 배열을 '기준 패턴'으로 미리 저장해 두고, 이를 입력된 음성에서 추출한 '입력 패턴'과 비교하여 단어를 인식한다.

❷ 음성을 인식하기 위해서 먼저 입력된 신호에서 잡음을 제거한 후 음성 신호만 추출한다. 그런 다음 음성 신호를 하나의 음소로 판단되는 구간인 '음소 추정 구간'들의 배열로 바꾸어 준다. 그런데 음성 신호를 음소 단위로 정확히 나누는 것은 쉽지 않다. 이를 해결하기 위해 먼저 음성 신호를 일정한 시간 간격의 '단위 구간'으로 나누고, 이 단위 구간 하나만으로 또는 연속된 단위 구간을 이어 붙여 음소 추정 구간들을 만든다.

❸ 음성의 비교는 음소 단위로 이루어지는데 음소 추정 구간에 해당하는 음소를 알아내기 위해서 각 구간에서 '특징 벡터'를 추출한다. 각 음소 추정 구간에서 추출하는 특징 벡터는 1개이다. 특징 벡터는 음소를 구별하는 데 필요한 정보를 수치로 나타낸 것으로, 음소 추정 구간의 길이에 상관없이 1개로만 추출된다. 특징 벡터는 음소의 특성을 잘 나타내는 정보들을 이용하지만 사람마다 다른 특성을 보이는 정보는 사용하지 않는다. 사용하는 정보의 가짓수가 많을수록 음소를 더 정확하게 인식할 수 있지만 그만큼 필요한 연산량이 많아져 처리 시간은 길어진다.

❹ 음성을 인식하려면 ㉠<u>입력 패턴의 특징 벡터와 기준 패턴의 특징 벡터를 비교해야</u> 한다. 이를 위해서 음소 추정 구간이 비교하려는 기준 패턴의 음소 개수와 동일한 개수가 되도록 단위 구간을 조합한다. 그리고 각 음소 추정 구간에서 추출된 특징 벡터를 구간 순서대로 배열하여 입력 패턴을 생성한다.

❺ 예를 들어 ㉡<u>입력된 음성 신호를 S1, S2, S3 3개의 단위 구간으로 나눈 경우</u>를 생각해 보자. 만일 비교하려는 기준 패턴의 음소가 3개라면 3개의 음소 추정 구간으로부터 입력 패턴이 구성되어야 하므로 [S1, S2, S3]의 음소 추정 구간 배열을 설정하고, 이로부터 입력 패턴을 생성한다. 그런 다음 이것을 순서대로 기준 패턴의 음소와 일대일 대응시키고 각각의 특징 벡터의 차이를 구한 뒤 이것들을 모두 합하여 '패턴 거리'를 구한다. 만일 기준 패턴의 음소가 2개라면 3개의 단위 구간을 조합하여 [S1, S2~S3], [S1~S2, S3]로 2개의 음소 추정 구간 배열을 설정하고, 이로부터 입력 패턴을 생성한다. 이와 같이 1개의 기준 패턴에 대해 여러 개의 입력 패턴이 만들어질 수 있는 경우에는 ⓐ<u>생성 가능한 입력 패턴과 기준 패턴 사이의 패턴 거리를 모두 구하고</u>, 그중의 최솟값을 그 기준 패턴에 대한 패턴 거리로 정한다. 만일 기준 패턴의 음소가 3개보다 크면 두 패턴을 일대일로 대응시킬 수 없으므로 비교가 불가능하다.

❻ 단위 구간의 시간 간격을 짧게 하여 그 개수를 늘리면 음소 추정 구간을 잘못 설정하여 발생하는 오류를 줄일 수 있다. 하지만 연산량이 많아져 처리 시간은 길어진다.
❼ 이와 같은 방법으로 컴퓨터에 저장된 모든 기준 패턴에 대해 패턴 거리를 구하고 그중 최솟값이 되는 기준 패턴을 선정한다. 최종적으로, 이 기준 패턴에 해당하는 문자열을 입력된 음성 신호에 대해 인식된 단어로 출력한다.

문제 1 | 하나의 기준 패턴에 대해 ㉠을 ㉡에 적용할 때, 이에 대한 설명으로 옳지 않은 것은?

① 기준 패턴의 음소 개수가 3개이면 입력 패턴에 들어 있는 특징 벡터는 3개이다.
② 기준 패턴의 음소 개수가 3개이면 산출되는 패턴 거리는 1개이다.
③ 기준 패턴의 음소 개수가 2개이면 조합되는 음소 추정 구간 배열은 1개이다.
④ 기준 패턴의 음소 개수가 2개이면 생성 가능한 입력 패턴은 2개이다.
⑤ 기준 패턴의 음소 개수가 4개이면 패턴 비교가 불가능하다.

문제 2 | ⓐ의 처리 시간을 증가시키는 요인으로 옳은 것은?

① 특징 벡터를 구성하는 정보의 가짓수의 감소
② 기준 패턴을 구성하는 음소 개수의 감소
③ 저장된 기준 패턴 가짓수의 감소
④ 단위 구간의 시간 간격의 감소
⑤ 음소 추정 구간 개수의 감소

❶ **음성 인식 기술**은 컴퓨터가 사람이 말하는 소리를 인식하여 해당 문자열로 바꾸는 기술이다. 사람의 말은 음소들의 시간적 배열로 볼 수 있다. 컴퓨터는 각 단어의 음소들의 배열을 1) **'기준 패턴'으로 미리 저장**해 두고, 이를 2) **입력된 음성에서 추출한 '입력 패턴'과 비교**하여 단어를 인식한다.

'음성 인식 기술'이라는 전문적 내용을 추상적 용어로 설명하기 때문에 독해하기가 매우 어렵습니다. ❶ 문단에서는 '음성 인식 기술'의 기본 원리를 말하고 있기 때문에 이후 문단을 읽어갈 때 이 기본 원리를 기억해 두어야 합니다. 즉 컴퓨터는 해당 소리에 대해(정확히 말하면 각 단어의 음소 배열에 대해) 미리 '기준 패턴'을 저장해 둡니다. 그리고 사람들이 말하는 외부 입력 소리에서 '입력 패턴'을 추출합니다. 그렇다면 '입력 패턴'을 '기준 패턴'과 비교하는 방식이 음성 인식 기술이 될 것입니다.

❷ 음성을 인식하기 위해서 먼저 입력된 신호에서 1) 잡음을 제거한 후 음성 신호만 추출한다. 그런 다음 2) 음성 신호를 하나의 음소로 판단되는 구간인 **'음소 추정 구간'**들의 배열로 바꾸어 준다. // 그런데 음성 신호를 음소 단위로 정확히 나누는 것은 쉽지 않다. 이를 해결하기 위해 먼저 a) 음성 신호를 일정한 시간 간격의 '단위 구간'으로 나누고, b) 이 단위 구간 하나만으로 또는 연속된 단위 구간을 이어 붙여 음소 추정 구간들을 만든다.

입력된 소리 중에서 잡음을 제거하여 음성 신호만을 추출하고, 그런 다음 '하나의 음소로 판단되는 구간인 음소 추정 구간'을 설정할 것입니다. '음소 추정 구간'을 설정하는 것이 쉽지 않기 때문에 일정한 시간 간격의 단위로 음소 추정 구간을 만들게 됩니다.

❸ 음성의 비교는 음소 단위로 이루어지는데 1) 음소 추정 구간에 해당하는 음소를 알아내기 위해서 각 구간에서 **'특징 벡터'**를 추출한다. 2) 각 음소 추정 구간에서 추출하는 특징 벡터는 1개이다. ((특징 벡터는 음소를 구별하는 데 필요한 정보를 수치로 나타낸 것으로, 음소 추정 구간의 길이에 상관없이 1개로만 추출된다.)) 특징 벡터는 음소의 특성을 잘 나타내는 정보들을 이용하지만 사람마다 다른 특성을 보이는 정보는 사용하지 않는다. 사용하는 정보의 가짓수가 많을수록 음소를 더 정확하게 인식할 수 있지만 그만큼 필요한 연산량이 많아져 처리 시간은 길어진다.

이제 음소 추정 구간에서 '특징 벡터'를 추출하여 음소를 알아내려 합니다. 각 음소 추정 구간에서 추출하는 특징 벡터는 1개입니다. 특징 벡터를 추출할 때 음소 특성을 잘 나타내는 정보를 이용하고 사람마다의 특정한 특성은 사용하지 않습니다.

❹ 음성을 인식하려면 ㉠ **입력 패턴의 특징 벡터와 기준 패턴의 특징 벡터**를 비교해야 한다. 이를 위해서 음소 추정 구간이 **〈비교하려는 기준 패턴의 음소 개수와 동일한 개수가 되도록〉** 단위 구간을 조합한다. 그리고 각 음소 추정 구간에서 추출된 특징 벡터를 구간 순서대로 배열하여 입력 패턴을 생성한다.
❺ **예를 들어** ㉡입력된 음성 신호를 S1, S2, S3 3개의 단위 구간으로 나눈 경우를 생각해 보자. **((만일)) 비교하려는 기준 패턴의 음소가 3개라면** 3개의 음소 추정 구간으로부터 입력 패턴이 구성되어야 하므로 [S1, S2, S3]의 음소 추정 구간 배열을 설정하고, 이로부터 입력 패턴을 생성한다. 그런 다음 이것을 순서대로 기준 패턴의 음소와 일대일 대응시키고 각각의 특징 벡터의 차이를 구한 뒤 **〈이것들을 모두 합하여 '패턴 거리'〉**를 구한다. **((만일)) 기준 패턴의 음소가 2개라면** 3개의 단위 구간을 조합하여 [S1, S2~S3], [S1~S2, S3]로 2개의 음소 추정 구간 배열을 설정하고, 이로부터 입력 패턴을 생성한다. 이와 같이 1개의 기준 패턴에 대해 여러 개의 입력 패턴이 만들어질 수 있는 경우에는 ⓐ생성 가능한 입력 패턴과 기준 패턴 사이의 패턴 거리를 모두 구하고, **〈그중의 최솟값을 그 기준 패턴에 대한 패턴 거리로〉** 정한다. **((만일)) 기준 패턴의 음소가 3개보다 크면** 두 패턴을 일대일로 대응시킬 수 없으므로 비교가 불가능하다.

---

❸ 문단까지는 대략적으로 이해되지만 추상적이기 때문에 독해가 쉽지 않습니다. ❹ 문단의 중심 내용을 파악해야 ❺ 문단의 복잡한 정보를 정확히 확인할 수 있습니다. ❺ 문단은 ❹ 문단의 예시 문단이기 때문에 ❺ 문단의 복잡한 정보들은 ❹ 문단의 중심 내용과 관련됩니다.

❹ 문단의 중심 내용은, 입력 패턴의 특징 벡터와 기준 패턴의 특징 벡터를 비교할 때 '기준 패턴 음소 개수와 동일한 개수가 되도록 단위 구간을 조합'한다는 점입니다. 이 점을 놓치고 ❺ 문단을 읽게 되면 복잡한 정보들이 무엇을 말하는지 도통 모르게 됩니다. 설사 독해력이 흩어지고 복잡한 정보의 늪에서 허우적거려도, ❺ 문단의 구조에 특이점이 있다는 것을 알아내면 내용을 수월하게 파악할 수 있습니다. ❺ 문단은 "만일 기준 패턴의 음소가 3개라면", "만일 기준 패턴의 음소가 2개라면", "만일 기준 패턴의 음소가 3개보다 크면"처럼, 3가지 경우의 수를 설명하고 있죠. 이 점을 파악하면 그나마 복잡한 정보를 어느 정도 이해할 수 있게 됩니다.

㉡처럼 입력된 음성 신호를 3개의 구간으로 나눈 경우를 기준 패턴의 음소와 비교할 때, 3가지 경우의 수가 생기는 것이죠. **첫째, 기준 패턴의 음소가 3개일 경우**입니다. 입력된 음성은 3개의 단위 구간으로 설정되었기 때문에 기준 패턴의 음소와 일대일로 대응할 수 있습니다. 그리고 특징 벡터의 차이를 구하고 이것들을 모두 합하여 패턴 거리를 구합니다. **둘째, 기준 패턴의 음소가 2개일 경우**입니다. 그러면 설정된 입력 음성의 3개 단위 구간을 [S1, S2~S3], [S1~S2, S3]로 2개의 음소 추정 구간으로 배열해야 하고, 이것을 기준 패턴의 2개 음소와 비교해야 합니다. 이럴 경우 2개의 패턴 거리가 나오게 되는데, 이 중 최솟값을 패턴 거리로 삼게 됩니다. **셋째, 기준 패턴의 음소가 3개를 넘게 되면** 입력된 음성은 3개의 단위 구간이기 때문에 일대일로 대응할 수 없어서 비교할 수가 없게 됩니다.

❻ 단위 구간의 시간 간격을 짧게 하여 그 개수를 늘리면 음소 추정 구간을 잘못 설정하여 발생하는 오류를 줄일 수 있다. 하지만 연산량이 많아져 처리 시간은 길어진다.
❼ 이와 같은 방법으로 컴퓨터에 저장된 모든 기준 패턴에 대해 패턴 거리를 구하고 그중 최솟값이 되는 기준 패턴을 선정한다. 최종적으로, 이 기준 패턴에 해당하는 문자열을 입력된 음성 신호에 대해 인식된 단어로 출력한다.

음소 추정 구간과 관련되는 것이 단위 구간입니다. 단위 구간을 하나 또는 그 이상을 이어 붙여서 음소 추정 구간을 만듭니다. 이러한 내용은 ❷ 문단에 나와 있습니다. 이와 같은 단위 구간의 시간 간격을 짧게 하면 개수가 늘어날 것입니다. 그러면 오류는 줄일 수 있지만, 연산량이 많아져서 처리 시간이 늦게 되죠.

문제 1 | – (밑줄 문제 2 유형)

밑줄 ㉠의 의미는 ❹ 문단의 중심 내용과 관련됩니다. 즉 ㉠ 다음 문장을 주목해야 합니다. “기준 패턴의 음소 개수와 동일한 개수가 되도록” 음소 추정 구간을 설정해야 한다는 것이죠. 이 같은 ㉠의 의미를 ㉡에 적용할 때 3가지 경우의 수가 발생합니다. 3가지 경우의 수는 밑줄 ㉡이 들어 있는 ❺ 문단의 주요 정보들입니다.

① – ‘특징 벡터’는 음소 추정 구간별로 하나씩 추출합니다. 그래서 기준 패턴 음소 개수가 3개이면 여기에 대응하여 입력된 음성도 3개의 음성 추정 구간으로 설정하고, 입력 패턴의 특징 벡터를 하나씩 추출하게 되므로 3개가 됩니다. ② – 패턴 거리는 각각의 특징 벡터 차이를 구한 뒤, 이것들을 모두 합한 값입니다. 기준 패턴의 음소 개수가 3개이고, 입력 패턴의 음성 추정 구간도 3개일 경우에는 하나의 패턴 거리가 구해집니다. 그런데 기준 패턴의 음소 개수가 2개이면, ㉡의 입력 패턴은 [S1 / S2~S3], [S1~S2 / S3]로 2개의 음소 추정 구간으로 배열해야 합니다. 그러면 기준 패턴 음소 2개와 입력 패턴 [S1 / S2~S3]가 대응하는 하나의 패턴 거리가 구해지고, 그리고 [S1~S2 / S3]와 대응하는 또 하나의 패턴 거리가 구해집니다. 이 두 개의 패턴 거리 중에서 최솟값을 패턴 거리로 삼게 되죠. ③ – ㉡은 입력 음성의 단위 구간을 3개로 나눈 경우입니다. 기준 패턴의 음소가 3개이면 일대일로 대응되어 음성 추정 구간 배열은 1개로 됩니다. 그렇지만 기준 패턴의 음소가 2개이면, [S1 / S2~S3], [S1~S2 / S3]로 2개의 음소 추정 구간으로 배열되죠. ③이 적절하지 않아서 정답입니다. ④ – 기준 패턴의 음소가 2개이면, [S1 / S2~S3], [S1~S2 / S3]로 2개의 음소 추정 구간으로 배열되어 입력 패턴은 2개가 됩니다. ⑤ – 기준 패턴의 음소가 4개이면 ㉡과 패턴 비교가 불가능합니다. (정답: ③)

문제 2 | – (밑줄 문제 2 유형)

ⓐ의 처리 시간이 증가하는 것은 처리할 연산량이 많아지는 경우입니다. ‘단위 구간의 시간 간격이 감소’한다는 것은 ‘단위 구간 시간의 간격을 짧게 한다’는 것과 같은 의미죠. 음성 정보를 세밀하게 나누어 처리하게 되므로 연산량이 많아져서 시간이 증가합니다. (정답: ④)

유제 연습 ❶

❶ 플래시 메모리는 수많은 스위치들로 이루어지는데, 각 스위치에 0 또는 1을 저장한다. 디지털 카메라에서 사진 한 장은 수백만 개 이상의 스위치를 켜고 끄는 방식으로 플래시 메모리에 저장된다. 메모리에서는 1비트의 정보를 기억하는 이 스위치를 셀이라고 한다. 플래시 메모리에서 셀은 그림과 같은 구조의 트랜지스터 1개로 이루어져 있다. 플로팅 게이트에 전자가 들어 있는 상태를 1, 들어 있지 않은 상태를 0이라고 정의한다.

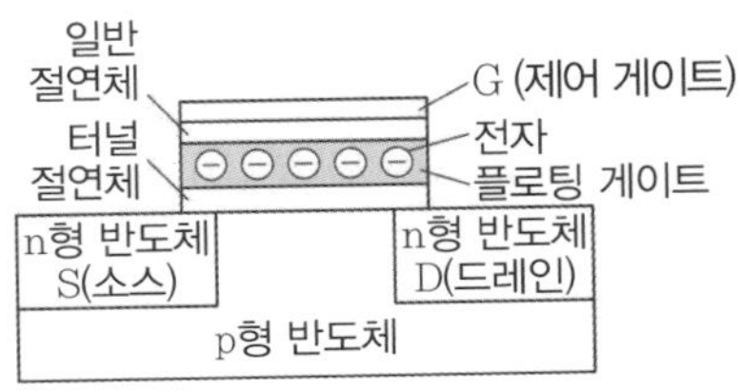

❷ 플래시 메모리에서 데이터를 읽을 때는 그림의 반도체 D에 3V의 양(+)의 전압을 가한다. 그러면 다른 한 쪽의 반도체인 S로부터 전자들이 D 쪽으로 이끌리게 된다. 플로팅 게이트에 전자가 들어 있을 때는 S로부터 오는 전자와 플로팅 게이트에 있는 전자가 마치 자석의 같은 극처럼 서로 반발하기 때문에 전자가 흐르기 힘들다. 한편 플로팅 게이트에 전자가 없는 상태에서는 S와 D 사이에 전자가 흐르기 쉽다. 이렇게 전자의 흐름 여부, 즉 S와 D 사이에 전류가 흐르는가로 셀의 값이 1인지 0인지를 판단한다.

❸ 플래시 메모리에서는 두 가지 과정을 거쳐 데이터가 저장된다. 일단 데이터를 지우는 과정이 필요하다. 데이터 지우기는 여러 개의 셀이 연결된 블록 단위로 이루어진다. 블록에 포함된 모든 셀마다 G에 0V, p형 반도체에 약 20V의 양의 전압을 가하면, 플로팅 게이트에 전자가 있는 경우, 그 전자가 터널 절연체를 넘어 p형 반도체로 이동한다. 반면 전자가 없는 경우는 플로팅 게이트에 변화가 없다. 따라서 해당 블록의 모든 셀은 0의 상태가 된다. 터널 절연체는 전류 흐름을 항상 차단하는 일반 절연체와는 다르게 일정 이상의 전압이 가해졌을 때는 전자를 통과시킨다.

❹ 이와 같은 과정을 거친 후에야 데이터 쓰기가 가능하다. 데이터를 저장하려면 1을 쓰려는 셀의 G에 약 20V, p형 반도체에는 0V의 전압을 가한다. 그러면 p형 반도체에 있던 전자들이 터널 절연체를 넘어 플로팅 게이트로 들어가 저장된다. 이것이 1의 상태이다.

❺ 플래시 메모리는 EPROM과 EEPROM의 장점을 취하여 만든 메모리이다. EPROM은 한 개의 트랜지스터로 셀을 구성하여 셀 면적이 작은 반면, 데이터를 지울 때 칩을 떼어 내어 자외선으로 소거해야 한다는 단점이 있다. EEPROM은 전기를 이용하여 간편하게 데이터를 지울 수 있지만, 셀 하나당 두 개의 트랜지스터가 필요하다. 플래시 메모리는 한 개의 트랜지스터로 셀을 구성하며, 전기적으로 데이터를 쓰고 지울 수 있다. 한편 메모리는 전원 차단 시에 데이터의 보존 유무에 따라 휘발성과 비휘발성 메모리로 구분되는데, 플래시 메모리는 플로팅 게이트가 절연체로 둘러싸여 있기 때문에 전원을 꺼도 1이나 0의 상태가 유지되므로

비휘발성 메모리이다. 이런 장점 때문에 휴대용 디지털 장치는 주로 플래시 메모리를 이용하여 데이터를 저장한다.

문제 1 | 윗글의 '플래시 메모리'에 대하여 추론한 내용으로 옳은 것은?

① D에 3V의 양의 전압을 가하면 플로팅 게이트의 전자가 사라진다.
② 터널 절연체 대신에 일반 절연체를 사용하면 데이터를 반복해서 지우고 쓸 수 없다.
③ 데이터 지우기 과정에서 자외선에 노출해야 데이터를 수정할 수 있다.
④ EEPROM과 비교되는 EPROM의 단점을 개선하여 셀 면적을 더 작게 만들었다.
⑤ 데이터를 유지하기 위해서는 전력을 계속 공급해 주어야 한다.

문제 2 | 윗글과 〈보기〉에 따라 플래시 메모리의 데이터 〈10〉을 〈01〉로 수정하려고 할 때, 단계별로 전압이 가해질 위치가 옳은 것은?

보기

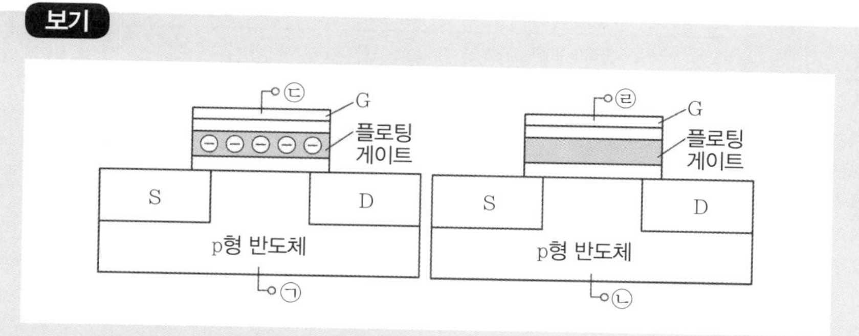

* 두 개의 셀이 하나의 블록을 이룬다.
* 그림은 데이터 〈10〉을 저장하고 있는 현재 상태이고, ㉠~㉣은 20V의 양의 전압이 가해지는 위치이다.

	1단계	2단계
①	㉠	㉣
②	㉢	㉡
③	㉠과 ㉡	㉣
④	㉡과 ㉢	㉣
⑤	㉢과 ㉣	㉡

❶ **플래시 메모리**는 1) 수많은 스위치들로 이루어지는데, 각 스위치에 0 또는 1을 저장한다. 디지털 카메라에서 사진 한 장은 수백만 개 이상의 스위치를 켜고 끄는 방식으로 플래시 메모리에 저장된다. 2) 메모리에서는 1비트의 정보를 기억하는 이 스위치를 셀이라고 한다. 플래시 메모리에서 셀은 그림과 같은 구조의 트랜지스터 1개로 이루어져 있다. 3) 플로팅 게이트에 전자가 들어 있는 상태를 1, 들어 있지 않은 상태를 0이라고 정의한다.

플래시 메모리에 대해 설명하는 글입니다. 셀이라는 스위치에 0 또는 1을 저장하게 되는데, 플로팅 게이트에 전자가 들어 있는 상태를 1이라 하고 전자가 들어 있지 않은 상태를 0이라고 합니다.

❷ 플래시 메모리에서 **데이터를 읽을 때는** 그림의 반도체 D에 3V의 양(+)의 전압을 가한다. 그러면 다른 한 쪽의 반도체인 S로부터 전자들이 D 쪽으로 이끌리게 된다. 플로팅 게이트에 전자가 들어 있을 때는 S로부터 오는 전자와 플로팅 게이트에 있는 전자가 마치 자석의 같은 극처럼 서로 반발하기 때문에 전자가 흐르기 힘들다. // 한편 플로팅 게이트에 전자가 없는 상태에서는 S와 D 사이에 전자가 흐르기 쉽다. 이렇게 전자의 흐름 여부, 즉 S와 D 사이에 전류가 흐르는가로 셀의 값이 1인지 0인지를 판단한다.

그림을 보면서 글을 이해하게 되는데, 그림 이해에 초점이 맞춰지면 문단의 중심 내용을 놓칠 수 있습니다. ❷ 문단은 "데이터를 읽을 때"를 말합니다. 그리고 플로팅 게이트에 전자가 흐르는 것이 데이터 읽기와 어떤 관련이 있는지 설명이 없기 때문에 '데이터 읽기 과정'이라는 중심 내용이 쉽게 인지되지 않습니다.

❸ 플래시 메모리에서는 두 가지 과정을 거쳐 **데이터가 저장**된다. (1) 일단 **데이터를 지우는 과정**이 필요하다. 데이터 지우기는 1) 여러 개의 셀이 연결된 블록 단위로 이루어진다. 2) 블록에 포함된 모든 셀마다 G에 0V, p형 반도체에 약 20V의 양의 전압을 가하면, **((플로팅 게이트에 전자가 있는 경우,** 그 전자가 터널 절연체를 넘어 p형 반도체로 이동한다. **반면 전자가 없는 경우는** 플로팅 게이트에 변화가 없다.**))** 따라서 해당 블록의 3) 모든 셀은 0의 상태가 된다. 터널 절연체는 전류 흐름을 항상 차단하는 일반 절연체와는 다르게 일정 이상의 전압이 가해졌을 때는 전자를 통과시킨다.

❹ 이와 같은 과정을 거친 후에야 (2) **데이터 쓰기가 가능**하다. 1) 데이터를 저장하려면 1을 쓰려는 셀의 G에 약 20V, p형 반도체에는 0V의 전압을 가한다. 그러면 2) p형 반도체에 있던 전자들이 터널 절연체를 넘어 플로팅 게이트로 들어가 저장된다. 이것이 1의 상태이다.

---

❷ 문단에서 중심 내용을 제대로 파악하지 못하면 ❸ 문단과 ❹ 문단의 중심 내용을 놓칠 가능성이 큽니다. ❸ 문단은 '데이터 지우는 과정'이고 ❹ 문단은 '데이터 쓰기 과정'입니다. 중심 내용을 문단의 세부 정보처럼 읽으면 정보들 사이의 위상이 뒤섞여서 독해가 매우 어려워집니다. 중심 내용이 잡혀야 세부 정보도 정확히 파악됩니다.

❺ 플래시 메모리는 EPROM과 EEPROM의 장점을 취하여 만든 메모리이다. **EPROM**은 한 개의 트랜지스터로 셀을 구성하여 셀 면적이 작은 반면, 데이터를 지울 때 칩을 떼어 내어 자외선으로 소거해야 한다는 단점이 있다. **EEPROM**은 전기를 이용하여 간편하게 데이터를 지울 수 있지만, 셀 하나당 두 개의 트랜지스터가 필요하다. **플래시 메모리**는 한 개의 트랜지스터로 셀을 구성하며, 전기적으로 데이터를 쓰고 지울 수 있다. // 한편 메모리는 전원 차단 시에 데이터의 보존 유무에 따라 휘발성과 비휘발성 메모리로 구분되는데, 플래시 메모리는 플로팅 게이트가 절연체로 둘러싸여 있기 때문에 전원을 꺼도 1이나 0의 상태가 유지되므로 비휘발성 메모리이다. 이런 장점 때문에 ~ 데이터를 저장한다.

EPROM, EEPROM과 플래시 메모리의 차이점을 설명하고, 비휘발성 메모리에 대해 설명.

문제 1 | -(밑줄 문제 2 유형)

① - 데이터를 읽을 때 D에 3V의 양의 전압을 가합니다. 그러면 S로부터 D로 전자가 이끌리게 됩니다. 플로팅 게이트의 전자가 사라지는 것이 아닙니다. ② - 일반 절연체는 항상 전류 흐름을 차단하지만, 터널 절연체는 일정 전압 이상이 가해지면 전자가 통과합니다. 그래서 데이터를 반복해서 지우고 쓸 수 있습니다. 정답입니다. ③ - EPROM은 자외선을 통해서 데이터를 지웁니다. 플래시 메모리는 전기적으로 데이터를 지우므로 적절하지 않습니다. ④ - EPROM의 장점은 셀 면적이 작다는 점이죠. 적절하지 않습니다. ⑤ - 플래시 메모리는 비휘발성이므로 전원이 차단되어도 데이터가 보존되기 때문에 적절하지 않습니다. (정답: ②)

문제 2 | -(〈보기〉 문제 2 유형)

문제 조건이 제시되어 있는데, 문단의 중심 내용이 파악되지 않으면 조건 해결과 관련된 주요 정보들을 적용하기 힘듭니다. 첫째 조건은 데이터 〈1 0〉을 〈0 1〉로 수정한다는 점입니다. 그래서 먼저 지우고, 다음에 쓰기를 해야 합니다. 그리고 '두 개의 셀이 하나의 블록을 이룬다.'고 했죠? 데이터 지우기는 블록 단위로 이루어진다는 점을 기억해둘 필요가 있습니다.

그러면 **1단계는 지우는 과정**입니다. 블록에 포함된 모든 셀마다 G에 0V, p형 반도체에 20V의 전압을 가해야 하는데, ㉠과 ㉡은 하나의 블록 속에 있는 셀이기 때문에 ㉠과 ㉡에 20V 전압을 가해야 합니다. **2단계는 쓰기 과정**입니다. 〈0 1〉로 써야 하므로 1을 쓰려 하는 셀의 G는 ㉣입니다. 그래서 ㉣에만 20V 전압을 가하면 되는 것이죠. (정답: ③)

2 연쇄적으로 나열되는 개념들을 분류해서 독해해야 하는 지문

| 사례분석

(2015학년도 수능 B형)

❶ 역사가 신채호는 역사를 아(我)와 비아(非我)의 투쟁 과정이라고 정의한 바 있다. 그가 무장 투쟁의 필요성을 역설한 독립 운동가이기도 했다는 사실 때문에, 그의 이러한 생각은 그를 투쟁만을 강조한 강경론자처럼 비춰지게 하곤 한다. 하지만 그는 식민지 민중과 제국주의 국가에서 제국주의를 반대하는 민중 간의 연대를 지향하기도 했다. 그의 사상에서 투쟁과 연대는 모순되지 않는 요소였던 것이다. 이를 바르게 이해하기 위해서는 그의 사상의 핵심 개념인 '아'를 정확하게 이해할 필요가 있다.

❷ 신채호의 사상에서 아란 자기 본위에서 자신을 자각하는 주체인 동시에 항상 나와 상대하고 있는 존재인 비아와 마주 선 주체를 의미한다. 자신을 자각하는 누구나 아가 될 수 있다는 상대성을 지니면서 또한 비아와의 관계 속에서 비로소 아가 생성된다는 상대성도 지닌다. 신채호는 조선 민족의 생존과 발전의 길을 모색하기 위해『조선 상고사』를 저술하여 아의 이러한 특성을 규정했다. 그는 아의 **자성(自性)**, 곧 '나의 나 됨'은 스스로의 고유성을 유지하려는 항성(恒性)과 환경의 변화에 대응하여 적응하려는 변성(變性)이라는 두 요소로 이루어져 있다고 하였다. 아는 항성을 통해 아 자신에 대해 자각하며, 변성을 통해 비아와의 관계 속에서 자기의식을 갖게 되는 것으로 설정하였다. 그리고 자성이 시대와 환경에 따라 변화한다고 하였다.

❸ 신채호는 아를 소아와 대아로 구별하였다. 그에 따르면, 소아는 개별화된 개인적 아이며, 대아는 국가와 사회 차원의 아이다. 소아는 자성은 갖지만 상속성(相續性)과 보편성(普遍性)을 갖지 못하는 반면, 대아는 자성을 갖고 상속성과 보편성을 가질 수 있다. 여기서 상속성이란 시간적 차원에서 아의 생명력이 지속되는 것을 뜻하며, 보편성이란 공간적 차원에서 아의 영향력이 파급되는 것을 뜻한다. 상속성과 보편성은 긴밀한 관계를 가지는데, 보편성의 확보를 통해 상속성이 실현되며 상속성의 유지를 통해 보편성이 실현된다. 대아가 자성을 자각한 이후, 항성과 변성의 조화를 통해 상속성과 보편성을 실현할 수 있다. 만약 대아의 항성이 크고 변성이 작으면 환경에 순응하지 못하여 멸절(滅絕)할 것이며, 항성이 작고 변성이 크면 환경에 주체적으로 대응하지 못하여 우월한 비아에게 정복당한다고 하였다.

❹ 이러한 아의 개념을 통해 우리는 투쟁과 연대에 관한 신채호의 인식을 정확히 이해할 수 있다. 일본의 제국주의 침략에 직면하여 그는 신국민이라는 새로운 개념을 제시하고 조선 민족이 신국민이 될 때 민족 생존이 가능하다고 보았다. 신국민은 상속성과 보편성을 지닌 대아로서, 역사적 주체 의식이라는 항성과 제국주의 국가에 대응하여 생긴 국가 정신이라는 변성을 갖춘 조선 민족의 근대적 대아에 해당한다. 또한 그는 일본을 중심으로 서구 열강에 대항하자는 동양주의에 반대했다. 동양주의는 비아인 일본이 아가 되어 동양을 통합하는 길이기에, 조선 민족인 아의 생존이 위협받는다고 보았기 때문이다.

❺ 식민 지배가 심화될수록 일본에 동화되는 세력이 증가하면서 신채호는 아 개념을 더욱 명료화할 필요가 있었다. 이에 그는 조선 민중을 아의 중심에 놓으면서, 아에도 일본에 동화된 '아 속의 비아'가 있고, 일본이라는 비아에도 아와 연대할 수 있는 '비아 속의 아'가 있음을 밝혔다. 민중은 비아에 동화된 자들을 제외한 조선 민족을 의미한 것이었다. 그는 조선 민중을, 민족 내부의 압제와 위선을 제거함으로써 참된 민족 생존과 번영을 달성할 수 있는 주체이자 제국주의 국가에서 제국주의를 반대하는 민중과의 연대를 통하여 부당한 폭력과 억압을 강제하는 제국주의에 함께 저항할 수 있는 주체로 보았다. 이러한 민중 연대를 통해 '인류로서 인류를 억압하지 않는' 자유를 지향했다.

문제 1 | 윗글의 자성(自性)에 관한 이해로 가장 적절한 것은?

① 자성을 갖춘 모든 아는 상속성과 보편성을 갖는다.
② 소아의 항성과 변성이 조화를 이루면, 상속성과 보편성이 모두 실현된다.
③ 대아의 항성이 작고 변성이 크면, 상속성은 실현되어도 보편성은 실현되지 않는다.
④ 항성과 변성이 조화를 이루지 못하면, 대아의 상속성과 보편성은 실현되지 않는다.
⑤ 소아의 항성이 크고 변성이 작으면, 상속성은 실현되어도 보편성은 실현되지 않는다.

문제 2 | 윗글에 대한 이해로 적절하지 <u>않은</u> 것은?

① 신채호가 『조선 상고사』를 쓴 것은, 대아인 조선 민족의 자성을 역사적으로 어떻게 유지 · 계승할 수 있는지 모색하기 위한 것이겠군.
② 신채호가 동양주의를 비판한 것은, 동양주의로 인해 아의 항성이 작아짐으로써 아의 자성을 유지하기 어렵게 될 것으로 보았기 때문이겠군.
③ 신채호가 신국민이라는 개념을 설정한 것은, 대아인 조선 민족이 시대적 환경에 대응하여 비아와의 연대를 통해 아의 생존을 꾀할 수 있다고 보았기 때문이겠군.
④ 신채호가 독립 투쟁을 한 것은, 비아인 일본 제국주의의 침략이 아의 상속성과 보편성 유지를 불가능하게 하기에 일본 제국주의와 투쟁해야 한다고 생각했기 때문이겠군.
⑤ 신채호가 제국주의 국가에서 제국주의를 반대하는 민중과 식민지 민중의 연대를 지향한 것은, 아가 비아 속의 아와 연대하여 억압을 이겨 내고 자유를 얻을 수 있다고 생각했기 때문이겠군.

❶ 역사가 신채호는 역사를 아(我)와 비아(非我)의 투쟁 과정이라고 정의한 바 있다. 그가 무장 투쟁의 필요성을 역설한 독립 운동가이기도 했다는 사실 때문에, 그의 이러한 생각은 그를 투쟁만을 강조한 강경론자처럼 비춰지게 하곤 한다. 하지만 그는 **식민지 민중과 제국주의 국가에서 제국주의를 반대하는 민중 간의 연대를 지향**하기도 했다. 그의 사상에서 투쟁과 연대는 모순되지 않는 요소였던 것이다. 이를 바르게 이해하기 위해서는 그의 사상의 핵심 개념인 **'아'를 정확하게 이해할 필요**가 있다.

신채호의 '아' 사상이 이 글의 대상입니다. 즉 '아'가 글의 화제어입니다. 그런데 첫 문단에서 이것만 확인해서는 안 됩니다. '아'를 이해할 필요성이 어디에 있는가를 확인해야 합니다. 이것이 이 글을 쓰게 된 목적이기 때문입니다. 그래서 글 전체를 읽고 나서 첫 문단을 다시 읽을 필요가 있습니다. 식민지 조선 민중과 일본 제국주의 국가 안에서 제국주의를 반대하는 일본 민중 간의 연대를 지향하려는 것이 '아' 개념에 들어 있는 것이죠. 이것이 글의 주요 내용이기 때문에 문제의 선지에도 출제되었습니다.

❷ 신채호의 사상에서 **아**란 1) **자기 본위에서 자신을 자각하는 주체**인 동시에 항상 나와 2) **상대하고 있는 존재인 비아와 마주 선 주체**를 의미한다. ((자신을 자각하는 누구나 아가 될 수 있다는 상대성을 지니면서 또한 비아와의 관계 속에서 비로소 아가 생성된다는 상대성도 지닌다.)) 신채호는 조선 민족의 생존과 발전의 길을 모색하기 위해 『조선 상고사』를 저술하여 아의 이러한 특성을 규정했다. 그는 아의 **자성(自性)**, 곧 '나의 나 됨'은 a) **스스로의 고유성을 유지하려는 항성(恒性)**과 b) **환경의 변화에 대응하여 적응하려는 변성(變性)**이라는 두 요소로 이루어져 있다고 하였다. ((아는 항성을 통해 아 자신에 대해 자각하며, 변성을 통해 비아와의 관계 속에서 자기의식을 갖게 되는 것으로 설정하였다.)) 그리고 자성이 시대와 환경에 따라 변화한다고 하였다.

---

❷ 문단에서는 '아'에 대해서, 그리고 '자성(自性)'에 대해서 설명하고 있습니다. 먼저 '아'는 자기 중심에서 자기를 자각하는 주체입니다. 그리고 상대하고 있는 존재인 비아와 마주 대하는 주체입니다. 그리고 '자성'은 '항성'과 '변성'을 갖는데, 이것은 자각하고 있는 주체인 '아'와, 비아와 마주하는 '아'와 관련을 맺고 있습니다. 즉 항성은 주체의 자각과 관련되고, 변성은 비아와의 관계에서 자기를 의식하도록 합니다.

❸ 신채호는 아를 소아와 대아로 구별하였다. 그에 따르면, **소아**는 개별화된 개인적 아이며, **대아**는 국가와 사회 차원의 아이다. ((**소아**는 자성은 갖지만 상속성(相續性)과 보편성(普遍性)을 갖지 못하는 반면, **대아**는 자성을 갖고 상속성과 보편성을 가질 수 있다.)) 여기

서 상속성이란 시간적 차원에서 아의 생명력이 지속되는 것을 뜻하며, 보편성이란 공간적 차원에서 아의 영향력이 파급되는 것을 뜻한다. 상속성과 보편성은 긴밀한 관계를 가지는데, 1) 보편성의 확보를 통해 상속성이 실현되며 상속성의 유지를 통해 보편성이 실현된다. 2) 대아가 자성을 자각한 이후, 항성과 변성의 조화를 통해 상속성과 보편성을 실현할 수 있다. 만약 대아의 항성이 크고 변성이 작으면 환경에 순응하지 못하여 멸절(滅絕)할 것이며, 항성이 작고 변성이 크면 환경에 주체적으로 대응하지 못하여 우월한 비아에게 정복당한다고 하였다.

소아는 개인적인 '아'인데 상속성과 보편성을 갖지 못하고, 대아는 항성과 변성의 조화를 통하여 상속성과 보편성을 실현할 수 있습니다. 그런데 대아의 항성이 크고 변성이 작으면 환경에 순응하지 못하고 사라진다고 했습니다. 구한말 위정척사(衛正斥邪) 운동을 가리키는 것 같습니다. 그리고 항성이 작고 변성이 크면 환경에 주체적으로 대응하지 못하여 우월한 비아에게 정복당한다고 했습니다. 개화파의 개화운동을 가리키는 것으로 보입니다.

❹ 이러한 아의 개념을 통해 우리는 투쟁과 연대에 관한 신채호의 인식을 정확히 이해할 수 있다. 일본의 제국주의 침략에 직면하여 그는 신국민이라는 새로운 개념을 제시하고 조선 민족이 신국민이 될 때 민족 생존이 가능하다고 보았다. **신국민**은 상속성과 보편성을 지닌 대아로서, 역사적 주체 의식이라는 항성과 제국주의 국가에 대응하여 생긴 국가 정신이라는 변성을 갖춘 **조선 민족의 근대적 대아**에 해당한다. 또한 그는 일본을 중심으로 서구 열강에 대항하자는 **동양주의에 반대**했다. 동양주의는 비아인 일본이 아가 되어 동양을 통합하는 길이기에, 조선 민족인 아의 생존이 위협받는다고 보았기 때문이다.

❺ 식민 지배가 심화될수록 일본에 동화되는 세력이 증가하면서 신채호는 아 개념을 더욱 명료화할 필요가 있었다. 이에 그는 조선 민중을 아의 중심에 놓으면서, 1) 아에도 일본에 동화된 **'아 속의 비아'**가 있고, 2) 일본이라는 비아에도 아와 연대할 수 있는 **'비아 속의 아'**가 있음을 밝혔다. 민중은 비아에 동화된 자들을 제외한 조선 민족을 의미한 것이었다. 그는 **조선 민중**을, 민족 내부의 압제와 위선을 제거함으로써 참된 a) 민족 생존과 번영을 달성할 수 있는 주체이자 b) 제국주의 국가에서 제국주의를 반대하는 민중과의 연대를 통하여 부당한 폭력과 억압을 강제하는 제국주의에 함께 저항할 수 있는 주체로 보았다. 이러한 민중 연대를 통해 '인류로서 인류를 억압하지 않는' 자유를 지향했다.

신채호는 조선 민족의 근대적 대아로서 '신국민'을 제시하였습니다. 그리고 식민 지배가 심화될수록 일본에 동조하는 세력이 증가하자, **'아 속의 비아'**를 구별하였습니다. 그리고 조선 민중이 **'비아 속의 아'**인 일본 민중과 연대하여 제국주의에 함께 저항함으로써, '인류로서 인류를 억압하지 않는' 자유를 추구하려고 하였습니다.

문제 1 | – (밑줄 문제 2 유형)

'자성'이 언급되고 있는 ❷ 문단만 다시 읽고 풀어서는 안 됩니다. '소아'와 '대아'의 개념이 선지에서 언급되고 있기 때문에 ❷ 문단과 ❸ 문단을 다시 읽고 푸는 것이 좋습니다.

① – "소아는 자성은 갖지만 상속성과 보편성을 갖지 못하는 반면"이라고 ❸ 문단에 나와 있죠? 적절하지 않은 선지입니다. ② – 역시 적절하지 않은 선지입니다. 소아는 상속성과 보편성을 갖지 못하기 때문입니다. ③ – "대아의 항성이 작고 변성이 크면 환경에 주체적으로 대응하지 못하여 우월한 비아에게 정복당한다"고 ❸ 문단에 나와 있습니다. '상속성'이란 생명력이 지속되는 것인데, 비아에게 정복당하게 되면 상속성이 실현될 수 없습니다. 그래서 적절하지 않습니다. ④ – "항성과 변성의 조화를 통해 상속성과 보편성을 실현할 수 있다"고 했습니다. 그래서 항성과 변성이 조화를 이루지 못하면, 대아의 상속성과 보편성은 실현되지 않는다고 볼 수 있습니다. 적절한 선지이므로 ④가 정답입니다. ⑤ – 소아는 상속성과 보편성을 갖지 못하므로 적절하지 않습니다. (정답: ④)

문제 2 | – (일치–불일치 문제 2 유형)

이 문제는 오답률이 40%에 달할 만큼 수험생들이 많이 틀렸던 문제입니다. 여러 개념들이 계속 나열되고, 또한 비슷한 단어들이 제시되기 때문에 착각이 일어날 수 있습니다. 예를 들면 '아 속의 비아'나 '비아 속의 아'는 빠르게 글을 읽다 보면 같은 말로 착각할 가능성이 큽니다.

① – ❷ 문단에서 확인할 수 있습니다. ② – 지문에는 "동양주의는 비아인 일본이 아가 되어 동양을 통합하는 길이기에, 조선 민족인 아의 생존이 위협받는다"라고 나와 있습니다. 선지에는 "동양주의로 인해 아의 항성이 작아짐으로써"라고 나와 있습니다. '비아인 일본이 아가 된다'는 말과 '아의 항성이 작아진다'는 말이 같은 의미인가라고 생각할 수 있지만, 문맥적으로 의미가 통한다고 볼 수 있습니다. 그리고 적절하지 않은 선지가 분명하게 존재합니다. ③ – "비아와의 연대를 통해"라는 부분이 적절하지 않습니다. 이 부분을 **'비아 속의 아와의 연대를 통해'**라고 바꾸어야 적절합니다. 여러 개념들이 연속적으로 나열되기 때문에 착각이 일어날 수 있습니다. 적절하지 않아서 ③이 정답입니다. ④ – ❶ 문단에서 '투쟁과 연대'를 말하고 있는데, 선지 ④는 '연대'를 놓치고 있고 그래서 적절하지 않구나라고 판단할 수 있습니다. 그렇지만 ❶ 문단의 내용을 다시 살펴보면, 신채호 사상의 기본은 '투쟁'에 있지만 연대도 관련 있다고 말하고 있습니다. '신채호는 일본에 대해 무장 투쟁만 말한 것으로 알고 있지만, 일본 민중과의 연대도 얘기했어.'라고 ❶ 문단을 이해할 수 있는 것이죠. ⑤ – '비아 속의 아'를 정확하게 읽지 않으면 착각이 일어날 수 있습니다. ⑤는 적절한 선지입니다. (정답: ③)

❶ 음악은 소리로 이루어진 예술이다. 예술이 아름다움을 추구한다면 음악 또한 아름다움을 추구해야 할 것이다. 그렇다면 아름다운 음악 작품은 듣기 좋은 소리만으로 만들어질 수 있는 것일까? 음악적 아름다움은 어떻게 구현되는 것일까?

❷ 음악에서 사용하는 소리라고 해도 대부분의 사람들은 피아노 소리가 심벌즈 소리보다 듣기 좋다고 생각한다. 이 중 전자를 고른음, 후자를 시끄러운음이라고 한다. 고른음은 주기성을 갖지만 시끄러운음은 주기성을 갖지 못한다. 일반적으로 음악에서 '음'이라고 부르는 것은 고른음을 지칭한다. 고른음은 주기성을 갖기 때문에 동일한 파형이 주기적으로 반복된다. 이때 같은 파형이 1초에 몇 번 반복되는가를 진동수라고 한다. 진동수가 커지면 음높이 즉, 음고가 높아진다. 고른음 중에서 파형이 사인파인 음파를 단순음이라고 한다. 사인파의 진폭이 커질수록 단순음은 소리의 세기가 커진다. 대부분의 악기에서 나오는 음은 사인파보다 복잡한 파형을 갖는데 이런 파형은 진동수와 진폭이 다른 여러 개의 사인파가 중첩된 것으로 볼 수 있다. 이런 소리를 복합음이라고 하고 복합음을 구성하는 단순음을 부분음이라고 한다. 부분음 중에서 가장 진동수가 작은 것을 기본음이라 하는데 귀는 복합음 속의 부분음들 중에서 기본음의 진동수를 복합음의 진동수로 인식한다.

❸ 악기가 내는 소리의 식별 가능한 독특성인 음색은 부분음들로 구성된 복합음의 구조, 즉 부분음들의 진동수와 상대적 세기에 의해 결정된다. 현악기나 관악기에서 발생하는 고른음은 기본음 진동수의 정수배의 진동수를 갖는 부분음들로 이루어져 있지만, 타악기 소리는 부분음들의 진동수가 기본음 진동수의 정수배를 이루지 않는다. 이러한 소리의 특성을 시각적으로 보여 주는 소리 스펙트럼은 복합음을 구성하는 단순음 성분들의 세기를 진동수에 따라 그래프로 나타낸 것이다. 고른음의 소리 스펙트럼은 〈그림〉처럼 일정한 간격으로 늘어선 세로 막대들로 나타나는 반면에 시끄러운음의 소리 스펙트럼에서는 막대 사이 간격이 일정하지 않다.

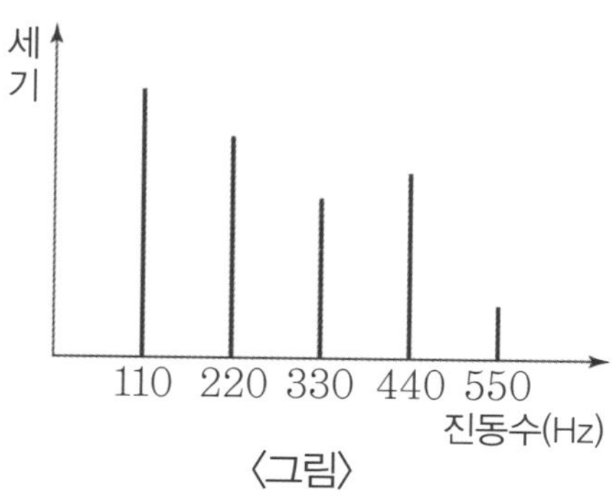

〈그림〉

[A]
❹ 두 음이 동시에 울리거나 연이어 울릴 때, 음의 어울림, 즉 협화도는 음정에 따라 달라진다. 여기에서 음정이란 두 음의 음고 간의 간격을 말하며 높은 음고의 진동수를 낮은 음고의 진동수로 나눈 값으로 표현된다. 가령, '도'와 '미' 사이처럼 장3도 음정은 5/4이고, '도'와 '솔' 사이처럼 완전5도 음정은 3/2이다. 그러므로 장3도는 완전5도보다 좁은 음정이다. 일반적으로 음정을 나타내는 분수를 약분했을 때 분자와 분모에 들어가는 수가 커질수록 협화도는 작아진다고 본다. 가령, 음정이 2/1인 옥타브, 3/2인 완전5도, 5/4인 장3도, 6/5인 단3도의 순서로 협화도가 작아진다. 서로 잘 어울리는 두 음의 음정을 협화 음정이라고 하고 그렇지 않은 음정을 불협화 음정이라고 하는데 16세기의 음악 이론가인 차를리노는 약분된 분수의 분자와 분모가 1, 2, 3, 4, 5, 6으로만 표현되는 음정은 협화 음정, 그 외의 음정은 불협화 음정으로 보았다.

❺ 아름다운 음악은 단순히 듣기 좋은 소리를 연이어 배열한다고 해서 만들어지지 않는다. 음악은 다양한 음이 조직적으로 연결되고 구성된 형태로, 음악의 매체인 소리가 시간의 진행 속에 구체화된 것이라 할 수 있다. 19세기 음악 평론가인 ⓐ한슬리크에 따르면, 음악의 독자적인 아름다움은 음들이 '울리면서 움직이는 형식'에서 비롯되는데, 음악을 구성하는 음악적 재료들이 움직이며 만들어 내는 형식 그 자체를 말한다. 따라서 음악의 가치는 음악이 환기하는 기쁨이나 슬픔과 같은 특정한 감정이나 정서에서 찾으려 해서는 안 된다는 것이다.

❻ 음악에는 다양한 **음악적 요소**들이 사용되는데, 여기에는 리듬, 가락, 화성, 셈여림, 음색 등이 있다. 리듬은 음고 없이 소리의 장단이나 강약 등이 반복될 때 나타나는 규칙적인 소리의 흐름이고, 가락은 서로 다른 음의 높낮이가 지속 시간을 가지는 음들의 흐름이다. 화성은 일정한 법칙에 따라 여러 개의 음이 동시에 울려서 생기는 화음과 또 다른 화음이 시간적으로 연결된 흐름이고, 셈여림은 음악에 나타나는 크고 작은 소리의 세기이며, 음색은 바이올린, 플루트 등 선택된 서로 다른 악기가 만들어 내는 식별 가능한 소리의 특색이다.

❼ 작곡가는 이러한 음악적 요소들을 활용해서 음악 작품을 만든다. 어떤 음악 작품에서 자주 반복되거나 변형되면서 등장하는 소재인 가락을 그 음악 작품의 주제라고 하는데, 작곡가는 자신의 음악적 아이디어를 주제로 구현하고 다양한 음악적 요소들을 사용해서 음악 작품을 완성한다. 예컨대 조성 음악*에서는 정해진 박자 내에서 질서를 가지고 반복적으로 움직이는 리듬이 음표나 쉼표의 진행으로 나타나고, 어떤 조성의 음계음들을 소재로 한 가락이 나타나고, 주제는 긴장과 이완을 유발하는 다양한 화성 진행을 통해 반복되고 변화한다. 이렇듯 음악은 다양한 특성을 갖는 음들이 유기적으로 결합한 소리의 예술이라고 볼 수 있다.

* 조성 음악: 으뜸음 '도'가 다른 모든 음계 음들을 지배하는 음악으로 17세기 이후 대부분의 서양 음악이 이에 해당한다.

문제 1 | **음악적 요소**에 대한 이해로 적절하지 <u>않은</u> 것은?

① 리듬은 음높이를 가지는 규칙적인 소리의 흐름으로, 음악에서 질서를 가진 음표나 쉼표의 진행에 활용되는 요소이다.

② 가락은 서로 다른 음높이가 지속 시간을 가지는 음들의 흐름으로, 음악에서 자주 반복되거나 변형되면서 등장하는 소재로 활용되는 요소이다.

③ 화성은 화음과 또 다른 화음이 연결된 흐름으로, 음악에서 긴장과 이완을 유발하는 진행에 활용되는 요소이다.

④ 셈여림은 소리의 세기로, 음악에서 크고 작은 소리가 나타나도록 하는 데 활용되는 요소이다.

⑤ 음색은 식별 가능한 소리의 특색으로, 음악에서 바이올린, 플루트 등 서로 다른 종류의 악기를 선택하는 데 활용되는 요소이다.

문제 2 | [A]를 바탕으로 〈보기〉에 대해 설명한 것으로 적절하지 <u>않은</u> 것은?

보기

바이올린을 연주했을 때 발생하는 네 음 P, Q, R, S의 기본음의 진동수를 측정한 결과가 표와 같았다.

음	P	Q	R	S
기본음의 진동수(Hz)	440	550	660	880

① P와 Q 사이의 음정은 장3도이다.

② P와 Q 사이의 음정은 Q와 R 사이의 음정보다 좁다.

③ P와 R 사이의 음정은 협화 음정이라고 할 수 있다.

④ P와 S의 부분음 중에는 진동수가 서로 같은 것이 있다.

⑤ P와 S 사이의 음정은 Q와 R 사이의 음정보다 협화도가 크다.

❷ 음악에서 사용하는 소리라고 해도 대부분의 사람들은 피아노 소리가 심벌즈 소리보다 듣기 좋다고 생각한다. 이 중 전자를 고른음, 후자를 시끄러운음이라고 한다. **고른음**은 주기성을 갖지만 **시끄러운음**은 주기성을 갖지 못한다. 일반적으로 음악에서 '음'이라고 부르는 것은 고른음을 지칭한다. ≪**고른음**≫은 주기성을 갖기 때문에 (1) 동일한 파형이 주기적으로 반복된다. 이때 (2) 같은 파형이 1초에 몇 번 반복되는가를 진동수라고 한다. 진동수가 커지면 음높이 즉, 음고가 높아진다. 고른음 중에서 ⓐ 파형이 사인파인 음파를 ≪**단순음**≫이라고 한다. ⓑ 사인파의 진폭이 커질수록 단순음은 소리의 세기가 커진다. // 대부분의 악기에서 나오는 음은 사인파보다 복잡한 파형을 갖는데 이런 파형은 진동수와 진폭이 다른 여러 개의 사인파가 중첩된 것으로 볼 수 있다. 이런 소리를 ≪**복합음**≫이라고 하고 복합음을 구성하는 단순음을 ≪**부분음**≫이라고 한다. (ㄱ) 부분음 중에서 가장 진동수가 작은 것을 ≪**기본음**≫이라 하는데 (ㄴ) 귀는 복합음 속의 부분음들 중에서 기본음의 진동수를 복합음의 진동수로 인식한다.

새로운 개념어들이 계속 나열되기 때문에 머릿속에 하나하나 넣어 두면서 독해하기가 쉽지 않습니다. 지문에 관련된 내용을 잘 분류하여 정리해 두어야 합니다. 그런데 음악에서 듣기 좋은 소리는 고른음인데, 이것은 악기에서 나오는 복합음과 관련됩니다. 그래서 복합음과 관련된 '부분음'과 '기본음' 내용을 잘 파악할 필요가 있습니다. 특히 기본음은 부분음 중에서 진동수가 가장 작은 것이고, 우리 귀는 기본음의 진동수를 복합음의 진동수로 인식합니다.

❸ 악기가 내는 소리의 식별 가능한 독특성인 **음색**은 부분음들로 구성된 복합음의 구조, 즉 (1)부분음들의 진동수와 상대적 세기에 의해 결정된다. (2) 현악기나 관악기에서 발생하는 고른음은 기본음 진동수의 정수배의 진동수를 갖는 부분음들로 이루어져 있지만, 타악기 소리는 부분음들의 진동수가 기본음 진동수의 정수배를 이루지 않는다. 이러한 소리의 특성을 시각적으로 보여 주는 **소리 스펙트럼**은 복합음을 구성하는 단순음 성분들의 세기를 진동수에 따라 그래프로 나타낸 것이다. 고른음의 소리 스펙트럼은 〈그림〉처럼 일정한 간격으로 늘어선 세로 막대들로 나타나는 반면에 시끄러운음의 소리 스펙트럼에서는 막대 사이 간격이 일정하지 않다.

악기 소리의 특색과 관련된 음색은 부분음들의 진동수와 상대적 세기에 의해 결정됩니다. 현악기나 관악기는 기본음 진동수의 정수배의 진동수를 갖는 부분음들로 이루어져 있습니다. 소리 스펙트럼은 단순음 세기를 진동수에 따라 나타낸 것입니다. 도표나 통계 등이 나오면 이와 관련된 기준을 확인해 두어야 합니다. 소리 스펙트럼에서는 '세기'와 '진동수'입니다.

❹ 두 음이 동시에 울리거나 연이어 울릴 때, 음의 어울림, 즉 협화도는 음정에 따라 달라

진다. 여기에서 **음정**이란 (1) 두 음의 음고 간의 간격을 말하며 **높은 음고의 진동수를 낮은 음고의 진동수로 나눈 값**으로 표현된다. ((가령, '도'와 '미' 사이처럼 《**장3도 음정**》은 5/4이고, '도'와 '솔' 사이처럼 《**완전5도 음정**》은 3/2이다. 그러므로 장3도는 완전5도보다 좁은 음정이다.)) 일반적으로 음정을 나타내는 분수를 약분했을 때 (2) 분자와 분모에 들어가는 수가 커질수록 협화도는 작아진다고 본다. ((가령, 음정이 2/1인 옥타브, 3/2인 완전5도, 5/4인 장3도, 6/5인 단3도의 순서로 협화도가 작아진다.)) 서로 잘 어울리는 두 음의 음정을 협화 음정이라고 하고 그렇지 않은 음정을 불협화 음정이라고 하는데 16세기의 음악 이론가인 차를리노는 (3) 약분된 분수의 분자와 분모가 1, 2, 3, 4, 5, 6으로만 표현되는 음정은 협화 음정, 그 외의 음정은 불협화 음정으로 보았다.

음정은 높은 음고의 진동수를 낮은 음고의 진동수로 나눈 것입니다. 도와 미 사이의 '장3도 음정'은 5/4이고, 도와 솔 사이의 '완전5도 음정'은 3/2입니다. 음정을 나타내는 분자와 분모의 수가 커질수록 협화도가 작아지고, 분자와 분모의 수가 1, 2, 3, 4, 5, 6으로만 표현되는 음정이 협화 음정입니다.

❻ 음악에는 다양한 **음악적 요소**들이 사용되는데, 여기에는 리듬, 가락, 화성, 셈여림, 음색 등이 있다. 《**리듬**》은 음고 없이 소리의 장단이나 강약 등이 반복될 때 나타나는 규칙적인 소리의 흐름이고, 《**가락**》은 서로 다른 음의 높낮이가 지속 시간을 가지는 음들의 흐름이다. 《**화성**》은 일정한 법칙에 따라 여러 개의 음이 동시에 울려서 생기는 화음과 또 다른 화음이 시간적으로 연결된 흐름이고, 《**셈여림**》은 음악에 나타나는 크고 작은 소리의 세기이며, 《**음색**》은 바이올린, 플루트 등 선택된 서로 다른 악기가 만들어 내는 식별 가능한 소리의 특색이다.

문제 1 | – (밑줄 문제 2 유형)

'음악적 요소'가 있는 ❻ 문단에서 확인할 수 있습니다. '리듬'은 음고 없이 규칙적으로 진행되는 장단, 강약을 의미합니다. ①이 적절하지 않아서 정답입니다. (정답: ①)

문제 2 | – (〈보기〉 문제 1 유형)

P와 Q 사이 음정은 5/4이고 Q와 R 사이 음정은 6/5이므로, Q와 R 사이 음정이 더 좁습니다. ②가 적절하지 않아서 정답입니다. 선지 ④는 적절합니다. 현악기는 부분음들의 진동수가 기본음 진동수의 정수배를 갖는 부분음들로 이루어져 있습니다. 그런데 P와 S의 기본음 진동수는 정수배로 되어 있기 때문에 진동수가 가장 작은 기본음이 공통으로 존재합니다. (정답: ②)

3 문단과 문단 사이 개념의 연관성을 확인해야 하는 지문

| 사례분석 1

(2014학년도 9월 B형)

❶ 회전 운동을 하는 물체는 외부로부터 돌림힘이 작용하지 않는다면 일정한 빠르기로 회전 운동을 유지하는데, 이를 각운동량 보존 법칙이라 한다. 각운동량은 질량이 m인 작은 알갱이가 회전축으로부터 r만큼 떨어져 속도 v로 운동하고 있을 때 mvr로 표현된다. 그런데 회전하는 물체에 회전 방향으로 힘이 가해지거나 마찰 또는 공기 저항이 작용하게 되면, 회전하는 물체의 각운동량이 변화하여 회전 속도는 빨라지거나 느려지게 된다. 이렇게 회전하는 물체의 각운동량을 변화시키는 힘을 돌림힘이라고 한다.

❷ 그러면 팽이와 같은 물체의 각운동량은 어떻게 표현할까? 아주 작은 균일한 알갱이들로 팽이가 이루어졌다고 볼 때, 이 알갱이 하나하나를 질량 요소라고 한다. 이 질량 요소 각각의 각운동량의 총합이 팽이 전체의 각운동량에 해당한다. 회전 운동에서 물체의 각운동량은 (각속도)×(회전 관성)으로 나타낸다. 여기에서 각속도는 회전 운동에서 물체가 단위 시간당 회전하는 각이다. 질량이 직선 운동에서 물체의 속도를 변화시키기 어려운 정도를 나타내듯이, 회전 관성은 회전 운동에서 각속도를 변화시키기 어려운 정도를 나타낸다. 즉, 회전체의 회전 관성이 클수록 그것의 회전 속도를 변화시키기 어렵다.

❸ 회전체의 회전 관성은 회전체를 구성하는 질량 요소들의 회전 관성의 합과 같은데, 질량 요소들의 회전 관성은 질량 요소가 회전축에서 떨어져 있는 거리가 멀수록 커진다. 그러므로 질량이 같은 두 팽이가 있을 때 홀쭉하고 키가 큰 팽이보다 넓적하고 키가 작은 팽이가 회전 관성이 크다.

❹ 각운동량 보존의 원리는 스포츠에서도 쉽게 확인할 수 있다. 피겨 선수에게 공중 회전수는 중요한데 이를 확보하기 위해서는 공중회전을 하는 동안 각속도를 크게 해야 한다. 이를 위해 피겨 선수가 공중에서 팔을 몸에 바짝 붙인 상태로 회전하는 것을 볼 수 있다. 피겨 선수의 회전 관성은 몸을 이루는 질량 요소들의 회전 관성의 합과 같다. 따라서 팔을 몸에 붙이면 팔을 구성하는 질량 요소들이 회전축에 가까워져서 팔을 폈을 때보다 몸 전체의 회전 관성이 줄어들게 된다. 점프 이후에 공중에서 각운동량은 보존되기 때문에 팔을 붙였을 때가 폈을 때보다 각속도가 커지는 것이다. 반대로 착지 직전에는 각속도를 줄여 착지 실수를 없애야 하기 때문에 양팔을 한껏 펼쳐 회전 관성을 크게 만드는 것이 유리하다.

문제 1 | 윗글로 미루어 알 수 있는 내용으로 적절한 것은?

① 정지되어 있는 물체는 회전 관성이 클수록 회전시키기 쉽다.
② 회전하는 팽이는 외부에서 가해지는 돌림힘의 작용 없이 회전을 멈출 수 있다.
③ 지면과의 마찰은 회전하는 팽이의 회전 관성을 작게 만들어 팽이의 각운동량을 줄어들게 한다.
④ 크기와 질량이 동일한, 속이 빈 쇠공과 속이 찬 플라스틱 공이 자전할 때 회전 관성은 쇠공이 더 크다.
⑤ 회전하는 하나의 시곗바늘 위의 두 점 중 회전축에 가까이 있는 점이 멀리 있는 점보다 각속도가 작다.

문제 2 | 윗글을 바탕으로 〈보기〉를 이해한 내용으로 적절한 것은?

보기

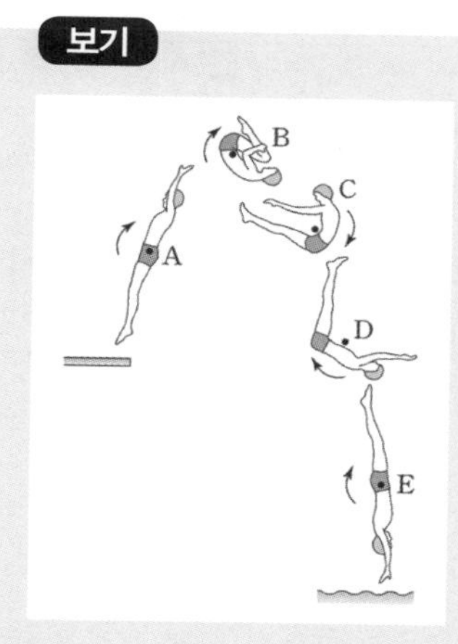

다이빙 선수가 발판에서 점프하여 공중회전하며 A~E 단계를 거쳐 1.5바퀴 회전하여 입수하고 있다. 여기에서 검은 점은 회전 운동의 회전축을 나타내며 회전 운동은 화살표 방향으로만 진행된다. 단, 다이빙 선수가 공중에 머무는 동안은 외부에서 돌림힘이 작용하지 않는다고 간주한다.

① A보다 B에서 다이빙 선수의 각운동량이 더 크겠군.
② B보다 D에서 다이빙 선수의 질량 요소들의 합은 더 작겠군.
③ A~E의 다섯 단계 중 B 단계에서 다이빙 선수는 가장 작은 각속도를 갖겠군.
④ C에서 E로 진행함에 따라 다이빙 선수의 팔과 다리가 펼쳐지면서 회전 관성이 작아지겠군.
⑤ B 단계부터 같은 자세로 회전 운동을 계속하여 입수한다면 다이빙 선수는 1.5바퀴보다 더 많이 회전하겠군.

❶ 회전 운동을 하는 물체는 외부로부터 돌림힘이 작용하지 않는다면 일정한 빠르기로 회전 운동을 유지하는데, 이를 **각운동량 보존 법칙**이라 한다. **각운동량**은 질량이 m인 작은 알갱이가 회전축으로부터 r만큼 떨어져 속도 v로 운동하고 있을 때 mvr로 표현된다. // 그런데 회전하는 물체에 회전 방향으로 힘이 가해지거나 마찰 또는 공기 저항이 작용하게 되면, 회전하는 물체의 각운동량이 변화하여 회전 속도는 빨라지거나 느려지게 된다. 이렇게 회전하는 물체의 각운동량을 변화시키는 힘을 **돌림힘**이라고 한다.

각운동량은 질량(m) × 속도(v) × 회전축으로부터 거리(r)로 나타납니다. 회전하는 물체의 각운동량을 변화시켜 회전체의 회전 속도를 빠르게 하거나 느리게 하는 힘을 돌림힘이라 합니다.

❷ 그러면 팽이와 같은 물체의 각운동량은 어떻게 표현할까? 아주 작은 균일한 알갱이들로 팽이가 이루어졌다고 볼 때, 이 알갱이 하나하나를 ≪**질량 요소**≫라고 한다. 1) 이 질량 요소 각각의 각운동량의 총합이 팽이 전체의 각운동량에 해당한다. 2) 회전 운동에서 물체의 **각운동량은 (각속도)×(회전 관성)**으로 나타낸다. 여기에서 각속도는 회전 운동에서 물체가 단위 시간당 회전하는 각이다. 질량이 직선 운동에서 물체의 속도를 변화시키기 어려운 정도를 나타내듯이, ≪**회전 관성**≫은 (1) 회전 운동에서 각속도를 변화시키기 어려운 정도를 나타낸다. 즉, 회전체의 회전 관성이 클수록 그것의 회전 속도를 변화시키기 어렵다.

❸ 회전체의 ≪**회전 관성**≫은 (2) 회전체를 구성하는 질량 요소들의 회전 관성의 합과 같은데, (3) 질량 요소들의 회전 관성은 질량 요소가 회전축에서 떨어져 있는 거리가 멀수록 커진다. 그러므로 질량이 같은 두 팽이가 있을 때 ~ 회전 관성이 크다.

질량 요소는 물체를 구성하는 작은 알갱이고, 이것들의 각운동량 총합이 그 물체의 전체 각운동량에 해당한다고 합니다. 여기서 각운동량의 공식이 새롭게 제시됩니다. 이것은 ❶ 문단에 나온 각운동량과 같은 것이지만, 다른 요소로 제시하고 있습니다. 즉 **각운동량 = (각속도) × (회전 관성)** = 질량(m) × 속도(v) × 회전축으로부터 거리(r)입니다. 여기서 **'회전 관성'**이라는 새로운 개념이 나오는데, ❷ 문단과 ❸ 문단에 걸쳐서 설명하고 있습니다. 그래서 회전 관성이 각운동량과 어떤 관계에 있는지 잘 파악해야 합니다.

❹ 각운동량 보존의 원리는 스포츠에서도 쉽게 확인할 수 있다. 피겨 선수에게 공중 회전수는 중요한데 이를 확보하기 위해서는 공중회전을 하는 동안 각속도를 크게 해야 한다. 이를 위해 피겨 선수가 공중에서 팔을 몸에 바짝 붙인 상태로 회전하는 것을 볼 수 있다. **피겨 선수의 회전 관성**은 몸을 이루는 질량 요소들의 회전 관성의 합과 같다. (1) 따라서 팔을 몸에 붙이면 팔을 구성하는 질량 요소들이 회전축에 가까워져서 팔을 폈을 때보다 몸 전체의 회

전 관성이 줄어들게 된다. ((점프 이후에 공중에서 각운동량은 보존되기 때문에 팔을 붙였을 때가 폈을 때보다 각속도가 커지는 것이다.)) // (2) 반대로 착지 직전에는 각속도를 줄여 착지 실수를 없애야 하기 때문에 양팔을 한껏 펼쳐 회전 관성을 크게 만드는 것이 유리하다.

회전 관성의 개념은 피겨 선수의 예를 통해 정확히 확인할 수 있습니다. 피겨 선수의 전체 질량은 같지만, 팔을 몸에 붙였을 때는 몸 전체가 회전축에 가깝기 때문에 회전 관성이 작아져서 회전 속도를 높일 수 있습니다. 즉 각속도는 커지게 됩니다. 각운동량이 같은 상황에서 회전 관성이 줄면 대신에 각속도는 커지게 마련이죠. 반면에 팔을 펼쳤을 때는 팔을 구성하는 질량 요소가 회전축으로부터 멀어지기 때문에 회전 관성이 커집니다. 대신에 각속도가 줄어들어서 천천히 회전하면서 착지를 안전하게 할 수 있습니다.

문제 1 | –(일치-불일치 문제 2 유형)

③을 정답으로 착각한 사람이 40%이고, ⑤를 정답으로 선택한 사람이 10%가 넘습니다. 실제 정답은 ④입니다. ❶ 문단을 살펴보면, 마찰이 각운동량을 변화시켜 속도를 느리게 한다고 했기 때문에 ③을 정답으로 착각하기 쉽습니다. 그런데 '마찰이 회전 관성을 작게 만든다'는 말이 적절한지 살펴보아야 합니다. 이 말이 명시적으로 나와 있지 않기 때문에 추론해야 합니다. 회전 관성은 각속도를 변화시키기 어려운 정도를 나타내며, 질량 요소가 회전축에서 멀리 떨어질수록 회전 관성이 커집니다. 회전하는 팽이는 형태 변화가 없기 때문에 회전 관성의 변화가 없습니다. 피겨 선수의 경우 팔을 펼치면 회전 관성이 커지죠. 이러한 예를 생각해보면 회전하는 팽이에는 회전 관성의 변화가 없음을 알 수 있습니다. 그렇다면 마찰이 변하게 하는 것은 회전 관성이 아니라 '각속도'입니다. 그래서 ③은 적절하지 않습니다. 선지 ④는 질량 요소 개념을 정확히 이해하면 쉽게 해결할 수 있습니다. 속이 빈 쇠공은 질량 요소가 팽이 표면에 몰려있기 때문에, 회전축으로부터 멀리 떨어져 있습니다. 그래서 회전 관성이 큰 것이고, ④가 정답입니다. 선지 ⑤는 각속도 개념 이해와 약간의 상상이 필요합니다. '각속도'는 시간당 회전하는 각입니다. 시계의 초침을 생각해보면, 초를 나타내는 시계바늘에서 회전축 근처의 지점이나 바깥쪽 끝부분이나 동일한 바늘 위에 있기 때문에 1초에 움직인 각은 동일합니다. 즉 각속도가 같은 것이죠. 그래서 적절하지 않습니다. (정답: ④)

문제 2 | –(〈보기〉 문제 1 유형)

지문에 나온 피겨 선수 사례를 〈보기〉의 다이빙 선수에 적용하면 쉽게 풀 수 있습니다. 〈보기〉에서 A~E까지 도달하는데 1.5바퀴 공중회전합니다. 이 과정에서 팔과 다리가 쭉 펴져서 회전 관성이 커지는 경우가 많습니다. 그런데 B 단계부터 팔과 다리를 몸에 붙인 채 계속 같은 자세로 회전하면, 회전 관성이 작아지고 대신에 각속도가 커지므로 1.5바퀴 이상의 회전을 하게 됩니다. 그래서 ⑤가 정답입니다. ①에서는 각운동량 보존 법칙이 적용됩니다. ②에서는 질량 요소의 합은 변화가 없습니다. ③에서는 B 단계의 각속도가 가장 큽니다. ④에서는 팔과 다리가 펴지면서 회전 관성이 커지게 됩니다. (정답: ⑤)

| 사례분석 2

(2018학년도 수능)

❶ 정부는 국민 생활에 영향을 미치는 활동의 총체인 정책의 목표를 효과적으로 달성하기 위해 정책 수단의 특성을 고려하여 정책을 수행한다. 정책 수단은 강제성, 직접성, 자동성, 가시성의 네 가지 측면에서 다양한 특성을 갖는다. 강제성은 정부가 개인이나 집단의 행위를 제한하는 정도로서, 유해 식품 판매 규제는 강제성이 높다. 직접성은 정부가 공공 활동의 수행과 재원 조달에 직접 관여하는 정도를 의미한다. 정부가 정책을 직접 수행하지 않고 민간에 위탁하여 수행하게 하는 것은 직접성이 낮다. 자동성은 정책을 수행하기 위해 별도의 행정 기구를 설립하지 않고 기존의 조직을 활용하는 정도를 말한다. 전기 자동차 보조금 제도를 기존의 시청 환경과에서 시행하는 것은 자동성이 높다. 가시성은 예산 수립 과정에서 정책을 수행하기 위한 재원이 명시적으로 드러나는 정도이다. 일반적으로 사회 규제의 정도를 조절하는 것은 예산 지출을 수반하지 않으므로 가시성이 낮다.

❷ 정책 수단 선택의 사례로 환율과 관련된 경제 현상을 살펴보자. 외국 통화에 대한 자국 통화의 교환 비율을 의미하는 환율은 장기적으로 한 국가의 생산성과 물가 등 기초 경제 여건을 반영하는 수준으로 수렴된다. 그러나 단기적으로 환율은 이와 괴리되어 움직이는 경우가 있다. 만약 환율이 예상과는 다른 방향으로 움직이거나 또는 비록 예상과 같은 방향으로 움직이더라도 변동 폭이 예상보다 크게 나타날 경우 경제 주체들은 과도한 위험에 노출될 수 있다. 환율이나 주가 등 경제 변수가 단기에 지나치게 상승 또는 하락하는 현상을 오버슈팅(overshooting)이라고 한다. 이러한 오버슈팅은 물가 경직성 또는 금융 시장 변동에 따른 불안 심리 등에 의해 촉발되는 것으로 알려져 있다. 여기서 물가 경직성은 시장에서 가격이 조정되기 어려운 정도를 의미한다.

❸ 물가 경직성에 따른 환율의 오버슈팅을 이해하기 위해 통화를 금융 자산의 일종으로 보고 경제 충격에 대해 장기와 단기에 환율이 어떻게 조정되는지 알아보자. 경제에 충격이 발생할 때 물가나 환율은 충격을 흡수하는 조정 과정을 거치게 된다. 물가는 단기에는 장기 계약 및 공공요금 규제 등으로 인해 경직적이지만 장기에는 신축적으로 조정된다. 반면 환율은 단기에서도 신축적인 조정이 가능하다. 이러한 물가와 환율의 조정 속도 차이가 오버슈팅을 초래한다. 물가와 환율이 모두 신축적으로 조정되는 장기에서의 환율은 구매력 평가설에 의해 설명되는데, 이에 의하면 장기의 환율은 자국 물가 수준을 외국 물가 수준으로 나눈 비율로 나타나며, 이를 균형 환율로 본다. 가령 국내 통화량이 증가하여 유지될 경우 장기에서는 자국 물가도 높아져 장기의 환율은 상승한다. 이때 통화량을 물가로 나눈 실질 통화량은 변하지 않는다.

❹ 그런데 단기에는 물가의 경직성으로 인해 구매력 평가설에 기초한 환율과는 다른 움직임이 나타나면서 오버슈팅이 발생할 수 있다. 가령 국내 통화량이 증가하여 유지될 경우, 물가가 경직적이어서 ㉠ 실질 통화량은 증가하고 이에 따라 시장 금리는 하락한다. 국가 간 자본 이동이 자유로운 상황에서, ㉡ 시장 금리 하락은 투자의 기대 수익

률 하락으로 이어져, 단기성 외국인 투자 자금이 해외로 빠져나가거나 신규 해외 투자 자금 유입을 위축시키는 결과를 초래한다. 이 과정에서 자국 통화의 가치는 하락하고

[A] ㉢ 환율은 상승한다. 통화량의 증가로 인한 효과는 물가가 신축적인 경우에 예상되는 환율 상승에, 금리 하락에 따른 자금의 해외 유출이 유발하는 추가적인 환율 상승이 더해진 것으로 나타난다. 이러한 추가적인 상승 현상이 환율의 오버슈팅인데, 오버슈팅의 정도 및 지속성은 물가 경직성이 클수록 더 크게 나타난다. 시간이 경과함에 따라 물가가 상승하여 실질 통화량이 원래 수준으로 돌아오고 해외로 유출되었던 자금이 시장 금리의 반등으로 국내로 복귀하면서, 단기에 과도하게 상승했던 환율은 장기에는 구매력 평가설에 기초한 환율로 수렴된다.

❺ 단기의 환율이 기초 경제 여건과 괴리되어 과도하게 급등락하거나 균형 환율 수준으로부터 장기간 이탈하는 등의 문제가 심화되는 경우를 예방하고 이에 대처하기 위해 정부는 다양한 정책 수단을 동원한다. 오버슈팅의 원인인 물가 경직성을 완화하기 위한 정책 수단 중 강제성이 낮은 사례로는 외환의 수급 불균형 해소를 위해 관련 정보를 신속하고 정확하게 공개하거나, 불필요한 가격 규제를 축소하는 것을 들 수 있다. 한편 오버슈팅에 따른 부정적 파급 효과를 완화하기 위해 정부는 환율 변동으로 가격이 급등한 수입 필수 품목에 대한 세금을 조절함으로써 내수가 급격히 위축되는 것을 방지하려고 하기도 한다. 또한 환율 급등락으로 인한 피해에 대비하여 수출입 기업에 환율 변동 보험을 제공하거나, 외화 차입 시 지급 보증을 제공하기도 한다. 이러한 정책 수단은 직접성이 높은 특성을 가진다. 이와 같이 정부는 기초 경제 여건을 반영한 환율의 추세는 용인하되, 사전적 또는 사후적인 **미세 조정 정책 수단**을 활용하여 환율의 단기 급등락에 따른 위험으로부터 실물 경제와 금융 시장의 안정을 도모하는 정책을 수행한다.

문제 1 | 윗글을 바탕으로 할 때, 〈보기〉의 'A국' 경제 상황에 대한 '경제학자 갑'의 견해를 추론한 것으로 적절하지 <u>않은</u> 것은?

보기

A국 경제학자 갑은 자국의 최근 경제 상황을 다음과 같이 진단했다.

금융 시장 불안의 여파로 A국의 주식, 채권 등 금융 자산의 가격 하락에 대한 우려가 확산되면서 안전 자산으로 인식되는 B국의 채권에 대한 수요가 증가하고 있다. 이로 인해 외환 시장에서는 A국에 투자되고 있던 단기성 외국인 자금이 B국으로 유출되면서 A국의 환율이 급등하고 있다.

B국에서는 해외 자금 유입에 따른 통화량 증가로 B국의 시장 금리가 변동할 것으로 예상된다. 이에 따라 A국의 환율 급등은 향후 다소 진정될 것이다. 또한 양국 간 교역 및 금융 의존도가 높은 현실을 감안할 때, A국의 환율 상승은 수입품의 가격 상승 등에 따른 부작용을 초래할 것으로 예상되지만 한편으로는 수출이 증대되는 효과도 있다. 그러므로 정부는 시장 개입을 가능한 한 자제하고 환율이 시장 원리에 따라 자율적으로 균형 환율 수준으로 수렴되도록 두어야 한다.

① A국에 환율의 오버슈팅이 발생한 상황에서 B국의 시장 금리가 하락한다면 오버슈팅의 정도는 커질 것이다.

② A국에 환율의 오버슈팅이 발생하였다면 이는 금융 시장 변동에 따른 불안 심리에 의해 촉발된 것으로 볼 수 있다.

③ A국에 환율의 오버슈팅이 발생할지라도 시장의 조정을 통해 환율이 장기에는 균형 환율 수준에 도달할 수 있을 것이다.

④ A국의 환율 상승이 수출을 증대시키는 긍정적인 효과도 동반하므로 A국의 정책 당국은 외환 시장 개입에 신중해야 한다.

⑤ A국의 환율 상승은 B국으로부터 수입하는 상품의 가격을 인상시킴으로써 A국의 내수를 위축시키는 결과를 초래할 수 있다.

문제 2 | 〈보기〉에 제시된 그래프의 세로축 a, b, c는 [가]의 ㉠~㉢과 하나씩 대응된다. 이를 바르게 짝지은 것은?

보기

다음 그래프들은 [가]에서 국내 통화량이 t 시점에서 증가하여 유지된 경우 예상되는 ㉠~㉢의 시간에 따른 변화를 순서 없이 나열한 것이다.

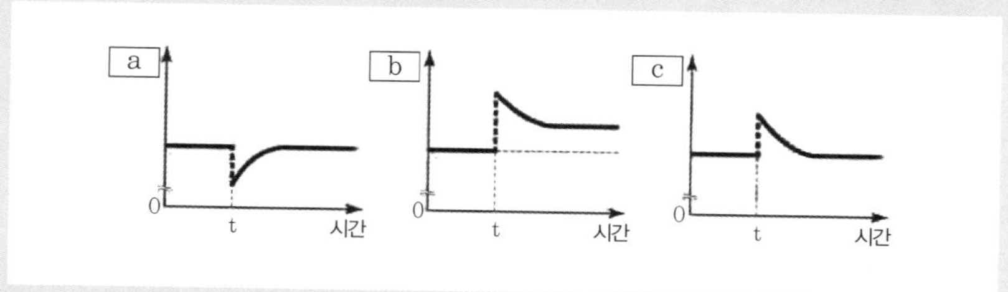

(단, t 시점 근처에서 그래프의 형태는 개략적으로 표현하였으며, t 시점 이전에는 모든 경제 변수들의 값이 일정한 수준에서 유지되어 왔다고 가정한다. 장기 균형으로 수렴되는 기간은 변수마다 상이하다.)

	㉠	㉡	㉢
①	a	c	b
②	b	a	c
③	b	c	a
④	c	a	b
⑤	c	b	a

❶ 정부는 국민 생활에 영향을 미치는 활동의 총체인 정책의 목표를 효과적으로 달성하기 위해 정책 수단의 특성을 고려하여 정책을 수행한다. 정책 수단은 강제성, 직접성, 자동성, 가시성의 네 가지 측면에서 다양한 특성을 갖는다. // **강제성**은 정부가 개인이나 집단의 행위를 제한하는 정도로서, 유해 식품 판매 규제는 강제성이 높다. // **직접성**은 정부가 공공 활동의 수행과 재원 조달에 직접 관여하는 정도를 의미한다. 정부가 정책을 직접 수행하지 않고 민간에 위탁하여 수행하게 하는 것은 직접성이 낮다. // **자동성**은 정책을 수행하기 위해 별도의 행정 기구를 설립하지 않고 기존의 조직을 활용하는 정도를 말한다. 전기 자동차 보조금 제도를 기존의 시청 환경과에서 시행하는 것은 자동성이 높다. // **가시성**은 예산 수립 과정에서 정책을 수행하기 위한 재원이 명시적으로 드러나는 정도이다. 일반적으로 사회 규제의 정도를 조절하는 것은 예산 지출을 수반하지 않으므로 가시성이 낮다.

❷ 정책 수단 선택의 사례로 환율과 관련된 경제 현상을 살펴보자. 1) 외국 통화에 대한 자국 통화의 교환 비율을 의미하는 **《환율》**은 2) 장기적으로 한 국가의 생산성과 물가 등 기초 경제 여건을 반영하는 수준으로 수렴된다. 그러나 단기적으로 환율은 이와 괴리되어 움직이는 경우가 있다. 만약 환율이 예상과는 다른 방향으로 움직이거나 또는 비록 예상과 같은 방향으로 움직이더라도 변동 폭이 예상보다 크게 나타날 경우 경제 주체들은 과도한 위험에 노출될 수 있다. 환율이나 주가 등 경제 변수가 단기에 지나치게 상승 또는 하락하는 현상을 **〈오버슈팅(overshooting)〉**이라고 한다. 이러한 오버슈팅은 물가 경직성 또는 금융 시장 변동에 따른 불안 심리 등에 의해 촉발되는 것으로 알려져 있다. 여기서 **〈물가 경직성〉**은 시장에서 가격이 조정되기 어려운 정도를 의미한다.

지문의 길이가 길어지다 보니까 논리적 연관성이 밀접하지 않은 내용들이 지문의 일부를 차지합니다. 그래서 문단과 문단의 연결 관계가 명확하지 않고, 독해의 맥락을 잇기가 쉽지 않습니다. 2018학년도 수능 비문학 지문 중에서 가장 난이도가 높고 오답률도 높았던 바로 이 지문이 그렇습니다. ❶ 문단과 ❷ 문단의 내용 연결이 분명하지 않아서 이 글 전체가 무엇을 말하려는지 바로 파악되지 않습니다. ❶ 문단에서 정책 수단의 특성을 말하다가 ❷ 문단에 와서는 오버슈팅에 대해 말하기 때문에 논리적 연관성을 생각하기가 쉽지 않죠. 다행히 ❶ 문단과 ❷ 문단의 내용은 어렵지 않게 독해할 수 있습니다.

❷ 문단의 내용 중에서 주목해야 할 부분은 환율의 오버슈팅이 물가 경직성에 의해 촉발된다는 점입니다. '환율이나 주가' 그리고 '물가 경직성 또는 금융 시장 변동에 따른 불안 심리'라는 표현으로 두 가지를 섞어 놓았지만, 핵심적 내용은 환율 오버슈팅이고 그 원인인 물가 경직성입니다. '물가 경직성'은 여러 가지 경제 요인들이 변하더라도 물가는 꿈쩍 안 한다는 말입니다. 그런데 물가 경직성은 단기적인 상황에 한정됩니다. 장기적인 경우에는 물가도 신축적으로 변합니다. 이러한 내용은 ❸ 문단에서 자세히 나옵니다.

❸ **물가 경직성에 따른 환율의 오버슈팅**을 이해하기 위해 통화를 금융 자산의 일종으로 보고 경제 충격에 대해 **장기와 단기에 환율이 어떻게 조정되는지 알아보자**. 경제에 충격이 발생할 때 물가나 환율은 충격을 흡수하는 조정 과정을 거치게 된다. **《물가》**는 단기에는 장기 계약 및 공공요금 규제 등으로 인해 경직적이지만 장기에는 신축적으로 조정된다. 반면 **《환율》**은 단기에서도 신축적인 조정이 가능하다. 이러한 물가와 환율의 조정 속도 차이가 오버슈팅을 초래한다. //물가와 환율이 모두 신축적으로 조정되는 **장기에서의 환율**은 1) 구매력 평가설에 의해 설명되는데, 이에 의하면 2) 장기의 환율은 자국 물가 수준을 외국 물가 수준으로 나눈 비율로 나타나며, 이를 균형 환율로 본다. ((가령 a) 국내 통화량이 증가하여 유지될 경우 장기에서는 **b) 자국 물가도 높아져 장기의 환율은 상승한다**. 이때 통화량을 물가로 나눈 실질 통화량은 변하지 않는다.))

---

❸ 문단의 전반 부분은 물가 경직성과 환율 오버슈팅과의 관계를 말하고 있고, 이것은 ❷ 문단에서도 언급한 개념이기 때문에 어렵지 않게 독해할 수 있습니다. 그런데 문단의 후반 부분은 몇 번을 정밀하게 읽어도 쉽게 이해되지 않습니다. 이럴 때 문단의 흐름을 다시 살펴보는 것이 좋습니다. 문단 첫머리에 '장기와 단기에 환율이 어떻게 조정되는지 알아보자.'라고 했기 때문에 문단 후반 부분의 핵심어는 '장기에서의 환율'로 추정할 수 있습니다. 그렇다면 "환율이 장기에는 어떻게 된다는 거야?"라고 생각하면서 독해하면, 이 부분의 주요 정보들을 파악할 수 있습니다. 1) 장기에서 환율은 구매력 평가설로 설명되는데, 이는 자국의 물가 수준과 외국의 물가 수준을 비교하여 나타낼 수 있습니다. 즉 구매력 평가설과 관련된 환율은 장기 환율을 말합니다. 그리고 2) 국내 통화량이 증가하여 유지될 경우 장기에서 자국 물가 수준도 높아져 장기 환율은 상승합니다. 예시 부분에 나와 있는데 내용이 아주 어렵습니다.

'국내 통화량이 증가하여 유지된다'는 말은 통화량이 늘어난 상태로 계속 유지된다는 말입니다. 이러면 장기적으로 물가 수준이 높아지고, 물가가 높아지면 장기 환율은 상승한다는 것이죠. 장기 환율은 자국의 물가 수준을 외국 물가 수준으로 나눈 비율입니다. 그러니까 자국의 물가 수준이 높아지면 (외국 물가 수준은 변동이 없다고 가정할 때) 장기 환율은 상승하는 것이죠.

❹ 그런데 **단기에는** 1) **물가의 경직성으로 인해** 구매력 평가설에 기초한 환율과는 다른 움직임이 나타나면서 2) **오버슈팅이 발생할 수 있다**. ((가령 국내 통화량이 증가하여 유지될 경우, 물가가 경직적이어서 ㉠ 실질 통화량은 증가하고 **이에 따라 시장 금리는 하락한다**. 국가 간 자본 이동이 자유로운 상황에서, ㉡ 시장 금리 하락은 투자의 기대 수익률 하락으로 이어져, 단기성 외국인 투자 자금이 해외로 빠져나가거나 신규 해외 투자 자금 유입을 위축시키는 결과를 초래한다. **이 과정에서 자국 통화의 가치는 하락하고 ㉢ 환율은 상승한다**. 통화량의 증가로 인한 효과는 물가가 신축적인 경우에 예상되는 환율 상승에, 금리 하락에 따른 자금의 해외 유출이 유발하는 추가적인 환율 상승이 더해진 것으로 나타난다. 이러한 추가적인 상

승 현상이 환율의 오버슈팅인데, **오버슈팅의 정도 및 지속성은 물가 경직성이 클수록 더 크게 나타난다.**)) // ((**시간이 경과함에 따라** 《**물가**》가 상승하여 실질 통화량이 원래 수준으로 돌아오고 해외로 유출되었던 자금이 시장 금리의 반등으로 국내로 복귀하면서, 단기에 과도하게 상승했던 《**환율**》은 장기에는 구매력 평가설에 기초한 환율로 수렴된다.)

---

❹ 문단은 독해가 매우 어렵지만 ❸ 문단의 개념들과 연관되어 있다는 점을 놓쳐서는 안 됩니다. 먼저 문단 머리에 "단기에는 물가의 경직성으로 인해 ~ 오버슈팅이 발생할 수 있다."라고 말함으로써 ❸ 문단 후반 부분과 대조되고 있음을 분명히 밝히고 있습니다. ❸ 문단 후반 부분의 핵심 내용은 '물가가 상승하여 장기 환율은 상승한다.'라고 정리할 수 있죠. 그러니까 ❹ 문단 첫머리에 나오는 '단기의 물가 경직성'은 '장기의 물가 상승'과 대조되고 있습니다.

이어서 '가령'이라는 접속어로 예시를 들고 있는 것 같지만, 사실은 단기에 환율이 물가 경직성 때문에 오버슈팅되는 과정을 밝히고 있습니다. 오버슈팅 과정의 정확한 내용은 모르더라도 글자 그대로 이해하면 됩니다. 그런데 마지막 문장은 ❸ 문단의 후반 내용과 연결된다는 점을 정확히 파악해야 합니다. 즉 **"시간이 경과함에 따라"라는 말이 장기의 경제 상황을 뜻합니다.** 따라서 장기에서는 물가가 상승하여 실질 통화량은 원래 수준으로 돌아옵니다. 장기 환율은 구매력 평가설에 기초한 환율로 수렴한다고 했는데, 이것은 ❸ 문단에 나온 장기 환율의 상황과 관련됩니다. 즉 물가가 상승하여 장기 환율은 상승한다는 것이죠.

❺ 단기의 환율이 기초 경제 여건과 괴리되어 과도하게 급등락하거나 균형 환율 수준으로부터 장기간 이탈하는 등의 문제가 심화되는 경우를 예방하고 이에 대처하기 위해 정부는 다양한 정책 수단을 동원한다. 오버슈팅의 원인인 물가 경직성을 완화하기 위한 정책 수단 중 **강제성이 낮은 사례**로는 외환의 수급 불균형 해소를 위해 관련 정보를 신속하고 정확하게 공개하거나, 불필요한 가격 규제를 축소하는 것을 들 수 있다. // 한편 오버슈팅에 따른 부정적 파급 효과를 완화하기 위해 정부는 환율 변동으로 가격이 급등한 수입 필수 품목에 대한 세금을 조절함으로써 내수가 급격히 위축되는 것을 방지하려고 하기도 한다. // 또한 환율 급등락으로 인한 피해에 대비하여 수출입 기업에 환율 변동 보험을 제공하거나, 외화 차입 시 지급 보증을 제공하기도 한다. 이러한 정책 수단은 **직접성이 높은 특성**을 가진다. 이와 같이 정부는 기초 경제 여건을 반영한 환율의 추세는 용인하되, 사전적 또는 사후적인 **미세 조정 정책 수단**을 활용하여 환율의 단기 급등락에 따른 위험으로부터 실물 경제와 금융 시장의 안정을 도모하는 정책을 수행한다.

---

❶ 문단에 나온 '정책 수단의 특성'과 관련하여 글 전체를 마무리하고 있습니다. 단기 환율 변동에 대응하는 정책 수단은 '미세 조정 정책 수단'이고, 여기에는 정보 공개와 가격 규제 축소, 그리고 세금 조절과 외화 지급 보증 등이 있습니다.

문제 1 | –(〈보기〉 문제 1 유형)

〈보기〉의 A국과 B국의 상황을 잘 이해하고, 여기에 지문에 나온 개념들을 적용해야 합니다. 지금 A국에 투자된 단기성 외국 자금이 급격히 B국으로 이동하고 있는 상황입니다. 지금 A국은 환율이 급등하고 있고, B국은 해외 자금이 들어와 통화량이 증가하여 시장 금리가 변동할 상황입니다. 즉 B국의 시장 금리는 하락할 전망입니다. 통화량이 증가하고 그리고 단기 상황이기 때문에 물가는 변하지 않아서 B국의 금리는 하락하죠. 따라서 〈보기〉에서는 "이에 따라 A국의 환율 급등은 향후 다소 진정될 것이다."라고 말합니다. B국의 금리가 하락하면 역시 단기성 외국 투자 자금이 B국에서 빠져나오는데, 그 돈들이 A국으로 유입될 수 있는 것이죠.

(2018 수능에서 오답률 60%로 가장 많이 틀린 문제입니다. 짧은 시간에 지문의 내용을 정확히 이해하는 것이 어려웠고, 그러다 보니 〈보기〉 상황에 개념을 제대로 적용하지 못했습니다.)

① – 〈보기〉에서 A국의 환율 급등 즉 오버슈팅은 진정될 것이라고 말합니다. B국의 금리 변동이 금리 하락을 의미한다는 것만 이해하면 됩니다. '통화량 증가'라는 말이 앞에 있기 때문에 금리 하락도 쉽게 알 수 있죠. 적절하지 않아서 정답입니다. ② – 환율의 오버슈팅 발생 원인은 ❷ 문단에 나옵니다. 이러한 원인이 〈보기〉의 A국 상황에서도 나타납니다. ③ – 장기에서 환율은 균형 환율 수준으로 수렴된다는 것이 ❸ 문단 후반에 나옵니다. 〈보기〉에서도 시장 원리에 따라 균형 환율 수준으로 수렴되도록 두어야 한다고 강조합니다. ④ – 환율 상승이 수출에 긍정적인 효과가 있는 것을 〈보기〉에서 말하고 있고, 정부는 개입을 자제해야 한다고 말합니다. ⑤ – 환율이 상승하면 수입품의 가격이 상승합니다. B국으로부터 수입하는 상품도 마찬가지입니다. 수입 상품의 가격 상승은 내수를 위축시키게 되는데, 〈보기〉에서는 '부작용을 초래한다'고만 나왔습니다. '내수 위축'이라는 말은 ❺ 문단에 나와 있습니다. (정답: ①)

문제 2 | –(〈보기〉 문제 2 유형)

문제 해결의 조건을 살펴보면 1) [가]의 ㉠, ㉡, ㉢이 그래프의 a, b, c와 대응된다는 것이고, 2) 국내 통화량이 t 시점에서 증가하여 유지되고, 3) t 시점 이후는 장기 균형으로 수렴되기 때문에 장기적 경제 상황이라 볼 수 있습니다. 그리고 그래프를 잘 살펴보면 또 하나의 조건이 더 있습니다. b와 c는 같은 모양을 그리고 있는데 차이점이 있습니다. c는 원래 직선으로 되돌아오는데, b는 높아졌다가 원래 직선보다 상승된 직선 형태를 취합니다. 이 점에 주목해야 합니다.

a – t 시점 이후에 하락하고 다시 원래 직선 모양으로 되돌아옵니다. 이것은 [가]에서 ㉡의 시장 금리라는 것을 쉽게 확인할 수 있습니다.

b – t 시점 이후 장기 경제 상황이라면 장기 환율은 상승합니다. ❸ 문단 끝 부분에서 확인할 수 있습니다. 그래서 b는 ㉢의 환율입니다.

c – [가]의 마지막 문장에서 실질 통화량은 원래 수준으로 돌아온다고 하였습니다. 그래서 c는 ㉠의 실질 통화량입니다.

(정답: ④)

유제 연습 ❸

❶ 지레는 받침과 지렛대를 이용하여 물체를 쉽게 움직일 수 있는 도구이다. 지레에서 힘을 주는 곳을 힘점, 지렛대를 받치는 곳을 받침점, 물체에 힘이 작용하는 곳을 작용점이라 한다. 받침점에서 힘점까지의 거리가 받침점에서 작용점까지의 거리에 비해 멀수록 힘점에 작은 힘을 주어 작용점에서 물체에 큰 힘을 가할 수 있다. 이러한 지레의 원리에는 돌림힘의 개념이 숨어 있다.

❷ 물체의 회전 상태에 변화를 일으키는 힘의 효과를 돌림힘이라고 한다. 물체에 회전 운동을 일으키거나 물체의 회전 속도를 변화시키려면 물체에 힘을 가해야 한다. 같은 힘이라도 회전축으로부터 얼마나 멀리 떨어진 곳에 가해 주느냐에 따라 회전 상태의 변화 양상이 달라진다. 물체에 속한 점 X와 회전축을 최단 거리로 잇는 직선과 직각을 이루는 동시에 회전축과 직각을 이루도록 힘을 X에 가한다고 하자. 이때 물체에 작용하는 돌림힘의 크기는 회전축에서 X까지의 거리와 가해 준 힘의 크기의 곱으로 표현되고 그 단위는 N · m(뉴턴미터)이다.

❸ 동일한 물체에 작용하는 두 돌림힘의 합을 알짜 돌림힘이라 한다. 두 돌림힘의 방향이 같으면 알짜 돌림힘의 크기는 두 돌림힘의 크기의 합이 되고 그 방향은 두 돌림힘의 방향과 같다. 두 돌림힘의 방향이 서로 반대이면 알짜 돌림힘의 크기는 두 돌림힘의 크기의 차가 되고 그 방향은 더 큰 돌림힘의 방향과 같다. 지레의 힘점에 힘을 주지만 물체가 지레의 회전을 방해하는 힘을 작용점에 주어 지레가 움직이지 않는 상황처럼, 두 돌림힘의 크기가 같고 방향이 반대이면 알짜 돌림힘은 0이 되고 이때를 돌림힘의 평형이라고 한다.

❹ 회전 속도의 변화는 물체에 알짜 돌림힘이 일을 해 주었을 때에만 일어난다. 돌고 있는 팽이에 마찰력이 일으키는 돌림힘을 포함하여 어떤 돌림힘도 작용하지 않으면 팽이는 영원히 돈다. 일정한 형태의 물체에 일정한 크기와 방향의 알짜 돌림힘을 가하여 물체를 회전시키면, 알짜 돌림힘이 한 일은 알짜 돌림힘의 크기와 회전 각도의 곱이고 그 단위는 J(줄)이다.

[가] ❺ 가령, 마찰이 없는 여닫이문이 정지해 있다고 하자. 갑은 지면에 대하여 수직으로 서 있는 문의 회전축에서 1m 떨어진 지점을 문의 표면과 직각으로 300N의 힘으로 밀고, 을은 문을 사이에 두고 갑의 반대쪽에서 회전축에서 2m만큼 떨어진 지점을 문의 표면과 직각으로 200N의 힘으로 미는 상태에서 문이 90° 즉, 0.5π 라디안을 돌면, 알짜 돌림힘이 문에 해 준 일은 50π J이다.

❻ 알짜 돌림힘이 물체를 돌리려는 방향과 물체의 회전 방향이 일치하면 알짜 돌림힘이 양(+)의 일을 하고 그 방향이 서로 반대이면 음(−)의 일을 한다. 어떤 물체에 알짜 돌림힘이 양의 일을 하면 그만큼 물체의 회전 운동 에너지는 증가하고 음의 일을 하면 그만큼 회전 운

동 에너지는 감소한다. 형태가 일정한 물체의 회전 운동 에너지는 회전 속도의 제곱에 정비례한다. 그러므로 형태가 일정한 물체에 알짜 돌림힘이 양의 일을 하면 회전 속도가 증가하고, 음의 일을 하면 회전 속도가 감소한다.

문제 1 | [가]에서 문이 90° 회전하는 동안의 상황에 대한 이해로 적절한 것은?

① 알짜 돌림힘의 크기는 점점 증가한다.
② 문의 회전 운동 에너지는 점점 증가한다.
③ 문에는 돌림힘의 평형이 유지되고 있다.
④ 알짜 돌림힘과 갑의 돌림힘은 방향이 같다.
⑤ 갑의 돌림힘의 크기는 을의 돌림힘의 크기보다 크다.

문제 2 | 윗글을 바탕으로 할 때, 〈보기〉의 '원판'의 회전 운동에 대한 이해로 적절하지 <u>않은</u> 것은?

보기

돌고 있는 원판 위의 두 점 A, B는 그 원판의 중심 O를 수직으로 통과하는 회전축에서 각각 0.5R, R만큼 떨어져 O, A, B의 순서로 한 직선 위에 있다. A, B에는 각각 선분 $\overline{OA}$, 선분 $\overline{OB}$와 직각 방향으로 표면과 평행하게 같은 크기의 힘이 작용하여 원판을 각각 시계 방향과 시계 반대 방향으로 밀어 준다. 현재 이 원판은 시계 반대 방향으로 회전하고 있다. 단, 원판에는 다른 힘이 작용하지 않고 회전축은 고정되어 있다.

① 두 힘을 계속 가해 주는 상태에서 원판의 회전 속도는 증가한다.
② A, B에 가해 주는 힘을 모두 제거하면 원판은 일정한 회전 속도를 유지한다.
③ A에 가해 주는 힘만을 제거하면 원판의 회전 속도는 증가한다.
④ A에 가해 주는 힘만을 제거한 상태에서 원판이 두 바퀴 회전하는 동안 알짜 돌림힘이 한 일은 한 바퀴 회전하는 동안 알짜 돌림힘이 한 일의 4배이다.
⑤ B에 가해 주는 힘만을 제거하면 원판의 회전 운동 에너지는 점차 감소하여 0이 되었다가 다시 증가한다.

❷ 물체의 **회전 상태에 변화**를 일으키는 힘의 효과를 돌림힘이라고 한다. 〈중략〉 이때 **물체에 작용하는 돌림힘의 크기**는 회전축에서 X까지의 거리와 가해 준 힘의 크기의 곱으로 표현되고 그 단위는 N · m(뉴턴미터)이다.

회전 상태에 변화를 일으키는 힘의 효과를 '돌림힘'이라고 합니다. 넷째 문장이 잘 이해되지 않겠지만, 그 다음 문장까지 읽고 다시 읽어 보면 쉽게 이해됩니다. (돌림힘의 크기 = 회전축에서 힘을 주는 곳까지의 거리 × 가해 준 힘의 크기)입니다. 단위는 N · m입니다.

❸ 동일한 물체에 작용하는 두 돌림힘의 합을 **알짜 돌림힘**이라 한다. ≪**두 돌림힘의 방향이 같으면**≫ 알짜 돌림힘의 크기는 두 돌림힘의 크기의 합이 되고 그 방향은 두 돌림힘의 방향과 같다. ≪**두 돌림힘의 방향이 서로 반대이면**≫ 알짜 돌림힘의 크기는 두 돌림힘의 크기의 차가 되고 그 방향은 더 큰 돌림힘의 방향과 같다. 지레의 힘점에 힘을 주지만 물체가 지레의 회전을 방해하는 힘을 작용점에 주어 지레가 움직이지 않는 상황처럼, ≪**두 돌림힘의 크기가 같고 방향이 반대이면**≫ 알짜 돌림힘은 0이 되고 이때를 돌림힘의 평형이라고 한다.

알짜 돌림힘은 동일한 물체에 작용하는 '두 돌림힘의 합'입니다. 두 돌림힘의 방향이 같을 수도 있고, 서로 반대일 수도 있습니다. 이러한 경우에 대해 설명하고 있습니다.

❹ **회전 속도의 변화**는 물체에 알짜 돌림힘이 일을 해 주었을 때에만 일어난다. 〈중략〉 일정한 형태의 물체에 일정한 크기와 방향의 알짜 돌림힘을 가하여 물체를 회전시키면, **알짜 돌림힘이 한 일**은 알짜 돌림힘의 크기와 회전 각도의 곱이고 그 단위는 J(줄)이다.

알짜 돌림힘은 회전 속도의 변화를 가져옵니다. (알짜 돌림힘이 한 일 = 알짜 돌림힘의 크기 × 회전 각도)이고, 단위는 J(줄)입니다. 여기서 알짜 돌림힘이 한 일과 돌림힘의 크기는 다른 개념임을 확인할 필요가 있습니다.

❺ 가령, 마찰이 없는 여닫이문이 정지해 있다고 하자. **갑은** 지면에 대하여 수직으로 서 있는 문의 회전축에서 1m 떨어진 지점을 문의 표면과 직각으로 300N의 힘으로 밀고, **을은** 문을 사이에 두고 갑의 반대쪽에서 회전축에서 2m만큼 떨어진 지점을 문의 표면과 직각으로 200N의 힘으로 미는 상태에서 문이 90° 즉, 0.5π 라디안을 돌면, 알짜 돌림힘이 문에 해 준 일은 50π J이다.

갑과 을은 서로 반대편에서 밀고 있습니다. 회전하는 문에 대해 두 가지 힘이 작용하기 때문에 알짜 돌림힘이 작용하는 것이죠. 갑은 300N · m의 크기로 밀고, 을은 400N · m의 크기로 밀고 있기 때문에 을의 미는 힘이 더 큽니다. 그래서 회전문은 을이 미는 방향으로 움직입니다.

❻ 알짜 돌림힘이 ~ 회전 운동 에너지는 감소한다. 형태가 일정한 물체의 **회전 운동 에너지**는 회전 속도의 제곱에 정비례한다. 그러므로 형태가 일정한 물체에 알짜 돌림힘이 양의 일을 하면 회전 속도가 증가하고, 음의 일을 하면 회전 속도가 감소한다.

여기서는 '회전 운동 에너지'라는 새로운 개념이 제시되었는데, 회전 운동 에너지는 회전 속도의 제곱에 정비례합니다.

문제 1 | – (밑줄 문제 2 유형)

① – 두 돌림힘의 차이는 일정합니다. ② – 회전 운동 에너지는 회전 속도의 제곱에 비례합니다. 그런데 회전 속도의 변화는 알짜 돌림힘이 작용할 때 일어나는데, 문이 90° 회전하는 동안 100N · m만큼 알짜 돌림힘이 작용하기 때문에 회전 운동 에너지는 점점 증가합니다. ②가 정답입니다. ③, ④, ⑤ – 을의 알짜 돌림힘이 더 세기 때문에 을이 미는 방향으로 회전문이 움직인 것입니다. ③과 ④와 ⑤는 적절하지 않습니다. (정답: ②)

문제 2 | – (〈보기〉 문제 1 유형)

〈보기〉의 '원판' 회전 운동을 먼저 정리해야 합니다. A와 B에는 같은 힘이 작용하지만, 서로 반대 방향입니다. 그리고 B는 A보다 회전축에서 2배 멀리 떨어져 있기 때문에, B에는 A보다 2배의 힘이 작용합니다. 현재 원판은 시계 반대 방향으로 회전하고 있는데, A와 B의 힘이 작용하더라도 B의 힘이 더 세기 때문에 원판은 시계 반대 방향으로 회전할 것입니다.

① – A와 B의 힘이 작용하더라도 B의 힘이 더 세기 때문에 원판의 회전 속도는 증가합니다. ② – A와 B의 힘 모두를 제거하더라도 시계 반대 방향으로 계속 회전할 것입니다. 다른 힘은 작용하지 않기 때문에 일정한 회전 속도를 유지하겠죠. ③ – B의 힘만 작용하면 원판의 회전 속도는 더 증가할 것입니다. ④ – B의 힘만 작용하는 상황에서 원판이 두 번 회전했다면 이것은 원판이 한 번 회전했을 때보다 알짜 돌림힘이 2배로 일한 것입니다. 적절하지 않아서 ④가 정답입니다. ⑤ – B의 힘을 제거하고 A의 힘만 작용할 경우, 일정 시간 동안은 B가 미는 방향으로 원판이 회전할 것입니다. 왜냐하면 B의 힘이 2배로 컸기 때문입니다. 그렇지만 A의 힘이 계속 작용하기 때문에 어느 시점에서는 회전 속도가 0이 되고, 이제 A가 미는 방향으로 원판이 다시 회전하고 회전 속도도 증가할 것입니다. (정답: ④)

4 내용 혼돈이 일어나는 부분을 확인해야 하는 지문

| 사례분석

(2012학년도 수능)

❶ 비트겐슈타인이 1918년에 쓴 『논리 철학 논고』는 '빈학파'의 논리실증주의를 비롯하여 20세기 현대 철학에 큰 영향을 주었다. 그는 많은 철학적 논란들이 언어를 애매하게 사용하여 발생한다고 보았기 때문에 언어를 분석하고 비판하여 명료화하는 것을 철학의 과제로 삼았다.

❷ 그는 이 책에서 언어가 세계에 대한 그림이라는 '그림 이론'을 주장한다. 이 이론을 세우는 데 그에게 영감을 주었던 것은, 교통사고를 다루는 재판에서 장난감 자동차와 인형 등을 이용한 ㉠모형을 통해 ㉡사건을 설명했다는 기사였다. 그런데 모형을 가지고 사건을 설명할 수 있는 이유는 무엇일까? 그것은 모형이 실제의 자동차와 사람 등에 대응하기 때문이다. 그는 언어도 이와 같다고 보았다. 언어가 의미를 갖는 것은 언어가 세계와 대응하기 때문이다. 다시 말해 언어가 세계에 존재하는 것들을 가리키고 있기 때문이다. 언어는 명제들로 구성되어 있으며, 세계는 사태들로 구성되어 있다. 그리고 명제들과 사태들은 각각 서로 대응하고 있다. 이처럼 언어와 세계의 논리적 구조는 동일하며, 언어는 세계를 그림처럼 기술함으로써 의미를 가진다.

❸ '그림 이론'에서 명제에 대응하는 '사태'는 '사실'이 아니라 사실이 될 수 있는 논리적 가능성을 의미한다. 따라서 언어를 구성하는 명제들은 사실적 그림이 아니라 논리적 그림이다. 사태가 실제로 일어나서 사실이 되면 그것을 기술하는 명제는 참이 되지만, 사태가 실제로 일어나지 않는다면 그 명제는 거짓이 된다. 어떤 명제가 '의미 있는 명제'가 되기 위해서는 그 명제가 실재하는 대상이나 사태에 대해 언급해야 하며, 그것에 대해서는 참, 거짓을 따질 수 있다. 만약 어떤 명제가 실재하지 않는 대상이나 사태가 아닌 것에 대해 언급하면 그것은 '의미 없는 명제'가 되며, 그것에 대해 참, 거짓을 따질 수 없다. 따라서 경험적 세계에 대해 언급하는 명제만이 의미 있는 것이 된다.

❹ 이러한 관점에서 비트겐슈타인은 기존의 철학자들이 다루었던 신, 영혼, 형이상학적 주체, 윤리적 가치 등과 관련된 논의가 의미 없는 말들에 불과하다고 보았다. 왜냐하면 그 말들이 가리키는 대상이 세계 속에 존재하지 않는, 즉 경험 가능하지 않은 대상이기 때문이다. 이와 같은 형이상학적 문제와 관련된 명제나 질문들은 의미가 없는 말들이다. 그러한 문제는 우리의 삶을 통해 끊임없이 드러나는 신비한 것들이지만 이에 대해 말로 답변하거나 설명할 수는 없다. 그래서 비트겐슈타인은 "말할 수 없는 것에 대해서는 침묵해야 한다."라고 말했다.

문제 1 | ㉠ : ㉡의 관계에 해당하는 것만을 〈보기〉에서 있는 대로 고른 것은?

보기

ㄱ. 언어: 세계
ㄴ. 명제: 사태
ㄷ. 논리적 그림: 의미 있는 명제
ㄹ. 형이상학적 주체: 경험적 세계

① ㄱ, ㄴ
② ㄱ, ㄷ
③ ㄴ, ㄹ
④ ㄱ, ㄴ, ㄷ
⑤ ㄴ, ㄷ, ㄹ

문제 2 | 위 글로 미루어 볼 때, 비트겐슈타인이 〈보기〉와 같이 말한 이유로 가장 적절한 것은?

보기

사다리를 딛고 올라간 후에 그 사다리를 던져 버리듯이, 『논리 철학 논고』를 이해한 사람은 거기에 나오는 내용을 버려야 한다. ㉮이 책의 내용은 의미 있는 언어의 한계를 넘어선 것이기 때문에 엄밀하게 보면 '말할 수 있는 것'의 범주에 속하지 않는다.

① ㉮는 자신이 내세웠던 철학의 과제를 넘어서는 주제들을 다루고 있기 때문이다.
② ㉮는 객관적 세계에 존재하는 대상을 과학적으로 분석하여 서술하고 있기 때문이다.
③ ㉮는 실재하는 대상이 아니라 논리적으로 가능한 사태에 대해 기술하고 있기 때문이다.
④ ㉮는 경험적 세계가 아니라 언어와 세계의 논리적 관계에 대해 언급하고 있기 때문이다.
⑤ ㉮는 기존의 철학자들이 다루었던 형이상학적 물음에 대해 관념적으로 답하고 있기 때문이다.

❶ **비트겐슈타인**이 1918년에 쓴 『논리 철학 논고』는 '빈학파'의 논리실증주의를 비롯하여 20세기 현대 철학에 큰 영향을 주었다. 그는 1) 많은 철학적 논란들이 언어를 애매하게 사용하여 발생한다고 보았기 때문에 2) 언어를 분석하고 비판하여 명료화하는 것을 철학의 과제로 삼았다.

비트겐슈타인의 『논리 철학 논고』에 나타난 철학을 설명합니다. 이 책의 핵심적 내용은 언어를 분석하고 비판하여 명료화하는 것입니다. 많은 철학적 논란이 언어를 애매하게 사용하여 나타난 것으로 보고 있기 때문입니다.

❷ 그는 이 책에서 언어가 세계에 대한 그림이라는 **'그림 이론'**을 주장한다. 이 이론을 세우는 데 그에게 영감을 주었던 것은, 교통사고를 다루는 재판에서 장난감 자동차와 인형 등을 이용한 ㉠**모형**을 통해 ㉡**사건**을 설명했다는 기사였다. 그런데 모형을 가지고 사건을 설명할 수 있는 이유는 무엇일까? 1) 그것은 모형이 실제의 자동차와 사람 등에 대응하기 때문이다. 그는 언어도 이와 같다고 보았다. 언어가 의미를 갖는 것은 2) **언어**가 **세계**와 대응하기 때문이다. 다시 말해 언어가 세계에 존재하는 것들을 가리키고 있기 때문이다. 언어는 명제들로 구성되어 있으며, 세계는 사태들로 구성되어 있다. 3) 그리고 **명제**들과 **사태**들은 각각 서로 대응하고 있다. // 이처럼 언어와 세계의 논리적 구조는 동일하며, 언어는 세계를 그림처럼 기술함으로써 의미를 가진다.

비트겐슈타인의 이론은 '그림 이론'입니다. 이것의 의미는 '모형'과 '사건'의 관계에서 알 수 있듯이, 언어가 세계를 그림처럼 기술(=대상이나 과정의 내용과 특징을 있는 그대로 열거하거나 기록하여 서술함)한다는 것입니다. 이렇게 생각한 이유는 모형이 실제 사건과 대응하는 것처럼, 언어는 세계와 대응하고 또한 언어의 명제는 세계의 사태와 대응한다고 생각했기 때문입니다.

❸ '그림 이론'에서 명제에 대응하는 **'사태'**는 '사실'이 아니라 사실이 될 수 있는 **논리적 가능성**을 의미한다. 따라서 언어를 구성하는 **명제**들은 사실적 그림이 아니라 **논리적 그림**이다. 사태가 실제로 일어나서 사실이 되면 그것을 기술하는 명제는 참이 되지만, 사태가 실제로 일어나지 않는다면 그 명제는 거짓이 된다. // 어떤 명제가 ≪**'의미 있는 명제'**≫가 되기 위해서는 (1) 그 명제가 실재하는 대상이나 사태에 대해 언급해야 하며, (2) 그것에 대해서는 참, 거짓을 따질 수 있다. ((만약 어떤 명제가 실재하지 않는 대상이나 사태가 아닌 것에 대해 언급하면 그것은 '의미 없는 명제'가 되며, 그것에 대해 참, 거짓을 따질 수 없다.)) 따라서 (3) 경험적 세계에 대해 언급하는 명제만이 의미 있는 것이 된다.

---

❷ 문단에서는 '모형–사건', '언어–세계', '명제–사태' 순서로 서술하여 '모형'은 '언어–명제'와 관련되고, '사건'은 '세계–사태'로 연결되고 있음을 보여주고 있습니다. 그런데 ❸ 문단에서는 서술 순서를 바꾸어, '사태'를 먼저 말하고 그 다음으로 '명제'를 말하고 있기 때문에 독해 과정에서 혼란이 올 수 있습니다. 문장을 찬찬히 살펴보면서 착오가 없도록 해야 합니다. 즉 **사태**는 **'논리적 가능성'**이라는 말과 관련되고, **명제**는 **'논리적 그림'**이라는 말과 관련됩니다. 그리고 **'의미 있는 명제'**라는 새로운 개념이 바로 제시되기 때문에 독해를 어렵게 합니다. '의미 있는 명제'를 앞부분의 '사태'와 관련하여 이해하려면 혼동이 오기 때문에 뒷부분의 내용을 정리하는 쪽으로 독해해야 합니다. 즉 의미 있는 명제란 **'경험적 세계를 언급하는 명제'**입니다.

❹ 이러한 관점에서 비트겐슈타인은 ~ 설명할 수는 없다. 그래서 비트겐슈타인은 "말할 수 없는 것에 대해서는 침묵해야 한다."라고 말했다.

비트겐슈타인은 경험할 수 없는 것에 대해서는 침묵해야 한다고 했습니다. 비록 그것이 신비롭기는 하지만, 언어가 가리키는 대상을 현실 세계에서 경험할 수 없기 때문이죠.

문제 1 | –(밑줄 문제 1 유형)

독해 과정에서 혼돈이 와서 오답률이 높았던 문제입니다. 정답은 ①입니다. ㄷ이 옳다고 착각한 이유는 '의미 있는 명제'와 대응된다고 생각했기 때문입니다. **'㉠ 모형 : ㉡ 사건'** 사이의 대응 관계를 ㄷ에 적용하면, **'논리적 그림 : 논리적 가능성'**이어야 합니다. (정답: ①)

문제 2 | –(〈보기〉 문제 1 유형)

이 문제는 먼저 〈보기〉 안에 있는 밑줄 ㉮가 무엇을 의미하는지 정확히 추론해야 합니다. ㉮와 관련된 내용을 그 문장에서 찾아보면, 첫째 의미 있는 언어의 한계를 넘어선 것이고 둘째 말할 수 없는 범주의 것입니다. 여기서 **'의미 있는 언어의 한계'**에 유의해야 합니다. 그냥 '언어의 한계'라고 읽으면 지문의 내용과 연결하기 어렵습니다. '의미 있는 언어'는 ❸ 문단에 나온 **'의미 있는 명제'와 같은 뜻**입니다. 이 점을 놓치면 문제 해결이 매우 어렵죠. '의미 있는 명제'는 ❸ 문단 마지막 문장에서는 **'경험적 세계에 대해 언급하는 명제'**라고 다시 설명하고 있습니다. 즉 그래서 '의미 있는 언어의 한계'라는 말은 '경험 세계와 관련이 없는 명제'로 이해하면 됩니다. 그러니까 ㉮는 경험 세계를 언급하는 것이 아니죠. 선지 ④가 정답인 이유입니다.

③ – '논리적으로 가능한 사태'는 현실 세계와 관련됩니다. 그렇다면 선지 ③은 '실재하는 대상(=현실 세계)이 아니라 현실 세계를 기술하고 있다'는 식의 모순된 말이 됩니다. 적절하지 않죠. ⑤ – 여기에 오답을 한 이유는 '의미 있는 언어'를 독해 과정에서 놓치고, '말할 수 없는 범주'에만 주목해서 이것을 기계적으로 ❹ 문단 내용과 관련시켰기 때문입니다. (정답: ④)

유제 연습 ❹ – 1

❶ 동양에서 '천(天)'은 그 함의가 넓다. 모든 존재의 근거가 그것으로부터 말미암지 않는 것이 없다는 면에서 하나의 표본이었고, 모든 존재들이 자신의 생존을 영위하고 그 존재 가치와 의의를 실현하는 데도 그것의 이치와 범주를 벗어날 수 없다는 면에서 하나의 기준이었다. 그래서 현실 세계 안에서 인간의 삶을 모색하는 데 관심을 두었던 동양에서는 인간이 천을 어떻게 이해하느냐에 따라 삶의 길이 달리 설정되었을 만큼 천에 대한 이해가 다양하였다. 천은 자연현상 가운데 인간에게 가장 크게 영향을 미치는 것이자 가장 크고 뚜렷하게 파악되는 현상으로 여겨졌다. 농경을 주로 하는 문화적 특성상 자연현상과 기후의 변화를 파악하는 것이 중시된 만큼 천의 표면적인 모습 외에 작용 면에서 천을 파악하려는 경향이 짙었다. 그래서 천은 자연적 현상과 작용 등을 포괄하는 '자연천(自然天)' 개념으로 자리를 잡았다.

❷ 이러한 천 개념하에서 인간은 도덕적 자각이 없었을 뿐만 아니라 자연 변화의 원인과 의지도 알 수 없었다. 이에 따라 천은 신성한 대상으로 숭배되었고, 여러 자연신 가운데 하나로 생각되었다. 특히 상제(上帝)와 결부됨으로써 모든 것을 주재하는 절대적인 권능을 가진 '상제천(上帝天)' 개념이 자리 잡았다. 길흉화복을 주재하고 생사여탈권까지 관장하는 종교적인 의미로 그 성격이 변화한 것이다. 가치중립적이었던 천이 의지를 가진 절대적 권능의 존재로 수용되면서 정치적인 개념으로 '천명(天命)'이 등장하였다. 그리고 통치자들은 천의 명령을 통해 통치권을 부여받았고, 천의 의지인 천명은 제사 등을 통해 통치자만 알 수 있는 것으로 규정되었다. 그리하여 천명은 통치자가 권력을 행사하고, 정권의 정통성을 보장하는 근거가 되었다.

❸ 그러나 독점적이고 배타적인 천명에 근거한 권력 행사는 부작용을 가져왔다. 도덕적 경계심이 결여된 통치자의 권력 행사는 백성에 대한 억압의 계기로 작용하였다. 통치의 부작용이 심화됨에 따라 천에 대한 반성이 제기되었고, 도덕적 반성을 통해 천명 의식은 수정되었다. 그리고 '천은 명을 주었다가도 통치자가 정치를 잘못하면 언제나 그 명을 박탈해 간다.', '천은 백성들이 원하는 것을 들어준다.'는 생각이 현실화되었다. 천명은 계속 수용되었지만, 그것의 불변성, 독점성, 편파성 등은 수정되었고, 그 기저에는 도덕적 의미로서 '의리천(義理天)' 개념이 자리하였다.

❹ 천명 의식의 변화와 맞물려 천 개념은 복합적으로 수용되었다. 상제로서의 천 개념이 개방되면서 주재적 측면이 도덕적 측면으로 수용되었고, '의리천' 개념은 더욱 심화되어 천은 인간의 도덕성과 규범의 근거로 받아들여졌다. 천을 인간 내면으로 끌어들여 인간 본성을 자연한 것이자 도덕적인 것으로 간주하였다. 천이 도덕 및 인간 본성과 결부됨에 따라 인간

내면에 있는 천으로서의 본성을 잘 발휘하면 도덕을 실현함은 물론, 천의 경지에 도달할 수 있다고 여겨졌다. 내면화된 천은 비도덕적 행위에 대한 제어 장치 역할을 하는 양심의 근거로도 수용되어 천의 도덕적 의미는 더욱 강조되었다. 천명 의식의 변화와 확장된 천 개념의 결합에 따라 천은 초월성과 내재성을 가진 존재로서 받아들여졌고, ㉠인간 행위의 자율성과 타율성을 이끌어 내는 기반이 되어 인간 삶의 중요한 근거로서 그 위상이 강화되었다.

문제 1 | ㉠에 대한 설명으로 적절하지 않은 것은?

① '자연천'에서는 인간 행위의 자율성이 부각된다.
② '상제천'에서 인간 행위의 타율성이 나타나기 시작한다.
③ '의리천'에서 인간 행위의 자율성이 잘 발휘되면 천의 경지에 도달할 수 있다.
④ 천 개념의 개방에 따라 인간 행위의 자율성이 인정되는 방향으로 나갔다.
⑤ 천명 의식이 달라짐에 따라 인간 행위의 자율성과 타율성의 양상이 변화하였다.

문제 2 | 위 글의 천 개념에 해당하는 예를 〈보기〉에서 골라 바르게 묶은 것은?

보기

ㄱ. 천은 크기로 보면 바깥이 없고, 운행이 초래하는 변화는 다함이 없다.
ㄴ. 만물의 생성과 변화를 살피면 그와 같이 되도록 주재하고 운용하는 존재가 있는 것으로 생각된다.
ㄷ. 인심이 돌아가는 곳은 곧 천명이 있는 곳이다. 그러므로 사람을 거스르고 천을 따르는 자는 없고, 사람을 따르고 천을 거스르는 자도 없다.
ㄹ. 이 세상 사물 가운데 털끝만큼 작은 것들까지 천이 내지 않은 것이 없다고들 한다. 대체 하늘이 어떻게 하나하나 명을 낸단 말인가? 천은 텅 비고 아득하여 아무런 조짐도 없으면서 저절로 되어 가도록 맡겨 둔다.

	자연천	상제천	의리천
①	ㄱ	ㄴ, ㄹ	ㄷ
②	ㄴ	ㄱ	ㄷ, ㄹ
③	ㄹ	ㄴ	ㄱ, ㄷ
④	ㄱ, ㄹ	ㄴ	ㄷ
⑤	ㄱ, ㄹ	ㄷ	ㄴ

❶ **동양에서 '천(天)'**은 그 함의가 넓다. 모든 존재의 근거가 그것으로부터 말미암지 않는 것이 없다는 면에서 (1) 하나의 표본이었고, 모든 존재들이 자신의 생존을 영위하고 그 존재 가치와 의의를 실현하는 데도 그것의 이치와 범주를 벗어날 수 없다는 면에서 (2) 하나의 기준이었다. 그래서 (a) 현실 세계 안에서 인간의 삶을 모색하는 데 관심을 두었던 동양에서는 (b) 인간이 천을 어떻게 이해하느냐에 따라 삶의 길이 달리 설정되었을 만큼 천에 대한 이해가 다양하였다. // 천은 자연현상 가운데 인간에게 가장 크게 영향을 미치는 것이자 가장 크고 뚜렷하게 파악되는 현상으로 여겨졌다. 농경을 주로 하는 문화적 특성상 자연현상과 기후의 변화를 파악하는 것이 중시된 만큼 (ㄱ) 천의 표면적인 모습 외에 작용 면에서 천을 파악하려는 경향이 짙었다. 그래서 천은 (ㄴ) 자연적 현상과 작용 등을 포괄하는 **'자연천(自然天)'** 개념으로 자리를 잡았다.

자연천의 개념은 1) 천이 겉으로 보이는 표면적 모습과 천이 움직이며 활동하는 작용의 측면을 파악하는 것인데, 2) 이를 '자연적 현상과 작용'이라는 말로 다시 부연 설명하고 있습니다.

❷ 이러한 천 개념하에서 인간은 (1) 도덕적 자각이 없었을 뿐만 아니라 (2) 자연 변화의 원인과 의지도 알 수 없었다. // 이에 따라 천은 1) 신성한 대상으로 숭배되었고, 여러 자연신 가운데 하나로 생각되었다. 특히 상제(上帝)와 결부됨으로써 2) 모든 것을 주재하는 절대적인 권능을 가진 **'상제천(上帝天)' 개념**이 자리 잡았다. 길흉화복을 주재하고 생사여탈권까지 관장하는 종교적인 의미로 그 성격이 변화한 것이다. 3) 가치중립적이었던 천이 의지를 가진 절대적 권능의 존재로 수용되면서 정치적인 개념으로 '천명(天命)'이 등장하였다. ((그리고 ~ 천명은 통치자가 권력을 행사하고, 정권의 정통성을 보장하는 근거가 되었다.))

첫째 문장에서 '도덕적 자각이 없다'는 것과 '자연 변화의 원인과 의지도 알 수 없다'는 것은 자연천 개념에 속합니다. 지시어 '이러한'이 이것을 분명히 보여줍니다. 반면에 상제천 개념은 모든 것을 주재(=어떤 일을 중심이 되어 맡아 처리함)하는 절대적 권능을 갖고 있고, 이러한 천 개념은 '천명(=하늘의 명령)'으로 이어져 통치자의 권력 정통성을 보장하는 근거가 됩니다.

❸ 그러나 독점적이고 배타적인 천명에 근거한 권력 행사는 부작용을 가져왔다. 도덕적 경계심이 결여된 통치자의 권력 행사는 백성에 대한 억압의 계기로 작용하였다. 1) 통치의 부작용이 심화됨에 따라 천에 대한 반성이 제기되었고, 2) 도덕적 반성을 통해 천명 의식은 수정되었다. ((그리고 '천은 명을 주었다가도 통치자가 정치를 잘못하면 언제나 그 명을 박탈해 간다.', '천은 백성들이 원하는 것을 들어준다.'는 생각이 현실화되었다. 천명은 계속 수용되었지만, 그것의 불변성, 독점성, 편파성 등은 수정되었고, 그 기저에는 도덕적 의미

로서 **'의리천(義理天)' 개념**이 자리하였다.))

의리천 개념은 도덕적 의미를 띱니다. 이것은 통치자의 부작용이 심화되자, 도덕적 반성을 통해 천명 의식을 수정한 결과로 나타난 것이죠.

❹ 천명 의식의 변화와 맞물려 **천 개념은 복합적으로 수용**되었다. 1) 상제로서의 천 개념이 개방되면서 주재적 측면이 도덕적 측면으로 수용되었고, 2) '의리천' 개념은 더욱 심화되어 **천은 인간의 도덕성과 규범의 근거**로 받아들여졌다. 천을 인간 내면으로 끌어들여 인간 본성을 자연한 것이자 도덕적인 것으로 간주하였다. 3) 천이 도덕 및 인간 본성과 결부됨에 따라 **인간 내면에 있는 천으로서의 본성**을 잘 발휘하면 도덕을 실현함은 물론, 천의 경지에 도달할 수 있다고 여겨졌다. 〈중략〉 천명 의식의 변화와 확장된 천 개념의 결합에 따라 천은 **초월성과 내재성**을 가진 존재로서 받아들여졌고, ㉠인간 행위의 **자율성과 타율성**을 이끌어 내는 기반이 되어 인간 삶의 중요한 근거로서 그 위상이 강화되었다.

천 개념이 복합적으로 수용될 때 인간 내면의 본성을 천과 연결하고 있습니다. 그래서 천의 도덕적 의미가 더욱 강조되는 것이죠. 이제 천은 초월성과 내재성을 갖는 존재로 받아들여졌는데, ㉠에서 자율성은 내재성과 관련되고 타율성은 초월성과 관련됩니다. 앞 문장과 달리 ㉠에서 순서를 바꿔 제시했기 때문에 독해에 혼동이 일어날 수 있습니다.

문제 1 | –(밑줄 문제 2 유형)

① – 자연천에서는 도덕적 자각이 없습니다. 자율성은 도덕의 근거가 되기 때문에 의리천에서 나타납니다. 적절하지 않아서 ①이 정답입니다. ② – 타율성은 인간 밖에서 통제하는 것이기 때문에 '주재'라는 개념과 의미가 통합니다. 그래서 상제천에서 인간의 타율성이 나타나기 시작한다는 말은 적절합니다. ③ – 자율성은 인간 내면에 있는 '천으로서의 본성'을 발휘하는 것과 관련됩니다. 그래서 자율성이 잘 발휘되면 천의 경지에 오를 수 있습니다. ④ – 천의 개념이 개방되면서 주재적 측면이 도덕적 측면으로 수용되었다고 하였는데, 이것은 인간 자율성이 인정된다는 것입니다. ⑤ – 주재적 측면이 도덕적 측면으로 수용되고 자율성을 인정하는 쪽으로 바뀌었는데, 이것은 천명 의식의 변화와 관련됩니다. (정답: ①)

문제 2 | –(〈보기〉 문제 1 유형)

〈보기〉의 ㄱ은 자연현상과 관련되므로 자연천 개념에 해당합니다. ㄴ은 '주재하고 운용하는 존재'를 언급하기 때문에 상제천 개념과 관련됩니다. ㄷ에서 '인심이 있는 곳에 천명이 있다'는 말은 인간의 본성이 곧 천이라는 의리천 개념과 관련됩니다. ㄹ은 자연천 개념과 관련됩니다. "저절로 되어가도록 맡겨 둔다"는 것은 자연 변화의 원인을 알지 못한다는 것이죠. (정답: ④)

유제 연습 ❹ – 2

(가) 유비 논증은 두 대상이 몇 가지 점에서 유사하다는 사실이 확인된 상태에서 어떤 대상이 추가적 특성을 갖고 있음이 알려졌을 때 다른 대상도 그 추가적 특성을 가지고 있다고 추론하는 논증이다. 유비 논증은 이미 알고 있는 전제에서 새로운 정보를 결론으로 도출하게 된다는 점에서 유익하기 때문에 일상생활과 과학에서 흔하게 쓰인다. 특히 의학적인 목적에서 포유류를 대상으로 행해지는 동물 실험이 유효하다는 주장과 그에 대한 비판은 유비 논증을 잘 이해할 수 있게 해 준다.

(나) 유비 논증을 활용해 동물 실험의 유효성을 주장하는 쪽은 인간과 ⓐ실험동물이 ⓑ유사성을 보유하고 있기 때문에 신약이나 독성 물질에 대한 실험동물의 ⓒ반응 결과를 인간에게 안전하게 적용할 수 있다고 추론한다. 이를 바탕으로 이들은 동물 실험이 인간에게 명백하고 중요한 이익을 준다고 주장한다.

(다) 도출한 새로운 정보가 참일 가능성을 유비 논증의 개연성이라 한다. 개연성이 높기 위해서는 비교 대상 간의 유사성이 커야 하는데 이 유사성은 단순히 비슷하다는 점에서의 유사성이 아니고 새로운 정보와 관련 있는 유사성이어야 한다. 예를 들어 동물 실험의 유효성을 주장하는 쪽은 실험동물로 많이 쓰이는 포유류가 인간과 공유하는 유사성, 가령 비슷한 방식으로 피가 순환하며 허파로 호흡을 한다는 유사성은 실험 결과와 관련 있는 유사성으로 보기 때문에 자신들의 유비 논증은 개연성이 높다고 주장한다. 반면에 인간과 꼬리가 있는 실험동물은 꼬리의 유무에서 유사성을 갖지 않지만 그것은 실험과 관련이 없는 특성이므로 무시해도 된다고 본다.

(라) 그러나 동물 실험을 반대하는 쪽은 유효성을 주장하는 쪽을 유비 논증과 관련하여 두 가지 측면에서 비판한다. 첫째, 인간과 실험동물 사이에는 위와 같은 유사성이 있다고 말하지만 그것은 기능적 차원에서의 유사성일 뿐이라는 것이다. 인간과 실험동물의 기능이 유사하다고 해도 그 기능을 구현하는 인과적 메커니즘은 동물마다 차이가 있다는 과학적 근거가 있는데도 말이다. 둘째, 기능적 유사성에만 주목하면서도 막상 인간과 동물이 고통을 느낀다는 기능적 유사성에는 주목하지 않는다는 것이다. 인간은 자신의 고통과 달리 동물의 고통은 직접 느낄 수 없지만 무엇인가에 맞았을 때 신음 소리를 내거나 몸을 움츠리는 동물의 행동이 인간과 기능적으로 유사하다는 것을 보고 유비 논증으로 동물이 고통을 느낀다는 것을 알 수 있는데도 말이다.

(마) 요컨대 첫째 비판은 동물 실험의 유효성을 주장하는 유비 논증의 개연성이 낮다고 지적

하는 반면 둘째 비판은 동물도 고통을 느낀다는 점에서 동물 실험의 윤리적 문제를 제기하는 것이다. 인간과 동물 모두 고통을 느끼는데 인간에게 고통을 끼치는 실험은 해서는 안 되고 동물에게 고통을 끼치는 실험은 해도 된다고 생각하는 것은 공평하지 않다고 생각하기 때문이다. 결국 윤리성의 문제도 일관되지 않게 쓰인 유비 논증에서 비롯된 것이다.

문제 1 | 윗글을 바탕으로 추론한 내용으로 가장 적절한 것은?

① 유비 논증의 개연성은 이미 알고 있는 정보와 관련이 없는 새로운 대상이 추가될 때 높아진다.
② 인간은 자신이 고통을 느낀다는 것이나 동물이 고통을 느낀다는 것이나 모두 유비 논증에 의해 안다.
③ 인간이 꼬리가 있는 실험동물과 차이가 있다는 사실은 동물 실험의 유효성을 주장하는 논증의 개연성을 낮춘다.
④ 동물 실험이 인간에게 중대한 이익을 가져다준다는 것은 동물 실험의 유효성과 상관없이 알 수 있는 정보이다.
⑤ 동물 실험에 윤리적 문제가 있다는 주장에는 인간과 동물의 고통을 공평한 기준으로 대해야 한다는 생각이 전제되어 있다.

문제 2 | 〈보기〉는 유비 논증의 하나이다. 유비 논증에 대한 윗글의 설명을 참고할 때, ⓐ~ⓒ에 해당하는 것을 ㉮~㉱ 중에서 골라 알맞게 짝지은 것은?

보기

내가 알고 있는 ㉮어떤 개는 ㉯몹시 사납고 물려는 버릇이 있다. 나는 공원에서 산책을 하다가 그 개와 ㉰비슷하게 생긴 ㉱다른 개를 만났다. 그래서 이 개도 사납고 물려는 버릇이 있을 것이라고 추측했다.

	ⓐ	ⓑ	ⓒ
①	㉮	㉯	㉱
②	㉮	㉰	㉯
③	㉱	㉮	㉰
④	㉱	㉯	㉰
⑤	㉱	㉰	㉯

(나) 유비 논증을 활용해 **동물 실험의 유효성을 주장하는 쪽**은 인간과 ⓐ실험동물이 ⓑ유사성을 보유하고 있기 때문에 신약이나 독성 물질에 대한 실험동물의 ⓒ반응 결과를 인간에게 안전하게 적용할 수 있다고 추론한다. 이를 바탕으로 이들은 동물 실험이 인간에게 명백하고 중요한 이익을 준다고 주장한다.

동물 실험의 유효성을 주장하는 사람들은 1) 인간과 실험동물이 유사성을 보유하고 있고, 그래서 2) 실험동물의 반응 결과를 인간에게 안전하게 적용할 수 있다는 것을 유비 논증을 통해 주장하고 있습니다.

(다) **도출한 새로운 정보가 참일 가능성**을 유비 논증의 개연성이라 한다. 개연성이 높기 위해서는 1) 비교 대상 간의 유사성이 커야 하는데 이 유사성은 단순히 비슷하다는 점에서의 유사성이 아니고 새로운 정보와 관련 있는 유사성이어야 한다. ((예를 들어 동물 실험의 유효성을 주장하는 쪽은 실험동물로 많이 쓰이는 포유류가 인간과 공유하는 유사성, 가령 비슷한 방식으로 피가 순환하며 허파로 호흡을 한다는 유사성은 실험 결과와 관련 있는 유사성으로 보기 때문에 자신들의 유비 논증은 개연성이 높다고 주장한다.)) 반면에 2) 인간과 꼬리가 있는 실험동물은 꼬리의 유무에서 유사성을 갖지 않지만 그것은 실험과 관련이 없는 특성이므로 무시해도 된다고 본다.

새로운 정보가 참일 가능성, 예를 들면 동물 실험의 반응 결과를 인간에게 적용할 수 있는 가능성은 비교 대상 간의 유사성이 새로운 정보와 관련이 있을 때 존재합니다. 그리고 동물 실험의 유효성을 주장하는 쪽은 꼬리가 있는 실험동물의 경우처럼 실험과 관련 없는 특성은 무시할 수 있다고 보고 있습니다.

(라) 그러나 **동물 실험을 반대하는 쪽**은 유효성을 주장하는 쪽을 유비 논증과 관련하여 두 가지 측면에서 비판한다. **첫째**, 인간과 실험동물 사이에는 위와 같은 유사성이 있다고 말하지만 그것은 **기능적 차원에서의 유사성일 뿐**이라는 것이다. 인간과 실험동물의 기능이 유사하다고 해도 그 **기능을 구현하는 인과적 메커니즘은 동물마다 차이가 있다**는 과학적 근거가 있는데도 말이다. **둘째**, 기능적 유사성에만 주목하면서도 막상 인간과 **동물이 고통을 느낀다는 기능적 유사성에는 주목하지 않는다**는 것이다. 〈하략〉

동물 실험을 반대하는 쪽은 두 가지 점에서 유비 논증을 비판하고 있습니다. 첫째, 유사성은 기능적 유사성일 뿐이고 기능을 구현하는 인과적 메커니즘은 동물마다 차이가 있다는 것과 둘째, 정작 동물이 고통을 느끼는 기능적 유사성에는 주목하지 않는다고 비판하고 있습니다.

(마) 요컨대 **첫째 비판**은 동물 실험의 유효성을 주장하는 유비 논증의 개연성이 낮다고 지적하는 반면 **둘째 비판**은 동물도 고통을 느낀다는 점에서 동물 실험의 윤리적 문제를 제기하는 것이다. 〈중략〉 결국 윤리성의 문제도 일관되지 않게 쓰인 유비 논증에서 비롯된 것이다.

동물 실험을 반대하는 쪽에서 제기하는 (라) 문단의 첫째 비판은 유비 논증의 개연성이 낮다는 것을 지적하는 것이며, 둘째 비판은 동물 실험의 윤리적 문제를 제기하는 것입니다. 이러한 윤리적 문제에 대한 비판이, 공평하게 적용하지 않는 동물 실험 찬성 쪽의 유비 논증에서 비롯된다는 점에서 유비 논증에 대한 비판이 되고 있습니다.

문제 1 | – (일치–불일치 문제 2 유형)

① – 유비 논증의 개연성을 높이기 위해서는 새로운 정보와 관련 있는 유사성이어야 합니다. "이미 알고 있는 정보와 관련이 없는 새로운 대상"은 유비 논증의 개연성을 높이지 못합니다. ② – 착각이 일어날 수 있는 선지입니다. "유비 논증으로 동물이 고통을 느낀다는 것을 알 수 있다"고 지문에서 말하고 있거든요. 그런데 선지를 정확히 확인해야 합니다. "인간은 자신이 고통을 느낀다는 것"은 자신이 직접 아는 것이지, 다른 것과 유비 논증을 통해서 아는 것이 아닙니다. 교묘하게 오답을 유도하는 선지입니다. ③ – 실험과 관련이 없는 특성은 무시해도 된다고 하였기 때문에 꼬리 있는 동물의 실험이 논증 개연성을 낮추는 것은 아닙니다. ④ – 동물 실험의 유효성 때문에 인간에게 이익을 가져다주는 것입니다. ⑤ – (마) 문단에 나와 있어서 쉽게 확인할 수 있고, 적절하기 때문에 정답입니다. (정답: ⑤)

문제 2 | – (〈보기〉 문제 1 유형)

무려 45%의 수험생들이 ⑤가 적절하다고 착각하였고, 35%의 수험생만이 정답 ②를 찾아냈습니다. 이렇게 한 선지에 집중적으로 오답이 일어난다는 것은 〈보기〉의 어떤 내용이 지문 독해를 착각하게 한다는 것을 의미합니다.

'실험동물'을 '몹시 사납고 물려는 버릇을 가진 어떤 개'(㉮) 대신에, '이와 비슷하게 생긴 다른 개'(㉱)로 착각한 이유는 무엇일까요? 이는 '실험'이라는 말이 무의식적으로 어떤 연상을 불러일으켰기 때문입니다. 즉 '실험'은 무엇인가 조작해서 어떤 것을 알아내려는 것이죠. 그래서 ㉱의 '다른 개'에게서 '물려는 버릇이 있을 것이라고 추측'하고 알아내고 있으니까, ㉱가 '실험동물'이라고 단정하게 됩니다. (나)의 내용을 정밀하게 독해해야 이러한 선입견에서 벗어날 수 있습니다. "실험동물의 반응 결과를 인간에게 안전하게 적용할 수 있다"는 부분에서, 적용의 대상(=인간)은 실험동물이 아님을 알 수 있습니다. 마찬가지로 〈보기〉에서 "몹시 사납고 물려는 버릇(=반응 결과)"을 적용하려는 대상인 ㉱의 '다른 개'도 실험동물이 아닌 것이죠. 반응 결과를 드러낸 ㉮의 '어떤 개'가 실험동물인 것입니다. (정답: ②)

유제 연습 ❹ – 3

❶ 고전 역학에 따르면, 물체의 크기에 관계없이 초기 운동 상태를 정확히 알 수 있다면 일정한 시간 후의 물체의 상태는 정확히 측정될 수 있으며, 배타적인 두 개의 상태가 공존할 수 없다. 하지만 20세기에 등장한 양자 역학에 의해 미시 세계에서는 상호 배타적인 상태들이 공존할 수 있음이 알려졌다.

❷ 미시 세계에서의 상호 배타적인 상태의 공존을 이해하기 위해, 거시 세계에서 회전하고 있는 반지름 5㎝의 팽이를 생각해보자. 그 팽이는 시계 방향 또는 반시계 방향 중 한쪽으로 회전하고 있을 것이다. 팽이의 회전 방향은 관찰하기 이전에 이미 정해져 있으며, 다만 관찰을 통해 알게 되는 것뿐이다. 이와 달리 미시 세계에서 전자만큼 작은 팽이 하나가 회전하고 있다고 상상해 보자. 이 팽이의 회전 방향은 시계 방향과 반시계 방향의 두 상태가 공존하고 있다. 하나의 팽이에 공존하고 있는 두 상태는 관찰을 통해서 한 가지 회전 방향으로 결정된다. 두 개의 방향 중 어떤 쪽이 결정될지는 관찰하기 이전에는 알 수 없다. 거시 세계와 달리 양자 역학이 지배하는 미시 세계에서는, 우리가 관찰하기 이전에는 상호 배타적인 상태가 공존하는 것이다. 배타적인 상태의 공존과 관찰 자체가 물체의 상태를 결정한다는 개념을 받아들이기 힘들었기 때문에, 아인슈타인은 "당신이 달을 보기 전에는 달이 존재하지 않는 것인가?"라는 말로 양자 역학의 해석에 회의적인 태도를 취하였다.

❸ 최근에는 상호 배타적인 상태의 공존을 적용함으로써 초고속 연산을 수행하는 양자 컴퓨터에 대한 연구가 진행되고 있다. 이는 양자 역학에서 말하는 상호 배타적인 상태의 공존이 현실에서 실제로 구현될 수 있음을 잘 보여 주는 예라 할 수 있다. 미시 세계에 대한 이러한 연구 성과는 거시 세계에 대해 우리가 자연스럽게 지니게 된 상식적인 생각들에 근본적인 의문을 던진다. 이와 비슷한 의문은 논리학에서도 볼 수 있다.

❹ 고전 논리는 '참'과 '거짓'이라는 두 개의 진리치만 있는 이치 논리이다. 그리고 고전 논리에서는 어떠한 진술이든 '참' 또는 '거짓'이다. 이는 우리의 상식적인 생각과 잘 들어맞는다. 그러나 프리스트에 따르면, '참'인 진술과 '거짓'인 진술 이외에 '참인 동시에 거짓'인 진술이 있다. 이를 설명하기 위해 그는 '거짓말쟁이 문장'을 제시한다. 거짓말쟁이 문장을 이해하기 위해 자기 지시적 문장과 자기 지시적이지 않은 문장을 구분해 보자. **자기 지시적 문장**은 말 그대로 자기 자신을 가리키는 문장을 말한다. 예를 들어 "이 문장은 모두 열여덟 음절로 이루어져 있다."라는 '참'인 문장은 자기 자신을 가리키며 그것이 몇 음절로 이루어져 있는지 말하고 있다. 반면 "페루의 수도는 리마이다."라는 '참'인 문장은 페루의 수도가 어디인지 말할 뿐 자기 자신을 가리키는 문장은 아니다.

❺ "이 문장은 거짓이다."는 거짓말쟁이 문장이다. 이는 '이 문장' 이라는 표현이 문장 자체를 가리키며 그것이 '거짓'이라고 말하는 자기 지시적 문장이다. 그렇다면 프리스트는 왜 거짓말쟁이 문장에 '참인 동시에 거짓'을 부여해야 한다고 생각할까? 이에 답하기 위해 우선 거짓말쟁이 문장이 '참'이라고 가정해 보자. 그렇다면 거짓말쟁이 문장은 '거짓'이다. 왜냐하면 거짓말쟁이 문장은 자기 자신을 가리키며 그것이 '거짓'이라고 말하는 문장이기 때문이다. 반면 거짓말쟁이 문장이 '거짓'이라고 가정해보자. 그렇다면 거짓말쟁이 문장은 '참'이다. 왜냐하면 그것이 바로 그 문장이 말하는 바이기 때문이다. 프리스트에 따르면 어떤 경우에도 거짓말쟁이 문장은 '참인 동시에 거짓'인 문장이다. 따라서 그는 거짓말쟁이 문장에 '참인 동시에 거짓'을 부여해야 한다고 본다. 그는 거짓말쟁이 문장 이외에 '참인 동시에 거짓'인 진리치가 존재함을 뒷받침하는 다양한 사례를 제시한다. 특히 그는 양자 역학에서 상호 배타적인 상태의 공존은 이 점을 시사하고 있다고 본다.

❻ 고전 논리에서는 '참인 동시에 거짓'인 진리치를 지닌 문장을 다룰 수 없기 때문에 프리스트는 그것도 다룰 수 있는 비고전 논리 중 하나인 LP*를 제시하였다. 그런데 LP에서는 직관적으로 호소력 있는 몇몇 추론 규칙이 성립하지 않는다. 전건 긍정 규칙을 예로 들어 생각해 보자. 고전 논리에서는 전건 긍정 규칙이 성립한다. 이는 ㉡"P이면 Q이다."라는 조건문과 그것의 전건인 P가 '참'이라면 그것의 후건인 Q도 반드시 '참'이 된다는 것이다. 이와 비슷한 방식으로 LP에서 전건 긍정 규칙이 성립하려면, 조건문과 그것의 전건인 P가 모두 '참' 또는 '참인 동시에 거짓'이라면 그것의 후건인 Q도 반드시 '참' 또는 '참인 동시에 거짓'이어야 한다. 그러나 LP에서 조건문의 전건은 '참인 동시에 거짓'이고 후건은 '거짓'인 경우, 조건문과 전건은 모두 '참인 동시에 거짓'이지만 후건은 '거짓'이 된다. 비록 전건 긍정 규칙이 성립하지는 않지만, LP는 고전 논리에 대한 근본적인 의문들에 답하기 위한 하나의 시도로서 의의가 있다.

* LP: '역설의 논리(Logic of Paradox)'의 약자.

문제 1 | **자기 지시적 문장**에 대해 이해한 내용으로 적절한 것은?

① "붕어빵에는 붕어가 없다."는 자기 지시적 문장이다.
② "이 문장은 자기 지시적이다."라는 자기 지시적 문장은 '거짓'이 아니다.
③ "이 문장은 거짓이다."는 이치 논리에서 자기 지시적인 문장이 될 수 없다.
④ 고전 논리에서는 어떠한 자기 지시적 문장에도 진리치를 부여하지 못한다.
⑤ 비고전 논리에서는 모든 자기 지시적 문장에 '참인 동시에 거짓'을 부여한다.

문제 2 | 윗글을 바탕으로, <보기>의 '양자 컴퓨터'와 '일반 컴퓨터'에 대해 이해한 내용으로 적절한 것은?

보기

양자 컴퓨터는 여러 개의 이진수들을 단 한 번에 처리함으로써 일반 컴퓨터보다 훨씬 빠른 속도로 연산을 수행한다. 연산 속도에 영향을 미치는 다른 요소들을 배제하면, 이진수를 처리하는 횟수가 적어질수록 연산 결과를 빨리 얻을 수 있기 때문이다. n자리 이진수를 나타내기 위해서는 n비트*가 필요하고 n자리 이진수는 모두 2^n개 존재한다. 일반 컴퓨터는 한 개의 비트에 0과 1 중 하나만을 담을 수 있어, 두 자리 이진수인 00, 01, 10, 11을 2비트를 이용하여 연산할 때 네 번에 걸쳐 처리한다. 하지만 공존의 원리를 이용하는 양자 컴퓨터는 0과 1을 하나의 비트에 동시에 담아 정보를 처리할 수 있어 두 자리 이진수를 2비트를 이용하여 연산할 때 단 한 번에 처리가 가능하다. 양자 컴퓨터는 처리할 이진수의 자릿수가 커질수록 연산 속도에서 압도적인 위력을 발휘한다.

* 비트(bit): 컴퓨터가 0과 1을 이용하는 이진법으로 연산을 수행하기 위해 사용하는 최소의 정보 저장 단위.

① 양자 컴퓨터는 상태의 공존을 이용함으로써 연산에 필요한 비트의 수를 늘릴 수 있다.

② 3비트를 사용하여 세 자리 이진수를 모두 처리하려고 할 때 양자 컴퓨터는 일반 컴퓨터보다 속도가 6배 빠르다.

③ 한 자리 이진수를 모두 처리하기 위해 1비트를 사용한다고 할 때, 일반 컴퓨터와 양자 컴퓨터의 정보 처리 횟수는 같다.

④ 양자 컴퓨터의 각각의 비트에는 0과 1이 공존하고 있어 4비트로 한 번에 처리할 수 있는 네 자리 이진수의 개수는 모두 16개이다.

⑤ 3비트의 양자 컴퓨터가 세 자리 이진수를 모두 처리하는 속도는 6비트의 양자 컴퓨터가 여섯 자리 이진수를 모두 처리하는 속도보다 2배 빠르다.

문제 3 | 윗글을 통해 ㉡에 대해 적절하게 추론한 것은?

① LP에서 P가 '참인 동시에 거짓'이고 Q가 '거짓'이면, ㉡은 '거짓'이다.
② LP에서 ㉡과 P가 '참인 동시에 거짓'이면, Q도 반드시 '참인 동시에 거짓'이다.
③ LP에서 ㉡과 P가 '참' 또는 '참인 동시에 거짓'이면, Q도 반드시 '참' 또는 '참인 동시에 거짓'이다.
④ 고전 논리에서 ㉡과 P가 각각 '거짓'이 아닐 때, Q는 '거짓'이다.
⑤ 고전 논리에서 ㉡과 P가 '참'이면서 Q가 '거짓'인 것은 불가능하다.

문제 4 | 윗글을 바탕으로 〈보기〉를 이해한 내용으로 적절하지 않은 것은?

보기

A는 고전 논리를 받아들이고, B는 LP를 받아들일 뿐 아니라 양자 역학에서 상호 배타적인 상태의 공존이 시사하는 바에 대한 프리스트의 입장도 받아들인다.

A와 B는 아래의 (ㄱ)~(ㄹ)에 대하여 토론을 하고 있다.

(ㄱ) 전자 e는 관찰하기 이전에 S라는 상태에 있다.
(ㄴ) 전자 e는 관찰하기 이전에 S와 배타적인 상태에 있다.
(ㄷ) 반지름 5㎝의 팽이가 시계 방향으로 회전한다.
(ㄹ) 반지름 5㎝의 팽이가 반시계 방향으로 회전한다.

(단, (ㄱ)과 (ㄴ)의 전자 e는 동일한 전자이고 (ㄷ)과 (ㄹ)의 팽이는 동일한 팽이이다.)

① A는 (ㄱ)이 '참'이 아니라면 '거짓'이고, '참', '거짓' 외에 다른 진리치를 가질 수 없다고 주장할 것이다.
② B는 (ㄱ)은 '참인 동시에 거짓'일 수 있다고 주장하지만, (ㄷ)은 '참'이 아니라면 '거짓'이라고 주장할 것이다.
③ A와 B는 모두 (ㄷ)이 '참'일 때 (ㄹ)도 '참'이 되는 것은 불가능하다고 주장할 것이다.
④ A는 B와 달리 (ㄴ)이 '참인 동시에 거짓'이 될 수 없다고 주장할 것이다.
⑤ B는 A와 달리 (ㄹ)이 '참'이 아니라면 '참인 동시에 거짓'이라고 주장할 것이다.

❶ **고전 역학**에 따르면, 물체의 크기에 관계없이 초기 운동 상태를 정확히 알 수 있다면 일정한 시간 후의 물체의 상태는 정확히 측정될 수 있으며, 배타적인 두 개의 상태가 공존할 수 없다. 하지만 20세기에 등장한 **양자 역학**에 의해 미시 세계에서는 **상호 배타적인 상태**들이 공존할 수 있음이 알려졌다.

'상호 배타적 상태'라는 개념이 나왔지만, ❶ 문단에서 설명이 없습니다. 서로를 배척하는 모순적 상태라는 정도로 짐작할 수 있죠. 다음 문단을 통해 자세한 내용을 확인해야 합니다.

❷ 미시 세계에서의 상호 배타적인 상태의 공존을 이해하기 위해, **거시 세계**에서 회전하고 있는 반지름 5㎝의 팽이를 생각해보자. 그 팽이는 시계 방향 또는 반시계 방향 중 한쪽으로 회전하고 있을 것이다. 팽이의 회전 방향은 관찰하기 이전에 이미 정해져 있으며, 다만 관찰을 통해 알게 되는 것뿐이다. 이와 달리 **미시 세계**에서 전자만큼 작은 팽이 하나가 회전하고 있다고 상상해 보자. 1) 이 팽이의 회전 방향은 시계 방향과 반시계 방향의 두 상태가 공존하고 있다. 2) 하나의 팽이에 공존하고 있는 두 상태는 관찰을 통해서 한 가지 회전 방향으로 결정된다. 두 개의 방향 중 어떤 쪽이 결정될지는 관찰하기 이전에는 알 수 없다. 거시 세계와 달리 양자 역학이 지배하는 미시 세계에서는, 우리가 관찰하기 이전에는 상호 배타적인 상태가 공존하는 것이다. 배타적인 상태의 공존과 관찰 자체가 물체의 상태를 결정한다는 개념을 받아들이기 힘들었기 때문에, 아인슈타인은 "당신이 달을 보기 전에는 달이 존재하지 않는 것인가?"라는 말로 양자 역학의 해석에 회의적인 태도를 취하였다.

미시 세계에서는, 팽이 회전 방향의 예처럼 두 가지 상호 배타적 상태가 공존하고 있고, 관찰을 통해 한 가지 회전 방향으로 결정됩니다. 이를 통해서 '상호 배타적 상태'의 개념을 이해할 수 있습니다. 그리고 '관찰 자체가 물체의 상태를 결정'하기 때문에, 아인슈타인은 여기에 대해 회의적 태도를 보입니다.

❸ 최근에는 상호 배타적인 상태의 공존을 적용함으로써 초고속 연산을 수행하는 **양자 컴퓨터**에 대한 연구가 진행되고 있다. 이는 양자 역학에서 말하는 상호 배타적인 상태의 공존이 현실에서 실제로 구현될 수 있음을 잘 보여 주는 예라 할 수 있다. 미시 세계에 대한 이러한 연구 성과는 거시 세계에 대해 우리가 자연스럽게 지니게 된 상식적인 생각들에 근본적인 의문을 던진다. 이와 비슷한 의문은 논리학에서도 볼 수 있다.

양자 컴퓨터는 '상호 배타적 상태의 공존'이 우리의 현실에서 구현될 수 있음을 보여주지만, 이것은 상식에 대해 의문을 갖게 합니다. 이 같은 의문을 논리학에서도 볼 수 있습니다.

❹ **고전 논리**는 1) '참'과 '거짓'이라는 두 개의 진리치만 있는 이치 논리이다. 그리고 고전 논리에서는 2) 어떠한 진술이든 '참' 또는 '거짓'이다. 이는 우리의 상식적인 생각과 잘 들어맞는다. // 그러나 **프리스트**에 따르면, (a) **'참'인 진술**과 **'거짓'인 진술** 이외에 **'참인 동시에 거짓'인 진술**이 있다. 이를 설명하기 위해 그는 (b) **'거짓말쟁이 문장'**을 제시한다. 거짓말쟁이 문장을 이해하기 위해 **자기 지시적 문장**과 자기 지시적이지 않은 문장을 구분해 보자. ((자기 지시적 문장은 말 그대로 자기 자신을 가리키는 문장을 말한다. 예를 들어 "이 문장은 모두 열여덟 음절로 이루어져 있다."라는 '참'인 문장은 자기 자신을 가리키며 그것이 몇 음절로 이루어져 있는지 말하고 있다. 반면 "페루의 수도는 리마이다."라는 '참'인 문장은 페루의 수도가 어디인지 말할 뿐 자기 자신을 가리키는 문장은 아니다.))

고전 논리는 참과 거짓, 두 개의 진리치만 존재하고, 어떤 진술이든 참 아니면 거짓입니다. 이러한 고전 논리에서는 미시 세계의 상호 배타적 공존 상태를 이해하기 어렵습니다. 그런데 프리스트는 '참인 동시에 거짓'인 진술이 있고, 이것을 '거짓말쟁이 문장'으로 설명합니다. 여기서 '자기 지시적 문장'을 언급하고 있는 것은 '거짓말쟁이 문장'이 자기 지시적 문장에서 잘 나타나기 때문입니다.

❺ **"이 문장은 거짓이다."**는 거짓말쟁이 문장이다. 이는 '이 문장' 이라는 표현이 문장 자체를 가리키며 그것이 '거짓'이라고 말하는 자기 지시적 문장이다. 그렇다면 프리스트는 왜 거짓말쟁이 문장에 '참인 동시에 거짓'을 부여해야 한다고 생각할까? 이에 답하기 위해 우선 **(1) 거짓말쟁이 문장이 '참'이라고 가정해 보자.** 그렇다면 거짓말쟁이 문장은 '거짓'이다. 왜냐하면 거짓말쟁이 문장은 자기 자신을 가리키며 그것이 '거짓'이라고 말하는 문장이기 때문이다. // 반면 **(2) 거짓말쟁이 문장이 '거짓'이라고 가정해보자.** 그렇다면 거짓말쟁이 문장은 '참'이다. 왜냐하면 그것이 바로 그 문장이 말하는 바이기 때문이다. ((프리스트에 따르면 어떤 경우에도 거짓말쟁이 문장은 '참인 동시에 거짓'인 문장이다. 따라서 그는 거짓말쟁이 문장에 '참인 동시에 거짓'을 부여해야 한다고 본다. 그는 거짓말쟁이 문장 이외에 '참인 동시에 거짓'인 진리치가 존재함을 뒷받침하는 다양한 사례를 제시한다. 특히 그는 양자 역학에서 상호 배타적인 상태의 공존은 이 점을 시사하고 있다고 본다.))

'이 문장은 거짓이다.'가 참이라고 한다면, 거짓말쟁이 문장은 거짓이 됩니다. 참이라고 하고서, 그 문장은 정작 거짓이니까요. 반대로 '이 문장은 거짓이다'가 거짓이라면, 거짓말쟁이 문장은 참이 됩니다. 거짓이라고 말하는데, 그 문장은 진짜로 거짓이니까 참이 되는 것이죠. 그래서 프리스트는 거짓말쟁이 문장에 '참인 동시에 거짓'의 진리치를 부여해야 한다고 보고 있습니다.

❻ 고전 논리에서는 '참인 동시에 거짓'인 진리치를 지닌 문장을 다룰 수 없기 때문에 프리스트는 그것도 다룰 수 있는 비고전 논리 중 하나인 LP를 제시하였다. 그런데 LP에서는 직관적으로 호소력 있는 몇몇 추론 규칙이 성립하지 않는다. **((전건 긍정 규칙을 예로 들어 생각해 보자.))** // **고전 논리**에서는 전건 긍정 규칙이 성립한다. 이는 "P이면 Q이다."라는 **≪조건문≫**과 그것의 **≪전건인 P≫**가 '참'이라면 그것의 **≪후건인 Q≫**도 반드시 '참'이 된다는 것이다. // 이와 비슷한 방식으로 **LP에서 전건 긍정 규칙이 성립하려면**, **조건문**과 그것의 **전건인 P**가 모두 '참' 또는 '참인 동시에 거짓'이라면 그것의 **후건인 Q**도 반드시 '참' 또는 '참인 동시에 거짓'이어야 한다. // 그러나 LP에서 **조건문의 전건**은 '참인 동시에 거짓'이고 **후건**은 '거짓'인 경우, **조건문과 전건**은 모두 '참인 동시에 거짓'이지만 **후건**은 '거짓'이 된다. ((비록 전건 긍정 규칙이 성립하지는 않지만, LP는 고전 논리에 대한 근본적인 의문들에 답하기 위한 하나의 시도로서 의의가 있다.))

내용 파악이 어려운 문단입니다. 먼저 여기서 서술하고 있는 개념들을 문맥에서 정리할 필요가 있습니다. '전건 긍정 규칙'이 정확히 무엇인지 몰라도 '전건'과 '후건'의 개념은 문맥에서 파악할 수 있어야 합니다. 먼저 조건문이 "P이면 Q이다."라는 문장임을 확인해야 합니다. 여기서 P를 전건이라 하고, Q를 후건이라 합니다. '앞에 제시된 사건'이 전건이고, '뒤에서 제시된 사건'을 후건이라고 이해하면 됩니다. 고전 논리에서 전건 긍정의 규칙은, 첫째 **(조건문이 참이고)** 둘째 **(전건 P가 참이면)**, 그러면 **(후건인 Q도 반드시 참이 된다)**는 규칙입니다. 이것을 정확히 독해해야 LP 전건 긍정 규칙에 대해 설명한 부분을 이해할 수 있습니다.

고전 논리에서처럼 LP에서도 전건 긍정 규칙이 성립하려면, 첫째 조건문이 '참' 또는 '참인 동시에 거짓'이고 둘째 전건 P가 '참' 또는 '참인 동시에 거짓'이면, 그러면 후건 Q도 반드시 '참' 또는 '참인 동시에 거짓'이어야 합니다. (고전 논리의 '참'이라는 규정과 다르게, LP에서는 '참' 또는 '참인 동시에 거짓'이라고 바뀌고 있네요.) 그렇지만 LP에서는 전건 긍정 규칙이 성립하지 않습니다. 왜냐하면, "LP에서 조건문의 전건은 '참인 동시에 거짓'이고 후건은 '거짓'인 경우, 조건문과 전건은 모두 '참인 동시에 거짓'이지만 후건은 '거짓'이" 되기 때문입니다. 논리적으로 이것이 어떻게 성립하는지 이 문단에서 따질 수 없습니다. 더 이상 자세한 설명이 없기 때문에 그러한 결과만을 받아들이고 정리하면 됩니다.

결국 ❻ 문단에서 독해의 초점은 '조건문', '전건 P', '후건 Q'의 관계에서 전건 긍정 규칙의 내용을 파악하는 것입니다. 이것은 고전 논리의 전건 긍정 규칙을 언급하는 넷째 문장에 나와 있기 때문에 이 문장을 정확히 독해하는 것이 중요합니다.

문제 1 | – (밑줄 문제 2 유형)

① – 자기 지시적 문장은 자기 자신을 가리키는 문장이므로 ①은 적절하지 않습니다. ② – 자기 지시적 문장입니다. '이 문장'이라는 부분이 문장 자신을 가리킵니다. 서술 부분에서 '자기 지시적이다'라고 말함으로써 이 문장이 자기 자신을 가리키고 있음을 드러내기 때문에 참이라 할 수 있습니다. 그래서 정답입니다. ③ – ③은 거짓말쟁이 문장이면서 자기 지시적 문장입니다. 거짓말쟁이 문장은 자기 지시적 문장에서 잘 나타납니다. 적절하지 않은 선지입니다. ④ – "이 문장은 모두 열여덟 음절로 이루어져 있다."라는 문장은 자기 지시적 문장이지만, 참입니다. ❹ 문단에 나와 있죠. 고전 논리에서 자기 지시적 문장에 이렇게 진리치를 부여할 수도 있기 때문에 적절하지 않습니다. ⑤ – 고전 논리에서는 '참인 동시에 거짓'인 문장을 다룰 수가 없기 때문에 비고전 논리에서 이것을 다룹니다. 그렇지만 비고전 논리라 하여 모든 자기 지시적 문장에 '참인 동시에 거짓'을 부여하는 것은 아닙니다. (정답: ②)

문제 2 | – (〈보기〉 문제 2 유형)

이 문제는 지문의 내용과 크게 관련되지 않아서 〈보기〉의 내용과 선지의 의미를 정확하게 파악하는 것이 필요합니다. 문제의 조건이 특별히 제시되어 있지 않지만, 〈보기〉와 선지를 비교하면서 독해하다 보면, 문제 해결의 실마리가 들어 있음을 알 수 있습니다.

〈보기〉의 첫째 문장에서 "양자 컴퓨터는 **여러 개의 이진수들을 단 한 번에 처리**함으로써"라는 부분을 정확히 파악하면 이 문제는 쉽게 해결됩니다. 그런데 이 부분이 〈보기〉의 도입 부분이라 그냥 슥 읽고 지나가고, 특별하게 그 의미를 생각하지 않게 됩니다. 그런데 〈보기〉의 예시 부분에서 이 말이 다시 한 번 더 나옵니다. 즉 일반 컴퓨터는 두 자리 이진수를 2비트를 이용하여 연산할 때 네 번에 걸쳐 처리하지만, 양자 컴퓨터는 **"두 자리 이진수를 2비트를 이용하여 연산할 때 단 한 번에 처리**가 가능하다."라고 말하고 있죠. 이 부분에서도 이것의 의미를 정확히 이해하기가 힘듭니다. 왜냐하면 '일반 컴퓨터는 두 자리 이진수를 네 번에 걸쳐 처리하는데, 양자 컴퓨터는 두 자리 이진수를 어떻게 한 번에 처리가 가능하지?'라고 의문이 들고 이 점을 생각하는데 몰두하기 때문입니다. 그리고 선지 ③을 풀다 보면, 일반 컴퓨터는 한 자리 이진수를 처리하기 위해 1비트를 사용하면 두 번 처리해야 하고(한 자리 이진수에는 0, 1이 각각 올 수 있는데, 1비트에는 하나만 담을 수 있으므로 두 번 처리해야 합니다.), **양자 컴퓨터는 한 번 처리한다**(양자 컴퓨터의 1비트에는 0, 1를 동시에 담을 수 있기 때문에 1번 처리하면 됩니다.)**는 것을 확인**하게 됩니다. 여기까지 생각이 이르게 되면, **n비트의 양자 컴퓨터는 n자리 이진수를 단 한 번에 처리한다**는 것을 정말 어렵게 추론할 수 있습니다. 그래서 〈보기〉 마지막에 붙어 있는, "이진수의 자릿수가 커질수록 연산 속도에서 압도적인 위력을 발휘한다."라는 말의 의미를 이해하게 되죠. 〈보기〉의 첫 문장에서 '여러 개의 이진수들을 단 한 번에 처리'한다는 모호한 말을 제시함으로써 내용 파악을 어렵게 만들고 있습니다.

① – 양자 컴퓨터는 상태의 공존을 통해, 즉 1비트에 0과 1을 동시에 담을 수 있기 때문에 이진수를 처리하는 횟수가 적어집니다. 그렇다고 비트의 수를 늘릴 수 있는 것은 아닙니다. "n자리 이진수를 나타내기 위해서는 n비트가 필요하고 n자리 이진수는 모두 2^n개 존재한다."는 것은 양자 컴퓨터든 일반 컴퓨터든 동일하게 적용되는 원리입니다. ② – 양자 컴퓨터는 한 번에 처리하지만, 일반 컴퓨터는 세 자리 이진수 2^3개를 처리해야 합니다. 그래서 양자 컴퓨터가 8배 빠릅니다. ③ – 한 자리 이진수를 1비트를 사용할 때, 일반 컴퓨터는 2번 처리하고 양자 컴퓨터는 1번 처리합니다. ④ – "n자리 이진수를 나타내기 위해서는 n비트가 필요하고 n자리 이진수는 모두 2^n개 존재한다."는 것은 양자 컴퓨터든 일반 컴퓨터든 동일하게 적용되는 원리입니다. 그래서 4비트의 네 자리 이진수는 2^4개, 즉 16개입니다. ④가 적절하여 정답입니다. ⑤ – n비트의 양자 컴퓨터는 n자리 이진수를 단 한 번에 처리한다고 추론하였습니다. 그래서 처리하는 속도는 양자 모두 동일합니다. (정답: ④)

문제 3 | –(밑줄 문제 2 유형)

❻ 문단을 정확하게 읽고 문제를 푸는 것이 필요합니다. 이때 고전 논리의 전건 긍정 규칙과, LP의 전건 긍정 규칙을 비교하면서 독해해야 합니다. 고전 논리에서는 조건문인 ㉡이 참이고 또한 전건 P가 참인 경우, 후건 Q는 반드시 참이 됩니다. 그런데 LP에서는 전건 긍정 규칙이 성립하지 않습니다. 왜냐하면 "LP에서 조건문의 전건은 '참인 동시에 거짓'이고 후건은 '거짓'인 경우, 조건문과 전건은 모두 '참인 동시에 거짓'이지만 후건은 '거짓'이" 되기 때문입니다.

① – LP에서 전건(P)이 '참인 동시에 거짓'이고 후건(Q)이 거짓이면, 조건문과 전건은 모두 '참인 동시에 거짓'이 됩니다. 그런데 선지에서는 조건문 ㉡이 '거짓'이라고 했기 때문에 지문의 내용과 일치하지 않습니다.

② – "LP에서 전건 긍정 규칙이 성립하려면, 조건문과 그것의 전건인 P가 모두 '참' 또는 '참인 동시에 거짓'이라면 그것의 후건인 Q도 반드시 '참' 또는 '참인 동시에 거짓'이어야 한다."고 지문에서 말하고 있습니다. 그런데 선지에서는 '참'을 빼놓았고, 또한 LP에서는 전건 긍정 규칙이 성립하지 않기 때문에 적절하지 않습니다.

③ – ③ 선지는 LP의 전건 긍정 규칙을 지문에 있는 그대로 정확히 제시했습니다. 그런데 지문에서는, 후건 Q도 반드시 '참' 또는 '참인 동시에 거짓'이어야 하지만 후건이 거짓이 되는 경우가 있기 때문에 LP의 전건 긍정 규칙은 성립하지 않는다고 했습니다. ③ 선지는 LP의 전건 긍정 규칙이 성립한다는 의미이기 때문에 적절하지 않습니다.

④ – 고전 논리의 전건 긍정 규칙은 ㉡과 P가 각각 '거짓'이 아닐 때(즉 ㉡과 P가 모두 참일 때), Q는 반드시 '참'이 되는 것입니다. 그런데 선지에서는 Q가 '거짓'이 된다고 하였기 때문에 적절하지 않습니다.

⑤ – ⑤ 선지는 고전 논리의 전건 긍정 규칙을 말하고 있습니다. 'Q가 거짓인 것은 불가능하다'라는 말은, 'Q가 반드시 참이다'라는 말과 같은 의미이기 때문에 적절합니다. (정답: ⑤)

문제 4 | –(〈보기〉 문제 1 유형)

지문의 개념을 〈보기〉에 적용하는 문제입니다. 그래서 A의 입장과 B의 입장을 정리해보는 것이 좋습니다. 먼저 A는 고전 논리를 받아들이는 사람입니다. 그래서 '참'과 '거짓'이라는 두 개의 진리치만 인정하고, '참인 동시에 거짓'인 진술을 받아들이지 않습니다. 또한 미시 세계에도 고전 논리가 적용된다고 생각합니다. 이에 반하여 B는 LP도 받아들이고 '상호 배타적 상태의 공존'도 받아들입니다. 그래서 '참인 동시에 거짓인 진술'을 받아들입니다. 그런데 조심할 점이 있습니다. B가 고전 논리를 배격한다고 생각해서는 안 됩니다. "그러나 프리스트에 따르면, '참'인 진술과 '거짓'인 진술 이외에 '참인 동시에 거짓'인 진술이 있다."라는 ❹ 문단의 넷째 문장에서 보듯, 프리스트는 '참'인 진술과 '거짓'인 진술도 받아들이고 있기 때문입니다. 그러니까 프리스트는 고전 논리에서 설명할 수 없는, '참인 동시에 거짓인 진술'을 집중적으로 밝히고 있는 것이죠.

① – (ㄱ)은 미시 세계의 상호 배타적 상태의 공존과 관련됩니다. A의 입장에서는 '참인 동시에 거짓인 진술'을 받아들이지 못하기 때문에 적절한 선지입니다.

② – B는 (ㄱ)이 미시 세계의 상호 배타적 상태의 공존과 관련되므로, '참인 동시에 거짓'일 수 있다고 주장할 것입니다. 그런데 (ㄷ)에 대해서는 어떤 주장을 펼칠까요? 역시 '참인 동시에 거짓'일 수 있다고 주장할까요? 프리스트는 '참인 동시에 거짓'인 진리치가 거짓말쟁이 문장이나 다양한 사례를 통해 제시될 수 있다고 하였지만, (ㄷ)은 '참' 아니면 '거짓'에 속하는 진술입니다. 프리스트도 고전 논리를 배격하는 것이 아니기 때문에 고전 논리로 진리치를 확정할 수 있을 경우에는 그것을 인정한다고 추론할 수 있습니다. 적절한 선지입니다.

③ – (ㄷ)과 (ㄹ)은 모두 거시 세계의 고전 논리가 적용되는 진술입니다. A와 B 모두 (ㄷ)이 참이 되면 (ㄹ)은 참이 될 수 없다고 주장할 것입니다. 역시 적절한 선지입니다.

④ – (ㄴ)은 미시 세계의 상호 배타적 상태의 공존과 관련되지만, A는 '참인 동시에 거짓'의 진술을 받아들이지 못합니다. 그래서 ④처럼 주장할 것이므로 적절한 선지입니다.

⑤ – (ㄹ)은 거시 세계의 고전 논리가 적용되는 진술입니다. B도 고전 논리를 받아들이고 있기 때문에 (ㄹ)이 참이 아니면 거짓이라고 주장할 것입니다. 선지 ③과 같은 맥락인데, 선지 ⑤에서는 '참인 동시에 거짓'이라고 주장하기 때문에 적절하지 않습니다. 그래서 정답입니다. (정답: ⑤)

지문 및 문제 출처(문장 독해)

단원	문제		출제 연도
1. 한 문장 독해	유제 연습 ①	1	2009학년도 수능
		2	2009학년도 수능
	유제 연습 ②	1	2008학년도 수능
	유제 연습 ③	1	2008학년도 수능
		2	2008학년도 수능
	실전 연습	01	2009학년도 수능
		02	2015학년도 6월 B형
		03	2015학년도 6월 A형
		04	2016학년도 9월 A형
		05	2016학년도 9월 A형
		06	2005학년도 수능
		07	2016학년도 수능 B형
		08	2016학년도 법학적성시험
		09	2013학년도 6월
		10	2007학년도 수능
		11	2014학년도 9월 B형
		12	2015학년도 6월 A형
		13	2009학년도 수능
		14	2014학년도 9월 A형
		15	2017학년도 9월
2. 앞뒤 문장 독해	유제 연습 ①	1	2016학년도 6월 A형
		2	2007학년도 수능
	유제 연습 ②	1	2006학년도 수능
		2	2007학년도 수능
	유제 연습 ③	1	2009학년도 6월
		2	2006학년도 9월
	유제 연습 ④	1	2011학년도 6월
		2	2007학년도 6월
	실전 연습	01	2017학년도 9월
		02	2007학년도 수능
		03	2014학년도 수능 B형
		04	2016학년도 6월 A형
		05	2011학년도 수능
		06	2015학년도 6월 A형
		07	2008학년도 수능
		08	2004학년도 수능
		09	2015학년도 9월 B형
		10	2003학년도 수능
		11	2017학년도 9월

지문 및 문제 출처(문단 독해)

단원	문제		출제 연도
1. 문단 머리 두괄식 독해	유제 연습 ①	1	2016학년도 수능 B형
		2	2014학년도 6월 A형
	유제 연습 ②	1	2014학년도 6월 A형
		2	2012학년도 9월
	실전 연습	01	2017학년도 수능
		02	2016학년도 9월 B형
		03	2014학년도 6월 B형
		04	2015학년도 수능 A형
		05	2016학년도 6월 B형
2. 문단 중간 전개 과정 독해	유제 연습 ①	1	2015학년도 수능 A형
		2	2015학년도 수능 A형
	유제 연습 ②	1	2014학년도 6월 B형
	유제 연습 ③	1	2016학년도 6월 B형
	유제 연습 ④	1	2009학년도 6월
	유제 연습 ⑤	1	2007학년도 수능
	실전 연습	01	2010학년도 9월
		02	2011학년도 6월
		03	2010학년도 수능
		04	2016학년도 9월 B형
		05	2016학년도 6월 B형
		06	2011학년도 9월
		07	2008학년도 9월
		08	2015학년도 9월 B형
		09	2007학년도 6월
3. 문단 끝 미괄식 독해	유제 연습 ①	1	2005학년도 수능
		2	2008학년도 6월
	유제 연습 ②	1	2010학년도 9월
	실전 연습	01	2007학년도 6월
		02	2015학년도 수능 B형
		03	2009학년도 6월
4. 문단 내용 정리하기	유제 연습 ①	1	2015학년도 9월
	유제 연습 ②	1	2017학년도 9월
	실전 연습	01	2016학년도 6월 B형
		02	2014학년도 수능 B형
		03	2015학년도 수능 A형

지문 및 문제 출처(글 독해)

단원	문제	출제 연도
1. 지문 전체 재정리 글 독해	유제 연습 ①	2005학년도 수능
	유제 연습 ②	2010학년도 6월
	유제 연습 ③	2015학년도 6월 B형
2. 문제 풀이 과정 글 독해	유제 연습 ①	2013학년도 수능
	유제 연습 ②	2015학년도 9월 B형
	유제 연습 ③	2018학년도 6월
	유제 연습 ④	2016학년도 9월 A형
	유제 연습 ⑤	2004학년도 수능
	유제 연습 ⑥	2017학년도 수능
	유제 연습 ⑦	2013학년도 6월
	유제 연습 ⑧	2016학년도 수능 B형
3. 고난도 지문 글 독해	유제 연습 ①	2014학년도 6월 A형
	유제 연습 ②	2017학년도 6월
	유제 연습 ③	2016학년도 수능 A형
	유제 연습 ④-1	2010학년도 9월
	유제 연습 ④-2	2010학년도 6월
	유제 연습 ④-3	2018학년도 9월

* 일부는 교육 목적으로 변형 및 신규 출제